全国中国特色社会主义政治经济学研究中心（福建师范大学）2022年重点项目研究成果

福建省"双一流"建设学科——福建师范大学理论经济学科2022年重大项目研究成果

中央高校基本科研业务费项目"中国特色社会主义政治经济学方法论研究"研究成果

马克思主义政治经济学青年学者论丛

马克思主义政治经济学的创新与发展

（第一辑）

肖　斌　主编

中国社会科学出版社

图书在版编目（CIP）数据

马克思主义政治经济学的创新与发展 . 第一辑／肖斌主编 .
—北京：中国社会科学出版社，2022.10
（马克思主义政治经济学青年学者论丛）
ISBN 978 – 7 – 5227 – 0964 – 2

Ⅰ.①马…　Ⅱ.①肖…　Ⅲ.①马克思主义政治经济学—
研究　Ⅳ.①F0 – 0

中国版本图书馆 CIP 数据核字（2022）第 193594 号

出 版 人	赵剑英
责任编辑	田　文
责任校对	张爱华
责任印制	王　超

出　　版	中国社会科学出版社
社　　址	北京鼓楼西大街甲 158 号
邮　　编	100720
网　　址	http://www.csspw.cn
发 行 部	010 – 84083685
门 市 部	010 – 84029450
经　　销	新华书店及其他书店

印　　刷	北京君升印刷有限公司
装　　订	廊坊市广阳区广增装订厂
版　　次	2022 年 10 月第 1 版
印　　次	2022 年 10 月第 1 次印刷

开　　本	710×1000　1/16
印　　张	32
字　　数	558 千字
定　　价	169.00 元

序

　　马克思主义政治经济学是马克思主义的重要组成部分，也是坚持和发展马克思主义的必修课。恩格斯认为无产阶级政党的"全部理论来自对政治经济学的研究"，列宁把政治经济学视为马克思主义理论"最深刻、最全面、最详尽的证明和运用"，毛泽东同志在全党范围内曾经先后四次提倡党的各级领导干部学政治经济学，习近平总书记更是反复强调"要学好用好政治经济学"。马克思主义经典作家和革命领袖之所以这样重视坚持和发展马克思主义政治经济学，绝非历史上的偶然与巧合，而是源于一种强烈的理论自觉与理论自信。

　　中国共产党成立百年以来，政治经济学在中国总体上以马克思主义为思想指导，以中国社会主义经济实践为源泉，取得了人类经济学说发展史上的重大成果，并对高绩效的中国经济发展作出了巨大的贡献，体现出中华民族伟大的经济智慧，为全世界的经济学发展提供了具有"中国学派"色彩的系统经济理论。当然，中国政治经济学在具体演进中创新、改革与若干不良倾向也是并存的，改革开放前的主要不良理论倾向在于模仿和照搬苏联经济学，而改革开放后的主要不良倾向则表现为对西方经济学的迷信与推崇。对于后者，著名经济学家刘国光教授曾在《经济学教学和研究中的一些问题》一文中从九个方面就当时经济学教学和研究中的一些问题进行系统分析，旗帜鲜明地指出马克思主义政治经济学的指导地位在西方经济学的影响上升中不断被削弱和被边缘化，西方资产阶级意识形态在经济研究工作和经济决策工作中均存在着不同程度的渗透。习近平总书记在哲学社会科学工作座谈会上一针见血地指出："在有的领域中马克思主义被边缘化、空泛化、标签化，在一些学科中'失语'、教材中'失踪'、论坛上'失声'"；从某种程度上来说，这恰恰是马克思主义政治经济学在改革开放以后的相当一段时期所身处历史境遇的生动写照。

但与此同时，我们也应该看到，尽管来自理论与现实的困境挑战层出不穷，但马克思主义政治经济学在中国的研究与传播却从未停止，哪怕是在历史上的那段"至暗"时刻，也依然有着那么一批"70后"学者始终不渝地致力于对马克思主义政治经济学的坚守与创新。在他们当中，有的从研究范式与理论假设出发，重新审视西方经济学既有的理论假设，有力戳穿经济学帝国主义的神话，清晰呈现中国特色社会主义政治经济学的研究对象；有的从基础理论与经典命题出发，深度挖掘马克思主义政治经济学中的劳动过程理论、工资理论、世界市场理论以及空间理论，继续探究社会必要劳动时间与马克思经济发展理论；有的从他山之石的审视借鉴出发，历数政治经济学在美国的发展、《资本论》创作史的再研究与西方所谓"中产阶级"概念的演变，理性认知国家资本主义模式和国外产业安全政策模式；有的从马克思主义政治经济学对西方经济学的对比超越出发，有效厘清马克思主义政治经济学与西方经济学在企业理论、竞争理论和宏观调控理论上的重大界限，深刻反思西方公共产品理论、刘易斯二元结构理论的思想局限；有的从争议命题的较量商榷出发，有力廓清涉及所有制、剥削、市场逻辑、比较优势、人口红利、计划经济等问题的思想迷雾；有的从现实问题的聚焦前瞻出发，大力匡正国有企业改革发展的前行方向，努力破解三农问题中的瓶颈节点，诊脉运筹中国宏观经济的基本走势。总的来看，学界这些马克思主义及其中国化的学术研究成果，尽管产生于不同时期、分布在不同领域，但却都集中体现了马克思主义"在坚守中创新，于创新中坚守"的精神实质，充分诠释了马克思主义政治经济学"批判性与建设性内在统一"的理论品质，生动展示了马克思主义学者"思想解放而不僵化，学风严谨而不风化"的特有气质。

鉴于此，由中国政治经济学学会下辖的中国政治经济学学会青年智库与全国中国特色社会主义政治经济学研究中心（福建师范大学）共同策划和编写《马克思主义政治经济学的创新与发展》一书，共计收录了38位"70后"学者的代表性作品。需要特别说明，这本书既不是对既有历史文献的简单复写，也不是对这些"70后"学者的座位排次，而是对改革开放以来马克思主义政治经济学在中国发展传播的历史回眸。从马克思主义政治经济学在中国的思想发展史的角度来看，这批"70后"学者居于一个特殊的历史方位，他们曾经经历了马克思主义政治经济学学科地位由中心沦为边缘、学者数量由多变少的特殊历史情境；同时，他们也正在见证着复归马克思主义政治经济学学术传统、创新发展中国特色社会主义政治经济学的新时代进行时，相信这些学人及其作品必将能够在新的时期、新的征程上绽放出其不为历史尘封的理论意义和当代价值，也必将能够为诸多"80后""90后"中青年学者树立和提供一个可供学习参照的思想坐标。

马克思主义政治经济学始终求真务实，为革命、建设和改革的不同时期均作出了利国利民的重大贡献，必将在新时代为中国和世界经济的良性发展作出更大的贡献！

程恩富教授

全国人大科教文卫委员会委员、中国社会科学院学部委员、中国政治经济学学会会长、世界政治经济学学会会长

李建平教授

中央"马克思主义理论研究和建设工程"首席专家、福建师范大学原校长、全国中国特色社会主义政治经济学研究中心（福建师范大学）主任

2022年6月

目　录

范式与假设

经典与奠基

审视与借鉴

比较与超越

商榷与交锋

聚焦与前瞻

范 式 与 假 设

经济学帝国主义的神话[*]

朱富强[**]

当前，经济学的地位日益显赫，经济学的研究方法甚嚣尘上，经济学者的心态也日益膨胀，整个经济学科也心安理得地接受社会科学明珠的称誉，而一个庞大的经济学帝国在一些学者的极力开拓下似乎正在形成并不断壮大。但是，福兮祸所伏，在这芜杂的纷争背后，却蕴含着经济学这门学科的深刻危机，对此，应引起我们的足够重视。限于篇幅，我们归纳成以下几个方面。

一　内容上的狭隘化

经济学研究的主要目的是为提高人们的生活水平服务的，这必然涉及人与自然以及人与社会两方面的关系。因此，经济学的研究就应包括两方面内容，一是人与人之间的社会关系，其中主要的就是生产方式以及与之相适应的生产关系；另一个是人与自然的关系，即技术关系方面，主要是研究稀缺性资源的配置问题。在涉及人与人关系方面，如财富的分配、制度的设立、产权的界定，以及贫困、异化等问题，都存在一定的价值判断，这实际上就是伦理问题。正如梁漱溟先生所说，"是关系，皆伦理"。基于这两个方面内容的考虑，博学的经济学家阿马蒂亚·森将经济学的研究内容分为两个方面：一是伦理学；二是工程学。

经济学这两个方面是相辅相成、互为补充的，共同构建了整个经济学

　　* 本文原载《当代经济研究》2003 年第 3 期。
　　** 朱富强（1971—　），男，江苏丹阳人，河南大学特聘教授、中央财经大学政治经济学研究中心和复旦大学中国特色社会主义政治经济学研究中心研究员、中山大学岭南学院经济学系教授。

的理论大厦。如果淡化了经济学的工程领域的研究，往往就会造成对处理实际问题的无能，而使经济学流于道德的说教；而如果忽视社会中的伦理因素，常常造成工程技术的低效甚至无效，以及理论和实践的背反。实际上，从亚里士多德的《尼各马可伦理学》，到西方经济学之父亚当·斯密都将经济学这两个方面视为一个整体。甚至直到1930年凯恩斯论述未来（100年后）经济可能的变化时还指出，"我们将自由地回到宗教信仰和传统美德的那些最确切的原则上来——贪婪是一种罪恶，高利盘剥是一种不端行为……我们将再次把目的看得高于手段，宁愿取善而不为实用"（科斯洛夫斯基，1997，前言）。当然，基于个人的理论素养、偏好，以及社会环境的要求的差异，作为个体的经济学家研究的重点各有不同，如亚当·斯密、约翰·穆勒、马克思等比较重视经济学中的伦理问题，而威廉·配第、魁奈、李嘉图、瓦尔拉斯、古诺等则更重视经济学中的逻辑和工程问题。但是，社会中人的经济行为都是在一定的制度下进行，并同时在不断地推进制度的变迁；因此，必然涉及人与自然及人与社会这两方面的关系。正是在这个意义上，仅仅把经济学当作一门工程学的经济学家，就不可能成为杰出的经济学家。

然而，现代西方主流经济学的发展却越来越凸显了这样两个趋势：一是将经济学从伦理学中分离出来，并把它所研究的对象确立为可以纯粹用达到目的的手段作出判断的一套人类行为；二是在理论上将实行经济交换的世界看作是自发地趋于和谐一致的领域。从而，西方主流经济学"创建"了并不符合人类历史发展的基本分析方法：把人看成是从家庭、部族、阶级或民族分离出来的坚持原子主义和自由主义的个体，以及制约个人之间的相互关系的规则是程序性的，而不包含道德的实质。特别是，在一些经济学"著名"人士的宣扬下，这些基本原则和方法也加速扩散到法律、政治、宗教、文化和社会诸领域，形成了令人担忧的经济学帝国主义。"诚实之所以有用是因为诚实能够带来信誉，从而能够带来金钱；守时、勤奋以及节俭等都是如此。如果推延下去，就是说，假如诚实的外表能达到相同的目的，那么有个诚实的外表也就足够了，而过多的这种美德只能是不必要的浪费。"[①] 这就是当前经济学"效率至上"所支持的社会

---

① ［德］M. 韦伯：《新教伦理与资本主义精神》，于晓等译，生活·读书·新知三联书店1987年版，第36页。

价值!

可见，当前主流经济学家在完全理性的最大化假设下形成的成本—收益思维定式，却忘却了最基本的人与人之间的道理，经济中的伦理因素被严重淡化。这种研究不仅不近情理，而且，那些忽视了人类复杂多样的伦理考虑而被称为"实证经济学"也显然难以达到所宣称的效率。西方主流经济学实际上是在静态的所谓"超制度"下研究资源配置问题，在思维上就先验地形成一个封闭域。如美国每出口1美元的疫苗，99美分的成本都用于法律费用。① 这样的配置方式是否合理？也许在资本主义目前"渲染"出来的社会制度下是最优选择，但是，有没有想过另一种缓和对抗性的制度下的配置。我们研究厂商行为时都知道，存在短期和长期的区分，短期内成本最小的配置在长期看来并不是最有效的，在经济学的整体研究上同样存在这一问题。总之，当前的西方主流经济学抛弃了经济研究的伦理内涵，使得自己涉及的内容大大缩小了，从而极大地窒息经济学的发展。

二　人性假设的抽象化

经济学是一个致用之学，是通过配置稀缺性资源为现实的个人服务的，因此，经济学所研究的就不应是一个抽象的物理世界，而更应该关注真实的"人"。这也就是一个长期存在的苏格拉底问题，"一个人应该怎样活着"。新制度主义的创始人科斯也认为，现代制度经济学应该从现实制度出发，还要从人的本性出发。② 然而，尽管社会中的人性是丰富多样的，但西方主流经济学却简单地将之抽象为利己主义者，似乎，在一定环境下，所有的人都将采取相同的行为。

一些著名的主流经济学人士极力鼓吹这种抽象化的研究。如新古典主义的埃奇沃思就强调，"经济学的第一个法则就是人的每一个动机都仅仅是由自利心所促使"。施蒂格勒（1981）在题为"经济学还是伦理学"的特纳讲座时说："在我们生活的世界上，有理性，并掌握充分信息的人们，在机智地追求着他们的自利。"因为"当自利与伦理价值的口头忠诚发生冲突时，如果让我来预测关于行为的系统与广泛的试验结果，那么，在很

---

① 陈平：《文明分岔、经济混沌和演化经济学》，经济科学出版社2000年版，第385页。
② ［美］威廉姆森：《治理机制》，王健等译，中国社会科学出版社2001年版，第46页。

多情况下，事实上在绝大多数情况下，自利理论将会获胜"；"不仅在广泛的经济现象中，而且在关于婚姻、生育、犯罪、宗教及其他社会行为中都广为流行"。然而，无论是在现实经济生活中，还是在诸如婚姻关系、宗教行为等这类事务中都很少对这类预测的结果进行过经验性检验。也就是说，为信念辩护的理论很多，而实际证据却很少。① 阿克西罗德（1996）通过庞大的计算机模拟实验表明，那些总是采取自利的机会主义行为人最终获利很少。

可见，对自利行为假设的滥用已经严重损害了经济分析的性质。如在日本，那些以规则为基础的行为，系统地偏离了自利行为的方向——责任、荣誉和信誉——都是取得个人和集体成就的极为重要的因素。因此，一个人或者一个团体是否可以被认为在追求某种目标的最大化是相对的，它取决于单个行为主体或团体把什么看作是可适当控制的变量，以及把什么变量视为是可实际操作的手段。当为了追求个人目标而接受了特定社会行为准则的工具价值时，就会造成个人表面上追求的目标和其真实目标之间的模糊性。当然，按照主流经济学的理解，在这种情况下，人们仍然进行着自利的最大化行为，只不过是在一定的社会制约下进行。然而，既然考虑到了社会的制约，实际上也就涉及了伦理因素；同时，需要对自利和利他进行明确的界定。实际上，不同类型的自利行为既表明了人性的多样性，也说明了建立在内在一致性或利己主义之上的抽象理性是空泛无用的。

实际上，经济人假设实质上源于功利主义。功利主义强调手段的重要性，它认为，由于善具有包容性，有利于个人的同时，也必然有利于他人和社会；由于个人利益是公共利益的基础，损害了个人利益也就损害了社会利益。同时，哈耶克等自由主义学派也强调，手段是比较容易达成一致的，而目的就难以达成一致。因此，重要的是制定规则、确立手段。正是在这种哲学观点支配下，功利主义孕育了它的社会秩序原理：如果一个社会的主要制度被安排得能够达到总计所有属于它的个人而形成的满足的最大净余额，那么这个社会就是被正确地组织的，因而也就是正义的。② 这

① ［印度］A. 森：《伦理学与经济学》，王宇、王文玉等译，商务印书馆 2000 年版，第 32 页。

② ［美］罗尔斯：《正义论》，何怀宏、廖申白、何包钢译，中国社会科学出版社 1988 年版，第 19—21 页。

也就是西方流行的"私恶即公利"的命题。但是，随着对手段强调的膨胀，功利主义者将个人利益推到了至高无上的地位：唯有个人利益是现实的利益，不能为了他人的幸福而牺牲个人自己的幸福。如孟德维尔极尽夸张之能事，认为人类所有的一切行动、一切美德，都是发端于利己心；而且，这种利己的本性是不变的，只有建立在这种自私的本性之上，人类社会的发展才能成为可能。

当然，功利主义的始作俑者边沁开始强调的功利并不仅限于物质方面，他在《立法原理》中就曾列出了 15 种他称之为的"我们感官之清单"。然而，随着资本主义的物欲横流，西方社会逐渐将之都归结为物质一项。如后来的 G. S. 贝克尔所称，[①] 这些快乐在一定程度上都可以通过从市场获得的产品"生产"出来。这是因为资产阶级社会具有与众不同的特征，它所要满足的不是需要，而是欲求。欲求超过了生理本能，进入心理层次，因而是无限的要求。社会也不再被看作是人与自然的结合，有着共同目标，而成了单独的个人各自追寻自我满足的混杂场所。[②] 结果，资本主义社会在其强调积累的同时，逐渐将积累活动变成了自身的目的。从亚里士多德、洛克、斯密到一大批古典的经济学家都只是将物质生产看作是增进价值的理性手段，而现代主流经济学却变成了专为个人多变要求服务的"实用科学"。正如米契尔所说，经济理性并不是人类的根本天性，而是随着金钱制度的兴起而出现的，因为金钱概念培养了人们的推理能力，使人们经济生活合理化。[③]

但是，尽管功利主义的观点影响了西方社会几百年的行为，并为个人的自利行为提供理论的辩护，但是，功利主义的"私利与公利一致"的基础存在严重的缺陷，人类大量的困境都因此而生，也导致了社会合作的困境。所以，森认为，坚持"利己"的传统模式只能给各方带来次优，传统模式下的纯粹"经济人"近似于"低能儿"。美国的凯里（H. C. Carey）指责古典经济学的"政治—经济人"亵渎了大写的"人"字，它们只是"讨论人性的最低级的本性，却把人的最高尚利益看作纯属干扰其理论体

---

① ［美］G. S. 贝克尔：《人类行为的经济分析》，王业宇、陈琪译，上海三联书店、上海人民出版社 1995 年版，第 164 页。

② 丹尼尔·贝尔：《"经济论述中的模型与现实"》，载丹尼尔·贝尔等编《经济理论的危机》，陈彪如等译，上海译文出版社 1985 年版，第 68 页。

③ 韦森：《社会秩序的经济分析导论》，上海三联书店 2001 年版，第 155 页。

系的东西"。① 柯武刚和史漫飞则指出，人类为了自己的私利而行动是人类行动的一个基本前提，但是与人们真诚合作相比，一个盗贼社会只能达到较低的满足水平。②

实际上，作为个人，经济学家也常常会表现出得体的友善，然而在其建立经济学模型时，却往往假设人类的行为动机是单纯的、简单的和固执的利己主义，从而保证其模型的精炼和优美，不会被友善或道德情操等因素所干扰。正如阿马蒂亚·森所提问的③：政治经济学是否要为了自己的所谓的需要而对但丁的名言进行诠释，"对你周围的所有的人，抛弃所有的友善"。为什么经济学家偏好抽象空洞的经济人假设呢？主流社会的一般辩解是：引入具体人性考虑的模型太复杂了。但是，社会科学发展的动力就是挑战困难，经济学存在的必要就是解决实际问题；所以，正因为复杂而又符合现实，才有经济学研究的余地和意义。可见，西方主流经济学对人性的单一抽象化已经严重影响到对现实的解释和理论的发展，这方面是经济学发展的瓶颈。

三　意识形态的单一化

西方主流经济学强调实证分析，否认规范分析的合理性；认为经济学只需要关注效率问题，而意识形态、道德等问题是政治学家、伦理学家等的责任。但正如我们前面分析的，经济学的内容本身就包含了伦理学和工程学两个方面，所谓的伦理学家和经济学家之间的这种分工实际上是站不住脚的。事实上，他们那种自以为是的领域的划分是由于他们不能批判地反思他们各自的市场研究方法所隐含的前提而造成的。就如同法律、政治等一样，经济学也是具有强烈意识形态倾向的学说。因为每一种经济学说都包含了特定的价值观念和假定，那么适用任何经济模式所产生的结果和结论也毫无例外地带有其价值倾向。④ 这一点甚至连凯恩斯这样的现代主

①　杨春学：《经济人与社会秩序分析》，上海三联书店、上海人民出版社 1998 年版，第 175 页。

②　柯武刚、史漫飞：《制度经济学》，商务印书馆 2000 年版，第 73 页。

③　[印度] A. 森：《伦理学与经济学》，王宇、王文玉等译，商务印书馆 2000 年版，第 2 页。

④　麦乐怡：《法和经济学》，浙江人民出版社 1999 年版，第 44 页。

流经济学开山者也不否认，另一个主流经济学者索洛说得更加明白："社会科学家和其他人一样，也具有阶级利益、意识形态的倾向以及其他一切种类的价值判断。……不论社会科学家的意愿如何，不论他是否察觉到这一切，甚至他力图避免它们，他对研究主体的选择，他提出的问题，他没有提出的问题，他的分析框架，他所使用的语言，很可能在某种程度上反映了他的（阶级）利益、意识形态和价值判断。"[①]

一些主流的经济学家认为，福利经济学往往只是基于某种效率标准来评价市场，认为市场是无需以某种伦理为基础的。但是，福利经济学正是关系人们切身生活的，怎么可能没有意识形态因素呢？诸如交易的规则、产权的安排、福利设施的建立、投票的比例等无不暗含了意识形态的因素。事实上，不仅各种效率概念与本身总要以某种常常有争议的道德假设为前提，而且，当一个具体的社会安排满足其中一种效率标准时，要确定我们应该赋予这个事实以多大的意义，并不是与道德无关的。正如艾伦·布坎南指出的，"即使经济学中所谓的纯粹技术性的效率概念，本身就是建立在有争议的道德假设之上的；而常见的伦理学论据也往往是基于关于市场或其他体系的有无效率的含糊不清的假设之上。"[②] 如就目前被主流经济学家们普遍接受的帕累托效率而言，西方主流经济学家通常认为，它是一个道德中立的纯技术的效率概念。但实际上，这种看法并不正确，帕累托概念之所以得到普遍承认，主要是因为它接近常识，接近于西方社会安排应当是互利这一伦理原则。这种伦理也是受西方的意识形态支配的。实际上，西方讲究财富最大化，崇尚的就是个人主义意识形态，帕累托最优的概念也就是建立在原子主义的意识形态之上。

如果按照西方经济学的某些理论去分析某些问题，其结果可能是非道德，甚至是反社会的。如在分析妓女卖淫合法化问题时，波斯纳采用市场行为的有效性的方式来分析，认为妓女的卖淫行为是两个成人之间同意的自觉的交易行为。因此，妓女的卖淫行为符合科斯有效性定理和社会财富最大化原则，也符合卡尔多—希克斯有效性定理，因为这种行为使得双方都获利。但是，直觉告诉我们，这显然违背了社会财富的最大化原理，因

---

① 吴易风：《当前经济理论界的意见分歧》，中国经济出版社 2000 年版，第 6 页。

② ［美］艾伦·布坎南：《伦理学、效率与市场》，廖申白、谢大京译，中国社会科学出版社 1991 年版，第 3 页。

为它使得家庭矛盾出现，增加了犯罪行为，扰乱了社会秩序等。可见，为他利己式的分析也不是科学的数学计算的结果，而是由西方的意识形态控制的学说。[①] 事实上，如果从另一种角度——为己利他行为机理——出发，就不产生嫖娼和卖淫行为。因为家庭是与个人利益最密切相关的，个人要提高收益，就要增加家庭的福利而不是损坏整个家庭的福利；而嫖娼或卖淫都会导致家庭成员的损失，反过来又会损害自身的利益。因此，西方经济学带有浓厚的个人主义和利己主义的意识形态。

再如社会中的歧视问题。按照西方经济学的理论，追求个人利益最大化可以有效地解决歧视问题，而存在的歧视肯定是符合社会的总体利益的，因此不存在真正的歧视。如黑人之所以失业率高，就在于其自身的教育和能力问题。而 G. S. 贝克尔证明，[②] 歧视的出现恰恰是原子式个人主义竞争机制的结果。他认为，团体 A 对团体 B 实行有效歧视的必要条件是 B 是经济上的少数，充分条件是 B 是数量上的少数；而充分必要的条件则是：和 B 数量上的多数相比，它更是经济上的少数。因此，在竞争的社会中，经济歧视看来就与经济上的少数有关，政治上的歧视就与政治上的少数有关。在美国，黑人的人数大约只有总人数的 10%，而且其拥有的资本的数量更低，因而，通过竞争的经济机制的运转，歧视的偏好必然产生对黑人的有效歧视，尽管歧视对黑人和白人都会造成损失，但对黑人要大得多。歧视对少数一方造成的损害远远超过对多数一方造成的损害。这也是目前发展中国家加入世界贸易组织所面临的两难困境。

因此，我们说，西方经济学并不是不存在意识形态的考虑，而是坚持单一的意识形态，它要求撇开意识形态不作争论，实质上是要求不能对原子主义的物质利益最大化原理提出质疑。但是，按照这些坚持原子自由主义者自身的观点：价值观统一，用某种意识形态来控制和统一人们的兴趣和信息，就是思想压制，会给社会带来极大损失。因为这将直接窒息人的创造性，毁掉发现人们真正思想的最后可能性，从而毁掉知识。显然，西方主流经济学者口头强调的思想自由与他们实际中形成的单一的意识形态的桎梏是相悖的。

---

① 麦乐怡：《法和经济学》，浙江人民出版社 1999 年版，第 56 页。
② ［美］G. S. 贝克尔：《人类行为的经济分析》，王业宇、陈琪译，上海三联书店、上海人民出版社 1995 年版，第 23—35 页。

四 数学工具运用的形式化

　　追求物理学般的抽象和精确是现代主流经济学一直为之奋斗的目标。在这种动机的推动下，经济学开始从构成个体的大量特征中进行抽象，挑选出的所共有的信息处理能力被当作构成人类标志的抽象，从而使行为人变成了能作出理性预期的人。在理性的假定下，怀有类似目标的个人，在拥有同样的信息和赋予平均计算技能时，将会作出大体一致的选择，而将个人之间的差异随着人数的增加而略去。这样，平均值替代了每个个人的数值。据此，把一个人狭义地解释为追求自身利益（或效用）最大化的"经济人"，然后，再依据假定的"公理"去分析复杂的人类行为，并作出某一预测。被誉为"黑板经济学"的新古典主义是如此，即使是自称对新古典经济学进行革命的新制度主义也没能摆脱此窠臼。而且，作为其最重要现代工具之一的主流博弈理论越发形式化了，因为博弈理论本身就是以很高深和形式的数学分析为基础的。西蒙就指出："经济学研究人员的数学知识和技能的快速扩展允许传统理论发展到新的雄辩的典雅的高度，特别是和统计决策理论以及源于冯·诺伊曼和摩根斯坦的博弈论结合在一起的时候，而且还扩展到包容某些不确定性和不完美信息的现象。数理经济学和计量经济学的成熟为两代经济学理论研究者提供了规范技术问题的广大空间，这些问题吸引了他们的注意，推迟了与现实世界粗俗情况的相遇。"[1]

　　这种形式主义导致这样一种思想：最优或有效解客观上可以定义，它只是个计算问题。西蒙指出："目前的'实证'性理论体系，其数学上的优美和典雅可以和物理学的最好理论相媲美。典型例子如瓦尔拉斯一般均衡理论及其现代版本，表现在 H. 舒尔茨（Henry Schultz）、萨缪尔森、希克斯、阿罗、赫维茨（Hurwicz）、德布鲁、马林沃德（Malinvaud）等的理论中。但是，这一研究工作中一些更为精练的部分和现实世界之间的相关性可能也已经受到越来越大的质疑。"[2] 那么，为什么还有这么多的聪明人士乐此不疲呢？西蒙认为："也许这些智慧高峰中的一些已经得到攀登的

---

① 《西蒙选集》，首都经济贸易大学出版社 2002 年版，第 291 页。
② 《西蒙选集》，首都经济贸易大学出版社 2002 年版，第 272 页。

原因仅仅就是它们在那——是因为攀登它们的纯粹挑战和乐趣。"① 如果不考虑攀登者的动机，追求个人兴趣和挑战对任何人类科学或艺术的努力固然都是无可厚非的。但是，经济学者的最终目的不是为了纯粹的兴趣，在开始一些学者更多是学习数学或从事数学研究，对理论的现实性和应用价值相对不是很看重。但是，他们却声称能够证明制度如何纯粹出自个人的自利行为，并以此来指导社会现实。结果往往是碰壁，所以 C. Schmidt 就一语道破地指出，虽然几乎所有经济模型都要假设个体理性行为，但经济学家并没有花费多少时间去研究一下"理性行为"的真正意义，以及对于经济个体来说意味着什么。尽管这种形式主义虽然使论述的严格性增强了，但正如迪·阿莱西（De Allessi, L.）指出的，"新古典经济理论谈论的是不相干的问题，是为形式主义而形式主义"②。

经济学的主要目的是为提高人民的生活水平提供建议和对策，数学只是一种有用工具，是为了经济思想更有效地表达以及交流服务的。但是，婢女成了公主甚至是皇后，现在的经济学也沦落为数学家的一个研究领域。一个明显的表征就是，当前经济学科班出身的人越来越难以在经济学院立足了，相反数学专业的人成了经济学界的主宰。这意味着经济学越来越不需要思想，它的发展和研究也日益凸显了这种"异化"和"畸形化"的倾向，似乎只有复杂的数学公式以至越来越少人能明白的经济学研究，才被认为达到专业的水平。P. 德鲁克就尖锐地指出这一不良的倾向，他说："在不久之前，我（却）吃惊地听到一位资深学者非常认真地否决了他的年轻同事的工作，就因为能够理解这个年轻人所做工作的人数超过了5 位。"③ 实际上，以前许多学者即使是自然科学家也努力从数字中挖掘更广泛的思想和意义，如罗素的《数理哲学导论》、莱布尼茨的《新系统及其说明》、彭加勒的《最后的沉思》、库恩的《科学革命的结构》等等；而现在的学者则在做相反的工作，将复杂的思想经过假设和保护带的设立后用一些简单的（或者形式复杂的）数字表示，而美其名曰更加深奥。

尤其是，纯粹数学并不能产生思想，思想的萌发更主要是通过更为广泛的其他知识和生动的社会实践。经济学经过数学的抽象以后，许多精微

---

① 《西蒙选集》，首都经济贸易大学出版社 2002 年版，第 273 页。

② ［美］卢瑟福：《经济学中的制度》，陈建波等译，中国社会科学出版社 1999 年版，第 25 页。

③ ［美］P. 德鲁克：《德鲁克论管理》，海南出版社 2000 年版，第 236 页。

的思想也被舍弃了。卢瑟福就指出："理论的形式化，不只是理论的精确化；关键在剔除理论中的某些东西，从而高度理想化地表达理论，这就消除了自然语言的模糊性，但代价是失去了自然语言的丰富性和启发性。"①施乐公司帕洛阿托研究中心的 J.S. 布朗就以自己的亲身体会指出，"即使是一个科学家，像我这样，也必须承认知识是不能通过一个公式或方程获得的"（霍尔特休斯，2002，前言）。而且，作为一个致用之学，这种数学化的经济学常常并不能经受得起逻辑的推演。如完全市场和竞争市场就存在着二律背反：完全市场意味着对于所有不同的商品都存在对应的市场，但这也同时意味着竞争的隔离；再如价格作为信号本身内含着悖论：价格一方面反映了市场的供求信息，但另一方面又没有也不可能包含搜寻的成本信息，否则，人们就失去对信息搜寻的动力。因此，现在一些学者就感慨，西方经济学比（传统）政治经济学离现实更远。

尽管如此，基于抽象的数学处理上的方便，目前"经济学家们（仍然）不会心甘情愿地放弃他们工具箱中的主要工具"（布坎南语）。可见，经济学要走向一个健康的发展道路，我们必须对数学的地位和作用进行反思。只有这样，才能鼓励更多的思想竞争，更多的现实考察和更符合人性的经济分析。

五 知识结构的封闭化

现在，由于知识的爆炸，分工越来越深化，人们越来越集中在愈益狭隘的领域；但是，这对社会科学领域，特别是对经济学是行不通的。不管我们现在如何强调经济学的科学化，但经济学毕竟是社会科学，因此，经济学与自然科学具有本质区别，它具有鲜明的"人文特性"。事实上，在社会科学中，几乎没有哪个具体问题能够仅仅依靠一门学科作出恰当的回答，如政治学、法学乃至人类学、心理学和历史学中都是如此。哈耶克指出："在理想世界里，难以想象会有不了解法学的经济学家、不了解经济学的人类学家、不懂哲学的心理学家或对其他课题一无所知的史学家。"②

---

① ［美］卢瑟福：《经济学中的制度》，陈建波等译，中国社会科学出版社 1999 年版，第 8 页。

② ［英］哈耶克：《法律、立法与自由》第 1 卷，邓正来等译，中国大百科全书出版社 2000 年版，第 450 页。

而对经济学来说，它关注的是涉及人类根本利益——物质利益——的学科，因此，对人与人之间社会关系的关注显得更为重要，这是与自然科学的重要差别。

其实，把握知识的整体也不仅是社会科学的要求，而是知识的一般特征，知识本身就具有互补和整体性。即使在分工如此深化的时代，也不能放弃对知识的整体把握。我们还是回过头来再认真体会 M. 波兰尼（2000）的总结：知识只有被当作一个整体来掌握的时候，这一整体才成为人焦点关注的中心，而细节则成了附带关注的线索或工具；但是，如果偏重于某个细节方面，就会使整体意义发生解体。譬如，用锤子钉钉子的时候，只有整体把握关注于钉子才能达到目的，而如关注于拿钉子的手的话，那锤子更加可能会砸在手上。实际上，如果过分地关注某方面的知识，往往会得出偏误的结论；而偏见往往比无知离真理更远。詹姆斯教授说，"要彻底地理解一件事物，就要了解整个宇宙。一个事物与其他每个事物都有直接或间接的联系，要认识有关这件事物的各个方面，就需要知道它的所有联系"①。可以说，没有一种现象能够在离开所有别的现象的孤立状态下被彻底理解，F. 梯利甚至强调，不知道所有，我们就不可能知道这一个。② 也正如世界是一个，科学也只有一个，各门科学共存互助。

而且，社会科学与自然科学对知识结构的要求有很大的区别。一般来说，自然科学要求的一般专业基础知识比较多，这要求更扎实和严格的训练。而作为社会科学，我们更需要广泛的全面的知识，这不是仅仅能从课堂上学习就够的，而更重要的是自己的观察和思考，这需要建立在自己的博学和个别的知识之上。正如哈耶克所指出的，"自然科学家的兴趣是集中在一般规律上，而我们（社会科学学者）所感兴趣的，说到底主要是那些特殊的、个别的和独特的事件，从一定意义上讲，我们的理论距现实更加遥远——我们的理论在能够应用于具体的事例之前，需要更多额外的知识"；而"在把我们的知识运用于几乎任何具体事例时，我们能够用来研究这一题目的某一门学科中的知识，甚至所有的科学知识，都仅仅是我们

---

① 转引自 ［美］F. 梯利《伦理学导论》，何意译，广西师范大学出版社 2002 年版，第 8 页。

② 参见 ［美］F. 梯利《伦理学导论》，何意译，广西师范大学出版社 2002 年版，第 9 页。

思想基础的很小一部分"。① 可见，在经济学的研究中首先要求我们具有比自然科学更广泛得多的知识。因此，哈耶克强调："同经受严格扎实的学校教育相比，头脑受到哪个学科的训练并不十分重要。"②

但是，我们现在流行的经济学教育却是越来越严格的数学训练，而不是充分启发学生们活跃的还没有成见的思维。我们的经济学教育总是寄希望于学生能够在毕业后或学生时代就写出标准的经济学论文，特别是在一些所谓的"权威性"刊物上发表。而其实，这些学生对论题涉及的背景知识毫无所知，相关学科的研究更是一片空白，而仅仅是模仿被认可的行文格式以及按照程式化的实证或计量方法克隆出一篇被认可的"佳作"，并从此可以作为学术迁升的资本。实际上，他对自己文章所要表达的观点毫无信心，对数据的准确性毫不关心，对假设的现实性更不在乎，而只知道被认可的"好文章"就是这样写的；那些所谓一流杂志的编辑大人也差不到哪儿。目前经济学界走入歧途很大程度上与一些专业刊物误导有关，没有模型的文章是很难在较高级别的杂志上发表的。克鲁格曼③就曾感慨道："这么多有趣、有基本符合直觉的思想，任何没有受过经济学科班的训练的人都能理解它们。就因为模型化时其严谨程度达不到众多杂志日益狭隘的标准，而对它们视而不见。这不正说明我们存在对形式主义的迷信吗？甚至可以说，这难道不意味着整个学术界误入歧途吗？"

六　尾论：经济学在衰落

任何事物要取得持续发展，关键就在于不断吸收外来有益养分，要特别留心不要陷入教条主义之中，所谓"海纳百川，有容乃大"。教条主义就是从自己的角度观察问题，先验地以主体者对外界进行审视，而不能处于超然的地位进行分析比较；它总是认为自己是对的，对他人的反驳尽量设置障碍。因此，教条主义实际上就是封闭状态下的思维，是夜郎自大的

① ［英］哈耶克：《法律、立法与自由》第 1 卷，邓正来等译，中国大百科全书出版社 2000 年版，第 448—449 页。

② ［英］哈耶克：《法律、立法与自由》第 1 卷，邓正来等译，中国大百科全书出版社 2000 年版，第 452 页。

③ ［美］克鲁格曼：《发展、地理学与经济理论》，蔡荣译，北京大学出版社、中国人民大学出版社 2000 年版，第 72 页。

心态。实际上，西方经济学能有今天的发展很大程度也得益于相互争论、取长补短、与时俱进的社会学术环境。

但是，现在西方主流经济学在研究工具、观点上却越来越趋于一致，越来越要求一致，否则你就不被承认。现在主流经济学能够比较的不是相互争论的思想观点，不是研究视角，也不是结论的可证实性，而主要局限于程式的"规范"上，这也正是西方经济学的危机所在。而且，经济学以社会科学的皇后自居，自称为最科学化的社会科学，因此极力扩展到其他社会科学领域如政治学、社会学等各个方面，甚至是生物学等自然科学方面。经济学正在雄心勃勃地构建经济学帝国，即使还没有完成，经济学帝国主义的心态已经越来越浓重。经济学者努力排斥并贬低其他社会科学研究中的方法，相反，却极力将抽象的最大化思路渗透到其他各个领域。结果，本领域的方法越来越单一，知识结构越来越狭隘。因此，经济学的危机也越积越深，经济学越来越远离其他学科。

因此，有识之士应该警醒：经济学正处于衰落之中，经济学的危机正在加剧。我提醒中国的学术界同仁注意，不要盲目跟风，而是要多方面不断拓展我们经济学研究的领域和方法，形成百家争鸣的局面。我们要记住西蒙的告诫，[①] "经济学家在整个经济科学帝国上的分布密度是非常不平衡的，少量有限规模的领域占据着大多数人口"。要知道，边际收益递减呀！

---

① 《西蒙选集》，首都经济贸易大学出版社 2002 年版，第 272 页。

马克思主义经济学套用范式
分析框架的缺陷[*]

方　敏[**]

一　问题的提出

关于马克思主义政治经济学与现代西方主流经济学相互关系的讨论由来已久。从马克思主义政治经济学建立独立的理论体系时起，批评乃至敌意的攻击就已存在，庞巴维克的"体系终结论"和波普的"历史主义贫困论"都在其列。今天，对马克思主义经济学的质疑在很大程度上尚未完全脱离这两种观点的范围。与此同时，马克思主义政治经济学的研究传统即使在新古典主义占主流地位的西方也并未消失。"问题已经不再是马克思主义经济学的一些具体论点是否有效，能不能被否定，而在于马克思主义经济学作为一个整体，作为一种范式是否具有可行性和生命力"（张宇、孟捷，2002）。

出于维护和发展马克思主义政治经济学的目的，将其纳入"范式"或常规科学的分析框架，以论证其科学性，这种做法具有积极意义。在此基础上，人们通常提出的问题是：马克思主义经济学能否被西方主流经济学取代？在哪些方面或层面上二者可能互补？但是，在回答这些问题之前，我们首先需要考察如何定义马克思主义经济学范式。如果把马克思主义政治经济学和现代西方主流经济学视为并列的范式，主流范式无法消解的马

　　* 本文原载《经济科学》2006 年第 2 期。
　　** 方敏（1972—　），男，四川成都人，北京大学经济学院教授，博士生导师，中央"马工程"专家。

克思主义经济学方法是什么？

本文试图说明，以范式分析框架定义马克思主义经济学，并基于二分法来界定马克思主义经济学范式的边界，这种做法对于维护马克思主义经济学的科学性存在着极大的缺陷。本文第二部分首先讨论定义马克思主义经济学范式存在的问题；第三部分分别讨论从二分法的角度比较两种经济学范式存在的问题；最后是简短的结论。

二　马克思主义经济学范式的定义问题

我们首先来看国内外学界定义马克思主义经济学范式或研究纲领的两个代表性观点。霍华德与金（2003）认为，要想使马克思主义政治经济学不至于沦落为新古典理论中一个具有社会倾向和历史意识的细小分支，其"坚硬的内核"就应该包括四个方面的内容：（1）资本主义社会的阶级性质及其斗争的现实；（2）紧紧抓住社会再生产过程中的关键问题，即资本主义社会繁荣和衰退的情况等等；（3）强调再生产过程的矛盾性，特别是阶级和阶级分化对该制度可能产生的威胁；（4）从"不平衡发展"的概念出发，说明作为一个"世界体系"的资本主义为什么不能平稳而协调地发展。

林岗、张宇（2001，2003）等国内学者认为：历史唯物主义的两个基本命题，即生产力决定生产关系、经济基础决定上层建筑，构成了马克思主义政治经济学的分析范式。马克思主义经济学的方法论原则可以归结为五个基本命题：（1）从生产力与生产关系的矛盾运动中解释社会经济制度的变迁；（2）在历史形成的社会经济结构的整体制约中分析个体经济行为；（3）以生产资料所有制为基础确定整个社会经济制度的性质；（4）依据经济关系来理解和说明政治法律制度和伦理规范；（5）通过社会实践实现社会经济发展合规律与合目的的统一。

以上定义存在的问题是：用于定义范式的命题到底是属于"范式"本身即方法论的规定，还是仅属于范式的"附加规则"？

在范式分析框架内，规则表现为一种把问题或事实联系起来的稳定结构，① 并为范式成员提供了一种使其"能满怀信心地集中钻研由这些规则

---

① 这种结构既可以表现为某种因果关系的法则，也可以采取由"是"导出"应是"的命题的方式，甚至像科亨（1989）为历史唯物主义进行辩护所采取的功能主义解释。

和现有知识已为他界定好了的深奥问题"的承诺。范式是比具体规则更具有优先性、全局性和约束力的方法论或世界观。即使没有规则，范式仍能指导研究。如果范式成员始终按照某种既定的规则来确定事实或理论的关系，常规科学就会受到相应的制约，从而不可能取得连续的、累积的进步。因此，库恩认为"范式代替规则将使我们对科学领域和专业的多样性更容易理解"（库恩，2003）。

如果我们接受范式学说——包括库恩对"范式"与"规则"的区分——就会发现，上述两种关于马克思主义经济学范式的定义实际上都是从马克思主义经济学研究应当遵从哪些规则的角度出发的。社会的阶级性质、"制度变迁是由生产力和生产关系的矛盾导致的"等命题都是从马克思主义学说中直接提取的经典结论。用这些范畴和命题来定义马克思主义经济学范式，只是一种同义反复式的循环论证，并不能为该范式的科学性提供终极的支持。事实上，把马克思主义政治经济学纳入范式分析框架所遇到的困难，从来都不是从马克思主义学说中抽象或发展出各种各样的规则，而是确定该范式的核心方法论。正如卢卡奇指出的："我们姑且假定新的研究完全驳倒了马克思的每一个个别的论点。即使这点得到证明，每个严肃的'正统'马克思主义者仍然可以毫无保留地接受所有这种新结论，放弃马克思的所有全部论点，而无须片刻放弃他的马克思主义正统。所以，正统马克思主义并不意味着无批判地接受马克思研究的结果。它不是对这个或那个论点的'信仰'，也不是对某本'圣书'的注解。恰恰相反，马克思主义问题中的正统仅仅是指方法。"[①]

重新认识或修正规则属于完善研究纲领的"保护带"的工作。它并没有触及范式或研究纲领的"硬核"。要正确定义马克思主义经济学范式，就必须回答以下问题：马克思主义政治经济学核心的方法论原则是什么？本文接下来将考察关于马克思主义经济学范式方法论特征的讨论能否回答这个问题。

三　马克思主义经济学范式的比较问题

为了与主流经济学范式进行比较，学界具有代表性的观点分别从生产

---

① ［匈］卢卡奇：《历史与阶级意识——关于马克思主义辩证法研究》，任立译，商务印书馆1992年版，第47—48页。

的物质性与社会性、个体主义与整体主义、历史主义与形式主义的二分法等方面，试图说明两种范式的对立和区别。

（一）生产的物质性与社会性

从最一般的意义上讲，马克思主义政治经济学的研究对象及其分析工具与古典经济学并没有显著的差别。① 马克思指出：《资本论》的研究对象是"生产方式以及和它相适应的生产关系和交换关系"，"现代社会的经济运动规律"。穆勒在《政治经济学原理》中也阐述了经济学的研究对象，提出：政治经济学家们声称是讲授或研究财富的性质及其生产和分配规律的……就各国的经济状况取决于物理知识而言，这是自然科学和建立在自然科学之上的工艺技术所要研究的问题。但是，就原因是道德的或心理的，依赖于各种制度和社会关系，依赖于人类的本性而言，这些则不属于自然科学的范畴，而是属于道德和社会科学的范畴，是所谓政治经济学研究的对象。

就分析工具而言，马克思指出："分析经济形式，既不能用显微镜，也不能用化学试剂。二者都必须用抽象力来代替"。他借用当时学者对《资本论》的评价指出："就理论本身来说，马克思的方法是整个英国学派的演绎法，其优点和缺点是一切最优秀的理论经济学家所共有的。"②

如果马克思在研究对象和分析工具上没有超越古典学派，取代古典学派的新古典范式是否也因此超越了马克思主义范式呢？如果马克思主义经济学仍然是与主流范式并存的范式，它在方法论上有哪些内容不仅是超越古典学派的，而且也是不能被新古典范式消解或取代的呢？

一种具有代表性的观点认为，马克思主义政治经济学与研究资源配置或"生产一般"的新古典范式相比，强调的是研究特定生产方式的资源配置问题（吴易风，1997）。换句话说，二者在强调生产的社会性与物质性方面存在着深刻的对立。这种看法虽然突出了两种范式在研究对象上的区别，但是，把主流范式的研究对象归结为抽象的资源配置或生产的物质内

---

① 除非我们认定马克思使用的范畴——比如生产方式、生产关系、经济运动规律等——具有特殊的含义。但是，这种特殊性恰恰就是有待讨论的方法论原则。

② 在非马克思主义经济学看来，马克思的经济学说是古典经济学的分支，继承了李嘉图学派的传统。例如，熊彼特（1992，1999）认为："批评李嘉图就是他（马克思）的方法"，"因为他自己的议论显然是从李嘉图的命题出发，更重要的是他从李嘉图那里学会推理的艺术"。

容而不涉及生产方式和生产关系，这种做法恐怕有失简单。按照罗宾斯（2000）提出的标准——"一门学科的统一性，仅仅表现在该门学科所能解决的问题的统一性上"，穆勒的观点可以延伸为以下结论：由于现实的人类行为是经济、政治、伦理等各方面因素共同作用的结果，所以政治经济学或经济学只能"把注意力集中于人类行为的某一特定方面，即稀缺性迫使人类采取的行为方式"[①]。因此，为了与穆勒—罗宾斯传统相对应，把马克思主义经济学定义为研究生产关系即生产的社会内容的范式，充其量只能使其获得与主流范式对等的理论地位。不仅如此，这种定义和划分还使两种范式形成了事实上的互补关系。由此带来了理论上的一种尴尬：在强调马克思主义经济学范式的指导地位的同时，不得不承认并强调主流范式对于解释"社会化大生产的一般规律"是有用的，应该借鉴的。

实际上，马克思主义和非马克思主义经济学对于经济二重性的认识并不存在表面分歧。任何生产过程都既是物质的、技术的过程，也是社会的、历史的过程。重要的是对于二重性关系给予理论说明。如果把二重性的内部联系割裂和对立开来，将其分置两端，以其中的某一个方面来定义范式，这就成了简单的二分法。基于二分法来比较范式，是不可能得出哪个范式更优越的结论的。因为不同范式"选择问题的标准"不一样，"范式辩论总会涉及这个问题：哪一些问题比较值得去解答"。循环论证的特点使范式——不管其说服力有多强——最终只能作为一种劝说的手段（库恩，2003）。

（二）个体主义与整体主义

个体主义与整体主义是另一个二分法的产物。其依据是经典作家批判庸俗经济学对社会经济事实进行了"过度的抽象"，马克思曾经指出，被斯密和李嘉图当作出发点的"单个的孤立的猎人和渔夫"只是大大小小的"鲁滨逊一类故事所造成的美学上的假象"。这种经济学把摆脱了狭隘的自然联系和依附关系的个人当成是历史的起点，但是这样的个人实际上只是18世纪走向成熟的市民社会——"具有迄今为止最发达的社会关系（从这

[①] 布劳格（1990）指出，罗宾斯以现代语言重申了西尼尔—穆勒—凯恩斯的立场。虽然他的定义带有奥地利学派的色彩，但是"现在在每一本价格理论教科书的第一章都有这一定义的回响"。

种观点看来是一般关系）的时代"——的结果。[①]

马克思批判的本体论的个人主义方法论的问题已经被现代主流经济学范式意识到并进行了改造。主流范式转而从实证主义和工具论的角度构建其"理性人"的基本概念。其基本图式是：只有个人才有目标和利益，社会系统及其变迁最终可以追溯为个人行为。而整体主义方法则强调整体对部分行为或功能的制约。因此有关个体行为的解释应该以社会的法律、习俗以及个人在整体中的地位和作用为依据（博兰，2000）。

如果人们不能提出一个超越个体主义工具论的方法，而把马克思主义范式的方法论原则定义为本体论的（制度）整体主义，就会把马克思主义经济学范式暴露在个体主义方法对整体主义方法的批判之下。因为个体主义与整体主义的二分法存在着"无休止倒推"的问题（霍奇逊，1993）。个体和整体都无法取得绝对的第一性地位。由此带来的后果是，人们不得不用"制度选择模型和制度理性模型"来补充马克思主义的历史唯物主义命题（张宇，2002）。这样一来，马克思主义经济学与主流经济学（包括该范式内的新制度经济学）的边界不是变得更清晰了，而是变得更模糊了。

用整体主义方法定义马克思主义经济学范式的偏差在于混淆了整体和总体两个不同的范畴。马克思主义政治经济学强调的是"总体"概念，也就是把个别的、具体的、孤立的经济事实（"具体历史"）理解为"总体历史"的中介环节。"具体历史"和个别事实的"合理性"不取决于它自身或纯粹理性的规定，而是根据它在"总体历史"中的地位和作用确定的。即使我们可以借助自然科学的方法，实证地、完备地获得有关"具体历史"的具有"精确性"和"纯粹性"的事实，但是如果没有总体的历史观，政治经济学就会"把有机地联系着的东西看成是彼此偶然发生关系的、纯粹反思联系中的东西"。[②]

"总体"对个别事实和"具体历史"的优先性与"整体"对部分或个体的"第一性"有着本质的区别。"总体"的优先性是方法论意义上的，即社会经济历史是通过一系列运动和转化的中介环节才得以成为能被理论把握的总体。政治经济学既不存在独立于个别事实或部分之外的"整体"，

---

① 《马克思恩格斯选集》第 2 卷，人民出版社 2012 年版，第 684 页。
② 《马克思恩格斯选集》第 2 卷，人民出版社 2012 年版，第 688 页。

也不存在不进入总体历史的部分或个体。[①]"历史发展总是建立在这样的基础上的：最后的形式总是把过去的形式看成是向着自己发展的各个阶段"。马克思著名的"从抽象上升到具体"的方法论命题只不过是总体方法的一种运用。而在整体主义方法当中，"整体"不仅是"第一性"的，而且具有某种不为部分（个体）所具有的特质。它理所当然地要求把某个"整体"置于理论的开端。但是，把这一"整体"处理为外生变量或约束条件，静态或比较静态的研究就能够彻底转移到个体主义的立场上。由于个体与整体在理论和逻辑上具有对称或等价的地位，把马克思主义政治经济学方法定义为整体主义不可能构成对主流范式的实质性超越。

（三）历史主义与形式主义

历史唯物主义命题在马克思主义理论体系中具有基础性的地位。无论是马克思主义的支持者还是像波普这样的反对者，一致认为这一历史观构成了马克思主义研究纲领的"硬核"。因此，如何认识"历史主义"及其与主流范式的"形式主义"的关系，就成为论证马克思主义范式科学性的重要问题。

马克思在《〈政治经济学批判〉序言》中对历史唯物主义命题作了经典的阐述。[②] 对上述命题最有力的攻击来自波普。通过把马克思主义描述为"历史主义的最纯粹的、最发达的和最危险的形式"，波普宣称"马克思主义的方法是十分贫乏的"。[③] 与此同时，波普认为，辩证逻辑不能构成一种与形式逻辑对等的科学的逻辑理论（波普，1986）。为了维护马克思主义范式并论证历史唯物主义的"科学性"，现代的研究者试图把历史唯物主义命题分解为若干形式主义的命题。比如前面提到的一些学者（林岗、张宇，2001）以及分析哲学的代表人物科亨（1989）。在他们看来，把马克思的历史观分解为"生产力的第一性"，"在历史形成的社会经济结构的整体制约中分析个体经济行为"，"经济关系决定政治法律制度和伦理

---

① 卢卡奇（1992）对此有过一个很好的比喻："对历史的一个方面的描述同对历史作为一个统一过程的描述之间的对立，不是像断代史同通史之间的区别那样只是范围大小的问题，而是方法的对立，观点的对立。"

② 《马克思恩格斯选集》第 2 卷，人民出版社 2012 年版，第 1—5 页。

③ ［英］波普：《开放社会及其敌人》，陆衡等译，中国社会科学出版社 1999 年版，第 140、145—146 等页。

规范"等形式主义的命题，就可以避免把历史唯物主义当成一种含混的历史主义。①

但是，只要把历史主义看成是与形式主义相对立的方法，把历史发展的辩证逻辑看成是与形式逻辑相对立的分析工具，无论形式化的工作多么完备，历史唯物主义命题都摆脱不了人们对其"历史决定论"和"社会进化论"色彩的质疑。它既不能使历史唯物主义命题免受形式逻辑的批评（波普，1989），也无法使其免受"社会境况的逻辑"——把历史唯物主义命题视为"依赖的因果之链"——的批评（波普，1999）。解决历史主义与形式主义的矛盾的办法，并不是给历史唯物主义命题穿上符合主流范式标准的形式主义的外衣。我们无须直接讨论历史唯物主义命题的真伪就可以发现，如果要为其进行辩护，必须坚持并采取马克思主义范式独有的方法论原则。这个核心的方法论原则只能是总体历史观和总体方法，而不是以形式主义为标准。因为形式主义本身只是一种"自身对自身"的关系（即自我定义的符号系统），它无法成为判断事实真实性和理论科学性的充分条件。并且，形式主义对于说明中介范畴相互转化、总体历史逐渐"浮现"的理论构建要求并不是一个合适的工具。正如马克思在批判蒲鲁东时指出的："把运动的逻辑公式看做是一种绝对方法"的思想观点如果"运用到政治经济学的范畴上面，就会得出政治经济学的逻辑学和形而上学……没有'与时间次序相一致的历史'，只有'观念在理性中的顺序'。"②

如果说马克思主义政治经济学范式具有历史主义特征的话，其真正的含义不仅在于它比主流经济学范式更加强调生产的历史性质，而且与强调"具体历史"和个别事实的历史学派不同，它是通过总体方法来把握特定生产方式的内部关系的，也就是把个别的、具体的经济事实理解为"总体历史"发展过程中的一个个中介环节，从它们的矛盾和转化关系中说明历史发展的规律，"对每一种既成的形式都是从不断的运动中，因而也是从

---

① 波普区分了历史唯物主义"两个不同的方面。第一方面是历史主义，主张社会科学的领域应该和历史的或进化论的方法相一致，尤其是和历史相一致。……第二个方面是经济主义（或'唯物主义'），即主张社会的经济组织、我们与自然界进行物质交换的组织，对一切社会制度尤其是对它们的历史发展而言，是基本的"。波普认为，第一种主张应该消除，而第二种主张是很正确的。

② 《马克思恩格斯选集》第 1 卷，人民出版社 2012 年版，第 220—221 页。

它的暂时性方面去理解"。① 比如价值转化为生产价格的所谓"转形问题"。至今仍有不少学者试图为其提供一个符合形式主义标准的答案。② 但是从总体方法的角度来看，马克思提出"转形问题"的目的并不在于获得技术上或形式（逻辑）上的某种推理结果，而是说明资本主义商品生产关系对一般商品生产方式的改造和"扬弃"。"转形问题"对政治经济学的重要性"不存在于生产价格的量上，而是存在于它们的意义和观念上。把转化问题改变成仅仅是计算问题，简直就是把马克思改变成新古典经济学"（施瓦茨，1992）。

马克思主义政治经济学体系中很多在形式主义看来相互矛盾的范畴，比如价值与生产价格的背离，在总体方法看来却是同一逻辑——所有制和所有权——发展的结果。马克思在一段著名的论述中指出："尽管每一个单独考察的交换行为仍遵循交换规律，但占有方式却会发生根本的变革，而这丝毫不触犯与商品生产相适应的所有权。这同一所有权，在产品归生产者所有，生产者用等价物交换等价物，只能靠自己劳动致富的初期，是有效的；在社会财富越来越多地成为那些能不断地重新占有别人无酬劳动的人的财产的资本主义时期，也是有效的。……商品生产按自己本身内在的规律越是发展成为资本主义生产，商品生产的所有权规律也就越是转变为资本主义的占有规律"。③

由此可见，理解和描述总体历史观的工具——辩证逻辑——并不是一种与形式逻辑并列的纯粹的逻辑理论。它和形式逻辑也谈不上对立和冲突。总体方法需要使用辩证逻辑来"摆放"个别事实和具体历史在理论中的位置，因此辩证逻辑的作用主要体现在研究过程中，而形式逻辑的作用主要体现为一种叙述方法。马克思十分清楚二者的区别。他在《资本论》中写道："在形式上，叙述方法必须与研究方法不同。研究必须充分地占有材料，分析它的各种发展形式，探寻这些形式的内在联系。只有这项工作完成以后，现实的运动才能适当地叙述出来。这点一旦做到，材料的生命一旦在观念上反映出来，呈现在我们面前的就好像是一个先验的结构

---

① 《马克思恩格斯全集》第44卷，人民出版社2001年版，第22页。

② 比如"Temporal Single-System"学派，参见 Kliman A., Mcglone T., "A Temporal Single-system Interpretation of Marx's Value Theory", *Review of Political Economy*, No. 1（Nov. 1999），pp. 33–59.

③ 《马克思恩格斯全集》第44卷，人民出版社2001年版，第677—678页。

了。"① 这个看似先验（符合纯粹理性和形式主义标准）的理论结构，其实只是利用辩证逻辑把握社会经济事实及其发展进程的结果。总体的历史"事实上是思维的、理解的产物；但是，决不是处于直观和表象之外或驾于其上而思维着的、自我产生着的概念的产物，而是把直观和表象加工成概念这一过程的产物"②。只有从这个意义上才能理解马克思提出的"历史与逻辑相一致"的命题，而不是把历史主义与形式主义看成不可调和的方法论原则。

四　结束语

施蒂格勒在《经济学家与说教者》中建议人们在 60 岁以前不要考虑经济学的方法论问题。因为方法论问题带有终极性质，凝聚了范式成员秉持的共同信念和价值，是具有形而上性质的"硬核"。③ 但是对于马克思主义政治经济学研究来说，讨论方法论问题却十分必要。因为在诠释和发展马克思主义的过程中，除了显而易见的庸俗见解之外，④ 更值得人们注意的是那些似是而非的深刻见解。今天的马克思主义者仍然有必要把波普的话视为有益的提醒："坚持马克思主义根本上是一种方法，是十分正确的。……谁要评判马克思主义，他就必须把它作为一种方法来深究和批评，也就是说，他必须以方法论的标准来衡量它。"⑤

本文表明，为了应对现代西方主流经济学范式的挑战，把马克思主义经济学纳入范式的分析框架，并基于二分法来比较两种范式的区别，这种做法存在着严重的缺陷：一是"规则"不足以代表或代替"范式"本身；二是用二分法来界定马克思主义经济学范式的边界不仅不能构成对主流范

---

① 《马克思恩格斯全集》第 44 卷，人民出版社 2001 年版，第 21—22 页。

② 《马克思恩格斯选集》第 2 卷，人民出版社 2012 年版，第 701 页。

③ 拉卡托斯认为，科学研究纲领的反面启发法禁止我们将否定后件式对准其中的"硬核"，而应该将其转向作为"保护带"的辅助假说。因此，纲领支持者的方法论决定了"内核"是不可辩驳的，而一个没有"潜在的证伪者"的命题就是"形而上学的"。

④ 一种比较流行的看法是，马克思主义政治经济学的劳动价值学说、剩余价值理论以及社会主义社会取代资本主义生产方式的预言只不过是社会价值观和人文关怀的产物。这种看法把马克思主义及其政治经济学降低了马克思批判过的"人道学派"的水平。参见《马克思恩格斯选集》第 1 卷，人民出版社 2012 年版，第 235 页。

⑤ ［英］波普：《开放社会及其敌人》，陆衡等译，中国社会科学出版社 1999 年版。

式的超越，甚至是一种倒退。如果把马克思主义经济学当成一种范式，就不能简单地在替代或互补的关系中寻求它与主流范式的和解，不能简单地把马克思主义经济学看成仅仅是对新古典范式遗漏因素——历史、制度、国家和阶级等——的补充分析。① 马克思主义政治经济学研究纲领和范式的"硬核"是总体方法。总体历史观对于理解历史唯物主义命题、政治经济学的研究对象等问题具有方法论上的优先性。马克思主义者应该借鉴《资本论》等成功范例传递的信息，将这一方法用于当代经济社会关系分析，并且通过不断发展"保护带"来保持马克思主义经济学的生命力。

---

① 马克思主义者不能因为诺斯对马克思表示的敬意而得意忘形。

马克思主义经济学范式的特征[*]

——兼评后现代主义的马克思主义经济学范式

朱　奎^{**}

一　经济学范式的内涵、特征和意义

库恩认为，范式作为共同体从事科学活动的共同立场，共同使用的认识工具和手段，是一门学科成为科学的必要条件和成熟标志，经济学缺少常规科学所要求的公理化形式或范式，还不能算是科学，所以范式不适用于经济学。^① 但事实上，库恩的范式概念最终还是被引进了经济学，P. 乌尔巴赫在为《新帕尔格雷夫经济学大辞典》写的"范式"条目中确认经济学作为一种范式。范式概念的引入在研究对象、研究方向、研究手段和评价标准等方面对经济学研究起到了重要的作用。

经济学研究的是由具体的经济活动组成的客观历史过程。对于复杂的客观经济过程，人类的认识却只能遵循特定的逻辑思维过程，即把纷呈于感性世界的具体经济问题进行思维的加工，从而把客观的动态系统抽象为主观的经济学对象逻辑。经济学认识过程之所以必须将客观经济学对象转换成主观的经济学对象逻辑，其根本原因在于只有根据主观对象的经济学问题及其逻辑结构，人们才能形成系统、稳定的经济学知识体系。^②

根据问题性质，经济学问题就可以分为规范性问题和分析性问题。规

---

* 本文原载《教学与研究》2007 年第 5 期。

** 朱奎（1974—　），男，江苏宿迁人，华中农业大学马克思主义研究院教授。

① ［美］库恩：《科学革命的结构》，李宝恒、纪树立译，上海科学技术出版社 1980 年版。

② 李蓉、陈志刚：《论范式理论在经济学发展研究中的应用》，《武汉科技大学学报》2006 年第 2 期。

范性问题是一些同经济学思想的基础观念或概念相对应的价值判断或性质规范的问题；而分析性问题则是同经济学对象所包含的各种经济关系相对应的变量和要素相关的问题。在逻辑上，规范性问题的解释和认定通常具有公理属性，而分析性问题在背景上则受规范性问题的制约，显示出演绎的逻辑属性。以上对经济学问题的划分是经济学问题的传统划分方式，如果引入库恩的范式理论，从问题之间的逻辑关系属性上，按照"范式系统"的层次划分法，规范性问题与观念范式是具有同等意义的概念，而操作范式则是对分析性问题的再分和细化。因此，经济学问题可以划分为规范性问题和分析性问题，其中规范性问题是"经济学问题系统"的核心，是分析性问题的始发之源。因此，对范式系统的研究应集中在观念范式上，对问题的研究要集中在操作范式上，只有这样，才能找到范式更替的内在机制和科学发展的内在动力。

观念范式由经济学价值观念的基本判断或基础假设所构成，反映特定历史时期的经济学知识体系的价值观；操作范式是一般分析理论，是由观念范式导出，包含要素关系分析和特例的"混合体"。

在常规科学时期，经济学范式系统处于一个相对稳定的状态，此时，经济学家们的"疑点"集中在操作范式层，观念范式不再是研究的重点，泛泛而论的意见和定性的规范研究开始被冷落，缜密的逻辑推理和严密的实证分析成为主流的研究方向，支配着经济学的分析理论和发展。然而，在某一特定的历史时期，还是可以产生许多不同的经济学流派，这主要是因为经济学流派既可由观念范式的不同而产生，也可由操作范式的不同而产生。

随着常规经济学过程的持续，原有范式被利用的逻辑空间越来越小，可供学者们调整的余地越来越窄，这时在常规经济学后期会出现两种状况：一是传统经济学范式解释力和预测力日渐衰退，反常现象频繁出现并不断积累，传统范式苦心经营；二是新问题新情况在原有范式的逻辑空间或解释能力之外，促使新理论新观点的提出，进行着观念范式层的积累。当常规经济学范式走向尽头时，规范性经济学问题从后台走向前台，取代了常规经济学范式时期以分析问题研究为主的局面，在观念范式层上的学术争论成为研究的焦点，进而产生"范式革命"。①

① 李蓉、陈志刚：《论范式理论在经济学发展研究中的应用》，《武汉科技大学学报》2006年第2期。

二 马克思主义经济学和后现代主义

美国学者斯奎帕尼提（E. Screpanti）在《经济学中的后现代危机与后现代主义革命》一文中，明确界定了经济学现代主义和后现代主义的区别，并以此分析了传统马克思主义经济学和新马克思主义经济学分别具有现代主义和后现代主义特征。他认为，现代主义经济学具备以下四个特征：（1）确信经济学是一门关于"理性人"的个体存在的社会科学；（2）一种实体论的价值论；（3）社会结构均衡论：理性主体之间的关系不可能产生混乱，这种社会的理性均衡观点意味着人类行为可以产生社会秩序；（4）人类主体能根据积极而普遍的既定目标塑造世界。简单说来，现代主义即是"决定论"和"实在论"。①

斯奎帕尼提认为，传统的马克思主义经济学和新古典主义、福利经济学一样，都具有现代主义经济学的上述四个基本特点。他指出，传统马克思主义经济学的要点在于劳动价值论，而该理论的基础就是"劳动创造价值"。劳动不仅仅生产商品，作为社会必需的、抽象的劳动，它还"创造"价值和社会关系。因此，马克思主义的价值论是一种实体主义理论。但是，斯奎帕尼提指出，劳动价值论的确定性与生产价格的不确定性不相容，而且马克思设想的导致资本主义经济关系自我灭亡的四大基本规律：利润率下降、资本的积聚与集中、日益恶化的危机趋势、资本积累的一般规律，无疑是一种历史目的论。斯奎帕尼提认为资本主义的未来无法预测。斯奎帕尼提进而指出，由于后现代主义经济学具有这样的趋势：无人本主义本体论；对实体主义的价值论的否弃；解释社会关系结构时不诉求一般均衡理论；把历史解释成一种目标开放的过程。因此，后现代主义的马克思主义经济学可以弥补马克思经济学的不足：劳动价值论、综合方法和某些阶级分析工具中的整体主义；决定论和历史目的论。显然，所谓的后现代主义的马克思主义经济学是否定劳动价值论和历史唯物主义这两个马克思主义经济学最重要的命题的。

在唯物辩证法的指导下，劳动创造价值是通过规范与实证分析得到的科学结论，而生产价格不过是价值的变异，仍属于价值范畴，价值和生产

---

① 陈志刚：《后现代主义的马克思主义经济学》，《国外理论动态》2001 年第 7 期。

价格是一一对应关系。价值法则作为生产价格法则的基础是这样表现出来的：对于个别生产部门，价值和生产价格一般来说是不一致的，但对于全体生产部门而言，总生产价格是从属于总价值的，价值规律对商品经济的支配作用，是通过生产价格规律的作用体现出来的，根本不存在劳动价值论的确定性与生产价格不确定性不相容这种说法。马克思在《资本论》第三卷中对价值向生产价格转化的分析的确是不完整的，但是马克思的劳动价值论和生产价格理论并没有错，因为如果从动态的角度来看，没有脱离价值的任何生产价格量的增减，也就是说，总生产价格与总价值之间的差额，是有劳动作为它的价值实体的。以 n 部门经济体系为例，其 t 期社会总产品总生产价格与总价值不等是以其投入要素总生产价格与总价值不相等为前提的，而 t 期投入要素总生产价格与总价值不等，又是以 t−1 期总产出中未进入 t 期再生产过程的产品（即 t−1 期总产出中对于 t 期来说为非投入品的部分）总生产价格与总价值不等为前提的，依此类推。如果在社会再生产连续不断进行当中，没有任何产品退出社会再生产过程，那么任一时期的总利润都等于总剩余价值，进而总生产价格也都等于总价值，即剩余价值总额等于利润总额、价值总额等于生产价格总额同时成立。

马克思主义经济学在本质上是建立在唯物主义历史观的基础上的，没有历史唯物主义就没有马克思主义经济学。① 以社会存在决定社会意识原理为核心的一元论的历史唯物主义，把人类社会看作是自然界的一部分，看作是同自然界一样的客观存在；把社会的发展看作是物质的、客观的、不以社会意识为转移的"自然历史过程"。这就是说，人类社会尽管有其特殊性，但它同自然界一样，本质上是客观的物质体系；人类社会由其内部固有的矛盾所推动，同自然界一样，是一个合乎规律的客观的辩证发展过程。历史唯物主义作为唯物辩证的科学历史观，就是这一"自然历史过程"及其一般发展规律的理论再现。

历史唯物主义认为，社会历史发展具有自身固有的客观规律；社会存在决定社会意识，社会意识又反作用于社会存在；生产力和生产关系之间的矛盾，经济基础和上层建筑之间的矛盾是推动社会发展的基本矛盾。历史唯物主义不但得到了严密的逻辑论证，也正在不断地得到历史的验证，包括劳动价值论在内的马克思主义经济学命题均由历史唯物主义导出，后

---

① 《马克思恩格斯选集》第 2 卷，人民出版社 2012 年版，第 8 页。

现代主义的马克思主义经济学否定了劳动价值论和历史唯物主义，显然是抛弃了马克思主义经济学范式的核心命题。斯奎帕尼提把传统的马克思主义经济学与新马克思主义经济学和现代主义以及后现代主义经济学联系起来，这在一定程度上反映了马克思主义经济学在欧美的发展现状，时代的变化，需要马克思主义经济学作出回应和完善，但是马克思主义经济学之所以被称之为马克思主义经济学，总有它的内在规定性。在斯奎帕尼提那里，马克思主义经济学的发展失去了坚实的基础。

三　现代马克思主义经济学的范式特征

霍华德与金认为，马克思主义经济学范式的"硬核"包括四个方面的内容：（1）资本主义社会的阶级性质及其斗争的现实；（2）紧紧抓住社会再生产过程中的关键问题，即资本主义社会繁荣和衰退的情况等等；（3）强调再生产过程的矛盾性，特别是阶级和阶级分化对该制度可能产生的威胁；（4）从"不平衡发展"的概念出发，说明作为一个"世界体系"的资本主义为什么不能平稳而协调的发展。[①] 林岗、张宇等国内学者认为：历史唯物主义的两个基本命题，即生产力决定生产关系、经济基础决定上层建筑，构成了马克思主义政治经济学的分析范式。马克思主义经济学的方法论原则可以归结为五个基本命题：（1）从生产力与生产关系的矛盾运动中解释社会经济制度的变迁；（2）在历史形成的社会经济结构的整体制约中分析个体经济行为；（3）以生产资料所有制为基础确定整个社会经济制度的性质；（4）依据经济关系来理解和说明政治法律制度和伦理规范；（5）通过社会实践实现社会经济发展合规律与合目的的统一。[②] 以上两种有代表性的观点分别从研究对象和方法论的角度来界定马克思主义经济学范式，那么究竟应从什么角度来界定马克思主义经济学范式？

概念、范畴体系和分析方法是区分理论范式的两个最重要标准，也是一个理论范式自我完善的要点所在。在概念和范畴体系方面，马克思主义经济学的发展主要表现在两个方面：其一，澄清所有制、所有权、劳动、劳动力、剩余价值、剩余劳动、资本等概念，使讨论能在共同的基础上展

---

① 方敏：《马克思主义经济学套用范式分析框架的缺陷》，《经济科学》2006 年第 2 期。
② 张宇、孟捷、卢荻：《高级政治经济学》，中国人民大学出版社 2006 年版。

开。其二，从现实中抽象出新的概念并将其增补进来，以使该范式具有更强的时代特色。在分析方法方面的发展也主要表现在两个方面：其一，进一步确立历史唯物主义在研究中的方法论地位。由于受到教条主义的影响，历史唯物主义目前并没有发挥出应有的作用，其方法论地位应进一步确立和巩固。其二，为了使马克思主义经济学更精确、具有短期分析意义，应借鉴一些其他经济学理论的分析方法。

在马克思主义经济学范式的概念和范畴体系中，价值是由抽象劳动凝结在商品中形成的，价值的本质是生产关系，它体现人与人之间被物的外壳所掩盖的社会生产关系。价值是由社会必要劳动时间决定的。商品价值由三部分组成：代表生产上消费掉的，按其价值来说只是转移到产品中去的不变资本的价值部分（C）；补偿可变资本的价值部分（V）；剩余价值的部分（M）。正是在科学完整的劳动价值论基础上，马克思导出了资本主权和劳动主权的对立，马克思主义经济学正是从劳动主权出发，又提出了剩余价值、资本积累、资本运动等理论，阐明了资本主义必然灭亡，社会主义必然胜利这一客观规律。所以，整个马克思主义经济学理论体系是建立在劳动价值论基础之上的，而科学的劳动价值论正是在历史唯物主义方法论的指导下创立的。马克思把历史唯物主义应用到经济学研究中去，发现了劳动和价值的本质，进而建立起了他的经济学概念、范畴体系及一系列命题。

经济学的研究方法主要有两种：一种是哲学分析方法，一种是数学分析方法。西方经济学多采用数学分析方法，而马克思主义经济学采用的基本分析方法是哲学方法，尽管它也常常用数学方法。西方经济学的首要任务是对生产、失业、价格和类似的现象加以描述、分析、解释，并把这些现象联系起来进行系统分析。从总体上说它着重研究的是微观和宏观经济运行中各种经济变量之间的关系，而要分析这些变量之间的关系就得用数学分析方法。马克思主义经济学研究经济制度的本质规定，特别是注重经济关系运动的规律性分析，它建立的各种经济范畴都反映一定的社会关系。马克思主义经济学也分析经济运行，但它对经济运行分析的重点是各种生产关系在经济运行中的作用和调整。

完整地看来，马克思主义经济学范式包括历史唯物主义、规范分析、整体主义方法论等不同层次的方法论，以及劳动价值论、剩余价值理论、危机理论等理论，而劳动价值论和历史唯物主义方法论无疑是最为基础和核心的部分，是马克思主义经济学的"硬核"，具有不可替代的地位，或者可以说，马克思主义经济学观念范式可以简单概括为两条：历史唯物主义方法论和劳动价值论，而马克思主义经济学的操作范式都可以进一步完善或做不同程度的变更。

首先，马克思主义经济学范式应在历史唯物主义这个总的方法论指导下，不断提高在传统经济学中受忽视的实证分析方法的地位，这是因为：（1）经济学在本质上是一门经验科学，应具有应用性。只有认清了现实经济生活"是什么"，才能使得"应该是什么"得到很好的回答。（2）马克思主义经济学的任务研究从批判转变为建设，"致用性"已成为其首要任务。这样就要求马克思主义经济学必须在具体研究方法上进行创新，特别是西方经济学的很多研究方法都值得借鉴，以加强马克思主义经济学实证研究的精确性。但在加强实证研究的同时，我们不能强求本质上具有很强历史科学特性的马克思主义经济学担当起解决一切现实经济问题的职责。

其次，马克思主义经济学的具体理论，如资本理论、利润率理论、地租理论、危机理论等，虽然都是马克思主义经济学操作范式的重要组成部分，但是这些理论都有进一步完善的余地。

总之，马克思主义经济学之所以成为马克思主义经济学，以及区别于其他理论经济学体系的根本在于其历史唯物主义方法论和理论分析起点——劳动价值论，不过应该注意的是，历史唯物主义和劳动价值论在马克思主义经济学范式中不仅仅是作为公理的基本概念和假设，更是得到逻辑论证和实践检验的真理。历史唯物主义和劳动价值论是坚持和完善马克思主义经济学的基点，离开了这一点，就不成其为马克思主义经济学，不论是否冠以"现代主义""后现代主义"等字样。

四　结论

马克思主义经济学本质上是一种历史唯物主义方法论，正是在这种方法论的指导下，马克思建立起了科学的劳动价值论，并以此为基点建立起了系统的马克思主义经济学理论体系。马克思主义经济学中每一层次的方法论无不是从属于历史唯物主义，每一个具体理论命题无不是从劳动价值论导出，因此，历史唯物主义方法论和劳动价值论构成了马克思主义经济学范式的"内涵"，动摇了这两点中的任一点，马克思主义经济学便不复存在。所谓的后现代主义经济学为了"弥补"马克思主义经济学论证逻辑上的"缺陷"及提高对现实的解释力，放弃了历史唯物主义方法论和弱化了劳动价值论这个逻辑起点，显然是对马克思主义经济学的背弃。

马克思主义经济学的操作范式都可以作进一步完善甚至变更，随着经济学理论的发展和时代的变迁，这一点也显得非常有必要。

试论"经济人"*

徐则荣**

亚当·斯密在 1776 年出版了他的主要代表作《国民财富的性质和原因的研究》（简称《国富论》），他在此书中首次对"经济人"思想进行了系统的论述，被视为西方经济学的基本前提和基础，并在其理论体系中始终处于重要地位，至今两百多年不衰，甚至在我国改革开放后也被一些人奉为金科玉律，并广泛应用于社会生活的一切领域，强烈地腐蚀着人们的灵魂，严重威胁着社会主义、共产主义的伟大建设事业。因此，对"经济人"范畴的由来与本质进行认真深入分析，明辨是非，树立正气，已成为当前经济理论战线上一个刻不容缓的迫切任务。

一　经济人的内涵与历史进步意义

亚当·斯密在《国富论》一书中指出，"经济人"的本性是"利己性"，他们从事经济活动的动机是"利己心"，他们的行为会实现个人利益和社会利益的完美结合。他说："我们每天所需的食物和饮料，不是出自屠户、酿酒家或烙面师的恩惠，而是出自他们的自利的打算。我们不说唤起他们利他心的话，而说唤起他们利己心的话。"[①] 在分工基础上的市场竞争中，如果每个人都能自由地追求自己的最大利益，最终会实现社会利益，因为"他受一只看不见的手的指导，去尽力达到一个并非他本意想要

---

　* 本文原载《当代经济研究》2007 年第 2 期。

　** 徐则荣（1970—　），女，甘肃兰州人，首都经济贸易大学教授，博士生导师，兼任中华外国经济学说研究会副秘书长，长期从事西方经济学与中国现实问题研究。

　① ［英］亚当·斯密：《国民财富的性质和原因的研究》，郭大力、王亚南译，商务印书馆1981 年版，第 14 页。

达到的目的。也并不因为是非出于本意，就对社会有害。他追求自己的利益，往往使他能比在真正出于本意的情况下更有效地促进社会的利益"①。据此，威廉·西尼尔把"经济人"的自利动机概括为"财富最大化"，"每一个人都希望以尽可能少的牺牲取得更多的财富"。②尽管西尼尔承认人们也追求荣誉、闲暇、公益等精神上的满足，但这一切都是建立在财富满足的基础上。约翰·穆勒在抽象的层面上比西尼尔更进一步，他指出应当把人的各种活动的经济方面抽象出来，在此基础上对"经济人"作出界定，使它与政治经济学的研究对象联系起来。

在亚当·斯密、约翰·穆勒关于"经济人"的论述的基础上，新古典经济学一方面不仅将"经济人"的利益涵义扩大化和数量化，而且与人的主观评价联系在一起，得出生产者追求利润的最大化，消费者追求效用的最大化。帕累托从追求社会的最优状态出发，不仅明确提出"经济人"概念，而且明确提出"理性"概念。他的理性概念把"经济人"置于完全竞争的市场环境，假定"经济人"具有进行决策的全部信息且获取信息的成本为零，具有完全精确计算的能力，从而能够通过成本—收益分析来对所面临的各种机会、目标及实现目标的手段进行权衡比较，以便找出一个方案，这个方案能够使收益和成本之差最大化。这就是所谓的完全理性假设。至此，新古典经济学的"经济人"假设具有理论形式上的完美性，这一假设所包含的基本内容是：（1）个人参与经济活动寻求的最大利益是单一的物质财富的效用函数；（2）"经济人"是完全理性的。"经济人"假设是新古典经济学理论大厦的基石，后来的经济学家对"经济人"的补充和修正也主要是围绕着这两点进行的。

对"经济人"的补充和修正主要从三个不同的角度展开：一是从人的有限理性和人们追求满意解的角度对完全理性和最大化解的修正，其代表人物为西蒙；二是从非财富的最大化角度对效用函数的修正，其代表人物为诺思和威廉姆森；三是莱宾斯坦用"X效率理论"对最大化假设进行修正。

西蒙从人的有限理性和人们追求满意解的角度对"经济人"进行修

① ［英］亚当·斯密：《国民财富的性质和原因的研究》，郭大力、王亚南译，商务印书馆1981年版，第27页。

② ［英］威廉·西尼尔：《政治经济学大纲》，蔡受百译，商务印书馆1977年版，第46页。

正。他认为，由于环境的不确定性和信息的不完全及人类认识能力有限，人们在决策过程中要了解所有的备选方案和实施结果是不可能的。因此，决策过程中人们追求的并非最优解，而是满意解。① 他曾以著名的"寻针"案例来证明自己的有限理性观点的正确性。这个例子是说：要在一个草垛里寻找分散的一些缝衣针，按照满意标准，寻针者只要能够找到能缝衣的针就会停止寻找，而不会再去找最好最尖的针。若继续寻找，增加的费用就要大于寻找的边际收益。② 西蒙的有限理性说因修正了最大化的约束条件而使"经济人"概念得到进一步完善。

新制度经济学的代表人物诺思从非财富的最大化角度对"经济人"进行修正。他指出："人类行为比经济学家模型中的个人效用函数所包含的内容更为复杂。有许多情况不仅是一种财富的最大化行为，而是利他的和自我施加的约束，它们会根本改变人们实际作出选择的结果。"③ 他认为新古典经济学的"经济人"理论未解释人们的利他行为，经济学需要超越个人主义的成本—收益计算原则，他把诸如利他主义、意识形态和自愿负担约束等其他非财富最大化行为引入个人预期效用函数，从而建立了更加复杂的、更接近于现实的人性假设。新制度经济学的另一代表人物威廉姆森认为经济人的自利行为，常常走到机会主义上去，也就是说，经济人都自利，不但自利，只要能够利己，就不惜代价损人。显然，机会主义倾向假设实际上是对追求自身利益最大化假设的重要补充，使经济人假设更加接近现实。

1966 年哈佛大学教授莱宾斯坦抓住新古典经济学基本假设与现实不一致的缺点，用"X 效率理论"对"经济人"进行修正。所谓"X 效率理论"是指生产组织内部因错过了充分利用现有资源的机会而造成的某种类型的低效率。也就是说，人们在生产中的行为并非最大化。

我们承认，"经济人"在以私有制为基础的市场经济中是客观存在的，它对促进商品经济的发展，推动社会进步发挥了重要的作用。其主要表现在：第一，它第一次从理论上揭示了人们在现实生活中追求物质

---

① ［美］赫伯特·西蒙：《管理行为》，杨砾等译，北京经济学院出版社 1988 年版，第 7 页。

② ［美］赫伯特·西蒙：《现代决策理论基础》，杨烁、徐立译，北京经济学院出版社 1989 年版，第 70—83 页。

③ ［美］诺思：《制度、制度变迁与经济绩效》，刘守英译，上海三联书店 1994 年版，第 27 页。

利益的客观必然性及其对推动社会经济发展的极端重要性。在封建专制制度下，封建统治者为了维护他们的统治，在思想意识上向人民灌输"禁欲"观念不仅压抑了人们的自由发展，泯灭了人们的进取心，而且极大地束缚了生产力的发展。"经济人"的提出揭示了资产阶级对物质财富的追求，从而大大有利于资本主义生产方式的建立和发展。第二，它明确地将人置于经济研究的首要地位，强调了人的作用和价值，主张发挥人的自由和创造力。在一定范围内对个人利益的追求可以激发人们的积极性，促进商品经济的发展。第三，它在一定意义上为人们把握经济运行的内在规律提供了一个机会，使人们看到在微观经济领域有望通过一只"看不见的手"的指引，在一定程度上能把无数"经济人"的自发活动引入稳定有序的进程之中。

但是，我们也可以看到，"经济人"假设是资本主义市场经济关系的经济范畴，它仅具有相对的客观合理性，如果把它一般化、绝对化、永恒化就未必妥当。

二 "经济人"假说的由来与历史局限性和非科学性

"经济人"假说从抽象的人性论出发，认为人的本性是利己的，道金斯的《自私的基因》、威尔逊的《论人类的天性》都从生物学论证人类的自利本性是生物基因的延续。显然这种观点是不科学的，其错误主要在于混淆了人的本能和本性这两个概念。在历史唯物主义看来，人的本能主要指其作为生物体而具有的特征，如吃、喝、求生避死、传宗接代等等；而人的本性是"在其现实性上，它是一切社会关系的总和"①。

所谓"自私"是指一种思想意识，属于上层建筑的范畴。社会存在决定社会意识，经济基础决定上层建筑，作为思想意识形态范畴的"自私"，是由经济基础决定的。在原始社会，十分落后的生产力以及原始公社的生产关系决定了人们头脑中没有自私这个概念，人们会自觉地在部落成员间平均分配一切劳动成果。原始社会瓦解后，在奴隶制、封建制下，虽然是私有制社会，但由于奴隶依附于奴隶主、农奴依附于农奴主，绝大多数的

---

① 《马克思恩格斯选集》第1卷，人民出版社2012年版，第135页。

人还不可能有独立自主、自由平等地谋取个人利益最大化的基础和条件，利己主义未能得到普遍充分的发挥。只是到了资本主义社会，随着商品经济和社会分工的发展，绝大多数人摆脱了人身依附关系，他们才逐渐具有利己要求的意识。斯密就是在这种历史条件下，才作出"经济人"的理论概括。可见，"经济人"是资本主义私有制条件下的产物，并非抽象普遍的人性，既不是从来就有的，也不是永恒存在的。

三　在中国特色社会主义条件下经济当事人的行为动机分析

马克思主义并不是不重视个人利益的。马克思说："人们为之奋斗的一切，都同他们的利益有关。"① 利益的内涵是多层次的，从利益的范围看，有国家与民族的利益、阶级的利益、地区的利益、单位的利益、集团的利益、个人的利益。马克思承认个人利益，但是不承认脱离一定时代、一定经济社会关系的孤立的、纯粹的私人利益。他说："各个人的出发点总是他们自己，不过当然是处于既有的历史条件和关系范围之内的自己，而不是玄想家们所理解的'纯粹的'个人。"② 马克思还说："关键倒是在于：私人利益本身已经是社会所决定的利益，而且只有在社会所设定的条件下并使用社会所提供的手段，才能达到；也就是说，私人利益是与这些条件和手段的再生产相联系的。这是私人利益；但它的内容以及实现的形式和手段则是由不以任何人为转移的社会条件决定的。"③ 在这里，马克思不仅明确地把私人利益看作是"社会所决定的利益"，而且把私人利益实现的形式和手段也看作是一定的"社会所决定的"。

马克思的历史唯物主义说明，利己主义只是在一定社会经济历史条件下的产物。在原始社会，由于没有私有财产和独立的个人利益，集体利益和个人利益融为一体，共生共存。随着社会分工和交换的发展，人类依次经历了以私有制为基础的奴隶社会、封建社会和资本主义社会，出现了对

---

① 《马克思恩格斯全集》第 1 卷，人民出版社 1995 年版，第 187 页。
② 《马克思恩格斯选集》第 1 卷，人民出版社 1995 年版，第 119 页。
③ 《马克思恩格斯全集》第 30 卷，人民出版社 1995 年版，第 106 页。

立的阶级和阶级利益，但由于奴隶社会和封建社会存在严重的人身依附关系和等级特权，广大人民的私人利益没有得以体现。只是到了资本主义社会，资产阶级依靠拥有资本而疯狂地追求剩余价值，人性自私的"经济人"是人格化的资本在资本主义私有制和市场经济中的表现。在近代社会化大生产和无产阶级发展壮大的基础上，产生了"消灭私有制"和建立社会所有制的社会主义、共产主义理想，同时也产生了在劳动的联合中求个人利益，在阶级、民族的生存和解放中求个人生存和解放，在公有经济的发展中求个人发展的集体主义思想。马克思主义的利益观明确地告诉我们，在社会主义社会和未来的共产主义社会，个人利益寓于集体利益之中，集体利益代表的是大多数人共同的个人利益，而不是少数剥削者的私利；它追求的是社会利益与个人利益根本一致基础上的辩证统一，引导人们在增进社会利益的过程中实现个人利益。在国家利益、集体利益和个人利益间，国家利益高于集体利益和个人利益，集体利益和个人利益服从国家利益；在集体利益和个人利益间，集体利益高于个人利益，个人利益服从集体利益。

目前，在我国以公有制为主体、国有经济为主导、多种经济成分并存的社会主义市场经济运行中，国有企业是社会主义市场经济的微观基础，它作为企业法人当然要以谋取本企业最大利润为目的，但它作为全民所有财产的一个组成部分，它还要符合全民的整体利益。要模范地遵守国家的政策法令，服从国家的宏观经济政策和微观经济的规制要求。当企业利益和国家利益发生矛盾时，企业应当把国家利益放在首位，而绝不能相反。集体企业是比国有企业具有更大自主性的公有企业，但它毕竟是社会主义性质的企业，它必须服从国家产业政策和其他经济政策的要求，必须在国有经济的主导下、在符合国家利益的前提下，追求本企业的利益。只有私营企业才是以获取剩余价值为其唯一生产的目的，因此可以说是完全的"经济人"。对于广大的居民，他们作为市场经济的一个主体，其追求个人利益是正当的，但他们同时又是国家的主人，从本质上讲是乐意而且情愿遵循个人利益服从国家利益和集体利益的。

然而近些年有些人却不分青红皂白地把一切经济当事人甚至把一切人都视为利己主义的"经济人"，大肆散布泛化"经济人"的种种错误观点，强烈地腐蚀着一些人的思想灵魂，严重威胁着社会主义、共产主义的伟大建设事业，对此我们绝不能等闲视之。

四 对泛化"经济人"的种种观点辨析

1. 自私与生俱来论。有的人认为，自私是人的天性，是由遗传基因决定的，即使人们有利他的行为和动机，那也是为了利己，张五常就说："生物学已开始找到证据，证明和皮肤色素一样，人性自私是遗传而不可改变的。"这种将自私看成是人的本性的根本错误在于混淆了人的本性和本能，是用生物学的研究取代经济学的研究，是与马克思关于人的本质论根本对立的一种唯心主义观。它的实质就在于鼓吹私有化和私有制永恒论。

2. 自私是动力源论。有的人认为，人们做任何一件事情的动力只有一个，那就是为了自己，自私心是社会发展的"原动力"，"人为财死，鸟为食亡"是千百年来人们对自身经济行为的总结，揭示的是一个浅白而又深刻的经济学原理。必须指出这种认识是极其荒谬的，利己主义是在以私有制为基础的一定社会历史条件下的产物，而不是从来就有的，也不是在任何情况下都存在的。作为一个社会的人，特别是在社会主义制度下的广大劳动者既有个人物质利益的要求，更有对于国家利益、社会公益的信仰和追求。

3. 经济学家是经济人论。持此种观点的人公开鼓吹"经济学者作为经济人，也追求自身利益，必然会出现代表社会不同利益集团说话，为不同利益集团服务的经济学家"[①]。我们不能否认，由于经济学具有阶级性，所以每一位经济学者不管他主观上是否意识到，在客观上都是从某一个阶级或群体的利益出发，都是自觉或不自觉地为某个阶级或群体的利益工作，而不是从他个人狭隘的利己主义出发。然而，正因为如此，他的研究成果类似"公共物品"，其享受者是众多的人，而不是某一个人。所以，经济学家和广大读者或享受者之间的关系绝不是一般商品生产者和消费者之间的买卖关系，从而经济学家也就不是市场经济领域中的经济人，而是从事意识形态工作的学者。

4. 官员是经济人论。受西方公共选择学派的影响，我国有些学者主张政府官员也是经济人，否则官僚恶习盛行、腐败受贿泛滥，最终将严重阻

---

① 林立：《经济学的发展需要更加成熟、更高层次的论争——〈中国经济大论战〉出版座谈会侧记》，《经济研究》1996 年第 6 期。

碍经济与社会的发展。必须明确，我们社会主义国家的政府官员是人民的公仆，是以为人民服务为宗旨的。上述言论恰恰倒因为果，把贪污腐败看成是不承认官员是经济人的结果，实际上，正是因为有些政府官员变成了"经济人"，他们的利己行为才导致他们成为贪污犯。

5. 金钱至上论。有的主流精英积极鼓吹"只有低头向钱看，才能抬头向前看"的庸俗的金钱拜物教的利己主义观点，把只顾自己"低头"捞钱视为社会普遍应当遵循的行动准则，似乎舍此就不能"向前看"。

五 "经济人"泛滥的严重后果

近些年，在上述"经济人"错误言论的影响下，有些国有企业在所谓的"管理层收购"中，为了个人私利，不惜对国有资产低价出售，造成国有资产的大量流失；有些企业为了自己的利益，偷税漏税，假冒伪劣产品充斥市场，坑害百姓利益和危及人民生命安全；有些政府官员将其手中所拥有的权力变成了谋私利的条件和资本，贪污腐败、假公济私成风；有些地方政府和地方政府职能部门为了追求本部门的特殊利益，有令不行，有禁不止，"上有政策、下有对策"；不少部门职业道德水平下降，医生收红包，机关开后门，教育乱收费，建筑豆腐渣工程；国有企业愈益私有化、外资化，它们正在削弱、破坏社会主义的经济基础，最后必将危及社会主义政权。

经济基础决定意识形态，同时意识形态对经济基础起着强烈的反作用。因此，要实现共产党人的宗旨和远大理想，必须与私有观念"实行最彻底的决裂。"（《共产党宣言》语）若视自私为人的本性，让"经济人"论泛化横行，就无异于全盘否定马克思主义的理论和共产主义的理想。当然在我国尚有多种经济存在的前提下，自私心理的广泛存在是不可避免的，但不能任其泛滥，必须把远大理想信念和大公无私的道德教育与当前实际结合起来，不断提高人们的思想道德水平，树立科学的社会主义道德观和意识观。

公平与效率关系探析[*]

丁晓钦[**]

多年来，我国学术界一直以公平与效率关系为重点展开了公平与效率问题的热烈讨论，主要有这样一些观点，即效率优先论与公平优先论、效率优先兼顾公平论、公平与效率并重论、公平与效率正反同向交促互补论以及其他具体分析论。这些讨论虽取得了一些成绩，但离统一认识的形成相距尚远。究其原因，我们认为主要有两点问题：第一，一些观点将公平与效率看作两件事物，孤立地加以看待。因此，讨论的各种答案实际上只不过是罗列了有关两种事物关系的各种可能性：效率优先，公平优先，公平与效率交替，效率优先兼顾公平，等等。第二，也是更关键的，抽象地讨论公平、效率，不清楚公平问题的实质。我们认为：（1）效率也具有价值取向；（2）公平作为评价范畴，要提升到社会历史哲学高度才能正确加以把握；（3）公平与效率是同一生产关系决定的、不可分离的两个方面。公平与效率能够兼顾，也只能兼顾，"鱼和熊掌"应兼得之。理由是，一方面，从根本上说，公平状况和效率状况是由生产关系状况决定的，尽管人们对生产关系状况的错误认识会导致公平和效率状况的扭曲；另一方面，人作为社会历史主体又具有目的性、能动性，在一定范围内、一定程度上通过变革生产关系能够造成新的公平状况和效率状况，其实质也就是兼顾了公平与效率。促进公平、提高效率的途径有两条：一是生产关系的

　＊　本文原载《海派经济学》2004 年第 7 期。

　＊＊　丁晓钦（1977 —　），男，江苏泰兴人，上海财经大学讲席教授，博士生导师，中央"马工程"专家。现任上海财经大学海派经济学研究院副院长，上海财经大学中国特色社会主义政治经济学研究中心副主任，《海派经济学》（CSSCI）副主编，《政治经济学研究》副主编，World Review of Political Economy（ESCI）编辑部主任，兼任世界政治经济学学会秘书长、常务理事，中国政治经济学学会常务理事，中华外国经济学说研究会常务理事。

革命；二是生产关系的变革。

一 关于公平与效率关系的不同观点

（一）效率优先论与公平优先论

这是两种尖锐对立的观点。从它们各自主张的理由和争论中，我们可以看出它们过于抽象地、绝对地看待效率与公平问题。效率与公平只能是现实生产关系的效率与公平。自由与平等总是受现实社会关系规定的，并非可以彼此绝对分离。（1）效率优先的理由，从政治上说是尊重个人"自由"，主要指经济竞争自由、个人发挥聪明才智和择业自由、企业经营自由，生产要素供给者由此获得自发的主动性、积极性。效率优先也是对个人努力的奖励。国家干预经济会侵犯个人自由，其实是以一种不平等代替另一种不平等。从经济上说，效率优先强调发挥市场机制在资源配置中的作用。完全竞争市场经济使每个人都成为市场行为主体，都对自己的经济活动结果负责，不完全竞争市场比没有市场好。收入差距可以产生一种激励机制，再分配使收入均等化，低储蓄率、减少投资、阻碍经济发展反而使穷人更穷。从伦理上说，政府采取的公平分配措施会产生道德危机。（2）公平优先论的反驳与理由，从政治上说，国家干预不必然是对个人"自由"的侵犯。市场经济不是无"笼子"经济，市场上的公平竞争是以政治上公平为前提的。一方面，政治上的公平原则不允许任何人以行政权力把一些企业排除在经济竞争的赛场之外，或让某些企业在小范围内竞赛；另一方面，它又让所有企业遵循共同的规则，保证规则的公正和执行规则的公正。许多发展中国家虽然也按市场机制配置资源，但不能达到优化配置，其中一个根本原因就在于政治上的公平原则得不到贯彻。从经济上说，较均等的收入和较大差距的收入分配都可能达到帕累托最优。分配上的差距与储蓄无必然联系，收入差距未必是一种激励机制。政府干预控制公共事业部门、关系国计民生的企业对于任何一个国家都是必要的。市场机制促进效率的作用必须通过平等的双方的平等交易才能发挥出来，没有公平的交易市场，社会资源无法达到最优配置。经济上的公平原则强调经济竞争过程平等、竞争规则对所有人同等有效、所有人的劳动都有同等的价值，这有助于克服市场不完善性（其表现为商品市场和要素市场组织不严密、价格体系严重扭曲、信息严重缺乏和不确定、缺乏有效的竞争等)。从伦理上说，政府采取公平措施并不必然导致道德危机。企业家不但受金钱激励，而且受社会地位、政治地位、事业心成就感等激励。所有人都是在人格上平等的，都有生存和发展权，保障社会成员过上基本的文明生活是国家的责任、社会的义务。

（二）效率优先兼顾公平论

有人认为效率优先、兼顾公平，专指我国目前市场经济条件下的分配制度（原则）。他们将公平分为市场公平与社会公平两种。将效率限定为由于收入分配的变化而引起的人们劳动生产率的变化，而不是指外在于收入分配的经济效率本身。他们认为人的积极性、创造性和进取精神是经济效率的源泉，它们取决于市场公平的竞争机制。没有公平的效率只能是皮鞭下的效率和饥饿压力下的效率。市场公平的核心是机会均等，表现为平等的市场参与权、市场竞争权、市场经营权，关键是公平的市场规则之有无、本身是否公平、是否被公正有效地执行。效率为社会公平提供物质基础，高效率基础上才能有高水平的社会公平。市场公平在其动态过程中还存在着事实上的不公平，如获得机会的条件不同、天赋、能力差异、起点不平等等等，表现为财富与收入差距。合理的收入差距体现奖惩机制，但是过分悬殊的收入差距使一些人自暴自弃甚至威胁社会安定。国家必须利用经济、政治、行政、法律等手段调节收入差距，实现社会相对公平。社会公平促进效率进一步提高。

（三）公平与效率并重论

在贫富差距已经出现的情况下，如何正确看待"效率优先，兼顾公平"的分配原则呢？刘国光认为："我国之所以提出'效率优先，兼顾公平'原则，其意图就是要为社会提供有效的激励机制，让一部分人通过诚实劳动和合法经营先富起来，从而带动社会大多数共同富裕。"[1] 但是，对这一原则的准确性和实际效果，尚需进一步认识。刘国光指出，随着效率问题的相对解决，公平问题会逐步成为需要重点考虑和着力解决的问题。

---

[1] 杨波：《当前经济形势及存在问题——访著名经济学家刘国光教授》，《解放日报》2003年11月17日。

现在已经到了提出和解决这个问题的时候了。早在 1992 年，邓小平就指出：对于贫富差距，什么时候提出和解决这个问题，在什么基础上提出和解决这个问题，要研究；可以设想，在 20 世纪末达到小康水平的时候，就要初步提出并解决这个问题。当然，我们不能强行提出降低基尼系数，实行公平分配原则，而只能逐步加重公平的分量，减缓基尼系数扩大的幅度。逐步从"效率优先，兼顾公平"向"公平、效率并重"或者"公平效率优化结合"转换。

（四）公平与效率正反同向交促互补论

公平和效率，千百年来一直是人类社会追求的两大神圣目标，但也是人类经济生活中的一对基本矛盾，有人认为公平与效率的关系是让当代经济学家们感到困惑的"斯芬克司之谜"，有人将这一矛盾的解决称作经济学说史上的"哥德巴赫猜想"，其原因是"社会经济资源的配置效率是人类经济活动追求的目标，而经济主体在社会生产中的起点、机会、过程和结果的公平，也是人类经济活动追求的目标，这两大目标之间的内在关联和制度安排，就成为各派经济学解答不尽的两难选择"①。对此，上海财经大学海派经济学研究中心主任、著名经济学家程恩富教授（1996）有其独特的见解。他提出公平与效率的正反同向交促互补论，认为当代公平与效率最优结合的载体是市场型按劳分配。"按劳分配显示的经济公平，具体表现为含有差别性的劳动的平等和产品分配的平等。这种在起点、机会、过程和结果方面既有差别又是平等的分配制度，相对于按资分配，客观上是最公平的，也不存在公平与效率哪个优先的问题（只有从非公有制存在等其他意义上才能说'效率优先'）。"②尽管我国法律允许按资分配这种不公平因素及其制度的局部存在，但并不意味着其经济性质就是没有无偿占有他人劳动的公平分配。可见，按劳分配式的经济公平具有客观性、阶级性和相对性。同时，只要不把这种公平曲解为收入和财富上的"平均"或"均等"，通过有效的市场竞争和国家政策调节，按劳分配不论从微观或宏观角度来看，都必然会直接和间接地促进效率的提高。这是因为，市场竞争所形成的按劳取酬的合理收入差距，已经能最大限度地发挥人的潜

---

① 程恩富：《关于公平与效率的若干思考》，《社会科学》1996 年第 8 期。
② 程恩富：《关于公平与效率的若干思考》，《社会科学》1996 年第 8 期。

力，使劳动资源在社会规模上得到优化配置。

（五）关于公平与效率关系的其他不同观点

不少人从不同思路上认识到，对公平与效率问题宜作具体分析。（1）有些学者认为，随着考察问题的背景、视野的变化，公平与效率的关系会发生明显的变化。在社会—历史哲学中，是以公平正义说明、规定效率的。从社会学角度看，因为本质上或发源上的一源性演变为生活存在中的彼此互相作用和共在性、多源性，有时彼此甚至成为解决自身问题不可缺少的前提与条件，公平与效率应当兼顾。在经济学或经济活动领域，则效率天然地优先于公平，只是在一种广义的、可持续发展的效率意义上，经济活动也联系到公平。在伦理学上，公平又是优先的，指人格平等，人人都有生存、发展权。（2）另有人认为，人类活动的政治、经济、文化三大领域在市场经济社会与非市场经济社会的关系是不同的，必须把诸领域的相对分离作为一个基本前提，由此出发探讨市场经济条件下公平与效率的具体关系。接着，他们又指出公平与效率关系的不对称性：A. 因为政治经济关系的不对称性，经济活动虽要预设一定的政治形式为条件，但其自身却并不包含政治成分，政治作为一种形式它不仅以经济为条件，且复以经济为自身基本内容。B. 因为效率总是就一个过程而言，效率是单义的，而公平却是指一种状态，对于一个过程来说，至少可分为起点与结果两端来评价，还包括过程本身是否公平。C. 公平本身就具有价值意义。效率与人的生产目的相联系才具有价值意义。在此基础上，他们进一步认为，就起点公平与效率的关系而言，两者是完全统一的；结果公平与效率的关系有三种情形：强一致、弱一致或弱相关、相斥。对于弱相关情形，两方面各有很大的独立性，因此在客观上也不存在那种非此即彼或此消彼长的关系，从而无须人们对之作出比较性选择，而只需根据各自领域的需要和可能去独立进行。真正需要抉择的是相斥情形，抉择的基本原则是实现两者兼顾或均衡，考虑实现均衡的办法时，又认为在事先限制和事后补偿两种方式中只宜选用后者。（3）还有人从方法论上指出，平等与效率抉择应是多元取向的统一，即综合考虑伦理道德取向、经济发展的动力取向、制度取向和国情取向。具体分析论克服了效率优先论和公平优先论抽象讨论公平与效率问题的缺点，深化了对公平与效率问题的认识，但对公平与效率的联系认识不够，使解决这一问题的方案缺乏可操作性。

二　效率同样具有价值取向

关于效率，目前学术界主要有三种不同的理解：（1）投入产出效率，指资源投入与生产产出之间的比率；（2）帕累托效率，即资源配置效率，指社会资源的配置已达到这样一种境界：任一种资源的重新配置都不可能使一个人福利增加而不使另一个人的福利减少；（3）社会整体效率，指社会生产对提高社会全体成员生活质量，促进社会发展的能力。这三种不同定义反映出人们衡量和评价生产能力的不同着重点。投入产出效率与公平关系不大，因其是以资源配置为既定量来衡量生产能力的，它还有一个缺点是不联系生产目的。在一定条件下，投入产出效率越高对生产者越不利，如资本主义经济危机时期的情形或社会主义计划经济体制下产品积压时的情形。帕累托效率是福利经济学家提出的概念，特指市场经济条件下，以完全竞争市场为假设，社会资源的最优配置。它的用意是将效率与社会福利联系起来。但是，（1）完全竞争市场在现实中并不存在；（2）资源配置最优并不一定使个人福利最大化。一种多数人一无所有而少数人无所不有的状态事实上也可能是帕累托状态，因为帕累托效率所谓"人尽其才，物尽其用"是以市场有效需求来衡量的，即使多生产些满足饥民日常生活的必需品，也因饥民买不起而被认为是浪费，而且这种状况无需改变，因为改善不幸的多数人的福利可能要以降低优越的少数人的福利为条件。（3）帕累托效率不能告诉我们无效率的根源究竟在于生产资料在生产者中的配给方面，在于生产的实际组织方式，还是在于分配产品的机制中。与帕累托效率不同，社会整体效率着重考察社会生产对于改善人民生活、提高生活质量、促进社会发展和进步的能力，既考虑生产者效益又考虑消费者效用。在社会化大生产和市场经济体制下，生产与消费具有相对分离的特点，生产者效益与消费者效用可能发生矛盾。如从效益观点看，高档消费品生产对生产者有利，是有效率的，但由于它们只能满足少数人需要，对于改善绝大多数社会成员生活水平就不一定有效率。

可见，效率也具有价值取向，联系生产目的衡量和评价生产能力是社会进步、人类活动自觉性增强的表现，这是我们在考虑公平与效率问题时值得十分重视的。如果公平与效率能够分出孰先孰后的话，那么在考虑公平优先还是效率优先之前先要问我们要什么样的效率？

三 从社会历史哲学的高度来认识公平

公平概念歧义更多，大多数人以"什么是公平的"来定义公平，这是造成公平概念混乱的主要原因。严格地说，公平的概念是唯一的，它回答"公平是什么"或"什么是公平"。公平标准是历史地变化的，它回答"什么是公平的"。尽管如此，我们的讨论可以从大家基本认可的地方开始。

绝大多数研究者都同意公平是一个评价范畴，评价的对象是社会关系（即广义的生产关系，下同）中涉及权利、利益的方面，公平是指向权利、利益关系的。但是，他们没有进一步考察公平评价在社会意识体系中的位置，没有进一步分析对社会关系作公平评价与对之作道德评价、法律评价或其他评价的区别和联系，没有深入探究权利、利益背后的东西。

我们认为，公平评价作为价值意识处于社会意识一般与具体意识（意识形态等）的中介位置，通过评价，人们将社会意识一般具体化为具体意识。因此，人们通常将公平分为政治、经济、伦理三个层次，其实是混淆了价值意识与具体意识的关系，也就不能深刻把握公平问题的实质。政治公平、经济公平、伦理公平不是依据不同的公平标准而表现出层次性，而只是根据同一公平标准衡量的不同领域，正像政治道德、经济道德或者政治法律、经济法律不是不同的道德层次或法律层次一样。

社会关系是具体的、现实的，又是历史的、发展的，既具有现实合理性的一面，又具有现实的自我否定性的一面。道德评价、法律评价主要从现实合理性上评价社会关系，公平评价则着重从现实合理性与历史性统一的角度评价社会关系。道德、法律通常也具有历史性，这种历史性是指道德、法律标准，是历史地演变的，而不是指道德、法律标准本身是依据于历史性的。公平的历史性不仅表现为不同公平标准演变的历史性，而且更主要的表现为公平标准本身就依据于历史性，它是根据社会关系的现实合理性与历史性相统一的原则来判断的。只有上升到历史哲学的高度，才能正确把握公平问题的实质。从现实合理性看，公平问题产生于现实与过去的不一致；从现实历史性看，公平问题产生于现实与未来（理想）的差别。社会公平问题的实质是社会关系的历史合理性问题，社会公平的原则应该是合规律性与合目的性的统一。

表面上看，公平评价是指向权利、利益平等或不平等的。其实，公平评价是指向权利、利益背后的东西，特别是造成权利、利益平等或不平等的规则性原因。不分析平等与不平等的原因是不能作出公平与不公平判断的，尽管日常生活中人们作出判断时往往简略或省略这一分析。这种分析各以分析者（即评价者）对社会关系"应然"状况的假说为前提。尽管因为评价主体不同，公平标准也因此而不同，但无论是谁，他的公平标准都是以他所把握的现实合理性与历史性相统一的原则为依据的。不同公平标准体现出评价者对社会历史的不同看法，包含不同的社会观、人生观、历史观。正因为公平评价必然涉及应然、实然关系，所以它必然是历史性的。

四　公平与效率是同一生产关系的两个方面

首先，生产关系的公平方面和效率方面。生产关系是生产者借以进行生产的各种关系，既指生产过程中生产者对自然的关系，也指生产者相互之间的关系。前者是生产关系的效率方面，后者是生产关系的公平方面。作为生产关系方面的生产者对自然的关系，指生产要素的结合方式，即狭义的生产方式，不同于作为生产力方面的生产者对自然的关系。前者指生产效率，后者指生产力。生产力是人们在生产实践过程中形成的改造和影响自然并使它适应社会需要的物质成果，生产效率是对这种物质成果的使用。前者是可能性上的生产力，后者是实际的生产力。如在可能性上，机器磨的生产力高于手推磨。但是，如果让戴脚镣的劳动力操纵机器磨，不一定能比自由人使用手推磨效率更高；同样是使用手推磨，戴脚镣的劳动力与自由劳动力的实际生产力也不会相同。生产要素是在劳动过程中发挥职能的因素，指劳动力和生产资料。生产要素的结合方式就其物质内容而言，是生产者与自然的关系，即考虑如何使用品质和稀缺度不同的资源以及体力和脑力存在差异的劳动力。生产要素的结合方式就其社会形式而言，是生产者相互之间的关系。两者是生产关系既相区别又相联系、不可分离的两个方面。

其次，促进公平、提高效率的途径是对同一生产关系的变革。对于一个既定生产关系来说，其公平与效率方面都是既定的。计划经济体制有自己的公平与效率状况，市场经济体制亦有自己的效率和公平状况。无论是改变公平还是改变效率都必然影响到公平与效率两者。提高效率可能促进公平也可能造成更多的不公平，促进公平可能提高效率也可能妨碍效率，这是因为公平与效率的活动空间虽是社会历史条件决定的，有其客观的一方面，但也跟人们对历史提供的社会条件的认识有关，对生产关系的错误认识会导致公平与效率状况的扭曲。综观历史，促进公平、提高效率的途径有两条：一是生产关系的革命；二是生产关系的改革。这两种生产关系的变革方式，总的说来，都是由生产关系一定要适合生产力水平规律决定的。革命是历史的火车头，代表旧生产关系的反动阶级是不会自动退出历史舞台的，只有用革命的手段改变旧的生产关系，代之以新的生产关系，才能解除对生产力的束缚，推动生产力的发展和人类社会的进步。新的生产关系在总体上、性质上和方向上适合于生产力的状况，但由于生产力的革命性及其发展的复杂性和不平衡性，新的生产关系仍需要通过改革，寻找微观上适合不同层次、不同性质的生产力状况。这又有两种情形：一是同一社会形态中，各种经济成分同时并存，以适合生产力的不同状况；二是同一生产关系（特别是占统治地位的生产关系）内部，在生产、分配、交换、消费等方面采取多种具体形式，以适合一个国家生产力总的状况及不同地区、不同部门生产力发展的不同状况，即在生产关系大体统一的前提下，采用多种多样的生产、分配、交换及消费的具体形式。

论中国特色社会主义政治
经济学的研究对象[*]

孙立冰[**]

任何一门科学的存在性，都最终取决于其特殊的研究对象的客观存在性。对经济学及其规律和范畴的认识和把握，必须要从其对研究对象的认识深化开始。政治经济学作为一门社会科学，其研究对象必然与自然科学和其他社会科学的研究对象不同。马克思主义政治经济学研究对象的确立以马克思主义哲学为方法论基础。按照唯物史观，物质生活的生产方式制约着整个社会生活、政治生活和精神生活的过程。不是人们的意识决定人们的存在，相反，是人们的社会存在决定人们的意识。社会的物质生产力发展到一定阶段，便同它们一直在其中活动的现存生产关系或财产关系（这只是生产关系的法律用语）发生矛盾。于是这些关系便由生产力的发展形式变成生产力的桎梏。那时社会革命的时代就到来了。随着经济基础的变更，全部庞大的上层建筑也或慢或快地发生变革。[①] 由此，马克思将政治经济学研究对象表述为一定的社会生产方式以及和它相适应的生产关系和交换关系。[②] 按照马克思的社会形态理论和恩格斯关于狭义政治经济学的观点，社会主义社会作为一种全新的社会经济形态，必然有独特的社会生产方式，反映这种独特社会生产方式的政治经济学就是社会主义政治经济学。中国特色社会主义是中国共产党领导全国各族人民在中国社会主义初级阶段的社会历史条件下建设社会主义，本质上属于社会主义，对它

---

　*　本文原载《社会科学战线》2019 年第 7 期。

　**　孙立冰（1979—　），女，吉林长春人，吉林财经大学全国中国特色社会主义政治经济学研究中心副研究员，《当代经济研究》编辑部《资本论》编辑室主任。

　①　《马克思恩格斯全集》第 13 卷，人民出版社 1962 年版，第 8—9 页。

　②　马克思：《资本论》第 1 卷，人民出版社 2004 年版，第 8 页。

进行反映的中国特色社会主义政治经济学是社会主义政治经济学在当代中国发展的新成果。由此,马克思主义政治经济学的研究对象学说的基本框架是:《资本论》的研究对象是资本主义社会生产方式,中国特色社会主义政治经济学的研究对象是中国特色社会主义生产方式。马克思主义政治经济学公然承认其是代表工人阶级利益的政治经济学,在研究对象学说上,马克思主义政治经济学并不否认其站在工人阶级立场上立说,具有一定的历史性质。然而,代表资产阶级利益的现代西方经济学,在研究对象的阐述上却极力否认其阶级性和历史性,将经济学研究对象规定为一般意义上的资源配置问题。

一 西方资产阶级经济学对马克思主义政治经济学研究对象理论的挑战

西方经济学家对政治经济学研究对象的界定普遍采用了英国经济学家罗宾斯在《经济科学的性质和意义》一书中的论述:"经济科学研究的是人类行为在配置稀缺资源时表现的形式……经济学是把人类行为当作目的与具有各种不同用途的稀缺资源之间的一种关系来研究的科学。"[1] 这是西方经济学发展史上,第一次把稀缺资源的合理配置规定为经济学的研究对象,直到今天,这一规定仍为西方主流经济学教科书接受和认可。例如,美国经济学家曼昆在 2006 年出版的教科书《经济学原理》中写道:"经济学研究社会如何管理自己的稀缺资源。"[2]

必须指出的是,罗宾斯对经济学研究对象的界定,受到了其他非主流经济学家的质疑和批判。例如,雷诺兹认为,罗宾斯的定义把许多决定资源供给和技术的重要因素都排除在经济学的研究范围之外,这些因素由于"在一定程度上属于社会—政治范畴、常常无法用数量表示",而"被逐出了严格的经济学领域"。[3] 加尔布雷思认为,资源配置取决于生产者的权

---

① [英] 莱昂内尔·罗宾斯:《经济科学的性质和意义》,朱泱译,商务印书馆 2000 年版,第 19—20 页。

② [美] 曼昆:《经济学原理(微观经济学分册)》,梁小民译,北京大学出版社 2006 年版,第 3 页。

③ [美] 劳埃德·雷诺兹:《经济学的三个世界》,朱泱等译,商务印书馆 1990 年版,第 11 页。

力，而这种权力又源于资本所有权即生产资料所有权，罗宾斯在研究资源配置的同时却抛弃了决定资源配置的生产者权力，因此，罗宾斯等人对经济学研究对象的界定可能是"掩盖这种权力的幌子"①。布坎南主张经济学要研究"人类关系制度"，包括集体制度和私人制度，罗宾斯把抽象的资源配置界定为经济学的研究对象，逃避了对"人类关系制度"的研究，"阻碍着科学的进步"。② 可见，现代西方经济学舍弃所有权和人类关系制度而只研究一般意义上的资源配置问题，这在西方经济学家内部，也不是没有意见分歧的。

尽管罗宾斯关于经济学研究资源配置的学说受到了上述不同西方经济学家的批判，但它仍然受到了西方主流经济学的追捧。现在流行的西方经济学教材在阐述经济学研究对象时大多都采用了罗宾斯的说法。在经济学研究对象界定上，罗宾斯关于资源配置学说对马克思主义政治经济学研究对象学说构成了一定的挑战。20 世纪下半叶，由于苏联东欧国家社会主义事业的失败，导致马克思主义政治经济学在全世界的传播和发展走入低谷，马克思主义政治经济学在社会主义国家的主流地位同样也被削弱。改革开放后，中国在学习借鉴西方先进文化思想和技术的过程中不可避免地受到一些外来文化的影响，尤其在经济学研究和教育领域，西方经济学已经占据高校课堂，在实质上已经成为高校课程设置、学术研究、人才引进等方面的主流。这对马克思主义和中国特色社会主义事业构成了严重的威胁。造成这一现象的原因之一，就是人们对西方经济学及其资源配置学说认识上出现了偏差，例如，有人认为，西方经济学把研究对象界定为资源配置，舍去了"政治"等意识形态因素的干扰，相比马克思主义政治经济学，更具有科学意义上的"客观性"和"中立性"，因此，西方经济学是无阶级、无国界、普适的经济学，适用于任何国家的任何时代；还有人认为，现在全球大部分国家包括中国在内都实行市场经济即通过价格机制和竞争机制进行资源配置，因此，西方经济学适用于所有实行市场经济的国家，既然中国特色社会主义经济是市场经济，那么，就理所应当运用西方经济学来指导。甚至有人认为，中国特色社会主义经济学就是西方经济学

---

① ［美］约·肯·加尔布雷思：《经济学和公共目标》，蔡受百译，商务印书馆 1980 年版，第 146、46、11、320 页。

② ［美］詹姆斯·M. 布坎南：《经济学家应该做什么》，罗根基、雷家骕译，西南财经大学出版社 1988 年版，第 4、16、9 页。

在中国社会主义初级阶段的具体运用；也有人认为，马克思主义政治经济学研究社会生产关系，而社会生产关系归根到底是人与人之间的关系，所以，马克思主义政治经济学叫做政治经济学，而西方经济学只研究资源配置，不涉及社会生产关系，就可以免于在其经济学名词前冠上"政治"二字，所以，西方经济学是经济学。由上可见，正是由于对经济学研究对象认识上的偏差，才导致中国一部分学者对西方经济学的盲目崇拜。事实上，西方经济学不过是用一般的、抽象的资源配置学说掩盖了资本主义社会特有的以阶级对抗为特征的资源配置。经济学从来都不是脱离人与人的利益关系而进行研究的学说。西方经济学家虽然一再标榜自己不关心政治，但其任何一个定义、一个假设、一个理论命题都无不带有资产阶级利益的痕迹，反映资产阶级的利益诉求。马克思曾指出："政治经济学所研究的材料的特殊性质，把人们心中最激烈、最卑鄙、最恶劣的感情，把代表私人利益的复仇女神召唤到战场上来反对自由的科学研究。"① 因此，经济学或政治经济学是具有鲜明阶级性的学说，马克思、恩格斯从来就没有否认过《资本论》的阶级性，他们明确指出，《资本论》是"工人阶级的圣经"，《资本论》的结论是"工人阶级运动的基本原则"。② 只有深入理解马克思主义政治经济学研究对象学说，才能真正掌握马克思主义政治经济学的真谛，识破西方经济学的错误舆论导向，用科学的理论武装群众，焕发强大的建设中国特色社会主义的物质力量。马克思主义者相信，归根到底马克思主义还是要在理论上说服人，而马克思主义的理论地位取决于马克思主义理论的科学性和先进性，在于其改造世界的致用性。因此，我们必须要在学理上证明西方经济学研究对象的理论错误和思想意识上的误导。在此基础上才能正确阐述马克思主义政治经济学的真理性，使广大人民群众自觉地接受真理，按照科学真理的精神办事。

二 政治经济学研究对象的特点

要科学说明政治经济学研究对象的特点，必须运用辩证唯物主义和历

---

① 《马克思恩格斯全集》第 44 卷，人民出版社 2001 年版，第 10 页。
② 《马克思恩格斯全集》第 44 卷，人民出版社 2001 年版，第 34 页。

史唯物主义的世界观和方法论。按照辩证唯物主义和历史唯物主义的世界观和方法论，作为政治经济学研究对象的社会生产方式具有客观实在性、社会历史性和变化发展性。①

（一）经济学研究对象的客观实在性

马克思在《资本论》中说："我要在本书研究的，是资本主义生产方式以及和它适应的生产关系和交换关系。"并在其后强调，"这种生产方式的典型地点在英国"②，这说明《资本论》研究的对象是客观存在的物质实体，而非主观臆造。马克思主义政治经济学强调研究对象的客观性和唯一性，作为政治经济学研究对象的一定的社会生产方式，是客观的物质的存在，而不是主观的虚幻。因此，科学的经济学，是对客观存在的一定社会生产方式的反映，是以科学的概念和命题，概括和反映客观物质世界中的社会生产关系及其变化发展的规律性。

与马克思主义政治经济学强调研究对象的客观性和唯一性不同，西方资产阶级更强调经济学研究对象的主观意识性。古典经济学的代表人物威廉·配第、亚当·斯密和大卫·李嘉图，分别在各自的著作中，通过分析社会分工、生产过程和资本积累等问题，探索了财富的生产和分配，并提出了劳动价值论，在一定程度上揭示了资本主义生产的本质和社会发展的客观规律，因此，资产阶级古典经济学对资本主义生产方式的认识具有科学性。到了 19 世纪 30 年代，西方经济学者虽然沿袭了古典经济学对财富生产和分配的研究方向，但这时的资产阶级经济学已经完全背离了古典经济学研究的初衷，为了替资产阶级辩护，在方法上已经由唯物主义认识论转向唯心主义认识论，杜撰了许多背离历史事实的"理论"。19 世纪 70 年代边际主义经济学发展起来后，西方资产阶级经济学家对经济学研究对象的界定就更具有主观主义性质。他们不再注重研究具有客观性质的财富生产，更倾向于研究个体消费者和个体生产者如何通过交换获得最大利益和满足，在方法上也更倾向于具有先验性质的演绎法，用一些从头脑出发而不是从实际观察出发的研究方法，例

---

① 丁堡骏、高岭、王金秋：《论政治经济学研究对象的客观性》，《税务与经济》2014 年第 4 期。

② 马克思：《资本论》第 1 卷，人民出版社 2004 年版，第 8 页。

如，边际分析和各种主观性的经济范畴和假定，效用论、心理预期、边际消费倾向递减和流动性偏好等。杰文斯把经济学视为"快乐与痛苦的微积分"，认为经济学是以最小的痛苦为代价去购买较多的快乐。马歇尔同样认为，财富是满足欲望的物品和付出努力后得到的结果。① 萨缪尔森以格式塔心理学中的鸭兔实验为例②，说明经济学研究的主观性，认为经济学对研究对象的反映不是唯一的，以所谓范式不可通约来否定和排除来自正确意见的批评。

马克思主义政治经济学强调，研究对象本身的客观性决定了其历史性，资本主义生产本身是人类社会一定历史阶段的社会生产，不是任何社会的生产，因此，对它反映的政治经济学范畴和规律也属于这个特定的历史阶段，具有历史性质。从严格意义上来说，马克思主义政治经济学的研究对象是区分为不同社会形态的，原始社会、奴隶社会、封建社会、资本主义社会和共产主义社会，由于各个社会的生产方式不同，包含的内在经济关系和反映的社会生产规律亦不相同。马克思在其著作中主要考察资本主义生产方式，并在《资本论》第一版序言和《〈政治经济学批判〉导言》中明确指出，政治经济学资本主义部分的研究对象是资本主义生产方式下的物质生产以及和它相适应的生产关系和交换关系。然而现在仍然有不少马克思主义经济学者对政治经济学研究对象的客观性认识不到位，有学者在解读和理解作为马克思主义政治经济学研究对象的生产方式的含义时，片面强调马克思写作《资本论》是为了推翻资本主义制度。在他们看来，只是因为要推翻资本主义制度，所以，马克思就将生产关系作为政治经济学的研究对象，我们进行中国特色社会主义政治经济学研究则为了发展社会主义社会的生产力，所以，中国特色社会主义政治经济学的研究对象还必须将生产力也纳入其中。有学者甚至强调，中国特色社会主义政治经济学的研究对象要将生产力放在首位。按照这样的逻辑，政治经济学的研究对象完全可以根据人们的主观愿望和需求任意界定：对于资本主义社会生产方式，对它怀有美好愿望的人去研究它，它就表现为一个美好的世界；反过来，怀有颠覆它的恶意的人去研究它，它会表现出一副衰落和即

---

① 杨立岩：《经济学研究对象的比较分析——兼论"中国经济学"的研究对象》，《山西财经大学学报》2000 年第 4 期。

② ［美］保罗·A. 萨缪尔森：《经济学》，高鸿业译，中国发展出版社 1992 年版，第 14—16 页。

将灭亡的样子。事实果真如此吗？按照辩证唯物主义和历史唯物主义，科学的认识来自对事物本性的客观考证，政治经济学研究必须要按照资本主义生产方式和社会主义生产方式的客观本性来揭示其发展的规律。资本主义制度的灭亡和社会主义制度的胜利都是客观的、不可改变的必然趋势，和研究者的主观愿望无关。

（二）经济学研究对象的历史暂时性

所谓历史性，是说政治经济学研究的是人类社会一定历史阶段的、一定社会生产方式的经济规律。马克思主义政治经济学强调，经济学的研究对象区分为不同社会形态，不同的社会形态包含的内在经济关系和反映的社会生产规律不同，作为《资本论》研究对象的资本主义社会生产方式是人类社会历史上的一个特定阶段，它要经历发生、发展和必然灭亡的历史过程。因此，对它反映的政治经济学范畴和规律也属于这个特定的历史阶段，同样具有历史性。

西方经济学否定资本主义社会的历史暂时性，把资本主义社会看作从来就有的、永恒不变的，因此，西方经济学把研究对象规定为脱离具体历史生产阶段和生产方式的抽象的资源配置，把经济社会中的人抽象为没有任何阶级属性的经济人。西方经济学从来没有将其范畴和规律看作是在一定历史条件下产生的，因此，它从来不考察各种经济范畴的历史性质。例如，西方经济学中讲的资源稀缺，从来都不是与一定的社会生产阶段或生产方式联系在一起的资源稀缺，西方经济学不考虑工业革命以后机器动力代替人工和畜力动力的历史因素，也不分析各种经济范畴的历史性质。在它看来，机器就是资本，资本就是机器，劳动力就是劳动力，没有什么雇佣劳动和非雇佣劳动的区别。再如，西方经济学对货币需求的认识也缺少历史分析，资本家和雇佣工人虽然都需要货币，但货币在二者手里却有不同的意义，雇佣工人用货币来消费，而资本家把货币转化为资本，用来生产剩余价值、剥削工人，这是其本质所在。西方经济学用"需求""欲望"这样的一般概念来掩盖资本家对资本、利润的贪婪追求，不可能揭示资本主义社会矛盾爆发的必然，更不会得出资本主义必然灭亡的结论。对于经济社会中的人的分析，西方经济学用一个经济人范畴概括了所有的人，从来不研究人如何分化为不同阶级。

事实上，原始社会没有阶级划分，每个人也不存在西方经济学提出的"自私的天性"。由于生产力水平低下，他们必须联合起来对付自然界的自然灾害和野生动物的袭击。奴隶社会出现了剩余产品，人类社会才产生了阶级。资本主义社会是以剩余价值的生产、流通和分配为轴心形成的阶级社会。资本主义社会中的人，是隶属于不同阶级的人，包括资本家阶级的人、雇佣工人阶级的人和土地所有者阶级的人。这三种具有不同阶级属性的人的行为，由不同的阶级关系决定，绝不是像西方经济学经济人假设的那样单纯，可以由一个利己的规定性能概括的。事实上，整个人类社会的发展由不同的历史阶段构成，每个历史阶段都有其规律和作用形式，反映和概括不同历史阶段经济社会发展规律的经济学自然要体现每个阶段的特点。《资本论》揭示的正是资本主义社会生产方式特有的经济规律。一位俄国经济学家曾经这样描述马克思的《资本论》："每个历史时期都有它自己的规律……一旦生活经过了一定的发展时期，由一定阶段进入另一阶段时，它就开始受另外的规律支配……对现象所做的更深刻的分析证明，各种社会机体像动植物机体一样，彼此根本不同……由于这些有机体的结构不同，它们的各个器官有差别，以及器官借以发生作用的条件不一样等等，同一个现象却受完全不同的规律支配。"① 马克思高度认同这位俄国经济学家的看法。这是马克思主义政治经济学区别于西方经济学的最本质东西。西方经济学认识上不去，有其深刻的社会历史原因。如果资产阶级经济学家承认资本主义生产方式只是人类社会发展的一定历史阶段，就等于接受资本主义必然要走向灭亡的结论。这是资产阶级无论如何也不能接受的。中国的马克思主义政治经济学家也有主张全盘西化的，极力否定马克思主义政治经济学与西方经济学的区别。在他们看来，中国特色社会主义经济学建设和发展只能走西方经济学中国化的道路。还有一批中国经济学家认为，马克思主义政治经济学和西方经济学在解释和解决现实社会经济问题时都有一定的局限性，因此，必须对二者进行调和或综合，提出了"新理论"。② 另有一部分马克思主义经济学家主张打通马克思主义政治经济学和西方经济学的界限或者打通马克思主义政治经济学资本主义生产方式和社会

---

① 马克思：《资本论》第 1 卷，人民出版社 2004 年版，第 23 页。

② 孙立冰、蒋岩桦：《中国特色社会主义政治经济学发展和创新需要厘清的几个问题》，《毛泽东邓小平理论研究》2017 年第 6 期。

主义生产方式的经济学界限。前一种打通论与调和论颇为相似，否定经济学的阶级性，主张经济学的大融合；而后一种打通论，则是在经济学历史性的认识上走入了误区，否定人类社会不同的发展阶段要有不同的经济学，这是根本错误的。

（三）经济学研究对象的发展变化性

发展变化性是指一个社会生产方式内部或不同社会生产方式之间的变化发展关系。在马克思主义看来，生产方式及其要素经常变化。从资本主义生产方式内部来看，它在历史上经历了自由竞争资本主义、垄断竞争资本主义和国家垄断资本主义不同的发展阶段，但各个阶段不是孤立的，而是普遍联系的。虽然资本主义生产方式作为一个特殊的生产方式，具有区别于其他生产方式的独特特点，但这些特点在不同的发展阶段又有不同的表现形式。例如，资本主义社会资本的组织方式，由个人企业到合伙企业，到现代企业，完成了不断自我扬弃、自我否定的过程，但无论如何变化，不变的是其资本主义剥削的本质。所以，对经济学研究对象的认识不仅要有整体的把握，还要充分了解其阶段性特点及其阶段性的继承发展性；不仅要重视量的分析，更要注重质的规定性。西方经济学把经济学研究对象规定为一般的永恒不变的资源配置，他们习惯运用大量的数学公式对经济现象进行单一的量化分析。正确运用数学公式进行经济学分析确实具有很多优点，但任何事物不仅有量的规定性，还有质的规定性，量变能用数学表示，但必须以一定的质的规定性为前提。抛开质的规定性分析，单纯进行量变推导，得到的结论对现实经济毫无意义。例如，1830 年之前的资产阶级是一个进步的阶级，其经济学说也具有很多科学性。在 1830 年资产阶级夺取政权成为统治阶级以后，西方资产阶级经济学家的使命就发生了根本性的转变，由作为商业资本家和土地所有者的对立面正确阐释价值的来源，转变为统治阶级——资本家阶级的卫道士，走上了为资产阶级充当辩护士的不归路。相应地，西方经济学也偏离了科学的轨道，成为为资本剥削劳动提供理论辩护的诡辩术。转变的根本原因在于生产方式的转变。资本主义政权的建立意味着资产阶级作为资本主义社会生产方式中的主导阶级已经历史地完成了反对封建主义的任务，相应地，资产阶级经济学家由一种进步的代表时代方向的经济学家转变为辩护士。这种特定的社会责任决定了"其必然抛弃生产的本质只研究现象，抛弃生产的特殊性只研究生产的一般性"①，违心地把资本主义社会生产方式看作万古不变的永恒的生产方式。所以，他们对政治经济学研究对象的认识和界定必定具有致命的缺陷。马克思主义政治经济学对于研究对象的认识则是辩证的。从资本主义生产方式内部来看，资本主义生产方式具有阶段性发展特征，会经历发生、发展和必然灭亡的变化过程；从资本主义生产方式的发展和扬弃的角度来看，资本主义生产方式终将被社会主义生产方式代替，政治经济学的研究对象将变成新生的社会主义生产方式。中国特色社会主义政治经济学以这种新诞生的中国特色社会主义生产方式为研究对象。

三　对中国特色社会主义政治经济学 研究对象的新认识

恩格斯说："人们在生产和交换时所处的条件，各个国家各不相同，而在每一个国家里，各个世代又各不相同。因此，政治经济学不可能对一切国家和一切历史时代都是一样的。从弓和箭，从石刀和仅仅是例外地出现的野蛮人的交换往来，到千马力的蒸汽机，到机械织机、铁路和英格兰银行，有一段很大的距离。火地岛的居民没有达到进行大规模生产和世界贸易的程度，也没有达到出现票据投机或交易所破产的程度。谁要想把火地岛的政治经济学和现代英国的政治经济学置于同一规律之下，那么，除了最陈腐的老生常谈以外，他显然不能揭示出任何东西。因此，政治经济学本质上是一门历史的科学。"② 按照恩格斯阐述的狭义政治经济学的基本原理，《资本论》是正确反映和科学解释资本主义生产方式的政治经济学，关于社会主义生产方式发展演变和运动规律的研究，则是社会主义政治经济学的任务。中国特色社会主义政治经济学是社会主义政治经济学在当代中国的最新发展，其任务是正确反映和客观研究中国特色社会主义生产方式。当然，对于中国特色社会主义生产方式，我们还必须要有新的认识。

首先，中国特色社会主义生产方式是一种特殊的社会生产方式。从本质上，它区别于资本主义生产方式，因此，反映和研究这种生产方式的中国特色社会主义政治经济学也必然不同于以资本主义生产方式为研究对象

① 吴易风：《论政治经济学或经济学的研究对象》，《中国社会科学》1997 年第 2 期。
② 《马克思恩格斯文集》第 9 卷，人民出版社 2009 年版，第 153 页。

的《资本论》。二者虽然都是马克思主义政治经济学的组成部分，但理论内容却有本质区别，《资本论》中关于资本主义生产方式的理论内容，适用于资本主义社会，但在社会主义生产方式下，这些理论适用的社会历史条件已经发生变化。因此，中国特色社会主义政治经济学不能简单机械地套用《资本论》中关于资本主义生产方式的理论。近年来，中国理论界在探讨如何构建中国特色社会主义政治经济学时，有学者认为，劳动价值论、剩余价值论、资本积累理论、平均利润生产价格理论都适用于解释和指导中国特色社会主义经济。事实上，如果这些马克思描述资本主义生产方式的经济范畴在中国特色社会主义阶段都存在，就等于承认中国特色社会主义阶段就是中国特色资本主义阶段。当然，《资本论》中运用的经济学研究方法，适用于中国特色社会主义政治经济学。关于《资本论》的方法，学术界普遍概括为唯物辩证法。但对于唯物辩证法的内涵，学术界有不同的阐述。本文认为，要尊重马克思在《资本论》德文第二版《跋》中的比较完整的论述即包括马克思认可的俄国经济学家的描述①和马克思自己的补充说明。俄国经济学家描述的唯物辩证法包括：世界是物质的、物质是运动变化的、运动变化是有规律的；事物的前进发展是事物内部矛盾运动的结果；政治经济学就是要研究经济现象的运动变化规律。俄国经济学家特殊地强调了马克思的唯物主义历史观：经济现象和经济规律具有社会历史性质；人类社会不同发展阶段有不同的经济规律。马克思充分肯定了俄国经济学家的概括和总结。马克思说："这位作者先生把他称为我的实际方法的东西描述得这样恰当，并且在谈到我个人对这种方法的运用时又抱着这样的好感，那他描述的不正是辩证方法吗？"②尽管马克思非常欣赏俄国经济学家对辩证法的概括，但他还是进行了必要的补充。马克思强调，在《资本论》中运用的辩证法是唯物主义的辩证法即形式上的唯心主义外观和事实上的唯物运动本质；辩证法的本质是批判的和革命的。唯物辩证法在中国特色社会主义政治经济学中的意义首先在于其唯物性，其次在于其辩证性。在社会经济问题的讨论中，许多人不懂唯物辩证法。例如，有经济学家只看到市场经济中等价交换的形式平等，看不到经过辩证转化过程后，形式平等已造成事实上的不平等。《资本论》中根据资本主

① 马克思：《资本论》第 1 卷，人民出版社 2004 年版，第 20—23 页。
② 马克思：《资本论》第 1 卷，人民出版社 2004 年版，第 21 页。

义生产方式发展阐述的科学社会主义理论是中国特色社会主义必须坚持的，但不是不顾中国现实的社会生产力水平而教条化地照搬。"中国特色社会主义，是科学社会主义理论逻辑和中国社会发展历史逻辑的辩证统一"①，即把《资本论》中揭示的科学社会主义基本经济原则——生产资料社会主义公有制、按劳分配和有计划地发展经济——与中国的具体国情和发展阶段结合起来，探索具有中国特色的社会主义道路。这也是中华人民共和国成立以来特别是改革开放以来中国取得骄人成绩的原因所在。

其次，中国特色社会主义是当代马克思主义在中国发展的重要组成部分，对它的研究要坚持辩证的普遍联系性。社会主义生产方式的建立和发展是一个长期的曲折的过程，在这一过程中不可避免地存在各种失误，但只要没有脱离社会主义轨道，只要符合科学社会主义基本原则，就还是社会主义，就应该被纳入社会主义政治经济学的研究范畴内。有人割裂和否定改革开放前后两个历史时期的内在联系，使两个历史时期对立起来，其目的就是用改革开放前 30 年否定后 30 年的科学社会主义性质，或是相反，这是一种十分错误的思想倾向。早在 1890 年，恩格斯在给奥托·冯·伯尼克的信中就曾指出："所谓'社会主义社会'不是一种一成不变的东西，而应当和任何其他社会制度一样，把它看成是经常变化和改革的社会。"这里的问题就在于要处理好质变和量变之间的关系。《资本论》描述的资本主义生产方式从 16 世纪、17 世纪、18 世纪到 19 世纪中叶经历了很多重大事件和重大变化，可是都被作为资本主义生产方式变化整体的一个局部加以处理。部分学者将一些变化孤立，甚至对立，看不到变化的内在联系和逻辑关系。事实上，中国特色社会主义政治经济学不是经济政策学，而是一个相对稳定的理论体系，是在充分借鉴改革开放前以毛泽东同志为核心的中国共产党领导人按照科学社会主义原则对经济进行改革，建立和建设社会主义经验的基础上，对改革开放后到中国特色社会主义新时代各个历史时期经济建设成功经验的理论总结。因此，不可低估改革开放前 30 年的实践经验和理论探索对改革开放以及后来道路选择的启发意义。不承认这一部分历史和这一部分理论，中国特色社会主义理论研究就会陷入历史唯心主义认识论。党的十九大报告将改革目标表述为社会主义

---

① 《毫不动摇坚持和发展中国特色社会主义在实践中不断发现、创造、前进》，《人民日报》2013 年 1 月 6 日。

制度的自我完善，就是把中华人民共和国成立以来的各个历史时期看作一个有机整体，将中国特色社会主义作为当代马克思主义在中国发展的一个阶段，将不同阶段的改革看作社会主义制度的自我完善和自我修复，而不是不同社会生产方式的转换。事实上，改革开放前后两个历史时期都是在不同的社会历史条件下探索建设社会主义的道路，都是对科学社会主义基本原则的坚持和发展。中国特色社会主义政治经济学研究一定要充分考虑前后两个历史时期在理论上的继承和发展，不能割裂，更不能对立。

最后，中国特色社会主义社会生产方式是客观的存在，不以人的意志为转移，它决定了中国特色社会主义政治经济学的客观实在性。跨越卡夫丁峡谷建设社会主义是中国特色社会主义的本质，[1] 中国特色社会主义就是中国共产党领导人民在中国这个社会生产力发展水平远远低于欧美资本主义的条件下，以跨越资本主义卡夫丁峡谷的方式建设社会主义。因此，中国特色社会主义生产方式，既具有一般社会主义的特征，又有较明显的跨越式发展和实现的特点。目前，生产力水平低、发展不平衡、不协调、不可持续仍然是建设社会主义的一大问题，所以，发展是第一要务，是解决中国一切问题的基础和关键。但中国特色社会主义需要大力发展生产力，并不意味着就必须将生产力从生产方式的有机统一体中剥离，单独纳入中国特色社会主义政治经济学研究对象中，更不意味着借口西方经济学的研究对象学说和研究方法更适合发展社会主义生产力，将西方经济学的唯心主义理论和形而上学方法拉入社会主义政治经济学中。这是我们必须要批判的颠覆性错误。共产党领导人民建设社会主义必须要吸收借鉴人类文明的一切成果，这是坚持和发展马克思主义的题中应有之义。但不加分析批判地拿西方资产阶级经济学作为理论武装建设社会主义，这是思想理论和意识形态的错配，必然带来颠覆性的后果。

从上述关于资本主义生产方式的政治经济学和社会主义生产方式的政治经济学的论证中，可以看出，这两种不同的狭义政治经济学发展完善程度不同。关于资本主义生产方式的政治经济学，经历了资产阶级古典经济学的贡献、马克思和其他经典作家的革命和发展，已经形成了比较严谨的科学体系和科学范式，发展空间和发展范围相对较小。社会主义生产方式

---

① 孙立冰、丁堡骏：《论中国特色社会主义及其基本经济原则》，《马克思主义研究》2017年第 5 期。

还处于初级阶段的探索过程中，因此，反映这种全新生产方式理论的中国特色社会主义政治经济学，也必然要体现其时代的探索性特点。中国特色社会主义政治经济学，其学说体系还在马克思主义的科学社会主义学说的指导下进行探索，具有较大的发展空间。

中国特色社会主义政治经济学是以人类社会超越了资本主义生产方式以后形成的全新的社会生产方式为研究对象的狭义政治经济学。虽然中国特色社会主义目前还处于社会主义生产方式的较低阶段，但它代表了人类社会未来发展的方向，为其他发展中国家提供了可资借鉴的发展模式和发展道路。因此，以中国特色社会主义生产方式为研究对象的中国特色社会主义政治经济学，既属于中华民族，也是全人类的。马克思主义理论工作者必须要以马克思主义世界观和方法论为指导，结合中国特色社会主义建设的具体实践进行理论创造，在发展马克思主义政治经济学的同时，为全人类的进步和发展贡献中国智慧和中国方案。

经典与奠基

对社会必要劳动时间的再认识[*]

徐丹丹[**]

社会必要劳动时间是马克思科学劳动价值论的一个基本概念，是价值决定的关键因素。自20世纪50年代以来，我国经济理论界对两种含义的社会必要劳动时间及其在价值决定问题上一直存在争论与分歧。本文探讨了两种含义的社会必要劳动时间的同一性，认为不存在两种含义的社会必要劳动时间概念。在此基础上又研究了社会必要劳动时间决定价值的方式。马克思对社会必要劳动时间的论述，其深层含义在于说明按比例分配劳动时间于各种不同生产领域的问题，这对于指导我国社会主义市场经济中的资源合理配置具有重要的现实意义。

一　不存在两种含义的社会必要劳动时间概念

马克思在《资本论》中通过对价值的考察，为创立他的剩余价值理论奠定了科学基础。

在《资本论》第一卷中，马克思从直接的生产过程，即狭义的生产过程的角度考察了单个商品中所包含的社会必要劳动时间。它是在现有的社会正常的生产条件下，在社会平均的劳动熟练程度和劳动强度下制造某种使用价值所需要的劳动时间，这就是所说的第一种含义的社会必要劳动时间。马克思此时分析的仅限于同种商品中单个商品之间的关系，还没有涉及不同种商品之间的现实关系。这里对社会必要劳动时间的论述是在最抽

---

　*　本文原载《当代经济研究》2004年第8期。

　**　徐丹丹（1972—　），女，吉林舒兰人，北京工商大学副校长、国际经管学院执行院长，经济学院教授，博士生导师。

象、最基础的层次上的简单规定，这在理论叙述中是十分必要的。只有这样，才可能在纯粹的形式上，对产品采取商品形式的特殊社会关系进行分析。因此，马克思在这里对社会必要劳动时间所做的分析，只是论述过程中的一个阶段而不是最后定义。正如恩格斯在《资本论》第三卷的序言中所说："它们不能被限定在僵硬的定义中，而是要在它们的历史的或逻辑的形成过程中来加以阐明。"① 也就是要用发展的观点来看待这一阶段性的定义。

在《资本论》第三卷中，马克思从生产的总过程的角度，在阐述利润平均化过程中，进一步考察了全社会商品总体中所包含的社会必要劳动时间。它是满足社会需要总量所必要花费的总劳动时间。这就是所说的第二种含义的社会必要劳动时间。对此马克思做了如下阐述："这是生产特殊物品，满足社会对特殊物品的一种特殊需要所必要的劳动"，"事实上价值规律所影响的不是个别商品或物品，而总是各个特殊的因分工而互相独立的社会生产领域的总产品；因此，不仅在每个商品上只使用必要的劳动时间，而且在社会总劳动时间中，也只把必要的比例量使用在不同类的商品上"。② "社会劳动时间可分别用在各个特殊生产领域的份额的这个数量界限，不过是价值规律本身进一步展开的表现，虽然必要劳动时间在这里包含着另一种意义。"③ 由此可以看出，马克思在第一卷中论述的社会必要劳动时间在不同种商品之间的现实交换关系中的具体发展，即为第三卷中的社会必要劳动时间。这样，单位商品意义上的社会必要劳动时间就进展到总量商品意义上的社会必要劳动时间。这里对社会必要劳动时间的论述更接近于现实，也是更具体的规定。

这两种含义的社会必要劳动时间虽表述不同，但在实质上是一致的，具有同一性。具体表现在三个方面：一是社会平均生产条件的同一性。社会平均生产条件是社会必要劳动时间赖以确定的前提，这在《资本论》第一卷对单个商品的社会必要劳动时间下的定义中表达得很明确。在第三卷满足社会需要的商品的总量的社会必要劳动时间中，虽未明确表述，但这一前提也是隐含在其中的。因为社会对各种产品的需要不是没有客观依据

---

① 《马克思恩格斯全集》第46卷，人民出版社2003年版，第17页。
② 《马克思恩格斯全集》第46卷，人民出版社2003年版，第716页。
③ 《马克思恩格斯全集》第46卷，人民出版社2003年版，第717页。

的，而是由生产这些产品的社会生产条件决定的，社会为生产各种产品所必要的劳动量也不是任意规定的，而是以社会平均生产条件的变化为转移的。在社会对某种产品需要量不变情况下，社会平均生产条件提高（如新技术的普遍采用）使该种产品及其总量所包含的社会必要劳动时间减少，从而改变社会劳动在不同生产领域的比例分配。因此，无论就单位商品的社会必要劳动时间的确定，还是总量商品的社会必要劳动时间的确定来说，都是以当时社会平均生产条件为前提的。二是使用价值作为价值前提的同一性。商品的使用价值，是它的交换价值的前提，从而也是它的价值的前提。如果说，个别商品的使用价值取决于该商品是否满足人的某种需要，这对于其能否用于交换，用于表现出凝结在其上的社会必要劳动量或生产该使用价值的社会必要劳动时间有决定意义；那么总量商品的使用价值就取决于它们是否满足社会需要，即由当时的生产力水平和生产关系状况决定的为维持社会的存在和发展所必须满足的需要。这对于社会总劳动时间分别用在各个特殊生产领域的份额来说，是有决定意义的。因此，马克思指出："不仅在每个商品上只使用必要的劳动时间，而且在社会总劳动时间中，也只把必要的比例量使用在不同类的商品上。这是因为条件仍然是使用价值。"① 可见，使用价值作为凝结在商品中的社会必要劳动时间——价值的前提，在单个商品上是如此，在总量商品上也是如此，这只是同一规律的不同表现形式。三是劳动的质的同一性。衡量商品价值量的社会必要劳动时间表明了各个私人劳动的社会性质，它体现着各个商品生产者的等量劳动互换关系，所以各种商品的社会必要劳动时间必须具有质的同一性，它是作为"同一的人类劳动力的支出"来计算的。作为任何形式的个别商品或同类商品的价值的劳动，都是当作"社会总劳动力"的社会平均劳动力来起作用的，是"当作一个同种的人类劳动力来计算的"。单个商品的社会必要劳动时间同总量商品的社会必要劳动时间都具有"这种平均劳动的性质"，是同一的人类劳动耗费的社会必要时间。

如果说马克思在《资本论》第一卷和第三卷中对社会必要劳动时间的两个不同表述有区别的话，那只不过是后者指的是某一种商品的总需要与生产它所必要的劳动时间，前者只不过是某类商品上的总劳动时间量在单个商品上的体现。二者的关系是后者除以社会总需要商品量得出前者，即

---

① 《马克思恩格斯全集》第 46 卷，人民出版社 2003 年版，第 716 页。

一个是按单个商品计算的社会必要劳动时间，一个是按商品总量计算的必要劳动时间。马克思指出，本来的过程是除法的过程，而乘法只是作为第二步即以除法为前提才是正确的。必须先有除法，然后才是乘法。这不是一个简单的计算方法问题，而是正确理解个别私人劳动与总社会劳动在不同生产领域的分配这二者的正确关系问题。那种"通过乘法确定产品的总价值"的企图，"只不过把陷入竞争中的资本家们的奇怪想法翻译成一种表面上比较理论化的语言，并企图借此来说明这些想法正确而已"①。从现象上看，资本家总是先确定单位商品的价值，再乘以商品总量而得出总价。但实际上是总产量在先，是社会劳动在不同生产领域中的正确分配在先，这是社会生产正常进行的根本前提。因此，把二者关系看成乘法的，是描绘表面现象而没有看到事情的本质的庸俗经济学看待问题的方法。由此我们可以说，实际上不存在两个社会必要劳动时间，更不能把二者对立起来。

二　社会必要劳动时间决定价值的方式

社会必要劳动时间决定价值的方式体现在马克思对商品经济的基本规律——价值规律基本含义的揭示上。

在《资本论》第一卷，马克思撇开流通过程研究商品的价值决定，即舍弃市场竞争，从最一般的抽象的意义上分析价值量如何决定的问题。价值作为抽象劳动的凝结，在质上是等一的，只有量的差别。商品的价值量要根据劳动量来计量，而劳动量的自然尺度是劳动时间。由于生产条件、劳动熟练程度和劳动强度不同，计量价值的劳动时间就不能是个别劳动时间，而只能是平均必要劳动时间或社会必要劳动时间。"社会必要劳动量，或生产使用价值的社会必要劳动时间，决定该使用价值的价值量。"② 这是对单个商品的解剖所能看到的。在此，马克思分析了单个商品价值决定的抽象劳动本质及其价值量决定于社会平均生产条件下所必须花费的劳动时间（社会必要劳动时间）。

在《资本论》第三卷中，马克思考察资本主义生产总过程时，又进一

---

① 《马克思恩格斯全集》第26卷，人民出版社1973年版，第297页。
② 《马克思恩格斯全集》第44卷，人民出版社2001年版，第52页。

步具体地分析了价值的确定方式问题。马克思首先引入市场竞争和供求关系等因素提出了商品价值在市场竞争中表现的形式——"市场价值"这一范畴，并明确提出市场价值确定的前提是商品的产量与社会需要量一致。在此基础上，竞争首先在一个部门内实现，它使商品的各种不同的个别价值形成一个相同的社会价值。在市场价值确定的条件上，马克思指出："如果我们把商品总量，首先是把一个生产部门的商品总量，当作一个商品，并且把许多同种商品的价格总额，当作一个总价格，……这样一来，关于单个商品所说的话就完全适用于市场上现有的一定生产部门的商品总量。商品的个别价值应同它的社会价值相一致这一点，现在在下面这一点上得到了实现或进一步的规定：这个商品总量包含着为生产它所必要的社会劳动，并且这个总量的价值 = 它的市场价值。"① 从这里可以看出，马克思在第一卷分析的单个商品社会必要劳动时间决定的价值的条件与第三卷商品总量的社会必要劳动时间决定的市场价值的条件是完全一致的，即商品中包含的社会必要劳动量决定价值。

在竞争中，市场价值的确定有三种不同的情况：第一种，商品的很大数量是在中等生产条件下生产出来，较好条件和较坏条件各生产相等的一小部分。这时，市场价值就由中等条件下生产的商品的价值来决定。这个价值，对两端生产的商品来说，表现为一种强加于它们的平均价值。第二种，商品的很大数量是在较坏条件下生产出来的，这时，市场价值就由较坏条件下生产的商品的价值来调节。第三种，商品的很大数量是在较好条件下生产出来的，这时，市场价值就由较好条件下生产的商品的价值来调节。在后两种情况下，由于较坏条件或较好条件所生产的商品"构成该部门很大数量"，这样，较坏或较好的生产条件便成为社会正常生产条件，这仍然属于《资本论》第一卷对社会必要劳动时间所下的定义范围。

在分析了价值确定的方式后，马克思在涉及不同生产部门之间的竞争时，又研究了供求对它们的影响。马克思说："要使一个商品按照它的市场价值来出售，也就是说，按照它包含的社会必要劳动来出售，耗费在这种商品总量上的社会劳动的总量，就必须同这种商品的社会需要的量相适应，即同有支付能力的社会需要的量相适应。"② "如果某种商品的产量超

---

① 《马克思恩格斯全集》第 46 卷，人民出版社 2003 年版，第 203 页。
② 《马克思恩格斯全集》第 46 卷，人民出版社 2003 年版，第 214 页。

过了当时社会的需要，社会劳动时间的一部分就浪费掉了，这时，这个商品量在市场上代表的社会劳动量就比它实际包含的社会劳动量小得多。……因此，这些商品必然要低于它们的市场价值出售，其中一部分甚至会根本卖不出去。如果用来生产某种商品的社会劳动的数量，同要由这种产品来满足的特殊的社会需要的规模相比太小，结果就会相反。……商品按照它们的价值来交换或出售是理所当然的，是商品平衡的自然规律。应当从这个规律出发来说明偏离，而不是反过来，从偏离出发来说明规律本身。"① 由这段话可以看出：供给量与社会需要量一致，商品的市场价格等于它的市场价值；供给量与社会需要量不一致，只能使市场价格偏离市场价值，而不会改变市场价值。可见，供求关系不能说明市场价值，而是市场价值说明供求。社会需要量与市场供给量的非均衡状况，对市场价值的决定没有影响，只能影响市场价值的实现，从而影响市场价格。

在引入竞争与供求分析之后，马克思在《资本论》第三卷第六篇第三十八章中对商品价值决定做了更为具体的概括："价值不是由某个生产者个人生产一定量商品或某个商品所必要的劳动时间决定，而是由社会必要的劳动时间，由当时社会平均生产条件下生产市场上这种商品的社会必需总量所必要的劳动时间决定。"② 简单说，价值就是由商品供给量与社会必需量一致时的社会必要劳动时间决定。可见，生产符合社会需要量的某一种商品总量使用的社会必要劳动时间决定的价值，只是在社会生产过程中单个商品上使用的社会必要劳动时间决定的商品价值在社会生产总过程中进一步发展的表现。

两种含义的社会必要劳动时间在价值决定上的作用问题的争论关键在于：没有把市场上受偶然因素影响的经常变动的"市场需求"与有着特定含义的在一定时期的特殊条件下一定量的"社会需要"严格区分开来。反对第二种含义社会必要劳动时间决定价值的阐述就是把"市场需求"当成规定另一种意义的社会必要劳动时间并决定价值的东西，认为以第二种含义的社会必要劳动时间决定价值等于供求关系决定商品价值。事实上，马克思所说的对价值决定上有决定意义的"社会需要"是一个特定范畴，它是指由不同阶级的相互关系和它们各自的经济地位决定的并调节需求原则

---

① 《马克思恩格斯全集》第 46 卷，人民出版社 2003 年版，第 208—209 页。
② 《马克思恩格斯全集》第 46 卷，人民出版社 2003 年版，第 722 页。

的"社会需要",满足这种社会需要的另一种意义的社会必要劳动时间决定价值。

三　正确理解社会必要劳动时间决定价值的本质及其现实意义

社会必要劳动时间决定商品价值的规律，就其本质来说，不过是一个在全社会范围内按比例分配劳动时间的问题，价值是这一比例分配劳动时间的自然规律在商品社会里所采取的特殊社会形式。按比例分配劳动时间也就是资源在各种生产部门之间的合理配置，这是属于生产者本身的问题，否则就谈不上生产过程的发生。政治经济学既然是研究物质生产的，理应重视资源在不同生产上的配置问题。马克思把这种分配的重要性看作是一个普通常识问题，他说："任何一个民族，如果停止劳动，不用说一年，就是几个星期，也要灭亡，这是每一个小孩子都知道的。小孩子同样知道，要想得到与各种不同的需要量相适应的产品量，就要付出各种不同的和一定量的社会总劳动量。这种按一定比例分配社会劳动的必要性，决不可能被社会生产的一定形式所取消，而可能改变的只是它的表现方式，这是不言而喻的。自然规律是根本不能取消的。在不同的历史条件下能够发生变化的，只是这些规律借以实现的形式。"①

在鲁滨逊式的孤立的个人经济条件下，个人劳动直接表现为人类劳动，为了满足各种需要，他必须把自己所拥有的劳动资源和物质资源按一定比例分配在不同的生产上。在这里，虽然没有商品价值关系，但是需要本身迫使他精确地分配自己执行各种职能的时间，"价值的一切本质上的规定都包含在这里了"②。可见，价值关系、价值规律、等价交换等范畴的本质就是按比例分配劳动时间的问题，是这个生产的自然规律在商品经济中借以实现的形式。因此，价值和交换价值成为马克思研究的重点，既探讨了资源配置的这种特殊社会形式，又科学地阐述了商品社会中是怎样实现资源配置和推动生产发展的，以及由这种社会形式所必然引起的多种矛盾。

---

① 《马克思恩格斯选集》第 4 卷，人民出版社 2012 年版，第 473 页。
② 《马克思恩格斯全集》第 44 卷，人民出版社 2001 年版，第 94 页。

　　由于生产资料私有制，劳动具有私人性质，就产生了私人劳动与社会劳动之间的矛盾。在这种经济条件下使私人劳动转化为社会劳动，成为社会总劳动中的必需部分，就不能像鲁滨逊那样简单了。这需要形成一种特殊的方式来实现全社会劳动时间和资源的合理分配，维持社会生产的存在和发展，使各种需要得到满足。正是私人劳动和社会劳动的矛盾决定了劳动的社会性表现为物具有价值，决定了劳动采取价值这样一种特殊的社会形式。在私人劳动向社会劳动转化过程中，生产这些产品的社会必要劳动时间作为起调节作用的自然规律强制地为自己开辟道路。

　　正确认识社会必要劳动时间决定价值的本质，对于指导我国社会主义市场经济条件下的资源配置具有重要的现实意义。在微观经济领域，经济活动主体必须遵循价值规律的要求，适应供求关系的变化，通过价格变动和竞争机制的调节，使商品能够按社会必要劳动时间决定的价值交换，实现资源的合理配置。从宏观经济领域看，还需要国家的宏观调控和计划的介入，保持经济的总量平衡和结构平衡。一方面，要使全社会各种商品所耗费的社会必要劳动时间总量与全社会需要的各种商品的社会必要劳动时间的总量相等；另一方面，要使各个特殊生产部门生产的商品的社会必要劳动时间的总和等于按必要比例应该投入各个特殊生产部门的社会必要劳动时间的总和，比如对于解决我国当前的社会总供给大于总需求的问题，我们一方面要考虑到刺激总需求，实现量的平衡；另一方面也要从供给量的角度在结构调整上下功夫，才能从根本上解决问题。

资本主义劳动过程与马克思主义经济学[*]

谢富胜^{**}

马克思主义经济学认为，资本主义经济制度本质上是充满矛盾的，因此，资本主义经济制度不能正常运转是其内在结构性矛盾运动的必然结果。这种结构性矛盾的核心就是资本和劳动的关系，这必定是一种剥削性的关系。由此导致的矛盾冲突对资本主义经济制度发展的各个方面——从微观上技术创新的方向直到宏观上国家采取的政策的形式——都具有决定性的影响。资本积累所引起的经济结构变化一方面受到了劳资关系的影响，另一方面又反过来参与塑造着劳资关系的具体形式。因此，自从资本主义产生以来，资本主义根本逻辑并未改变，但资本主义的历史却可分为几个阶段，各个阶段都以一整套特定的技术、劳资关系、交换关系、国家政策和国际机构为特征。

马克思分析资本主义的根本方法在于从物质生产入手，全面分析、批判作为一种特殊社会形态的资本主义。这种批评包含对资本主义的两种批判：一是所有制的理论；二是劳动过程理论。① 正如卢桑所说，与仅对生产做技术分析的古典经济学或新李嘉图学派以及其他的资产阶级经济学派相比，强调劳动过程是马克思的经济分析区别于其他学派的最重要的特征。② 在《资本论》第一卷中，马克思分析了在资本主义社会主要动力——资本积累的推动下，劳动过程如何在资本的控制下，从手工工场内

---

 * 本文原载《教学与研究》2007 年第 5 期。

 ** 谢富胜（1972— ），男，安徽枞阳人，中国人民大学经济学院副院长，教授，博士生导师，中央"马工程"专家，孙冶方经济学奖获得者。

① ［美］哈里·布雷弗曼：《劳动与垄断资本》，方生等译，商务印书馆 1978 年版；［美］安德鲁·芬伯格：《技术批判理论》，韩连庆、曹观法译，北京大学出版社 2005 年版。

② Rowthorn, Bob, "Neo-Classicism, Neo-Ricardianism and Marxism", *New Left Review*, No. 29 (1974).

部的协作和分工转变为以机器大工业为基础的工厂内部的机器劳动分工。在此基础上，马克思阐明了资本主义社会组织劳动过程的特定方式，参与生产活动的人与人之间的关系如何在既定的社会生产力水平下产生，而劳动过程的发展又是如何在特定的资本主义生产关系下展开的。

然而，在《资本论》第一卷出版后的一百多年里，劳动过程问题并没有受到马克思主义者应有的重视，没有再出现按照马克思所采用的方法来论述资本主义劳动过程的后续著作。① 马克思主义者对资本主义生产方式的批判日益让位于对作为一种分配方式的资本主义批判，认为现代工厂是劳动过程的一种不可避免的虽然是有待改善的组织形式。② 由于缺乏对资本主义劳动过程从一个阶段到另一个阶段的批判研究，马克思主义经济学者只能用抽象的一般规律描述特定的资本主义社会是怎样获得发展的，而不能将这些发展奠基于一般规律之上。"想用简单的形式抽象，直接从一般规律中得出不可否认的经验现象"③，马克思对李嘉图学派解体的分析值得马克思主义者警惕。

一 政治经济学意义上的资本主义生产方式：占主导地位的资本主义劳动过程

《资本论》的研究对象是资本主义生产方式以及和它相适应的生产关系和交换关系。在马克思的著作文本中，生产方式是个多义词，围绕着"生产方式"一词的确切含义，我国的马克思主义经济学者曾长期展开论战。迄今为止，对于资本主义生产方式，国内学术界并没有统一的看法，即使为大部分学者所接受的——资本主义生产方式是生产力和生产关系的辩证统一——观点也过于抽象，很难把它与运用于其中的资本主义社会的具体历史区别开来。

美国马克思主义经济学者哈维（Harvey）对资本主义生产方式概念的

---

① 马克·布劳格指出："也许有些人认为马克思对劳动过程分析只是马克思主义经济学中不重要的一部分，但有很多人阐明，在马克思的分析中被当做不重要的部分恰恰是马克思主义的核心。"参见 Blaug Mark, "Misunderstanding Classical Economics: The Straffian Interpretation of the Surplus Approach", *History of Political Economy*, Vol. 2, No. 31, 1999。

② ［美］哈里·布雷弗曼：《劳动与垄断资本》，方生等译，商务印书馆 1978 年版。

③ 《马克思恩格斯全集》第 26 卷（第 1 册），人民出版社 1972 年版，第 69 页。

分析，对我们有很大的启发。按照他的看法，在马克思的著作文本中，以三种十分不同的方式运用了"生产方式"这一概念。[①] 第一种是指在一种特殊的使用价值生产中实际所采用的方法和技术，例如，当马克思谈到"棉纺织业的生产方式"时，就是如此。第二种常常用来指劳动过程的特殊形式，这种劳动过程在资本主义阶级关系下服从于商品的生产，这是马克思在整个《资本论》中运用这一概念的主要方式。第三种是从总体上或为比较的目的使用的，特别是在马克思的《1857—1858 年经济学手稿》中，这一概念用于指代以下事物的全部，包括生产、交换、分配和消费关系，以及制度、司法和行政上的安排，政治组织和国家机构、意识形态和社会（阶级）再生产的特有方式。在这个含义上，我们能够比较"资本主义的"、"封建主义的"、"亚洲的"等生产方式。

哈维指出，"生产方式"的第三种含义只能作为一个初步的概念，理解其内涵必须通过进一步的历史的、理论的和比较性的研究。他基本上倾向于第二种解释，以便于逐步地积累从总体上来看的更容易理解的资本主义生产方式的解释，并指出这是我们能够接近这一概念全部含义的唯一方法。我认为，哈维对于资本主义生产方式的分析是符合马克思的本意的。政治经济学意义上的生产方式，指的是在资本主义社会中，占主导地位的资本主义劳动过程。原因在于：

第一，物质资料的生产是人类社会生存发展的基础，任何物质生产活动既是在社会范围内又是在一个个具体的劳动过程中进行的，社会形式的生产活动必然需要组织，必然采取某种组织形式，进行具体的生产活动必须把生产资料和劳动者结合起来，这种结合包括人与自然之间的物质变换关系和人与人之间的劳动交换关系。在任何社会形式的生产活动中，人与自然的物质变换关系即生产力始终是积极的主动的力量，而生产关系总是惰性的或被动的。这样，物质生产力的变动必然与作为其社会形式的生产关系发生矛盾运动，这种矛盾运动具体体现在作为二者结合的中介——劳动过程之中。随着这种矛盾运动的发展，这种结合的实际内容和形式也相应地发生变化，同时也改变着劳动过程这个具体载体的内容和形式。

第二，在任何既定的、实际的资本主义经济体系中，我们会很容易发现一些相互纠缠、混杂的劳动过程。以往劳动过程的剩余部分、未来劳动

---

① David Harvey, *The Limits to Capital*, Chicago：The University of Chicago Press, 1982, p. 25.

过程的萌芽和从某些国家现有劳动过程中引进的因素等都可以在一个特定的社会中被发现，不同的甚至相对立的劳动过程同时存在并发挥着各自的作用。资本主义经济中劳动过程的具体形式从来就不是纯粹的，因为非主导地位的劳动过程，作为创新的产物以及竞争和模仿的结果，从来不会被占主导地位的资本主义劳动过程完全排挤出去，任何的经济体系中的劳动过程都能分成占主导地位的形式和其他形式与相异形式。马克思主义经济学对资本主义劳动过程的研究，着眼于既定经济体系中，占主导地位的、支配最大量商品交换的资本主义劳动过程。由于在世界经济中占主导地位的资本主义国家的变化，因此，占主导地位的资本主义劳动过程，在不同时期就出现在不同的资本主义国家里。

第三，资本获得价值增殖能力始终依赖于对生产中活劳动的创造物与雇佣工人所得之间的差距的不确定性，实现这种不确定性的差距受到雇佣工人的主观情况、劳动的特殊条件等多方面限制，突破这些限制要求在资本主义生产过程中对劳动进行控制，需要压迫、适应、同化与合作的某种混合，即资本主义劳动过程最基本的关系是劳资关系。与不同时期资本主义劳动过程内部分工发展和技术创新的发展相适应，劳动与资本的关系不断经历着从形式隶属到实际隶属的动态演变过程，劳资关系不断经历着从劳资双方关于工作过程控制权的斗争、为保障就业权与工资决定的斗争和现在劳动结构化控制体系下的雇佣劳动自主劳动的演变过程。

第四，竞争导致工资、价格和利润在社会中的运动所产生的外在压力，激励着特定的资本主义生产当事人进行创新，这些创新和压力结合着生产本身的组织和技术安排又产生出整个经济和社会的结构。在这种动态相互作用中，劳动过程内部分工和体现在劳动过程中的技术变化已成为资本主义生产当事人维持价值增殖的重要手段。不同的资本主义劳动过程在积累协作能力与技术能力方面并不是中性的，某种资本主义劳动过程的特殊形式必定具有比其他形式更高的增殖潜力，组织协调和技术创新能力的差异决定着特定的劳动过程及其所属国价值增殖的可能性。

二　资本主义劳动过程的核心：
通过控制实现效率

任何社会的劳动过程都可以分解为人本身的活动、劳动对象、劳动资料等三个一般要素。但这些要素是同一定历史发展阶段上它们所具有的特殊社会性质相结合的。在一切以占有直接生产者剩余劳动的生产资料私有制的社会中，这种要素的社会结合都通过强制来实现，强制为资本主义劳动过程和从前的劳动过程所共有，但资本主义劳动过程的强制是以比较有利于生产的形式进行的。资本主义劳动过程只是资本价值增殖过程的手段，资本主义劳动过程的整个性质就是由无偿劳动的物化过程特别规定的；如何通过劳动过程的组织来获得剩余劳动就成为资本主义生产当事人的关键问题。

雇佣劳动者的劳动同生产资料的社会结合不仅取决于劳动本身的性质，而且取决于体现资本目的的特殊社会关系。在资本主义劳动过程中，为了实现商品的经常的低廉化，一方面，必须发展支配与从属的经济关系，因为劳动能力的消费是由资本家进行的，从而是被资本家监视与管理的；另一方面，必须发展巨大的劳动连续性与劳动强度以及劳动条件使用上的更大的节约，因为一切努力都是为了使产品只代表社会必要劳动时间；① 即资本主义劳动过程的核心在于通过对雇佣劳动的控制实现商品生产的效率。② 因此，保持作为资本组成部分的劳动力再生产对资本积累是至关重要的。资本必须从两个方面保持对雇佣劳动的控制：一方面是在劳动过程之外，发展雇佣劳动对资本的隶属关系，有持续的可供剥削的人身材料；另一方面，在劳动过程内，发展各种降低社会必要劳动时间的控制形式。

如果"工人自己还能占有自己剩余劳动的一部分"③，从而能够通过积累使自己摆脱与资本的关系；那么，"［劳动和资本之间］的最初关系……并没有不断地再生产出来"④，在这种情形下，"雇佣工人在丧失对禁欲资本家的从属关系时，也丧失了对他的从属感情"⑤。为了保持雇佣劳动对资本的隶属关系，一方面，资本用机器取代工人从而降低工人工资，使得

① 马克思：《直接生产过程的结果》，人民出版社 1964 年版，第 91 页。
② 布劳格认为马克思没有用劳动价值论而是用劳动过程理论阐释了资本主义剩余的产生问题显然是不正确的，这段话表明，马克思对资本主义劳动过程的分析恰恰建立在劳动价值论的基础上。
③ 《马克思恩格斯全集》第 46 卷（下），人民出版社 1980 年版，第 76 页。
④ 《马克思恩格斯全集》第 47 卷，人民出版社 1979 年版，第 128 页。
⑤ 《马克思恩格斯全集》第 44 卷，人民出版社 2001 年版，第 881 页。

"工人对资本家必不可少的社会从属性即绝对的从属关系得到了保证"①；另一方面，资本却不断地为工人制造新的需求，"通过生活资料的耗费来保证他们不断重新出现在劳动市场上。……雇佣工人则由看不见的线系在自己的所有者手里"②。因此，为工人创造新的需求是资本与雇佣劳动关系的一个方面，"使自己的商品具有新的诱惑力，强使工人有新的需求等等。……资本的历史的合理性就是以此为基础的，而且资本今天的力量也是以此为基础的"③。

在劳动过程之内，对雇佣劳动的控制会激起雇佣劳动者的反抗，触发了连续的阶级斗争，为了不影响资本积累甚至不断提高资本积累，资本家不得不探索将雇佣工人的抗争维持在既定限度内的各种控制的新形式。由于资本主义劳动过程的前提是在"自由"和"平等"的劳动力买卖中产生的，而不是靠超经济的强制来维持的人身依附关系。雇佣劳动者是被自身的需要所驱使的，他以货币的形式、以交换价值的形式取得维持自己所必需的生活资料；不同雇佣劳动者之间的工资差别；雇佣劳动者对于自身劳动能力和自己活动的预示着较好工资的任何改变在原则上就都是可以接受与有准备的；劳动的新方式的不断形成与经常的变动又给资本家不断引进新技能开辟了新的领域。因此，资本主义劳动过程并不仅仅是强制下的劳动榨取过程，同时也是强制与同意的特殊结合，以诱发出吸取剩余价值所需要的合作过程。④ 但是这种资本合作的雇佣劳动只是工人阶级中的一部分。

资本为保持资本积累不断创造新的需要和控制雇佣劳动的新形式，其必要条件在于资本通过劳动过程内部的分工来制造雇佣劳动之间的分化，从而始终保持资本对劳动的隶属关系。与不断创造新的需要以及劳资之间的阶级斗争相适应，资本通过不断地进行技术创新，一方面控制雇佣工人在劳动过程内部的抗争，不断发展强制与同意的合作新形式；另一方面也不断地进行产品创新，不断地扩展着人类对商品的新需要。作为交换价值的物质承担者，人类对使用价值的需要经历着从规模到范围的转化，导致

---

① 《马克思恩格斯全集》第 44 卷，人民出版社 2001 年版，第 881 页。
② 《马克思恩格斯全集》第 44 卷，人民出版社 2001 年版，第 662 页。
③ 《马克思恩格斯全集》第 30 卷，人民出版社 1995 年版，第 247—248 页。
④ Burawoy, *Michael, Manufacturing Consent：Changes in the Labor Process under Monopoly Capitalism*, Chicago, 1979.

资本积累从对操作效率的追求日益转换为追求过程效率,① 也产生着劳动过程控制的新形式,资本主义劳动过程呈现出明显的阶段性。

三 资本主义劳动过程的动态演变

从资本主义诞生到 20 世纪 70 年代末,占主导地位的资本积累过程始终追求着操作效率。操作效率是指单个劳动力或机器在给定时间内,加工的材料数量（对连续流程行业）或生产出的产品及零部件的数量（对批量离散制造行业）,它是建立在对使用价值规模化生产的基础上的。实现资本积累所要求的操作效率必须控制雇佣劳动,但雇佣工人的抗争迫使资本家不断地深化劳动过程内部分工、不断地用机器来替代劳动,劳动过程中的控制形式相应地发生改变。

第一阶段,工场手工业时期。手工工场内部的分工提高了劳动的操作效率,但这种分工使工人只会从事某一局部的片面的操作,再也不能独立地制造一种产品了。劳动对资本的隶属由形式隶属开始向实际隶属转变,但劳动过程仍然建立在手工劳动的基础上,工作的速度和强度仍然由熟练工人控制着。权力的实际行使都集中在资本家手里,即资本家亲自进行监督控制。

第二阶段,机器工厂时期。工场手工业时期延长工作日激发起熟练工人的反抗,同时手工劳动对扩大产品供给上的成本和速度限制,使资本家引进机器来替代工人,机器生产大大提高了操作效率,改变了社会劳动的组织和劳动协作的性质,使原来局部的工人协作劳动变成了适应机器本身技术性质要求的协作劳动,机器成了统治劳动者的手段,雇佣劳动实际隶属于资本。马克思在当年纺织业的发展中看到了这种形式,但这种形式直至 20 世纪初尚未成为普遍现象。早期的机器笨拙,在多种生产中仍需熟练工人操纵机器加工原材料。② 生产规模的扩大,资本家行使所有指挥生产的权力已经不再成为可能,不得不将行使某些权力的权利委托给所雇佣

---

① Edwards, R., *Contested Terrain: The Transformation of the Workplace in the Twentieth Century*, New York: Basic, 1979.
② 钱德勒的分析揭示了资本家如何通过进一步深化企业内部分工,降低雇佣工人的技能,控制劳动过程。拉佐尼克（Lazonick）对英国棉纺织业的研究揭示了马克思过高估计机器产生之初对雇佣工人影响的根源:没有考虑到"真实的机器"和"概念上的机器"之间的差距（谢富胜,2005）。

的熟练工人即工头。雇佣工人技能上的非均衡发展导致工人出现分化。在初步的技术控制基础上出现了等级控制，在等级控制下，工头都像以前的企业老板那样行使完全的权力，工头通过行使资本家的权力尤其是惩罚或解雇工人的权力来取得工人的服从。

第三阶段，福特主义大规模生产时期。熟练的技能工人控制着机器工厂内的工作速度和节奏，阻碍了操作效率的进一步提高，难以降低劳动成本。资本家力图把任务的概念与执行任务的概念区分开来，以便保持并加强他们对工作过程的速度控制。泰勒的科学管理分析了使用工具的熟练工人的操作情况，以便能轻而易举地对新型工作进行科学计时。福特采用的装配流水线侵蚀了对技能的需要，使得劳动大军变为更加同质的、无技能和半技能的机器操作工，把整个生产中的劳动力引向由生产技术确定的共同的工作节奏和工作模式之中，资本的代理机构——管理部门完全支配着实际的生产过程。技术控制下的操作效率极大地提高，多种使用价值的生产集中，出现了资本主义的巨型企业。一方面，导致管理部门急剧膨胀，降低管理成本促使了管理活动的再分工，出现了以办公室工作为基础的纵向科层分工体系。另一方面，大规模生产导致的资本集中把相对同质的雇佣劳动大军都联系在一起，这种联系有利于建立工会，有利于罢工的举行。在多次劳资流血冲突的过程中，以雇佣劳动方放弃劳动过程内的权力为基石，劳资双方建立起集体谈判制度，出现了官僚控制。这种控制最根本的特征是将劳动过程内部等级权力的行使制度化，资本通过建立规则和程序的权力来维持对企业运作的全面控制。在官僚控制下，规则和程序成了一种非个人的控制技术，管理者不能任性地监管、解雇工人，工人拥有申诉的权利；同时采取正面激励的方式来塑造工人的行为。"所有这些驱使工人在一条窄小的路上以个人的形式去追逐他们个体的利益，抑制了以集体的形式为这些利益去斗争的冲动。"① 在官僚控制下，尽管劳资之间的利益矛盾依然存在，但其导致的主要是个人的而非集体的抗争，这种抗争不会严重地挑战资本及其代理人的控制。

第四阶段，后福特主义大规模弹性生产时期。20 世纪 60 年代末，雇佣劳动对机械性、重复性工作心怀不满的情绪在许多国家爆发了出来，大

---

① Edwards, R., *Contested Terrain: The Transformation of the Workplace in the Twentieth Century*, New York: Basic, 1979, p. 145.

企业出现的旷工、人员流动、未经工会同意的罢工、怠工、次品率等现象导致操作效率下降；大规模标准化的消费品市场饱和使大规模生产难以为继；劳资定期谈判提高工资加剧了产品的生产成本。这三个基本因素导致发达资本主义社会出现了"滞胀"危机。资本主义开始了长达20年的调整过程①，结合信息技术的发展，占主导地位的劳动过程从追求操作效率转为追求过程效率②，最终形成了弹性的劳动过程：企业"内部分工"向"合工"演变，通过各种方法③使工人在局部范围内提高技能和持久的快速创新能力，工人被组织成团队并获得了生产中独立决策的权力。为了实现弹性生产模式的大规模化和低成本化，利用信息技术发展下的供应链方法，核心企业控制着进行新福特主义生产模式的边缘企业，最终形成后福特主义大规模弹性生产时期。④ 对核心层的雇佣劳动给予长期就业安全、高报酬的同时，也形成了"监督无处不在，但又不知道监督者是谁"的最新的结构化劳动控制模式⑤：工人的持久快速创新能力和外围低成本、低技能的标准化劳动过程被集成到资本积累过程之中，雇佣工人在相联系的劳动过程中被进一步分化，单个工人不得不适应这种转变以求生存。

四 资本主义劳动过程与积累体系的演变

资本主义经济活动是指资本循环（将货币转化为生产资料以及劳动力、生产过程、最终商品的销售）以及与资本循环相伴而来的辅助经济活动（如金融领域）。这种经济活动是以一组特定的经济关系即积累体系为

---

① 资本最初是通过自动化替代工人，但是从使用价值生产的角度看，与人的无限适应性相比，自动化的机器运行模式是线型的，只能生产标准化的零部件或产品，标准化产品市场的饱和使自动化产品的实现产生问题。如何通过提高工人技能、不断创新产品是资本必须解决的核心问题。

② 过程效率（process efficiency）见［美］约瑟夫·派恩《大规模定制：企业竞争的新前沿》，操云甫等译，中国人民大学出版社2000年版。

③ 这些方法现在被冠以各种时髦的名称，如品质圈、学习型组织、第五项修炼、六西格玛等等。有趣的是，正是在这一时期，"人力资本""企业文化""利益相关者"等概念在经济学、管理学中得到广泛应用，这些概念有助于在意识上把工人的持续创新能力纳入资本控制下的积累过程。

④ 谢富胜：《福特主义、新福特主义和后福特主义》，《教学与研究》2005年第8期；谢富胜：《企业网络：激进学者的分析范式》，《经济理论与经济管理》2006年第7期。

⑤ 谢富胜：《分工、技术与生产组织变迁》，经济科学出版社2005年版。

基础的。积累体系的存在，是在资本主义制度内进行经济再生产（生产—分配—消费）和雇佣劳动再生产的先决条件，经济再生产离开了社会再生产就难以保持和促进资本积累。在资本主义制度下，这些经济关系是同生产过程和交换、分配过程结合在一起的。积累体系支撑着对剩余价值的无偿占有和实现，对剩余价值的追求又迫使各个资本家进行着社会资本循环，从而制约着资本的积累过程和经济的发展过程。

为资本主义经济活动提供一个框架的积累体系主要包括以下关系：劳动和资本的关系、资本和资本的关系、国家和资本的关系。在资本循环各个环节中，作为生产与价值增殖的统一的资本主义劳动过程处于中心地位。这并不仅仅因为劳动过程包含了显著而持续不断的劳资双方对控制权力的争夺，也不仅仅因为劳动过程包含了资本主义生产关系的"再生产"，而是因为劳动过程根本就是资本主义生产关系的核心运作逻辑的承载领域——是剥削和剩余价值的创造。① 因此，在资本主义经济活动中，特定的劳动过程决定着特定的生产关系和交换关系。资本主义生产的规律表现为资本家互相受到的一种强制和资本家给予劳动者的一种强制——因此它事实上表现为跟资本家与劳动者双方对立的资本规律。② 以特定的资本主义劳动过程为基础的劳资关系作为资本主义的最基本的社会关系决定了作为资本主义强制性规律的资本积累。

在资本积累过程中，处于基础环节的资本主义劳动过程本身又创造着跟它本身趋势相对立的经济障碍，使得生产和消费之间的矛盾始终存在。当原有的积累体系的延续无法使资本主义经济活动中不断下降的利润水平得到回升，积累的发展使得原来支持前一阶段快速发展的社会经济关系遭到削弱甚至破坏，现有的经济技术因素不再发挥作用时，就出现了积累体系的危机。占主导地位劳动过程的创新，使资本主义经济活动在消除导致危机的一切法律和超经济障碍的同时，也改变了劳资之间经济关系的具体形式，相应地通过经济再生产和社会再生产，重构资本之间、国家与资本之间的关系，逐渐形成新的积累体系。与上述资本主义劳动过程的演变相适应，资本主义积累体系大致经历了以下三个阶段：

第一阶段是外延型积累体系，大致存在于资本主义产生之初到 19 世

---

① Cohen, Sheila, "A Labor Process to Nowhere?", *New Left Review*, Vol. 165, 1987.

② 马克思：《直接生产过程的结果》，人民出版社 1964 年版，第 125 页。

纪末。(1) 以手工劳动或机器体系的简单协作劳动为基础，劳动生产率比较低下，资本形成和资本增殖所需要的时间较短。资本家的管理主要采用人身监督和初步的等级控制。(2) 资本在与劳动的关系中处于进攻的地位，不容忍妥协。工人的工资低下，基本上取决于劳动市场的供求状况。工人的再生产主要是在非资本主义的小农经济中实现的，在 19 世纪 70 年代后开始社会化。(3) 资本生产规模比较小，资本之间的竞争激烈。消费品的数量和结构取决于生产，商品价值的实现主要依靠资本主义市场范围的扩张。(4) 国家对经济活动的调节只发挥有限的作用。

第二阶段是福特主义积累体系，大致存在于 20 世纪初至 20 世纪 70 年代末。(1) 以泰罗制和流水线来组织生产，管理部门取得了对劳动过程的设计、进度和时间安排上的绝对控制权，劳动生产率空前提高。由于技术趋于复杂，从投资到资本形成和资本增殖所需要的时间长达数年。资本家的管理建立在官僚控制的基础上。(2) 工人阶级队伍急剧扩大，雇佣身份终身化。大部分雇佣工人的工资增加通过集体谈判得到保证，劳动力市场分为受工会保护的一级劳动市场和随市场供求决定的二级劳动市场。工人的再生产完全社会化导致了大规模消费市场的形成。(3) 资本生产规模急剧扩大，垄断资本之间竞争比较缓和，市场需求可以进行长期计划。大规模生产与大规模消费形成良性循环，商品价值的实现开始依靠现有市场种类的扩张。(4) 国家开始对经济进行积极干预，建立了社会保障和福利制度、凯恩斯主义宏观调控政策和最低工资立法，调节经济波动。

第三阶段是后福特主义积累体系形成时期，从 20 世纪 70 年代末至今。(1) 结合信息技术，按照功能弹性和数量弹性相结合的原则来组织生产以应对市场需求的不确定性，具备功能弹性的劳动力获得了局部范围生产的控制权，过程效率提高。由于技术设计模块化、通用化，具备功能弹性的工人的创新能力和具备数量弹性的工人的低成本相结合，资本形成和价值增殖时间缩短。资本家的管理建立在结构化的团队合作的控制基础上。(2) 工人阶级队伍急剧分化，工会力量得到极大的削弱。具备功能弹性的工人获得了就业安全、高工资、高福利的再生产条件，具备数量弹性的工人处于临时就业、低工资和不断恶化的劳动条件下，其再生产受制于不受管制的劳动力市场。(3) 资本生产规模缩小，但通过信息技术网络支配能力空前增加。资本之间处于既合作又竞争的动态垄断竞争形式下，市场需求具有高度不确定性，消费也通过信息技术被纳入生产过程，商品价值的实现取决于持续性的创新过程。（4）国家逐渐放松对经济的管制，积极为资本的全球流动创造条件。

五　结论和展望

在资本主义发展的每一阶段，所有制都是资本家的私人占有制，生产关系始终以存在着非生产者的资本所有者控制着雇佣劳动者进行生产为特征，在每一阶段的劳动过程中，生产关系都具有资本占有剩余价值的特征。虽然特定的技术作用于劳动过程并最终导致新的劳动过程的出现，但这些特定的劳动过程中的劳资关系却决定着技术发展的速度和性质。与每种劳动过程的具体形式相联系的是一种新的社会积累体系，这种社会积累体系是经济再生产和雇佣劳动再生产的基础，这些关系包含着基本的资本主义生产关系的新形式，这些形式维护着基本关系，也同样促发了劳资之间冲突斗争的新形式。

自从资本主义产生以来，劳动过程、消费习惯、资本及其相互竞争结构以及国家权力等等各种根本性变化的信号和标志是十分丰富的。这些信号和标志都表明，资本主义经常存在着不断重新把世界塑造成新的结构的力量，马克思的劳动过程理论可以透过这些十分丰富的现象来揭示内在的矛盾和基本的经济关系。这就要求当代的马克思主义者按照马克思的方法来仔细考察它在当代的各种表现形式。归根到底，"马克思主义理论的核心，在于力图解释和改造现实世界，其主要理念也就势必因应现实世界的变化而变化。因此，每个时代都有每个时代的马克思主义，他们继承和发展着马克思主义的理论传统以解答他们所面对的现实问题"①。

---

① Michael Burawoy, "For a Sociological Marxism: The Complementary Convergence of Antonio Gramsci and Karl Polanyi", *Politics & Society*, Vol. 31, No. 2, 2003, p. 193.

马克思主义经济学的工资理论[*]

王生升^{**}

西方主流经济学的分析局限于现象层面，将工资的决定过程归结为劳动市场交易双方的博弈式讨价还价行为，由此，隐藏在交换行为背后资本主义生产关系的特殊规定性被完全排斥掉了，资本主义经济中工资运动所特有的历史性的本质规律也因此被完全掩盖，工资的波动似乎变成了适用于商品经济所有发展阶段的一般规律。与这种缺乏历史观的静态均衡分析方法不同，马克思主义经济学对辩证法原则的尊奉，使得其中的工资理论在以下几个方面凸显出其独特的视角和深邃的洞察。

第一，工资在表象上体现为劳动买卖过程中的交易价格，即劳动价格；与此同时，这种市场交换行为更意味着资本主义生产方式的出现，可变资本与劳动力使用权之间的等价交换，使得工资不再成为劳动的报酬，而转变成劳动力价值或价格的歪曲的表现形式。因此，工资的本质，只有在资本主义特定生产方式及相应生产关系的框架中，才能得到理解。第二，马克思主义经济学不是单纯的利益辩护学说，工资的绝对运动——无论是以名义工资还是实际工资衡量，不具有重要的理论价值；工资与利润间的相对运动不仅构成了直接生产过程中的基本矛盾运动，而且也为社会总生产过程中一般规律内在矛盾的展开奠定了基础。因此，只有在工资与利润的矛盾关系中，才能理解工资运动的本质规律。第三，工资变动与就业量变动间的关系并非简单的价格调整模式，失业的出现并非源自工资的过度增长；相反，技术

---

* 本文原载《政治经济学评论》2007 年卷第 1 辑。

** 王生升（1973— ），男，辽宁铁岭人，南开大学马克思主义学院副院长，教授，博士生导师，中央"马工程"专家，马克思主义基本原理概论国家教材建设重点研究基地副主任。

进步引发的资本技术构成的提高，造成了劳动市场上内生性的劳动供给过剩，并因此有助于压低工资的增长。第四，工资水平的变动，不仅仅是关涉到劳动市场均衡如何实现的微观问题，它更与资本主义宏观经济波动存在着紧密的内在关联；以何种尺度从新价值中分割出一部分作为劳动力价值，会对资本主义经济中积累与消费的比例关系产生重要影响，并进而为资本主义宏观经济的周期性波动路径提供基本规定性。因此，工资运动不仅是一个微观的、局部的经济现象，更是一个宏观的、整体性经济现象。第五，关于工资水平的长期运动趋势，无论是从劳动者供给偏好的变化出发，还是从资本对劳动需求偏好的变化——源于生产函数因技术进步而发生的改变——出发，都无法给出令人信服的解释。只有在资本主义经济发展的动态历史过程中，在生产力进步和生产组织方式变革的背景下，才能真正洞悉工资运动的长期历史趋势。

一　资本主义生产方式中工资的本质

资本主义经济首先表现为庞大的商品生产与交换。但与简单商品经济相比，资本主义市场经济不仅实现了规模的扩张，而且还根本改变了简单商品经济的运动规律。在从简单商品经济阶段脱胎的过程中，劳动市场的普遍出现——自由的雇佣劳动力成为商品，无疑是最为基本的条件。就此而言，工资不是一般性商品交换过程中的经济现象，而是资本主义市场经济中特有的经济现象，因此。工资的决定过程必定具有不同于一般商品价格决定的特殊规定性。

从亚当·斯密在《国民财富的性质和原因的研究》（以下简称《国富论》）中的分析开始，古典经济学关于工资的解释，一直关注于隐藏在现实工资表象背后的自然趋势，即"劳动的自然价格"。按照古典经济学的逻辑，劳动的自然价格并非仅仅是一个关于劳动市场价格上下波动的事后的、统计性的结果；相反，劳动力的再生产过程为工资变动的自然趋势提供了某种解说，这种自然趋势进而成为统摄现实工资波动的基本中心。在这里，我们发现了古典经济学的重要贡献，即透过劳动市场交换过程的表象，而进入到劳动力的再生产过程探寻工资的本质及运动。显然，本质—现象这种二分法的分析逻辑，是古典经济学最重要的方法论特征，这种逻辑使得经济学的分析从交换过程进入到生产过程，随之而来的是构成古典经济学基础的劳动价值论的确立。

然而，当 19 世纪 70 年代的边际革命逐渐展开其影响时，无论是杰文斯、门格尔，还是瓦尔拉，都清楚地知晓所谓新学说对古典经济学劳动价值论的颠覆性影响。在此以后，边际分析原理被马歇尔成功地运用到了供给与需求行为的分析中，成为解剖两类基本经济行为的标准工具。这种转变，使得古典经济学关于"自然趋势"的本质性分析——立足于劳动价值论——变得完全多余，价格的运动仅仅通过市场交换行为的分析就可以得到充分的说明；而且，价格波动的中心——均衡价格，也完全取决于供求双方交换行为的特定模式，即所谓的供给曲线（函数）和需求曲线（函数）的形状和位置。工资也不例外，劳动者的劳动供给曲线和企业的劳动需求曲线，确定了相应的均衡工资水平，并规定了现实工资运动的趋向。换言之，仅仅考察劳动市场上的交换行为，仅仅考察交换双方的行为模式，就可以充分说明现实工资运动的过程及其趋向，工资的决定仅仅是劳动市场交换过程中的经济现象。和古典经济学相比，边际革命以后的西方主流经济学基本上放弃了关于资本主义生产过程的分析，劳动价值论成为过时的理论包袱；由此产生的一个重要后果是，这些主流学说丧失了古典经济学的历史观，商品交换活动成为一般的、抽象的普遍经济活动，供求行为模式也成为关于人类行为的一般性规律。

马克思主义经济学继承了古典经济学的分析传统，强调生产的首位性，从而使得其理论分析具有明显的历史主义色彩。如果仅仅关注于市场交换过程，那么我们根本无法甄别前资本主义商品交换行为和资本主义商品交换行为的差别。在资本主义生产方式产生以前，商品交换活动已经长久地存在于人类的交往活动中，但在如此漫长的历史长河中，凭借商品交换来实现的价值增值，却一直局限于相当狭小的范围里。当历史的脚步走到 18 世纪时，科学与技术的革命性突破为近代工业的出现奠定了基础，同时也为资本主义生产方式的出现提供了条件。经由血腥暴力的资本原始积累过程以后，资本主义生产方式逐渐在西欧建立其统治地位；也恰恰是在此以后，价值增值成为资本主义经济发展中普遍而持久的特征。这种关联促使我们进入到资本主义的生产过程中，通过考察资本主义市场经济的历史特殊性来寻找价值增值的源泉。① 和简单商品经济不同，资本主义市场经济在生产中采取了资本雇佣活劳动的特殊组织方式。在这种生产方式下，资本购买了劳动者的劳动能力，即活劳动的使用权，而这种劳动能力在生产过程中的使用，正是一个社会新价值得以创造的过程。显然，如果在购买活劳动使用权所费成本与活劳动创造的新价值之间存在一个差额，那么价值增值过程也就得以实现了。与简单商品经济相比，资本主义市场经济依赖特有的生产方式来实现的价值增值过程，不仅仅意味着这种价值增值现在以会计簿账的方式显现出来；② 更重要的是，剥夺劳动力对生产资料的所有权，使得这种价值增值以剩余价值——利润是其更现实的表现形式——的形式在资本所有者那里积累与集中起来，这就为扩大再生产的不断展开以及随之而来的剩余价值生产的扩大提供了物质基础；在这一基础上，科学技术进步最终演变成产业革命，相对剩余价值生产在技术进步的推动下成为资本主义社会生产过程的基本微观模式，价值增值和资本再积累也相应步入了高速增长的快车道。③

如果认同上述理论阐释的说服力，那么关于工资本质的合理结论，当然也就是马克思主义经济学的结论：资本主义的工资在表象上是劳动的价

---

① 一些西方经济学家并不认同"等价交换规律"，在他们看来，交换行为之所以发生，是因为交换双方都认为交换后的结果是对交换前状态的福利改进，因此交换活动本身就是价值增值的源泉。显然，这种观点的背后暗含着对价值的重新定义。换而言之，这种观点将价值定义为商品对人的效用，即古典经济学所采用的使用价值范畴。按照这种定义，"'贸易使产品增添价值，因为同一产品在消费者手里比在生产者手里具有更大的价值，因此，严格说来，贸易应看作是一种生产活动。'……如果说商品的使用价值对买者比对卖者更有用，那末商品的货币形式对卖者比对买者就更有用。不然他何必出卖商品呢？因此，我们同样也可以说，例如，买者把商人的袜子变成货币，严格说来，就是完成一种'生产活动'"（《马克思恩格斯全集》第44卷，人民出版社2001年版，第186页），对于任何一个抱有严肃科学态度的学者而言，个人的主观效用评价活动具有太多的不确定性和随意性，以此来衡量具有明显客观属性的价值增值过程，当然是无法令人满意的前提假设。而且，依据这一前提假设，我们根本无法辨识交换活动之于生产活动的本质差异，它不仅不是稳定的理论基础，而且还是引起更多理论误解与混淆的根源。

② 在简单商品经济中，劳动者通过所有权的方式而与生产资料形成的自然结合，使得这一价值增值过程始终处于潜在的状态。

③ 在前资本主义时代，再生产劳动力所需的商品的价值与劳动力自身创造的商品的价值，也当然存在差额，这种增值额同样构成了前资本主义经济体手工业部门经济增长的基本内容。但和资本主义生产方式相比，雇佣劳动式的生产方式并不普遍，整个手工业部门的生产分散在众多的手工业作坊那里；与之相应，手工业部门形成的价值增值也因此分散在为数众多的手工业者手中。价值增值的分散化，导致前资本主义的手工业部门很难实现技术进步，而技术进步的停滞无疑又反过来阻碍了价值增值过程的动态扩张。

格，但实质上却不过是劳动力价值或价格的转化形式。将工资的本质归结为劳动力价值或价格的转化形式，构成了从劳动价值论过渡为剩余价值论的重要中介条件；正是依据这一基本条件，资本主义经济过程的最重要特征——增值与积累，才能得到合理的解说，而资本主义市场经济也因此获得了区别于早期简单商品经济的历史特征。

将工资本质归结为劳动力价值或价格，这意味着马克思主义经济学实现了两个重要的理论突破：第一，在分析的深度上，超越了劳动市场交易对象——劳动——的表象，明确揭示了劳动能力才是劳资双方市场交易的真实对象；第二，在分析的广度上，超越了劳动市场上的交易行为，从更为广阔的社会再生产的角度揭示劳动力价值的决定过程。

第一，劳动市场上劳资双方的交易行为，在现象上表现为资本家以货币与雇佣劳动者的劳动相互交换：对于雇佣劳动者，他们出售的是劳动；对于资本家而言，他们购买的也只是劳动。对于坚持劳动价值论的经济学说而言，如果停留在这一表象上，将劳动视为交易对象的话，那么价值增值过程就无从谈起。根据劳动价值论，价值的形成唯一地来源于劳动，同时，坚持劳动价值论的经济学家又无一例外地坚持等价交换的基本原则；这样，劳动市场的交换意味着一定量的货币购买到了等值劳动，这个劳动在生产中又会创造出等值商品。根据这一逻辑推理过程，一个自然的结论是，资本主义市场经济中不会形成价值增值，这显然和资本主义经济的现实格格不入。理论结论与现实的冲突，使得经济学家在两个完全不同的方向对经济理论本身作出调整：一些经济学家执著于劳动市场上货币与劳动平等交换的表象，这意味着，他们只能放弃劳动价值论，而重新选择生产要素价值论来为价值增值确定可能的源泉；确切地说，货币与劳动之间维持等价交换关系，价值增值过程和劳动无关，而是源于以生产工具为实物载体的资本本身在生产过程中的运转和使用。和上述经济学家的选择形成鲜明对照的是，马克思主义经济学超越了劳动市场交易对象的表象——劳动，揭示出劳资双方交易的真实对象为劳动能力。在经济关系上，这种劳动能力的买卖表现为劳动使用权交易：雇佣劳动者让渡劳动使用权以便获得货币收入，而资本家支付货币以便获得这种劳动使用权。显然，劳动使用权的买卖与劳动创造价值的过程是两个完全不同的过程，尽管这两个过程在资本主义社会再生产过程中前后相连。在劳动使用权交易过程中，劳资双方遵循等价交换原则，等值货币与等值的劳动力相交换；而在随后的生产过程中，这个劳动力的使用能够生产出大于其自身价值的商品，从而实现价值增值。这样，在马克思主义经济学的逻辑推理过程中，选择劳动价值论作为前提假设，完全可以得出价值增值的理论结论，理论与现实的冲突因此被消解掉。

第二，从现象上讲，作为一种交易活动，工资的决定过程仅仅关乎劳资双方的讨价还价能力，以及特定的市场结构对这种能力发挥的制约。当经济学分析囿于这一现象层面时，那么决定劳动市场交换行为的根本因素——资本主义生产方式——就被自然而然地放逐了，而这恰恰是西方主流经济学的重要特征。我们看到，在西方主流经济学的分析中，劳动的供求双方没有任何历史性、制度性特征，他们仅仅是超越了特定生产方式的抽象的理性经济人。按照西方主流经济学的"新进展"——人力资本理论——的合理推论，理性经济人在劳动市场上进行替代抉择，通过比较物质资本与人力资本的回报率，来决定劳动需求者或劳动供给者的身份选择。显然，在他们的分析框架中，劳动市场的供求双方和一般商品市场的供求双方完全相同，不仅地位完全平等，而且还在不断互换身份。从抽象的理性经济人的角度解构劳动市场，则劳动市场的交换行为最终被简化还原为两个基本的函数：劳动供给者的偏好函数——在闲暇与劳动收入之间进行替代抉择的函数，和劳动需求者的生产函数——代表给定的生产技术组合。在西方主流经济学的视野中，完成了上述简化还原工作以后，关于劳动市场交换行为的经济学分析就回到了最初的起点，劳动供给者的偏好函数和劳动需求者的生产函数，作为既定的外生变量而成为经济学分析的前提条件。与此形成鲜明对照的，是马克思主义经济学对市场交换行为表象的超越。按照马克思的分析逻辑，关于劳动市场交换行为的本质理解，只能建立在对资本主义生产方式和资本主义社会再生产过程的分析基础上，交换行为的特殊性在根本上取决于与之相对应的生产活动的特殊性。资本主义生产方式的基本规定性是资本雇佣劳动，这意味着：第一，生产资料的所有权不是在人际间均匀分配的，而是集中在资产阶级手中；第二，雇佣劳动者是没有生产资料的自由人，仅仅拥有劳动力的所有权；第三，对生产资料所有权的拥有和行使，使得资产阶级获得了社会生产活动的主导控制权，而雇佣工人则处于被动从属地位。资本主义生产方式的特殊规定性，使得资本主义经济的生产过程不同于简单商品经济的生产过程。从现象上看，资本主义生产和简单商品生产都是劳动和生产资料结合创造出新商品的过程；但在价值分析的本质层面上，前者则具有重要的特殊性，资本主义的商品生产过程不仅是价值形成过程，同时更是价值不断实现增值的过程。其一，资本的主导控制权要求活劳动在生产过程中创造的新价值必须大于劳动力本身的价值，剩余价值必须要生产出来；其二，活劳动的被动从属地位意味着必须不断地再生产出合适的活劳动力，劳动力价值必须因此作出相应调整和实现，以便满足在技术进步的动态过程中资本不断获取剩余价值的要求。

资本主义生产方式以及生产过程中内在矛盾的不断展开，使得劳动市场上劳动力价值和工资的决定过程具有重要的特征：首先，劳动力价值不同于一般商品价值，它体现的是资本和雇佣劳动在生产过程中的相对地位，以及由此决定的新价值分割关系，因此，只有在工资（劳动力价值的现实形式）和利润（剩余价值的现实形式）的矛盾运动中才能洞悉工资运动的本质规律。其次，生产技术的不断进步为资本有机构成的提高提供了可能，并进而在劳动市场上造就出内生性的劳动供给过剩，劳动供给过剩的不可逆过程，对工资运动的方向和路径产生了重要的影响。再次，工资与利润的对立运动，随着资本积累过程在规模和形式上的变化，最终外化为资本主义宏观经济运动中积累与消费间对抗性矛盾的不断深化，这种体现为市场交换受阻的整体性矛盾，以及通过危机或萧条的方式对这一矛盾的强制性解决，都对工资运动的方向和路径产生了重要的影响。最后，在历史的演进过程中，生产力的发展引起资本主义生产方式——资本与活劳动的结合形式——的不断变化，这种演进与变迁为工资的相对运动提供了乐观的前景。

二 工资相对于利润的矛盾运动

在《国富论》中，斯密肯定了劳动价值论在"初期蒙昧社会"的适用性，但他同时认为，当资本积累和土地私有权产生以后，当"进步社会"——资本主义社会——到来以后，劳动产品就不仅仅归属于劳动者本人，而必须与资本所有者和土地所有者共同分享。当劳动产品在工人、资本所有者和土地所有者三个阶层之间分配后，斯密进一步认为，价值的决定过程因此同时发生改变，现在，"工资、利润和地租，是一切收入和一切可交换价值的三个根本源泉"①。斯密的这种论证转换，意味着价值决定过程与价值分配过程的同一性，这被马克思称之为"斯密教条"而予以批判。但在西方经济学的发展过程中，"斯密教条"则成为重要的遗产被后来的学者继承下来。萨伊是斯密学说的重要布道者，在他那里，"斯密教条"演变成了"三位一体公式"。边际革命以后，"三位一体公式"在 J. B. 克拉克的努力下被精致化为边际生产力理论，并成为西方主流经济学要素分配论的核心内容。简而言之，要素分配论认为，"第一，市场经济中的收入分配决定于各生产要素在联合生产中基于生产的技术条件而对产出的实际贡献，因而，收入分配是一个与制度结构或制度安排无关的价格决定过程。第二，各要素在分配过程中取得的收入总和恒等于各要素在生产中对总产出的实际贡献的总和"②。按照这种分析框架，工资的运动首先是由特定的生产技术条件决定的，这种生产技术条件规定了劳动的边际产品，并因此决定了厂商愿意支付的工资序列。接下来，通过引入劳动者的心理规律，分析劳动者在闲暇和收入间的抉择，劳动者愿意接受的工资序列也得以确定。这样，新古典经济学关于劳动市场上工资与就业量决定的标准模型就建立起来了。在工资的决定过程中，工资的变动仅仅取决于生产技术条件和心理规律，这两者对于经济分析而言又恰恰是外生给定的参数。总结来说，西方主流经济学的工资范畴——实际工资——具有绝对的、确定的意义，工资的决定过程与利润的决定过程相互独立，工资的变动轨迹与利润的运动轨迹也不存在任何内在关联性。

与这种绝对主义研究进路不同，马克思主义经济学遵循辩证法这一方法论原则：这意味着，任何一个范畴都没有绝对的、确定的意义，其意义必须依赖于其所归属的矛盾共生体才能得到真正的理解。

在马克思主义经济学中，价值是经济主体之间关系的体现。但和一般商品相比，劳动力商品的价值体现了一种特别的甚至更为重要的经济关系。一般商品的价值，在形式上表现为不同商品间的交换比例，在本质上是不同商品生产者之间比较劳动、交换劳动关系的反映。但劳动力商品的价值，体现的却不是该商品生产者之间比较劳动、交换劳动的关系，因为

---

① ［英］亚当·斯密：《国民财富的性质和原因的研究》上卷，郭大力、王亚南译，商务印书馆 1983 年版，第 47 页。

② 张衔：《马克思对"斯密教条"的批评及其现实意义》，《教学与研究》2004 年第 2 期。

劳动力的再生产是人体力脑力的恢复，它从来不是以资本主义生产方式再生产出来的，将劳动力再生产归结为必需消费品的再生产，将劳动力价值归结为工资品价值，不仅是武断的，而且也是令人误入歧途的简化方案。按照马克思的方法论要求，劳动力价值确实同样是某种经济关系的体现，但却不是工资品生产者之间劳动比较和交换关系的体现，而是资本和雇佣劳动在生产过程中相对地位以及由此决定的新价值分割关系的体现；进而言之，只有在劳动力价值与剩余价值的相对运动和相对关系中，只有在利润与工资的相对运动和相对关系中，劳动力价值与工资的运动规律才能得到理解。

无疑，这种矛盾分析方法的应用，与马克思的劳动价值论和剩余价值论是相互衔接的。依据劳动价值论和剩余价值论，生产过程中所创造的新价值分割为劳动力价值和剩余价值，在现实的经济运动中分别采取了工资和利润的形式。当雇佣工人所创造的新价值因资本主义生产关系而分割为工资和利润两部分时，它们之间就成为了两个相互对立、相互依存的范畴。因此，在马克思经济学体系中，工资本身不具有绝对的、确定的意义；它只有在和利润所构成的矛盾统一体中，换言之，只有在对照利润运动的同时考察工资运动，工资才是一个具有理论分析价值的范畴。

工资与利润之间的对立运动，不过是资本和雇佣劳动间对立关系在分配领域的直接表现。在资本主义生产方式下，资本处于主导的、统治的地位，雇佣劳动处于从属的、被统治的地位，这导致在工资与利润的对立运动中，工资运动本身要服从于利润运动；事实上，工资增长率所呈现出的变动轨迹，在很大程度上都是利润率变动轨迹的间接结果，工资增长的必要前提是不能损害一般利润率水平的稳定与增长。如果经济环境出现了变化，导致利润率的增长发生困难，那么削减工资通常是直接的后果。关于工资与利润在微观领域的对立关系，美国经济学家罗伯特·布伦纳的结论非常具有代表性。布伦纳指出，从20世纪70年代初期到20世纪90年代中期，整个西方发达经济体都经历了一场持续性的增长停滞阶段，"当利润率显著下降时，制造商的第一反应异乎寻常地一致，即通过削减直接和间接劳动成本来弥补利润。对于这一举动，各国政府也采取了各种措施予以支持。这样，发达资本主义世界中的雇主们就成功地发动了一场大规模的旨在打击工会组织并降低工人生活标准的战役。结果是，实际工资和社会支出的增长都以惊人的速度在萎缩，在20世纪70年代，直接和间接劳动成本增长对利润的压力就已经被大大消解了"①。以美国为例，在 1973 年以后的大约 20 年间，实际工资的增长几乎陷入停滞状态，还不到 0.5%。和美国相比，日本和欧盟的工人必定更有切肤之痛。和 20 世纪 60 年代高达 5% 以上的增长率相比，这些国家的实际工资增长在 20 世纪 70 年代后经历了持续而剧烈的下降，其降幅甚至超过了 400%，在 20 世纪 90 年代更是降至 1% 以下。②

在马克思主义经济学体系中，工资与利润的对立运动，是理解资本主义经济整体过程的基本分析单元，而资本与资本的运动以及劳动与劳动的运动，在逻辑上则是派生的结果。有关工资与利润间对立运动的分析，是对资本主义直接生产过程的解构，由此自然生成了一种剥削理论：资本无偿地占用了活劳动创造的一部分新价值，对剩余价值的占有意味着资本对活劳动实现了剥削。意识形态色彩浓重的马克思主义者或许会因此而心满意足，现在，资本主义生产关系的剥削性已经表露无遗，工人阶级的革命运动因此是完全正当合理的，因为他们不过是拿回属于自己的东西。如果我们硬要把马克思主义经济学打上人道主义的标签，那么这种革命诉求似乎无可厚非；但问题在于，马克思主义经济学真的仅仅是一种基于人道主义的理论学说吗？如果答案是肯定的，那么马克思在辞世时应该不会有太多的遗憾，《资本论》第一卷已经系统清楚地阐明了直接生产过程中资本与劳动、利润与工资的对立运动，资本主义生产关系的剥削性质已经得到清楚的展现。但事实上，恰恰是在《资本论》第一卷以后，马克思主义经济学才真正开始生长起来，《资本论》第一卷中关于资本主义直接生产过程的解析，实际上仅仅是马克思主义经济学的开端和基础，而根本不是它的全部。关于资本与劳动、利润与工资间对立运动的分析，构成了马克思主义经济学的微观基础；在此之上，马克思为我们提供了解析资本主义经济过程中整体性基本矛盾的重要线索和研究进路。正是基于对这些整体性基本矛盾的揭示，我们才能够洞悉近现代经济发展过程的真相：以资本主义生产方式为中介，资本主义生产关系适应于不断发展的社会生产力，不断作出各种各样的调整和变革，并因此造就了资本主义市场经济的多样化变迁与发展。

---

① ［美］罗伯特·布伦纳：《繁荣与泡沫》，王生升译，经济科学出版社 2003 年版，第 19 页。
② ［美］罗伯特·布伦纳：《繁荣与泡沫》，王生升译，经济科学出版社 2003 年版，第 19 页。

三 内生性失业对工资运动的压力

在主流西方经济学的分析中，劳动市场局部均衡的实现，是整个市场经济体系赖以建立的重要基础：在自由竞争机制充分发挥作用的条件下，劳动市场上供求力量的互相作用，会自然形成一种均衡，即在均衡工资水平上，整个社会实现充分就业状态；与这种充分就业水平的劳动投入量相对应，整个社会在既定的生产技术组合下形成了充分就业的产出量，而且这个产出量正好不多不少地在各生产要素所有者那里实现完全的分配。根据这种供求理论，当劳动市场出现失业问题时，必定意味着此时的实际工资水平高于均衡水平，高失业总是对应着高工资。在凯恩斯以前，失业问题被看作是资本主义经济中的短期现象，市场竞争机制会自发地解决失业问题。这种论证逻辑，实际上隐含着瓦尔拉斯所乞求的"拍卖人"，通过"拍卖人"的不断喊价，工资水平以波动的方式不断逼近均衡，其对均衡位置的偏离也仅仅是短期现象。自凯恩斯的《就业、利息与货币通论》（以下简称《通论》）发表以后，希克斯、汉森、萨缪尔森等西方经济学家对《通论》的解释成为主流宏观经济学理论，成为凯恩斯主义经济学的正统。在这些学者的分析中，大规模失业现象可能成为困扰资本主义经济生活中的长期性问题，而这一长期问题的产生原因，则被归结为三个主要方面：第一，劳动市场中竞争机制缺失所导致的货币工资刚性；第二，流动偏好陷阱导致的利率对货币供给量变动的不敏感；第三，其他因素导致的投资缺乏利率弹性。[1] 重要的一点是，无论是基于哪种原因，长期性失业都与资本主义经济制度本身无关。而在新凯恩斯主义的理论分析中，效率工资理论的出现，使得高于均衡水平的工资及其本身所具有的黏性特征，成为一种基于生产效率提高所采用的制度安排，是厂商应对信息不完全条件的最优反应。这样，失业现象——对应的是过高的工资水平，就不再是一个严重的经济问题；相反，它倒是现代市场经济得以实现经济效率的必要条件。[2] 不难看出，在主流西方经济学的分析中，工资在逻辑上先

---

① ［英］布赖恩·斯诺登等：《现代宏观经济学指南》，苏剑等译，商务印书馆1998年版，第121—128页。

② ［英］布赖恩·斯诺登等：《现代宏观经济学指南》，苏剑等译，商务印书馆1998年版，第121—128页。

于就业量，而这又当然符合于众所周知的价格调整机制的一般逻辑。

与这种逻辑不同，在马克思主义经济学中，关于工资与就业量的变动，都是放在了资本主义经济的长期动态过程中予以分析的，因此，和西方主流经济学的短期分析结论不同，工资与就业量之间呈现出更为复杂的互动关系。

正如我们在上一节所表明的，马克思关于直接生产过程的分析——资本与劳动、利润与工资的对立运动——是整个政治经济学大厦的微观基础，由此，马克思力图分析资本主义经济发展过程中整体性矛盾的展开与演化。在从微观基础构建宏观理论大厦的过程中，通过引入技术进步这一关键因素，马克思主义经济学因此具有鲜明的长期动态特征。技术进步代表着生产力的发展，而在资本主义生产方式下，在资本积累过程中，技术进步过程又具有了特别重要的社会形式，即资本有机构成提高的一般趋势。资本有机构成提高的一般趋势，意味着技术进步呈现出明显的替代活劳动的特征，这一重要特征对就业量施加了持久而显著的向下压力，大规模失业现象成为资本主义经济过程的固有常态。这种内生性的劳动力供给过剩，是利润与工资对立运动过程中资本理性反应的最优结果；在社会再生产的动态过程中，这种制度性失业又反过来强化了资本在社会再生产中的主导统治地位，并因此有助于抑制工资水平的增长脚步。

资本主义经济发展过程的基本特征之一，就是资本积累过程的不断展开。在资本积累过程中，更为先进的新式生产手段被不断创造出来，新机器、新原料、新技术，以及新式生产方法成为资本积累的伴生物。就此而言，资本主义生产方式比以往任何一种生产方式都更能促进科学技术前进的步伐。然而，资本积累之所以不断采取了技术进步的外化方式，并不是因为它要提高劳动生产率；获取超额利润的根本目的，决定了资本主义生产方式下技术进步必定以劳动力被排挤和替代为代价，这一过程具有明显的替代活劳动的长期倾向。在马克思主义经济学中，以这种特殊社会形式出现的技术进步，被称之为资本有机构成——反映资本技术构成变动的资本价值构成——提高的一般趋势。

在资本积累的现实过程中，技术进步同时也会导致不变资本使用上的节省和不变资本价值的贬值，前者延缓了资本技术构成提高的速度，而后者则在一定程度上抵消了资本价值构成提高的趋势。以英国经济学家琼·罗宾逊夫人的观点为代表，一些学者从上述两个方面对资本有机构成提高的一般趋势提出了质疑。在他们看来，技术革新不一定都具有替代活劳动的特征，技术进步可以是劳动节约型，也可以是资本节约型，或者二者兼而有之。① 确实，就短期分析而言，劳动力和其他生产要素之间的相对稀缺性和相对价格的变动所导致的相机抉择，意味着技术进步的方向不一定是绝对的单向度；但如果我们把视野放得更为长远，就不难发现，劳动节约型的技术进步不仅意味着生产力的进步，而且也是资本生长扩张的最优现实选择。在资本主义生产方式下，资本积累之所以不断吸纳技术进步，其根本动机在于获得超额利润。正如马克思所指出的，"关于机器也可以说，它节约劳动；不过……节约必要劳动和创造剩余劳动才是特征。较高的劳动生产率表现在：资本只须购买较少的必要劳动，就能创造出同一价值和更多量的使用价值"②。为了分享这种超额回报，此类节约劳动型的技术革新必定会被其他企业效仿，从而导致该技术革新向外扩展。不仅如此，一旦技术进步采取了节约劳动的方式，一旦新式机器设备在生产中大规模使用，则在折旧年限内，这些固定成本无法退出生产过程，即便出现了有利于使用劳动力的条件，企业也难以改变已有的生产模式转而大规模使用劳动力。因此，节约劳动型的技术革新具有时间上的不可逆性。

另外，与生产工具和劳动对象不同，作为生产要素的劳动力是有生命、有意识的人。在工业社会，资本为了强化对生产过程的控制，总是力图使雇佣劳动变成一种常规的、机械的活动，总是力图把雇佣劳动降低为无生命、无个性的资本附属物；一旦某种技术提供了使用无意识的机器以代替有意识的劳动者的可能，资本就会毫不犹豫地实现这种可能。甚至可

---

① 确实，进入20世纪，不变资本使用上的节省和不变资本各要素的贬值成为整个资本主义经济中的突出现象。不变资本使用上的节省，主要归功于机器设备和建筑物使用上的节省。根据统计，从1870年至1913年，美国经济中劳动生产率的年均增长速度与职工平均占用设备净存量的年均增长速度大致持平；但在此后的60年间，劳动生产率年均增长达2.45%；而职工平均占用设备净存量的年均增长率仅为1.78%。这表明，为取得一定的劳动生产率增长，只需要增加较少的设备数量即可达到。与机器设备的使用相比建筑物使用上的节省更为显著。从1929年到1984年，美国制造业的设备存量增长约六倍半，而建筑物净存量只增长了约一倍半，职工平均占用的建筑物量仅增加了40%（参见高峰《资本积累理论与现代资本主义》，南开大学出版社1991年版，第131—135页）。与此同时，技术进步脚步的加快，也大大加剧了已有不变资本，尤其是固定资本的贬值速度。按照乔治·雅西的计算，美国制造工业中包括建筑物在内的固定资本实际平均持续时间，1945年为12年，1950年为10.3年，1953年为9.4年，1961年为8.5年（参见〔比〕厄尔奈斯特·曼德尔《晚期资本主义》，马清文译，黑龙江人民出版社1983年版，第261页）。

② 《马克思恩格斯全集》第30卷，人民出版社1995年版，第363—364页。

以说，机械化的趋势是资本主义提高社会劳动生产率的主要方法，它产生于对劳动过程和人类生产活动的资本主义控制。① 马克思也曾明确指出："机器成了镇压工人反抗资本专制的周期性暴动和罢工等等的最强有力的武器。……可以写出整整一部历史，说明1830年以来的许多发明，都只是作为资本对付工人暴动的武器而出现的。"②

技术进步引起资本技术构成显著提高，这一趋势在发达资本主义经济的长期历史进程中清楚地展现出来。下图中曲线的走势，描绘了自19世纪后半期以来发达资本主义经济体中资本技术构成的提高趋势。不难看出，以1870年资本技术构成指标为基准，美国、英国和法国在经历了一个多世纪的发展以后，资本技术构成水平较之基准年分别增长了400%强、200%强和500%强；具有后发优势的德国，相比而言其增长幅度更加显著，其1984年的资本技术构成水平较之1870年增长了1100%；至于当今世界第二经济大国日本，其1984年的资本技术构成水平较之1913年的基准，则更是迅猛增加了2300%。

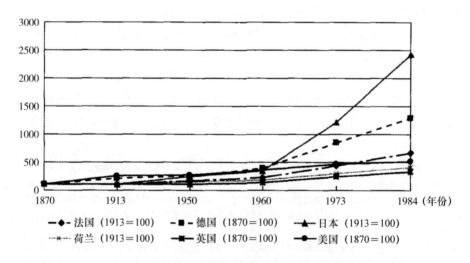

图1　发达资本主义经济资本技术构成的长期趋势

资料来源：高峰：《资本积累理论与现代资本主义》，南开大学出版社1991年版，第127页。

---

① 安沃尔·赛克：《经济危机理论史导论》，见《危机中的美国资本主义》，激进政治经济学联合会1978年版，第233—234页。

② 《马克思恩格斯全集》第44卷，人民出版社2001年版，第501页。

　　在资本技术构成提高趋势的带动下，发达资本主义经济的资本价值构成也呈现出明显的上升趋势。资本有机构成提高的长期趋势意味着，可变资本的增长不仅滞后于不变资本的增长，而且也滞后于总资本的增长。"这一事实，在另一方面却相反地表现为，好像工人人口的绝对增长总是比可变资本即工人人口的就业手段增长得快。事实是，资本主义积累不断地并且同它的能力和规模成比例地生产出相对的，即超过资本增殖的平均需要的，因而是过剩的或追加的工人人口。"① 可变资本增长的相对缓慢，使得发达资本主义经济体的失业人口不断扩大，失业率也远远高于各国官方认可的自然失业率水平。以美国为例，19 世纪末以来的统计资料清楚地显示出，官方统计的失业人口数量和失业率均呈现出稳步增长的态势。另外，值得注意的是，下述失业数据来源于美国官方的失业统计，因此并未包括非自愿的半失业状况和失业工人。考虑到后两类失业状况，美国实际的失业规模会更大。根据美国经济学家谢尔曼的重新计算，实际失业规模大约比官方统计数字多 50%—100%；另一位美国经济学家杜博夫的计算结果表明，从 1967 年到 1976 年，官方失业率至少少算了 1.3%—2.4%，比实际失业率低了三分之一还多。②

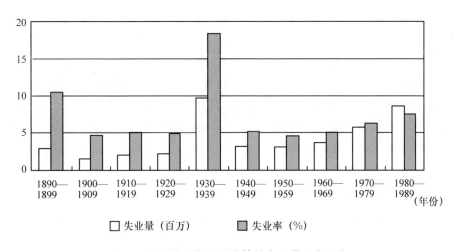

□ 失业量（百万）　　■ 失业率（%）

图 2　美国按十年平均计算的失业量和失业率

资料来源：高峰：《资本积累理论与现代资本主义》，南开大学出版社 1991 年版，第 195 页。

① 《马克思恩格斯全集》第 44 卷，人民出版社 2001 年版，第 726 页。
② 高峰：《资本积累理论与现代资本主义》，南开大学出版社 1991 年版，第 200—202 页。

内生性的劳动力供给过剩，意味着庞大失业人口的存在是资本主义经济的常态。在劳动市场上进行契约交易的双方，因此存在显著的地位差别，劳动的需求方高高在上、宛如在慷慨布施，而劳动的供给方则战战兢兢、唯恐丢掉活命的饭碗。可以说，在工资运动过程中，资本主义内生性的非均衡劳动供求关系，是工资增长的最强大阻碍因素。正如马克思准确概括的那样，"大体说来，工资的一般变动仅仅由同工业周期各个时期的更替相适应的产业后备军的膨胀和收缩来调节。因此，决定工资的一般变动的，不是工人人口绝对数量的变动，而是工人阶级分为现役军和后备军的比例的变动，是过剩人口相对量的增减，是过剩人口时而被吸收、时而又被游离的程度"①。"产业后备军在停滞和中等繁荣时期加压力于现役劳动军，在生产过剩和亢进时期又抑制现役劳动军的要求。所以，相对过剩人口是劳动供求规律借以运动的背景。它把这个规律的作用范围限制在绝对符合资本的剥削欲和统治欲的界限之内。……因此，这也就是说，资本主义生产的机制安排好，不让资本的绝对增长伴有劳动总需求的相应增加。……劳动供求规律在这个基础上的运动成全了资本的专制。"② 在资本主义经济的周期性运动中，失业率变动对工资增长率的影响表现得非常明显：在衰退萧条期，内生性的失业加剧对工资增长施加了强大的阻力；而在上升繁荣期，失业问题有所缓和，工资增长率也因此获得了更大的上升空间。在1950—1973年间，美国、德国、日本的经济大体上处于上升、繁荣期，其私人部门的失业率分别为4.2%、2.3%和1.6%，其实际工资增长率相应地分别为2.7%、5.7%和6.3%；但在其后的20年间，即1973—1993年间，全球性的经济衰退加剧了失业状况，其私人部门的失业率分别上升到6.7%、5.7%和2.1%，相应的实际工资增长率也下降到0.2%、1.9%和2.7%。③

在资本与劳动的矛盾运动中，庞大的产业后备军的存在，对雇佣劳动者的消极作用是不言而喻的；与此相对应，尽管发达资本主义经济体的实际工资水平呈不断增长的态势，但工资相对于利润——劳动力价值在新价值中的相对份额——却呈现出不断下降的态势，这种下降趋势表现为剩余

---

① 《马克思恩格斯全集》第44卷，人民出版社2001年版，第734页。

② 《马克思恩格斯全集》第44卷，人民出版社2001年版，第736—737页。

③ ［美］罗伯特·布伦纳：《繁荣与泡沫》，王生升译，经济科学出版社2003年版，第3页表1-1。

价值率的不断提高。剩余价值率不断提高的趋势，也可以通过资本主义经济一般利润率的变动趋势得到间接验证。马克思给出的一般利润率公式 $p'm/(c+v)$，可以变形为 $p'm'/(1+\frac{c}{v})'$，不难看出，在资本有机构成 c/v 呈不断提高的趋势时，一般利润率的稳定必定要求剩余价值率 m' 的相应提高。1929 年大萧条以后，美国经济的相关统计数据，验证了我们的上述结论：即资本有机构成趋于提高，一般利润率保持大体稳定，而剩余价值率则呈现出不断上升的态势，工资相对于利润在新价值中的份额不断下降。

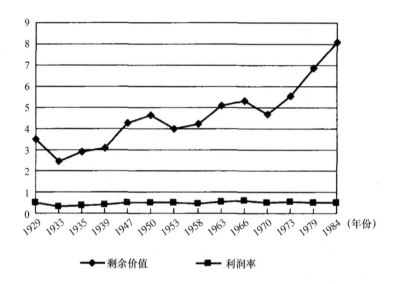

图 3　1929 年以来美国制造业剩余价值率与利润率变动趋势的相关性

资料来源：高峰：《资本积累理论与现代资本主义》，南开大学出版社 1991 年版，第 330—331 页。

四　工资运动与宏观经济失衡

在西方主流经济学中，工资的决定过程完全是一个微观问题，劳动供求双方的试错性交易行为，促使均衡工资水平和充分就业成为劳动市场波动的中心趋势。通过引入萨伊定律——"供给创造自己的需求"，劳动市场的局部均衡状态和宏观经济均衡状态完全协调起来：均衡工资水平不仅保证了充分就业的实现，而且也同时保证了总产出与总需求的恒等。在上述分析逻辑中，"货币中性假说"和"理性人假说"构成了两大支点。"货币中性假说"突出强调货币的即时交易功能，货币仅仅作为交易媒介被引入，因此不会影响真实经济部门的均衡状态。将货币经济简化为物物交换经济，不仅忽略了货币的其他重要职能，而且更为重要的是，货币转化为资本的过程也因此被消解于无形，资本主义生产关系及资本主义经济过程中的内在矛盾，现在完全被隐藏起来。在物物交换经济模型中，总量均衡问题实质上蜕变成总产品内部结构是否合理的问题：即总产出所包含的全部商品，在某个均衡的相对价格体系中能否确使其使用用途相互契合，从而保证所有商品市场都实现市场出清。借助于"理性经济人"假设，只要市场机制能够自由地发挥作用，那么个人就会根据价格信号，进行理性选择和决策，及时调整生产和产品结构，保证总产出内部的相互平衡，实现总供给等于总需求的总量均衡。概而言之，在西方主流经济学中，工资的变动过程与总供求的均衡是相互独立的。①

与西方主流经济学不同，在马克思主义经济学中，工资变动过程与总供求均衡具有内在的关联与互动。在马克思主义经济学中，工资的决定，不仅仅是一个关涉到劳动市场交易活动的微观均衡问题，也不仅仅是一个简单的剥削问题，而更是一个关涉到资本主义宏观经济运动过程中矛盾展开和深化的问题。就此而言，马克思主义经济学的工资理论，也具有强烈的整体性、宏观性色彩。

马克思主义经济学认为，无论生产采取何种社会形式，其最终目的都一定是消费。在《政治经济学批判导言》中，马克思清楚地指出，消费……生产着生产……因为消费创造出新的生产的需要，因而创造出生产的观念上的内在动机，后者是生产的前提。消费创造出生产的动力；它也创造出生产中作为决定目的的东西而发生作用的对象。在资本主义生产方式中，分工与交换的空前扩展使得社会生产的迂回程度加深了，但生产对

---

① 关于这一问题，凯恩斯确实具有独创性贡献。"当大萧条开始时，大部分经济学家以为降低工资可以消除失业。凯恩斯将经济学家的注意力从作为生产成本的工资转向作为需求来源的工资。按照凯恩斯的观点，厂商通过降低工资节省下来的钱，会因为消费需求的下降而重新丢失。从结果上看，降低工资限制了消费需求，为进一步的工资下调造成了压力"（参见［美］迈克尔·佩雷曼《经济学的终结》，石磊、吴小英译，经济科学出版社 2000 年版，第 23 页）。但后来的西方经济学家们，通过强调凯恩斯效应和庇古效应的重要性，实际上消解了凯恩斯的这种独创性贡献。

消费的这种依赖关系并未发生任何改变。正如布哈林所清楚地阐述的那样，"我们就看到一连串的产业，它们互为市场，它们遵照整个生产过程的技术——经济连续性所决定的某种明确的秩序组成一个链条。但是，这个链条是以消费品的生产告终的，而消费品只能……直接地供个人消费……"① 和所有其他类型的社会相同，资本主义经济体的存续与发展也不能脱离生产与消费间的统一关系。但是，在资本主义生产方式下，资本与劳动、工资与利润的矛盾对立运动，却使得资本主义宏观经济过程中不断呈现出打破这种统一关系的尝试。

按照马克思主义经济学分析的基本线索，资本家仅仅是人格化的资本职能的行使者，其典型的行为模式是进行资本积累而不是生活消费，因此构成资本主义社会消费主体的就自然只能是雇佣工人，而工资收入总额的变动也因此决定了资本主义社会总消费能力的变动。在资本主义经济中，资本家与工人之间的经济行为存在根本性差异，这种差异被波兰经济学家卡莱茨基精辟地总结成，"资本家得到他们花费的，工人花费他们得到的"。

如前所述，工资的决定过程实质上是资本与雇佣劳动间分割新价值，确定剩余价值率的过程。而技术进步的推动趋于提高资本有机构成水平，并因此不可避免地对一般利润率水平施加了持久而严重的向下压力。为了应对这种不利影响，资本总是与此同时不断提高剥削程度，通过抬高剩余价值率来保持一般利润率的稳定。显然，提高剩余价值率，对资本而言是理性的个体反应，而由此造成的后果是，工资总额增长日益落后于利润总额的增长，资本主义社会的消费与积累，也因此采取了对抗性矛盾的关系模式。正如马克思在《资本论》中经典表述的那样："直接剥削的条件和实现这种剥削的条件，不是一回事。二者不仅在时间和地点上是分开的，而且在概念上也是分开的。前者只受社会生产力的限制，后者受不同生产部门的比例关系和社会消费力的限制。但是社会消费力既不是取决于绝对的生产力，也不是取决于绝对的消费力，而是取决于以对抗性的分配关系为基础的消费力；这种分配关系，使社会上大多数人的消费缩小到只能在相当狭小的界限以内变动的最低限度。……生产力越发展，它就越和消费

---

① 转引自［美］保罗·斯威齐《资本主义发展论》，陈观烈、秦亚男译，商务印书馆1997年版，第 192 页。

关系的狭隘基础发生冲突。"① 美国经济学家保罗·斯威齐按照这一线索，构建了消费不足论的基本框架："既然控制资源和资金使用方向的资本家们的行动方式，会造成 $\dfrac{消费增长率}{生产资料增长率}$ 这个比值的稳步下降，又由于生产过程的性质迫使 $\dfrac{消费品产量增长率}{生产资料增长率}$ 这个比值至少接近稳定，所以，消费的增长本来就落后于消费品产量增长的趋势。"② "资本主义所固有的一种趋势，即消费品生产能力的扩大快于消费品需求的增长……使消费品的潜在供求关系受到歪曲。这种形式可能以两种方式之一出现。或是（1）生产能力实际上有所扩大，只是在数量日增的消费品开始进入市场时困难才表面化。因此，就有这么一个临界点存在，超过了这一点，在正常的有利可图的价格下，供给多于需求；当这一点过去以后，或是消费品的生产，或是新增能力的生产，或者更可能的是两者在一道，也会遭到削减。因此，在这种情况下，所说的趋势就表现为一场危机。或者（2）有闲置的生产资源存在，它们没有被用来变成追加的生产能力，因为人们认识到，追加的生产能力，同对它所能生产的商品的需求比起来，会成为多余的东西。在这种情况下，这个趋势就不是表现为一场危机，而宁可说是表现为生产的停滞。"③ 总而言之，相对于利润总额——剩余价值总额——的增长，总消费力——工资总额构成了总消费力的主体——的增长日益相对萎缩，这种相对萎缩抑制了消费品产业的扩张速度，并进而抑制了资本品生产的扩张速度，从而导致资本积累过程受到无法逾越的刚性限制。积累和消费间对抗性矛盾的深化，使得生产过剩、资本过剩、消费不足、增长停滞等现象成为资本主义宏观经济运动过程的常态，而经济危机则成为克服这些消极常态的强制性解决途径。美国经济学家罗伯特·布伦纳的相关研究指出，在经历了二战后二十多年的繁荣以后，发达资本主义经济体的生产过剩状况在累积中变得愈发严重，从 20 世纪 60 年代中期以后，全球性的生产能力与产量的双重过剩状况不断恶化，并因此导致发达资本主义

---

① 《马克思恩格斯选集》第 2 卷，人民出版社 2012 年版，第 506—507 页。

② ［美］保罗·斯威齐：《资本主义发展论》，陈观烈、秦亚男译，商务印书馆 1997 年版，第 203—204 页。

③ ［美］保罗·斯威齐：《资本主义发展论》，陈观烈、秦亚男译，商务印书馆 1997 年版，第 201 页。

经济步入长期性衰退和停滞阶段。①

在资本主义生产方式下，这种矛盾的解决，是无法经由经济个体的某种努力而实现的。凯恩斯曾寄希望于改造经济个体的消费模式，通过摒弃"节俭美德"来提高边际消费倾向，以此摆脱消费不足的经济危机。但事实上，仅仅从个人消费行为出发来解决这一矛盾，是根本无法达到预期效果的。对于资本家而言，竞争的外在压力和获取更多利润的内在动力，使得其消费力的增长因消费意愿不足而受到强烈限制，其消费模式非常符合凯恩斯式的边际递减规律；而对于工人，其消费力增长的限制则并非来源于消费意愿不足，而是来源于其收入——工资增长——的约束。总结来说，资本主义经济中固有的消费不足趋势——在凯恩斯主义经济学中表现为"有效需求不足"，完全是单个资本理性行动的自然结果，是符合资本利益的合理选择。因此，雇佣劳动者阶层相对贫困问题的缓和与解决，积累与消费间对抗性矛盾的缓和与解决，不可能求助于资本本身的个体性努力，也不可能依赖于资产阶级的"良心发现"；事实上，因果关系恰恰相反，上述矛盾的深化阻碍了资本本身的存续，客观上迫使资本主义生产方式和生产关系不得不作出各种调整，这些制度性调整，消解了工资相对于利润无限度下降的趋势，使得剩余价值率的提高趋势保持在某种"合理"限度内。就此而言，工资的决定过程，从来就不是一个单纯的微观均衡问题，而肯定是一个关涉到资本积累、生产迂回程度、消费能力等一系列因素的整体性问题，只有在综合考察资本主义整体性矛盾运动的框架中，才能全面理解工资运动的方向和轨迹。

五 工资运动的历史性趋势

20世纪以来，发达资本主义经济体的实际工资水平呈现出迅速上升的态势。以美国制造业工人工资的变动情况为例，国内研究者的统计数据显示，在1914年到1967年短短五十多年里，工人的平均小时名义工资从0.22美元上升到2.92美元，增长了1227%；平均小时实际工资也从0.22美元上升为0.88美元，增幅达300%。② 特别是在第二次世界大战以后，

① ［美］罗伯特·布伦纳：《繁荣与泡沫》，王生升译，经济科学出版社2003年版，第一章。
② 仇启华、姬兵：《当代资本主义若干问题研究》，江西人民出版社1996年版，第174页。

各发达资本主义国家的实际工资增长幅度更为显著。"从 1949 年到 1971
年，实际工资的年平均增长率为：美国 1.6％，日本 6.7％，联邦德国
6％，英国 3％，法国 3.9％。"① 另外，根据《美国总统经济报告：2001
年》中的相关数据，对美国雇员阶层年收入状况进行的统计分析表明，在
1959—1999 年间，美国雇员阶层的年名义工资和年实际工资均呈现出明显
的上升态势。

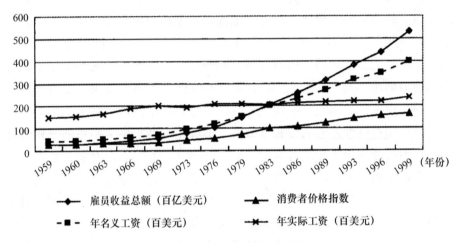

图 4　1959—1999 年间美国雇员阶层的年收入状况

资料来源：《美国总统经济报告：2001 年》，中国财政经济出版社 2002 年版，附表 B - 28，
表 B - 35，附表 B - 60。

　　按照西方主流经济学的分析模式，导致实际工资呈不断上升趋势无外
乎两类原因：第一，技术进步提高了劳动生产率，这意味着劳动边际产量
的提高，即劳动需求曲线向右移动。在劳动供给不发生变动的情况下，劳
动需求曲线的右移促使均衡实际工资水平提高，劳动市场上现实的实际工
资水平因此呈上升趋势。② 第二，劳动市场的特定市场结构和交易条件，

---

　　①　仇启华、姬兵：《当代资本主义若干问题研究》，江西人民出版社 1996 年版，第 187 页。
　　②　对于这种技术决定论的简化逻辑，美国经济学家罗伯特·布伦纳提供了典型的反例：以
战后美国经济的增长轨迹为例，在 1950—1965 年间，美国经济经历了长期繁荣，制造业的劳动生
产率以 2.9％的年均速度实现增长，实际工资的年均增长率约为 3％；而在此后的 1965—1973 年
间，制造业的劳动生产率的年均增长幅度高达 3.3％，但实际工资的年均增长却下降到 1.9％（参
见［美］罗伯特·布伦纳《繁荣与泡沫》，王生升译，经济科学出版社 2003 年版，第一章）。

限制了均衡实际工资的实现，导致现实的实际工资水平长期高于均衡实际工资。事实上，居高不下的失业率，使得西方主流经济学在解释实际工资上升趋势时，更为倚重第二种分析思路。也就是说，西方主流经济学在实际工资的提高趋势与不断恶化的失业问题之间建立了直接关联。概而言之，这种解释包括两个基本线索：第一，劳动市场是一个竞争不充分的市场，劳工阶层组织起来的工会构成了妨碍竞争机制的首要垄断组织，而信奉凯恩斯主义充分就业理念的政府则是妨碍竞争机制的第二种组织——其超经济力量对劳动市场自然均衡状态的扭曲甚至超过了工会，这两类组织的存在导致现实工资水平持续高于均衡工资水平。第二，和其他类型的市场相比，劳动市场的信息不完全性更为突出，相对于劳动需求者而言，劳动供给者拥有信息优势，为了克服信息不完全引发的逆向选择与道德风险，厂商通常会选择提供一种效率工资模式，即人为地加大劳动供给者失业的机会成本，提供一种高于均衡工资水平的效率工资。

与西方主流经济学不同，马克思主义经济学的工资理论不仅仅是一种契约交换理论，更是一种社会生产理论。因此，马克思主义经济学在分析工资长期运动趋势时，关注的重点就不是劳动力市场本身的市场结构与交易条件，而是与技术变革紧密关联的社会生产组织方式的变革。在资本主义社会，社会生产组织形式——物质资本与活劳动结合的具体形式——的不断的变革，为资本与雇佣劳动的矛盾运动提供了基本依据，并因此在根本上规定了工资运动趋势的历史性特征。有必要再次强调的是，我们在这里所讨论的历史性趋势，当然是指工资相对运动的历史性趋势，而根据马克思主义经济学的辩证法方法论原则，工资绝对量的运动——即实际工资增长率的变动，仅仅具有次要的、补充性的意义。①

随着技术进步过程的展开，资本主义经济中的生产组织方式也相应发

---

① 实际工资的运动趋势，无疑是西方主流经济学的话语逻辑。某些学者认为，马克思主义经济学在解释实际工资增长趋势时是软弱无力的，马克思所论述的绝对贫困问题早已经被消解了，因此马克思主义经济学的工资理论已经过时。显然，这种观点没有把握马克思主义经济学的方法论精髓，其结论暴露了自身的狭隘视野。事实上，马克思主义经济学并不要求实际工资呈现下降趋势；相反，实际工资的不断增长反倒是马克思主义工资理论更合理的结论。在马克思主义看来，技术进步的重要结果，就是人类经济活动领域的不断扩张，这意味着人类劳动在工资品生产中的投入份额不断下降。而与此同时，在技术进步的推动下，工资品的绝对数量也在不断增长。由此产生的必然结果是，工资品价值的不断下降，其表现是工资品相对价格的不断下降。就此而言，即便是劳动力价值相对于剩余价值不变甚至下降时，实际工资的不断增长仍然获得了坚实的基础。

生了重大的变革。从历史上看，伴随着技术变革的不断展开，资本主义的生产组织方式经历了不断调整的三个阶段：第一阶段是简单协作的手工工场的出现，第二阶段是以分工为基础的手工工场的出现，第三阶段是以机器大工业为基础的工厂制度的出现。① 这一变革过程，突出表现为生产过程中内部分工的不断深化。随着生产过程中内部分工的深化，个体性手工技巧的重要性日益下降，与现代化机械作业流水线相匹配的活劳动通常是那种整齐划一、简单重复的体力劳动。这一变化，导致劳动者自身异化为生产工具的附属物。就此而言，生产过程内部分工的深化对雇佣劳动者的相对地位，以及工资的相对运动，产生了强大的负面影响。正如西方激进政治经济学派的分析所表明的，"首先，通过将复杂的只能由工资相对较高的熟练技术工人来完成的工作，分解为一个贯序的由一系列简单的'局部工作'构成的工作体系，资本家一方面可以采用工资较低的非熟练工人，甚至是童工来完成同样的劳动过程；另一方面可以通过这种分工的竞争削弱在岗的熟练工人的谈判能力，降低其工资水平。……其次，通过精心设计的劳动分工体系，资本家可以将原来复杂的生产工艺简化为一系列简单的技术动作，可以打破熟练工人对劳动过程的信息的垄断，更好地监督工人的劳动过程，从而在相同的工资水平下获得更高的劳动强度，提高资本家的剩余价值率"② 。不仅如此，如前所述，机器大工业的出现迅速提高了资本有机构成水平，日益庞大的产业后备军被不断造就出来。这种内生性失业现象，在直接生产过程以外，在劳动市场的契约交易过程中，对工资的相对运动施加了巨大的向下压力。

不可否认，恰恰是在资本主义时代，生产组织方式的变革和生产过程中内部分工的发展获得了质的飞跃，生产效率也因此得以大大提高。但这并不意味着上述变革和发展只能局限于资本主义生产关系内部；相反，生产组织方式的变革和分工的深化，是生产力发展的基本形式和一般特征，它贯穿于人类文明进步过程的始终。就此而言，生产组织方式的变革和分工的深化，又倾向于造就出资本主义生产关系的"异质性因素"，这些因素提供了通向未来社会的可能性路径，也因此展示了工资相对运动的乐观

　　① 详细论述参见谢富胜《马克思主义经济学中生产组织及其变迁理论的演进》，见张宇等主编《高级政治经济学》，中国人民大学出版社 2006 年第二版，第 346—350 页。
　　② 张宇等主编：《高级政治经济学》，中国人民大学出版社 2006 年第二版，第 118—119 页。

前景。

　　大体上从 20 世纪二三十年代开始，在发达资本主义国家，生产过程中的内部分工出现了一个意义重大的发展趋势，即资本所有权和资本控制权的分离，由此形成的新型企业制度被伯利与米恩斯称之为现代公司制度。在传统的资本主义企业中，资本职能尚未分化，资本控制权由资本所有者承担；这样，当资本所有者组织生产活动，以实现生产资料和活劳动的结合过程时，其理性行为的全部目的就是实现利润最大化。在这个过程中，利润与工资间的对立运动表现得非常明显。但是，当生产规模的扩大和资本的积累达到一定程度后，出于经济效率的考虑，资本职能的分化势在必行，以资本所有权和控制权分离为特征的现代公司制度，成为资本主义企业制度变迁的一般趋势。在现代公司制度中，股权的高度分散使得财产所有者对控制权行使的约束不可逆转地弱化，"被动性"财产——尤其是股票——逐渐地丧失了它的"资本"功能。它从根本上变成了一种分配流动性财富的方法，变成了一种收入（它不必为了资本目的而聚集）分配的渠道①；与此同时，日益独立的控制权与所有权之间的利益分歧变得越发明显而巨大，协调与平衡各种相关利益集团——股东仅仅是其中的一环——关系，已经取代传统的利润最大化指标，成为公司控制者进行决策的行动指南。控制权形态的演变过程以及经营者控制权的出现预示着，"对大型公司的'控制'应该发展成为纯粹中立的技术统治，去平衡社会中不同集团的各种要求，以公共政策而不是以个人私利为基础，将公司的收入分配给每个集团"②。

　　以所有权和控制权分离为特征的新型分工组织方式，使得资本与雇佣劳动间的矛盾运动也发生了微妙而重要的变化：一方面，股权的高度分散与流动，使得雇佣劳动者得以持有少量股票，某些欧洲国家甚至以立法的形式赋予了雇佣劳动者持有本企业股票的权利，由此获得的股息收入构成了"另类"劳动报酬，在其他条件不变的情况下，这实质上意味着工资相

---

　　① ［美］阿道夫・A. 伯利、［美］加德纳・C. 米恩斯：《财产、生产与革命》，见［美］阿道夫・A. 伯利、［美］加德纳・C. 米恩斯《现代公司与私有财产》，甘华鸣、罗锐韧、蔡如海译，商务印书馆 2005 年版，第 41 页。

　　② ［美］阿道夫・A. 伯利、［美］加德纳・C. 米恩斯：《财产、生产与革命》，见［美］阿道夫・A. 伯利、［美］加德纳・C. 米恩斯《现代公司与私有财产》，甘华鸣、罗锐韧、蔡如海译，商务印书馆 2005 年版，第 362 页。

对于利润的向上运动；另一方面，尽管相对于雇佣劳动而言，控制权仍然与所有权维持了更紧密的联系，但摆脱了所有权严格约束的控制权，确实有助于缓和利润与工资间的紧张关系。事实上，平衡包括资本所有者和雇佣劳动者在内的各相关利益群体的关系，已经成为公司控制者的首要共识。作为管理资本主义生产过程的"受托人"，职业经理人阶层"起着平衡许多不同参与者和企业的利益群体（包括顾客、雇员、供应商和社区）之间利益的作用。股东仅仅被列为这些必须尊重的群体中的一员，而且是被列在最后的"①。显然，这种变化有利于雇佣劳动者相对于资本所有者地位的改善，并因此对工资的相对运动产生了一定的积极影响。

以"经理革命"为标志的资本主义企业制度的调整，从根本上讲，是资本职能为适应现代化社会大生产而进行的自我调整，尽管职业经理人拥有一定的独立性，但发达的股票市场和经理人市场的存在，股东用"脚"投票以及职业经理人之间的竞争，仍然使得资本控制权的独立行使不会在根本上背离资本的利益。而且，为了有效约束公司控制权，使其尽可能符合资本所有者的目标函数，针对职业经理人阶层的股票期权制度被发明出来，众多职业经理人现在都成为其所属公司的股东。这些事实表明，以资本职能分化为内容的生产组织方式变革，不会对利润与工资的对立运动产生重大的实质性影响。与此相比，在资本主义生产组织方式内部兴起的另外一种趋势，对于工资相对运动而言则具有更为重要的历史意义。这一趋势表现为雇佣劳动主动参与权的逐步显现和成长，"人力资本理论"的出现恰恰是对这一趋势的理论反应。

在20世纪石油危机爆发以前，福特主义一直是现代化生产组织方式的代名词，高度专业化的自动机械流水线，使得直接生产过程中劳动对机器的从属关系表现得异常明显。但是从20世纪70年代以来，福特主义的批量规模生产模式暴露出越来越多的缺陷，与此同时，强调发挥劳动者主创精神的后福特主义生产组织模式则不断涌现。法国调节学派的代表人物罗贝尔·布瓦耶（Buyer，R.）认为，这种后福特主义的生产组织模式具有许多新的特征，如："持续的产品/工艺创新；终身雇佣的具备高技能和

---

① ［美］阿道夫·A. 伯利、［美］加德纳·C. 米恩斯：《财产、生产与革命》，见［美］阿道夫·A. 伯利、［美］加德纳·C. 米恩斯《现代公司与私有财产》，甘华鸣、罗锐韬、蔡如海译，商务印书馆2005年版，第13页。

高归属感的雇佣工人；对剩余的折中分配"①，这些新特征无疑都与雇佣劳动者主创精神的发挥有关。美国经济学家艾里克·斯万热杜夫（Swyngedu-ouw，E.）在比较福特主义与后福特主义的适时生产模式后总结到，后福特主义的生产组织模式将雇佣劳动者从高度专业化的分工模式中解放出来：各种工作权限的界限划分逐步模糊化，雇佣工人面对多重任务，劳动组织更加水平化，在岗培训和学习成为劳动者的长期必修科目，与此同时，劳动者的团队责任感得到加强，其薪酬津贴制度也更加多样化，核心工人甚至拥有高度的就业保障。②另外一位美国经济学家戴维·哈维（Harvey，D.）也表达了类似的看法，在他看来，后福特主义的生产组织方式"需要具有高度技能的劳动力，以及理解、贯彻和管理新的却更加灵活得多的技术创新与市场定位模式的能力，资本主义核心企业越来越依赖于为了未来积累而调动作为一种工具的知识劳动力，劳动力内部就出现了有高度特权的、在某种程度上得到授权的阶层"③。后福特主义生产组织方式的出现，尽管仍旧没有超越资本主义生产关系的界限，尽管没有在根本上改变资本与雇佣劳动间的主导—从属关系，但作为技术进步的产物，它确实在一定范围内调整了劳资关系的相对地位，雇佣劳动者在生产过程中的主动参与权得到增强，某些学者更将这种变化视为劳动者重新获得生产控制权的先兆。劳动者是否能够最终取代资本所有者获得生产控制权，无疑是一个更为复杂的问题，但目前我们至少能够得出一个重要结论，即，强调雇佣劳动者主创精神的生产组织方式，提高了雇佣劳动者在生产过程中的相对地位，在其他条件不变的情况下，工资相对于利润的运动因此呈现出令人乐观的前景。

最后，我们也不能忽略，雇佣劳动者主体意识的成长对工资相对运动同样具有重要的积极影响。与现代化的资本主义工厂组织方式相适应的协同性劳动，其现实载体不是冷冰冰的没有生命的机器人，而是有着独立意识和能动创造性的活生生的人。协同性劳动在加速机器运转、提高劳动生

---

① 谢富胜：《马克思主义经济学中生产组织及其变迁理论的演进》，见张宇等主编《高级政治经济学》，中国人民大学出版社 2006 年第二版，第 357 页。

② 谢富胜：《马克思主义经济学中生产组织及其变迁理论的演进》，见张宇等主编《高级政治经济学》，中国人民大学出版社 2006 年第二版，第 358 页。

③ 谢富胜：《马克思主义经济学中生产组织及其变迁理论的演进》，见张宇等主编《高级政治经济学》，中国人民大学出版社 2006 年第二版，第 359—360 页。

产率的同时，也在重塑着劳动者的主体意识。卢卡奇所强调的无产阶级意识形态，决不单纯是马克思主义理论家教化的产物，在社会化大生产过程中，在协同性的劳动过程中，这种意识形态的形成获得了现实的基础和条件。劳动者之间有意识的组织和联合——其现实表现形式为工会组织，加强了劳动者在生产过程中的相对地位，并在一定程度上抵消着资本有机构成提高所施加的消极影响，尤其有利于保证在业劳动者工资相对运动的稳定。在西方主流经济学家看来，工会组织是市场经济发展过程中的"异形"，是对自由竞争市场机制的扭曲；但从马克思主义的视角观察，工会组织的出现则恰恰是资本与劳动矛盾运动的必然产物。二战以后，工会组织力量不断强大，劳动市场上的工资决定过程也呈现出新的特点，尤其是在西欧发达资本主义国家，通过集体谈判的方式确定工资水平，一度成为普遍流行的模式。正如许多经济学家论述的那样，工会组织的存在，使得劳动市场上的价格决定过程呈现出明显的向下刚性特征，在资本与劳动的矛盾运动中，这种刚性特征使得劳动者的相对地位以及工资收入的相对运动获得某种程度的改善。

六　小结

在马克思主义经济学体系中，工资理论不是有关劳动市场局部交易均衡如何实现的微观理论，也不是基于人道主义精神对无产阶级利益辩护的意识形态，而是关于资本主义经济历史发展进程分析的基本组件。从这一视角看待工资的决定问题，意味着我们不能脱离资本主义生产关系而单纯讨论一般性的市场交易关系，也意味着我们必须考察生产力进步以及由此引致的生产组织方式变革，更意味着工资决定过程是整个资本主义经济体的"有机部分"，只有在"整体"中才能理解这个"部分"。显然，从马克思主义经济学的工资理论中，我们无法得出均衡工资的合适位置，但这原本就不是马克思的本意；而对于审慎的研究者来说，理解资本主义工资决定过程中各种因素的矛盾运动，恰恰走出了迈向资本主义经济整体性运动分析的重要一步，它为进一步的研究提供了重要的线索和路径。

马克思经济发展理论硬核
回归与范式重生[*]

——"技术—分工—交换—制度"框架的构建

刘　刚[**]

20 世纪 50 年代，刘易斯宣布经济学新古典范式不适应对发展中国家经济发展问题的研究，决定回归古典范式。[①] 由此西方发展经济学作为一个独立的经济学分支被提出[②]，并在 20 世纪六七十年代进入全盛时期。[③] 然而，刘易斯和"结构主义"向古典范式的"回归"未能准确把握古典经济学经济发展思想的理论硬核[④]，无论是"结构决定论"还是"劳动力无限供给前提"均因理论基础薄弱而未能发挥统领整个分析范式的理论硬核作用。[⑤] 最终"结构主义"范式在与新古典范式的竞争中败下阵来。[⑥] 20 世纪 80 年

* 本文原载《马克思主义研究》2010 年第 5 期。

** 刘刚（1979—　），男，山东潍坊高密人，曲阜师范大学副校长、经济学院院长，教授，博士生导师，山东省"泰山学者"青年专家、山东省理论人才"百人工程"专家，兼任中国《资本论》研究会常务理事、中国政治经济学学会常务理事等学术职务。

① ［美］阿瑟·刘易斯：《二元经济论》，施炜等译，北京经济学院出版社 1989 年版，第 1 页。

② ［英］巴拉舒伯拉曼雅姆：《发展经济学前沿问题》，梁小民译，中国税务出版社 2000 年版，第 11 页。

③ ［英］巴拉舒伯拉曼雅姆：《发展经济学前沿问题》，梁小民译，中国税务出版社 2000 年版，第 2 页。

④ 指拉卡托斯科学研究纲领意义上的"硬核"，即统领整个理论分析范式的不可证伪的理论或无法拒绝的公理。

［美］克鲁格曼：《发展、地理学与经济理论》，蔡荣译，北京大学出版社 2000 年版，第 28—30 页。

⑤ ［澳］杨小凯：《发展经济学：超边际与边际分析》，张定胜、张永生译，社会科学文献出版社 2003 年版，第 23 页。

⑥ 理论上新古典范式成为经济发展理论的主流；实践上拉美国家计划干预的失败被认为是"结构主义"范式的失败，而"东亚模式"的成功则被认为是新古典范式自主主义经济政策奏效的结果。

代，新古典经济学宣布新古典范式完全可以更好地解决发展经济学所讨论的问题，发展经济学作为一个独立的经济学分支已经死亡。[①] 以"华盛顿共识"为代表的新古典发展经济学自由主义思想开始影响发展中国家的经济政策。但是，这种盲目的经济自由化主张却在 20 世纪 90 年代后期遭遇了更为严重的挫折[②]，宣告了新古典范式在经济发展理论上的失败。新古典范式的失败，促使西方发展经济学再次回归古典范式——这次"回归"中，福基塔[③]、克鲁格曼[④]和墨菲[⑤]等首先明确了"理论硬核的回归"，将发展经济学分析范式的理论硬核确定为"杨格定理"[⑥]；他们基于这一理论硬核，借助高级数理模型使西方发展经济学成功地在"高级发展经济学"的框架内获得范式重生。克鲁格曼等人的高级发展经济学已经成为产业集聚、新经济地理学等应用经济学前沿领域最坚实的模型基础。

这种基于硬核回归的范式重生对马克思主义经济发展理论不无借鉴意义。在 20 世纪 50—80 年代，西方马克思主义经济学也形成了著名的马克思主义经济发展理论（马克思主义不发达经济学），并盛极一时。[⑦]但是，它们也未能准确把握马克思经济发展思想的理论硬核，多数理论停留在"国际剥削""依附论"和"生产浪费"等表面问题上。近年来，这些理论也逐渐失去了往日的繁荣。借鉴西方高级发展经济学的硬核回归和范式重生，重振马克思经济发展理论具有明显的理论价值和现实意义。

---

① Lal D. , *The Poverty of Development Economics*, London：Hobart Paperbark 16 , Institute of Economic Affairs，p. 109.

② 东南亚金融危机以及拉美自主主义改革的失败，使"华盛顿共识"所代表的新古典自由主义政策遭遇挫折。

③ K. Fujita, "A Monopolistic Competition Model of Spatial Agglomeration：Differentiated Product Approach"，*Regional Science & Urban Economics*，Vol. 25，1988.

④ ［美］克鲁格曼：《发展、地理学与经济理论》，蔡荣译，北京大学出版社 2000 年版，第 4 页。

⑤ K. Murphy, Schleifer A. and Vishny R. , "Industrialization and Big Push", *Journal of Political Economy*, Vol. 97，1989.

⑥ ［美］克鲁格曼：《发展、地理学与经济理论》，蔡荣译，北京大学出版社 2000 年版，第 4 页。

⑦ 张雷声：《马克思主义不发达经济学的形成与发展》，《国外理论动态》2006 年第 12 期。

一　分工理论"马克思命题"的硬核优势

正如克鲁格曼所言，西方高级发展经济学将理论硬核回归到"劳动分工受市场规模的限制，而市场规模反过来又受劳动分工的影响"[①]——即分工理论"杨格定理"。本部分先分析"杨格定理"以及以其为理论硬核的西方高级发展经济学的范式重生，再将分工理论"马克思命题"与"杨格定理"相比较，明确"马克思命题"作为经济发展理论硬核的方法论优势。

（一）"杨格定理"与西方发展经济学的范式重生

"杨格定理"是杨格对新古典范式偏离古典经济学经济发展理论精髓的纠正。他认为新古典范式的均衡分析不适用于对经济发展领域的研究，"分析形成均衡的力量，即分析任何时点形成切线的力量，都不能说明这个领域的特点是脱离均衡的运动，是从以前趋势的分离"[②]，因此要分析经济发展问题需要回到古典经济学的斯密分工理论。斯密分工理论认为分工和专业化提高技术和生产效率，更专业化的分工需要更大的生产规模，生产规模又取决于市场需求规模，所以"分工要受市场广狭的限制"[③]——这就是"斯密定理"。依照"斯密定理"，增加国民财富的关键是扩大市场规模、提高交易效率、为市场交易扫除障碍，因此自由放任的市场制度是斯密最为推崇的制度形式。斯密的分工理论将市场交换、劳动分工、技术进步和制度环境四者相关联，"这一原理是全部经济学文献中最有阐述力并最富有成果的基本原理之一"[④]。但是，新古典范式却将理论局限在了市场供求方面，偏离了这一原理的精髓。当然，新古典范式的这个缺陷也与"斯密定理"的逻辑倾向有关："斯密定理"把市场交换与劳动分工的

[①]　［美］克鲁格曼：《发展、地理学与经济理论》，蔡荣译，北京大学出版社 2000 年版，第 4 页。

[②]　［美］阿林·杨格：《规模报酬与经济进步》，贾根良译，《经济社会体制比较》1996 年第 2 期。

[③]　［英］亚当·斯密：《国民财富的性质和原因的研究》上卷，郭大力、王亚南译，商务印书馆 1972 年版，第 17 页。

[④]　［美］阿林·杨格：《规模报酬与经济进步》，贾根良译，《经济社会体制比较》1996 年第 2 期。

关系确定为分工单向地取决于交换，忽略分工对交换的反作用进而忽略分工与交换的双向互动关系，是新古典范式"只见市场不见其余"的理论源头。纠正新古典范式的缺陷最终需要在理论硬核上突破"斯密定理"这种单向决定论的方法论局限。所以杨格尝试将分工与交换的关系确定为双向互动关系："用一种包容的观点来看……市场概念在包容的意义上是与商贸联系在一起的生产活动的总和……根据广义的市场概念，亚当·斯密的定理可以更改为分工一般地取决于分工。"①

杨格通过模糊劳动分工与市场交换的界限，确立了交换与分工之间的双向互动关系，为阐释经济发展的"内生演进"过程提供了理论硬核。根据"杨格定理"，产业之间的"交互需求"关系使各产业的规模扩张相互关联；在报酬递增的条件下，规模扩张所推进的专业化分工和技术进步也在各产业之间形成互动。克鲁格曼批评赫希曼、刘易斯等人未能把握这一定理的精髓②，最终导致了西方发展经济学的衰落。通过将理论硬核回归"杨格定理"，墨菲等人重构了"大推进"模型，利用"多重均衡""货币外部性"等工具，实现了对经济发展"内生演进"过程的模型化。③ 以此为基础，克鲁格曼等人的新模型层出不穷，将高级发展经济学的动态分析模型拓展为产业集聚、动态比较优势、新经济地理学和城市化等应用经济学前沿领域的核心理论。④ 直到现在，高级发展经济学的发展势头依然迅猛，已经成为当前应用经济学前沿领域最扎实的模型基础，也是影响经济发展政策最重要的新理论。

（二）"马克思命题"的硬核优势

分工与交换的双向互动不是西方发展经济学和"杨格定理"独有的见解，在这方面马克思有更为经典的论述。与杨格模糊市场与分工界限的做

---

① ［美］阿林·杨格：《规模报酬与经济进步》，贾根良译，《经济社会体制比较》1996年第2期。

② ［美］克鲁格曼：《发展、地理学与经济理论》，蔡荣译，北京大学出版社2000年版，第28—30页。

③ K. Murphy, A. Schleifer and Vishny R. , "Industrialization and Big Push", *Journal of Political Economy*, Vol. 97, 1989.

④ ［澳］杨小凯：《发展经济学：超边际与边际分析》，张定胜、张永生译，社会科学文献出版社2003年版，第12—15页。

法不同，马克思直接把分工与交换的互动关系界定为"交换和分工互为条件"① ——这就是分工理论"马克思命题"："交换和分工互为条件。因为每个人为自己劳动，而他的产品并不是为他自己使用，所以他自然要进行交换，这不仅是为了参加总的生产能力，而且是为了把自己的产品变成自己的生活资料……而这种社会分工的统一和互相补充，仿佛是一种自然关系，存在于个人之外并且不以个人为转移。普遍的需求和供给互相产生的压力，作为中介使漠不关心的人们发生联系。"②

马克思还区分了社会分工与个别分工："第一类分工是社会劳动分成不同的劳动部门；第二类分工是在生产某个商品时发生的分工，因而不是社会内部的分工，而是同一个工厂内部的社会分工。"③ 这就是马克思著名的"两类分工"思想。引入两类分工思想，"交换和分工互为条件"的"马克思命题"就落实在社会分工与个别分工两个方面：社会分工与产品交易互为条件，个别分工则与要素交易互为条件。劳动分工的关键就是分工合作的双方"互享对方劳动"。实行社会分工，生产者分别生产相应的产品，要"互享对方的劳动"，就必须进行产品交换，互通有无。对此，马克思认为："各种使用价值或商品体的总和，表现了同样多种的、按照属、种、科、亚种、变种分类的有用劳动的总和，即表现了社会分工。"④ 个别分工的生产过程本身就是生产者相互配合、"互享对方劳动"的过程，但是要组织不同的生产者进行这种合作生产，通过"要素交易"将各方的生产要素合并使用，同时按要素价格来分配劳动成果。对此，马克思认为"工场手工业内部各局部劳动之间的联系，以不同的劳动力出卖给同一个资本家，而这个资本家把它们作为一个结合劳动力来使用为中介。工场手工业分工以生产资料集中在一个资本家手中为前提"⑤。综上所述，"分工—交换"格局包括"社会分工—产品交易"格局和"个别分工—要素交易"格局两个方面。此外，马克思还进一步指出：社会分工与个别分工之间、产品交易与要素交易之间，可以

---

① 《马克思恩格斯全集》第 30 卷，人民出版社 1995 年版，第 108 页。
② 《马克思恩格斯全集》第 30 卷，人民出版社 1995 年版，第 108 页。
③ 《马克思恩格斯全集》第 32 卷，人民出版社 1998 年版，第 305 页。
④ 《马克思恩格斯全集》第 44 卷，人民出版社 2001 年版，第 55 页。
⑤ 《马克思恩格斯全集》第 44 卷，人民出版社 2001 年版，第 412 页。

相互替代、相互转化。①

依据分工理论"马克思命题",可以超越"斯密定理"和"杨格定理"更为深入地理解"分工—交换"之间的互动关系。在"社会分工—产品交易"方面,新行业的出现以及各行业部门生产规模的扩大与产品市场交易范围的拓展互为因果②;在"个别分工—要素交易"方面,单个企业内的分工与专业化水平、生产规模与这一企业所组织的要素交易规模、组织这些要素交易所需的资本规模互为因果。此外,产品市场交易总规模由各企业通过要素交易所组织的生产规模构成——这种存在于产品交易总规模与各企业要素交易规模之间的关联机制体现了社会分工与个别分工的互动关系。可见,"分工与交换互为条件"的"马克思命题",不仅表述得更明确更科学,还更具操作性。马克思说过:"第二类分工从某一方面来看,是政治经济学的一切范畴的范畴。"③ 分工理论在马克思主义经济学中具有理论硬核的属性。把马克思经济发展理论的硬核回归到分工理论"马克思命题",符合马克思的这一论断。同时正如前面的分析,"马克思命题"也比西方高级发展经济学的理论硬核"杨格定理"更具方法论优势。

二 "马克思命题"硬核统领的"技术—
分工—交换—制度"范式

"斯密定理"反映了斯密分工理论将劳动分工、市场交换、生产技术和制度环境四者相关联的科学性。这一思想也在马克思"生产力—生产方式—生产关系"原理④中得到了继承和完善。一般认为在马克思主义经济学中,技术的高低代表了生产力水平,制度环境是生产关系的具体体现。结合近年来学者们对"生产方式"概念的进一步解读⑤,可以将生产方式理解为劳动者与生产资料相结合进行生产的方式,在技术层面上,它是指生产的技术方式和劳动方式;在制度层面上,它是指生产

---

① 孟捷:《产品创新与马克思的分工理论》,《当代经济研究》2004 年第 9 期。

② "杨格定理"的认识也主要局限于这个方面。

③ 《马克思恩格斯全集》第 32 卷,人民出版社 1998 年版,第 304 页。

④ 吴易风:《论政治经济学或经济学的研究对象》,《中国社会科学》1997 年第 2 期。

⑤ 吴易风:《论政治经济学或经济学的研究对象》,《中国社会科学》1997 年第 2 期。

的社会形式。① 分工和交换分别体现了生产的技术方式和社会形式。② 生产的技术方式主要体现为生产中人与人之间的分工协作方式，人们对生产资料的操作也要以人与人之间的分工协作为基础。生产的社会形式体现在人们相互的交换行为之中，交换的前提和结果都是人对物的排他性的占有；交换的比率，即产品和要素的价格，体现了人们对社会总产品和劳动成果的分配。在"生产力—生产方式—生产关系"原理中，生产力、生产关系、生产方式的技术层面和生产方式的制度层面，分别与技术、制度、分工和交换四个范畴相对应。"生产力—生产方式—生产关系"原理，可以通过"技术—分工—交换—制度"范式进行阐释。生产方式在生产力与生产关系之间的中介作用，体现为"技术—分工"和"交换—制度"两个互动关系。

（1）"技术—分工"的互动关系：技术决定了生产过程中人们的分工协作方式，进一步决定了在分工协作过程中劳动者对物质资料的操作方式；反过来，分工与专业化水平的提高又推动技术的进步。

（2）"交换—制度"的互动关系：所有权和市场制度是交换存在的前提，交换范围的拓展和新的交换方式的出现，都需要新的制度保障；反过来，交换所带来的潜在收益是保证相关制度条件得以存续的经济基础，这些经济利益的演变趋势指定了制度环境的变迁方向。

在"技术—分工—交换—制度"范式中，生产力与生产关系的矛盾运动，以"分工—交换"的互动为中心环节。以"马克思命题"为理论硬核，将"分工和交换互为条件"加入"技术—分工—交换—制度"范式，可以形成一个互动演进的动态分析范式。生产力与生产关系的矛盾运动过程，体现为关联着技术的分工与关联着制度的交换之间"互为条件"的动态演进过程。这个由"马克思命题"统领的动态分析范式有助于研究经济发展的内生演进过程。

---

① 包先建：《1997 年以来国内关于生产方式理论研究述评》，《教学与研究》2005 年第 8 期。

② 也有学者认为分工和交换本身就是生产方式的内容，对此学界尚存在一定的争论；尤其对于是否将交换视为生产方式的内容存在争论。本文认为，生产方式在技术和制度层面上的特征会分别体现在分工和交换之中，分工和交换的意义也仅限于用于考察生产方式特征的两个角度，不将分工和交换视为生产方式的内容。

三 "技术—分工—交换—制度"
范式的重生与动态化

以"分工—交换"为中介研究技术进步与制度变迁的互动演进，使"技术—分工—交换—制度"范式进一步动态化，对于马克思主义经济学并非新奇。1884 年，恩格斯在整理马克思的《路易斯·亨·摩尔根〈古代社会〉一书摘要》基础上撰写的《家庭、私有制和国家的起源》①，就以"三次社会大分工"和货币的发展史为中介，深入解析了由石器时代到铁器时代的技术进步与家庭、私有制和国家形成的制度变迁之间的互动关联。20 世纪60 年代，欧洲著名马克思主义经济学家曼德尔也沿着这种历史与逻辑相统一的方法论路线，尝试将人类社会的进化与相关经济范畴的演变相统一，以重构马克思主义经济学分析范式。② 本部分把曼德尔的有关案例引入"技术—分工—交换—制度"范式，从"社会分工—产品交易"和"个别分工—要素交易"两个方面阐释技术进步与制度变迁的互动关联机制，实现这一范式的重生和动态化，以解释经济发展的内生演进过程。

（一）"交换—分工"从无到有

"分工—交换"并非与生俱来，以此为基础的市场经济制度和相关理论范畴也有其形成和演化过程。把市场经济的制度条件和理论范畴视为"永恒"是新古典范式无法解释经济发展动态演进过程的方法论症结。要解释经济发展的动态演进过程，需要从"分工—交换"尚未形成的原始状态开始。这种原始状态的存在并非主观臆断，事实上，某些原始部落甚至无法理解"分工—交换"关系："巴西中部的印第安人不断地向德国探险家卡尔·史坦宁询问他的裤子、蚊帐和许多其他物件是不是他自己造的。当他们听说不是的时候，他们十分惊讶。"③

部落间最初"分工—交换"关系的形成源自物质利益的驱动。"原始人群取给于外来产品的方式有两种：简单交换和掠夺战争……经验也告诉

---

① 《马克思恩格斯选集》第 4 卷，人民出版社 2012 年版，第 12—195 页。
② ［比］曼德尔：《论马克思主义经济学》，廉佩直译，商务印书馆 1964 年版，第 6—10 页。
③ ［比］曼德尔：《论马克思主义经济学》，廉佩直译，商务印书馆 1964 年版，第 14 页。

强大的人群：由于想得到其他产品而消灭力量较弱的人群，结果会弄得什么都得不到"①，"这不仅是寻找敌人，攻其无备，而且也为了寻找商业联系……他们向东部沼泽地带饿得骨瘦如柴的部族买火罐子，买菜篮子，买蚊帐……他们说必须留神不予赶尽杀绝，否则就会弄得连一个活的制罐人都没有了"②。

当然，仅存在利益驱动是不够的。食物等生存必需品的剩余是分工的物质基础。探险家卡贝夏·德·瓦卡在美洲发现一些印第安部落已经掌握了用麦秆编席的技术，但是他们几乎从来都不为自己的住所编织这样的席子，原因就在于"他们要用全部时间来搜集食物。因为，要是把时间用于别处，他们就要受到饥饿的折磨"③。经常的剩余是技术进步的结果，"随着许多部落和邻近族类经常生产出少量的剩余，地区专业制就扩大为经常的交易网，并形成真正的地区分工。……这些部落在特产的基础上逐步进行常规的交换"④。反过来，稳定的"分工—交换"格局也促使这些部落的技术进步与制度变迁形成互动演进。

（二）"社会分工—产品交易"、"个别分工—产品交换"格局下的技术进步与制度变迁

首先，"社会分工—产品交易"推动技术进步与制度变迁的互动。部落之间的产品交换，使该部落的生产规模可超越部落内部的需求数量。更大的生产规模促使这个部落再实行更为专业化的分工。更为专业化的分工又为技术的进步提供了客观条件。与该部落形成"分工—交换"关系的部落，不受该部落的内部权威控制，具有自主选择权。任何一个部落，要争得交易机会，获得"分工—交换"背后的利益，都必须增加产品数量、提高产品质量，这就需要改进生产技术——竞争压力促使该部落形成推动技术进步的主观愿望。客观条件和主观愿望兼备，技术进步得以实现。部落间的"社会分工—产品交易"在推动技术进步的同时，也改变了部落间的

---

① ［比］曼德尔：《论马克思主义经济学》，廉佩直译，商务印书馆 1964 年版，第 38 页。

② 转引自［比］曼德尔《论马克思主义经济学》，廉佩直译，商务印书馆 1964 年版，第 38 页。

③ 转引自［比］曼德尔《论马克思主义经济学》，廉佩直译，商务印书馆 1964 年版，第 14 页。

④ ［比］曼德尔：《论马克思主义经济学》，廉佩直译，商务印书馆 1964 年版，第 42 页。

制度安排。经常的产品交换把"原始人群取给于外来产品的方式"① 稳定在了"产品交换"上，显然，"战争掠夺"需要受到明确的约束，为了保证稳定的产品交换能够得以实施，就必须承认对方对物品的所有权——部落间形成彼此认可的制度约束。推进这一制度变迁的正是"分工—交换"格局背后的经济利益。

其次，"个别分工—要素交易"进一步促进技术进步与制度变迁的互动。不存在要素交易的条件下，生产的规模局限于生产者自有要素的规模。为了扩大生产规模获取更多经济利益，该部落会发动战争掠夺土地和人口。如果人们对土地的占有获得认可，劳动者获得对劳动条件的自由选择权，那么这种暴力掠夺会被要素交易替代。要素所有权的确立和要素交易秩序的形成，构成制度变迁的新内容。推进和完成这一制度变迁的，是"个别分工—要素交易"背后的经济利益。这些经济利益是要素交易和个别分工推动技术进步的结果。要素市场为其参与者提供了更大的选择空间：要素所有者可以把自己的要素转让到出价最高的生产领域，不必局限于自己对要素的使用；生产组织者可以选择质量、数量和价格最合适的生产要素，而不再受自有要素规模的限制。更大的选择空间意味着更广的竞争范围和更大的竞争压力，这些竞争使各部落形成推动技术进步的主观愿望。要素交易使得生产者可以组织超出自有要素规模的生产，从而可以安排更为专业化的分工，这又为技术进步提供了客观条件。

（三）"技术—分工—交换—制度"范式的动态化

总结"社会分工—产品交换"和"个别分工—要素交易"两方面的分析可以发现：经济发展过程，是技术进步和制度变迁互动演进的过程，"分工—交换"格局的深化是这个内生演进过程的中介。更为专业化的分工能够推动技术的进步，带来经济利益的增进。更为深化的社会分工和个别分工也在人们之间形成更多的产品交易和要素交易关系，拓展了交易的范围，使其参与者形成更多的选择权和更大的竞争压力，这又反过来迫使人们有充分的积极性去实现分工深化所带来的技术进步和潜在利益。同时，更广泛的交易关系也需要人们就所有权和交易秩序确立更为细致、科学的制度安排。反过来，正是那些由更广泛交易关系联结的专业化分工，

---

① ［比］曼德尔：《论马克思主义经济学》，廉佩直译，商务印书馆 1964 年版，第 38 页。

通过推动技术的进步和经济利益的增进，为人们推进制度变迁提供了物质激励——这些增进的利益也成为相关制度环境得以存续的经济基础。在"技术—分工—交换—制度"四者相互关联的内生演进过程中，围绕着潜在经济利益的合作、竞争行为贯穿始终。这些合作关系形成人与人之间的社会分工和个别分工格局；合作分工背后的利益竞争关系和利益分配格局体现为人们在产品交易和要素交易中确定的交换比率①；人们的合作与竞争秩序构成社会制度环境；同时产品市场和要素市场上的竞争压力促使人们通过走专业化的分工合作来推动技术的进步，争取更多的经济利益。

四　结论

综上所述，经济发展过程是"技术进步—分工专业化水平提高—市场交易范围拓展—制度变迁"四者交互推动、自我强化的内生演进过程。这个"自我强化"过程的各个环节也分别受到相关因素的制约。分工和专业化对技术进步的推动受制于知识的积累和社会平均教育水平，市场交易范围的拓展受交易效率水平的限制，社会分工和产品交易受制于各部门间的比例关系和产业结构，个别分工和要素交易受制于社会的储蓄水平和资本积累速度。无论哪一个动态演进环节被其制约因素"减速"或"叫停"，上述经济发展的内生演进过程都会因此而放缓或停止——这也是经济发展会在某些地方停滞却在另一些地方飞速发展的原因所在。推动经济发展进程的关键也是克服产业结构、储蓄率、交易效率和教育等制约因素——这些因素分别是西方经济发展理论不同学派各自关注的焦点。② 在同一个范式中囊括对上述诸因素的综合分析，正是这个新范式的优势所在。这一新范式也为我们重振马克思经济发展理论提供了方法论基础。

---

① 产品交换比率即产品价格，围绕产品定价的竞争过程是不同产品生产部门瓜分社会总产品的过程，社会总产品在各生产部门之间的分配格局体现为各部门产品价格的差异。要素交换比率即要素价格，围绕生产要素定价的竞争过程是不同要素所有者瓜分生产收益的过程，各部门内部生产收益的最终分配格局体现为各类生产要素价格的差异。

② 西方发展经济学"结构主义"理论强调部门间的产业结构问题；刘易斯的二元经济模型把储蓄率的提高看成是经济发展的关键；舒尔茨的经济发展理论的核心思想就是强调人力资本和教育的作用；在以诺斯为代表的新制度经济学家看来，经济发展的关键则是交易效率的提高，即交易费用的节约。

资本逻辑视阈中的全球性
空间生产研究*

宋宪萍**

　　如果说在自由资本主义与垄断资本主义时期，时间以其绝对的优势支配着空间的话，而在全球资本主义时代，随着时间的极限化，现代信息技术使时间的"0"度化为全球空间生产规划提供了前提条件，空间取得了相对主导性的支配地位，全球化就是在资本逻辑的作用下在全球空间的生产和布局。在全球化的趋势中，资本流动、新国际分工、外包、信息网络以及弹性生产等全球性空间问题成为新的方向。对这些问题的研究，新古典经济学显然不具有指导性，在新古典经济学中"空间的从属地位十分明显，其最具影响力的理论家格外自豪地展望一种去政治化的（depoliticized）经济，似乎这种经济在一个毫无空间向度的幻想世界中全都集中于一点上"①。而现代地理学则偏执于经验的表象和繁琐冗长的表述，建基于对一种日显包容性、工具性和从社会角度加以神秘化的空间性的建立，借以逃避批判视线。事实上，在现代资本的建构以及人的生活意识建构中，空间发生着重要的作用，这个空间并不是一个先验的容器，而是与人的活动以及资本的逻辑展开结合在一起的，因此我们必须"回到马克思"。"回到马克思"关键在于找到马克思全部思想中最高的、一元的基础范畴，而资本逻辑就是资本主义生产的永恒逻辑，无论全球生产发展到什么情况，只要是资本主义生产，则"生产只是为资本而生产，而不是反过来生产资

---

　　* 本文原载《马克思主义研究》2012 年第 6 期。
　　** 宋宪萍（1972—　），女，山东莱芜人，北京理工大学人文与社会科学学院教授，博士生导师。
　　① ［美］爱德华 W. 苏贾：《后现代地理学——重申批判社会理论中的空间》，王文斌译，商务印书馆 2007 年版，第 49 页。

料只是生产者社会的生活过程不断扩大的手段"①。马克思主义的资本逻辑理论，为观照现代空间的面向性（dimensionality）里所发生的矛盾变化提供了依据，是我们分析全球性空间生产的理论性透镜。当然，"回到马克思"是回到整体的马克思，其本身是真理与价值相统一的历史活动，"回到马克思"在本质上是以"回到"的方式"经过马克思"。

一　资本及其逻辑

在新古典主义经济学的视野下，资本被认为是一种与劳动、土地等要素作用相似的生产要素，也就是说，资本是一种纯技术性的生产要素，更重要的，资本是将来收入的折现，或者说是将来收入的资本化。与主流经济理论不同，马克思主义视角中的资本有着自身的逻辑及其丰富的内涵。马克思认为，资本是价值形式发展的产物，是社会关系的载体，是一个历史范畴。资本具有内在的自身逻辑，即"支配社会资源的流动，分配社会财富，组织社会的扩大再生产，使整个社会组织成为追求资本增殖的机器"②。资本逻辑体现着资本运动的内在规律和必然趋势，它以一种必然如此的方式贯穿于资本发展的全过程，并通过一系列经济环节和经济现象体现出来。具体讲，资本逻辑主要表现在这样几个方面。

（一）资本研究的历史唯物主义方法论

马克思对历史唯物主义的把握，是在对古典政治经济学的借鉴性批判中形成的。在对古典政治经济学的研究中，马克思发现，自斯密开始，古典经济学家就将自然科学中的经验论唯物主义方法引入到经济事实的研究中，从而探究社会上实际存在的事物本质与发展过程，但他们在理论建构中将这种劳动的意义一般化了，一切劳动都是物与物、物与人的结合。当这种理念超越了资本主义的历史限制而扩展到对一切社会的看法时，就只能得出粗俗的唯物主义观念。同样马克思在批判蒲鲁东无法真正地理解真实的历史进程时认为，"他的历史是在想像的云雾中发生并高高超越于时间和空间的。一句话，这是黑格尔式的废物，这不是历史，不是世俗的历

---

① 《马克思恩格斯文集》第7卷，人民出版社2009年版，第278页。
② 鲁品越：《资本逻辑与当代现实》，上海财经大学出版社2006年版，第13页。

史——人类的历史，而是神圣的历史——观念的历史"①。在马克思看来，人们借以进行生产、消费和交换的经济形式是暂时的和历史性的形式，一切经济范畴都是历史的产物，一切经济规律都只能看作历史性的规律——只是适于一定的历史发展阶段、一定的生产力发展阶段的规律。

（二）资本是一定历史阶段的产物，有其自身的演化规律

资本产生的历史前提是发达的商品流通，"商品流通是资本的起点。商品生产和发达的商品流通，即贸易，是资本产生的历史前提"②。商品流通的结果产生了货币，而货币正是资本最初的表现形式。在资本主义社会里，一切新资本最初都以货币形式出现在商品市场、劳动市场或货币市场上，经过一定的过程，这个货币就转化为资本。但货币本身并不就是资本。必须把资本和资本所采取的形式区别开来，作为商品流通媒介的货币和作为资本的货币是不同的，劳动力成为商品是货币转化为资本的前提条件。对资本未来趋势的判断，马克思与主流理论也完全不同，"在主流社会理论中，'资本'的构成物由人类主体使用并直到人类的灭亡（资本永恒论）。与此形成鲜明对照的是，马克思坚信资本主义社会关系只存在于特定的时间和空间，是'资本'作为一种更高级的'主体'出现时的一种异乎寻常的主客倒置，它的终结也将属于人类的活动"③。

（三）资本是能够带来剩余价值的价值

既然资本是价值形态发展的产物，作为价值，必然体现为一定抽象劳动的凝结，但是这种抽象劳动的凝结，绝对不是原来意义上的重复，而是一种增殖。资本生产的目的并不是满足消费的使用价值，而是交换价值；对于交换价值来说，质的规定性并不是资本家所追求的，他所关心的是价值量问题，"资本主义生产的目的是发财致富，是价值的增殖，是价值的

---

① 《马克思恩格斯全集》第 47 卷，人民出版社 2004 年版，第 441 页。

② 《马克思恩格斯文集》第 5 卷，人民出版社 2009 年版，第 171 页。

③ 托尼·史密斯：《1861—1863 年手稿中关于机器问题的论述》，载 ［意］理查德·贝洛菲尔、罗伯特·芬奇主编《重读马克思——历史考证版之后的新视野》，徐素华译，东方出版社 2010 年版，第 162 页。

增大，因而是保存原有价值并创造剩余价值"①。而且这种对增殖的渴望在内在压力和外在竞争的作用下，越来越强烈，追求资本的不断增殖构成资本主义社会最基本的法则。

（四）资本只有在运动中才能增殖

在马克思主义的框架中，资本的增殖是通过运动完成的，资本不是静止物，而是一种运动。资本增殖的媒介是运动。资本"是一种运动，是一个经过各个不同阶段的循环过程，这个过程本身又包含循环过程的三种不同的形式。因此，它只能理解为运动，而不能理解为静止物"②。资本的运动过程是一个有着内在裂变关系的总体化过程，即是一个有危机、有涨落的过程。在这个过程中，主体、物以及结构，都成为资本逻辑不断建构与创造新秩序的内在构成部分。

（五）资本的本质是"以物为中介的人和人之间的社会关系"③

在资本主义社会中，从表面上看，资本表现为一种物（生产要素，货币和商品等），但"资本不是物，而是一定的、社会的、属于一定历史社会形态的生产关系，后者体现在一个物上，并赋予这个物以独特的社会性质"④。在马克思看来，资本是一种以物为媒介的人和人之间的社会关系，是一种社会属性，"它属于人类发展一定历史时期，并对这些关系网中的物体赋予社会物体的特殊内容。因此，要了解资本，人们必须根据它作为社会关系的特性来作解释"⑤。在资本主义社会，资本是用于剥削雇佣工人创造的剩余价值的价值，体现了资产阶级剥削无产阶级的生产关系。"资本作为自行增殖的价值，不仅包含着阶级关系，包含着建立在劳动作为雇佣劳动而存在的基础上的一定的社会性质。"⑥ 资本的生产过程体现了资本主义社会的本质规定性。

---

① 《马克思恩格斯全集》第48卷，人民出版社1985年版，第51页。

② 《马克思恩格斯文集》第6卷，人民出版社2009年版，第121—122页。

③ 《马克思恩格斯文集》第5卷，人民出版社2009年版，第878页。

④ 《马克思恩格斯文集》第7卷，人民出版社2009年版，第922页。

⑤ ［英］约翰·伊特韦尔、［美］默里·米尔盖特、［美］彼得·纽曼：《新帕尔格雷夫经济学大辞典》第1卷，陈岱孙主编译，经济科学出版社1996年版，第363页。

⑥ 《马克思恩格斯文集》第6卷，人民出版社2009年版，第121页。

二 资本逻辑的深化——资本积累的金融化

按照资本逻辑的演化，马克思指出，既然竞争斗争是通过使商品便宜来进行的。在其他条件不变时，商品的便宜取决于劳动生产率，而劳动生产率又取决于生产规模。这样，在竞争市场中获得成功的绝对方法，就是降低成本和扩大生产，这是一个需要不断采用新的技术和组织形式来追求剩余价值并用以投资的积累资本的过程，即资本积累。资本家是资本的人格化，在资本主义市场竞争之中，资本积累成为生存以及获取剩余价值的手段，是资本主义扩大再生产并保持经济增长的原动力，而不仅仅是消费和储蓄的跨期优化。

资本积累规律具有双重作用："随着资本主义生产方式的发展，利润率会下降，而利润量会随着所使用的资本量的增加而增加。"① 在利润率下降条件下，为了保证利润量不变或增加，必须使投资增加的比例大于利润率下降的比例。但是不断增加的投资，达到一定程度时，又引起利润率的进一步下降，不仅降低资本家的利润预期，而且投资的增长也难以持续下去，最终引起经济中总产出和就业水平的下降。利润率的下降是个长期趋势，利润率下降扩大了资本主义体系生产商品的能力与市场吸收这些商品的能力之间的差距。积累越多就越难积累，从而形成积累悖论，这种悖论反映了资本积累的内在矛盾。"积累由于被放在其整个社会环境中来看待而成为辩证的。它发展成为整个资本主义制度的辩证法。"②

资本主义不断积累的过程，就是资本主义积累模式不断调整的过程。利润率的下降必然导致"单个资本家为了生产地使用劳动所必需的资本最低限额，随着利润率的下降而增加"③。追加资本的需要迫使资本家不得不更加依赖于生息资本，同时，达不到预付资本最低限额的大量分散的中小资本，由于利润预期的降低不得不进行各种金融投机。于是，"金融化"应运而生，它虽然不能挽救整个体系，但能使个别资本家获得比生产性投资更高的利润率；此外，它鼓励工人和中产阶级负债消费，因而创造了短

① 《马克思恩格斯文集》第7卷，人民出版社2009年版，第276页。
② ［匈］卢卡奇：《历史与阶级意识》，杜章智等译，商务印书馆2009年版，第91页。
③ 《马克思恩格斯文集》第7卷，人民出版社2009年版，第279页。

期的消费需求增长。"工业、商业和不动产资本变得如此集中于金融运作和机构，以至于要说出商业和工业利益始于何处以及严格的金融利益终止于何处，正日益变得很困难。"① 随着金融业的繁荣，商品和服务领域的真实资本的积累越来越隶属于金融，不仅从形式上，更是从实质上，资本积累实现金融化。

金融化的兴起极大地改变了资本积累的本质，真实资本的资产所有权变得从属于股票或纸面资产所有权——通过举债而实现的杠杆化经营越来越多。金融资本不仅贷款给产业资本以参与剩余价值的分配，而且逐渐从一个适应产业资本积累的辅助系统，演变成使所有其他经济活动从属于自身的特权系统，使一切资本"都周期地患一种狂想病，企图不用生产过程作中介而赚到钱"②。金融资本的参与使资本积累近乎疯狂地肆意发展，严重脱离实体经济而过度膨胀，不断侵蚀着作为价值尺度的货币基础。"金融资本特别机动灵活，在国内和国际上都特别错综复杂地交织在一起，它特别没有个性而且脱离直接生产，特别容易集中而且已经特别高度地集中，因此整个世界的命运简直就掌握在几百个亿万富翁和百万富翁的手中。"③

三 全球性空间生产的出现与发展

随着资本金融化的发展，资本天生所具有的对利润的追求和扩张冲动，使自身处于不断积累膨胀的状态，使以资本为基础的生产处于不断扩大的循环运动之中，出现了大量盈余资本，这些过剩资本在资本主义体系内部是无法消化的，因此产生了资本过度积累危机，"特定地域系统（territorial system）的过度积累意味着该地域出现了劳动盈余（表现为不断上升的失业率）和资本盈余（表现为市场上大量没有卖掉而只能亏本处理掉的商品，表现为闲置的生产能力和/或缺少生产性和赢利性投资的货币资本的盈余）"④。对资本主义社会而言，"吸收过剩资本（即过度积累）是

---

① ［美］戴维·哈维：《后现代的状况》，阎嘉译，商务印书馆2003年版，第208页。
② 《马克思恩格斯文集》第6卷，人民出版社2009年版，第67—68页。
③ 《列宁全集》第27卷，人民出版社1990年版，第142页。
④ ［英］大卫·哈维：《新帝国主义》，初立忠、沈晓雷译，社会科学文献出版社2009年版，第89页。

首要问题"①。

　　为了解决过度积累危机，为盈余资本寻找新的投资机会，资本主义必须通过空间的扩张寻求解决办法，这主要表现为在全球范围内对资源、劳动力和资金进行组织和分配。过度积累理论认为，缺乏赢利性投资的机会是资本主义危机的根本原因，因此，在保证持续获利机会方面，获取廉价的投入与获取广大的市场具有同等重要的意义。这就意味着不但应该迫使非资本主义区域开放其贸易（刺激消费），而且应该迫使它们允许资本利用廉价的劳动力、原材料、土地等（投资成本降低）。于是，资本就按照自身发展的逻辑，突破民族国家的界限走向世界，它打破一切狭隘闭塞的自然经济的基础，将资本主义生产方式传播到世界各地，因此它本身也发展成为世界市场总体。对此，马克思精辟地指出："资本一方面具有创造越来越多的剩余劳动的趋势，同样，它也具有创造越来越多的交换地点的补充趋势……从本质上来说，就是推广以资本为基础的生产或与资本相适应的生产方式。创造世界市场的趋势已经直接包含在资本的概念本身中。"②

　　所以，空间生产是指通过地理的扩展来吸收过剩的资本和劳动力，是一种资本的空间修复方式。"一般而言空间生产，特殊来说城市化，成为资本主义治下的大买卖。这是一个重要的途径，资本的剩余在其中得以吸收。"③ 资本主义的生产不但是一定空间制约下的物质生产，而且更是一个不断地超越地理空间限制而实现的空间的自我生产过程。"以生产之社会关系的再生产为取向，空间的生产发动了均质化（homogeneity）的逻辑与重复策略（strategy of the repetitive）。"④ 在这个过程中，资本主义生产方式既生产出资本主义社会内部两极化的空间形态，即城市内部的空间分裂和一定区域内的城乡分裂；又在全球范围内拥有不同劳动生产力的地理空间，即发达国家与不发达（undevelopment）国家，生产出相互分裂的空间形态。发达国家和欠发达（underdevelopment）国家在空间上的分裂形成流

　　① David Harvey, "In What Ways Is ' The New Imperialism' Really New?", *Historical Materialism*, Vol. 15, No. 3, 2007, p. 64.

　　② 《马克思恩格斯选集》第 2 卷，人民出版社 2012 年版，第 713 页。

　　③ David Harvey, *The Enigma of Capital and the Crisis of Capitalism*, Profile Books, 2010, p. 66.

　　④ ［法］亨利·列斐伏尔：《空间：社会产物与使用价值》，转引自包亚明《现代性与空间的生产》，上海教育出版社 2003 年版，第 51 页。

动的、中心—边缘的结构主义空间体系，这种空间分裂在本质上是资本主义生产方式空间向度的外在表现，是资本主义社会真实的空间存在方式和空间存在形态，是资本主义时代资本积累一般规律的空间化表达。对于空间的征服和整合，已经成为资本主义赖以维持的主要手段，空间生产本身已被资本占有并从属于它的逻辑。

事实上，资本积累本身就具有完整的时空意义，空间生产伴随着资本积累的始终。货币转化为资本后，资本的积累过程就是一个时间与空间相统一的过程，资本积累不仅是时间的节约，同时伴随着空间生产的重新规划过程。① "积累在一个绝对资本主义环境里是不可能的。……资本从它问世之日起就一直被驱使向非资本主义阶层和民族进行扩张……资本主义发展只有通过向新的生产领域和新的国家不断扩张才成为可能。"② 资本已经将空间转化为一种根本的增殖手段、转化为商品，资本通过占有空间以及将空间整合进资本主义的逻辑而得以维持与延续，换言之，空间是资本自身发展逻辑的必然结果。资本的空间生产是资本积累在空间上的一种表现、一个过程、一个规划，"它创建了独特的地理景观，一个由交通和通信、基础设施和领土组织构成的人造空间，这促进了它在一个历史阶段期间的资本积累，但结果仅仅是必须被摧毁并被重塑，从而为下一阶段更进一步的积累让路。所以，如果说'全球化'这个词表示任何有关近期历史地理的东西，那它则最有可能是资本主义空间生产这一完全相同的基本过程的一个新的阶段"③。

随着资本积累的金融化、全球化，空间生产的自我拓展和结构深化越来越加强。尤其是20世纪70年代以来，"资本主义卷入了一个长期大量投资于征服空间的难以置信的阶段"④，空间生产在后福特制生产方式中得到了强化，人们对资本的空间生产格局越来越关注。相比较福特制生产方式，后福特制生产方式是一种能及时适应市场需求在数量及构成上的变化的新生产方式，它的一个最大特点是灵活性、适应性强，具有"弹性"。

---

① 马克思对此进行了详细的说明，分别表现为生产中的时空、流通中的时空，对此作者将另撰文论述。

② ［德］罗莎·卢森堡、［苏］尼·布哈林：《帝国主义与资本积累》，柴金如等译，黑龙江人民出版社1982年版，第158—159页。

③ ［英］大卫·哈维：《希望的空间》，胡大平译，南京大学出版社2006年版，第53页。

④ David Harvey, *The Condition of Post modernity: An Inquiry into the Origins of Cultural Change*, Oxford: Blackwell, 1989, p. 264.

跨国垄断资本以弹性生产为目标，采用外包方式，借助模块关联规则将非核心模块层层外包，把发展中国家的供应商变为扩大投资、提高利润率、降低危机中的不确定性、减少市场风险的有效措施。在福特制生产方式中，采用的是空间相对集中的一体化大规模生产方式，只能依据个别关键生产环节的有效规模作为整个生产系统的设计规模，其他空间有效规模较大的生产环节则不能充分获取最优规模经济利益。而在后福特制生产方式中，以工序为对象的产品内国际垂直专业化分工，意味着可以在全球范围内寻找最优越的区位进行相关的产品价值链环节的生产布局，更充分地利用各国资源禀赋差异及各生产工序环节不同的规模经济，降低最终产品平均生产成本，获取更大的专业化生产与分工利益。因此在国际垂直专业化分工的条件下，把对应不同有效规模的产出区段分离出来，安排到不同空间场合进行生产，则可实现多方面、全过程的规模经济，从而达到节省平均成本和提升资源配置效率的目标。后福特制生产方式下对地方环境的差异、劳动者成本和技能以及税收或者政策环境的考虑和安排，不是既定的，而是通过资本投资的再生产、劳动的地理分工、再生产活动的空间分隔和社会差异的空间控制的动态变迁。

后福特制生产方式的深化，带来了全球生产网络的出现与发展。全球生产网络的形成，体现了跨国垄断资本新的本质特征，反映了以跨国公司为主体的跨国垄断资本战略运作过程中对时间与空间要素的并行运用，即通过对网络不同节点之间的价值链活动进行时空协调，同时追求全球产业竞争所必需的时间（速度）经济与空间聚集经济效应。"生产网络在本质上具有地理性"[1]，因此，创造"战略集聚"（Strategic Agglomeration），从而主动塑造有利于自身战略意图的新的全球产业空间疆域，本身就是跨国垄断资本战略运作过程中的内生要素。这种基于全球价值链关系所形成的产业特定地理空间构型及其转换，成为跨国公司全球竞争优势的重要来源之一。

四　全球性空间生产的实质

全球性空间生产实质上是资本逻辑在空间的演化，反映着资本积累方

---

① ［英］彼得·迪肯：《全球性转变——重塑 21 世纪的全球经济地图》，刘卫东等译，商务印书馆 2009 年版，第 25 页。

式的变迁，是对剩余资本与剩余产品进行价值实现在空间的延伸，是资本的经济利益通过空间实践扩张而共同逐利并实现其霸权的过程。具体表现在以下几个方面：

（一）空间生产与社会生产活动、资本逻辑的展开结合在一起

"任何一个社会，以及任何一种生产方式，都会生产出自身的空间。"①正如对时间的生产我们不能仅仅从客观角度来进行解读一样，对空间生产的理解我们也必须从社会实践的角度来进行，客观时空的定义深刻地蕴含在社会再生产的过程中，时间和空间的客观概念必定是通过服务于社会生活再生产的物质实践活动与过程而创造出来的。空间不是一个空洞和静止的观念，而是具有社会性的内涵，空间里弥漫着社会关系，它不仅被社会关系支持，也生产社会关系和被社会关系所生产。在现代资本的建构中，空间生产与资本的逻辑展开结合在一起。"在一般的金钱经济中，尤其是在资本主义社会里，金钱、时间和空间的相互控制形成了我们无法忽视的社会力量的一种实质性的连结系列。"② 空间的生产涉及"资本循环的过程，劳动力、商品和货币资本的流动，生产的空间组织和空间关系的转换，信息的流动和基于区域的阶级联盟之间的地缘冲突等"③。"那些支配着空间的人可能始终控制着地方的政治，即使对某个地方的控制要首先控制空间，这是一条至关重要的定理。"④ 在这个意义上，任何资本主义生产方式的转变，也是一次空间的重组，并使资产阶级所控制的权力置于各种空间之中。"空间与时间实践在社会事务中从来都不是中立的。它们始终都表现了某种阶级的或者其他的社会内容，并且往往成为剧烈的社会斗争的焦点。"⑤ 空间生产既受到社会实践的影响和制约，同时又反过来制约和影响社会实践。空间生产不仅是超越物质技术形态和深层次的活动过程，也是调节和形塑经济重建的过程。

---

① Henri Lefebvre, *The Production of Space*, Cambridge：Massachusetts, 1991, p. 31.

② ［美］戴维·哈维：《后现代的状况》，阎嘉译，商务印书馆 2003 年版，第 282 页。

③ David Harvey, *The Urbanization of Capital*, The John Hopkins University Press, 1985, p. 33, xvii.

④ ［美］戴维·哈维：《后现代的状况》，阎嘉译，商务印书馆 2003 年版，第 292 页。

⑤ ［美］戴维·哈维：《后现代的状况》，阎嘉译，商务印书馆 2003 年版，第 299 页。

（二）空间生产内涵具有多重维度，地理空间与流动空间共同构成新工业空间

后现代意义上的空间生产，不再仅仅是一种地理意义上空间，而且是一种虚拟的流动空间。随着信息与通信技术的迅猛发展，先进的电脑系统容许全新而强大的数学模型，能够掌握复杂的金融商品，并且能够高效执行交易，复杂的电信系统即时连接全球的金融中心，线上管理让公司得以跨越国界，在虚拟世界运作，"以微电子为基础的生产促成零件的标准化，以及最终产品能够以量产、弹性生产的方式定制"①，这样就实现了一种流动的空间。以电子通信为基础的流动空间具有三个层次：第一个层次是由电子交换的回路所构成，在这种网络中，通信网络是基本的空间样貌，任何地方的逻辑与意义都被吸纳进网络；第二个层次是由其节点与核心所构成，节点和核心根据它们在网络中的相对重要性形成有层级的组织，这种层级组织保证一切元素的顺利流动，形成了支配性的逻辑，并分配每个地方独特的角色与权力；第三个层次是占支配地位的管理精英的空间组织，他们操纵了使这些空间得以接合的指导性功能，具有寰宇主义（cosmopolitan），而民众在一定意义上则是地方的代表。正是这种流动的空间，刺激着地方空间的发展，"区域和网络其实在全球创新的新空间镶嵌里构成了互赖的极点"②，新工业空间得以形成。新工业空间具有强大的技术与组织能力，可以将生产过程分散到不同区位，通过电子通信的联系来重新整合为一体，同时具有以微电子为基础的精确性和弹性。另外适应生产过程中每个阶段的地理特殊性，都适当地搭配了每个阶段所需要的独特劳动力特性，使劳动力具有不同的社会与环境特色。在这种空间生产的多重维度中，资本不仅可以从具有空间特质的地方物质资源甚或边缘上的低成本中获得积累，而且，"企业能力、风险投资、科学技术的实际知识、社会态度方面的地方差异也成了其中的一部分，而影响与权力的地方网络、地方主导精英（与民族国家的政治相对立）的积累战略，也更深刻地隐含在灵活积累的体制之中"③。

---

① ［美］曼纽尔·卡斯特：《网络社会的崛起》，夏铸九等译，社会科学文献出版社 2001 年版，第 159 页。

② ［美］曼纽尔·卡斯特：《网络社会的崛起》，夏铸九等译，社会科学文献出版社 2001 年版，第 484 页。

③ ［美］戴维·哈维：《后现代的状况》，阎嘉译，商务印书馆 2003 年版，第 369 页。

（三）空间生产是一个动态过程，同一性与异质性充满辩证发展意蕴

空间生产在资本逻辑的作用下，使各个地方空间障碍崩溃，迎接积累体制在各个地方的布局，从而造成资本对地方生产的同一化趋势，这种同一化是资本在世界发展中地区的资本复制，是一种"复发性的"和系列的"千篇一律"，各种地方性特征的经济均被纳入全球经济的资本规划之中。然而在同一化过程中，空间界限的逐渐消失却使资本对于空间更加敏感，世界地理的异质性也因此进一步凸显出来，"场所的特质由此在日益增强的空间的抽象之中处于被突出的地位。积极地创造具有空间特征的各种场所，成了地方、城市、地区和国家之间在空间竞争方面的重要标志"①。这样，资本在全球的空间生产就形成一个"悖论"："空间障碍越不重要，资本对空间内部场所的多样性就越敏感，对各个场所以不同的方式吸引资本的刺激就越大。"② 事实上，这与其说是一个"悖论"，不如说是空间的同一性与异质性的辩证关系在资本逻辑中的有机体现，并且随着资本逻辑的演进，每个地方不断创造发展着自己新的特点，在同一性与异质性的冲突裂变中寻求竞争空间，这样的空间生产成为一个不断地建构与解构的过程。资本主义由此按照它自己的面貌建立和重建地理空间与虚拟空间，这是一个由交通和通信、基础设施和虚拟空间构成的人造空间，促使它在下一个历史阶段进行资本积累，但结果仅仅是这些人造空间必须被摧毁并被重塑，从而为下一阶段更进一步的积累开辟新的地理空间和虚拟空间。

（四）空间生产反映着多元关系的复杂化

后福特主义生产方式的普及使空间生产成为资本在全球性流动和扩张的必然结果，对空间生产的分析必须置于世界资本主义体系这一更广泛的语境中来加以理解。在这一广阔的语境中，空间生产呈现出纷繁复杂的多元关系。"资本主义本身是一个矛盾，它的积累运动带来了冲突的解决，但同时，也加重了冲突。"③ 资本作为使人类社会空间的矛盾和危机拓展到

---

① ［美］戴维·哈维：《后现代的状况》，阎嘉译，商务印书馆 2003 年版，第 370 页。
② ［美］戴维·哈维：《后现代的状况》，阎嘉译，商务印书馆 2003 年版，第 370 页。
③ ［德］卢森堡：《资本积累论》，彭尘舜等译，生活·读书·新知三联书店 1959 年版，第 376 页。

全球规模的始作俑者，资本的全球拓展并不是一个利益均沾的历史过程，它的最大受益者是少数资本主义发达国家，资本的全球性空间生产过程，同时也是落后民族和国家逐渐被边缘化的历史进程，是一种"剥夺性积累"。"剥夺性积累"作为一种去时间性的解决方案，与世界不同地区周期性的以掠夺为目的的资产贬值结合了起来，这是新自由主义极力主张的结果，是一种"新帝国主义"，"我们面前并不存在一种奇异的帝国主义，而是存在一系列通过过剩资本的不均衡地理分布而传播的不同的帝国主义实践。这使我认识到，如果要确认到底新帝国主义'新'在何处，我们就要坚持一个极为重要的原则：循着资本过剩去追寻从属于过剩资本的吸收或贬值，而又以地理和领土为基础的实践"。① 实践证明，在 1950 年到 1973 年资本主义的"黄金时期"，世界最富裕地区与最贫穷地区之间的人均 GDP 差距从15:1减少到13:1，但在垄断—金融资本时期，情况则相反，到 20 世纪末，这个差距又增加到19:1。"一个不受限制的资本流动的世界金融体系不仅没有解决，反而强化了国际经济秩序中的南北问题，并使南方国家负债累累。"②

即使在发达国家内部，空间生产使资本家与工人的关系不断两极化发展。"生产资料越是大量集中，工人就相应地越要聚集在同一个空间，因此，资本主义的积累越迅速，工人的居住状况就越悲惨。随着财富的增长而实行的城市'改良'是通过下列方法进行的：拆除建筑低劣地区的房屋，建造供银行和百货商店等等用的高楼大厦，为交易往来和豪华马车而加宽街道，修建铁轨马车路等等；这种改良明目张胆地把贫民赶到越来越坏、越来越挤的角落里去。"③ 发达国家内部空间生产的不平衡导致城市居民不同的生活机会，导致收入不平等的加深和社会正义困境。1989 年至 2007 年间，美国前 5% 的富翁所持财富总额的比例从 59% 上升至 62%，远远超过其余 95% 的国民的财富。

空间生产不仅是发达国家与落后国家、先进民族与落后民族、资本家与农民、资本家与工人之间关系的载体，同时也是人类与自然关系的载

---

① David Harvey, "In What Ways Is ' The New Imperialism' Really New?", *Historical Materialism*, Vol. 15, No. 3, 2007, p. 70.

② Robert Wad, "Choking the South-World Finance and Underdevelopment", *New Left Review*, No. 38, (March-April 2006).

③ 《马克思恩格斯文集》第 5 卷，人民出版社 2009 年版，第 757—758 页。

体。资本积累越深入，资本对于自然空间的控制也不断加剧，对自然空间的过度利用最终必然导致人与自然关系的全面紧张化。"这种积累一直靠全球环境不断被系统地剥夺其自然财富得以维持。环境被蜕变成了索取资源的水龙头和倾倒废料（经常是有毒废料）的下水道。所以，过去500年的历史实际是一个不可持续发展的历史。"① 资本逻辑在一路凯歌行进中却潜伏着巨大的生态危机。人与自然的关系最终由人与人的关系来决定，因此面对生态危机，应该责备的不仅仅是个性'贪婪'的垄断者，而且是这种生产方式本身：处在生产力金字塔之上的构成资本主义的生产关系。

（五）空间生产加剧全球的不平衡性发展

资本积累在推行资本主义生产方式、拓展资本权力结构、塑造同质化全球空间的同时，亦使全球空间呈现多样化不平衡发展，充满了对立和矛盾。"空间的生产，全新的劳动区域分工的形成，新的和更便宜的合成资源的开发，作为资本积累动态空间的新地域的开拓，以及资本主义社会关系和制度安排对先前社会结构的渗透，都为吸收资本盈余和劳动盈余提供了重要的途径。然而，这种地理扩张、重组和重构经常会威胁已经固定在空间中但还没有实现的价值。"② 由于受追求利润最大化和竞争所驱使，个体资本家总是寻求在空间结构中获取竞争优势（区位优势、资源优势等），从而资本总是被推动着向那些低成本或高利润的空间位置转移，使得资本主义的生产、交换、分配和消费永远处于不平衡状态，并通过资本空间扩张产生了不平衡的地理发展。"竞争行为促使破坏性技术动态的强大推动力渗入资本主义经济（正如个体资本家通过采纳先进技术来寻求竞争优势一样），因而资本家在寻求有利（例如低成本）位置时，便在资本主义活动的空间分配中产生了一种永远变动和不稳定的状态。"③ 资本主义存在本身就是以地理上的不平衡发展的支撑性存在和极其重要的工具性为先决条件的，同时这种内在地建基于区域的或空间的各种不均等，又是资本主义

---

① ［美］约翰·贝拉米·福斯特：《生态危机与资本主义》，耿建新、宋兴无译，上海译文出版社2006年版，第74页。

② ［英］大卫·哈维：《新帝国主义》，初立忠、沈晓雷译，社会科学文献出版社2009年版，第94—95页。

③ ［英］大卫·哈维：《新帝国主义》，初立忠、沈晓雷译，社会科学文献出版社2009年版，第7页。

继续生存的一个必要手段，这是以利润为中心的资本积累体制的必然结果，是帝国主义世界体系整体动力学的一个必然产物。

五　结语

资本逻辑的全球性空间生产衍生出了不同于以往的跨国性空间结构，这种空间结构既是跨国生产网络中资本存在的现实依据，也是跨国生产网络中资本积累模式自身不断突破的一种空间属性。在资本逻辑的运行过程中，并不存在一个永恒不变的空间；资本的运行过程是一个有着内在裂变关系的总体化过程，即是一个不断寻求突破、有涨落、有危机的动态过程。在这个过程中，一切空间生产都成为资本逻辑不断建构与创造新秩序的内在构成部分，同时正如资本也在经历着总体自身的解构一样，空间生产也是一个解构过程，这种解构的根源来自于资本主义社会结构的内在本质规定，即生产的社会化与个人私人占有的内在矛盾，"空间的主要矛盾源自私人财产造成的空间粉碎化（pulverization of space）、对可以互相交换之断片（fragments）的需求，以及在前所未有的巨大尺度上处理空间的科学与技术（资讯）能力"①。

事实上，马克思已经给我们作出了关于资本逻辑演化的最好注释。马克思认为："资产阶级，由于一切生产工具的迅速改进，由于交通的极其便利，把一切民族甚至最野蛮的民族都卷到文明中来了。……它迫使一切民族——如果它们不想灭亡的话——采用资产阶级的生产方式；它迫使它们在自己那里推行所谓的文明，即变成资产者。一句话，它按照自己的面貌为自己创造出一个世界。"② 对于马克思这些话的理解，正如哈维所说："如果这不是对我们现在所知的'全球化'的令人信服的描述，那么就很难想象'全球化'到底是什么了。"③ 应该说，马克思对资本主义发展趋势的描述"也许在他们那个时代显得奇怪，但是对我们这个时代的极其恰当的描述"④。

---

① ［法］亨利·列斐伏尔：《空间：社会产物与使用价值》，转引自包亚明《现代性与空间的生产》，上海教育出版社 2003 年版，第 51 页。

② 《马克思恩格斯文集》第 2 卷，人民出版社 2009 年版，第 35—36 页。

③ ［英］大卫·哈维：《希望的空间》，胡大平译，南京大学出版社 2006 年版，第 25 页。

④ 王宁等：《全球化与后殖民批评》，中央编译出版社 1998 年版，第 6 页。

因此，"空间生产"的凸显并不代表资本主义已经发生实质性的变化，而仅仅意味着后福特主义生产方式中资本逻辑表现形式的调整，意味着当代资本主义剥削或获取利润的方式的转换。后现代"空间生产"的凸显，是各种社会力量变迁和对抗的结果，背后隐藏的依旧是不变的资本逻辑。

世界市场与全球化[*]

——马克思对世界市场的研究给我们的启示

黄　瑾[**]

世界市场是资本主义生产方式的前提和结果。今天的全球化可以追溯到几百年前的资本主义世界市场的出现，它与马克思所分析的资本主义生产方式占统治地位的世界市场有着必然的历史联系。在我们高呼中国经济融入全球化进程的时候，重新审视马克思的有关论述，是极其重要的。

一　世界市场形成和发展的内在动力

世界市场是指作为人类历史基础的生产和交换在长期发展过程中形成的人与人之间的关系，它是生产力和生产关系相互作用形成的普遍联系。

从生产力方面看，世界市场是随着生产力的发展以及由此产生的交往普遍发展而形成的。15 世纪末，随着美洲和通往东印度航线的发现，商业贸易普遍繁荣，从而扩大了交往。从 17 世纪中叶开始，英国在商业和工场手工业方面都占据优势，"给这个国家创造了相对的世界市场"，因而也形成了超过生产力的需求，这促使 18 世纪 60 年代英国首先发生了工业革命，在世界上第一次建立起机器大工业体系。大工业创造了交通工具和现代的世界市场，"它首次开创了世界历史，因为它使每个文明国家以及这些国家中的每一个人的需要的满足都依赖于整个世界，因为它消灭了各国以往自然形成的闭关自守的状态"[①]。

---

　*　本文原载《东南学术》2003 年第 6 期。

　**　黄瑾（1972—　），女，福建福州人，福建师范大学经济学院院长，教授，博士生导师，中央"马工程"专家。

　①　《马克思恩格斯选集》第 1 卷，人民出版社 2012 年版，第 194 页。

从生产关系方面看，世界市场的形成和发展主要是由资本的本性决定的。"创造世界市场的趋势已经直接包含在资本的概念本身中。"① 资本一方面具有创造越来越多的剩余劳动的趋势，同样，它也具有创造越来越多的交换地点的补充趋势。不断扩大产品销路的需要，驱使资产阶级奔走于全球各地，到处落户，到处开发，到处建立联系。资本表现出对以前各生产阶段所固有的种种界限和限制的否定，最终形成了一个全球普遍联系的世界市场。

马克思从生产力和生产关系统一的角度指出，一方面，创造世界市场的过程既是生产力的飞速发展过程，资产阶级在其不到一百年的统治中所创造的生产力，比过去一切世代所创造的生产力还要多、还要大；另一方面，也是资本的现实发展过程，随着资本的到处落户和开发，资本逐渐实现了全球化。当今的经济全球化时代，尽管工业生产国的资产阶级机体结构已发生了巨大的变化，世界竞争的主要手段已向高技术、知识化发展，世界市场的规模和容量大大扩展，但全球化的实质仍然如马克思所言的那样："规模不断扩大的劳动过程的协作形式日益发展，科学日益被自觉地应用于技术方面，土地日益被有计划地利用，劳动资料日益转化为只能共同使用的劳动资料，一切生产资料因作为结合的、社会的劳动的生产资料使用而日益节省，各国人民日益被卷入世界市场网，从而资本主义制度日益具有国际的性质。"②

在世界市场发展的根本动力问题上，产生于 20 世纪 70 年代的世界体系理论与马克思的观点存在一致性，它们都认为资本对最大利润的追求推动了市场的不断扩张，但二者又存在着较大的分歧。华勒斯坦认为，历史资本主义并不是像他的辩护士所说的那样是一个"自然"体系，而是一个荒谬的体系。因为它进行资本积累，为的是积累更多的资本。资本家就像脚踏车上的白鼠，一直在快跑，为的是跑得更快。无疑，在这个过程中，一些人活得惬意，而另一些人活得很糟。因此，华氏指出，从产品的物质分配和能源配置来看，历史资本主义是非常负面的。那种"认为资本主义作为一个历史体系，对于它消灭或转化的以前的各种历史体系而言是代表

---

① 《马克思恩格斯全集》第 30 卷，人民出版社 1995 年版，第 388 页。
② 《马克思恩格斯全集》第 44 卷，人民出版社 2001 年版，第 874 页。

了进步，这根本就不是事实"①。对比于华氏主要是从生产关系的角度对资本主义经济制度所进行的批判，马克思的分析不仅仅停留于生产关系，而且从生产力角度揭示了世界市场的资本主义时代的历史进步性，并从生产力和生产关系统一的高度对世界市场资本主义时代的形成、实质和发展趋势作出了客观、全面和深刻的阐述。

二　世界市场对落后国家的影响

资本主义大工业建立了新的世界市场，由此我们可以见到"大工业造成的新的世界市场关系"②。它一方面表现为随着生产力的发展而建立起来的人们的普遍交往；另一方面表现为新的市场结构，"一种与机器生产中心相适应的新的国际分工产生了，它使地球的一部分转变为主要从事农业的生产地区，以服务于另一部分主要从事工业的生产地区"③。在资本主义机器生产中心内部，"工人十分安然地分享英国在世界市场上的垄断权和英国的殖民地垄断权"④；"英国无产阶级实际上日益资产阶级化了，因而这一所有民族中最资产阶级化的民族，看来想把事情最终弄到这样的地步，即除了资产阶级，它还要有资产阶级化的贵族和资产阶级化的无产阶级。自然，对一个剥削全世界的民族来说，这在某种程度上是有道理的"⑤。这表明宗主国和附属国的矛盾成为世界市场的主要矛盾。

作为附属国的落后国家一旦卷入这样一个世界市场，就必然要受到在该世界市场中占统治地位，并决定该世界市场性质的资本主义生产方式的支配和影响。为了摆脱悲惨的命运，一些国家或是直接"采用资产阶级生产方式"，或是把旧的生产方式改造成为以国际分工为基础的商品生产，也就是改造成为具有适合资本主义生产形式的生产。当然，马克思所说，落后民族"采用资产阶级生产方式"，并非意味着这些落后国家都要转变成为典型的资产阶级的民族。他说："当一个在资本的基础上进行生产的

---

① ［美］伊曼努尔·华勒斯坦：《历史的资本主义》，路爱国、丁浩金译，社会科学文献出版社1999年版，第20—21、60页。

② 《马克思恩格斯全集》第44卷，人民出版社2001年版，第512页。

③ 《马克思恩格斯全集》第44卷，人民出版社2001年版，第519—520页。

④ 《马克思恩格斯选集》第4卷，人民出版社2012年版，第548页。

⑤ 《马克思恩格斯选集》第4卷，人民出版社2012年版，第434页。

工业民族，例如英国，同中国人进行交换，并且以货币和商品形式从中国人的生产过程中吸收价值时，或者更确切些说，当英国把中国人纳入了自己资本流通的范围时，那人们立刻就可以看出，中国人无须为此而作为资本家来进行生产。"① 这实际意味着，落后国家的人民不仅要遭受奴隶制、农奴制等等野蛮灾祸，还要"再加上过度劳动的文明暴行"②。正如马克思所指出的那样，印度人民尽管失掉了他们的旧世界但并没有随之获得一个新世界：英国资产阶级在印度只是实行殖民化，而不可能帮助他们实现资本主义现代化，这就使他们所遭受的灾难具有一种特殊的悲惨色彩。要根本改善他们的社会状况，就"不仅仅决定于生产力的发展，而且还决定于生产力是否归人民所有"③。只有在不列颠本国现在的统治阶级被工业无产阶级推翻，或者在印度人民自己强大到能够完全摆脱英国的枷锁以后，印度人民才会收到不列颠资产阶级在他们中间播下的新的社会因素所结的果实。

马克思的以上观点深深影响了 20 世纪六七十年代形成的依附理论。该理论指出，当一些国家在自我推动下进行扩展时，另一些国家如果只是作为这种扩展的反映而获得发展，那么这两类国家之间就形成了"中心—外围"式的依附关系。历史上出现过殖民地依附、工业—金融依附两种依附形式，现在出现了工业—技术依附的新形式。激进的依附论者认为，不发达国家一旦落入世界资本主义体系的陷阱，就失去了发展的基础和动力。唯有政治解决才是一种直接的社会主义性质的革命，只有完全摆脱世界资本主义体系，才能改变不发达状态。④ 应该承认，依附理论为非西方社会提供了认识自己的新视角，但是，该理论由于缺乏历史发展的观点而带有机械式的特征。

马克思的世界市场理论则是辩证的。他认为，对于落后国家在世界市场中所遭受的种种悲惨命运和不平等待遇，如果仅仅从道义的层面对资本主义制度进行谴责和对落后国家表示同情是无益的。"无论一个古老世界

① 《马克思恩格斯全集》第 31 卷，人民出版社 1998 年版，第 128 页。
② 《马克思恩格斯全集》第 44 卷，人民出版社 2001 年版，第 273 页。
③ 《马克思恩格斯全集》第 9 卷，人民出版社 1961 年版，第 250 页。
④ 何玉长等著：《批判与超越——西方激进经济学述评》，当代中国出版社 2002 年版，第 27—31 页。

崩溃的情景对我们个人的感情来说是怎样难过，但是从历史观点来看"①，这些表面上充满田园风味的自然经济生产方式，却始终是东方专制社会的牢固基础。它使人的头脑局限在极小的范围内，成为迷信的驯服工具，成为传统规则的奴隶，因而表现不出任何伟大的作为和历史首创精神。而英国机器大工业和自由贸易却具有如下作用：它破坏农业和家庭手工业的结合，打破自给自足的自然经济状态，促进社会分工，从而在亚洲引起一次前所未闻的、最大的社会革命。这是英国在印度完成的"破坏的使命"。另外，英国还要完成"重建的使命"。当英国工业愈是依靠殖民地市场时，英国厂主们就愈是感到在他们摧毁了殖民地本国原有生产基础之后必须在当地形成新的生产力，于是他们开始在这些地方修筑铁路、兴修水利、投资办厂。正是从这个角度，马克思认为，不管英国犯下多少罪行，但它在印度毕竟消灭了旧的生产方式，并为现代社会奠定了物质基础。

与英国在印度完成其破坏性使命和建设性使命只是充当了历史进步的不自觉的工具相反，落后国家只有自觉地参与到一个开放的世界中才能实现跨越式的发展。马克思指出："如果俄国是脱离世界而孤立存在的，如果它要靠自己的力量取得西欧通过长期的一系列进化（从原始公社到它的目前状态）才取得的那些经济成就，那末，公社注定会随着俄国社会的发展而灭亡……可是，俄国公社的情况同西方原始公社的情况完全不同。俄国……恰好又生存在现代的历史环境中，处在文化较高的时代，和资本主义生产所统治的世界市场联系在一起。俄国吸取这种生产方式的肯定成果，就有可能发展并改造它的农村公社的古代形式，而不必加以破坏。如果俄国的资本主义制度崇拜者否认这种结合的可能性，那么，就请他们来证明：要在俄国使用机器，它必须先经过机器生产的孕育期。请他们给我说明：他们怎么能够可说是在几天之内就把西方需要几个世纪才建立起来的一整套交换机构（银行、信用公司等等）在俄国建立起来呢？"②

对于全球化，我们必须从生产力和生产关系的角度深刻认识其"双刃剑"作用。仅仅把全球化的进程看作是生产力的提高、知识的积累普及和技术的发展，而看不到资本是按照自己的面貌为自己创造出一个全球化的世界；或者仅仅看到全球化是资本主义制度扩张的结果，而看不到落后国

---

① 《马克思恩格斯选集》第 1 卷，人民出版社 2012 年版，第 854 页。
② 《马克思恩格斯全集》第 19 卷，人民出版社 1963 年版，第 444 页。

家、民族在一个开放的世界中具备生产力发展的后发优势和跨越式发展的可能性，那么，对全球化的认识就都是片面的和有害的。

三 保护关税和自由贸易

1859 年马克思回忆自己如何走上政治经济学研究之路时说："1842—1843 年间，我作为《莱茵报》的编辑，第一次遇到要对所谓物质利益发表意见的难事。莱茵省议会关于林木盗窃和地产析分的讨论，当时的莱茵省总督冯·沙培尔先生就摩泽尔农民状况同《莱茵报》展开的官方论战，最后，关于自由贸易和保护关税的辩论，是促使我去研究经济问题的最初动因。"[①] 由此可见，马克思的经济研究从一开始就涉及资本主义对外贸易和世界市场的条件——自由贸易和保护关税的分析。

随着唯物史观和世界市场理论的逐渐成熟，马克思从全球化进程中落后国家的立场出发，对保护关税和自由贸易与民族工业竞争力的关系进行了分析。

只有首先保护和扶持本国工业，使其具备一定的竞争力时再开放本国市场，才能保证国家的经济安全。后起国家在发展自身工业时，面临着这样一个抉择：是形成独立的工业体系，还是成为工业发达国家的依附国。按照古典经济学的观点，只有实行自由贸易，参与国际分工，才能使参加贸易的各国获得最大的利益。马克思和恩格斯则反对这一观点。美国在工业化的进程中，"敞开着两条道路：或者是实行自由贸易，进行比如说五十年的费用极大的竞争斗争来反对领先于美国工业约一百年的英国工业；或者是用保护关税在比如说二十五年中堵住英国工业品的来路，几乎有绝对把握地坚信，二十五年以后自己就能够在自由的世界市场上占有一个地位。这两条道路中哪一条最经济、最短捷呢？"[②] 美国在内战后选择了后一条道路，成功地建立起自己强大的民族工业。保护关税制度不仅可以有益于还在继续同封建制度作斗争的尚未充分发展的资本家阶级——"保护关税成了它反对封建主义和专制政权的武器，是它聚集自己的力量和实现国

---

① 《马克思恩格斯选集》第 2 卷，人民出版社 2012 年版，第 1—2 页。
② 《马克思恩格斯全集》第 21 卷，人民出版社 1965 年版，第 418 页。

内自由贸易的手段。"① "而且也可以有益于像美国这样一个国家——它从未见过封建制度，但是已经达到势必从农业向工业过渡这一发展阶段——的新兴资本家阶级。"这些相对落后的国家要抵制住相对发达的资本主义国家（像同时代的英国）的竞争，就应该用保护关税制度来防止外国工业品的侵入，并建立自己的大工业体系。

保护民族工业并非保护落后，过分的保护就是保护落后。德国为了防止英、美等国的工业品和农产品占据自己的国内市场，从 1878 年起，转而实行保护关税制度。实际上，这一转变毫无疑问是荒唐的。因为当时的德国工业已经发展了，"保护关税制度已经完成了自己的任务，它的性质正在发生变化；它保护生产者，已经不是为了防御外国进口商，而是为了防御国内消费者；它至少在该部门中已经生产出足够多的，甚至是太多的工厂主；它塞到这些工厂主的钱袋中去的钱，是舍掉的钱"。把"民族给予它们防御外国竞争的保护变成垄断权来反对本国的消费者"，其结果是使本国的消费者受到严重损害，并且提高了本国工业品的生产费用。对此，恩格斯形象地指出："德国的保护关税制度正在杀害一只下金蛋的母鸡。"②

通过自由贸易，开拓国际市场有利于提升民族工业的竞争力。"保护关税制度再好也不过是一种无穷螺旋，你永远不会知道什么时候才会把它转到头。"③ 另外，随着经济的发展，"保护关税制度对于任何一个有希望获得成功而力求在世界市场上取得独立地位的国家都会变成不能忍受的镣铐"④。因为关税保护导致了生产巨大发展与销售市场相对狭小的工业危机。"在大工业的一切领域内，生产现在能以日益增长的速度增加，与此相反，这些增产的产品的市场的扩大却日益变慢。大工业在几个月中生产的东西，市场在几年内未必吸收得了。"⑤ 在这种情况下，"要克服这个由保护关税制产生的经常的内在工业危机，只有为自己打开世界市场之门"。总的看来，"保护关税制度不过是在某个国家建立大工业的手段，也就是使这个国家依赖于世界市场，然而，一旦它对世界市场有了依赖性，对自

---

① 《马克思恩格斯全集》第 4 卷，人民出版社 1958 年版，第 459 页。
② 《马克思恩格斯全集》第 21 卷，人民出版社 1965 年版，第 426 页。
③ 《马克思恩格斯全集》第 21 卷，人民出版社 1965 年版，第 419 页。
④ 《马克思恩格斯全集》第 21 卷，人民出版社 1965 年版，第 431 页。
⑤ 《马克思恩格斯全集》第 25 卷，人民出版社 1974 年版，第 495 页。

由贸易也就有了或多或少的依赖性"①；"只有实行自由贸易，蒸汽、电力、机器的巨大生产力才能够获得充分的发展"②。

马克思的分析告诉我们，必须正确处理好开放市场与保护民族工业的关系。一方面丧失民族工业的"无疆界市场"只能是"无疆界"地被蚕食、被吞并的市场；另一方面世界市场的形成是生产力进步的必然结果，具有客观性和不可逆转性，因而开放市场有利于民族工业的发展。但在现实中有一个事实不容我们忽视，那就是完全赞成或鼓吹经济全球化的声音几乎都来自发达国家，新自由主义观点在西方社会占据主导地位。他们认为民族国家在经济全球化面前正在失去存在的基础，而市场成为决定和解决所有问题的唯一力量，因而经济全球化代表了一个市场的至上地位的新历史时期。③ 这一幕其实在历史上曾经上演过。英国在 1815 年就成为了一切最重要工业部门的世界贸易的实际垄断者。"于是，古典政治经济学——法国重农学派及其英国继承者亚当·斯密和李嘉图——的自由贸易学说，就在约翰牛的国家里流行起来。"④ 在国内实行保护关税制度对工厂主来说已是不需要的了，"当时英国工厂主及其代言人即政治经济学家的下一个任务是，使其他一切国家都改信自由贸易的宗教，从而建立一个以英国为大工业中心的世界，而其他一切国家则成为从属的农业区"；"自由贸易成了风行一时的口号"。⑤ 历史总是具有奇妙的相似之处，重视历史，我们不是可以更清醒地正视现实吗？

四　世界市场的发展趋势

西方新自由主义者们宣扬市场具有终结传统冲突，使国家更加相互依赖的神奇力量，宣布全球化正在为更和平、更繁荣的世界的到来奠定基础。马克思也赞成自由贸易，赞扬世界市场的资本主义时代，但这些都是在一定的限度之内的。

"我们赞成自由贸易，因为在实行自由贸易以后，政治经济学的全部

---

① 《马克思恩格斯选集》第 1 卷，人民出版社 2012 年版，第 375 页。
② 《马克思恩格斯全集》第 21 卷，人民出版社 1965 年版，第 416 页。
③ 杨雪冬：《全球化：西方理论前沿》，社会科学文献出版社 2002 年版，第 47—48 页。
④ 《马克思恩格斯全集》第 21 卷，人民出版社 1965 年版，第 415 页。
⑤ 《马克思恩格斯全集》第 21 卷，人民出版社 1965 年版，第 415 页。

规律及其最惊人的矛盾将在更大的范围内，在更广的区域里，在全世界的土地上发生作用；因为所有这些矛盾一旦拧在一起，互相冲突起来，就会引起一场斗争，而这场斗争的结局则将是无产阶级解放。"① "总的说来，保护关税制度在现今是保守的，而自由贸易制度却起着破坏的作用。自由贸易引起过去民族的瓦解，使无产阶级和资产阶级间的对立达到了顶点。总而言之，自由贸易制度加速了社会革命。先生们，也只有在这种革命意义上我才赞成自由贸易。"②

马克思深谙各国人民日益卷入世界市场网对于生产力发展的重要意义。资产阶级由于开拓了世界市场，而改变了以前的一切社会阶段所表现出的人类的地方性发展和对自然的崇拜，使一切国家的生产和消费都成为世界性的了，从而形成"普遍的社会物质变换、全面的关系、多方面的需要以及全面的能力的体系"③。马克思指出，世界市场物的联系毫无疑问比单个人之间没有联系要好，比原始社会只是以自然血缘关系和奴隶、封建社会以统治服从关系为基础的人的依赖关系要好。从这一角度而言，马克思认为，这种自发的、不以个人的知识和意志为转移的、恰恰以个人互相独立和毫不相干为前提的联系即物的联系，具有它"美好和伟大之处"④。但透过这一世界性的联系，他深刻地指出，生产和消费的普遍联系和全面依赖只是一种物的联系，在它背后隐藏着的是生产者和消费者的相互独立和漠不关心，这种矛盾和异化往往导致危机的产生。

之所以产生生产和消费的普遍联系和全面依赖随着消费者和生产者的相互独立和漠不关心而一同增长的矛盾，其根源在于资本的本质，"每一笔资本活动的规模，并不决定于个人需求（定购等等，私人需要），而是决定于力求实现尽可能多的劳动，因而实现尽可能多的剩余劳动，并用现有的资本提供尽可能多的商品的欲望"⑤。因而，消费者和生产者的相互独立和漠不关心在资本主义社会表现为生产的异化。在世界市场上，生产的异化在更大的规模上暴露出来。"整个国家的生产既不是用它的直接需要，也不是用扩大生产所必需的各种生产要素的分配来衡量。因此，再生产过

① 《马克思恩格斯全集》第 4 卷，人民出版社 1958 年版，第 295—296 页。
② 《马克思恩格斯全集》第 4 卷，人民出版社 1958 年版，第 459 页。
③ 《马克思恩格斯全集》第 30 卷，人民出版社 1995 年版，第 107 页。
④ 《马克思恩格斯全集》第 30 卷，人民出版社 1995 年版，第 111 页。
⑤ 《马克思恩格斯全集》第 26 卷，人民出版社 1973 年版，第 552 页。

程并不取决于同一国家内相互适应的等价物的生产，而是取决于这些等价物在别国市场上的生产，取决于世界市场吸收这些等价物的力量和取决于世界市场的扩大。这样，就产生了越来越大的失调的可能性，从而也就是危机的可能性。"① 也就是说，世界市场空间的扩张虽然使资本的矛盾获得某种程度的缓和，但同时也加剧了世界市场危机爆发的可能性。经济危机是资本生产力发展的重要形式，"资本本身在其历史发展中所造成的生产力的发展，在达到一定点以后，就会不是造成而是消除资本的自行增殖。超过一定点，生产力的发展就变成对资本的一种限制；……一旦达到这一点，资本即雇佣劳动就同社会财富和生产力的发展发生像行会制度、农奴制、奴隶制同这种发展所发生的同样的关系，就必然会作为桎梏被摆脱掉。"② 这个"点"从空间的角度而言，就是世界市场，"世界市场危机必须看作资产阶级经济一切矛盾的现实综合和强制平衡"③。

从历史发展的眼光来看，资本主义生产方式占统治地位的世界市场将为新世界创造物质基础，从而消除物的联系性而达到"建立在个人全面发展和他们共同的社会生产能力成为他们的社会财富这一基础上的自由个性"④。

---

① 《马克思恩格斯全集》第 48 卷，人民出版社 1985 年版，第 147 页。
② 《马克思恩格斯全集》第 31 卷，人民出版社 1998 年版，第 149 页。
③ 《马克思恩格斯全集》第 26 卷，人民出版社 1973 年版，第 582 页。
④ 《马克思恩格斯全集》第 46 卷（上），人民出版社 1979 年版，第 104 页。

审视与借鉴

政治经济学在美国的发展[*]

朱安东[**]

　　首先，我们有必要先说明一下政治经济学和经济学之间的关系。一个时期以来，我国一般把马克思主义政治经济学简称为政治经济学，与之相对应的是西方经济学或经济学。近年来，一些经济学者更倾向于用"现代经济学"或"经济学"来取代"西方经济学"。但本文把政治经济学与经济学作为同一语使用。其实，在相当一个时期里，大部分外国经济学家都把政治经济学和经济学作为同义语使用。不仅马克思在其著作中是把政治经济学和经济学在相同意义上使用，具有相同的内涵和外延。在有代表性的西方经济学教科书中，两者也常常是统一的。比如说，将政治经济学改称为经济学的主要推动者是英国著名经济学家马歇尔，但马歇尔的《经济学原理》一书开篇就有"政治经济学或经济学"的字样。影响巨大的萨缪尔森的《经济学》，在1976年的第10版中也用了"经济学或政治经济学"的字样，只是在1985年的第12版中，才将"政治经济学"一词删除。[①]还值得注意的是，《新帕尔格雷夫经济学大辞典》也把政治经济学和经济学看作是同义语："在即将进入21世纪的今天，'政治经济学'和'经济学'这两个名词都还存在。自它们产生以来，含义都有所变化，然而，两者基本上可看作同义语。"[②]

----

　　[*] 本文原载《马克思主义研究》2009年第8期。

　　[**] 朱安东（1972— ），男，四川乐山人，清华大学马克思主义学院院长，教授，博士生导师，中央"马工程"专家。

　　[①] ［美］巴里·克拉克：《政治经济学——比较的观点》，王询译，经济科学出版社2001年版，第2页。

　　[②] ［英］约翰·伊特韦尔、［英］默里·米尔盖特、［英］彼得·纽曼编：《新帕尔格雷夫经济学大辞典》第3卷，经济科学出版社1992年版，第970页，转引自吴易风《论政治经济学或经济学的研究对象》，《中国社会科学》1997年第2期。

因此，在本文中，政治经济学就是指经济学。当然，由于篇幅的限制，我们不可能把经济学在美国的发展在一篇文章里说清楚。故，我将结合历史背景主要介绍在美国的不同时期有较大影响的经济学派。

一　美国早期的政治经济学

无疑，一个国家的经济学发展水平是与这个国家的经济发展水平密切相关的。今天，当人们谈起经济学帝国主义的时候，往往所指的其实是美国经济学的帝国主义。[①] 人们发现，在世界各国畅销的经济学教科书主要是由美国的经济学家撰写的，在绝大部分国家的课堂上，老师们所讲授的也主要是由美国经济学家发展和整理的理论。被人们认为是最好的经济学杂志主要是在美国出版而且主要发表的也是美国经济学家的文章，在各种国际组织中就业的经济学家主要是由美国培养出来的。在 1969 年至 2008 年的所有 62 位诺贝尔经济学奖获得者当中，美国人占了 43 位，在剩下的 19 位当中，还有 6 位是长期在美国大学工作的。

然而，我们很容易发现，在西方流行的经济学说史教科书当中很难找到早期的美国经济学家的名字。在第二次世界大战之前，经济学发展的中心一直在欧洲。直到二战之后，经济学研究和教育的中心才逐渐转移到了美国。当然，这并不意味着美国早期就没有较好的经济学家。对马克思主义经济学比较熟悉的人都知道，马克思在其著作中多次赞扬美国早期的经济学家富兰克林[②]，还多次提到过波特尔[③]以及奥普戴克[④]等人。但是，客观地说，直到 19 世纪末期之前，美国确实没有出现过对经济学有非常重大影响的人物。正如熊彼特评价美国在 1790—1870 年间的经济学时指出的："邓巴在 1876 年所发表的意见，即美国文献'对于政治经济学理论的发展毫无贡献'，并没有由于最近的研究提供的资料而失去效力。"[⑤]

在相当长的一个时期内，经济学在美国是一门外来的科学，许多在美

---

① 这里我们强调的是经济学在空间上的扩张，而人们经常使用的是经济学在其他学科领域的扩张。

② 《马克思恩格斯全集》第 44 卷，人民出版社 2001 年版，第 65、191 页。

③ 《马克思恩格斯全集》第 45 卷，人民出版社 2003 年版，第 208 页。

④ 《马克思恩格斯全集》第 46 卷，人民出版社 2001 年版，第 407、754 页等。

⑤ ［美］熊彼特：《经济分析史》第 2 卷，杨敬年译，商务印书馆 2001 年版，第 215—216 页。

国有影响的经济学家都有在欧洲留学的经历。但是，在欧洲居于主流地位的主张自由放任的古典经济学在相当程度上却不符合当时美国工商业者的需求。这就不难理解，在19世纪中叶最负盛名的富翁兼政治经济学家亨利·查尔斯·凯瑞（Henry Charles Carey），虽然鼓吹在国内市场中采取自由放任的政策，但是在国际贸易领域一直强烈鼓吹贸易保护主义。另外一位美国当时的著名经济学家丹尼尔·雷蒙德（Daniel Raymond），也像李斯特那样鼓吹贸易保护主义以及政府采取措施以促进"国民财富"。而帕灵顿在《美国思想史》中对这个时期美国的经济学家们更有生动的描述：

> 在弗兰西斯·维兰德1837年第1版的《政治经济学要素》（后40年间成为美国大学的教科书）中，他开始接受资本家操纵一切这一观点，并对自己对这一问题的分析表示道歉。他说："这大概算是个劝告，没有商业阅历的作家们不应该涉足那些由务实的人们经营的事业。"在亨利·克雷的年代，这一观点在国会中影响巨大。国会里那些从没听说过李嘉图的政客们都与尼克·比德尔一道尊重有影响力的选民的利益，更甚于尊重曼彻斯特主义的原则。由于职业经济学家的出现，经济理论同法律投票之间的裂缝演变成了大峡谷。经济学家的观点一直为政客所忽视，除非这些观点与他们家长式的管理不谋而合。因此，经济学家们开始隐退到学院派的平静之中，无伤大雅地编织着自己的网。年轻的大学生们得到的都是修饰过的英国新古典经济理论，从中他们了解到的是混乱的英国工业生活所孕育的李嘉图和马尔萨斯的悲观思想。
>
> 必须承认，学院派经济学家都处于不幸的位置，与早先的加尔文主义者大同小异。如那些年迈的牧师一样，他们远离现实生活。他们是正统英国学校的产物，但他们在维护自由发展时感到受拘束。但作为受有钱人资助大学中的一分子，他们又不能肆无忌惮地对不需要自由贸易理论的强大利益群体展开进攻。总体来说，他们比较勇敢地紧握他们的武器，从维兰特到萨纳都支持自由竞争的抽象原则。但是，他们竭尽全力通过其他方式来平息保护主义的怒气；学院派经济理论同资本主义之间的稳定和睦关系主要体现在学院化事务的本质之中。农业经济和无产阶级经济在大学校园里没有什么声音。除了英国古典学派，其他流派无人支持。……高雅传统中的智慧贫乏遗传给了学院

派的经济学家……①

二　19 世纪 70 年代至 20 世纪 20 年代美国的政治经济学

有人认为，弗朗西斯·阿马萨·沃尔克（Francis Amasa Walker）在 19 世纪 70 年代的著作标志着美国有了自己的经济学。此后 40 年中美国的经济学主要是由跟随沃尔克的"正统"经济学家所主导。② 正是在这个时期美国拥有了自己的经济学，正如熊彼特所言："在这个时期内，美国经济学界不但在国内而且在国际上确立了自己的地位。"③

19 世纪的最后 30 年对美国来说是一个非常特别的时期。到 1870 年时，由于运河的开通，尤其是全国范围的铁路网的初步建成，整个美国逐渐形成了一个相对统一的市场，为推动美国经济的发展奠定了良好的基础。正是在这个基础之上，竞争不断加剧并快速走向了垄断。伴随着铁路、钢铁等产业兴起的是寡头的崛起、金融恐慌和农业危机。财产的迅速集中以及新兴产业的掠夺方式引起了人们的极大关注。同时，也出现了农民运动以及越来越激进的工会，在 19 世纪 80 年代的美国出现了许多劳资冲突的血腥事件。也正是在这个时期，一些平民主义的改良主义者［比如说亨利·乔治（Henry George）］以及进步主义者开始变得越来越活跃。面对这种情况，经济学家们也必须选择他们究竟站在哪一边。

在此期间的美国大学系统，尤其是在工商业相对发达的东部地区，主要是由那些现状的辩护者们所控制，比如说西蒙·纽科姆（Simon New-comb）在约翰·霍普金斯大学，约翰·贝茨·克拉克（John Bates Clark）在哥伦比亚大学，詹姆斯·劳伦斯·劳克林（James Laurence Laughlin）在芝加哥大学，查尔斯·富兰克林·邓巴（Charles Franklin Dunbar）和富兰克·威廉·陶西格（Frank William Taussig）在哈佛大学，阿瑟·特威宁·哈德利（Arthur Twining Hadley）和威廉·格雷厄姆·萨勒姆（William Gra-

---

① ［美］沃侬·路易·帕灵顿：《美国思想史》，陈永国等译，吉林人民出版社 2002 年版，第 862 页。
② 参见美国纽约新学院大学设立的关于经济思想史的网站，本文中多处借鉴了该网站的观点和材料。
③ ［美］熊彼特：《经济分析史》第 3 卷，朱泱等译，商务印书馆 1994 年版，第 170 页。

ham Sumner）在耶鲁大学。这些人都积极维护新工业时代并谴责那些工会和民粹主义者，一般被称为辩护者学派（Apologist）。而在那些州一级的大学，比如威斯康星大学和密歇根大学，由于地处农业区域或者是中西部的工业区，因而能够保留更多的进步色彩。

但要为当时的那个时代辩护并不是一件容易的事。在19世纪70年代以前，美国是由规模较小的制造业和自由的农场以及一个有限的政府所组成的相对而言比较温和的资本主义体系。而这些辩护者们现在要维护的是一个正在破坏先前的社会经济状态的新的工业资本主义，而且它是由一些垄断的托拉斯集团所控制的。他们要说服贫困的小农场主、破产的手工业者以及大量的移民，给自己重新建立一个关于财富和独立的梦想，并为了这个梦想而接受现实并平静地组成一个工业劳动大军，去接受范德比尔德、古尔德、卡内基、梅隆、洛克菲勒、古根海姆等工业领袖的领导。他们还必须向这个仍然是相当清教徒式的传统的美国，解释那些"强盗般的大亨"们的不受限制的贪婪、掠夺性的行为以及到处进行的炫富行为为什么仍然是合理的和道德的。同时，他们还必须向人们解释，为什么一个几乎是公开腐败的政府仍然应该被允许利用自己的权力去摧毁工会和农场主组织，去严格控制货币供给，使用管制手段去尽量减少公司之间的竞争，同时建立贸易壁垒以保护这些公司。而这些立场在欧洲的自由主义者看来都是不可想象的。

为了完成这些困难的任务，这些辩护者们不得不绞尽脑汁。他们非常强烈地倾向于使用宗教的和道德的手段去为现状辩护。他们经常宣称"经济学的永恒规律"是上帝赋予的而且是正义的，而任何修改这些规律的行为，比如说反垄断立法或者让工会合法化，都应该从道德上加以严厉谴责。还有一些辩护者，尤其是社会达尔文主义者萨纳姆，则用进化论来为这些所谓的经济"自然规律"辩护。当然，也许我们也不应该苛责这些经济学家，因为，在当时的美国，"高等教育缺乏集中控制，个人和机构的竞争力量十分强大。学者们被视为雇员，一旦与赞助人意见不合，就会遭到随意开除，而另一方面，人们又指望他们从事与社会问题相关的研究。一个极端的例子是，直到19世纪80年代，宾夕法尼亚大学还坚持说，他们的经济学家不打算支持自由贸易。大众对经济和社会问题饶有兴趣，希望理论经济学家们对这些问题给出'合理的'意见，使业界产生了职业性而不是政治性的保守主义倾向"①。

　　作为主流学者，这些辩护者们控制着绝大部分正在扩张之中的美国大学经济学教育和研究系统，主要研究和传授的是源自英国的古典经济学和正在形成当中的新古典经济学。随着美国国力的增强以及美国经济学教育科研系统的逐步改善，美国的经济学家们也开始对正在进行的所谓"边际革命"以及经济学从古典向新古典的发展作出贡献，从而涌现出一些一流的理论家。其中最出名的无疑是克拉克，在他的所有成就当中，又以他的边际生产力论影响最大。在该理论中，他完成了从萨伊和西尼尔开始就想要完成的任务，即证明社会是和谐的，根本就不存在剥削。而他的办法是证明每一种生产要素的价格都等于其边际产出，也就是说，每一个生产要素创造多少财富就得到多少财富，既没有剩余也不会存在剥削。

　　但是，正如前面已经提及的，无论是古典还是新古典经济学，都是主张自由放任的。而这并不完全适用于尚未完全取得世界领先地位的美国。以国际贸易为例，虽然自19世纪70年代以来，以英国为首的发达国家在全球范围内大力推行自由贸易政策，为此甚至不惜兵戎相见，但美国却一直厉行贸易保护主义。② 这为一个独具美国特色的经济学流派的产生和发展提供了一个良好的历史条件。这就是美国制度经济学学派。

　　在19世纪70年代和80年代，一批年轻的美国经济学家纷纷从德国的大学里面获得博士学位并回到美国大学。他们在研究方法和理论方面都受到了德国历史学派的重大影响。这些人包括理查德·西奥多·伊利（Richard Theodore Ely）、亨利·卡特·亚当斯（Henry Carter Adams）、埃德温·R. A. 塞利格曼（Edwin R. A. Seligman）以及西蒙·纳尔逊·帕顿（Simon Nelson Patten）等。他们成为在20世纪早期取代辩护者学派的美国制度学派的重要人物。当然，最著名的美国制度经济学家是托尔斯坦·本德·凡勃伦（Thorstein Bunde Veblen）、约翰·罗杰斯·康芒斯（John Rogers Commons）和威斯利·克莱尔·米契尔（Wesley Clair Mitchell）。

　　制度经济学派一出现，就以当时统治着美国经济学界的辩护者学派为

---

　　① ［英］罗杰·E. 巴克豪斯：《西方经济学史》，莫竹芩、袁野译，海南出版社2007年版，第196—197页。

　　② ［英］张夏准：《富国陷阱——发达国家为何踢开梯子?》，肖炼等译，社会科学文献出版社2007年版，第20—26页。

主要批判对象，同时批判古典和新古典经济学。① 他们强调历史、社会以及制度等因素对所谓的经济"规律"的影响。他们认为，在经济世界当中，每个东西都不是一成不变的，而是随着不断变化的历史条件而不断变化的。在方法论上，他们反对当时流行于英国和奥地利等国的抽象演绎方法，反对19世纪70年代后的经济学家越来越重视的数量分析方法，拒绝把资本主义社会看成是抽象的原子似的"经济人"的集合，也不把资本主义经济的变化看成是"自然"规律作用的结果。相反，他们坚持历史归纳方法和历史比较方法，强调每一个民族或每一种经济制度都是在特定历史条件下逐步演化出来的（比如说，受到达尔文的影响，凡勃伦特别强调演化的社会哲学观），从而所阐明的规律性并无所谓的普适性。同时，和辩护者们不同，他们并不回避美国社会当中存在的各种问题，而是一直强调资本主义制度本身的缺陷和局限性，强调市场经济本身的各种缺陷弊病，强调国家调整资本主义的各种经济关系进行社会改良的必要性。因此，制度学派在美国从产生之日起就是一个以异端形式出现的经济学派别，其中的凡勃伦和康芒斯，更是被看成是"离经叛道者"。关于凡勃伦，亨特教授的这些评价是颇耐人寻味的："尽管在观察当时美国的资本主义时，凡勃伦装出一副公正的、中立的、无私的姿态，但是事实上，他非常支持'普通人'而反对'既得利益'；支持理性的、和平的人类关系而反对'掠夺剥削'；支持创造性、建设性的技艺而反对'商业阴谋破坏'。"②

　　而凡勃伦所反对的，都是当时美国的现实。因而亨特教授这样评价凡勃伦："最全面地反映和描述这个时期制度和文化转型的是凡勃伦的著作。凡勃伦很可能是美国历史上最重要的、最具独创性的、影响最深远的社会

---

　　① 有意思的是，正是制度经济学派和辩护者"旧学派"之间的斗争带来了美国经济学会的成立。在与同在霍普金斯大学任教的保守的经济学家纽科姆的斗争中，为了模仿德国历史学派古斯塔夫·冯·施默勒（Gustav von Schmoller）建立"社会政策学会"来促进社会进步，同时也是为了向校方证明自己在经济学界的影响力，伊利在另外两个经济学家的帮助下于1885年成立了美国经济学会。最初，它被辩护者学派认为是制度学派的一个组织，因而陶西格、哈德利以及萨姆纳等人都拒绝参加并指责它"有社会主义倾向"。但伊利成功地邀请麻省理工学院校长、著名的辩护者弗朗西斯·阿马萨·沃尔克担任了学会的会长，而自己则只担任秘书一职，同时他还放弃了用这个组织来促进社会进步的想法。这些使得这个学会以一个兼容并包的学术组织的面貌生存下来并发展起来。

　　② ［美］E. K. 亨特：《经济思想史——一种批判性的视角》第2版，颜鹏飞译，上海财经大学出版社2007年版，第266页。

理论家。"①

　　也许是因为其国家干预和贸易保护主义的主张符合了当时美国社会的需要，制度经济学在 20 世纪初一度压倒了辩护者学派而成为美国经济学的正统。当然，我们可以想象，其对现实强烈的批判态度不可能长久地得到大学资助者们的支持。很快地，制度经济学到 20 年代就开始风光不再，他们失去了许多重要的据点，比如说约翰斯·霍普金斯大学以及美国经济学会。而"边际主义革命"在美国经济学界影响力的日益增大②更使得制度经济学派只能退缩到少数几个大学当中去了。③ 他们也开始从与新古典经济学的对抗中退下来，集中研究如何对商业周期进行测度以及经济史的资料编辑等当中去了。④ 而"凯恩斯主义革命"更使得制度学派对新古典经济学批判的影响力减弱。但即便如此，直到最近，哈佛大学的约翰·肯尼思·加尔布雷思（John Kenneth Galbraith）和纽约新学院大学的罗伯特·海尔布隆纳（Robert L. Heilbroner）还在坚持制度经济学研究。

　　在谈论这个时代的美国经济学时，还有一个人是不能不提到的，他就是亨利·乔治（Henry George）。乔治是那个时期的一批非职业的经济学家的代表，他们有时被称为自由职业经济学家或者炉边派理论家。帕灵顿在《美国思想史》中专门对这批经济学家进行了评价："用他们的天才为当时的经济理论思考作出了巨大贡献。理论界对他们发起进攻之后，他们就销声匿迹了。不管怎样，他们不应被遗忘，因为很多时候，他们是当时社会良知的忠实表达者——对上升时期的资本主义剥削工人和农民加以抗议的一股朴实的力量。但因为他们试图扭转'明显命运'的大方向，所以他们被人们忽视，甚至被无礼地践踏了……"⑤ 在乔治所有的著作中，1879 年出版的《进步与贫困》（*Progress and Poverty*）一书影响最大。这本书的核心观点是，资本主义社会贫富对立的根本原因是土地私有，解决的办法是

　　① ［美］E. K. 亨特：《经济思想史——一种批判性的视角》第 2 版，颜鹏飞译，上海财经大学出版社 2007 年版，第 266 页。

　　② 特别是费雪（Irving Fisher）在耶鲁大学、陶西格在哈佛大学以及奈特在芝加哥大学分别成了当时影响力最大的学者。

　　③ 除了米切尔还在哥伦比亚大学、康芒斯在威斯康星大学外，其他人都只能到一些小的大学里去，比如纽约社会研究新学院（由凡勃伦等创立）和得克萨斯大学。

　　④ 正是为了这个目的，米切尔于 1920 年创办了国家经济研究局。

　　⑤ ［美］沃侬·路易·帕灵顿：《美国思想史》，陈永国等译，吉林人民出版社 2002 年版，第 861 页。

对土地征收单一税和土地国有化。作为一位自学成才的经济学家，他从不掩饰他对那些古典经济学家和现状的辩护者们的蔑视和愤怒。帕灵顿是这样来描述乔治的：

> 他相信，就是这些古典经济学家歪曲了整个经济学。说得好听一点，他们是用一个"经济人"的假设与悲观的世界观使经济学非人性化，成了一门沉闷的科学；说得不好听一点，他们将经济学变成了剥削阶级的武器，使他们能够暗地里使用经济法去使他们的阶级政策正当化。在加利福尼亚大学做的一次演讲中，亨利·乔治以这样的话语表达了他对古典学派的"尊敬"："政治经济学经常被用来平息工人阶级在增加工资和减少劳动时间方面的努力……看一看最好的也是流行最广的教科书吧。当他们鼓吹资本自由时，当他们以公用事业为理由，恨不得让钱能生出钱来，面对穷人的悲伤而不改变铁石心肠，这样的贪婪，这样的吝啬，都被正当化的时候，他们却让工人少养几个孩子。他们的许诺还有什么实质意义吗？"①

对这样一位无情地批判古典经济学家的非职业经济学家，熊彼特的评价却是，"他一个人的成就就大于我们名单上所有其他人的成就"②，这里的其他人包括从邓巴、哈德利、纽科姆、萨姆纳、沃克、韦尔斯，到克拉克、费雪、陶西格等这个时期的杰出经济学家！

三　两次世界大战之间的美国政治经济学

20 世纪 20 年代以后，美国的政治经济学深深打上了两次世界大战和一次大萧条的烙印。同时，苏联的快速工业化成就和冷战的发生，以及美国取代英国成为资本主义世界体系的核心等等历史事件，无疑对其发展也产生了不同程度的影响。

两次世界大战以及大萧条极大地打击了人们对自由资本主义和新古典

---

① ［美］沃依·路易·帕灵顿：《美国思想史》，陈永国等译，吉林人民出版社 2002 年版，第 885—886 页。
② ［美］熊彼特：《经济分析史》第 3 卷，朱泱等译，商务印书馆 1994 年版，第 172 页。

经济学的信心，为凯恩斯主义经济学的产生及广泛传播提供了不可多得的良机。在 1936 年凯恩斯的《就业、利息与货币通论》出版之后，包括哈佛大学在内的许多美国大学的经济学家们积极地参与到了对这一理论的介绍和讨论当中。但他们在这个时期对凯恩斯主义经济学的发展似乎还来不及有重大贡献。

除此之外，许多美国学者也试图从其他角度来批判新古典经济学以使之更贴近现实生活。其中比较重要的至少有三位：弗兰克·奈特（Frank H. Knight）、约翰·莫里斯·克拉克（John Maurice Clark，以下简称小克拉克）、爱德华·张伯伦（Edward H. Chamberlin）。奈特是早期（或者说第一代）芝加哥学派的中坚力量，致力于维护自由市场和竞争的长处，是新古典经济学在美国的重要代表人物，但是，他在维护新古典经济学的同时也强调其局限性，他不认同把人简化为自私自利的"经济人"，而认为人是复杂的动物，其行为受到多种动机和价值观的影响。而且，他还认为经济分析关注的只是直接满足欲望的行为，只是人类行为甚至只是经济行为的一小部分。从总体上讲，奈特赞同新古典经济学描述的完全竞争以及完全竞争带来资源的有效配置的观点，而小克拉克则反对这种观点，认为它不能解释现实世界中的市场和竞争，他引入"企业管理成本"的概念来分析企业的行为以及企业对垄断地位的追求。基于这些分析，他反对所谓的自由放任主义，而是主张社会管制。张伯伦则引入了垄断竞争的概念，认为市场既是竞争的又是垄断的，因而必须放弃远离现实的完全竞争假设，对市场结构进行分析。

对新古典经济学和资本主义制度的最激烈的批判无疑是来自马克思主义。马克思主义经济学在美国经济学界的传播的标志性事件是 1942 年保罗·斯威齐（Paul M. Sweezy）《资本主义发展论》的发表。此前，马克思主义经济学在美国学术界一直没有什么影响，就连斯威齐于 1932 年到英国伦敦经济学院学习的时候，他最初的目的还是师从奥地利学派经济学家弗里德里希·奥古斯特·冯·哈耶克（Friedrich August von Hayek），但他逐渐被马克思主义所吸引。而且，当他在一年后回到哈佛大学攻读研究生学位的时候，他发现马克思主义已经成为一些较有名的大学的讨论话题。但是，正如他在该书的序言中所说的："关于马克思主义政治经济学，现在还没有相当全面而且有分析性的英文论著。"而他写作该书的目的就是"试图填补这个空白"①。在该书中，它除了比较系统地介绍马克思主义经济学之外，还介绍了马克思主义经济学在当时的一些新的发展。

但是，如果完全接受凯恩斯等人对新古典经济学的批判，承认资本主义经济内在的不稳定性和完全竞争假设的不现实，那就很难为资本主义经济制度的优越性辩护。而这时苏联快速工业化所取得的成就和马克思主义经济学在美国的传播，更使得一批主流学者感到很有必要维护和发展新古典经济学。而所谓的"边际主义革命"，正好为经济学的数学化以及新古典主义经济学的进步发展提供了很好的基础。正是在这个大背景下，出现了20世纪30年代的所谓的"帕累托复兴"（The Paretian Revival），它继承和发展了边际主义革命的成果，进一步完善了新古典经济学。美国经济学家在这方面作出了重要贡献。在从预算约束条件下个人效用最大化当中推导出需求曲线方面，哈罗德·霍特林（Harold Hotelling）是仅有的几个首创者之一②；在从利润最大化生产决策当中推导出生产曲线方面，保罗·萨缪尔森（Paul A. Samuelson）③ 和霍特林④都作出了重要贡献。美国经济学家对新古典经济学的另一个重要贡献在"新福利经济学"领域，霍特林是首先把"边际成本定价"原则引入经济学的学者之一，当时在芝加哥大学经济系任教的奥斯卡·R. 兰格（Oskar R. Lange）则是首先用数学证明福利经济学两个基本定理，并提出一般均衡的稳定性问题的学者之一。⑤ 事实上，当时的芝加哥大学和哈佛大学，与伦敦经济学院等欧洲著名学府一样，是少数的几个"帕累托复兴"和坚持新古典经济学的据点。

两次世界大战，尤其是第二次世界大战以及俄国革命，使得大量经济学家移民美国。在20世纪20年代，大量俄国经济学家移居到了美国，而

---

① ［美］保罗·斯威齐：《资本主义发展论——马克思主义政治经济学原理》，陈观烈、秦亚男译，商务印书馆2000年版，第1页。

② Harold Hotelling, "Demand Functions with Limited Budgets", *Econometrica*, Vol. 3, 1935, pp. 66 – 78.

③ ［美］萨缪尔森：《经济分析基础》（增补版），何耀等译，东北财经大学出版社2006年版。

④ Harold Hotelling, "Edgeworth's Taxation Paradoxandthe Nature of Supply and Demand Functions", *Journal of Political Economy*, Vol. 40, (1932), pp. 577 – 616.

⑤ Oskar R. Lange, "The Foundations of Welfare Economics", *Econometrica*, Vol. 10, (1942), pp. 215 – 228; "The Stability of Economic Equilibrium", *Econometrica*, Vol. 10, (1942), pp. 176 – 177.

到了30年代和40年代，大部分移居美国的经济学家来自德语国家。他们的到来加速了美国取代欧洲成为政治经济学研究和教育中心的过程。在这些移民当中，最为著名的大概要算瓦西里·里昂惕夫（Wassily Leontief）和约瑟夫·A. 熊彼特（Joseph A. Schumpeter）了。里昂惕夫开创的投入—产出分析方法到现在还在被各国广为使用，而熊彼特的创新理论以及对资本主义的研究到现在还在被引用和评说。他们对美国经济学教育的贡献也许只要指出一件事就够了，即后来成为美国经济学泰斗的保罗·萨缪尔森当年是由他们俩指导的博士生。

四　二战结束至20世纪90年代美国的政治经济学

二战结束以后，随着美国取代英国成为世界资本主义体系的中心，它也成了政治经济学发展的中心。关于这一时期美国政治经济学的发展情况，许多经济学说史方面的著作都有较详细的论述，我们没有必要再去重复那些细节。因此在下文中，我们将主要梳理这个时期美国经济学发展的脉络。

这个时期美国政治经济学的发展大致可以分为两个时期。第一个时期是从二战结束到20世纪60年代末期，在这个时期，新古典—凯恩斯综合派（以下简称新古典综合派）是主流，新自由主义经济学和激进政治经济学均处于边缘地位；第二个时期是从20世纪70年代初到20世纪90年代末期，在这个时期，新自由主义经济学取代新古典综合派成为主流。

人们一般认为，在二战结束之后的二十多年时间里，西方发达资本主义国家采纳的是凯恩斯主义政策，所以，在这些国家经济学界占据主流地位的应该是凯恩斯主义经济学。但是实际情况远比这复杂得多，在一定意义上讲，自从凯恩斯本人去世以后，就不存在原本意义上的凯恩斯主义了，继承他的主要是两个学派：一个是新古典综合派，以美国的萨缪尔森等人和英国的希克斯为代表；另一个是后凯恩斯主义经济学派，以英国的琼·罗宾逊（Joan Robinson）、米哈尔·卡莱茨基（Michal Kalecki）以及美国的保罗·戴维森（Paul Davidson）和海曼·明斯基（Hyman P. Minsky）等人为代表。这种情况的出现是有着深刻的理论和现实根源的。凯恩斯本人及其理论都是矛盾综合体。作为长期学习、研究并信仰新古典经济学的学者，凯恩斯不可能完全割裂与新古典经济学的关系。正如亨特教授所说："他想放弃市场自主调节的假定，从而将资本主义从自我毁灭中挽救出来，但同时他又想保持对分配的边际生产力理论和市场配置资源的有效性的信仰。他希望在资产阶级追求利润的过程中政府应尽可能少地干预，而在挽救社会于危机时才发挥作用。"① 也就是说凯恩斯虽然放弃了新古典学派关于市场自主调节的假设，但又坚持了该学派关于"分配的边际生产力理论和市场配置资源的有效性"假说。与此同时，虽然凯恩斯一直坚持认为自己的理论才是"一般理论"，而新古典理论只适用于特殊情况。但是，他在结束《通论》时也指出："如果我们的中央控制机构能够成功地把总产量推进到相当于现实中可能达到的充分就业水平，那么，从这一点开始，古典学派的理论仍然是正确的。如果我们假设总产量为既定的，即取决于古典学派思想体系以外的力量和因素，那么，我们对古典学派的分析并没有反对意见。"② 这些都为新古典综合派经济学家把新古典经济学与凯恩斯经济学相嫁接提供了可能。

但同时，凯恩斯也认识到新古典经济学之所以面对危机和衰退无可奈何，是因为该理论中根本就不存在出现危机的可能。因此他必须引入其他的概念和方法来改变新古典经济学。他所引进的新的概念和方法当中，未来的"不确定性"以及"不可知性"彻底颠覆了新古典经济学的重要假设，即人们拥有完全的信息和完备的知识。这个新的假设给论证市场的有效性和资本主义制度的优越性制造了很大麻烦，又为后凯恩斯主义者打着凯恩斯旗号反对和批驳新古典经济学提供了可能。另外，在《通论》最后一章中，凯恩斯提出了"投资社会化"的主张和"食利者阶级的消亡"的前景。以至于前美国总统胡佛把《通论》当中的思想称作"马克思主义者凯恩斯学说"。这又为新古典综合派经济学家抛弃凯恩斯主义当中具有颠覆性的和激进的假设、观点和方法，以及新自由主义者彻底反对和完全拒绝凯恩斯的理论提供了基础和必要性。

其实，在凯恩斯的《通论》出版之前，一些比较明智的西方政治家已经开始采用政府干预的政策。比如说，曾任英国首相的劳合·乔治于1929

---

① ［美］E. K. 亨特：《经济思想史——一种批判性的视角》第2版，颜鹏飞译，上海财经大学出版社2007年版，第356页。

② ［美］约翰·梅纳德·凯恩斯：《就业、利息与货币通论》重译本，高鸿业译，商务印书馆1999年版，第392页。

年提出了以公共工程解决失业问题的方案；美国总统罗斯福于 1933 年就任伊始就推行了包括公共工程在内的一系列由国家向社会注入购买能力的政策。这些方案和政策对这些国家走出大萧条都起到了相应的作用，但却无法得到当时的主流经济学的理论支持。凯恩斯主义经济学的出现正好迎合了这种需求，从而其广泛传播和被普遍接受则成为理所当然的了。但凯恩斯主义经济学当中的具有颠覆性的和激进的假设、观点和方法又容易让人对资本主义制度的优越性产生怀疑，因而，对凯恩斯主义经济学进行改造并与新古典经济学相嫁接就成了一种制度性的需求，新古典综合派应运而生。

新古典综合派的代表人物萨缪尔森，在 1947 年出版了大量引入数学并对新古典主义思想加以系统化的著作《经济分析基础》之后，就开始动手撰写至今仍在不断修订和再版的教科书《经济学》。在 1948 年出版的第一版当中，萨缪尔森的主要目的是为了深入浅出地介绍凯恩斯的理论，但在接下来的每个版本中，萨缪尔森都试图加入更多的新古典理论。在 1955 年的版本中，萨缪尔森已经基本完成了将凯恩斯主义（作为宏观经济学部分）与新古典经济学（作为微观经济学部分）相嫁接的任务，从而形成了新古典综合派。此后新古典综合派当中的新古典主义的色彩越来越浓。他们不仅抛弃了凯恩斯主义关于未来的不确定性和不可知性的假设，而且放弃了凯恩斯主义的一个重要论断，即新古典经济学只适用于特殊情况，凯恩斯主义才适用于普遍情况。反之，他们认为，凯恩斯主义只适用于短期情况，而新古典主义则适用于长期的情况。也就是说，在短期内，由于工资和价格的刚性，凯恩斯主义的分析是中肯的，但长期而言，工资和价格将不再具有刚性，凯恩斯主义的分析将失去有效性，这个世界仍然是新古典主义的。

由于适应了上述的制度性需求，新古典综合派的理论体系在二战以后二十多年一直在美国居于正统地位。但在此期间，也并非所有的经济学家都接受这套折中的理论，有两个虽然处于边缘地位，但在后来有重要影响的学派也在开始发展。一个是后来被称为新自由主义的学派，另外一个是后来被称为激进经济学的学派。

所谓的新自由主义经济学，其实就是新时代的新古典经济学，或者说是用各种新的名词术语和方法重新包装过的新古典经济学。这个学派的核心组织是于 1947 年 4 月在瑞士成立的"朝圣山学社"，其成员主要来自两个学派，即以哈耶克为首的奥地利学派和以弗里德曼为首的芝加哥学派。二战结束后不久，哈耶克就从英国来到了美国，随后加入了芝加哥大学。后来风靡转型经济国家的新制度经济学学派的代表人物罗纳德·科斯（Ronald Coase）也于60年代初加入了芝加哥大学。芝加哥大学成为新自由主义经济学的大本营。这个学派的特点就是坚决反对凯恩斯主义经济学以及其他任何批判自由市场经济和资本主义制度的学说。他们无视自由放任的市场经济给人类社会带来的灾难性后果，顽固地坚持新古典的学说，把危机、萧条以及其他市场失衡的情况都归因于政府政策失误等非市场的、外生的因素。他们坚持认为"政府失效"比"市场失效"更为严重，政府应当尽量少地干预经济。由于他们的这种极端保守的立场不为绝大部分学者和公众所接受，新自由主义经济学的影响长期被局限在一个很小的圈子之内。

所谓激进经济学派，这里主要是指两个学派，即马克思主义经济学派和后凯恩斯主义经济学派。在60年代末期之前，后凯恩斯主义经济学主要是由英国剑桥大学凯恩斯原来的同事们所发展，在美国影响还不是很大。马克思主义经济学在此期间也有所发展，但受到了很大的限制。虽然被萨缪尔森视为"埃克塞特大学和哈佛大学培养的最优秀的人……他很早就是他那代人当中最有前途的经济学家之一"①，并得到熊彼特的强力支持，斯威齐还是未能在二战结束后恢复在哈佛大学经济系的教职，原因只有一个，他是一个马克思主义者。幸好他幸运地继承了家庭财产，从而能够摆脱靠学术来维生的人所不得不面临的各种压力并创办《每月评论》杂志。在冷战开始后，尤其是在麦卡锡主义盛行的时期，斯威齐受到了更大的压力乃至迫害，但他坚持把这个杂志办下来并且创办了与杂志同名的出版社以出版各种进步书籍。在这个时期的美国，真正在大学体制内的马克思主义经济学家只有一个，他就是保罗·巴兰（Paul A. Baran）。但他受到的压力也是很大的。正如利皮特教授指出的："在大学管理当局意识到他的激进观点以前，他受雇于斯坦福大学。由于巴兰是按照任职期制受雇的，大学管理当局不能毫无困难地将其除名，但管理当局用各种方法来刺激他离开大学，如拒绝提升和增加薪水……巴兰在许多方面是孤立地工作着，被剥夺了在其学术发展过程中起着关键作用的与同辈人进行学术交流

① Paul Samuelson, "Memories", *Newsweek*, June 2, 1969, p. 84.

的权利；他于 1965 年逝世，享年 54 岁。"① 每月评论出版社 1957 年出版了巴兰的《增长的政治经济学》，这被认为是马克思主义依附理论的开山之作。由于受到冷战时期麦卡锡主义的压制，这个时期的马克思主义经济学在美国经济学界的影响不是很大。

新古典综合派的主流地位从 20 世纪 60 年代后期开始面临挑战，通货膨胀开始出现。尤其是在进入 70 年代以后，西方世界出现的滞胀现象（即经济停滞与通货膨胀并存），给该学派以十分沉重的打击，因为它的理论无法解释这种现象。这为其他两派的发展提供了历史机遇。

利皮特曾经生动地描述过在这个时期激进经济学在美国的兴起，"60年代初期的民权运动和自 60 年代中期以来不断加强的反对越南战争的民众斗争，使得许多人对形成美国资本主义基础的那些令人安心的思想意识形态方面的假设表示怀疑。对国外第三世界国家的剥削和对国内少数民族、妇女和工人的剥削，深入到许多研究生的意识中，并有助于决定他们的学术方向。对贫穷和不平等的研究第一次在研究备忘录中占据到重要位置"②。这是美国历史上第一次在经济学界大批地出现激进经济学家。在这个时期，除了斯威齐等人继续活跃以外，还从哈佛大学、耶鲁大学以及加州大学伯克利分校等著名学府中涌现出一批年轻马克思主义经济学家，如塞缪尔·鲍尔斯（Samuel Bowles）、赫伯特·金提斯（Herbert Gintis）、大卫·戈登（David Gordon）、斯蒂芬·马格林（Stephen Marglin）等人。随着激进经济学研究者人数的增加，成立一个独立的学术性组织的呼声越来越高，于是，激进政治经济学联盟在 1968 年夏诞生了，这是这些年轻的经济学家的第一个专业性协会，其会员数在 70 年代中期一度超过2000 人。③

这个时期的马克思主义经济学家们，不仅关注马克思主义经济学的基本原理（比如说，关于价值转化成生产价格的"转形"理论，关于生产劳动和非生产劳动的理论，关于平均利润率趋向下降规律和资本主义经济危机的理论），而且非常关注当时资本主义表现出来的各种矛盾并试图用马

---

① ［美］维克托·利皮特：《激进政治经济学的产生和发展》，载《现代国外经济学论文选》第 15 辑，商务印书馆 1992 年版，第 4—5 页。

② ［美］维克托·利皮特：《激进政治经济学的产生和发展》，载《现代国外经济学论文选》第 15 辑，商务印书馆 1992 年版，第 5 页。

③ 蒋自强等：《经济思想通史》第 4 卷，浙江大学出版社 2003 年版，第 236 页。

克思主义对这些问题进行解释，从而形成了不同的流派，如，依附理论学派、积累的社会结构学派、利润挤压学派、分析的马克思主义学派等等。总体来说，他们认为当时美国出现的各种矛盾和危机是由资本主义的本质性矛盾所决定的，凯恩斯主义的政策无法解决这些内在的矛盾，要从根本上解决这些矛盾必须对资本主义作制度性的改变。

与此同时，以戴维森和明斯基等人为代表的美国后凯恩斯主义经济学家也成长起来。他们继承了英国后凯恩斯主义者们（比如说罗宾逊夫人、卡莱茨基和卡尔多等）的研究成果，强调不确定性、历史时间以及非历态（non-ergodicity）的重要性，反对货币中性说以及一般均衡的分析方法。他们在货币金融、劳动力市场、有效需求、收入分配以及经济发展等多方面都作出了突出贡献。例如，在劳动力市场方面，他们反对"自然失业率"说，把劳资双方力量对比引入对劳动力市场的分析，鼓吹应该给予工人更多的经济权利，实现经济民主，从而解决滞胀问题。

无论是马克思主义者还是后凯恩斯主义者，给滞胀问题提出的解决方案都是对资本主义制度进行较大的并且是不利于资本的改造，这无疑很难被当时美国的统治集团所接受。受到他们青睐并逐渐成为主流的是新自由主义经济学。

上面已经谈到，在整个20世纪五六十年代，新自由主义（当时主要包括奥地利学派、货币主义学派以及新制度学派）一直处于边缘地位，影响不大。甚至到了70年代初，弗里德曼（以及共和党籍的总统尼克松）还宣称自己也是凯恩斯主义者。但滞胀现象的出现严重打击了新古典综合派，同时也给了新自由主义经济学机会。哈耶克和弗里德曼分别于1974年和1976年相继获得诺贝尔经济学奖，极大地增加了新自由主义的影响力。与此同时，大量的研究经费被投入到芝加哥大学等相关机构，资助新自由主义学者作研究、办杂志以及开研讨会等，媒体也适时地跟进报道。当时美国主流媒体不断宣称"凯恩斯已经死了"，以至于新古典综合派的代表人物詹姆斯·托宾（James Tobin）专门撰文进行反驳。①

为了支持智利军事独裁者皮诺切特推行新自由主义政策，哈耶克和弗里德曼先后分别访问智利并与皮诺切特面谈。虽然这给新自由主义带来了

---

① Tobin James, "How Dead Is Keynes?", *Economic Inquiry*, Vol. 15, No. 4 (1977), pp. 459 – 468.

不少非议，但随着媒体大肆鼓吹所谓的"智利奇迹"，新自由主义的影响与日俱增。到20世纪80年代初里根总统执政的时候，新自由主义已经从意识形态变为了具体的经济政策。当然，这时的新自由主义已经新添了理性预期学派、供给学派、公共选择学派等新的学术流派。

在这里还不得不提及的是，虽然新古典综合派遭到了很大的打击，但并没有彻底消亡，其继承者主要是一批被称为新凯恩斯主义的学者，其代表人物是约瑟夫·E. 斯蒂格利茨（Joseph E. Stiglitz）和尼古拉斯·G. 曼昆（Nicholas Gregory Mankiw）等人。他们坚持把凯恩斯的宏观分析与新古典的微观分析相结合，并试图为凯恩斯主义宏观经济学寻找微观基础。他们在信息经济学以及价格刚性的微观基础等方面都取得了较大的成就。

在整个20世纪70年代和80年代早期，美国经济学界基本是上述三大学派共同发展的时期。虽然新自由主义的势力和影响越来越大，但在主流杂志，比如说《美国经济评论》上，三个学派的论文都有可能被发表，即便被发表的几率存在很大差别。但到了20世纪80年代后期以后，新自由主义成为美国经济学界的正统，在《美国经济评论》上要找到马克思主义经济学方面的论文则变得非常困难。本来，20世纪80年代初拉丁美洲的经济危机和美国经济令人失望的表现严重损害了新自由主义经济学的信誉，许多人以为它将很快失去主流地位。但是，20世纪80年代末90年代初苏联和东欧的转型和采纳新自由主义政策，进一步增大了新自由主义经济学的影响并巩固了其主流地位。美国财政部、世界银行和国际货币基金组织的支持，更使得新自由主义经济学具有相当的霸气。以至于在1992年，包括萨缪尔森等四位诺贝尔经济学奖获得者在内的40多位著名经济学家集体签名，专门在《美国经济评论》上发了这样一个声明："我们，在下面签名者，担心经济学受到了垄断的威胁。今天的主流经济学家们在强力推行一种方法或核心假设的垄断，并宣称除此以外没有更好的基础。经济学家们总在口头鼓吹自由竞争，却不愿意在观念的市场上实践它。"①在指出这些问题之后，他们号召建设一个多元的和严谨的经济学。

但是，在20世纪90年代的相当一个时期，新自由主义经济学家并没有收敛，凭借着国际组织的支持和美国文化的强势地位，新自由主义成了

---

① Moses Abramovitz etc, "A Plea for a Pluralistic and Rigorous Economics", *The American Economic Review*, Vol. 82, No. 2（1992），p. XXV.

许多国家的主流经济学。但新自由主义经济学并没有能够解决这些国家的经济问题，不仅大部分苏东国家陷入了所谓的"转型萧条"，许多发展中国家的各种经济矛盾更加激化，以至于拉丁美洲许多国家的百姓近年来用选票把反对新自由主义的政治家们送进了总统府。这些情况无疑会影响到经济学界，新自由主义遭到的质疑也越来越多。

五　近期的新发展

进入 21 世纪以来，至少在美国，新自由主义已经风光不再，包括斯蒂格利茨在内的一批主流经济学家也站出来公开反对新自由主义经济学。在 20 世纪 90 年代初由于受到苏东国家转型的影响而有所消沉的马克思主义经济学和后凯恩斯主义经济学，又开始出现再次复苏的势头。与此同时，演化经济学、女性经济学以及新一代的制度经济学都开始发展起来。

而这一轮的全球金融和经济危机则进一步暴露出新自由主义给人类社会带来的灾难性后果，让人们很容易想起凯恩斯在《通论》的第一章就给我们的警告："古典学派的假设条件只适用于特殊情况，而不适用于一般通常的情况。古典学派所假设的情况是各种可能的均衡状态中的一个极端之点。此外，古典理论所假设的特殊情况的属性恰恰不能代表我们实际生活中的经济社会所含有的属性。结果，如果我们企图把古典理论应用于来自经验中的事实的话，他的教言会把人们引入歧途，而且会导致出灾难性的后果。"①

根据历史经验，在这次危机之后，新自由主义将在全球彻底失去其主流地位，重新恢复为一个很小的学派，如果不是被人们彻底抛弃的话。取代新自由主义成为主流的学派，将在新凯恩斯主义、后凯恩斯主义以及马克思主义等学派中产生。至于究竟是哪个学派成为主流，则取决于这些国家各个利益集团之间的博弈。可以肯定的是，只要美国还是一个资本主义国家，马克思主义要成为主流是不可能的，即便其影响力将会变得很大。

究竟哪个学派会在美国成为主流呢？让我们拭目以待！

---

① ［美］约翰·梅纳德·凯恩斯：《就业、利息与货币通论》重译本，高鸿业译，商务印书馆 1999 年版，第 7 页。

《资本论》创作史再研究：
新文献与新视野[*]

刘新刚^{**}

对人文社会科学经典著作创作史的研究一直是国内外学术界一种重要的学术研究进路，对《资本论》创作史的研究更是如此。通过这一研究，可以再现《资本论》中重要学术理论的生成过程，并在对重要学术理论生成过程的深刻理解中，真正把握住其核心学术内涵。因此，对这一问题的研究一直是国内外马克思主义学界高度关注的一个重要学术问题，20 世纪80 年代，国内成立了专门的《资本论》创作史研究团队，极大地提升了我国的《资本论》研究水平。2012 年，《马克思恩格斯全集》历史考证版第二版（*Karl Marx Fridrich Engels Gesamtausgabe*，MEGA2）中的第 II 部分"《资本论》及其准备材料"已经全部出齐，这为《资本论》创作史的再研究提供了新的文献学基础。同时，近 30 年来，为适应社会发展的需求，对马克思的文本的新研究视野正在全面生成，这为《资本论》创作史的再研究提供了新的研究视野，尤其是针对我国的市场经济改革，"市场在资源配置中起决定性作用"的时代，我们在深入梳理已有的新解读视野的基础上，尝试性地提出"市场经济语境中的劳动价值分析范式"这一《资本论》研究新视野。① 有鉴于此，本文拟对原有《资本论》创作史的研究文

* 本文原载《清华大学学报》（哲学社会科学版）2014 年第 3 期。

** 刘新刚（1978— ），男，山东文登人，北京理工大学马克思主义学院院长，教授，博士生导师，北京市高等学校青年教学名师。

① 长期以来有学者认为，《资本论》是排斥市场经济的，这其实是对马克思研究方法的误解，马克思的核心研究方法是其认为任何时代的发展制度设计都是逐渐生成出来的，而不是预设出来的，制度设计应该符合那个时代的"实在"，马克思认为人的发展分为人对人的依赖、人对物的依赖和人的全面发展三个阶段。当前，市场经济配置资源是全球的一个基本的发展阶段，这个阶段是为未来人的全面而自由发展提供条件的，在这样一个阶段，《资本论》研究不应该回避它，而应该开出全新的《资本论》市场经济分析框架，以彰显市场经济的优势，并尽可能地剔除市场经济的负面影响。参见马克思《资本论》第 1 卷，人民出版社 2004 年版，第 10 页。

献和研究视野做一梳理，并在此基础上，提出新的研究文献和研究视野，以期引发对《资本论》创作史再研究的热潮。

一 《资本论》创作史原有的研究文献与研究视野

《资本论》创作史研究的核心问题之一是文本依据问题，而其文本依据的核心问题是《马克思恩格斯全集》的版本问题。迄今为止，影响较大的《马克思恩格斯全集》版本主要包括：俄文 1 版、俄文 2 版、德文版、中文 1 版、中文 2 版和历史考证版（*Karl Marx Fridrich Engels Gesamtausgabe*，简称 MEGA）等。MEGA 包括旧版和新版，旧版 1924 年开始编辑，1939 年因苏联国内严峻的政治形势以及第二次世界大战的爆发而夭折，新版于 1972 年开始编辑，至 2012 年其第 II 部分 "《资本论》及其准备材料" 已经全部出齐。下面对基于不同文献的《资本论》创作史研究进行梳理。

苏联一共出版了两套《马克思恩格斯全集》学习版，一套《马克思恩格斯全集》历史考证版（MEGA 第 1 版），MEGA1 中途夭折，所以，苏联的《资本论》创作史研究主要是基于《马克思恩格斯全集》俄文学习版文献展开的，代表性学术成果是《论〈资本论〉的创作》① 和《〈资本论〉创作史》②，对《资本论》中重要原理的发现过程做了较为详细的考证学研究。民主德国共出版了一版《马克思恩格斯全集》（MEW），由于当时民主德国受苏联影响较大，所以，《马克思恩格斯全集》是以俄文第 2 版《马克思恩格斯全集》为基础编译的。严格来说该版本既不是历史考证版，也不是全集，而是作为文集设计的。以德文版为基础，民主德国出版了几部《资本论》创作史研究专著，其中具有代表性的是《马克思〈资本论〉的形成》③，该著作对《1857—1858 年经济学手稿》与《资本论》的学术

---

① ［苏］维·索·维戈茨基：《论〈资本论〉的创作》，马健行等译，中国人民大学出版社 1979 年版。

② ［苏］维·索·维戈茨基：《〈资本论〉创作史》，马健行等译，福建人民出版社 1982 年版。

③ ［西德］罗曼·罗斯多尔斯基：《马克思〈资本论〉的形成》，张彤玉等译，山东人民出版社 1993 年版。

关系进行了集中的探讨。20 世纪八九十年代,《资本论》创作史的研究进入我国学者的视野。由于当时《马克思恩格斯全集》中文第 2 版编译刚起步,我国学者对《资本论》创作史研究的主要文本依据是《马克思恩格斯全集》中文第 1 版。有学者在《马克思恩格斯全集》中文第 1 版的基础上借鉴《资本论》德文第 1 版、德文第 4 版、法文版等版本对《资本论》创作史展开研究;① 还有学者在《马克思恩格斯全集》中文第 1 版的基础上,借鉴《资本论》德文第 2 版、德文第 4 版、法文版等版本对《资本论》创作史进行研究。② 值得注意的是,我国这一阶段的《资本论》创作史的研究可谓学术界的一项盛事,几乎牵动了整个《资本论》学界的研究力量,取得了一批突出的研究成果,将我国《资本论》的研究水平推到了一个阶段性的高峰。

这一阶段《资本论》创作史研究的高峰期是在 20 世纪的八九十年代。当时的文献学基础只可能是俄文 1 版、俄文 2 版、德文版、中文 1 版和《马克思恩格斯全集》历史考证版第一版(MEGA1),而通过本人的文献检索,没有发现基于 MEGA1 展开的《资本论》创作史研究。《马克思恩格斯全集》中文 2 版和 MEGA2 在上一个《资本论》创作史研究高峰期,没有出版,所以,没有成为已有的《资本论》创作史研究的基础文献。20世纪对《资本论》创作史的解读视野主要有两个特点:一是受科学分工思想的影响,对《资本论》创作史的研究主要从政治经济学的角度而展开的;二是受当时社会发展现状的影响,对《资本论》创作史的研究主要是从生产关系对抗性的角度而展开的。

通过以上的文献回顾发现,《资本论》创作史研究已有的研究成果是由苏联、民主德国和中国的学者所做出来的。民主德国和中国的学科分科体系在很大层面上受到苏联的学科分科体系的影响。而在苏联,由于受到列宁关于马克思主义理论由马克思主义哲学、政治经济学和科学社会主义三大组成部分的思想的影响,从而将马克思主义理论学科细分为马克思主义哲学、政治经济学和科学社会主义三个学科。这三个学科在研究所依赖的文本方面是有较为严格的区分的,比如,马克思主义哲学的文本学基础主要包括《黑格尔法哲学批判》《关于费尔巴哈的提纲》《德意志意识形

---

① 田光、陆立军:《〈资本论〉创作史简编》,浙江人民出版社 1992 年版。
② 马健行、郭继严:《〈资本论〉创作史》,山东人民出版社 1983 年版。

态》等，政治经济学的文本学基础主要包括《资本论》及其几个手稿等，科学社会主义的文本学基础主要包括《共产党宣言》等。按照这一分科思维，《资本论》创作史的研究自然属于政治经济学的研究范畴，而将其他学科的研究视角和研究文献排除在《资本论》创作史研究之外。

同时，由于 20 世纪 80 年代全球还处于两大阵营的对立阶段，所以，关于《资本论》创作史的研究还是集中体现为从政治经济学的生产关系对抗的角度展开。当然，从这个角度的研究，也是取得了丰硕的学术成果的，非常值得我们借鉴吸收。从上次《资本论》创作史的研究高峰至今已经有 30 年左右的历史了，在这 30 年间，国内外马克思文献的编辑水平和马克思思想的研究水平都取得了突出的进展，为《资本论》创作史的再研究提供了全新的文献学基础和全新的研究视野。

二 《资本论》创作史研究新文献

《资本论》创作史文献的翻新与《马克思恩格斯全集》历史考证版（MEGA2）的出版密切相关。MEGA2 计划出版 114 卷，截至 2012 年年底已出版 59 卷。包括四个部分：第 I 部分是除《资本论》及其准备材料以外的全部著作、文章和草稿卷，共 32 卷，截至 2012 年年底已出版 20 卷。第 II 部分是《资本论》及其准备材料卷，共 15 卷，现已全部出版。第 III 部分是书信卷，共 35 卷，截至 2012 年年底已出版 12 卷。第 IV 部分是摘录、笔记和评注卷，共 32 卷，截至 2012 年年底已出版 12 卷。其最为核心的第 II 部分《资本论》及其准备材料卷已于 2012 年全部出齐。由于许多与《资本论》创作史有关的文献都是第一次出版，因此，引起了学界关于《资本论》创作问题的重新关注。

《资本论》创作史问题在很大意义上说是一种文献学考据问题，每次相关新文献的出版都会激发对《资本论》创作史的再研究。俄文版、德文版、中文版《马克思恩格斯全集》出版发行后都体现了这一规律。MEGA2 第 II 部分"《资本论》及其准备材料"卷的出全，为《资本论》创作史的再研究提供了新的文献依据。与原来的其他版本相比，MEGA2 是历史考证版，收集文献最全，很多关于《资本论》的文献都是首次发表，并且MEGA2 按照文本形成史的角度进行文献学编辑，是最好的《资本论》创作史的基础研究文献。

MEGA2 是一部资料最全的《马克思恩格斯全集》，与《资本论》创作史相关的很多资料都是第一次出版。对《资本论》创作史研究具有直接的基础文献学意义的是 MEGA2 中的第 II 部分《资本论》及其准备材料。这部分文献包括：《1857—1858 年经济学手稿》、《1858—1861 年经济学手稿与著作》、《1861—1863 年经济学手稿》、《1863—1867 年经济学手稿》、《资本论》第 1 卷（1867 年汉堡版）、《资本论》第 1 卷（1872 年汉堡版）、《资本论》第 1 卷（1872—1875 年巴黎版，分册出版）、《资本论》第 1 卷（1883 年汉堡版）、《资本论》第 1 卷（1887 年伦敦版）、《资本论》第 1 卷（1890 年汉堡版）、《资本论》第 2 卷手稿、《资本论》第 2 卷恩格斯编辑稿、《资本论》第 2 卷（1885 年汉堡版）、《资本论》第 3 卷的手稿和编辑稿、《资本论》第 3 卷（1894 年汉堡版）。关于《资本论》的直接文献已经全部出全了。原有的《资本论》创作史直接研究文献只包括"1857—1858 年""1861—1863 年"和"1863—1865 年"三个手稿（我们通常意义上所理解的《资本论》三大手稿），而本次出版的第 II 部分第 4 卷"1863—1867 年手稿"中的"1865—1867 年"的手稿资料使得《资本论》核心创作时期 1857—1867 年的创作文献彻底无间断地贯穿了下来，为《资本论》创作史的进一步研究提供了完整的手稿资料。

其他三部分中也有大量新出版的资料，这些资料对《资本论》创作史的研究具有重要的辅助作用。MEGA2 第 I 部分是除《资本论》及其准备材料以外的全部著作和草稿卷，这些著作和草稿发表在《资本论》之前，是马克思探索哲学方法论的时期，我们知道马克思的哲学方法论是深刻贯穿于其对政治经济学的研究之中的。所以，对这部分新出版文献的深入研究，有利于搞清楚马克思经济学研究中的哲学方法论变革问题。马克思由异化劳动思维方式到实践哲学思维方式的转变，对其《资本论》的创作意义重大。马克思在 1844 年写过一部政治经济学批判手稿——《1844 年经济学哲学手稿》，在这一部手稿中，马克思对政治经济学展开批判的基本哲学方法是异化方法。而其实践哲学方法论主要生成于《关于费尔巴哈的提纲》这一哲学纲领性的论著中，并在《德意志意识形态》这一著作中得到系统的阐发。我们知道，《德意志意识形态》是包含丰富的文献学问题的。相关文献的发表，能够使得我们基于权威的文献对《资本论》创作史中的哲学变革问题展开研究。只有将哲学方法论的生成史考察清楚，才能把《资本论》创作史的问题梳理清楚，没有对马克思实践哲学的深入研究，就不可能弄清楚其在《资本论》中的政治经济学批判问题，我们现在对《资本论》研究的某些不足很大层面上是由于哲学方法论层面的欠缺，没有哲学方法论的再研究，就不可能有《资本论》的再研究，只有将这两部分研究打通，并赋予时代的具体中介，才能得出崭新的《资本论》研究新范式。MEGA2 第Ⅲ部分是书信卷。这一部分中，马克思、恩格斯之外的人写给马克思、恩格斯的信件第一次系统出版（这些信件是《马克思恩格斯全集》中文 2 版没有收录的），而这些书信中有很多与《资本论》创作史的研究有密切关系。对这一部分文献的研究，有利于搞清楚《资本论》创作中的一些争议性的问题。MEGA2 第Ⅳ部分是摘录、笔记和评注卷。这部分已经出版的 12 卷中也有重要的关于《资本论》创作史研究的理论资源，如其第 2 卷中包括"巴黎笔记"，而"巴黎笔记"中包括马克思关于亚当·斯密的《国民财富的性质和原因的研究》、让·巴蒂斯特·萨伊的《论政治经济学》、大卫·李嘉图的《政治经济学和赋税原理》等大量政治经济学名著的摘录，马克思对《资本论》的创作与对古典政治经济学的批判是同时进行的，所以，这些资料对于《资本论》创作史的研究有重要的学术价值。

三 《资本论》创作史研究新视野

有了文献学依据之后，要解决的问题就是研究的视野问题。长期以来，我们将《资本论》创作史的问题看成是一个史学的问题，由于这一基本学术倾向，从而将对《资本论》创作史的研究定位成一个纯粹的考据学研究。其实，这是一个认识上的误区。科学哲学界有个重要的命题——观察渗透理论，对于文本学研究具有重要的启示，基于不同的视角所进行的文本学研究所得出的研究成果是不同的。20 世纪八九十年代的《资本论》创作史的研究主要是从政治经济学的生产关系对抗的视角展开的。我们知道，马克思对现代社会的考察是一种整体性的视角，从这个角度来看，《资本论》不只是一部经济学著作。从整体性视角对《资本论》创作史的研究，与之前从纯粹经济学的角度进行的《资本论》创作史的研究是有重大区别的，在选取文献学依据时，不会只是聚焦于传统意义上的经济学文献，而是会从各类文献中寻找《资本论》创作史的文本学依据。

从整体性的视角对《资本论》创作史展开研究，这还不是最根本的视野创新问题，对《资本论》创作史研究的视野创新问题，主要来自于对《资本论》理解上所发生的变化。在《资本论》的文本框架之内，对《资本论》展开新的理解，是《资本论》在当代能够"在场"并发挥其对现代社会强大的引导功能的正确治学态度。从这个意义上说，对《资本论》创作史的再研究，新的理解比新的文献更为重要。本文在借鉴我国近30年关于马克思文本的新理解的基础上，尝试性提出《资本论》的新解读视野，以求教理论界各位专家。

长期以来，对《资本论》只是从"思维具体"的层面将其视为"工人阶级的圣经"。毫无疑问，这种理解模式是对的。但是，这种理解是从"具体层面"阐释一部人文经典著作的"一般"学术价值，所以其解释力度是针对一种特定的社会历史中介。作为一本跨越时代的人文社科经典著作，其具有一般人文社科经典著作的跨越时空的学术价值。比如，《资本论》最关键的一种分析方法是劳动价值分析方法，我们传统上从劳动创造价值却被其他阶级剥削的角度去谈问题，得出的结论是阶级矛盾与阶级对立。毋庸置疑，《资本论》中具有这一思想维度，按照这种思想阐释《资本论》没有问题、并且意义重大。但是，按照这一维度对《资本论》的具体解读，从某种程度上说只适用于各阶级矛盾尖锐时代的社会发展实际。那么，在各阶级矛盾趋向缓和，不成为社会主要矛盾的时代，《资本论》的现实价值在哪里呢？显然，我们从某种具体中介出发对《资本论》一般的分析方法进行思维具体，不能囊括一切时代的社会发展具体，在社会发展具体出现变动的时候，我们需要重新找到一般分析方法，加入一个新时期的社会发展中介，去进行思维具体，才能使得《资本论》在各个时代都在场。我们先找出《资本论》中一般意义上的社会分析方法。我们发现，在《资本论》第1卷开头，马克思通过令人信服的思维抽象学术活动引领我们进入一个抽象程度极高的人文状态。马克思认为，在现代社会，人被物所奴役，如何将人从物象中解放出来呢？从学术层面，马克思认为，"分析经济形式，既不能用显微镜，也不能用化学试剂。二者都必须用抽象力来代替"①，抽掉各种物象，让人纯粹。在现代社会，物象表现为"庞大的商品堆积"②，对物象的抽象，就从对商品的抽象开始。马克思通过对

---

① 《马克思恩格斯全集》第44卷，人民出版社2001年版，第8页。
② 《马克思恩格斯全集》第44卷，人民出版社2001年版，第47页。

商品的抽象，找到的第一个状态是商品的"使用价值"①。在使用价值层面，因为其源泉除了包括具体劳动以外，还包括自然资源等要素，所以，这里面还是具有物象的因子，因此，不是一个纯粹的人文状态，马克思继续展开抽象，最终找到了"无差别的人类劳动的单纯凝结"——"价值"这个概念。② 马克思在《资本论》开篇耗费大量的学术精力寻找到"价值"这一核心学术范畴，是有深意的。这个核心范畴是其接下来思考所有问题的思维一般，牢牢抓住这个范畴加入各种社会发展"中介"就能展示各个时代的具体社会发展图景。从这个意义上，劳动价值分析这一思维一般，加上"生产关系"对抗这一思维具体，是传统的《资本论》理解方式。其展示出的解释图景对革命与战争等生产关系对抗时期的世界具有强大的解读能力。那么，在"发展时代"，在"市场经济在资源配置中起决定性作用"这一社会发展中介的作用下，劳动价值分析如何展开并发生作用呢？

减少劳动时间，增加自由时间是人类的一个永恒的追求，而要做到这一点需要提高劳动生产率，因此，劳动生产率是马克思劳动价值论中一个核心的概念，而市场经济的核心法则，在于其引入竞争机制而提升了劳动生产率，因为，在市场经济中，个别企业通过提高本企业的个别劳动生产率，进而降低个别劳动时间，从而获得超额剩余价值。所以，抓住劳动生产率这个概念，对《资本论》价值这个范畴在市场经济语境中的展开进行分析是具有合理性的。限于篇幅，我们这里用 10 个命题，将这一范式概括出来：第一，劳动生产率水平的高低由技术、分工和自然力决定；③ 第二，社会一般劳动生产率水平提高，一般利润率下降；④ 第三，一般利润率下降，一般利息率下降；⑤ 第四，一般利息率下降，金融资产、土地、

---

① 《马克思恩格斯全集》第 44 卷，人民出版社 2001 年版，第 48 页。

② 《马克思恩格斯全集》第 44 卷，人民出版社 2001 年版，第 51 页。

③ 马克思在《资本论》第 1 卷中阐述分工和技术提高劳动生产率的观点，参见《马克思恩格斯全集》第 44 卷，人民出版社 2001 年版，第 392、404—405、430—432 页。马克思阐述自然力提高劳动生产率的观点，并详细分析自然力与其他两种提高劳动生产率的方法的区别，参见《马克思恩格斯全集》第 46 卷，人民出版社 2003 年版，第 722—730 页。

④ 关于利润率趋向平均化和平均利润率趋向下降规律的观点，参见《马克思恩格斯全集》第 46 卷，人民出版社 2003 年版，第 193—194、236—237 页。

⑤ 关于一般利润率下降使得一般利息率下降的观点，马克思指出："不管怎样，必须把平均利润率看成是利息的有最后决定作用的最高界限。"《马克思恩格斯全集》第 46 卷，人民出版社 2003 年版，第 403 页。

艺术品等不包含劳动的物品的价格上升;① 第五，包含劳动的物品和不包含劳动的物品的价格呈反方向变动;② 第六，劳动生产率提升，经济危机爆发的可能性会增加;③ 第七，市场经济似自然规律;④ 第八，不参与平均利润率的经济部门，政府应该有所作为;⑤ 第九，劳动是价值的唯一源泉，实体经济是虚拟经济发展的基础;⑥ 第十，自由时间的增加是人类永恒的追求。⑦ 这十个命题建构了劳动价值分析方法在市场经济时代的一个基本图景。这一分析图景中的重要问题是《国富论》市场经济分析范式无法触及的。

众所周知，《国富论》给出了一个关于市场经济的较为充分的解释框架，所以，《资本论》给出的这个解释框架，一定要与《国富论》不同，才能显示出《资本论》在市场经济时代的真正学术价值。情况正是这样

---

① 一般利息率下降，金融资产、土地、文化品等价格上升的观点，参见《马克思恩格斯全集》第46卷，人民出版社2003年版，第530、703页。我们发现，《资本论》在论证完利润率趋于平均化规律和一般利润率趋于下降规律之后才进入对金融资本和土地经营资本的研究，按照正常思维，我们应该研究完所有经济部门之后才开始研究各部门之间的竞争进而产生平均利润率这一规律，但《资本论》却在研究完这个规律之后，才开始研究金融资本和土地经营资本。可见，这两个经济部门是不参与平均利润率的。

② 劳动生产率的提升使得包含劳动的物品中所包含的劳动时间下降，从而使得包含劳动的物品的价格下降，但是劳动生产率的上升会导致平均利润率的下降，而平均利润率的下降，会导致一般利息率的下降，而一般利息率的下降会导致不包含劳动的物品的价格上升。

③ 劳动生产率提升，会加剧参与平均利润率的实体经济部门和不参与平均利润率的虚拟经济部门之间的利润率的差异，会导致资本向虚拟经济部门流动，最终导致实体经济和虚拟经济发展的不平衡，并在某种程度上会引发经济危机。参见《马克思恩格斯全集》第46卷，人民出版社2003年版，第455—467页。

④ 市场经济似自然规律，其在配置包含劳动的部门是有效的，在配置包含非劳动物品的部门需要辅之以政府手段。马克思在《资本论》第1卷第1版序言中谈道："一个社会即使探索到了本身运动的自然规律，——本书的最终目的就是揭示现代社会的经济运动规律，——它还是既不能跳过也不能用法令取消自然的发展阶段。但是它能缩短和减轻分娩的痛苦。"可见包括市场经济在内的经济规律不是一种真正的自然规律，因为其可以被干预，进而"缩短和减轻分娩的痛苦"。参见《马克思恩格斯全集》第44卷，人民出版社2001年版，第9—10页。

⑤ 不包含劳动的部门不能完全通过市场竞争机制完成资源配置，需要辅助于政府手段。

⑥ 马克思提出物质生产劳动是社会的"实体"性的东西，其对整个社会发展起到支撑作用。参见《马克思恩格斯全集》第44卷，人民出版社2001年版，第51页。

⑦ 通过市场竞争机制提升包含劳动部门的劳动生产率，通过市场和政府的双重作用使得不包含劳动的部门为包含劳动的部门服务，最终的目的是使得物质生产劳动时间下降，最终使得自由时间越来越多，在自由时间中人能够全面而自由地展开自己，这是人类的一个发展愿景，只有在这样的时代，我们才能进入"这样一个联合体，在那里，每个人的自由发展是一切人的自由发展的条件"。参见《马克思恩格斯选集》第1卷，人民出版社2012年版，第422页。

的，《资本论》比《国富论》向前多走了一步，这多走的一步，就是从在《国富论》将财富理解为使用价值的基础上，将财富进一步理解为价值。正是由于这多走的一步，使得《资本论》比《国富论》的市场经济分析能力更强。《国富论》认为市场经济是万能的，各种资源都交给市场经济配置，就是最好的。但是，《资本论》将现代社会的经济品分为包含劳动的经济品和不包含劳动的经济品。包含劳动的经济品，在马克思这里才称为商品。只有商品才适合由市场经济来进行配置，马克思为什么坚持这一观点呢？因为，只有包含劳动的经济品，通过市场经济展开竞争才能真正改善人类的福利。我们知道，市场经济能够很好地完成包含劳动的商品的配置，因为，包含劳动的商品都是为人的消费而进行生产的，这样就有一个供求平衡的问题，当供过于求时，价格下降，从而使得资本撤出，而供不应求时，价格上升，从而使得资本流入，如此完成资源配置。同时，包含劳动的经济品领域，各个企业要想取得超额剩余价值，只能采取新技术或新的分工方式，通过竞争，个别企业的新技术和新的分工方式又会成为社会一般技术和分工方式，从而提高整个社会的劳动生产率。技术的发展，会使得资本有机构成水平提高。而资本有机构成的提高会带来利润率的变动，为了更容易地处理这个问题，《资本论》做了一个剩余价值率为100%的假设。假定劳动者"每天为自己劳动的时间，即再生产他们的工资的时间，和他们为资本家劳动的时间，即生产剩余价值的时间一样多"。在剩余价值率 m/v 为100%的前提下可以得出 $m = v$，利润率 $= m/(c+v) = v/(c+v) = 1/(c/v+1)$。进而"不变资本同可变资本相比的这种逐渐增加，就必然会有这样的结果：在剩余价值率不变或资本对劳动的剥削程度不变的情况下，一般利润率会逐渐下降"①。但是，不包含劳动的领域和包含劳动的领域的规律却相反。不包含劳动的经济品，不是消耗品，一般都是投资品（如金融资产、土地、艺术品等），这些物品当出现越来越多的人来购买的时候，不会出现供过于求的局面，因为，越多人购买，其价格越上升，因为，其不能出现像包含劳动的物品那样由于消费不掉而供过于求的状况，其价格的上升，会使得资本进一步流入，从而不能通过市场完成资源的有效配置。因此，这些部门不受平均利润率的影响，也不受平均利润率下降规律的影响。而且在《资本论》第 3 卷中，马克思直接给出

① 《马克思恩格斯全集》第 46 卷，人民出版社 2003 年版，第 236 页。

了金融工具和土地的价格与利息率成反比的规律。平均利润率下降，必然导致一般利息率下降，从而带来不包含劳动的金融工具、土地的价格上升。如果实行没有任何监管的市场经济，那么资本就会发生由包含劳动的部门向不包含劳动的部门流动的过程。所以，从《资本论》劳动价值论的角度对市场经济进行分析，我们至少可以得出这样的结论：第一，市场经济在适用的时候要进行划界：包含劳动的部门和不包含劳动的部门；第二，包含劳动的部门的资源可以完全交给市场经济来配置；第三，不包含劳动的部门的资源不可以完全交给市场经济来配置，在这里，政府应该有所作为；第四，实体经济和虚拟经济在市场调节下不可能达到平衡，需要政府有所作为。从这个角度，我们能得出结论，市场经济"似自然规律"，而不是自然规律。恰恰其是"似自然规律"，才需要通过政府的干预，减轻和缩短分娩的痛苦，通过市场经济和人主动选择的有机结合，让人类用更少的时间就能创造出尽可能多的物质财富，从而极大地降低人类的物质劳动时间，进而增加人类的自由时间。这是人类的一个永恒的追求。

从这个角度解读出来的市场经济对于我国的经济社会发展意义重大，这为我国接下来市场经济的深入发展提供了一个本质层面的分析框架。这个分析框架使我们对近期党和政府文件中的"市场经济在资源配置中起决定性的作用"有了更深入的理解和反思式的把握。这样的一个对《资本论》的解读视野，能够使《资本论》在市场经济为主线的发展时代"在场"。

如果说《资本论》的一般分析方法——劳动价值分析方法是思维抽象，那么"生产关系对抗"和"市场经济"就是两个不同时期的社会发展"中介"。传统的解读范式加入了"生产关系对抗"这个中介，从而解读出了《资本论》的生产关系分析范式，现在全球和我国进入市场经济大时代，加入"市场经济"这个中介，研究出新的《资本论》解读范式，就变得非常必要。历史是按照正—反—合的大尺度在展开，这是马克思研究现代社会的主要方法之一，我们也应该按照这一大尺度对《资本论》的解读作出调整，这里没有对错之分，有的只是让《资本论》这部不朽的人文社科名著，在不同的社会具体的中介下，向其独特的思维具体去展开，以完成这部著作在市场经济时代的华丽转身。当然，我们这里不要陷入一种非此即彼式的思维陷阱，正如在生产关系对抗的时代，我们要研究发展一样，在发展的时代，我们也要研究生产关系对抗，两者之间是一种张力般的交替驱动关系。

　　我们在这里提出了一种《资本论》创作史的新解读视野，当然，这不是唯一的新解读视野。近 30 年来，尤其是近几年来，《资本论》的研究取得很大进步，生成诸多新的解读视野，这些新解读视野，再加上文献的翻新，使得对《资本论》创作史的再研究成为一个全新的学术问题。

新经济地理学和批判经济
地理学的分异[*]

刘爱文[**]

一　引言

　　相较于时间维度，空间维度进入经济学家研究视域的时间相对较短。晚期资本主义社会的来临，生产力水平急剧提高，特别是信息和通信技术的迅速发展，空间摆脱了仅仅作为一种生产要素的客体存在，开始有了主体意义。由于信息技术和网络的外溢性，空间集聚产生收益递增现象。规模经济和范围经济开始涌现，空间呈现异质性，出现中心区域和外围区域。报酬递增、运输费用、要素流动性也就成为新经济地理学研究的对象。此即为新经济地理学产生的时代背景。然而，新经济地理学的研究方法却是形而上学的，它不能从总体上解释纷繁复杂、瞬息万变的经济地理景观。社会形态的转换需要科学的理论指导，晚期资本主义社会迫切需要这样一种科学的理论方法，它能够从本质上解释晚期资本主义社会不平衡的地理发展，这就是文章所要重点介绍的批判经济地理学。该理论基于空间辩证法和空间的相对性来探讨资本主义经济地理的不平衡发展，以大卫·哈维（David Harvey）为代表的批判经济地理学家秉持了马克思对资本主义的基本观点和方法，丰富和发展了马克思主义文本，从而在马克思主义文库中增添了蔚成大观的批判经济地理学文献。

　　* 本文原载《当代经济研究》2009 年第 10 期。
　　** 刘爱文（1974—　），男，江西南昌人，江西财经大学经济学院教授，硕士生导师，江西财经大学《资本论》与当代经济问题研究所所长。

二 新经济地理学的两大主题

新经济地理学在吸收德国区位论基础上，强调由规模经济和运输成本的相互作用所产生的内在集聚力和由于某些生产要素的不可移动性等导致的离散力二者对空间经济活动的影响。① 克鲁格曼（P. Krugman）在《政治经济学杂志》上发表的《报酬递增和经济地理》② 和藤田昌久（Masahisa Fujita）在《区域科学和城市经济学》上发表的《空间集聚的垄断竞争模型：细分产品方法》③，可被视为新经济地理学研究的开山之作。④ 按照新经济地理学家马丁（Martin. R）的研究，新经济地理学的研究包括两个方面的主题：空间深化的机制和空间广化的机制。⑤

（一）空间深化的机制

按新经济地理学解释，经济活动在空间上的集聚根源于以下三类原因：收益递增和不完全竞争、外部经济和规模经济、路径依赖和锁定效应等⑥。

收益递增和不完全竞争机制。新经济地理学认为，报酬递增，是指由于空间位置上的相互接近以及规模经济，使得经济联系密切产业和经济活动的生产成本或经营成本得以极大下降的现象。克鲁格曼认为，总体经济活动和特定产业或产业聚集体在空间上有强烈的集聚趋势，这就是外部经济最有力的证明。而不完全竞争则是关于市场结构的一个范畴，是对于市场上经济主体之间相互地位和关系的一种界定。现实经济生活中，市场结构都是界于完全竞争和完全垄断之间的，呈现一种竞争和垄断的复杂混合

---

① 陈柳钦：《基于新经济地理学的产业集群理论综述》，《湖南科技大学学报》（社会科学版）2007 年第 3 期。

② Krugman P. , "Increasing Returns and Economic Geography", *Journal of Political Economy*, Vol. 99, No. 3 （Jun 1991）, pp. 483 – 499.

③ Fujita M. , "A Monopolistic Competition Model of Spatial Agglomeration: A Differentiated Product Approach", Regional Science and Urban Economics, Vol. 18, No. 1 （Feb 1988）, pp. 87 – 124.

④ 刘安国、杨开忠：《新经济地理学理论与模型评介》，《经济学动态》2001 年第 12 期。

⑤ Martin R. , "The new 'Geographical Turn' in Economics: Some Critical Reflections", *Cambridge Journal of Economics*, Vol. 23, No. 1 （Jan 1999）, pp. 65 – 91.

⑥ 朱华友：《新经济地理学经济活动空间集聚的机制过程及其意义》，《经济地理》2005 年第 6 期。

关系。接下来的工作就是把收益递增和不完全竞争进行形式化处理。然而，收益递增与不完全竞争在传统经济理论上是相悖的，难以在一个理论框架下对他们进行模型化处理，这就需要对理论框架进行创新。契机出现在20世纪70年代，产业组织理论迅猛发展，诸多不完全竞争的模型应时而出，如D-S模型①，至此，新经济地理学家有了新的理论工具，能够重新审视空间，实现这两者在理论上的统一。

外部经济和规模经济机制。外部规模经济是指企业所属行业的发展或者企业在一定空间范围的聚集而带来的成本下降、额外收益增加现象。外部规模经济能够解释企业在空间彼此靠近，从而也就能够解释产业和区域之间的劳动分工。较为经典的案例有美国的硅谷、128公路等。用外部经济解释空间深化现象的先驱是经济学家马歇尔。马歇尔认为，企业空间集聚是基于三种机理：其一是几个企业集中于一个区位提供了特定产业技能的劳动力市场，削峰填谷平滑了劳动力需求；其二是地方性产业可以支持非贸易的专业化投入品的生产；其三是信息溢出使聚集企业的生产函数优于单个企业的生产函数。② 克鲁格曼进一步认为在完全竞争、报酬不变条件下，空间的分界是毫无意义的；③ 但空间深化也是有限度的，存在相应的反作用力，这些反作用力包括租金和工资成本等资本范畴，它们使产业活动趋于空间分散，最后两者会达到一个均衡。所以，克鲁格曼的外部经济概念是与供求关系紧密相关的，而非纯粹的技术外溢效应，这与马歇尔外部经济有着重大区别。

路径依赖和锁定效应机制。1985年，保罗·大卫（Paul David）首先把路径依赖引入技术演进领域，并由布赖恩·阿瑟（Arthur W. B.）、格莱伯哈（Grabher）和克鲁格曼等发展完善而延伸至空间经济领域。保罗·大卫把技术和制度提高到作为"历史的载体"（careers of the history）的地位。④ 基于某种原因先发展起来的技术通常可以凭借先占优势，实现自我

① Avinash Kamalakar Dixit, Joseph E. Stiglitz, "Monopolistic Competition and Optimum Product Diversity", *American Economic Review*, Vol. 67, No. 3, (Feb 1977), pp. 297 – 308.

② 朱华友：《新经济地理学经济活动空间集聚的机制过程及其意义》，《经济地理》2005年第6期。

③ Krugman P., The Current case for Industrial Policy, In: D Salvatore (ed.), *Protectionism and World Welfare*, Cambridge: Cambridge University Press, 1993, pp. 160 – 179.

④ David P. A., "Clio and the Economics of QWERTY", *American Economic Review*, Vol. 75, No. 2 (May 1985), pp. 332 – 337.

增强的良性循环，从而在竞争中胜过自己的对手；基于此，阿瑟认为新技术的采用往往具有收益递增的机制，报酬递增效应形成产业和城镇布局模式上的路径依赖。[1] 克鲁格曼则认为城市规模是空间自组织的表现形式，经济地理景观体现了随机增长的规律，更准确地说，其本质上是地方性的。在报酬递增规律及相应的集聚或扩散模型的影响下，"新经济地理学"将区域和城市的发展定性为"路径依赖"和"历史事件"。[2] 然而，路径依赖带来的并不全是正面效应，格莱伯哈（Grabher）通过对德国鲁尔工业区的考察研究，认为路径依赖导致那些传统企业学习能力有限，难以适应新技术，那些过去赖以成功的东西恰好成为适应新技术的障碍。[3]

（二）空间广化的机制

空间广化的动力分析，主要分析区域的长期增长与空间集聚的关系。按照新经济地理学的观点，区域增长的边界取决于以下三个要素：市场规模、运输成本和区域间劳动的流动性。

按照生产要素（资本、劳动）边际报酬递减的假设，在传统的新古典经济增长模型中，未来各国经济增长速度将会趋向一致，世界将会呈现一体化局面。因为穷国的资本存量少，故而其资本的边际生产率和回报率相应就高，穷国经济增长速度就快；相反，富国由于资本存量大，资本的边际生产率低，意即资本回报率低，资本投资意愿较弱，富国经济增长速度相对就慢。这样一快一慢，随着时间的推移，穷国和富国的经济水平就会拉近，两国的经济增长速度也会收敛一致，整个世界经济一体化局面最终将会实现，大同世界就在新古典主义理想模型中浮现。然而，自索洛—斯旺模型提出后几十年过去了，各国经济不但没有趋同，反而出现了差距拉大的局面。发达国家作为资本主义中心地带，占据了世界经济总量的绝大部分，而发展中国家作为资本主义的外围，在世界经济总量的比例中越来越小，整个世界经济在地理上呈现一幅极不平衡的局面。

① Arthur W. B., *Self-reinforcing Mechanisms in Economics*, *Economics*, *Cognition and Society Series*, University of Michigan Press, Ann Arbor, MI, 1988.

② Krugman P., "Complex Landscapes in Economic Geography", *American Economic Review*, Vol. 84, No. 2, (Feb 1994), pp. 412 –416.

③ Grabher G., The Weakness of Strong Ties; The Lock-in of Regional Development in the Ruhr Area, In: Grabher, G. (Ed.), *The Embedded Firm: On the Socioeconomics of Industrial Networks*, London, New York: Routledge, 1993, pp. 255 –277.

　　面对区域不一致收敛的现实，新古典经济增长模型边际收益递减的前提假设受质疑，经济地理学家再次把区域增长与边际报酬递增相联系，从而使边际报酬递增模型成为解释区域增长的动力机制。边际报酬递增的生产函数意味着区域收敛不一致或发散，正反馈机制主宰区域增长的规模，区域范围将有条件地收敛于不同的稳定状态，从而将出现区域的多重稳定均衡。

　　新经济地理学认为，区域增长的正反馈机理有：市场的相对规模（资本的外部性）、劳动力的跨区域流动性以及运输成本，它也构成空间广化的界限。新经济地理学模型预言，当市场规模（或资本的外部性）和劳动力的流动性能够通过区域整合趋于增加时，更大规模的空间广化将会出现，同时，这也将拉大中心区域同外围区域之间的差距；反之，如果在区域之间通达性仍然不够（原因可能有很多，如语言、文化、心理和习俗等），导致资本流动、劳动力流动、商品流动等不足，那么，毫无疑问，核心区域的资本和劳动力都不能外流，则由于拥挤所导致的成本将会极大地增加，空间广化程度将减弱，范围将减小，区域经济将出现负锁定状态。[①] 空间广化的典型案例诸如欧盟、北美自由贸易区以及其他贸易组织。他们在讨论区域经济一体化时，都对上述诸如市场规模、运输成本和区域间劳动流动性等联系都给予了极高的重视。

　　当前对空间广化模型已经有了很多经验性的实证研究，但这些研究主要集中在区域集聚的一个方面，即人均的收支水平，这难以全面反映现实情况，如资本流、劳动力流、技术流和商品流等对跨区域收入分配的作用和影响，空间广化模型着墨较少。空间广化模型中，虽然在一定程度上解释了某区域收入的集中现象，但是它仍然不能解释地理区域中的财富空间上不均衡分布现象。

三　批判经济地理学的四大主题

　　批判经济地理学转向基于下面三个原因：其一是晚期资本主义社会的来临，时空压缩强烈冲击着人们，资本主义利用空间修补（spatial fixed）

---

　　① Fujita M. , Krugman P. , Venables A. , *The Spatial Economy: Cities, Regions, and International trade*, Cambridge, MA: MIT Press, 1999.

技术，在挽救资本主义的同时也在全方位地撕裂社会，对抗性矛盾急剧增加；其二是囿于时代背景，马克思主义经典文本对空间叙事着墨不多，全球化的现实强烈要求对马克思主义理论进行创新，囊括空间理论以适应形势需要；其三是 20 世纪 60 年代西方学生运动风起云涌，迫切需要新的革命理论指导，从批判角度解构空间的问题。批判经济地理学把不平衡地理发展置于理论架构的核心①，主要围绕空间生产、集体消费、弹性积累和不平衡发展四大主题来展开。

（一）空间生产

"空间生产"理论试图扭转以往空间研究中专注于空间中事物生产的局面，转向空间本身的生产。列斐伏尔认为，在当代资本主义社会，空间中物的生产转向空间本身的生产这种状况的关键在于固定资本，因为固定资本是资本主义对空间进行投资的直接手段②，从而导致资本主义地理景观的移形换位，所以追逐利润最大化的固定资本投资成为资本主义空间本身生产的最直接根源。基于此，纵观二战后资本主义发展的历史，很大程度上可以看作是一个空间重组的过程，空间重组也相应地成为战后资本主义发展以及由资本主义逻辑所引致的全球化进程中的一个核心问题。特定时代的空间生产是特定历史阶段的产物，它也会随着历史的演变而重新转型和解构，所以，列斐伏尔认为："任何一个社会，任何一种生产方式，都会生产出自己的空间。既然认为每一种生产方式都有自身的独特的空间，那么，从一种生产方式转到另一种生产方式，必然伴随着新空间的生产。"③

列斐伏尔认为，空间既是生产的对象又是斗争的场所，空间本身就是生产关系和生产力之间对抗矛盾的反映。针对资本主义生产方式，列斐伏尔认为，在资本主义生产方式下的空间生产，其本身必然按照有利于资本主义生产方式的维护，有利于资本主义制度发展的逻辑展开。哈维进一步认为："如果没有自己的'空间定位'，资本主义就不可能发展。它一次又一次地致力于地理重组（既有扩张又有强化），这是部分

---

① ［意］乔凡娜·沃特娃里卡多·贝勒菲尔：《全球资本主义的马克思经济地理学》（http: //www. wape2006. org/article/5/2008 –03/20080323 –032909. htm, 2008 –03 –23/2009 –08 –28）。

② Lefebvre H. , *The Production of Space*, Oxford: Basil Blackwell Ltd, 1991, pp. 321 –347.

③ 转引自包亚明《现代性与空间的生产》，上海教育出版社 2003 年版，第 87 页。

解决其危机和困境的一种方法。资本主义由此按照它自己的面貌建立和重建地理。"① 所以，列斐伏尔得出结论：时空关系和全球空间经济的建构与再建构，乃是资本主义能够存活到 20 世纪的主要手段。列斐伏尔是第一个采用辩证逻辑系统来阐述空间的人，这足以奠定其在空间生产领域的独特地位，他的空间生产理论也成为发展批判经济地理学的直接源头。

（二）集体消费

集体消费概念源于卡斯特尔（Castells，M）的著作《城市社会学的理论和思想》，它是指消费过程就其性质和规模，其组织和管理只能由国家集体供给，例如交通、医疗、教育、公共住房、社会公共设施和闲暇的满足等。②

卡斯特尔认为，作为社会经济系统的子系统，都市系统分析不能游离于整个社会经济系统分析。因为城市空间是社会结构的表现，而社会结构是由经济、政治和意识形态等经济基础和上层建筑组成，在这些范畴中，经济系统又起决定性作用。所以，在整个资本主义体系中，都市就承载了特定意义的功能，这个功能体现在经济而不是政治和意识形态；进一步，它体现在经济的生产、交换和消费三个环节上，但城市的最主要功能不是体现在生产和交换，而是体现在消费上。原因在于，在发达资本主义阶段，生产和交换可借助现代技术实现外部化（或外包），而无需集中在某一个城市；但是，城市化进程使得人口越来越集中在城市，消费过程也就出现了集中化趋向；还有，劳动力的再生产过程，也越来越依赖于城市中的消费供给。卡斯特尔认为，城市作为集体消费过程发生的主要场所，其发展和演变是占统治地位的资本家阶级和被压迫的劳动者阶级之间不断进行斗争的结果，当代资本主义越来越依赖"集体消费"，即国家提供城市物品和服务，从而保证劳动力的再生产；如果集体消费不足，那么将导致国家和城市社会运动之间的冲突，而城市社会运动与工人阶级斗争相结合，将严重削弱资本主义的统治基础。所以，在当代资本主义社会，城市中的核心问题转变成了消费问题，资本主义国家的作用体现在集体消费的

---

① ［美］大卫·哈维：《希望的空间》，胡大平译，南京大学出版社 2006 年版，第 53 页。
② Castells，M.，"Theory and Ideology in Urban Sociology，in Pickvance"，*Urban SocioJogy*，1976.

提供上，借助于集体消费来消除或缓和资本家的投资活动以及在投资过程中所产生的问题。

从上述逻辑出发，卡斯特尔认为，城市是集体消费单位，而国家提供教育、医疗、公共服务等集体消费的经费和服务，从而介入到日常性和家庭性劳动力的再生产，以维护其统治的稳定。然而，国家提供这种服务也可以被看作是市民社会的一种政治动员，因为单一僵化集体消费模式会引发对该模式的抗议，进而引起改善都市条件的都市社会运动、抗议团体等。从解放政治出发，卡斯特尔认为，由于这些抗议联结了劳动力的再生产，一旦它们与工人阶级运动联系起来，便能透射出革命性的潜在力量。

（三）弹性积累

弹性积累这个概念首先是由大卫·哈维在其名作《希望的空间》中提出。同列斐伏尔一样，哈维也认为那些独特的时空实践活动和概念都取决于各种独特的生产方式和社会构成方式。据此哈维认为，晚期资本主义政治—经济体系发生了巨大的转变，即从福特主义到弹性积累的转变[①]，但这种转变的背景，即资本主义积累的潜在逻辑并没有发生变化。

按照哈维的观点，资本积累问题是政治—经济系统的核心问题，即控制市场和劳动过程。鉴于组织控制市场和劳动过程的变化，哈维将20世纪晚期资本主义的政治—经济的转变，视为一种在积累王国及其与社会、政治管理关系的转变，即组织模式从福特主义转向弹性积累。在哈维看来，战后黄金时期（1945—1973），福特主义是资本主义市场和劳动控制的主要特征，而福特主义自身的主要特征则是刚性积累过程。福特主义的特点体现在生产和消费的批量化和标准化（也即非人化）。通过深入分析福特主义的实质内涵，我们发现它将经济作为一个整体来对待，借助集体力量（国家凯恩斯主义），运用刚性的管理和控制组织方式，试图重建商业信心，刺激有效需求，以应对资本主义危机，尤其是类似于20世纪30年代西方资本主义世界由生产相对过剩所导致的经济大衰退。

然而，随着资本主义矛盾向纵深方向发展，在1968—1972年间，一场席卷整个资本主义世界的经济危机强力挑战福特主义。为了摆脱危机，"弹性积累"开始出现，经过十多年的发展，到20世纪80年代中后期，

---

① 黄少华：《哈维论后现代社会的时空转变》，《自然辩证法研究》2005年第3期。

资本主义社会逐渐复苏，资本主义的生产体制似乎又显现出了新的活力。作为一种生产方式的"弹性积累"的主要特征是：小批量个性化生产，买方市场导向，生产的空间布局更为分散等。在哈维看来，弹性积累标志着僵化的福特主义的直接对立，也即意味着对福特主义的革命。在弹性积累方式下，劳动力市场、劳动过程、产品和消费模式更具有灵活性，全新的生产部门大量出现，金融服务方式日益多样化，也造就了新的市场（特别是商业市场），技术和组织创新速度急剧加快，它反过来成为改变社会生产生活方式的一支重要力量。时空障碍的不断革除，资本流动变得更加灵活了，这也突出了现代生活的新颖、转瞬即逝、短暂、变动不居和偶然意外等特征，而不再具备在福特主义模式下树立起来的更为稳固的价值观。正如哈维所言："更加富有弹性的资本强调的是创新、易变、即时、转瞬即逝这些现代生活的共同特点，而不是福特主义情况下的僵化价值。"①

哈维认为，福特主义—凯恩斯主义在全球范围内的轰然倒塌，暗示着政治—经济系统转向一个强有力的金融资本体系。自20世纪70年代以来，在资本主义发达国家中间发生的、全球范围内的权力转移已经日益显著地成为现实，由此，建立在全球范围内迅速移动的资本基础之上的弹性资本主义得以形成。

（四）不平衡地理发展

与新经济地理学把资本主义在地理与空间发展上的不平衡归咎于市场结构或边际报酬递减等技术因素不同，批判经济地理学牢牢把握空间辩证法，认为资本主义不平衡地理发展是资本主义发展的内在本质特征。批判经济地理学置不平衡地理发展处于其理论框架的核心位置，它既是资本主义地理景观研究的起点，也是它的结果。

最早涉足不平衡地理发展理论研究的是比利时批判经济学家欧内斯特·曼德尔（Ernest Mandel），曼德尔认为，晚期资本主义是建立在一个具有不同层次的生产能力的等级性结构的基础上，而对超额利润的追求是造成这种等级结构不平衡发展的渊薮。② 列斐伏尔也认为，基于形势需要对

---

① David Harvey, *The Condition of Postmodernity: An Inquiry into the Origins of Cultural Change*, Oxford: Blackwell Publishers Ltd, 1990.

② 唐正东：《马克思生产方式概念的潜在空间与当代资本主义批判——阿格里塔的晚期马克思主义观简述》，《南京大学学报》2004年第5期。

空间差异进行合目的性重组是资本主义的发展动力和消解危机的能力，也正是空间的不断重组提供了资本主义继续存在的可能性和必然性。所以，空间的重组其实质就是一种空间的再生产与再占有，在这个过程中，社会诸关系也得到再生产。大卫·史密斯（David A. Smith）则认为，由于诸如通信系统、运输系统等基础设施在空间布局上的不平等，不同区域的资本影响和调动这些基础设施的能力有差异，所以，这些不同区域的经济主体之间的统治和从属关系存在差异，他们在统治人们生活的全球网络中的作用是不同的，进一步他们在全球文化的创造能力和发言权也是不一样的。基于此，大卫·史密斯得出了结论：外围国家的不平衡发展与不平等地位是其纳入不断扩张的资本主义世界体系不可避免的后果。①

　　哈维意识到，由于资本主义生产方式的局限性，空间经济发展在资本主义制度下始终被一种对立和矛盾的趋势所困扰。在资本主义弹性积累条件下，哈维强调："空间障碍越不重要，资本对空间内部位置的多样性就越敏感，各个位置以不同方式吸引资本的刺激性就越大。结果造成了在一个高度一体化的全球性资本流动的空间经济内部的分裂、不稳定和短暂的不平衡发展。资本主义内部集中与分散之间的历史张力，现在就以新的方式产生了。"② 在综合前人研究的基础上，哈维拓展了不平衡发展理论，他提出"不平衡地理发展"概念，串构起空间规模生产和地理差异生产这两个因素，并以这两个因素思考各种规模的地理系统的内外差异、耦合作用和相互关系，进而从理论上提出了不平衡发展理论的操作性框架。"空间规模的生产"用以说明人类社会生活等级制度的构造特征；"地理差异的生产"则用以说明人类生活方式、生活标准、资源运用与环境的关系以及文化和政治形式等各个方面的差异。哈维认为，只有在了解不平衡地理发展的基础上，我们才能充分地认识晚期资本主义全球化轨迹内的激烈矛盾。总之，哈维把资本主义全球化的实质看作是，特定的权力在特定的地方追求和支持的特殊计划，这必然带来资本主义地理景观的不平衡发展。

---

① Smith, David A. , *Third World Cities in Global Perspective*: *The Political Economy of Uneven Urbanization*, Oxford: Westview Press, 1996.

② ［美］戴维·哈维：《后现代的状况——对文化变迁之缘起的探究》，阎嘉译，商务印书馆 2003 年版，第 370 页。

四　结论

正如福柯（Foucault）所言："19 世纪沉湎于时间和历史，空间被当作是死亡的、刻板的、非辩证的和静止的东西。相反，时间是丰富的、多产的、有生命力的、辩证的"①，经济学研究的对象，在时间和空间的两个维度上体现出重大的差异。经济学家通过空间这个新的视角来考察经济社会，那么这个世界中一些新颖的、未曾示人的新奇景观就对我们敞开了。通过时空多棱镜来观察，我们就能更精确地把握这个世界。

由于认识论和研究方法上的分野，新经济地理学和批判经济学有着根本的区别。正如克鲁格曼所说："新经济地理学最明显的贡献是它帮助结束了主流经济学中不考虑空间结构问题的做法"②，那么新经济地理学的任务就是把空间纳入新古典经济学的框架。所以新经济地理学在认识论上还是先验的，依赖于严苛的片面性的理论假设，采用类型学思考（typological thinking）逻辑实证研究方法，建构抽象复杂的数学模型。由于新经济地理学依赖不现实的假设模型，来刻画复杂的现实世界，所以新经济地理学割裂了历史，脱离了现实，从而其研究被认为是遵循一种缺乏实证研究的僵化的形而上学思维方法。

而批判经济地理学在认识论和方法上与新经济地理学迥然不同。他们摆脱了机械主义和还原主义的窠臼，抛弃了形而上学的思维方法③，在尊重历史，尊重事实的基础上，采取一种宏大文本叙事的个体群思考（population thinking）的总体性研究方法，恰如其分地运用辩证法于空间研究中。辩证法不仅仅是科学的元理论，更是综合抽象与具体、普遍与特殊的一种思维方法。将不平衡地理发展理论看作一个演化的结构，本身就蕴涵着对此理论建构及其发展过程的辩证理解。所以，资本主义在地理与空间发展上的不平衡是根植于资本主义制度里面，它是资本主义发展的内在本质特征，而非如新经济地理学所言的市场发展不完善的结果。

---

① ［法］米歇尔·福柯：《权力的眼睛——福柯访谈录》，严锋译，上海人民出版社 1997 年版，第 152 页。

② 顾朝林、王恩儒、石爱华：《"新经济地理学"与经济地理学的分异与对立》，《地理学报》2002 年第 7 期。

③ 董慧：《大卫·哈维的不平衡地理发展理论述评》，《哲学动态》2008 年第 5 期。

国家资本主义的模式及其发展状况[*]

张建刚[**]

国家资本主义是相对私人资本主义而言的，由资本主义国家的政权与资本紧密结合而成的，其内容主要包括两方面：一是国家资本大规模的建立；二是国家政权对经济活动强有力的干预和控制。国家资本主义的主要实现形式是国有制，国家干预的主要形式就是经济调控政策，包括财政政策、货币政策、产业政策、收入分配政策等。推动国家资本主义出现的原因主要有两个：一是资本主义经济危机的产生；二是后进国家的赶超战略。二战后所实行的国家资本主义，基本都是由这两个原因所导致的。在这两种原因的交错作用下，国家资本主义的发展非常迅速，呈现出多种模式并存的状态。

一　二战后的国家资本主义模式

二战后，主要有四种国家资本主义模式，即"赶超式"国家资本主义、"凯恩斯式"国家资本主义、"莱茵式"国家资本主义和"计划式"国家资本主义。实行"赶超式"国家资本主义的国家主要有日本、韩国等，实行"凯恩斯式"国家资本主义的国家主要是美国、英国等发达国家，实行"莱茵式"国家资本主义的国家主要有德国等莱茵河畔国家和北欧等国家，实行"计划式"国家资本主义的国家主要是印度。

在不同模式的国家资本主义中，国有经济的比重有所不同，"赶超式"

　＊　本文原载《当代经济研究》2010 年第 3 期。

　＊＊　张建刚（1972—　　），男，山西屯留人，中国社会科学院马克思主义研究院研究员，《马克思主义研究》编辑部副主任。

和"计划式"国家资本主义中国有经济的比重比较高。而在"凯恩斯式"和"莱茵式"国家资本主义中国有经济的比重就比较低。这些不同模式的国家资本主义在进行国家干预时，所使用的政策、手段、方式会有很大不同，干预的程度也会有很大区别。在实行"赶超式"国家资本主义国家中，国家的政策主要是围绕着促进"生产"而展开的。国家在一些关系国家长远发展的关键性、基础性、支柱性领域进行直接投资建立国有企业，并且通过产业政策、税收政策来引导、鼓励私人企业的投资方向，以期国家能在比较短的时间内迅速实现工业化，达到赶超先进发达国家的目的。其特点是政府不仅控制总需求以维持经济的平衡，而且要制定统一的国家的经济发展指导性计划。在实行"凯恩斯式"国家资本主义的国家中，国家的政策主要是围绕如何扩大"需求"而展开的。国家主要通过财政政策、货币政策、收入政策来调节有效需求，从而避免经济的大波动，防止经济危机的发生，国家干预的主要目标是通过总需求的控制维持总供求的平衡，为市场机制的作用创造条件，政府不对经济发展做总的计划。在实行"莱茵式"国家资本主义的国家中，国家的政策主要是围绕着如何合理"分配"而展开的。国家对生产活动的直接干预程度比较小，但政治体制严格地确立了一整套劳工权利和福利措施，社会公平和劳工权利得到比较好的体现，基本特点是高工资、高税收、高福利。战后的斯堪的纳维亚国家也堪称这一方面的典范。在实行"计划式"国家资本主义的国家中，国家的政策主要是围绕着制订"计划"而展开的。国家控制着关系国民经济发展的关键性、基础性、支柱性领域的"制高点"，这些国家的国有经济成分非常高，国家还通过制定中长期规划来调控国民经济的生产。

二战后，国家资本主义得到迅速发展的黄金时期，是从战后初期到20世纪70年代初。此后，由于第一次石油危机引发了西方发达国家的"滞胀"现象，而凯恩斯主义却对此无能为力，国家资本主义遭到了质疑，特别是"凯恩斯式"的国家资本主义受到了更大的怀疑。到了90年代，发生了东欧剧变、苏联解体的重大事件，加之日本经济长期低迷，人们对国家资本主义更加持批评的态度。90年代后，"新自由主义"卷土重来，世界各国政策开始转向了自由市场式的资本主义。此后的很长时间内，国家资本主义被人们所忽视，直到2007年美国的次贷危机的爆发，才又重新唤起了人们对国家资本主义的重视和思考。

二 西方主要发达国家的国家资本主义

（一）日本的国家资本主义

战后日本仍实行"赶超式"的国家资本主义。但与战前相比，日本的国家资本比重大幅下降，但政府的政策依然是围绕"生产"领域而展开。国家对企业的直接干预减少，更多的是通过金融、税收等经济杠杆来诱导企业生产。日本政府的行政指导和产业政策在日本战后经济发展中发挥了独特而重要的作用。

在日本战后所取得的辉煌成就中，日本政府发挥了至关重要的"开发政府"作用。日本政府通过制订社会经济计划和经济政策，来诱导企业正确决策。日本的国家资本主义的特点是：国家干预与市场机制能够协调统一，做到既发挥竞争原理和私人企业的活力，又实行各种行政限制；既进行宏观导向，又进行严格的微观监控；既有重点地保护国内市场，又逐步开放国内资本与商品市场；既积极引进国外先进技术，又迅速发展国产技术；既鼓励私人企业展开竞争，又组织企业进行协调与合作。

日本的政府干预主要以产业政策和经济计划对经济，特别是对企业决策进行强有力的干预和诱导。日本的产业政策是世界公认的最为系统、成功的产业政策。其侧重点是干预资源在产业间的配置与实现产业结构转换为目标。在战后恢复时期，以煤、钢这两种产业为优先发展产业，带动整个工业和国民经济的恢复与发展。50 年代后期，制订了以培育出口产品和经济起飞为目标的产业振兴政策。在高速经济增长期，则提出产业结构高级化的政策体系。石油危机后，大力鼓励发展节能技术和高技术产品，将资本密集型的"工业化结构"转换成技术和知识密集型的"后工业化结构"。日本政府还根据市场规律，以强有力的经济计划来协调经济运行。政府的经济计划基本上是诱导型的。计划的宗旨是指明经济的走向，表明政府的政策主张，向企业提供可靠的信息，协调各方的利益关系，统一各界的认识，引导企业的投资方向。

日本政府主要通过以下方式对经济进行干预：一是建立重点产业；二是动员资源加速发展；三是保护幼稚产业；四是发布投资水平指导；五是协调合理化和反衰退卡特尔；六是分配外汇信用；七是调节出入日本的技术流动；八是控制外国直接投资；九是制定享有准法律地位的"行政指

导"；十是出版中、长期日本未来产业结构白皮书。①

20 世纪 90 年代以来，日本的国家资本主义模式也面临挑战，其弊端也日益显露。其一，政府的过度保护使一些企业缺乏创新精神，竞争能力日益下降；其二，政府对不同企业的保护，妨碍了公平竞争，造成了资源的严重浪费；其三，政府在实施保护的过程中，要支付巨额财政资金，造成财政赤字；其四，日本对贸易干预，导致日元升值而给本国经济带来不利影响。面对挑战，近年来，日本政府也不得不开始改革，如对本国金融体制、企业内部终身雇佣制等进行全面改革。

（二）德国的国家资本主义

战后德国实行的是"莱茵式"的国家资本主义，这种模式又被称之为"社会市场模式"的资本主义。在这种模式中，市场经济不是自由放任的市场经济，而是社会指导的市场经济。这一模式既包括市场经济，又包括社会福利和国家政策干预。市场经济是通过促进竞争来形成自由价格；社会福利是对由于市场分配原则所带来的不公正和不平衡问题予以合理修正；国家政策干预则是调节市场运行的偏差。这一模式的实质是一种以自由竞争为基础，国家进行适当调节，并以社会安全为保障的市场经济。以通俗的公式来表示，即为"市场经济 + 总体调节 + 社会保障"。

这种模式的特点：一是维持有效的竞争秩序；二是政府进行有限的干预；三是追求社会公平；四是实行"高工资、高福利、高税收"；五是银行发挥巨大作用。有效的竞争秩序是社会市场经济的最重要原则，被当作社会市场经济体系的核心。因为竞争是保证取得最大经济效益的必要条件，又是实现各利益和权力分配的重要经济手段。政府的有限干预在市场经济中主要起调节作用，并为市场运作规定总的框架。德国政府致力于货币的稳定，对扩张性财政政策的使用非常谨慎，对产业组织和产业结构政策的使用却非常积极。与日本政府相比，战后德国政府是一个更注重分配而较少开发的政府。战前和战后德国政府的行为可以说都是在协助构建一个组织化的资本主义：既通过关税保护社会福利主义，也通过银行包销和

① ［英］M. 萨考、R. 多雷：《日本政府的作用》，《牛津经济政策评论》1988 年第 4 期。

鼓励长期投资。① 在战后时期，新波恩政府对经济发展提供战略性经济指导。特别是在战后重建直到朝鲜战争时期——主要是通过高投资低消费制度，将马歇尔援助基金注入基础原材料和重工业中。政府采取了一种积极的政策，引导了包括航空、煤炭、计算机和核能产业等战略产业部门的发展并给予其补助。德国在强调效率的同时，也重视社会平衡、社会进步和社会公平。德国有庞大的社会保障制度，几乎人人都享有社会保障方面的福利。德国银行在战后的发展中起到了巨大作用。德国的银行十分强大，在德国公司中既亲自控股，也代表其他人控股，它们还发放长期贷款，扮演着信息交流中心的角色，并且以贷款方合伙人的身份进行产业和经济远景评估。它们是德国产业稳定可靠的后盾和忠诚的长期股东。它们了解其所投资的公司，是那些公司董事会的成员，并且能够精确地估算它们的风险。它们发挥着两大重要的作用：（1）为德国产业提供了大量的投资基金；（2）严密监视各公司并且在必要时重组公司及其管理层。

德国的"莱茵式"的国家资本主义，在促进社会公平，消除社会不稳定，维护劳动者的利益等方面具有重要意义。但随着经济的全球化，欧盟的扩张，这一模式也遭遇到了挑战。由于实行"高工资、高福利、高税收"的制度，德国经济竞争力日益下降，失业率居高不下，社保的高额支出成为经济增长的负担，高福利政策影响了人们工作的积极性，经济增长失去动力。这一模式在强调"公平"的同时，一定程度上引起了"效率"的丧失。在新时期，德国模式也不得不进行适当调整，寻找一个"公平"与"效率"间的合适契合点。

（三）美国的国家资本主义

1929—1933 年经济大危机的爆发标志着自由市场体系彻底崩溃。美国等主要发达国家纷纷放弃了自由放任主义，政府开始对经济活动进行广泛干预，美国等国开始走向了"凯恩斯式"的国家资本主义。

经济危机的爆发是推动英、美等国走向国家资本主义的最直接原因。20 世纪 30 年代的经济危机是资本主义世界历时最长、损失最大的一次危机。这次危机发源于美国，通过各种传导机制迅速在资本主义世界扩散。

---

① ［英］戴维·柯茨：《资本主义的模式》，耿修林、完兆昌译，江苏人民出版社 2001 年版，第 82 页。

在危机中大批企业倒闭破产，成千上万的劳动者失业，罗斯福为了挽救危机在美国实行新政，开创了混合经济的新时代，国家资本主义也有了新的形式——"凯恩斯式"国家资本主义。

"凯恩斯式"国家资本主义，是美、英等发达国家为了克服经济危机而通过国家干预扩大需求的一种资本主义。国家干预的主要手段就是运用财政政策，通过扩大政府支出来提高社会有效需求。政府支出主要用于购买私人的产品和劳务，而不是用于建立国有企业，这一点和"赶超式"国家资本主义有很大的不同。

美、英等发达国家实行"凯恩斯式"国家资本主义的根源在于，制约这些国家经济发展的主要方面是需求不足，而不是供给不足。这些国家都是市场经济相当成熟的国家，生产中的集中和垄断相当普遍，私营经济的力量非常强大，国家的基础设施已经相当完善，企业的技术水平相当高，社会的产品供给能力非常强。而由于资本主义制度内在矛盾的作用，社会两极分化严重，广大人民无力消费，需求不足，特别是消费需求不足成为制约经济发展的瓶颈。因此，这些国家就把扩大需求当成克服经济危机的主要手段。

面对自由市场经济的破产，美、英、法加强了政府对经济的干预和调节，实行了国家资本主义。从某种意义上讲，此次大危机后，资本主义主要国家都进入了国家资本主义时代，其中，美国成为典型的以需求管理为主要手段的"凯恩斯式"国家资本主义国家。针对大危机的原因，各派学者有不同的看法，其中，凯恩斯学派的观点影响最大，成为政府行为的理论依据。凯恩斯学派认为造成危机的是资本主义的自由放任体制，而不是资本主义制度本身。有效需求不足是危机发生的直接原因，因此政府应围绕扩大有效需求来干预经济生活。新政实施了积极的货币政策和扩张的财政政策，政府通过清算银行、颁布法令加强了对货币和金融的管理，政府大幅增加财政支出，增加幅度最大的是对剩余农产品和劳务的购买，政府还执行大规模的公共工程建设，修筑电讯线路、铁路、桥梁、码头、机场和公路等，政府还通过救济、社会福利和保险等手段在全国范围内推行了养老金投放和失业保险制度。

美国的"凯恩斯式"国家资本主义中，国有经济成分比重较低，国家干预经济的手段主要是间接手段，市场仍然发挥着基本的配置资源的作用。因此，"凯恩斯式"国家资本主义仍然是典型的资本主义制度。不过我们应看到，美国的"凯恩斯式"国家资本主义（以需求管理为主要手段）对危机的缓解，经济的恢复，人民生活水平的提高起到了很大的作用。但"凯恩斯式"国家资本主义不可能从根本上消除资本主义制度的基本矛盾，也不可能根除资本主义的经济危机。

危机后不久，英国也实行了"凯恩斯式"国家资本主义，开始运用凯恩斯的理论，对经济生活进行广泛干预。二战后，许多资本主义国家实行了"凯恩斯式"国家资本主义，这一模式使它们进入了一个长达二三十年的经济高速增长时期。

三　发展中国家的国家资本主义

二战后，发展中国家生产力水平低下，经济基础十分薄弱，二元经济结构明显，在此条件下，大多数国家都加强了政府在经济发展中的主导作用，一些国家选择了国家资本主义道路。下面以印度为例，介绍发展中国家的国家资本主义特点。

印度是仅次于中国的最大的发展中国家，战后它实行的是"计划式"的国家资本主义。印度经济一直被视为指令性计划与市场相结合的"混合经济"。印度的"计划式"的国家资本主义主要有以下几个特点：一是制定详尽的经济计划。50年代，印度的市场发育程度是很低的，在市场基础很脆弱的情况下，资源配置主要靠计划来进行。印度从1951年开始执行五年计划，早期强调优先发展重工业，后期则加强了农业、轻工业的发展。二是建立大批国有企业。印度的国有制比重很大，约占企业资产总额的一半，所有的"制高点"都是国有部门，包括钢铁、煤炭、化肥、石油、金属、电力、铁路、航空、通讯等基础工业和基础设施部门，这些领域限制私人企业进入。国有企业控制着国家的经济命脉，为其他经济成分的发展创造了条件。[①] 三是实行严格的"许可证制度"。政府运用"许可证制度"作为计划管理的重要手段，企业新建、搬迁、扩建、发展新产品或增产超过原产量一定比例，都要向"许可证委员会"申请得到许可证才能进行。四是实行管制制度。对于外汇和少数重要物资的分配、产品价格，国家实行严格的管制。五是推行进口替代战略。政府鼓励国内空白产

---

① 文富德：《战后印度国家资本主义的主要表现形式》，《南亚研究季刊》1985年第2期。

业的研发和生产，而对于进口产品一般征收比较高的关税。

印度的"计划式"的国家资本主义，帮助印度在比较短的时间内，建立了比较齐全的工业体系，为印度的工业化奠定了良好的基础，对于印度在经济上和政治上的自立有重要意义。但随着经济的发展，印度原有体制的负面作用也开始显现，原来的一些措施窒息了企业的活力，严重制约了经济的发展。

进入 80 年代以来，印度对计划管理体制也在进行较大的改革，停止对国内生产和出口的补贴，减少了关税和贸易壁垒，取消了 80% 的工业许可证，废除大公司扩大生产或实现产品多样化都要提前申请许可的做法。政府甚至重新打开了吸引外资的大门，而且还开始出售部分国有股份。政府不仅减少了计划的范围和直接行政管理的办法，而且更多地注意辅助市场的发育。印度的资本市场在 80 年代有很大发展，企业筹资更多地转向资本市场而不是银行贷款，让企业在竞争中求得生存和发展。政府对商品价格的控制也逐步放松。印度政府自 90 年代开始的全面改革，使印度经济取得不小的成就。

印度 80 年代前的"计划式"的国家资本主义与传统的社会主义计划经济模式有很多相似之处。二者都比较重计划、轻市场，二者都采取了优先发展重工业的战略，二者对资源、价格都实行严格的管制政策，二者在早期都取得了辉煌的成就。这些相似点告诉我们，无论是社会主义国家还是资本主义国家，在经济发展的早期，"计划"比"市场"更具有优势，但当经济发展到一定阶段后，则应该让"市场"发挥更多的基础性作用。

四　东亚四小龙的国家资本主义

战后，东亚"四小龙"实行了"赶超式"的国家资本主义。这几个新兴工业化经济体，在战后的三四十年里，经济持续快速增长，人均 GDP 接近或相当于发达国家，被世界银行列为高收入国家和地区，这一成就被世界称之为"东亚奇迹"。"东亚奇迹"是通过政府对经济强而有效的干预而实现的。国家对经济的干预主要表现在以下几方面："这些国家在国外鼓励竞争，而在国内则实行保护主义；实行出口替代，选择通过出口导向来推动国内经济发展的战略；对收入分配进行干预，确保人民共享经济增长的成果；运用贸易壁垒、信用、投资和竞争等手段不断对市场加以干预；加强教育与人力资源培训的投入；鼓励投资和储蓄。"① 不过政府干预和市场力量之间会实现一种平衡。下面我们以韩国为例说明小国经济的"赶超式"国家资本主义。

韩国实际上是模仿日本用国家的力量来扶持经济起飞。战后的韩国是一个典型的小型发展中国家，工业基础差，技术落后，资源匮乏，市场狭小，资金短缺。在这样一个基础上要实现经济起飞，只靠市场的作用是不能解决的，需要得到政府的大力支持和干预。80 年代以前，政府在经济发展中起着主导作用。政府对经济发展的全面干预，通过确定发展战略，制定经济计划和一系列措施，直接或者间接地干预国民经济各部门的活动，以控制和诱导社会经济的发展和资源的流动，把经济发展纳入政府计划的轨道，从而实现政府的发展目标。

政府的主导性作用主要通过以下几方面来发挥：一是制订计划。韩国一直在搞五年计划、长远规划和年度计划。韩国的经济企划院统筹掌握全国经济事务，负责计划的制订和实施、预算的安排和各经济机构的协调。企划院院长由内阁副总理亲自负责，直接对总统负责。二是推行外向型经济发展战略。政府通过税收、贷款、补贴等优惠政策鼓励企业出口。从1965 年起，每月由总统主持，召开一次由有关部门和大企业参加的贸易会议，专门研究如何围绕出口带动经济的发展。三是加强宏观调控，多种调控手段并用。政府通过控制货币发行、调整利率、汇率、税收等经济杠杆，来调节市场供求，引导企业的经营决策，以保证政府政策目标的实现。在某些领域，政府也用法律手段和必要的行政手段直接干预经济。四是通过政策扶持，创立一批大财阀。韩国政府认为只有通过发展大公司才能增加韩国产品的国际竞争力。一些公司在低利息政府贷款、税收刺激和其他优惠措施的扶持下，逐渐发展为实力强大、多种经营的工业集团，成为世界知名的大公司，如现代、三星、乐喜金星和大宇等。五是直接建立一批国营企业。1962 年以后的经济开发中，韩国政府大力出资兴办了一批公营企业，主要集中于交通、邮政、粮食、金融等部门。1973 年韩国政府把钢铁、造船、电子、汽车、石油化工等一些部门作为战略产业，通过政府强有力的倾斜政策，使这些产业获得了迅速发展，无论是生产能力、出口数量还是竞争能力，均可与发达国家相提并论。

---

① 沈红芳：《东亚经济发展模式比较研究》，厦门大学出版社 2002 年版，第 30 页。

但 80 年代后，政府的干预从"直接"向"间接"过渡，注意更多地发挥市场机制的作用，政府只在建立公正的市场竞争秩序和解决收入悬殊、消除政府赤字和平衡国际收支等方面进行"适度干预"。应该明确的是，政府干预并没有影响市场发育和市场调节作用的发挥，韩国经济运行的基础仍然是市场机制。

80 年代之前，韩国政府使用各种手段对经济运行进行了广泛的干预，促进韩国经济取得了巨大进步，但是，由于政府的全面干预也限制了市场作用的发挥，阻碍了市场发育，同时也滋生了一些腐败，形成了所谓的"裙带资本主义"。80 年代之后，特别是亚洲金融危机之后，韩国的国家资本主义模式遭遇挑战，政府也逐渐减少了对经济活动的干预，但韩国政府仍然在经济发展中发挥主导作用。

五　从此次世界金融危机看国家
资本主义的命运

这次发轫于美国，由次贷危机引发的金融危机席卷全球，给世界实体经济带来巨大冲击，西方主要发达国家经济从 2008 年下半年开始纷纷出现负增长，包括中国在内的世界最具活力的新兴市场经济增长速度也大幅下挫。这次危机是 20 世纪八九十年代以新自由主义为理论依据的一系列政策导致的结果。这次危机充分显示了自由市场经济的弊端，也显示了资本主义社会的固有矛盾依然难以克服。面对危机，世界各国改变了 20 世纪 30 年代经济大萧条爆发后行动缓慢的作风，迅速采取了行动，纷纷出台大规模的经济刺激计划，一些国家又掀起了"国有化"运动的高潮，国家资本主义又回到了人们的视野。

20 世纪 70 年代，资本主义世界的主要国家都陷入了经济滞胀之中。面对困境，凯恩斯主义无能为力，美国、西欧等主要资本主义国家开始转向新自由主义寻求药方。新自由主义认为自由竞争的市场机制能够最有效地配置资源，主张减少国家干预和参与，强化市场机制的作用，强调个人自由和私营企业制度，鼓励私营企业的发展。新自由主义最先产生于美国，但最有效的运用和传播却是在英国。1979 年英国保守党人撒切尔夫人上台执政后，大力推行"自由化"和"量体裁衣"的财政政策。她还通过调控货币供应量、紧缩银根、限制政府支出、减少赤字来恢复经济，同时大力推动公有企业私有化，鼓励私营企业同公有企业竞争。由此，在整个欧洲乃至世界掀起了自由化和私有化的浪潮。[①] 1980 年里根政府实行大规模的减税计划，减少联邦政府对经济的干预，由过去主要运用财政政策转为主要用货币政策来干预经济活动。1990 年前后的东欧剧变、苏联解体，更加促使新自由主义在全球的泛滥，"私有化、自由化、市场化"成为苏东国家经济改革的圭臬。日本、韩国等国家资本主义色彩浓厚的国家也纷纷减少了国家对经济的干预程度，而让新自由主义指导下的政策大行其道。但在过去的 30 年间，信奉新自由主义国家并没有取得它们所预期的结果；苏东国家的经济仍然混乱不堪，增长乏力，社会矛盾日益尖锐；拉美国家在债务危机后，一蹶不振；英、德、法等主要国家经济依然增长缓慢，没有从根本上扭转颓势；日本经济更是长期低迷，一些年份甚至出现负增长。2008 年的金融危机彻底打破了新自由主义的神话，资本主义世界开始反思并寻找一种新的发展思路，不少国家开始走上了国家资本主义道路。

在资本主义发展的历史中，国家资本主义总是和经济危机相联系，每当资本主义经济危机来临，国家干预主义思想就会占上风，政府在经济中的作用就会加强，国家资本主义的政策就开始在各国盛行。而每当危机过后，国家干预就会减少，国家资本主义的政策就会开始退去。此次危机是自第二次世界大战以来最大的一次经济危机，主要资本主义国家都陷入经济衰退。美国是此次危机的发源地，也是经济衰退最严重的国家之一。其金融体系遭到重创，工业产值大幅下滑，公司倒闭浪潮不断涌现，失业人口不断攀升。为了防止危机进一步扩大，美国政府启动巨额资金的救市计划。美国政府对一些遇到财务危机的大型金融保险公司实行了国有化，如购买美国最大的保险公司 AIG 80% 的股份，购买美国最大的商业银行花旗银行 36% 的股份。美国政府还实行了有史以来规模最大的财政赤字政策，大规模增加政府购买和在基础设施方面的投资支出。政府对经济的干预范围越来越大，干预程度也越来越深，国家资本主义的色彩越来越深。同时，世界其他资本主义国家也加大了政府干预的力度，纷纷加快了国有化的进程，国家资本主义又有了重新抬头的趋势。

国家资本主义作为资本主义国家应对经济危机的一种政策、一种手

---

① 杨国彪、谢剑琳：《80 年代以来英国的私有化政策》，《世界经济研究》1997 年第 4 期。

段，它不可能改变资本主义社会的性质，也不可能根除资本主义经济危机，但它一定程度上缓解了经济危机，加快了经济的复苏。资本主义社会已经由私人资本主义、垄断资本主义走到现在的国际垄断资本主义阶段，生产的集中和垄断已经由国内扩展到世界范围内，资本主义私有制和社会化大生产之间的矛盾将进一步激化，经济危机将成为资本主义社会的一种常态，因此资本主义经济将不可避免地需要更多的国家干预，国家资本主义将在很长时间内存在并发挥重要作用。在经济全球化的背景下，国际垄断资本在发展过程中与国家政权结合得更加紧密了。国家在开拓国际市场、制订国际贸易规则、保护国内幼稚产业、转嫁国内危机等方面发挥更重要的职能。国家资本主义又有了一种新的表现形式。

国外产业安全政策模式比较
及对我国的启示[*]

张福军[**]

经济全球化不仅加剧了全球产业之间的竞争，使得各个国家的民族产业受到国际市场的影响，而且还通过生产要素和金融要素的全球流动与交换，从本质上改变了已有的全球产业分工格局，使得各国传统的产业链条、产业分工模式和相应的产业生态环境发生了根本性的变化。作为经济全球化的重要一环，我国一直坚持"走出去"和"引进来"战略，逐步扩大了与外国的经济往来，但外部资本在参与我国经济发展中，不断兼并有发展潜力的民族企业，不利于民族企业进行自主创新，使民族企业在全球产业链分工中相对处于"微笑曲线"的底端，因而产业安全问题已成为当前我国经济能否独立运行和健康发展的重大问题。由于国外在产业安全政策制定方面已经形成不同的模式，在我国经济发展进入"新常态"的背景下，通过学习和借鉴不同国家产业安全政策模式的经验和教训，对切实维护我国产业安全和加快经济发展方式转变具有重要意义。

一　国外三种类型产业安全政策模式比较分析

产业安全政策模式是指在一个特定时期内一国制定的与产业安全相关的产业、外资、贸易、竞争等方面的政策及其实施措施，反映了一个国家在一定时期内的产业安全政策的基本特征。通过对国外不同产业安全政策

　＊　本文原载《当代经济研究》2015 年第 4 期。

　＊＊　张福军（1977—　　），男，河南信阳人，中国社会科学院马克思主义研究院副研究员，马克思主义政治经济学研究室主任。

比较分析，从保护策略、保护目标、保护主体和保护手段四个维度，大致可以归纳为三种不同类型的产业安全政策模式。一是以美国、欧盟、日本等国家为代表的产业安全政策模式。这类国家政府职能分工明确，行业协会基本覆盖所有行业领域，政府、行业协会和企业建立起了良性的互动机制，在当前的"再工业化"过程中，重点推动高端制造业和工业产品的竞争优势，并通过全面运用规制、救济与扶持等手段的合力，将关系到国家经济安全的重要产业牢牢掌控在自己手里。二是以韩国、新加坡等国家为代表的产业安全政策模式。这类国家政府机构运转灵活、服务优质高效，行业协会种类繁多，与政府一起共同承担维护产业安全的重任，并强调"政府主导型"发展模式，将发展高技术和知识密集型产业作为产业安全主要保护目标，在保护手段上把扶持手段作为重点，而规制手段和救济手段使用较少。三是以委内瑞拉、阿根廷等国家为代表的产业安全政策模式。这类国家由于忽视政府对经济的控制权，丧失了经济发展的自主权，而且行业协会官方色彩较浓，整体水平较低，与政府、企业的互动机制尚未完善。近年来，强调政府在维护产业安全中的作用，把发展自然资源加工产业和高新技术产业作为维护产业安全的目标，并把扶持手段作为主要选择，救济手段的使用明显增加，规制手段运用较少。

（一）三种政策模式保护策略与目标比较

由于经济发展的水平不同，在国际产业分工的层次不同，三种政策模式的保护策略与目标定位也有所不同。大体来说，一国产业安全政策模式的保护策略是在保护目标的基础上建立的，而保护目标与该国产业结构演变轨迹是高度一致的，因此，关于产业安全政策模式的目标定位，可以从产业结构升级的主要演化路径来分析。美国、日本等国家由于经济发达程度高，一般遵循"保护与开放并存"策略，在实践中多采取"动态平衡"原则。美国政府规划以新能源产业为核心，以高科技创新产业和基础产业更新换代为支柱的产业集群，并重点维护工业机器人、航空航天、生物医药、新材料、3D打印等高端制造业和工业产品的产业安全。[①] 韩国、新加坡等国家一般采取"以开放求发展，以实力保安全"的对外策略，更看重竞争和开放的作用。当前这类国家将发展高技术和知识密集型产业作为产

---

① 巫云仙：《美国政府发展新兴产业的历史审视》，《政治经济学评论》2011 年第 2 期。

业安全主要保护目标，同时加强服务业的发展和经济的信息化水平。委内瑞拉、阿根廷等国家当前更倾向于采纳"保护为主，适度开放"的对外策略，在汲取从"过度保护"到"过度开放"的失败教训后，努力寻求保护与开放两者之间的最佳结合点。当前这类国家已逐渐转向"出口导向"战略，依靠自身的比较优势，逐步形成以自然资源加工工业为主和以客户工业为主的模式，随着实施制造业升级战略，逐渐把发展高新技术产业作为保护目标，培育新的竞争优势和国民经济支柱。①

（二）三种政策模式保护主体比较

作为对国家经济调控的主导者，政府在维护国家产业安全中发挥着不可替代的作用。而作为维护产业安全微观基础的行业协会，充当着政府与企业的桥梁和纽带，在保护国内产业、增强本国企业国际竞争力方面，起着重要的协调作用。政府和行业协会，作为产业安全政策的保护主体，共同承担着维护产业安全的重任。然而，对于不同的产业安全政策模式，其主体发挥的作用会有所不同。

从宏观主体来说，美国、日本等国家的政府具有健全的管理机构、明确的职能分工，科学的决策体系，完备的法律基础，并根据形势发展需要，适时灵活地采取措施，使产业结构不断合理化和高级化。韩国、新加坡等国家的政府依靠高效的机构设置，透明的监督机制，展现出灵活的"主动调整"能力，经历了从"政府主导型"向"政府引导型"模式的转变。委内瑞拉、阿根廷等拉美国家在20世纪70年代先后实施了以政府主导和贸易保护为特点的发展模式。为了弥补这种模式中贸易赤字和资本不足，这类国家大量引进外国投资，减少国家干预，忽视对本国民族产业的保护，于是丧失了经济发展的自主权。自20世纪90年代中期起，这类国家开始酝酿"第二代改革"，加强政府对经济的干预，强调维护产业安全中政府的作用。

从微观主体来看，美国、日本等国家的行业协会有着良好的运行机制，基本覆盖所有行业领域，其产生主要有政府主导和企业自建两种方式，并且都能够在制定合理的行业政策、增强企业抵御市场风险的能力、协助政府和企业的相互关系等方面发挥作用。韩国、新加坡等国家的行业

---

① 谢文泽：《拉美地区产业结构的国际比较》，《拉丁美洲研究》2008年第3期。

协会实行"混合模式",有官方主导的,有民间自发的,也有半官半民的,各种行业协会与政府一起承担维护国家产业安全的重任。委内瑞拉、阿根廷等大多数拉美国家的行业协会官方色彩较浓,近年来行会组织发展迅速,但就其发挥职能的整体水平而言,与发达国家的差距明显,主要表现在规模小、数量少、人才短缺等方面,其作用并未充分发挥。

(三) 三种政策模式保护手段比较

对产业安全保护手段来说,在形式上可以分为规制手段、救济手段和扶持手段。对于不同的政策模式,由于产业发展的水平和程度不同,对产业安全保护手段的侧重点会有所不同。从规制手段来看,美国、日本等发达国家能够灵活巧妙地运用该手段,将关系到国家命脉的支柱产业牢牢地掌控在自己手里,并通过颁布法律、条例,建立技术标准、检验程序、卫生检验检疫制度等多种手段,提高对进口产品的技术要求,增加进口难度。此外,通过外资准入审批、外资并购审查和外资持股比例等多种限制条件加强对外资的引导和控制。比较而言,韩国、新加坡等国家在技术壁垒的使用上不如美国、日本等国家那样"巧妙""频繁"和"隐蔽",使用规制手段较为灵活。而对资金不太充裕和技术不太成熟的委内瑞拉、阿根廷等国家来说,未能有效采取规制手段容易导致跨国公司产生行业垄断等问题。

从救济手段来看,在国际社会上,反倾销、反补贴和保障措施是贸易救济的主要方式。美国、日本等国家能够娴熟地运用反倾销、反补贴和保障措施等多种救济手段,并且做到各种救济手段互相配合,在国内产业不受损害的同时,还能实现扼制竞争对手和实施贸易保护的目的。韩国、新加坡等国家除了较多地使用反倾销手段之外,对救济手段的运用比较谨慎。而委内瑞拉、阿根廷等国家已加快了运用反倾销、反补贴和保障措施等救济手段的步伐。

从扶持手段来看,许多国家通过制定战略规划和政策法规,针对经济发展的实际情况,采取重点倾斜、优先扶持某些产业的措施,主要偏重于支柱产业、先导产业、瓶颈产业及幼稚产业,从而达到保护民族产业,培育优势产业的目的。不同之处是,美国、日本等国家更为注重财政货币政策等间接干预手段的作用,充分发挥市场竞争主体的积极性。韩国、新加坡等国家采取"政府引导型"经济发展模式,政府直接干预手段较多,在很多情况下政府会主动介入产业发展过程。而委内瑞拉、阿根廷等国家的市场经济还不完善，主要依靠政府的力量来培育产业的竞争优势。

二 新形势下我国产业安全的基本现状及调整方向

随着我国融入国际化程度的加深，产业安全问题日益凸显。在全面深化改革的今天，我国对经济发展整体格局提出了新要求，原有的产业安全政策需要重新调整。

（一）经济"新常态"背景下原有的对外策略需要重新调整

改革开放以来，我国加大了引进外资的力度，这符合三个"有利于"的标准。在很长一段时间，我国采取了"重开放轻保护"的策略，对外资没有采取全面有效的监管。在理论界，近年来也不断有人提出外资"无害论"，"在中国的外资企业都是中国企业"，"在中国的工业都是民族工业"，同时认为外资并购国内企业，并没有真正危及我国的经济安全。如果在理论认识和实践中重外资、轻内资，重引进、轻自创，就会忽视民族资本被外资吞并带来的不安全后果。[1] 事实上，改革开放以来，随着外资和外企的进入，民族产业在不少领域的市场占有率大幅下降，外资已控制了部分重要产业，同时，民族产业在管理、技术和人才等方面的不足也日益显露。

随着对外开放的进一步深化和经济发展方式的加快转变，当前我国经济正在向形态更高级、分工更复杂、结构更合理的阶段演化，经济发展进入"新常态"。事实上，中国经济发展到今天，已经有能力摆脱对外资、外企的过度依赖了，已经到了以内资为主导的时候。有关数据显示，2013年我国制造业实际使用外资同比下降 6.78%。在外经贸第一大省广东，2014 年上半年实际使用外资增长仅仅 2.2%。[2] 因此，在我国经济发展进入"新常态"的背景下，外企、外资应与民族企业平等相待，不能再享受超国民待遇。相应地，我国必须要用"新常态"思维来对待这一变化，原

---

① 卫兴华、张福军：《要处理好我国经济发展中的经济与社会安全问题》，《当代经济研究》2011 年第 2 期。

② 余丰慧：《以新常态思维看外资"隐性退潮"》，《新京报》2014 年 10 月 21 日。

有的产业安全对外策略需要重新调整，亟须一套全新的理念和思路来阐释国家产业安全。

（二）产业结构优化升级需要保护目标重新定位

改革开放以来，由于受到不合理的国际分工和不平等交换等因素的制约，我国不少地方长期坚持外向型经济的发展思路，造成部分民族产业一直处于"高资源性投入、低附加值产出"的状态，严重制约产业创新能力和产业结构调整，进而影响产业的可持续发展能力，使我国部分产业在国际分工中长期处于低层次状态，进而由国际分工固化所带来的不平等交换也日益加剧。① 从内部结构来看，在我国的三次产业结构中，农业结构不均衡，第二产业特别是工业"大"而不"强"，第三产业发展滞后，三次产业的比例不合理。因此，如果不加快转变经济发展方式和促进产业结构优化升级，未来我国产业在国际分工上的发展空间会越来越小，代价会越来越大，进而产业安全体系就会越来越脆弱。由于产业安全的保护目标建立在产业结构升级的基础之上，随着我国产业布局的不断调整，其保护目标也要作出相应调整。

（三）现有制度安排需要政府和行业协会最大限度地发挥作用

近年来我国政府对产业保护的具体方式，依据行政隶属关系，主要以行政手段直接干预和约束为主，很大程度上带有计划经济管理体制的特点，没有很好地划清政府和市场的边界，这必然会与市场经济的逻辑发生冲突。在国家安全委员会成立之前，由于尚未有一个跨领域机构去领导协调产业安全问题，只能通过召开相关政府部门参加的联席会议来解决，可是联席会议出台的指导政策不具备权威性，导致其执行效果大大减弱。此外，政府部门出于自身利益偏好，会自觉或不自觉地对信息进行片面选择和扭曲。② 同时，我国的行业协会也没起到很好的桥梁和纽带作用，并没有建立起一种政府与企业之间有效联系的机制。中共十八届三中全会审议通过的公告中，决定成立国家安全委员会来完善国家安全体制和制定国家安全战略，加强维护我国国家安全的顶层设计。为了使市场在资源配置中

---

① 张福军：《当前我国产业安全面临的挑战及国外经验借鉴》，《中华魂》2012 年第 3 期。
② 陈宝东、于一、曲莉莉：《产业安全的政府监管研究》，《经济师》2012 年第 1 期。

起决定性作用和更好发挥政府作用，制定合理的维护产业安全的政策，需要最大限度地让产业安全保护主体行使职能，有效协调各部门之间的关系，并确保产业安全政策的权威性。

（四）在新的国际政治经济秩序下贸易保护手段需要重新设计

近年来，我国进入贸易摩擦的高发期，除了遭受传统的反倾销、反补贴和保障措施等保护手段外，一些发达国家甚至一些发展中国家针对我国的检验检疫、产品质量和食品安全、环境和劳工保护、特保调查以及技术标准等方面贸易壁垒的数量持续增多，手段和方式不断翻新。不仅涉及一般商品，而且上升到环境标准、劳工标准、知识产权以及人民币汇率等政策和制度层面，这些问题已严重制约着我国的产业安全。同时，外资正逐渐对我国部分民族产业的长远发展造成值得警惕的威胁。[①] 在新的国际政治经济秩序下，我国既要积极防范国外针对我国的贸易保护行动，又要尽早完善产业安全的保护手段，适时对外发起行动，以积极防御战略维护我国产业安全。

三 国外产业安全政策模式对我国的启示

面对国内外发生的一些新变化，我国产业安全政策模式需要重新调整，以适应发展的新要求。国外不同类型的产业安全政策模式已积累了不少经验和教训，为我国维护产业安全提供了有益启示。

（一）突显国家意志和国家战略，实行"保护优先、适度开放"的对外策略

从国际经验上看，不同国家在制定产业安全政策时都把维护该国经济利益作为基本出发点，并在此基础上根据各国的实际情况制定出不同的对外策略，尤其是韩国、新加坡等国家采取的"以开放求发展，以实力保安全"对外策略，可以给予我国更多启发。由于我国曾经采取"重开放轻保护"的策略，忽视了经济发展的主导权。尽管已经认识到保护

---

① 王前超：《跨国公司战略性并购对我国产业安全的影响及对策》，《亚太经济》2006 年第 4 期。

民族产业的重要性，但是一些国际垄断企业已严重冲击我国经济，并通过对核心技术和专利产权的把持，达到对我国部分民族产业技术和利润的双重控制。因此，当前我国应放弃"以开放促发展、以开放促安全"的思路，必须从国家利益的战略高度来认识产业安全的重要性，突出国家意志和国家战略，实行"保护优先、适度开放"的对外策略，对外资不能放任自流。

（二）保护民族产业，制定维护我国产业安全的战略目标

关于如何保护民族产业，国外一般做法是根据产业结构的调整方向，通过合理的引资政策和产业扶持政策，对本国企业的技术创新活动提供包括税收优惠、财政补贴等一系列的政策支持，使得本国支持的产业得到保护，维护产业安全。随着产业发展簇群化、融合化和生态化成为21世纪国际产业发展的新趋势，我国应在已有产业发展布局的基础上，具体制定符合国际发展趋势的产业规划。围绕"抓基础产业创新、抓产业链融合、抓信息化和工业化融合"的发展方向，通过贸易政策和产业政策的相互配合，对未来发展潜力巨大的产业提供必要的保护和支持，将其逐渐培育成国民经济的重要产业。特别地，当代西方发达国家已经开启了新一轮的"再工业化"战略，目的是抢占未来产业发展的制高点，继续保持在国际政治经济秩序中的优势地位。为了满足经济发展"新常态"对产业调整的要求，我国应积极参与到这轮新的国际产业分工中，借鉴美国和欧盟等地的扶持政策，通过产业扶持基金和政府直接资助等方式加大对高端制造产业的扶持力度，并制定合理的战略目标加大对民族产业的保护。

（三）提升产业国际竞争力，建立政府、行业协会和企业之间的有效互动机制

一些国家的经验表明，为了有效避免资源配置不合理和产业低效运转的弊端，要求实行产业保护与加快产业结构升级同步进行。对我国来说，可以借鉴韩国和新加坡的经验，充分发挥政府对产业发展的主导作用，建立政府不同部门之间的有效协调机制，加快产业优化升级。同时，政府主管部门还应加强与各行业协会和企业的联系，齐心协力地维护产业安全，这就需要建立与行业、企业之间的协调机制和有效沟通渠道，制定切实可

行的产业保护政策，加快产业结构的优化升级，提升产业国际竞争力，并利用国际规则维护我国企业的自身利益，共同做好产业安全工作。

（四）学会利用国际规则，健全维护我国产业安全的战略措施

第一，加强对外资的管理，尤其要严格规制外资并购。从各国经验看，当采取合理的外资规制政策时，就会更有效率地利用外资。在不违背我国加入世界贸易组织的相关承诺的前提下，我国可以借鉴美国和日本的经验，对外资应采取鼓励与防范"两手抓"，做到审时度势，适时灵活地调整。首先，完善外商投资审批制度，目前上海自贸区已推行"负面清单"制度，需要及时总结经验加以推广，并完善审批程序；其次，对于不同行业，需要规定外商的出资比例，防止重点行业被外资垄断；最后，建立对外资企业的科学评价体系，根据外资企业的级别实行不同的标准。第二，完善贸易救济机制建设。当前，随着我国进出口的快速增长，我国与其他国家贸易摩擦越来越频繁，迫切需要建立符合我国国情的贸易救济体系。通过借鉴美国、日本等国家各种救济手段相互配合的方式，我国应首先构建有效的贸易救济机制，积极地运用反倾销、反补贴等措施，有效地保护国内产业利益。其次应完善关税与非关税措施。根据国内不同产业的国际竞争力状况，制定合理的关税结构，同时还要借鉴西方发达国家惯用的非关税措施，推行绿色壁垒、技术壁垒等贸易救济措施。第三，健全我国产业安全的扶持手段。作为新型工业化国家，当前我国在国际产业分工上相对处于中下游，可以借鉴韩国、新加坡等国的"政府主导型"扶持方式，通过综合运用经济、法律、行政等手段，加强政府部门对产业的宏观指导与战略规划，为产业发展提供资金、技术和人才等生产要素方面的支持，有选择地针对某些产业，特别是新兴产业和战略性产业加以扶持，进而达到优化产业结构和维护产业安全的目的。第四，健全维护我国产业安全的法律体系。从国际经验上看，当前我国可以考虑从以下几个方面着手：完善产业安全的相关法律法规，形成符合 WTO 规则的产业保护法律体系；制定规范的外国投资法，使其成为规范外资准入和审批的权威性法律；制定产业安全预警体系的法律，逐步推出产业损害预警监测方面的法规，加强对产业安全预警的具体指导。

西方"中产阶级"概念的
演变及其危机[*]

宋丽丹[**]

阶级是历史的产物,是不以人的意志为转移的一定社会中的人与人之间的社会/物质关系。由于阶级概念是与"阶级斗争""革命"等紧密联系的、马克思主义的核心概念,"阶级"在冷战期间就已经被打入西方学术研究的冷宫,"阶级的消亡""告别工人阶级""告别革命"等才是学术界的前沿课题,关于阶级的讨论"似乎变成了社会学研究的一个禁忌"[①]。但是关于"中产阶级"的讨论在西方却一直是学术研究的热点问题。那么,"中产阶级"到底是个什么样的概念?应该如何看待?

一 "中产阶级"的源起

不仅阶级本身是历史的产物,关于阶级的概念的产生和流传也有一个历史的过程,"中产阶级"[②] 这一概念的出现也同样如此。

14 世纪时,随着农村商品经济的发展,再加上连年的战争使封臣制和封土制只剩下空洞的形式,西欧庄园经济走向衰落,庄园组织以及与之相

---

* 本文原载《马克思主义研究》2016 年第 12 期。

** 宋丽丹(1977—),女,贵州兴义人,中国社会科学院马克思主义研究院副研究员,中国社会科学院世界社会主义研究中心特邀研究员。

① 李春玲主编:《比较视野下的中产阶级形成》,社会科学文献出版社 2009 年版,第 372 页。

② 英文为 Middle Class,翻译为"中间阶级"更符合其原意,但本文一般采用目前中国大众已经耳熟能详的"中产阶级"译法,主要是为了方便读者理解和阅读。但马克思主义以及 20 世纪 50 年代以前的西方学者将"Middle Class"概念统一翻译为"中间阶级",以区别于米尔斯《白领》一书出版后逐渐形成的西方当代"中产阶级"概念。

连的劳役农奴制走向瓦解。在城市,"由商人提供原料、收购产品的家庭手工业作坊也发展起来,这种'商人直接支配生产'的经济关系,是封建生产方式向资本主义过渡的途径之一"①。随着对外贸易的扩大和工场手工业的发展,工商业主的势力逐渐壮大,他们在这个时期被称为介于贵族与贫民之间的"中间阶级"。

虽然资产阶级作为一种历史现象在 14 世纪就已经出现了,但"资本主义时代是从 16 世纪才开始的",因为"大量的人突然被强制地同自己的生存资料分离,被当作不受法律保护的无产者抛向劳动市场。对农业生产者即农民的土地的剥夺,形成全部过程的基础"②,掠夺土地之所以是必要的,是因为如果没有大量失地农民,就不能形成"自由的"劳动力市场,资本原始积累也就无从谈起了。而 16 世纪时英国大规模的圈地运动就给资本的原始积累造就了大量的"自由"劳动力。1500 年左右的地理大发现和随后出现的商业革命,扩大了世界市场,殖民扩张和贸易的增长使新兴的中间阶级也就是资产阶级正式从西方登上历史舞台,资本主义时代来临了。到 18 世纪第一次工业革命时,工厂打垮了手工工场,机器打败了手工劳动。工业革命最重要的后果就是工业无产阶级的形成,与之相对应,出现了数量较之前时代多得多的资产阶级也就是中间阶级。

从资产阶级开始大规模出现到 20 世纪初的时候,西方学界所说的"中间阶级"普遍所指的是资产阶级。在当时并未完全被消灭的西欧封建等级秩序下,比如在法国,教士与贵族分别属于第一等级和第二等级,资产阶级和广大劳动人民一样属于第三等级。但由于优越的经济条件,资产阶级又明显不同于第三等级的普通劳动者和小资产阶级,他们可以通过购买爵位、贷款给政府等方式获取贵族身份,实现地位的向上流动(当然也有可能因破产而落入普通人的行列),所以不同于普通的被统治阶级,他们的地位是既可向上流动又可能向下跌落的,因此被称为是"middle class"。实际上,在英语中"middle class"的意思就是"居于中间的阶级"的意思,中文翻译为"中间阶级"远比"中产阶级"要准确,后者一个"产"字就给这个词汇增加了原本没有的"财产"之意。

---

① 吴于廑、齐世荣主编:《世界史(古代史编)》(下),高等教育出版社 1994 年版,第 334、326、324 页。

② 《马克思恩格斯全集》第 44 卷,人民出版社 2001 年版,第 823 页。

虽然 20 世纪 50 年代时英国著名学者、费边社领导人乔治·科尔（G. D. H. Cole）的著作中已经开始将中间阶级的范围扩大到小资产阶级，但是明确将"中产阶级"① 区分为老"中产阶级"和新"中产阶级"，确立现代意义上的"中产阶级"概念的，当数美国社会学家 C. 莱特·米尔斯。

米尔斯 1951 年出版的《白领：美国的中产阶级》是西方论述"中产阶级"的经典著作。由于美国是一个没有封建社会历史的国家，不存在封建等级和贵族，因而，米尔斯将上层资产阶级即少数垄断资本家以外的资产阶级、小资产阶级都划分进"老中产阶级"，具体包括：工厂主、农场主、商人和自由职业者等。在米尔斯看来，美国新老"中产阶级"的交替时间为 20 世纪 40 年代。根据他的数据，到 1940 年，"老中产阶级"占整个"中产阶级"的 44%，而"新中产阶级"的比例上升为 56%，后者主要分为四类：工薪专业工作者、管理者、办公室工作人员和销售人员。米尔斯认为，"中产阶级"的新老交替有两重意义，"从消极的意义上说，中产阶级的转变是从有产到无产的转变；而从积极的意义上说，则是从财产到新的分层轴线——职业的转变"②。这里可以看出，到米尔斯这一代学者，"中产阶级"这一概念明确地不再等同于资产阶级，划分"中产阶级"的标准不再是财富，而是"与时俱进"地发展为以职业为划分标准来确定"中产阶级"。因而，中文把"middle class"翻译为"中产阶级"不仅从语言上讲有失误——增加了其中没有的"财产"意思，而且从内涵上背离了它的原意——以职业为标准划分"中产阶级"。

总之，到 20 世纪 50 年代，以《白领：美国的中产阶级》为标志，"中产阶级"概念演化为现代"中产阶级"：既包括资产阶级、小资产阶级又包括非体力劳动者"白领"甚至较高收入蓝领工人的混合概念。当代西方"中产阶级"概念则发展到由五种主要标准界定，分别是收入、职业、阶级的相对位置、主观评价和混合标准，由此界定出一个十分宽泛的

---

① 行文至此之所以会唐突地出现中间阶级到"中产阶级"的转换，全是由于米尔斯大名鼎鼎的著作在中国的翻译文本是以"中产阶级"为名的，现在读者更熟悉"中产阶级"这种译法，除涉及马克思主义的中间阶级概念外，本文在后面也将使用"中产阶级"一词。再者，虽然英文"middle class"的写法没有任何变化，但在西方它现在的意义与原意已经大相径庭，用"中产阶级"区别于从前的中间阶级，也未尝不可。

② ［美］C. 莱特·米尔斯：《白领：美国的中产阶级》，周晓虹译，南京大学出版社 2006 年版，第 50 页。

"中产阶级"。

二 对"中产阶级"的马克思主义分析

在马克思主义看来，并不存在一个实现了阶级融合的"中产阶级"。同样一个英文单词："middle class"，在马克思主义和当代西方社会学中的内涵和外延有着本质上的区别。"中间阶级""中等阶级"或"中间等级"（middle class、Mittelklasse）等词在马克思和恩格斯的著作中多次出现。

早在 1848 年《共产党宣言》发表之前，马克思和恩格斯在 1842 年的《共产主义和奥格斯堡〈总汇报〉》[①]、恩格斯在 1845 年出版的《英国工人阶级状况》序言[②]中就已经多次使用"中等阶级"和"中间等级"来表示资产阶级了。

在《共产党宣言》中，马克思和恩格斯指出："中间等级，即小工业家、小商人、手工业者、农民，他们同资产阶级作斗争，都是为了维护他们这种中间等级的生存，以免于灭亡。"[③] 在 20 世纪人类进入帝国主义与无产阶级革命的时代后，马克思主义者眼中的中间阶级或阶层问题就是小资产阶级问题。斯大林指出："毫无疑问，中间阶层问题是工人革命的基本问题之一。中间阶层就是农民和城市小劳动者……按经济地位来说，这是一些介于无产阶级和资产阶级之间的阶层。"[④]

因而，"middle class"在马克思主义经典作家那里有两种不同层次的含义：一是前面已经说过的，在从封建社会向资本主义社会过渡的历史时期，由于资产阶级有用财富换取贵族地位的可能，实现社会地位的上升，因此，资产阶级就被称为中间阶级。二是在资产阶级已经上升为统治阶级的资本主义社会中，旧的社会等级制度崩塌了，资产阶级从"中间阶级"的身份桎梏中解脱出来，"中间阶级"成为由手工业者、自由职业者、农民和小商人等小资产阶级组成的、位于资产阶级和无产阶级中间的阶级集团。因为在资本主义社会中会由于竞争的缘故小资产阶级日益两极分化，他们鲜有机会上升为资产阶级，倒是极有可能随时被抛

---

① 《马克思恩格斯全集》第 1 卷，人民出版社 1995 年版，第 291 页。
② 《马克思恩格斯选集》第 1 卷，人民出版社 2012 年版，第 84 页。
③ 《马克思恩格斯选集》第 1 卷，人民出版社 2012 年版，第 411 页。
④ 《斯大林选集》上卷，人民出版社 1979 年版，第 139 页。

入无产阶级的队伍中去。

在当代西方社会，独立执业的医生、独立执业的律师、高级经理（但不包括那些收入超过工人数倍的顶级经理）等自雇的或与资本家分享利润的专业人士等新型小资产阶级，也属于中间阶级。[1] 他们的特点是，或有一技之长可独立执业，或有少量生产资料勉为谋生，或通过参与资本的管理职能，分享一些剩余价值，使其工资水平超过熟练工人。该成分庞杂的中间阶级，其成员的共同特点是"他们不剥削别人，或对别人只有轻微的剥削"[2]。由于资本积累的规律是不停地由大资本兼并中小资本，或是小资本在竞争中破产，中间阶级的地位仍然是两极分化的：既有极少的可能上升为资产阶级，但更多的可能是破产沦为无产阶级。

总之，马克思主义所说的中间阶级指的都是私有者，而非工人阶级或无产阶级。中间阶级是与私有制相联系的阶级，是随着社会的发展将被消灭的阶级，资本积累的规律创造着逐步消灭这个阶级的客观条件。马克思主义不认为西方社会是一个"告别了"无产阶级的"中产阶级社会"，无产阶级仍是社会阶级结构的主体，我们仍然处在无产阶级革命时代的进程之中。

三 "中产阶级"为何能风靡西方世界

"中产阶级"这一概念的推行者们实际是在现代无产阶级与马克思时代的无产阶级之间制造对立。他们认为现代工人能接受教育、有社会保障、有车有房等，已经完全不同于过去赤贫的无产阶级，因此无产阶级正在走向消亡，取而代之的就是"白领""中产阶级"或"非劳动者的非阶级"等。持类似观点的学者有雷蒙·阿隆、安德鲁·高兹、西摩尔·马丁·利普塞特等。[3]"中产阶级"之所以盛行，虽然少不了学者的理论推广和媒体的概念灌输，但也必须看到，现代西方社会发达的物质基础使这样一个概念能够与人们对生活水平的直观感受结合起来，从而形成一种以生活和收入水平来衡量阶级地位的肤浅认知，这种认知的表现就是"中产阶

① 宋丽丹：《西方社会"中产阶级危机"的真相》，《当代世界与社会主义》2014 年第 5 期。
② 《毛泽东选集》第 2 卷，人民出版社 1991 年版，第 642 页。
③ ［英］安东尼·吉登斯：《社会学：批判的导论》，郭忠华译，上海译文出版社 2013 年版，第 49 页。

级"的盛行。

（一）"消费革命"与生活水平的提高

第二次世界大战后，西方资本主义社会迎来了一个黄金时期，人们的生活水平总体上远远超过了以往任何时期。大批量生产的消费品打破了从前不同阶级之间等级森严的消费界限，于是从生活方式、消费方式等来界定"中产阶级"成为一种学术时尚。

从住房等耐用消费品的普及来看中产阶级。在资本主义原始积累阶段，工人多是被从土地上赶走的农民，他们被迫进入工场劳动，在残酷的剥削下连温饱都很难解决，更别提买房了。但是现代工人却可能通过贷款实现住房梦，甚至汽车等过去的奢侈品也步入寻常百姓家。工人的生活水平虽然与富人们相比还是相去甚远，但是，物质财富的极大丰富使他们生活水平得以明显改善和提高，这种现象使资产阶级学者得出无产阶级"中产阶级化"的结论。

从工作方式的转变来看中产阶级。第二次世界大战后，资本主义全球化在相对和平的情况下有了相当大的发展，冷战的结束又进一步打破了全球化面临的政治障碍，随着跨国资本在全世界的扩张，随着全球产业链的上中下游布局的完成，许多产业从发达国家转移到第三世界国家。西方出现了在蓝领工人数量逐渐萎缩的同时白领工人增加的现象，无产阶级"中产阶级化"的观点也变得十分流行。

"人民资本主义"的幻觉。通过购买小额股票和"职工持股计划"，一部分工人成为小"股东"，"人民资本主义"论由此应运而生，这也是无产阶级"中产阶级化"的支撑理论之一。这种理论认为，股票代表着资本所有权，拥有哪怕一张股票也是资本家，如果人人都有股票，那么无产阶级就消失了，资本主义就具有了人民性，资本家与工人的利益就融为一体了。① 事实上，工人持股不过是降低了资本家控股的成本，使其控股所需股票相比从前下降了很多，也使工人的小额持股意义不大。实际上，小额股票所能带来的收益可以和银行储蓄带来的利息看作一个性质的东西。

综上所述，工人拥有住房等大额消费品和工人持股等现象，使某些人

---

① 金文：《从〈共产党宣言〉与〈资本家宣言〉看扬弃私有制》，《学理论》2013 年第 10 期。

产生了无产阶级"中产阶级"化的想象。但小额股票和住房等生活资料一样，并不具有生产资料攫取剩余价值的功能，因此，所有建筑于其上的"中产阶级"的想象都是不真实的。

（二）阶级意识的迷失

无产阶级所谓的"中产阶级化"也是无产阶级阶级意识迷失的体现。

1. 消费水平模糊了阶级意识。第二次世界大战后，资本家推行的大规模生产大规模消费的理论在西方世界迅速普及，在一个鼓吹消费、赞美消费的社会，通过消费，人才能获得足够的存在感。并且通过消费，资本主义实现了一种平等感，即使人们的消费水平是不平等的，但是人们在消费上的选择是平等的。西方工人的消费水平在第二次世界大战之后经历了很长的上升时期，这对工人心理的影响是十分巨大的。人们会认为，无产阶级意味着"一无所有"，但现在大多数家庭拥有住房、家电甚至是少量的股票，于是一无所有的无产阶级消失了，他们"中产阶级化"了。正如有学者评论的那样："人们在诱惑之下倾向于把自己定位成中产阶级。这在很多情况下其实是一种宣传效应。例如，有数据显示非洲的中产阶级的数量在不断增加。然而，成为中产阶级不过意味着你穷得不够彻底。因此，在这种情况下，中产阶级这个观念毫无意义。"①

2. "平等主义"淡化了阶级观念。在 19 世纪，工人与有钱人的区别仅凭穿着就可以看出来。在第二次世界大战后，从衣着上讲，随着化纤工业的发展，大批量服装以流水线的方式生产出来，牛仔裤、T恤衫等"无阶级性"服装成为主流服装样式，从外表上很难分辨出不同的阶级了。更重要的是，西方的"政治正确"取得了重大进展，在政治、教育、文化、就业等若干方面在形式上取消了对性别、出身、种族和性取向等方面的歧视，于是，不管政治学家们定义的平等主义有多少种，"平等"的观念随着人们生活方式的趋同而深入人心，尤其是在美国社会，人只要足够努力就能成功的信条深入人心。这种"平等主义"并不是强调只有经济平等才能实现其他方面的平等，而是从抽象的平等观念出发，从法律上的平等强

---

① 蒋天婵、鲁绍臣：《马克思主义与今日反资本主义——卡利尼柯斯访谈》，载复旦大学国外马克思主义与国外思潮研究国家创新基地等编《国外马克思主义研究报告 2013》，人民出版社2013 年版，第 358、353—354 页。

调人不分肤色、性别、出身而平等以及人们在市场上买卖地位的平等；从起点平等强调个人奋斗等主观因素在成功方面的决定性作用等等。关注不平等现实的阶级观念自然与这种"平等主义"格格不入而备受冷落，阶级意识在人们的头脑中也就无处安放了。

此外，在新自由主义对社会的大规模干预下，人们对家庭、工会等依赖被减少到最低限度，人们更加依赖自己在劳动市场的命运，为了经济生存，个人已经成为生活规划和行为的中心。在这种情况下，社会不平等似乎不再显现为阶级的、集体的现象，而好像是变成个体化的现象，这导致西方有学者认为"阶级认同已经瓦解了，基于身份的阶级区别已经失去了其传统的支持"①。因此，在德国学者乌尔里希·贝克看来，西方社会不平等的结构虽然有惊人的稳定性，但第二次世界大战后到 20 世纪 80 年代这段时期，不平等的主题几乎从日常生活、政治和学术中完全消失了。② 在这种情况下，人们只会倾向于从收入、生活方式、价值取向等方面区分人群，而这正好是"中产阶级"概念所能提供的。

3."中产阶级"社会调查的误导。前面说过西方划分"中产阶级"的标准主要有五种，其中一种是以主观评价为标准，即以被调查者的主观意愿为标准确定他或她是否将自己归属于"中产阶级"。一般情况下，西方各国按职业、收入等标准测算的"中产阶级"占总人口比率都比"中产阶级"的主观认同率要低许多，如 2000 年左右的时候，瑞典"中产阶级"的比重占 55%，主观认同率却高达 80%；③ 德国中产阶级比例为 50%，主观认同率为 75%；④ 等等。根据社会学界的调查数据，日本"中产阶级"的比例与其他发达国家白领所占人群的比例差不多，但日本曾有高达九成的国民却自认为属于"中产阶级"。日本著名社会学家富永健一指出，日本"一亿总中流"的说法来源于日本政府的"国民生活舆论调查"，该调查问卷把人群分为"上层、中上、中中、中下、下"五个阶层，在接受调查的人群中选择"中上、中中、中下"阶层的达到总样本的 90%。而当

① ［德］乌尔里希·贝克：《风险社会》，何博闻译，译林出版社 2004 年版，第 111—113 页。

② ［德］乌尔里希·贝克：《风险社会》，何博闻译，译林出版社 2004 年版，第 111—113 页。

③ 杨宜勇：《关于瑞典和德国中产阶级的调研报告》，《北方经济》2004 年第 4 期。

④ 周晓虹主编：《全球中产阶级报告》，社会科学文献出版社 2005 年版，第 19 页。

社会学家在"社会分层与流动调查"中改变提问方式，把人群分成"上、中上、中下、下上、下下"五个阶层时，选择"中上、中下"阶层的就只有近70%。这说明调查的结果与调查的提问方式有很密切的关联。但"一亿总中流"的说法，经由媒体的渲染，成为一种很流行的说法。渡边雅男也指出，"国民生活舆论调查"给出的五个选项中除了上和下，其余都是与中层有关的选项，将众多的中等偏上、偏中、偏下的回答随便合计一番，就得出了抱有"中等"意识的人群超过九成这一结果。在世界其他13个国家进行同样的调查，也得出了和日本类似的结果。①

这些极不严谨的调查报告经过媒体的报道和宣传，在西方社会造成了浓厚的"我们都是中产阶级"②的氛围，人人浸染其中，难免对自身的阶级定位产生错觉。

总之，第二次世界大战后"阶级"概念成为西方学术研究的禁忌，在西方社会生活水平的普遍提高和工人阶级意识普遍淡化和模糊的情况下，在学术界、媒体和政府的共同推动下，"中产阶级"概念及"中产阶级社会"的观念深入人心。

四 对"中产阶级危机"的分析

2008年，席卷资本主义世界的"大衰退"使广大"中产阶级"遭受了巨大冲击，造成了"中产阶级危机"，其表现是"中产阶级"的工作在大量流失，他们的收入也在下降，破产率大幅提高。在美国，申请破产人中比例最高的是"中产阶级"③。如何拯救"中产阶级"成为政治生活中的热门话题。那么"中产阶级危机"的根本原因是什么呢？问题的答案必须到资本积累的规律中去寻找。

资本积累过程中资本有机构成的提高是"中产阶级"工作大量流失的深层原因。

第一，在资本主义的生产体系里，工人承担的工作职能有简单复杂之

---

① ［日］渡边雅男：《当代日本社会的十三个阶级问题》，陈哲译，《国外理论动态》2016年第4期。

② "Profile：John Prescott"，*BBC News*，August27，2007.

③ 参见 Elizabeth Warren and Amelia Warren Tyagi，*The Two-Income Trap：Why Middle-Class Parents are Going Broke*，New York：Basic Books，2003。

分和高中低的等级之分，各个劳动力需要不同程度的教育水平，这样就会发展出"一种劳动力的等级制度，与此相适应的是一种工资的等级制度"①。收入处于较高等级工资序列的工人在当代西方社会就被说成是"中产阶级"的一分子。但是正如大工业消灭了手工业师傅的独有技艺使他们沦为机器的附庸一样，这部分"中产阶级"分子原先仰赖的技术或知识也逐渐因电脑、网络及其他技术等加入到生产中而日益贬值，并使他们沦为进步技术的助手甚至失业。从一个工业部门被抛出来的工人，当然有可能在另一个工业部门找到工作，但"这些因为分工而变得畸形的可怜的人，离开他们原来的劳动范围就不值钱了，只能在少数低级的、因而始终是人员充斥和工资微薄的劳动部门去找出路"②。因此，资本有机构成的提高使资本对劳动力的需求相对减少，将导致相对人口过剩，从而加深无产阶级贫困化。

第二，还可以从熟练工人和非熟练工人的角度来理解"中产阶级"收入的下降。由于非熟练工人从事的工作常常不需要什么特殊技能，因此他们基本不需要什么学习费用。过去，要成为熟练工人需要长期的学习，现在技术进步导致工作技能的简化，使这种学习要么不再必要，要么学习时间大大降低，这就会在引起熟练劳动力相对贬值的同时使资本得到更大的增值，因为缩短劳动力再生产所必要的时间就表示劳动力的价值降低了。在飞速发展的技术面前，白领工人的工资水平呈下降趋势也就不再奇怪了。

一般来说，在资本积累过程中，工人的技能水平通常将随着资本有机构成的提高而普遍下降，"但也有例外，当劳动过程的分解产生了一些在手工业生产中根本没有过的，或者不是在同样大的范围内有过的新的综合的职能时，就是如此"③。马克思非常敏锐地观察到了在新的劳动技能只被少数雇佣工人掌握的情况下，他们的待遇水平会非常高。在20世纪上半叶，办公室的打字员、办事员属于劳动者中的高收入阶层，后来办公自动化系统的出现，使打字员这种职业消失了，不会使用电脑的人在办公室很难再有立足之地。可是随着电脑在社会生活中的普及，不会使用电脑的人

---

① 《马克思恩格斯全集》第44卷，人民出版社2001年版，第405页。
② 《马克思恩格斯全集》第44卷，人民出版社2001年版，第507页。
③ 《马克思恩格斯全集》第44卷，人民出版社2001年版，第406页。

又变少了，办公室文员的收入待遇也随之降低了许多。曾经可以拿着"中产阶级"薪水的办公室人员，现在的工资水平甚至还不如一些蓝领工人；曾经少数人才懂的计算机编程工作，由于高等教育的普及变成了僧多粥少的职业，普通编程人员的薪水急剧下降。因此，奥巴马政府声称要通过"拓宽教育和终身培训的机会"帮助"中产阶级"找到工作机会，不过是使"中产阶级"的工作更加迅速地贬值而已，而"帮助维护'中产阶级'和工薪家庭的收入"① 也就成为镜中月、水中花。

第三，我们知道，资本主义积累过程中资本有机构成的提高不仅造成对劳动力的需求的增长低于生产资料的增长，还造成利润率不断趋向下降的趋势，资本为阻止利润率下降，将许多业务——从传统的制造业到信息服务业，都转移到或外包到劳动力成本低廉的国家，造成并加剧了西方国家的产业"空心化"。因此，维持现有"中产阶级"工作岗位的稳定已经勉为其难，更遑论增加它了。由此造成的社会结构变化是显著的，美国皮尤研究中心的调查显示，1971 年美国的"中产阶级"占总人口的比例是61%，2011 年时下降到51%②，2015 年这一数字再下降到49.9%③，美国"中产阶级"占总人口比例多年来首次低于一半。德国经济研究会的研究表明，德国"中产阶级"从 2000 年占人口的 62%，下降到 2008 年时的54%。④ 进入 21 世纪以来，日本所谓的"中产阶级社会"崩溃了，日本总人口的80%属于中低收入阶层，日本变成了两头大、中间小的"M 型社会"⑤。有研究表明，全球"中产阶级"人数"有所下降"，他们的收入和资产也相应缩水，贫困和低收入人群仍占世界人口的71%。⑥ 这方面的数据因为统计口径不一而有多种，但数据反映的趋势都是一个，那就是"中产阶级"群体在萎缩。经济危机还加剧了这种趋势，美国"国家就业法律

---

① "The White House Office of the Press Secretary, Obama Announces Middle Class Task Force", January 30, 2009, https://www. white house. gov/the-press-office/obama-announces-middle-class-task-force.

② "The Lost Decade of the Middle Class Fewer, Poorer, Gloomier", http://www. pewsocial-trends. org/2012/08/22/the-lost-decade-of-the-middle-class/.

③ Tami Luhby, "Middle class no longer dominates in the U. S. ", http://money. cnn. com/2015/12/09/news/economy/middle-class/index. html.

④ "For Europe's Middle-Class, Stagnant Wages Stunt Lifestyle", *The New York Times*, May 1, 2008.

⑤ [日] 大前研一：《M 型社会》，刘锦秀、江裕真译，中信出版社 2010 年版。

⑥ 高荣伟：《全球中产阶级现状一瞥（二）："受挤压的欧洲中产阶级"》，《国际先驱导报》2015 年 7 月 22 日。

项目"证实，在"大衰退"损失的岗位中低薪工作占22%，中等收入的就业岗位占37%，但2010年的"恢复期"中新增就业岗位中低薪工作占了44%，中等收入岗位仅占26%。[①]

"中产阶级"工作的流失必然导致产业后备军的扩大和工资的降低，也会加深贫富差距的鸿沟。同时，新自由主义政策在西方的多年推行，使得就业环境持续恶化，自2005年以来的十年里，美国新增的约1000万个就业岗位中的94%为非全职工作[②]，这样就加剧了工资停滞甚至下降的趋势，使两极分化和阶级对立更加鲜明。因此，美国学者唐·佩克认为，美国社会的阶层固化使"中产阶级"没有可能再成为美国未来的代表了，"中产阶级"的黄金时代是由一系列有利因素综合作用的结果，"这种机缘巧合在美国历史上是绝无仅有，不可能被复制了"[③]。因此，资本积累是造成"中产阶级危机"的根源，"中产阶级危机"同资本主义社会任何的经济危机一样，其本质都不外乎是资本积累造成"群众的贫穷和他们的消费受到限制"[④]。

五　结论

资本积累特别是垄断资本积累，是一个不断用活劳动来堆积死劳动的过程，是一个不断用压榨工人和加紧对外扩张来阻碍利润率下降趋势的过程，这个过程曾经在独特的历史条件下——工人运动的壮大与社会主义阵营的威慑下，迫使资本不得不向工人作出一些妥协，使他们的生活水平有了很大的提高，成为所谓的"中产阶级"。不过，资本并没有放弃阶级斗争，当新自由主义成功阻击了工会运动，当冷战摧毁了社会主义阵营，工人们的好日子也就到头了。待遇好、福利高的全职工作在不断减少，临时工、兼职工不断增加，不断扩大的"产业后备军"，拉低了在职工人的待遇，制造出了更多的"穷忙族"。许多曾拥有"中产阶级"身份的雇佣工

---

① Harold Meyerson, "Who's Got the Political Will to Save the Middle Class?", April30, 2014.

② Dan Kopf, "Almost all the US Jobs Created since 2005 Are Temporary", http: //qz. com/851066/almost-all-the-10-million-jobs-created-since-2005-are-temporary/.

③ Don Peck, "Can the Middle Class Be Saved?", The Atlantic, (Sept 2011), 转引自,《美国中产阶级之殇》, flyingheart 译, 译言网, http: //select. yeeyan. org/view/59047/214488。

④《马克思恩格斯全集》第46卷，人民出版社2003年版，第548页。

人，在经济危机的冲击下或失业，或破产，或流离失所。"中产阶级"不曾改变过资本主义社会的规则：如果工人不能成功地出卖自己的劳动力就无法在资本主义这个冷酷的社会生存。为了生存他们不仅会放弃所谓"中产阶级"的生活方式，还会一代代地出卖自己的劳动力。

"中产阶级"虽然曾如此深入人心，但是在资本积累规律的冲击下，却暴露出这样一个事实："中产阶级"根本不是一个阶级实体，而塑造它的目的就是为了将阶级本身隐晦为一个不存在的实体。所谓的"中产阶级社会"不过是试图将无产者与资产者的对立调和起来，营造一个似乎是无阶级社会的假象。

现在，西方社会不断扩大的不平等不仅宣示了资本主义社会无法消灭阶级本身，阶级流动的停滞还在日益强化着资产阶级与无产阶级之间的阶级对立。"中产阶级"这一概念从理论到现实都破产了，但资产阶级绝不会放弃这一概念，它仍然会凭借着对物质和精神生产资料的支配，以挽救"中产阶级危机"的名义维持"中产阶级"的欺骗性。可以预见的是，这一危机无法被解决，"中产阶级"这一概念必将从"危机"走向"破产"。

当然，马克思主义的阶级概念并不会因为其科学性而自然占领人们的头脑，但是马克思主义的阶级观点和阶级分析会得到越来越多的认同和理解，这也是世界各国无产阶级及其政党变革资本主义制度所必需的思想和智力准备。

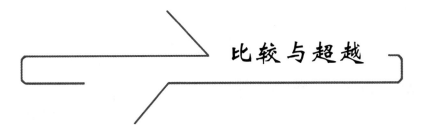

比较与超越

新自由主义企业理论方法论的政治经济学批判[*]

——新制度经济学与马克思主义经济学的比较

刘凤义[**]

以新制度经济学为代表的新自由主义企业理论，最根本的缺陷在于它从新古典经济学个人主义方法论出发衍生出的一套理论，对企业本身的一些基本问题不能作出科学解释，更不能作为我国国有企业改革与发展的理论基础。本文试通过对新制度经济学与马克思主义经济学关于企业理论方法论的对比分析，来阐明新制度经济学企业理论方法论的局限性，挖掘马克思主义企业理论方法论的科学内容。

一 新制度经济学的个人主义方法论使其企业理论渗透着唯心史观

新制度经济学的企业理论是建立在主流经济学个人主义方法论基础之上的，这一企业理论实质是把主流经济学个人主义方法论与制度分析的主张有机结合，并具体应用到对企业制度的分析中来的。在新制度主义者看来，主流经济学并没有把个人主义分析传统彻底贯彻到对企业的分析之中。因为在新古典经济学那里，企业仅仅被视为生产函数，劳动力同资本一样仅仅被视为生产要素，企业行为是一种投入产出的"技术"关系，并假设企业整体有一个人格化的行为目标——利润最大化。这种理论模型对

* 本文原载《当代经济研究》2006 年第 3 期。

** 刘凤义（1970— ），男，河北围场人，南开大学马克思主义学院院长，博士生导师，教授，中央马克思主义理论研究和建设工程专家。

企业行为的分析实质是把企业内部要素看作一个整体来进行的，这就是人们所说的企业"黑箱"。而在新制度主义者那里，企业不再被看作生产要素构成的整体，而是作为无数个人长期"契约"关系的集合体。这样，以个体"契约"为核心的企业理论，把企业的"黑箱"打开了。把企业看作契约集合的分析方法，使新制度学派企业理论转向了人与人的关系分析，并由此提出了分析企业内部关系框架，这为我们分析企业问题提供了新思路。比如，委托—代理理论认为企业内部关系是委托—代理关系，这种关系中处于不同职位的人的目标函数不一致，因此，要想使企业协调有效地运行，必须设计合理的激励约束机制。如果我们从企业运行的一般规律来看，这一理论有其应用的价值。再比如，企业治理结构理论认为企业虽是由契约构成，但这些契约是不完整的，为了避免履约过程中出现机会主义行为，就应该加强事后的企业治理结构的改进。这一理论也同样有启发意义，无论是什么性质的企业，从管理的角度看，设计合理的治理结构是保证企业效率的前提。

然而，个人主义方法论作为新制度经济学企业理论方法论的基石存在着致命缺陷，这就是其所渗透的"经济世界观"是"人性论"历史观，这一历史观贯穿到企业理论的研究中，必然导致两个严重后果：其一，把企业制度看作是个人理性选择的产物。许多批评者认为新制度学派企业理论中关于企业起源的理论存在严重缺陷。这种缺陷恰恰源于新制度学派个人主义方法，因为按照他们的成本—收益分析方法，任何制度的产生都是在个人理性计算的基础上，主观选择的结果，企业制度的起源当然也不过如此而已。与之相适应，企业的规模大小、企业内部分工—协作关系也都成为个人理性选择的产物。当然，在新自由主义者那里，能够选择、创造或改变企业制度的个人绝不是普通的"个人"，而是那些创造历史的"英雄"，这些"英雄"就是拥有资本的企业家。正如诺斯所认为的，制度变迁是经济的、政治的企业家理性选择的结果，企业家获得技能和知识的过程就是通过改变新的谈判和合约的可观察成本和收益来改变相对价格的，所以，"长期经济变迁是无数政治和经济企业家短期决定的累积结果"①。国内一些新自由主义者就是运用这一理论逻辑为那些非法剥夺劳动者财

① ［美］道格拉斯·C. 诺斯：《制度、制度变迁与经济绩效》，刘守英译，上海三联书店1994年版，第138页。

富，而成为新兴的资本所有者进行辩护的。其二，抽象掉社会生产关系来分析企业的经济性质。理论界一些人认为新制度经济学与马克思主义经济学都把"制度"作为研究核心，因此，二者的研究对象是一致的。本文认为这种认识是不正确的。新制度主义者虽然把制度纳入经济学分析框架，但他们的"制度"不是指"经济制度"，而是各种经济规则。新制度主义者抽象掉企业内部经济关系来分析人与人之间的关系，就必然得出企业是自由契约的集合这一结论。按照这一逻辑，进一步可以推理出不论什么性质的企业，只要市场中的自由交易都是合理的，任何政府干预或参与都是不合理的。国内一些新自由主义者正是依据这一理论为国有企业产权改革过程中出现的"内部人控制"现象、借"MBO"之名行侵吞国有资产之实的各种不正当行为进行辩护的。

与新制度经济学的企业理论不同的是马克思主义企业理论的方法论是建立在唯物主义史观基础上的。这一方法应用到企业理论研究中，就具体化为：在生产力和生产关系的辩证运动规律中揭示企业制度的起源与演变问题；在一定时期的社会生产关系中研究企业的经济性质问题；把契约关系看作经济关系的法律体现，而不是相反；在生产和交换有机结合中研究企业内部关系及企业与市场的关系。

正是在唯物史观的基础上，马克思主义的企业理论才不仅仅是抽象地研究企业一般，而是一定生产关系中的企业。在马克思那里研究的企业是资本主义企业，因为从逻辑和历史相统一的角度看，企业是伴随着资本主义商品生产而产生的。正是由于以资本主义生产关系为起点研究企业问题，才使马克思对"企业是什么"这一企业理论的基本问题的解释与新制度主义区别开来。在新制度主义者看来，企业作为一种制度形式，是人的理性选择的结果；而马克思则是从生产力与生产关系的对立统一中研究企业的性质的。

从马克思对尤尔关于资本主义工厂的两种描述的评价中，我们可以体会出马克思企业理论的方法论特点。尤尔对资本主义工厂的第一种描述是："各种工人即成年工人和未成年工人的协作，这些工人熟练地勤勉地看管着由一个中心动力（原动机）不断推动的、进行生产的机器体系"①，在马克思看来，这显然是从生产力或一般劳动过程对工厂的认识。它表

---

① 《马克思恩格斯全集》第 44 卷，人民出版社 2001 年版，第 482 页。

明，抛开社会生产关系看，劳动者在企业里的劳动是分工协作基础上的创造性活动，他们以团队为基础，运用生产工具（机器或机械化设备）进行生产活动，即"结合总体工人或社会劳动体表现为积极行动的主体，而机械自动机则表现为客体"①。所以，从一般的生产过程看，劳动是人的一种能动的、积极的生产活动。而尤尔在对工厂的另一种描述中认为，资本主义工厂是"一个无数机械的和有自我意识的器官组成的庞大的自动机，这些器官为了同一个物品而协调地不间断地活动，因此它们都受一个自行发动的动力的支配"（同上）。这种描述包含基本经济关系对企业劳动者的劳动过程所带来的影响，即"表明了机器的资本主义应用以及现代工厂制度的特征"（同上）。这个特征就是在资本主义生产关系中，资本家对机器的应用使本应是劳动主体的劳动者，变成了像原材料、生产工具等一样的生产要素，成为了有意识的工厂器官，因而，人受物的支配，劳动者的积极性、创造性在这种生产关系中受到了抑制。这表明，在企业中，对劳动者的行为分析不能单纯从他们所处的分工协作关系中进行，还必须揭示他们的经济行为受到怎样一种社会生产关系的影响。

从马克思对尤尔关于资本主义工厂描述的分析中可以看出，在马克思看来，资本主义企业是资本家通过雇佣劳动者，在分工协作基础上，为资本增值而进行生产经营活动的经济组织。对企业性质的研究、企业与市场关系的研究，必须从一定时期的生产关系出发，才能抓住问题的本质。而这一点，在新制度经济学的方法论中是无法达到的。

二 新制度经济学的"新经济人"假设使其企业理论陷入了形而上学的思维方法之中

新制度经济学的企业理论建立在个人主义方法论基础上，这就决定了他们对企业理论的研究必然是以"经济人"假设作为出发点的。因为个人主义方法论强调个人选择对制度形成的决定作用，这里的"个人"的内在规定性就是理性的、追求自身利益最大化的"经济人"。当然，以科斯为代表的新制度主义者并不满足主流经济学对"经济人"假设的具体规定，在科斯看来，"把人的经济行为描述为理性的最大化者的标准经济学是

---

① 《马克思恩格斯全集》第44卷，人民出版社2001年版，第483页。

'不必要的和误导的，即使应用于市场交易的情况也是如此'"①。基于此，新制度主义者对"经济人"假设做了三方面拓展，有人把这种拓展后的"经济人"称为"新经济人"，这种拓展对企业理论研究有着重要方法论意义。

第一，在人的行为偏好上，将"追求物质利益最大化"修正为"追求效用最大化"。新制度主义者从个人交易行为的角度理解企业，将企业看作个人之间产权交易的一组契约集合，企业行为是所有企业成员博弈的结果。这样，新制度经济学对企业的分析单位是"个人"而不是企业整体，他们把个人行为归结为"效用最大化"而不是"利润最大化"。这一转变对恢复被新古典经济学假设——演绎模式所淹没的对人与人之间关系的分析起到了作用。

第二，把"完全理性"现实化为"有限理性"。"有限理性"概念与市场信息不完全和不确定性是紧密相连的，这与新古典主义者认为市场竞争能够提供充分信息的假设相比，的确更接近现实。"有限理性"概念在新制度主义者看来是重要的，它表明在人的认知能力有限、信息复杂和充满不确定性的条件下决策，制度安排和设计有了重要意义。这样，他们很自然地在逻辑上把"制度"作为内生变量，引入了新古典经济学的分析框架。

第三，提出了"机会主义行为倾向"和"逃避责任"假说。在新制度主义者那里，对人的利己性作了更进一步的规定，"机会主义倾向"成为以威廉姆森为代表的交易成本经济学对人的行为假设的具体规定。所谓的机会主义就是"人们在任何情况下都有利用所有可能的手段获取他自己的特殊利益的倾向"②。而"逃避责任"则成为阿尔钦和德姆塞茨代理理论中关于人的行为假设的具体规定。通过这样的假设，他们就从逻辑上提出了通过公司治理结构和产权设计来降低交易费用和防范"偷懒"行为的企业理论。

必须看到的是，由于新制度经济学坚持"经济人"假设的核心思想，使其企业理论陷入了形而上学思维中。比如，他们把企业存在的原因仅仅

---

① ［美］理查德·A. 帕森纳：《罗纳德·科斯和方法论》，胡侃译，《经济译文》1994 年第 4 期。

② ［美］奥利弗 E. 威廉姆森：《治理机制》，王健等译，中国社会科学出版社 2001 年版，第 275 页。

归结为"经济人"假设下的交易费用的问题。再比如，由于他们只从企业表层关系上强调契约的平等、自由和个人的理性选择能力，把经济关系中的利益冲突，看作只是"经济人"在追求利益最大化过程中目标函数不一致造成的。所以他们认为解决问题的办法是在私有制的前提下设计合理的委托代理关系和企业治理结构，来抑制"经济人"在追求效用最大化过程中的机会主义等行为即可。这些认识显然是片面的，现实中的企业绝不仅仅是个人理性选择的产物。人的选择能力是由他所处的生产关系中的经济地位决定的，并非新制度主义者所假设的由信息是否对称决定的。另外，人的行为偏好也并不是一成不变的，在不同的制度约束下，人们的偏好会受制度的塑造和影响。

马克思主义企业理论建立在唯物史观基础上，这就决定了对企业理论中人的行为的研究，必然是以历史的、现实的人为出发点，在一定社会生产关系中运用辩证联系的方法来进行的。马克思主张从现实生产关系出发研究人，把经济学分析的人概括为"社会关系的总和"，他反对把人的本质"理解为一种内在的、无声的，把许多个人自然地联系起来的普遍性"①。也反对把人看作生来是追求自身私利的经济动物。在马克思看来，企业的产生不是简单的个人理性选择的结果，因为企业是发挥协作、分工的优势和利用科学技术的组织形式正如乐队需要指挥一样，分工协作的经济组织也需要管理与协调。因此，抛开"经济人"的行为假设，企业同样会存在，企业产生不是"经济人"假设的必然逻辑。

当然，马克思对企业的研究绝不是仅仅停留在生产力层面，因为在马克思看来，只有对一定生产力条件下的生产关系的分析，才能深入研究企业内部每个个人的物质利益具体内容是什么以及这一内容由什么规律决定的。马克思的企业理论本身就是对资本主义生产关系中人们物质利益关系的深刻揭示。他通过对资本主义企业内部关系的分析，揭示了剩余价值的形成过程、工人工资的本质，进而揭示了资本主义企业中资本统治劳动的经济性质以及资产阶级和无产阶级之间的对立关系；通过对企业与市场关系的分析，揭示了企业资本正常循环和周转的内部条件和社会条件，从而揭示了资本主义生产关系中资本家追求个人利益最大化与实现利益最大化的社会条件之间的矛盾；通过对企业与企业之间关系的分析，揭示了资本

---

① 《马克思恩格斯选集》第 1 卷，人民出版社 2012 年版，第 135 页。

家的个人利益不完全是个人理性选择的结果，现实中利润量的获得不是资本家个别企业创造的剩余价值量，而是在利润平均化规律作用下的资本家阶级内部重新分配所获得的平均利润量。

同时，马克思也不否认个人理性选择的重要性，但他不是把决定选择能力的因素仅仅归结在人的认知能力和市场特征上。在马克思那里将个人在企业中的理性选择问题纳入具体经济关系中来分析。按着新制度主义者的观点，劳动者和资本所有者之间是平等的契约关系，但二者之间存在信息不对称问题，工人是信息优势的一方，而资本所有者处于信息劣势地位，所以要通过设计各种制度来"如何让工人不偷懒"和"如何让工人说真话"。在马克思看来，资本家与工人之间的信息不对称的确存在，但信息优势不在工人一方，而在资本家一方，因为这种不对称根本原因不在于个人的认知能力上，而是在强制性的资本主义生产关系上。因此，资本主义企业中平等的契约、工人的理性选择不过是假象而已。马克思也深知市场的不确定性、信息不完全和滞后性，才导致市场配置资源过程中出现个别企业的有组织生产和整个社会的无政府状态。但马克思并没有仅仅停留于此，他认为导致问题的更深刻的原因在于资本主义生产关系与生产力之间的矛盾。在资本主义生产关系中，个人选择不是受主观上理性是否"有限"的约束，而是受不以人的主观意志为转移的客观规律的支配。因此在马克思主义者看来，有限理性、不确定性、信息不对称等字眼，看上去似乎能对企业理论作出很好的描述，但实际上它们无法揭示问题的实质。马克思运用辩证联系的方法，从历史的、现实的人出发研究企业问题，显然比从"经济人"假设出发研究企业问题更具有深刻性。

三　新制度经济学的静态比较方法把企业问题仅仅置于交换领域中研究

以科斯为代表的新制度主义者批判新古典经济学的实证主义方法，认为经济学家的发言应该从观察开始，"现实主义的假设是迫使我们去分析存在的世界，而不是一些想象的不真实世界"①。威廉姆森也指出："如果

---

①　R. H. Coase, "Essays on Economics and Economists", *The University of Chicago Press and London*, 1994, p. 18.

市场和等级组织，用信息经济学的语言符号，转化为博弈论语言，它可能是一个非常拙劣的转化……尤其是在交易成本和契约形式为核心内容的经济理论中，用数学理论模型，就会缺乏捕捉关于有限理性本质思想的语言。任何一个依靠数学模型的人，都会丢掉交易成本经济学大部分有价值的思想起源。"① 正是基于这一方法，科斯才通过对资本主义的考察，认识到资本主义经济中"生产"已不是经济学面临的主要问题，而"交换"却成了经济学关注的焦点，因此，必须从"交易"领域研究企业理论。沿着这一思路，科斯认识到市场的价格机制配置资源是有局限性的，从配置资源的角度看，除了价格机制这种制度安排外，还存在非价格制度安排，这种制度安排就是企业。那么，企业存在的原因是什么，它与市场制度又是什么关系？科斯最终找到的答案是："运用价格机制是有成本的"，企业的存在就是市场交易的契约与一体化交易的契约在交易成本上相比较的结果。

从交易费用范畴的起源上看，应该承认它有重要的理论意义和现实意义，但新制度经济学把对企业理论的研究仅仅局限于交易领域，并采用现实体制的静态比较方法，显然走向了极端。正如马克思所指出的："在资本家和雇佣工人的关系上，货币关系，买者和卖者的关系，成了生产本身所固有的关系。但是，这种关系的基础是生产的社会性质，而不是交易方式的社会性质；相反，后者是由前者产生的。然而，不是把生产方式的性质看作和生产方式相适应的交易方式的基础，而是反过来，这是和资产阶级眼界相符合的，在资产阶级眼界内，满脑袋都是生意经。"② 这种仅仅停留于事物表层的分析，不可能揭示其内部结构及运动规律。比如，按照科斯只从交易角度分析问题的逻辑，交易费用为零，企业没有存在的必要；而交易费用的增加会使企业协调出现。然而，现实中完全可以出现相反的情况就是交易费用的降低，伴随着的是企业数量的增加，而不是减少，因为这种情况下更适合企业专业化生产；相反，交易费用的提高，会使企业数量减少，而不是增加，因为这时企业生产成本上升。即使交易费用为零，企业也不会消失，因为企业的功能并非单纯的交易功能，它还必须进

---

① Willianmson, "The New Institutional Economics: Taking Stock looking Ahead", *Journal of Economic Literature*, (Sept 2000).

② 《马克思恩格斯全集》第 45 卷，人民出版社 2003 年版，第 133 页。

行生产，实现分工带来的好处。此外，把企业问题仅仅局限在交易领域分析，无法深刻揭示企业的经济性质。新制度主义者把企业的经济性质仅仅归结为平等契约条件下的"剩余索取权"和"剩余控制权"问题，显然是肤浅的。

与新制度经济学的静态比较方法不同的是，马克思主义的企业理论运用的是系统发展观，因此，它对企业的分析，既不是单纯局限在生产领域，也不是单纯局限在流通领域（交易过程），而是把二者有机结合起来进行的。

在马克思那里，企业不再仅仅被视为市场的微观主体，而是被视为一个具有丰富内容构成的"经济系统"。在企业系统中包含各种关系，这些关系按层次划分可以包括：（1）最深的本质层次关系。这是由企业的所有制性质决定的，它体现企业内部人们之间的本质经济关系。（2）中间层次关系，它是理解本质关系与表层关系的中介。企业的产权制度通常在这个层次上具有双重意义，一方面，它是企业所有制关系的法律体现，这个层次的产权关系通常是由法律规定；另一方面，产权关系又不完全等同于所有制关系，它还体现着企业中哪些人拥有企业虚拟财产所有权①，这种财产所有权可以是在管理意义上使用的，如经营者持股权；也可以是资本运营意义上使用的，如股票市场上的产权交易等。之所以把企业产权问题视为中间层次就是因为企业产权与企业所有制和企业资本的市场经营之间存在复杂的过渡关系，不这样认识问题，容易走向极端，或者认为产权仅仅是生产资料所有制的法律表现形式，或者认为产权只是一种管理形式。（3）表层关系。也就是企业作为一般经济组织所具备的特征，比如不管企业的性质如何，作为经济组织都把追求最大化利润作为经营理念；都有科学的组织形式和治理结构；人与人的关系在企业内部上下级之间都是权威与服从关系，劳动者之间都是分工协作关系，等等，这些体现着企业具体经营管理层次问题。此外，企业与市场的关系、企业与企业的关系也可以看作企业表层关系。马克思把企业作为这样一个系统来考察时，运用系统方法与动态发展观，不仅要分析企业表层关系，还要分析企业深层本质关

---

① 这一观点受孟捷博士观点的启发：他认为股份制不是真正赋予劳动者支配自身劳动的权利，而仅仅是赋予生产者一种虚拟的财产所有权。参见孟捷《马克思主义经济学的创造性转化》，经济科学出版社 2001 年版。

系。马克思这一方法在《资本论》中处处都有体现。

比如在第一卷马克思首先从流通领域出发，分析了资本和劳动力在遵循等价原则基础上实行自由契约式的交换过程；然后，再通过对资本主义生产过程的分析，揭示了这种自由契约的经济实质，即生产剩余价值；并在此基础上分析了资本主义企业产生的社会条件、企业的起源及演变、企业内部的经济关系、企业治理结构等基本问题，同时还从分工、协作和专业化等技术方面阐述了影响企业效率的基本因素。在第二卷，马克思再从流通方面考察企业与市场的关系问题。马克思从资本循环和周转的角度，分析了资源在企业内部合理配置的基本条件。然后又从市场机制运行的内在要求的角度出发，分析了企业生产的商品顺利实现的社会条件。马克思的分析表明，资源配置不是单纯的企业个体行为，它是宏观与微观有机结合的过程。因为在资本主义生产资料私有制的条件下，由于受市场自发性、盲目性和滞后性的影响，存在个别企业的有组织性生产和整个社会的无政府矛盾，从而破坏社会范围内资源合理配置所要求的比例关系。显然，马克思的分析比仅仅用市场不确定性、信息不对称来解释问题要深刻得多。最后，在第三卷，马克思在资本主义生产总过程中考察了资本主义企业与企业之间的相互关系以及企业运行的经济实质，等等。总之，马克思正是通过运用生产过程和流通过程相结合的分析方法，才不仅揭示了资本主义企业深层本质关系，而且揭示了企业与市场、企业与企业之间的表层关系，从而完成了对资本主义企业从抽象上升到具体的全部认识过程。马克思这一方法为我们科学研究企业问题提供了方法论基础。

马克思竞争理论与新古典综合
竞争理论比较研究*

尹栾玉**

　　竞争是经济学理论中的一个重要范畴，是个人（或集团或国家）间的角逐，凡两方或多方力图取得并非各方均能获得的资源时，就会有竞争。作为《资本论》研究对象的是处于自由竞争阶段的资本主义社会，因此，竞争也就不可避免地作为一条重要线索贯穿于马克思的价值理论和剩余价值理论当中。事实上，关于竞争的理论研究在英国古典政治经济学当中就已经有所体现，马克思和其他的西方经济学者一样，都是在此基础上进一步研究的。但是由于马克思主义政治经济学的研究目的和分析角度与西方经济学存在很大差别，因此马克思竞争理论与西方竞争理论也分别呈现出其各自不同特点。对二者之间的异同之处加以比较，对于进一步完善我国社会主义市场经济体制和规范竞争秩序具有重要的理论及现实意义。西方经济学在其发展过程中，竞争理论也经历了一个复杂的演变过程，不同流派在不同时期对竞争的看法各不相同。为便于分析，我们选取西方主流经济学当中比较有代表性的新古典综合派①为例，比较马克思竞争理论与新古典综合竞争理论的主要不同之处。

---

　　* 本文原载《当代经济研究》2003 年第 9 期。

　　** 尹栾玉（1974—　），女，黑龙江桦南人，教授，博士生导师，北京师范大学中国社会管理研究院社会管理与社会政策系主任。

　　① 以保罗·A. 萨缪尔森的经济思想及其所著《经济学》（中国发展出版社 1992 年版）为主要参照。

一 关于竞争与垄断的关系以及垄断本质的分析

研究竞争理论，就不可避免地要提到垄断。关于二者之间的关系及其对社会经济生活所产生的影响这一问题，古往今来的经济学家们作出了很多探索。马克思关于竞争与垄断关系的研究运用的是历史的和辩证的分析方法，是极具个性并富有说服力的。

马克思关于这方面的论述主要集中于《哲学的贫困》这部著作中，通过对蒲鲁东垄断学说的批判，阐述了垄断的起源、类型及其与竞争的辩证关系。马克思认为蒲鲁东所讲的只是由竞争产生的现代垄断，事实上，从历史发展的角度而言，现代竞争恰恰根植于封建垄断的土壤。"可见，原来竞争是垄断的对立面，并非垄断是竞争的对立面。因此，现代垄断并不是一个单纯的反题，相反地，它是一个真正的合题。正题：竞争前的封建垄断。反题：竞争。合题：现代垄断：它既然以竞争的统治为前提，所以它就是封建垄断的否定，同时，它既然是垄断，所以就是竞争的否定。"① "因此，现代垄断，资产阶级的垄断就是综合的垄断，是否定的否定，是对立面的统一。它是纯粹的、正常的、合理的垄断。蒲鲁东先生把资产阶级的垄断当做粗野的、简陋的、矛盾的、痉挛状态的垄断，这样他就陷入了和他的哲学自相矛盾的境地。"②

马克思还采用了动态分析的方法，阐明了垄断与竞争的辩证的、对立统一的关系。"在实际生活中，我们不仅可以找到竞争、垄断和它们的对抗，而且可以找到它们的合题，这个合题并不是公式，而是运动。垄断产生着竞争，竞争产生着垄断。垄断者彼此竞争着，竞争者变成了垄断者。如果垄断者用局部的联合来限制彼此间的竞争，工人之间的竞争就要加剧；对某个国家的垄断者来说，无产者群众越增加，各国垄断者之间的竞争就越疯狂。合题就是：垄断只有不断投入竞争的斗争才能维持自己。"③

萨缪尔森关于垄断的研究并未提及封建垄断，而是从资本主义社会中

---

① 这里马克思使用的是黑格尔哲学中的一种辩证模式，黑格尔辩证法认为，"正"是单纯的肯定，"反"是单纯的否定，"合"则是对"反"及单纯否定的再否定，这是肯定和否定的统一，即包含着肯定的东西的否定。

② 《马克思恩格斯选集》第1卷，人民出版社2012年版，第255—256页。

③ 《马克思恩格斯选集》第1卷，人民出版社2012年版，第256页。

现存的经济现象着手，虽然他也首先阐明了垄断产生的必然性，但并不是使用历史唯物主义的分析方法，而是从探讨不完全竞争存在的原因开始的。萨认为，成本条件是导致市场不完全性的两个根本原因之一。一些行业的厂商会有一条随着产量（Q）的增长而一直下降的平均成本和边际成本曲线，它表明了持续的规模收益递增。"厂商可以使其设备越来越专业化，可以把其工人组成更大、更有效率的单位，从而获得更大的纯效率。"① 因此在一些行业会产生相当的集中率（四厂商集中率是指四家最大厂商在某行业总产量中所占的百分比）。萨缪尔森基本认同了当大规模生产有重要节约作用时，市场上可能会最终只存在少数的销售者。

在垄断是否会对社会生产造成绝对负面影响这一问题上，萨缪尔森的观点与马克思有一定的相似之处。虽然他首先指出了不完全竞争将导致经济的低效率，在经济成本方面主要表现为：提高价格和产出不足，这在垄断中表现得尤为明显。但他也用较多的笔墨论证了垄断在某种程度上的积极作用，并引用熊彼特的假说对传统古典竞争理论的某些观点给予了反驳。他认为，经济发展的本质在于创新，而传统理论往往忽视技术变革的动力。实际上，垄断和寡头是创新和生产水平提高的主要源泉，虽然他们也得到了暂时的额外利润。如果解散大企业使他们成为完全竞争者，在长期，会由于产业的分散化使技术变革放慢。创新与市场权力之间的关系是复杂的，为了鼓励创新，政府应允许各种形式的组织并存。

与马克思的不同还在于，萨缪尔森考察了政府在处理竞争与垄断关系时所扮演的双重角色。形成这种差异的主要原因在于二者所处的历史时代和经济学理论背景的不同。萨缪尔森最初出版《经济学》时（1948 年）正是凯恩斯主义作为主流经济学大行其道之际，其所谓新古典综合也最主要是综合了新古典的微观均衡理论和凯恩斯的以需求管理为核心的国家干预理论，这使得萨缪尔森比较具体地关注了国家对垄断这一经济现象所采取的对策。一方面，由于垄断所引起的社会成本（在资源配置上的代价）的存在，政府要限制垄断，或是强迫他们服从反托拉斯法。但另一方面政府对自然垄断行业所实行的经济管制，非但没能增加消费者剩余，反而还导致了社会效率的丧失。他引用一些经济学家的提法，认为管制是一项政

---

① ［美］保罗·A. 萨缪尔森、威廉·D. 诺德豪斯：《经济学》下册，高鸿业等译，中国发展出版社 1992 年版，第 835 页。

治活动，其目的是为了通过限制加入受管制行业从而限制竞争来增加生产者的收入。这里萨缪尔森实际上融入了乔治·J. 施蒂格勒在其著名的《经济管制论》当中阐述的"政府规制俘虏理论"（capture theory of regulation），认为管制的结果在于人为地创造了一种市场垄断，而没能真正实现对自然垄断的约束和限制。

二 关于竞争类型的划分角度

从完全竞争到不完全竞争，经济学的竞争理论经历了一个漫长的演变过程。亚当·斯密非常重视对竞争的研究，他阐述了竞争在商品价格形成过程中不可替代的作用。但斯密所指的竞争是"完全自由"的经济社会中的完全竞争，随着经济生活的日益复杂化，这种简单的竞争概念已无从解释大规模企业的存在对市场所产生的积极的和消极的影响力。新古典经济学的集大成者阿尔弗雷德·马歇尔在《经济学原理》中对垄断厂商使用大规模生产技术降低生产成本和销售价格以增加消费者的福利给予了肯定，但他并没有将垄断纳入到他的一般价值分析体系，而是被寡头垄断的现实和理想的完全竞争的矛盾所困扰。张伯伦和罗宾逊夫人试图弥补马歇尔的垄断和完全竞争这两个完全相反的情况之间的差距，他们几乎同时发表了《垄断竞争理论》和《不完全经济学》，开始了所谓的"垄断竞争革命"（萨缪尔森）。

马克思继承并发展了英国古典政治经济学的完全竞争理论，在整个竞争理论的发展过程中起到了重要的作用。但由于马克思研究经济问题的目的和着眼点与一般西方经济学者不同，其竞争理论也是另辟蹊径。马克思本人并没有按竞争程度直接对竞争的类型加以划分，但我们可以从竞争作用、竞争主体等几方面对其进行探究。按照竞争在价值和生产价格形成过程中的不同作用可以将其划分为部门内部的竞争和部门与部门之间的竞争。首先，同一部门内部的生产者之间的竞争使得商品价值由社会必要劳动时间决定这一规律得以贯彻，使商品的个别价值形成为社会价值。而同一部门内部生产者与消费者之间的竞争，即供求关系的变化最终决定着商品价值的实现程度。马克思指出："竞争首先在一个部门内实现的，是使商品的不同的个别价值形成一个相同的市场价值和市场价格。"① 其次，部门与部门不同资本之间为了争夺更有利的投资场所而展开的竞争，使不同部门的利润率转化为平均利润率，并由此使这些不同部门的产品价值转化为生产价格。按照竞争主体不同，还可分为资本和劳动的竞争、雇佣劳动者之间的竞争、卖者之间的竞争、买者之间的竞争、买者和卖者之间的竞争等等。

萨缪尔森作为 20 世纪西方著名的经济学家，新古典综合派最杰出的代表，对于竞争问题的研究深度和关注角度与其之前的古典经济学和新古典经济学都有了很大的不同。萨缪尔森认为，在现实经济生活中，由于竞争和信息的不完全性，完全竞争市场只是理想化模型，大多数市场既非完全竞争，也非完全垄断，而是垄断的不完全性和竞争因素的混合物。不完全竞争市场根据竞争受限制的程度主要分为三种类型：寡头、垄断竞争和完全垄断。寡头是指几个出售者控制某产业，其重要特征是每个企业都可以影响市场价格；垄断竞争是指一个产业中有许多卖者生产具有差别的产品；垄断是不完全竞争的极端形式，市场中单一的出售者控制某一产业，这个单一出售者即为垄断者。

可见，马克思对竞争类型分类主要依据是考察它在商品社会价值以及生产价格形成当中的作用，主要是为了揭示资本家如何凭借生产资料的所有权实现对工人的剥削，并在平均利润率形成基础之上实现剩余价值在各资本家之间进行再次分割的过程。分析竞争和对竞争分类只是手段，目的在于揭露剥削。而新古典综合竞争理论则更重视从事物的表象出发，按照竞争受限制的程度对不完全竞争市场进行分类，力图从实证分析的角度客观阐明当代社会的竞争现状，并为政府制定合理的竞争政策提供相应参考。萨缪尔森在《经济学》中明确表明自己的任务是要将现代经济学原理和美国及世界经济的制度表述为明白易懂的、准确有趣的概论。其在本质上是要向世界推销它的完美的经济制度即资本主义制度，而美国则是这种完美经济制度的最好代表。其实西方主流经济学从来就不像他们自己所宣称的那样，是超阶级的普遍真理，他们只是用大量的图表和数据的换算掩盖了对事物更深层次的本质的研究。正是由于两种理论研究目的的不同，使得他们各自选择了不同的出发点和研究角度，并实现了各自不同的理论及现实目的。

---

① 《马克思恩格斯全集》第 46 卷，人民出版社 2003 年版，第 201 页。

三　关于竞争作用和竞争本质的认识

关于竞争在社会发展中的作用，马克思也是从历史发展的角度出发，首先谈到了竞争机制在封建社会末期促使了小商品生产者的两极分化，并最终为资本主义生产方式的确立和发展开辟了道路。在资本主义的发展过程中，竞争也起到了重要的推动作用。资产阶级之所以在它不到一百年的阶级统治中所创造的生产力，比过去一切世代创造的全部生产力还要多，还要大，就是因为它打破了封建统治的束缚，取而代之以自由竞争和与其相适应的社会制度和政治制度，即资产阶级的经济统治和政治统治。竞争机制作为商品经济的主要调节杠杆之一，通过与供求机制和价格机制的相互作用，可以促进生产率的提高，并最终优化社会资源配置。但马克思同时也指出了在以私有制为基础的资本主义市场经济中，自由竞争作用的局限性。因为盲目竞争会造成社会生产的无政府状态，从而导致社会资源的巨大浪费。"资本主义生产方式迫使每一个企业实行节约，但是它的无政府状态的竞争制度却造成社会生产资料和劳动力的最大的浪费，而且也产生了无数现在是必不可少的、但就其本身来说是多余的职能。"①

在竞争作用问题上萨缪尔森的观点与马克思比较相似，他主要阐明了竞争在商品的市场价格形成以及实现社会资源合理配置方面所起到的作用。萨缪尔森认为："完全竞争市场具有明显的有效率的性质——在某些有限的条件之下，完全竞争可以达到配置的高效率，从社会的有限资源中取得了最大的满足。"② 但我们仍然可以从中看出二者分析方法和着重点的不同。马克思从历史唯物主义的角度出发，把竞争看作是与商品和抽象劳动等经济范畴一样的历史范畴，在对资本主义的产生及发展起到应有的积极的历史作用后，它最终的历史命运是被社会主义竞赛所取代。而且马克思更关注资本家之间的竞争对工人阶级命运的影响。萨缪尔森在其理论中并无对竞争机制历史命运的更深入思考，而是单纯从经济运行层面出发，描述经济现象并寻求在资本主义生产关系范围内的解决办法。二者在这一

---

① 《马克思恩格斯全集》第44卷，人民出版社2001年版，第605页。

② ［美］保罗·A.萨缪尔森、威廉·D.诺德豪斯：《经济学》下册，高鸿业等译，中国发展出版社1992年版，第829页。

问题认识上的差异究其根本原因应该是对竞争本质的不同理解决定的。

马克思第一次揭示了竞争现象背后所掩盖的经济关系的本质。"竞争不过是资本的内在本性，是作为许多资本彼此间的相互作用而表现出来并得到实现的资本的本质规定，不过是作为外在必然性表现出来的内在趋势。"① 只有了解了资本的内在本性，才能对竞争进行科学的分析；只有揭示了资本主义生产方式的运动规律，才能说明竞争规律。因为竞争只是资本主义经济运动规律的执行者和表现形式。比如，在资本主义社会，资本家之间为争夺利润进行的竞争最终会转化为对工人阶级更残酷的剥削，并导致工人阶级内部为争夺就业机会和经济收入的斗争。这都是由资本的本质决定的，竞争不过是一种直接表现出来的形式。

"古典竞争理论虽然也看到了经济利益是驱使人们进行竞争的动力，然而他们把自由竞争与资本主义生产方式看成是永恒的历史范畴，与人的本性相符合。新古典竞争理论则完全从竞争的表面现象出发，把完全竞争视为最理想的、最和谐的均衡状态，把资本主义生产方式看成是自然的唯一的生产方式。"② 新古典综合经济理论综合并发展了古典和新古典竞争理论，但其研究的重点仍然是着重于表象、细节和解决问题的方法，关于竞争本质的分析却乏善可陈。比如，马克思认为，由于竞争压力的作用资本家会拼命增加积累，但随着资本积累的日益增长和资本不断地积聚和集中，资本对雇佣劳动的剥削不断加深，其最终结果必然会导致相对过剩人口的形成和产业后备军的出现。马克思在阐述这些经济现象时，更着重考察它最终对无产阶级所造成的影响，而这些并不在新古典综合理论研究的视野之内，他们更重视的是在现存经济条件下，哪一种竞争形式更符合发展的需要，更能够提高实际的经济运行效率，他们的注意力集中于对当前的问题在资本主义范围内的可能的解决方法上。

通过以上几方面的分析我们可以看出，马克思主义竞争理论与新古典综合竞争理论有一定的共通之处，但更多的是不同。这与他们各自当时所处时代的生产力发展水平有直接关系，因为物质基础决定了不同时代的经济学者必然面对不同的研究对象，有各自不同的历史任务。但是，究其根本原因还是因为两种理论的前提假设、各自的研究目的以及所使用的分析

---

① 《马克思恩格斯全集》第 30 卷，人民出版社 1995 年版，第 394 页。
② 陈秀山：《现代竞争理论与竞争政策》，商务印书馆 1997 年版，第 28 页。

方法的差异。马克思主义经济理论是建立在资本主义制度并非人类社会的最终选择，是可以批判、可以替代的社会制度的大前提基础之上的，所以马克思着重分析的是在生产过程中形成的人与人之间的关系，主要是从历史的、辩证的和阶级的角度出发对竞争进行更本质、更深刻的分析。尽管与其他一般西方经济学者相比而言，萨缪尔森对马克思的经济理论作了更多的研究并有很多的承认，但这并没有改变其理论研究的前提，即资本主义制度的永恒和不可替代性。建立在改良主义这一哲学基础之上的萨缪尔森的竞争理论必然要采取综合和折中的方法，重视对经济运行层面的研究，并力图提出一些相应对策。如果可以把马克思的理论比喻成一把利刃，直刺资本主义的要害；那么萨缪尔森的理论只能算是一剂糅合了多种流派观点的新配方，他试图作为万能的止痛药在资本主义制度范围内"头痛医头，脚痛医脚"，却无法从根本上改变资本主义制度的最终历史命运。

马克思主义视角下的西方公共产品理论批判性解读[*]

杨　静^{**}

一　西方公共产品理论的发展路径与研究框架

西方公共产品理论历经近三个世纪的不断发展和丰富，已经形成较为完善的理论体系，成为公共经济学的重要理论基石。

公共产品（public goods）① 一词最早由林达尔（Lindahl）1919 年在《公平税收》中提出。不过早期学者如休谟、斯密等，虽没提出这一用词，但针对事物的公共性论述了公共产品问题。萨缪尔森指出具有非竞争性和非排他性的产品为公共产品。② 但是"萨氏"将所有产品分为纯私人产品和纯公共产品未免过于简单。③

　＊　本文原载《教学与研究》2009 年第 8 期。

　＊＊　杨静（1977—　），女，河北保定人，中国社会科学院马克思主义研究院研究员，马克思主义基本原理部副主任。

　①　"public goods"一词由林达尔（1919）提出，但是有多种中文译法，例如"公共物品""公共商品""共用品"等等。这些译法看着差异不大，实则不然。本文采用"公共产品"译法，认为该译法能避免由"有形""无形""商品""非商品"等引起的思维逻辑混乱，能结合社会经济发展条件的变化，反映由社会经济发展水平、社会文化等因素决定的社会共同需要，从而有助于分析一个国家在不同历史阶段条件下"公共产品"内容的演变规律。

　②　Samuelson P. A. ，"The Pure Theory of Public Expenditure"，*The Review of Economics and Statistics*，Vol. 36，No. 4（Nov 1954），pp. 386 – 389；Samuelson P. A. ，"Diagrammatic Exposition of A Theory of Public Expenditures"，*The Review of Economics and Statistics*，Vol. 37，No. 4（Nov 1955）.

　③　ColmG. ，"Comments on Samuelson's Theory of Public Finance"，*The Review of Economics and Statistics*，Vol. 38，1956，pp. 408 – 412；Buchanan J. M. ，"An Economic Theory of Clubs"，*Economica*，Vol. 32，No. 125（Feb 1965），pp. 1 – 14.

公共产品特性和分类一直为学者所关注，例如马斯格雷夫（1959）将产品分为公共产品（纯）、私人产品、混合产品和有益产品；① 奥斯特罗姆夫妇（2000）将产品分为私益物品、收费物品、公共池塘物品和公益物品。②

传统观点认为存在着市场失灵，市场不能有效供给公共产品，政府应承担供给责任。但是科斯 1974 年在《经济学上的灯塔》一文中以事实为依据提出公共产品供给可以引入市场机制的观点。此外，在公共产品提供上出现"政府失灵"问题，也促使学者探索政府之外的供给方式和模式。例如德姆塞茨（1970）指出如果存在排他性技术，私人企业能够有效地提供某些公共产品。③ 韦斯布罗德（1974）提出由第三部门即非营利部门提供公共产品，论证政府和第三部门的合作互补关系。④ 奥斯特罗姆夫妇（2000）提出多中心供给理论。⑤

有些经济学家指出，政府供给并不意味着政府要亲力亲为、直接生产，施莱弗指出当政府与私人企业签订比较完备的合同时，私人生产公共产品比政府更有效率。⑥ 但是宪政经济学认为公共产品供给关键不再是效率，而是制度设计，没有有效的集体决策制度，公共产品无法有效供给。⑦

现实中人们往往不能或不愿表露真实偏好，蒂布特（1956）指出"用脚投票"以表露偏好。⑧ 格林和拉丰（Green and Laffont）设计非市场机制

① Musgrave, R. A. , *The Theory of Public Finance*, New York：McGraw-Hill, 1959.

② ［美］埃利诺·奥斯特罗姆：《公共事务的治理之道》，余逊达译，上海三联书店 2000 年版。

③ ［美］鲍德威，威迪逊：《公共部门经济学》第二版，邓力平译，中国人民大学出版社 2000 年版。

④ Burton Weisbrod, "Toward a Theory of the Voluntary Nonprofit Sector in Three-Sector Economy", in E. Phelps（ed.）, *Altruism and Economic Theory*, New York：Russel Sage, 1974.

⑤ ［美］埃利诺·奥斯特罗姆：《公共事务的治理之道》，余逊达译，上海三联书店 2000 年版。

⑥ Shleifer Andrei, "State Versus Private Ownership", *The Journal of Economic Perspectives*, Vol. 12, No. 4（1998）, pp. 133 – 150.

⑦ Marmolo E, "A constitutional theory of public goods", *Journal of Economic Behavior & Organization*, Vol. 38, No. 1,（Jan 1999）, pp. 27 – 42.

⑧ Tiebout C. M. , "A Pure Theory of Local Expenditures", *Journal of Political Economy*, Vol. 64, No. 5,（Oct 1956）, pp. 416 – 424.

诱导提供公共物品所需信息。①

以上是间接偏好表露法，近些年经济学界以调查和问卷形式获取个人对公共产品的偏好，被称为"或有估价法"（Contingent Valuation Method），是直接偏好表露法。

地方性公共产品理论是公共产品理论的延伸。奥兹（Oastes）在《财政联邦主义》中指出，让地方政府将一个帕累托有效的产出量提供给他们各自的选民，则总量要比由中央政府向全体选民提供任何特定的并且一致的产出量有效得多。② 全球公共产品实践与理论的发展，③ 对已有公共产品概念及供给机制形成新的挑战，为国内公共产品问题提供新的思路与实验机会。

从西方公共产品理论发展路径可以看出，对公共产品研究基本形成以下研究框架（见表1）。

表1　　　　　　　　　　西方公共产品理论的研究框架

公共产品理论研究范围	相应理论及实践
公共产品定义及特性	非竞争性、非排他性； 不可分割性、共同性、外部性、不可拒绝性等。
公共产品分类	1. 纯公共产品、准公共产品、纯私人产品； 2. 私益物品、收费物品、俱乐部产品、公共池塘物品、公益物品、有益产品； 3. 全球性、国际性、全国性、地方性、社区性公共产品； 4. 有形公共产品、无形公共产品（制度、秩序、服务等）。
公共产品需求	1. 需求偏好间接显示：用脚投票、外部性税、非市场诱导机制等； 2. 需求偏好直接显示：或有估价法。

---

① Green Jerry R. and Laffont Jean-Jaques. , Incentives in Public Decision-making, New York：North Holland Publishing Company, 1979; Laffont Jean-Jacques, "Incentives and the Allocation of Public Goods", A. J. Auerbach & M. Feldstein（ed.）, "Handbook of Public Economics", edition1, Vol. 2, No. 10（1987）, pp. 537 – 569.

② Wallace E. Oates. , Fiscal Federalism, *Harcourt Brace Jovanovich*, 1972.

③ Inge Kaul. , *Global Public Goods：International Cooperation in the 21st Century*, Oxford：Oxford University Press, 1999.

续表

公共产品理论研究范围	相应理论及实践
公共产品供给	1. 公共产品生产、融资与有效供给：公共产品生产的效率性；税收、公债或收费等；公共产品最优供给、均衡条件等。 2. 公共产品供给模式： 供给模式选择依据：市场失灵、政府失灵、搭便车、供给效率与公平等； 供给模式：政府供给（多层级）、市场化供给、民营化供给、非营利部门供给、多中心供给、自愿供给。 3. 公共产品供给效果评价：成本收益分析、绩效评估与审核、财政风险控制等。

二　西方公共产品理论的批判性解读

——基于马克思主义视角

（一）公共产品定义、特性以及分类的误导性

非竞争性和非排他性是公共产品最基本的特性，不可分割性、共同性等多是从基本特性派生出来的，其目的是使定义与特性更具现实解释力。但公共产品这些特性从根本上说是产品具有的物质技术特性，是基于产品自然属性的纯技术性判断标准，只是抽象出"非竞争"和"非排他"作为假设特质。用这些特性认识公共产品，一方面无法摆脱就现象论现象的认识怪圈，误导人们只从物质技术特性即自然属性出发，而对决定公共产品本质的社会属性视而不见；另一方面，误导人们在公共产品供给措施和政策上作出错误选择。

例如，萨缪尔森将公共产品定义为，"每个人对这种产品的消费都不会导致其他人对该产品消费减少的产品"[①]。可以看出，非竞争性只是产品消费机会均等性即消费属性在现实中的片面表现，许多私人产品例如私人花园，其美景、花香就符合"萨氏"的非竞争性标准。虽然布坎南等对"萨氏"定义提出异议，但也不过从公共产品一些表象出发做了补充和拓展。如布坎南的俱乐部产品是根据一定范围内的消费机会平等性和非排他

---

① Samuelson P. A., "The Pure Theory of Public Expenditure", *The Review of Economics and Statistics*, Vol. 36, No. 4 (Nov 1954), pp. 386 – 389.

性对产品从私人产品到公共产品的转换作了连续性处理。① 这种认识虽更贴近现实，但仍是从现象上把握公共产品性质，只不过更加注重了一定范围内产品自然属性带来的效应。

如果以西方公共产品定义、特性为标准，对同一产品例如教育进行判断，其研究结论大相径庭，例如巴罗教授认为"教育是纯粹公共物品"；布坎南和萨缪尔森认为教育是"准公共产品"。可见，对同一产品进行公、私判断会产生不同认识，无疑会给供给政策制定和措施选择带来很大的误导性。因此，使用"萨氏"基于自然属性的技术判断标准，抛开历史性、社会性，从根本上不能揭示事物的本质属性，不能作出符合历史逻辑的科学解释。对公共产品进行界定并科学认识本质应从其社会属性出发，不能盲目照搬西方公共产品理论。

公共产品分类主要依据非竞争性、非排他性程度和产品形态等。从非竞争性、非排他性程度出发，只能对公共产品做有限罗列，这种有限性源自对公共产品自然属性把握的不完全性和片面性。从产品形态分类拓展了对公共产品的认识，将长期忽视的制度和文化形态公共产品纳入到范畴中。但是这种分类依然淡化经济基础对上层建筑的决定作用，实际上就是淡化资本主义生产关系对上层建筑中的政治、法律以及制度等性质的决定作用，用这种割裂内在联系的方法，粉饰资本主义社会制度的本质。

（二）满足公共需求和公共利益的虚伪性

表面看，公共产品是为满足公共需求、为社会公共利益由公共部门即政府提供的一种产品。这种"公共"性，似乎看到资本主义国家的政府为普通社会大众需求和利益服务的"美景"。但是将这种"公共"性纳入历史分析框架，就能够揭开"公共需求"和"公共利益"的虚伪面纱。

"公共需求"和"公共利益"在资本主义条件下具有很大的虚伪性。这种看似社会普通大众的公共需求，只有成为符合资产阶级利益需求并为资产阶级共同利益服务时，才能成为一种能被满足的需求，也就是说某种公共产品只有在给整个资产阶级带来的收益大于损失的时候，它才能被有

---

① Buchanan J. M. , "An Economic Theory of Clubs", *Economica*, Vol. 32, No. 125 （Feb 1965）, pp. 1 – 14.

效供给。① 例如规制环境污染的公共产品在威胁到社会普通大众生存的情况下还不能得到有效供给。这说明在资本主义私有制下，决定社会普通大众公共需求能否满足、公共利益能否维护取决于这种公共产品能否符合资产阶级共同利益的需求，能否为资本主义制度服务。

只有资产阶级把其"特殊社会"的需求上升为社会的普遍需求，把其局部的资产阶级利益上升为社会的公共利益，把资产阶级的追求原则上升为社会的普遍原则，社会普通大众的公共需求和公共利益才能得到满足和维护。马克思在《关于林木盗窃法的辩论》中指出，林木所有者一方面以受害人身份要求获取对私人利益的赔偿；另一方面又利用自己的立法者身份，打着"公众惩罚"的名义，企图将自己的私人利益公共化，获取更大的利益。② 可见"公共需求""公共利益"的实质是以资产阶级公共需求为出发点，并从根本上为维护资产阶级利益而服务的。只不过，资产阶级这种公共需求和公共利益从形式上泛化为社会普通大众的公共需求和公共利益，披上了看似美好的虚伪面纱。

由于"公共"性，似乎公共产品供给与公共部门即政府有了天然的联系。但这种由"公共"性引发的政府供给，其实质是为了使资本主义市场经济顺畅运行，满足资产阶级私利需求而引发的。马克思指出在一些国家，"甚至可以在生产方面感到铁路的必要性；但是，修筑铁路对于生产所产生的直接利益可能如此微小，以致投资只能造成亏本。那时，资本就把这些开支转嫁到国家肩上，或者，在国家按照传统对资本仍然占有优势的地方，国家还拥有特权和权力来迫使全体拿出他们的一部分收入而不是一部分资本来兴办这类公益工程"，这是因为资本"总是只寻求自己价值增殖的特殊条件，而把共同的条件作为全国的需要推给整个国家"。③ 马克思指出在私有制条件下，国家采取的是"一种虚幻的共同体的形式"，即以表面上"公共利益"代表的姿态出现，但是它集中体现了一定社会占统治地位的经济关系性质。那么政府活动必须与国家本质保持一致，由政府供给公共产品，其根本目的在于为统治阶级共同利益创造一种良好的社会环境，以使整个社会成为实现统治阶级共同利益的有效途径或工具。

---

① 胡钧、贾凯君：《马克思公共产品理论与西方公共产品理论比较研究》，《教学与研究》2008 年第 2 期。

② 《马克思恩格斯全集》第 1 卷，人民出版社 1995 年版，第 277 页。

③ 《马克思恩格斯全集》第 46 卷（下），人民出版社 1980 年版，第 24 页。

（三）以市场失灵作为划分政府、市场供给边界的局限性

由于公共产品的特性致使分散的市场力量不可能有效提供，供给存在市场失灵，从而为政府供给提供理论依据，[①] 市场失灵成为划分公共产品政府、市场供给的边界。但是这种划分具有很大的局限性，如果只以市场尺度为基点，公共产品只能成为市场失灵的附属物，只是市场不能解决才让渡给政府。这种划分的局限性在于对公共产品（政府）和市场关系的绝对化认识。

首先，西方公共产品理论是以"经济人"假设为前提的，认为"经济人"追求私利，存在公共产品市场供给失灵，需要政府供给弥补。市场失灵带来的公共产品供给不足是伴随着"经济人"的存在必然产生的，这就难免将公共产品（政府）和市场看作弥补与被弥补的关系；认为二者是历史的起点，而不是历史的结果，是自然的、永恒的现象。认为政府供给公共产品是为弥补由于"经济人"本性带来的市场失灵，就会使供给主体和政策选择绝对依赖于公共产品（政府）和市场关系，选择的出发点只以市场失灵为基础，只有市场不能或不愿提供时才转而需要政府或其他供给主体，这种局限性是显而易见的。

其次，必须看到公共产品是一个历史概念，是历史发展中的经济现象，并不是市场的永恒伴生物，不仅仅是为了弥补市场失灵而存在的。早在资本主义市场制度出现前，在尚不存在纯粹市场的原始社会、奴隶社会、封建社会就已经存在所谓的公共产品，根本无从谈起是为了弥补市场失灵。

即使在资本主义市场制度下，公共产品的最终目的也不仅仅是弥补市场失灵。更主要的是为资本主义生产关系顺畅运转、发展服务的，这突出表现为何种公共产品能提供、何时提供是不以社会普通大众意志为转移的，而以能否为资本主义制度服务为准绳。选择的标准，在于哪些弥补市场失灵的公共产品是资本主义制度允许的，哪些是能听之任之的。因此，绝对化认为公共产品是弥补市场失灵的产物，并以此划分政府、市场供给

[①] Samuelson P. A. , "The Pure Theory of Public Expenditure", *The Review of Economics and Statistics*, Vol. 36, No. 4 （Nov 1954）, pp. 386 – 389; Samuelson P. A. , "Diagrammatic Exposition of A Theory of Public Expenditures", *The Review of Economics and Statistics*, Vol. 37, No. 4 （Nov 1955）.

边界显然没有把握住市场失灵现象背后经济制度的本质要求。应该说，公共产品在不同的社会经济制度下，作用机制大不相同，不能仅局限于它与市场的关系来考察。

此外，公共产品供给已从绝对的政府、市场两分法得以扩展，形成了多中心供给、自愿供给等模式。但是，这种供给主体多元化是随着生产力不断发展、生产关系不断调整而形成的。就公共产品供给的根本目的而言，是为了维护和促进其所依附的经济制度健康发展和完善。因此，考虑其供给主体不应该机械地认为要么是政府，要么是市场，而应基于生产力水平以社会经济制度对公共产品的现实要求为标准。

而就公共产品供给量而言，认为市场失灵导致供给意愿和供给效力不足是主流观点。诚然，公共产品供给不足确实存在，但也存在着供给过剩问题，而决定这种供给过剩或者不足的，不是弥补市场失灵的要求，而是社会经济制度发展的要求。有些公共产品是社会经济发展所必需的，代表主导阶级利益，往往存在着供给充足或过剩现象；有些公共产品代表着被统治阶级的利益，往往会供给不足或受资本家抵制而不能得到有效供给。

至于供给量的决定，西方理论界倾向于采取均衡分析方法，强调在供求均衡中寻找供给的具体量。实质上，公共产品供给量是一个受多重因素制约的变量，其大小与社会经济制度所要获得的利益程度密切相关，供给量的把握更重要的是看到社会经济制度对这种公共产品的需求。如果这种需求是从社会一般利益出发，则这种供给量除了受到剩余产品量的限制之外，还会受到社会一般利益的长远利益、眼前利益以及社会一般利益内部结构等限制。

（四）唯心史观与个人主义方法论上的错误性

之所以西方公共产品理论会在定义、特性以及分类上具有误导性，在满足公共需求和公共利益上具有虚伪性，在以市场失灵作为划分政府、市场供给边界上具有局限性，其根本原因在于方法论上的错误性。

西方公共产品理论依然沿用的是西方经济学分析范式和惯用的方法论，是从唯心史观出发，把资本主义生产关系看作是天然的、永恒的，不研究生产关系本身，而是把重点放在物的发展上，甚至有意、无意地用物的关系来掩盖人的关系，并运用个人主义方法看待公共产品问题。总的来说，就是割裂经济关系与其他社会制度的关系，无视经济基础对上层建筑的决定作用，沿用抽象、演绎的个人主义方法，从表象出发，将公共产品自然属性与社会属性孤立地区分开，采用边际分析和成本收益方法研究公共产品特性①与供求均衡条件，利用证实和证伪的检验理论对理论前提、结论以及本身逻辑推理的合理性进行检验和验证。

虽然西方公共产品理论在不断修正中完善，但是这些修正与发展沿用的依然是唯心史观看待社会发展的思维方式，归根到底不能用科学的唯物史观看待社会历史变迁中的公共产品，这是因为近代资产阶级思想家在研究问题上存在着两个共同缺陷：一是在研究问题时脱离社会性和社会关系，将事物属性视为某种与生俱来、永恒不变的共性；二是用这种抽象不变的共性来解释各种社会历史现象，把抽象孤立的属性看作是打开各种社会经济现象的钥匙。

三 基于马克思主义视角公共产品理论构建的几点设想

公共产品是一个历史概念，公共产品理论只有以历史唯物主义为指导，才能科学揭示其本质，正确看待其供需特性以及选择合理的供给模式。具体来讲，可以从以下几个方面着手：

1. 将公共产品放入历史长河中可以看出，公共产品是为了满足某一特定历史条件下，一定范围内的社会共同需要而存在的，它关系到社会存在和发展，这种社会共同需要得到满足时往往会带来利益共享，最终维护和促进社会经济制度的发展与完善。正是因为这种需要共同性与利益共享性，才会在现实中外在地表现为消费的共同性与受益的非排他性，这两个特性又受到历史条件和社会经济制度的制约，这种制约不仅体现在公共产品的内容、结构和种类上，还体现在它与私人产品的转换上。认识公共产品，必须看到其是自然属性与社会属性的统一、共性与个性的统一，既不能离开共性也不能脱离特定的历史条件。因此，公共产品本质上说，是在一定社会经济条件下，以一定范围的社会共同需要为出发点，体现社会一般利益共享，为维护和促进其所依附社会经济制度发展和完善的产品。可

---

① 由于把"经济人"的利己性归结为一般"人"的特性，即把资产者特殊人性说成一般人性，因此，不可避免地只从成本收益（或付费）的角度来定义公共产品的非竞争性和非排他性。

以看出，公共产品不仅是为了满足社会共同需要，推进利益共享，更是为了维护和促进其所依附的社会经济制度的发展和完善。从这个意义上讲，公共产品更多地体现为一种制度安排与设计，社会属性对公共产品界定起着决定性作用。

2. 公共产品分类要立足其本质属性，它是以"社会共同需要"为出发点，体现"社会一般利益共享"，"为维护和促进其所依附社会经济制度的发展和完善"的产品。根据社会共同需要、利益共享和维护、促进社会经济制度发展和完善的程度不同，可以将公共产品分为维护性公共产品、经济性公共产品和社会性公共产品。维护性公共产品是指维护社会正常运行和个人基本存在的公共产品，是关乎国计民生的，是最基本的共同需要，覆盖范围最广，利益共享程度最高，强调消费机会平等性和供给公平性，例如国防。经济性公共产品是为了保障和促进经济顺畅运行和发展的公共产品，对经济发展起到重要的作用，需求具有针对性，是一定范围的利益共享，例如扶持某种产业发展的政策。社会性公共产品是需求层次较高的公共产品，这类公共产品更侧重促进社会完善和个人发展，关乎发展权利，例如教育。这三类公共产品的划分不是绝对的，而是相对变动的。一般来说，在经济处于较低发展阶段时，维护性公共产品需求更多和更容易被供给；当经济进一步发展时，经济性公共产品日益被需求和供给出来；当经济发展到较高阶段时，对社会性公共产品共同需求不断增长，供给能力也不断增强，这种公共产品所占的比重日益增加，维护性公共产品和经济性公共产品所占比重相对下降并保持在一定水平。

3. 公共产品供给主体与模式的选择应基于现实社会经济条件而呈现出动态变化，不能绝对地、孤立地看待公共产品供给主体与模式，仅仅认为政府供给公共产品是为了弥补市场失灵，使公共产品成为市场附属物。因此，在公共产品供给主体和模式的选择上，应该坚持供求双层约束下的经济发展动态观。供求双层约束下的经济发展动态观认为，公共产品供求总量、内容、类型和结构是受经济发展水平和发展阶段约束的，其供给主体和模式随着经济发展水平和阶段的不同呈现出动态变化，只不过在不同经济发展水平和阶段上，哪个供给主体和哪种供给模式更占主导地位而已。公共产品供给主体有政府、市场、非营利部门等多种主体，也就形成以某个供给主体为主导的供给模式，或是多元参与有所侧重的供给模式。一般来说，随着经济的发展，公共产品供求结构、供求重点会发生相应的变化，具有阶段性特征。在选择公共产品供给主体和模式的时候，要立足经济发展阶段和水平，把握供求的阶段性特征，并以动态视角正确审视各种供给主体供给能力的大小，选择合理的供给模式。供给能力大小和公共产品对社会发展的重要性在很大程度上影响供给主体和模式的选择，当经济发展处于较低阶段时，公共产品更多地由政府供给，居民对维持性公共产品具有更大需求；当经济日益发展时，可以将公共产品市场化供给作为政府供给的补充选择，此时居民对经济性、社会性公共产品具有更大的需求；当经济发展处于较高阶段时，公共产品供给可以不再主要依赖政府供给，而是形成市场、非营利部门、自愿等多元供给格局，供给主体和模式呈现出经济发展的动态变化。

论中国特色社会主义宏观调控[*]

——兼对当代西方主流宏观经济学的批判

刘明国[**]

在当代西方主流"宏观经济学"中，有两大理论支柱，即简单（均衡）国民收入决定理论（国内俗称"三驾马车"理论）和 IS-LM 理论。西方新古典综合派的宏观调控就建立在这两大理论基础之上。虽然上述理论在现实面前常常碰壁，其宏观调控政策常常顾此失彼、事与愿违，但仍无新的系统且科学的宏观调控理论能取而代之。时代召唤发展当代中国马克思主义政治经济学，为包括中国在内的世界发展贡献中国智慧。充分吸收古今中外一切科学合理的宏观调控理论，创立具有中国特色的社会主义宏观调控理论，是发展当代马克思主义政治经济学和构建中国特色社会主义政治经济学不可或缺的重要内容。

一 对"三驾马车"理论的批判

面对 1929—1933 年的资本主义经济危机，凯恩斯不像马歇尔等西方新古典经济学家那样单纯地为资本主义辩护，也不像悲观的西方古典政治经济学家们那样对资本主义失去信心，而是试图在不触及资本主义私有制的前提下利用政府采取需求管理政策和收入再分配政策来解决资本主义所面临的经济危机问题，即改良资本主义。这以他 1936 年出版的《就业、利息与货币通论》为标志。他的经济增长思想或宏观需求调控思想经过希

＊ 本文原载《马克思主义研究》2017 年第 3 期。

＊＊ 刘明国（1972— ），男，贵州赤水人，贵州财经大学经济学院教授，博士生导师，中国社会科学院博士后。

克斯、汉森、萨缪尔森等西方新古典综合派经济学家的发展（尤其是与库兹涅茨发明的国民收入核算理论相结合）后，集中体现在简单（均衡）国民收入决定理论（俗称"三驾马车"理论）中。[①]

在该理论中，他们将国民经济分为四个部门（消费者、企业、政府和国际部门），并假设了四个函数——均衡国民收入核算式、投资恒等于储蓄函数、消费函数和进口函数，通过联解此四个方程组（数学恒等变形），得出了如下具有代表性的简单（均衡）国民收入决定式：

$$Y = \frac{C_0 + G + I + X - M_0}{1 - \beta + \gamma}$$

其中，Y 为均衡国民收入、C_0 为社会自主消费（即与国民收入变化无关的消费）、G 为政府购买、I 为社会总投资、X 为社会总出口、M_0 为社会自主进口（即与国民收入变化无关的进口）、β 为社会边际消费倾向、γ 为社会边际进口倾向。[②]

在该式中，分子的前两项合在一起统称拉动经济增长的"消费马车"，后两项合在一起统称拉动经济增长的"出口马车"，中间 I 为"投资马车"；分母的倒数则为这"三驾马车"的乘数，即 C_0、G、I、X 每增加一个单位，Y 都将以（与乘数相同的）倍数增长；自主进口 M_0 与经济增长负相关。这种强调政府通过促进消费、投资和出口来拉动"经济增长"（实指货币意义上的均衡国民收入增长）的思想，又被称为凯恩斯主义。这种理论从本质上讲是经济发展不可持续的理论。

（一）该理论实际上是一种透支论

被西方新古典综合派阉割了的凯恩斯主义，不是通过改变生产关系进而缩小收入分配差距，让在弱肉强食的市场机制作用下陷入贫困的人群增加购买力和处于弱势的产业在价值形态和实物形态上得到足够的补偿，以解决社会有效需求不足（或相对过剩）和经济的可持续发展的问题，而是

[①] 凯恩斯消灭食利者集团的思想，被西方新古典综合派给抛弃了。

[②] 如考虑政府部门的税收和转移支付行为，该联解方程组还可以变换 $Y = \frac{C + G + \beta^* tr + I + X - M_0}{1 - \beta(1 - t) + \gamma}$，其中，tr 为政府转移支付（即各种财政补贴）、t 为税率；此式增加的经济政策含义是，增加政府转移支付、降低税率都有助于拉动 Y 的增长，这实际上意味着，推动 Y 的增长可以通过减少政府收入和增加政府支出来实现。但如此下去，赤字财政就是必然（希腊、西班牙、冰岛等国爆发主权债务危机就是最好的实例）。

让这些贫困人群去借债来维持生活、让弱势产业去借债来维持再生产、让原本就已经是捉襟见肘的公共财政通过借债甚至滥发货币来促进 GDP 的增长。

从半个多世纪的凯恩斯主义实践的结果来看，通过"三驾马车"来拉动"经济增长"的做法，虽然社会生产能力在一定程度上提高了，但实际上是通过透支未来缓解经济危机，类似于拔苗助长、割肉充饥。大肆采用凯恩斯主义宏观调控的国家无一不是债台高筑，如美国遭遇财政悬崖、欧洲诸国遭遇主权债务危机、日本债务居高不下，都是很好的说明。

我国从 1996 年经济"软着陆"（1995 年出现了轻工产品的相对过剩，有效需求不足的问题）后，为了维持经济的持续增长，以"三驾马车"理论为宏观调控政策的指导，不惜大规模增发货币和大规模增加财政赤字以促进投资、人为在外汇市场上低估人民币币值和对出口加工企业实行财政补贴等优惠政策以促进出口、大学大规模扩招和推行按揭贷款消费等以促进消费，结果就是，我们今天所看到的地方政府、大量企业和民众都负债累累，同时，财政安全与金融安全隐患也随着地方政府债务的不断攀升、金融杠杆过高、房地产泡沫膨胀和人民币贬值压力而累积。在中国传统文化中，这种通过大量透支来进行生产和消费的做法，在中国传统发展理念中是不被推崇的，但却被西方新古典综合派当作救命稻草。

（二）该理论存在与现实的严重背离

单纯强调通过政府干预来增加社会有效需求的凯恩斯主义，之所以在实践中事与愿违，一个重要的原因就是其理论与现实严重背离。

第一，凯恩斯虽然反对他老师马歇尔的市场自动出清假设，却又用了投资恒等于储蓄这个与市场自动出清没有本质不同的均衡假设。西方新古典综合派继续了这个传统，并将过剩的存货统统定义为"非意愿投资"来实现这一假设。① 这种定义，一则违背了他们所一贯推崇的经济人假设（资本家有了赚钱的机会才投资，现在居然把卖不出去的产品当作投资自

---

① 新古典综合派定义：意愿投资为在市场机制下资本家自愿进行的投资，非意愿投资为所有资本家在市场机制下不愿意的投资——存货。

己来买了），二则是有悖实事求是的科学原则。所以，这样的理论，在实践中注定是无法解决过剩问题的。

这无异于一个医生先假设病人没有病然后再给他开药方，不仅医不好"病"（经济危机）、反而导致病人"虚胖"（产能过剩、物价虚高）甚至得不治之症（个别行业如肿瘤般恶性扩张，形成泡沫经济，最终导致经济系统崩溃）。而且，就算我们认可这个"非意愿投资"概念，当实物形态财富的价值与货币形态的价值相等时，包括"意愿投资"和"非意愿投资"的投资总和，也根本不可能等于在市场机制作用下的储蓄；就算实物意义上的投资要和货币意义上的储蓄在价值上相等，也只可能是"非意愿投资"等于储蓄。总之，投资不可能等于储蓄。①

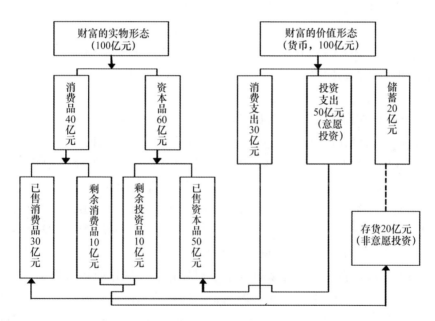

图1　宏观经济中投资、消费、储蓄、存货关系

　　注：假设实物形态财富的价值和货币形态财富的价值相等，都为100亿元；其中，消费、投资、储蓄和存货分别为30亿元、50亿元、20亿元、20亿元。

如图1所示，国民收入中应该包括50亿元"意愿投资"或已售出资

① 王朝明、刘明国：《对西方主流宏观经济学均衡假设的反思——从凯恩斯的投资恒等于储蓄说起》，《经济学家》2007年第4期。

本品。他们假定储蓄恒等于投资，即将均衡国民收入式中的储蓄通过均衡假设"乾坤大挪移"为（非意愿的）投资，但是此"投资"不包括"意愿投资"，若将该"投资"作为"意愿投资"的话，此时就又将没有全部转换为"意愿投资"的"储蓄"给漏掉了！该理论中的"投资"，其实是一个内涵不清、外延不定的让人糊涂的概念。

如果我们强制性地将价值形态上的"储蓄"用于"投资"，那么，一方面，必然导致生产资料因为供不应求而价格飙升（此时，新增投资需求20亿元，但资本品供给只有10亿元。我国从2003年开始随着房地产投资的急剧扩张、铁矿石等生产资料价格的飙升，西方国家在20世纪七八十年代遭遇的滞胀，都是很好的案例）；另一方面，价值形态上的"储蓄"中对应的"剩余的消费品"的价值实现还是无法得到保障。

第二，该理论单纯从需求侧去考虑经济增长，忽略了现实中可持续性的经济增长所必需的技术进步、（包括人口在内的）资源约束、经济结构变化等供给侧方面的因素。这显然是有失偏颇的幻想。

（三）该理论在逻辑上难以自洽

在理论推导过程中，"三驾马车"理论存在偷换概念的逻辑错误。先是用国民生产总值（GNP）和国内生产总值（GDP）作为经济增长的指标，然后用一个虚构的均衡国民收入来代替它们，结果是，现实中的经济增长问题就演变成了虚构的均衡国民收入增长问题了，市场经济中的商品价值实现难题或经济危机问题就被掩盖了。同时，将存货当作"非意愿投资"，也是新古典综合派偷换概念的杰作。

另外，西方新古典综合派经济学家们先是假设国民收入分解为消费、储蓄、政府购买和净出口之和（即所谓的国民收入核算式），然后却又将消费、政府购买和净出口等当作国民收入增长的原因，这实际上是将国民收入支出构成混淆为国民收入增长的原因了（将投资作为国民收入增长的原因，是通过假设投资恒等于储蓄来完成的）。这是利用数学等式的对称性，来掩盖经济变量之间的现实非对称性，是用数学的逻辑代替经济学的逻辑了。[①]

---

① 刘明国：《对经济学数学化的反思》，《特区经济》2009年第3期。

（四）该理论本质上是资本主义甚至帝国主义的意识形态

该理论不管货币意义上增加的国民收入在多大程度上真实地改善了民众的福利，也不管净出口所得货币是否转换为实物财富以供本国居民所享用，而且还认为自主进口与（均衡）国民收入负相关，这是典型的"GDP数字崇拜"，其背后不仅隐藏了资本主义的意识形态，还隐藏了帝国主义的意识形态。

一味地通过扩大净出口来扩张 GDP，实际上是一种变相的新型的殖民地主义。20 世纪八九十年代推行供给外向型发展战略（一时间曾被人鼓吹为"发展典范""标兵"）的阿根廷、委内瑞拉、巴西、韩国、泰国、菲律宾以及中国台湾等，在分别遭遇金融危机而被以美国为首的国际金融寡头们"剪羊毛"后，直到现在其经济社会政治仍处于动荡不安中，都是最鲜活的案例。中国从 20 世纪 90 年代开启供给外向型的发展，结果是成就了"中国人生产（赚美元外汇）—美国人消费（发美元负债）"的国际化模式。

（五）该理论存在合成谬误

该理论还将微观主体行为（消费、投资和进口）规律当作宏观经济运行的规律，忽略了宏观和微观的区别（学界称之为合成谬误），尤其是忽略了宏观的结构性特征（如宏观消费、投资及进口与收入分配结构、产业结构和人口规模及其结构等因素的关系），忽略了经济健康增长实际上是经济结构不断优化的结果（正如系统论的一个基本命题所言，"结构决定功能"）。

在该理论中，他们还无视不同产品之间的结构性差异（如房子是不能代替粮食的），将经济增长偷换成了均衡国民生产总值（GNP）的增长；在中国，"三驾马车"理论推崇者还无视外国在华收入与中国在外收入之差，通过 GNP 与 GDP 的"惊人"相近，进一步地将经济增长偷换成了 GDP 的增长（所谓"不求所有但求所存"的观点是也！）。[①] 也正因为如此，我国从 20 世纪 90 年代以来（尤其是 2003 年以来），一方面是 GDP 的高速增长，另一方面是人民收入的缓增或不增和我国经济结构的失调，以至于优化经济结构成为我国在"经济新常态"下宏观调控的重要任务之一。

---

① ［美］廖子光：《金融战争：中国如何突破美元霸权》，林小芳、查君红等译，中央编译出版社 2008 年版，第 45 页。

二 对 IS-LM 理论的批判

"IS-LM"理论在本质上仍然是凯恩斯主义，被西方经济学界认为是"对（简单均衡）国民收入决定理论进行阐述的主要工具"[1]。它与简单（均衡）国民收入决定理论的不同之处，表面看主要在于以下两点：一是"弥补"前者的微观基础，二是说明积极的财政政策和货币政策在均衡条件下的"作用机制"（尤其是说明其有利而无害）。该理论在假定的投资函数、货币需求函数和货币供给函数（所谓的微观经济）基础上，引入产品市场和货币市场均衡的条件，并得出由 IS 曲线和 LM 曲线组成的 IS-LM模型（如图 2 所示）。

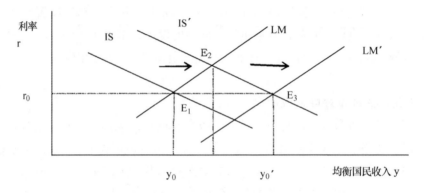

图 2　IS-LM 模型

该理论认为：通过综合运用积极的财政政策和货币政策，经济就会增长且无任何弊端和不利——先通过积极的财政政策（IS→IS′），以促进均衡国民收入的增长（E_1→E_2），然后再通过积极的货币政策（LM→LM′）将利率降下来，同时又进一步促进均衡国民收入的增长（E_2→E_3），详见图 2。实际上这种理论也不是指导经济发展的正确理论。

（一）继续了"三驾马车"理论的虚构特征

从事实来看，从来没有哪个国家可以通过扩张的宏观调控政策来实现

---

[1]　高鸿业主编：《西方经济学》下册，中国经济出版社 1996 年版，第 513 页。

可持续的经济增长，其结果不是滞胀、就是财政危机和金融危机。我国2003年以后的房地产泡沫、地方政府债务累积、货币严重过剩与人民币贬值压力、经济结构失调等，很大程度上都是长时期实行扩张的凯恩斯主义宏观调控政策所致。从理论上讲，它存在以下几个方面的虚构。

第一，该理论的前提——投资函数、货币需求函数、货币供给函数，以及产品市场和货币市场的均衡条件，全是假定的。[①] 而且，这些假定的前提性的函数与真实宏观经济中的投资需求和货币供求机理相差甚远。更重要的问题在于，产品市场均衡和货币市场均衡条件是纯粹的虚构。虽然在市场经济中，商品的供求确实存在趋于均衡的内在机制，或确实存在商品供求趋于均衡的趋势，但这不代表商品的供求在事实上是均衡的。在现实经济的动态演变中，往往是某一历史条件需要的均衡尚未实现而新的条件又出现了。

第二，货币的供求相等，在现实中还是一件需要探索的事情。究竟是有多少货币供给就有多少货币需求呢，还是有多少货币需求就有多少货币供给呢？很显然，货币的供给机制和货币的需求机制并不是统一的，市场经济中不可能有保证二者相等的机制。

当然，信仰该理论的人会辩护说，"我的积极财政政策、货币政策对经济增长有利而无害的结论，就是建立在'这些'条件下的，你的现实条件不满足我的假定条件，以该结论来指导实践不理想也不能说明我的理论是错的"。这就是典型的削足适履。实事求是的科学研究原则、经济学经世济民的致用性，他们似乎也不管了。他们鼓吹政府应该采取积极的财政货币政策时，却从不说清楚该政策有效的前提是不符合现实的，甚至是虚构的。

（二）为了结果而不惜违背常识假设前提

为了得到均衡国民收入与利率分别呈负相关和正相关的 IS 线和 LM 线，新古典综合派经济学家们假设的投资函数和货币需求函数，还违背了基本的常识。

常识告诉我们，引致投资（即受到利率影响的投资）不管它多小，都不会为负值，即社会总投资不可能小于自主投资。然而，在 IS-LM 理论的

---

① 实际上，还包括类似于"三驾马车"理论的两部门模型中的均衡国民收入函数（y）= $c + s$ 和消费函数（$c = c_0 + \beta y$）。

投资函数中，无论利率多小（只要是大于零的；投资对利率的弹性系数或边际投资倾向也是大于零的），那么，社会投资总额都要小于自主投资（因为他们假定：社会投资总额 i = 自主投资 e-引致投资 dr，其中，d 为边际投资倾向，r 为利率）；否则，投资与利率之间就不是负相关了，IS 曲线就不是图 2 所示的向右下方倾斜了。

其货币需求函数（货币需求总额 L = 交易性货币需求 ky-投资性货币需求 hr，其中，k 为货币的交易需求系数，h 为货币的投资需求系数，r 为利率）也存在类似的问题。如果没有了如此相关性相反的两条曲线（IS 和 LM 曲线），西方新古典综合派经济学家们就无法通过什么"两条曲线的相交"来掩盖实际的市场交换机制了。这也是西方主流经济学家鼓吹什么"假设无所谓对错"的工具主义方法论的内在逻辑。

（三）"专业经济学家"玩弄数学伎俩

对于"IS-LM 理论"，其作者希克斯后来也彻底否定了："IS 曲线所表达的是流量关系，它必须涉及时期（如我们所看到的），就像我们所讨论的年度。但 LM 曲线所表达的是或者应该是存量关系，即平衡表的关系（像凯恩斯所正确坚持的），因此，它必须涉及时点，而不是时期。这两者怎么可能相互均衡呢？"①

甚至于，希克斯还对此后悔是上了凯恩斯的当："《通论》是他向专业经济学家推销他的政策的一个途径。《通论》是精心炮制的，是按照专业经济学家的思维习惯最精心地炮制的……它提供了这样一个模式，按照这个模式，专业经济学家能够方便地玩弄他们的惯用伎俩。他们不正是这样做了吗？通过 IS-LM，我自己也掉进了这个陷阱。"②

总之，由于西方新古典综合派站在劳动人民立场对立面、不愿意像马克思主义者那样从生产关系去探究经济的可持续发展问题、不敢正视宏观经济的结构性因素、对马克思主义之社会资本再生产理论视而不见，因而他们也只能通过杜撰各种内涵不清的概念、违背常识的假设，以及混乱的逻辑来获取他们想要的结论，并用这样的谬论来构建他们的"宏观经济

---

① 转引自马工程《西方经济学》编写组：《西方经济学》下册，高等教育出版社、人民出版社 2011 年版，第 115 页。

② ［美］希克斯：《经济学展望》，余皖奇译，商务印书馆 1986 年版，第 151 页。

学"，以欺骗广大劳动人民和第三世界国家。^①因此，作为社会主义和第三世界的中国，绝不应该套用西方新古典综合派的"宏观经济学"及其相应的宏观调控机制和政策，而应该创立具有中国特色的社会主义的宏观经济学，并构建相应的宏观调控理论、机制以实行相应的宏观调控政策。

三　中国特色社会主义宏观调控理论

我国改革开放以来，长期借鉴凯恩斯主义宏观调控，虽然"保GDP增长"取得了一定的成效，但也将我国经济系统陷入了一个非常严峻的境地（甚至是捉襟见肘的困境）：一方面，积极的货币财政政策对拉动GDP增长的效果越来越弱；另一方面，市场经济的弊端（相对过剩和相对贫困或有效需求不足的问题）不仅没有解决而且日益加重。同时，还带来了严重的后遗症——区域和城乡经济结构、产业结构乃至人口结构的失调，货币严重过剩、地方政府债务快速累积、房地产泡沫严重、资源过度耗费，严重威胁到了我国的金融安全和财政安全（当然，这些问题也不完全是因为凯恩斯主义宏观调控所致，但是，至少可以说它有不可推卸的责任和对解决这些问题苍白无力）。构建中国特色的社会主义的宏观调控理论，已是现实的需要。下文分别从理论基础、目标、体系以及政策手段四个方面来阐述中国特色的社会主义宏观调控理论。

（一）理论基础

命题一：由于市场机制存在缺陷和弊端（通常称为市场失灵）^②，故需要立足于公益的（或社会主义性质的）、由执政组织来执行的宏观调控。

---

① 至于西方主流宏观经济学中的另一理论支柱——AD-AS理论，其荒谬性是显然的，因为他们为了对西方20世纪七八十年代所遭遇的滞胀给出一种解释，不惜抹杀宏观经济中的供给和需求的结构性差异、以杜撰出总需求（AD）和总供给（AS）概念，并以错误的IS-LM理论为基础来推导出AD和AS曲线，并继续沿用马歇尔的供求均衡假设，以虚构出总供求曲线的相交（以此来掩盖宏观经济中的种种结构性问题）。

② 之所以作者要用"市场机制的缺陷和弊端"来代替"市场失灵"，乃在于，（1）"市场失灵"的说法似乎认为市场机制的问题只是在某些情况下效果不佳或者存在局限，但事实上市场机制远不仅如此，而总是给社会带来严重的弊端——如相对贫困、包括人口在内的相对过剩及其带来的资源浪费、弱势产业衰败和产业结构失调、经济危机乃至由此引发帝国主义的侵略战争等；（2）"市场"是一个空洞的或似是而非的概念，而"市场机制"才是一个内涵清楚的概念，我们要探讨的对象是"市场机制"而不是"市场"本身。

建立在个人主义基础上的市场机制存在缺陷和弊端，既是宏观调控的理由，也决定了宏观调控的功用和方向——抑制市场机制的弊端、弥补市场机制的缺陷——实行社会主义。这与西方新古典综合派的宏观调控的功用和方向（保 GDP 增长，实质是保资本利润）不同。

命题二：中国特色的社会主义宏观调控，需要立足于中国及其劳动人民的利益立场。这既是中国的社会主义国家性质所决定的，也是帝国主义环视、国家主体依然存在的时代特征所决定的，同时还是实现中国可持续的国强民富和国泰民安的国家治理目标所决定的。这也与西方新古典综合派的宏观调控所隐含的利益立场（资产阶级乃至西方帝国主义者的立场）不同。

命题三：中国特色的社会主义宏观调控的核心，是调节社会收入分配结构，以引导资源和社会产品的合理配置，从而实现包括人口在内的中国社会再生产的可持续发展。这是人本主义的要求。这与西方新古典综合派的宏观调控核心——通过透支未来的金融财政手段以期 GDP 的不断增长——不同。①

命题四：中国特色的社会主义宏观调控的主体，是包括党中央、政府、人民代表大会在内的执政组织，它不仅要为社会提供公共服务，还要行使立足于国家和人民利益立场的国家治理的职权。这与西方新古典综合派的宏观调控主体——充当"守夜人"的政府——不同。②

（二）宏观调控的目标

我国经济要实现健康可持续发展，必须转变发展方式已成为共识。而要转变发展方式，首先需要我们转变发展观念，而转变发展观念又需要从转变宏观调控的目标开始。

---

① 1996 年以来，中国 GDP 不断高速增长而民众在就业难、以高房价为代表的高物价下生活压力越来越大甚至出现新型贫困群体的事实，也说明这样的经济增长非人本主义。

② 西方新古典综合派之"政府—市场"二元论，本质上属于西方资本主义的意识形态——隐含了市场（实为资产阶级）为主、政府为辅（充当"守夜人"）的观念。中国特色社会主义政治经济学，必须抛弃这一两分法，旗帜鲜明地强调社会主义国家执政组织的国家治理权能——维护公平正义、致力于可持续的国强民富和国泰民安，否则，将无法逃出"在经济景气时自由放任"（"市场"既然干得好，还要政府干什么呢？）、"在经济衰退时政府救市"（市场既然失效了，政府再不出来收拾烂摊子，经济就要崩溃了，那就是政府干得不好了！）的逻辑窠臼，从而使得国家治理和社会主义没有了立足之地。

第一，我国作为一个社会主义的国家，宏观调控的根本目标应该是实现共同富裕，即缩小不同家庭、不同区域、不同行业以及城乡之间的收入分配差距。这是由我国的社会主义性质所决定的。所有其他的宏观调控目标，都要围绕该目标而设置。自然，稳定物价水平是该目标的题中之义。因为物价水平的上涨，往往会导致收入分配差距扩大。

就业是实现共同富裕这个根本性的宏观调控目标的基本要求，道理很简单：大量劳动者不能就业，单说为了安民（还不要说共同富裕了）就需要增加财政支出的负担；同时，大量的劳动者不能就业，还是资源的浪费。也就是说，产业的发展要考虑人口规模和结构，这也是中国特色社会主义宏观调控不可或缺的内容。然而，将就业安全寄托在私人企业上是不靠谱的。所以，社会主义中国的就业安全，要求国有企业和集体经济必须占国家经济的主体。在当前经济中低速增长的情况下，要想保证就业率只有一定程度地发展国有企业和集体经济，才是最可靠的保障。

第二，经济安全应该成为我国宏观调控的基本目标。宏观调控，作为国家治理的一个重要方面，应紧紧围绕财政安全、金融安全、就业安全、粮食和能源等战略物资（供给）安全而展开。财政赤字在和平时期应该有个严格的限制；在市场经济中，企业有生有灭是非常正常的事情（如人体之小感冒一样），不必一有企业倒闭国家就要用财政资金救市。金融系统是不允许资金大规模快进快出的（更不允许外币形式的金融资本来冲击中国金融系统），让金融系统回归服务实体经济的本位；这意味着金融系统是不能按照市场机制牟取暴利的，否则，实体经济垮在先，金融系统垮在后（所谓"皮之不存毛将焉附"）。粮食作为具有公共品属性、基础性和战略性的产品，需要国家宏观上管控和保障其供给（包括数量、质量和价格三个方面）。与粮食类似的战略性物资还有能源等。

我国作为社会主义性质的国家，公有制经济占国家经济的主体、控制有关国计民生的要害产业，是其基本要求，也是国家的社会主义性质的保障。所以，中国特色社会主义宏观调控的经济安全目标中，还应蕴含社会主义性质的政治安全的内容。这也是为了避免犯"颠覆性错误"的基本要求。

至于国际收支是平衡还是略有盈余，同样要服从于上述经济安全的目标、立足于国家利益和人民的需要，根据实际情况随机而定。财政部仅仅为了出口创汇甚或推动 GDP 的增长而大规模补贴出口加工企业，是不合适的。

第三，经济结构优化（或经济系统运行协调健康），是中国特色社会主义宏观调控的关键目标。经济结构的优化，除了收入分配结构优化的内容外，还有不同产业和区域之间、不同所有制之间、国内国外之间的经济结构的优化。没有不同产业和区域经济的协调健康发展，一国之经济系统是难以可持续发展的。虽然在某个特殊的历史条件或地理条件下，重点发展某个产业、重点发展某个区域的经济，是有必要的，但是不同产业之间、不同区域之间的经济存在内在的相生相克关系[1]，却是不以人的意志为转移的客观规律。然而，这只有社会主义的宏观调控才能解决。这与忽略了产品差异等结构性因素、单纯追求 GDP 增长的凯恩斯主义宏观调控是不同的。忽视经济结构优化、仅局限于规模总量的凯恩斯主义宏观调控，难以保证我国经济健康持续发展。长时期片面发展工业、片面发展城镇经济、片面优先发展局部经济、片面强调 GDP 的增长，都是违背社会主义的宏观调控目标的，更不要说放纵外资在本国的发展了。[2]

在经济结构优化的宏观调控目标中，还应该考虑具体产业的产能是否过剩。产能的略微过剩是正常的，尤其是在中国进入全面建设小康社会的历史时期，基本生活资料和生产资料保持一定量的剩余（实物财富储蓄），不仅是正常的，而且是必要的，因为要考虑未来的风险。也就是说，并不是一出现产能过剩和亏损了，就把这些所谓的"黄昏产业"给抛弃了，或让其在市场经济中自生自灭。虽然从理论上讲，经济总量是可以不断增长，但是具体到某个产业、某个产品，其产能总是要面临社会需求的限制的。中国当前遭遇的中等收入陷阱，其实正是中国经济几十年的高速增长使得诸多产业已经面临饱和所致。可当代西方主流"宏观经济学"却用"非意愿投资"这样的定义来逃避这一客观规律。

（三）宏观调控的体系与政策手段

要实现上述中国特色的社会主义的宏观调控目标，就需要相应的宏观调控体系及政策手段作为支撑。结合我国当代基本国情（人口规模庞大、经济运行远比以前复杂和社会化大生产、帝国主义者虎视眈眈、经济全球

---

[1] 刘明国：《中国特色最优产业结构理论》，《河北经贸大学学报》2016 年第 3 期。
[2] 刘明国：《中国特色最优产业结构理论》，《河北经贸大学学报》2016 年第 3 期。

化、资源短缺、生态环境不佳，等等），作者认为，中国特色的社会主义的宏观调控体系和政策手段应该包括以下内容。

第一，金融部门、财政部门和国有—集体经济组织构成中国特色的社会主义宏观调控的三大支柱。国有企业和集体经济组织绝不应该与私人企业一样仅仅以利润为导向，还应该承担公益性职能。

第二，金融部门负责货币的适量供应以稳定币值（而不是保 GDP 增长）。金融部门既要避免出现因为货币供给过量而带来的货币贬值，也要避免出现因为货币供给不足而带来对社会生产的抑制，即在保证币值稳定的前提下尽可能多地发行货币（因为货币在社会再生产中也是一种重要的资源）。

在中国当前货币资本严重过剩、人民币贬值压力大的情况下，执政组织应严控商业银行货币创造（如禁止各种按揭消费贷款①）、通过国有企业行专卖和平准之策从市场回笼货币以优化宏观资产负债表（扭转执政组织调控经济能力不足的局面）。从长期来看，要消解积极的财政货币政策所致的货币严重过剩和泡沫经济带来的金融风险，唯有执政组织推行社会主义的生产、分配和消费，消除暴利、禁止投机、缩小不同群体之间的收入分配差距、降低经济的商品货币化程度；而不是相反——金融深化和高度的商品货币化、无条件收储外国货币；更不能在人民币国际化旗号下，推行什么人民币自由兑换和对外开放资本市场。② 这要求我们必须首先抛弃西方新古典综合派之"三驾马车"理论以及相应的宏观调控。当我们把消费、投资和出口当作经济增长的"马车"而盲目追求 GDP 增长时，自然就掩盖了货币过度扩张带来的隐患和外国货币资本的帝国主义特性了，自然就要无条件地收储外国货币而不顾及货币的国家主权性了。

第三，财政部门负责利用税收和补贴政策，平抑不同产业、不同区域、不同群体之间的收入分配差距，以保障包括人口在内的必要的社会再生产能够得到持续。财政补贴方向要由以前的锦上添花、保 GDP 增长导向，向立足于国家和人民利益的雪中送炭、保社会再生产可持续发展方向转变。③

---

① 对于城市住房问题，政府应该通过强化社会主义的住房政策（如大规模提供廉租房和经济适用房政策）来解决。

② 我们经常忽视了一个基本的事实——作为世界货币的美元也不是可以自由兑换的，比如，我们拿美元到美国去兑换人民币或黄金，美国就不会给你这个自由的。所谓的美元自由兑换，实际上仅仅是美元可以到其他国家去兑换他国货币的自由，本质是美元霸权。而现在有人鼓吹的人民币自由兑换，却是跨国垄断资本在华持有的人民币自由兑换美元。

③ 刘明国：《论"新常态"下中国财政变革的方向》，《当代经济研究》2015 年第 10 期。

至于我国地方政府债务乃至财政安全问题，将债务转嫁到中央财政头上以维持地方政府财政运转和剥离国有商业银行不良资产的做法，只是暂时的治标（当然，试图不为透支未来付出代价，那是不符合客观规律的）；根本的解决之道，是按照社会主义的原则系统变革我国财政体制——取消分税制，加强中央统筹力度与范围，通过做大做强国有企业和集体经济、并由其上缴利润保障国家财政有稳定充足的收入，同时节约开支（着重遏制地方政府 GDP 扩张冲动、严控地方政府负债投资规模和提高财政资金使用效率）。① 当然，这并不是意味着，就不对私人企业征税了，只是说社会主义的国家财政不能将财政收入的保障寄托在对私人企业征税上。

第四，国有—集体经济组织，应当仁不让地承担起以下四类重要职责或职能：（1）平抑物价（中国古代的平准政策在当今中国特色社会主义市场经济中仍然具有合理性，任由资本追逐暴利有悖于社会主义的国家性质，而且，事中调节市场交换是一个直接有效的收入分配手段，也可减小事后调节的压力）；（2）保障民众生活和社会生产的基础性产品（如粮食、食盐、水电、住房、医疗、教育、殡葬、金融、钢铁、通讯、铁道交通运输和城市公共交通等）的足够廉价供给（这些行业因其具有极大的公益性，国有—集体经济应主要体现其公共事业性质、兼顾企业属性，即对国内民众不以赚取高额利润为目的、采取微利运营原则）；② （3）保障有关国家安全的战略性产品（如国防工业产品等）的足够廉价供给；（4）保障国家财政收入，积极开拓盈利空间大的新兴产业、出口产业和奢侈品产业，提高我国经济国际竞争力，做大做强国有—集体经济。③

执政组织不在生产资料分配、收入的初次分配和再分配各个环节倾向于共同富裕进行调控，而仅仅靠财政手段在收入的再分配环节进行逆市场调节，必然陷入心有余而力不足的境地（世界上包括美国在内的众多资本主义国家财政债务居高不下，就是最好的例子）。④ 这也正是"平准"之

---

① 刘明国：《论"新常态"下中国财政变革的方向》，《当代经济研究》2015 年第 10 期。

② 这并不意味着，这些行业就绝对不允许私人企业经营，只是私人企业被特许经营这些行业时，不能任由其按照利润最大化的原则通过市场机制定价，而必须遵循"公益为主的微利原则"。这也符合一个比较流行的观点——公共品，私人企业也是可以提供的。关键在于，企业运营的原则是社会主义的还是资本主义的。

③ 刘明国：《论"新常态"下中国财政变革的方向》，《当代经济研究》2015 年第 10 期。

④ 刘明国、潘永波：《共同富裕视野下政府与市场的分工》，《河北经贸大学学报》2015 年第 4 期。

策的必要性和重要性所在。

第五，对趋于饱和的有关国计民生的弱势产业①，由国有—集体经济控制其关键的供销环节以大体上统一计划生产规模，同时限制地方政府独立投资权能，以避免地方政府和私人盲目投资和制造泡沫经济。那些认为"夕阳产业就应该放弃、其产品由其他国家来提供"，"我国劳动力密集型产业向东南亚和南非等低收入国家转移"②的观点，或许对于小国而言和从跨国垄断资本的角度来看是合理的，但是对于劳动人口众多的中国和从实现中国可持续国强民富和国泰民安的国家治理而言，却都是值得商榷的，因为不能无视规模庞大的中国劳动人口的就业问题和强国问题。

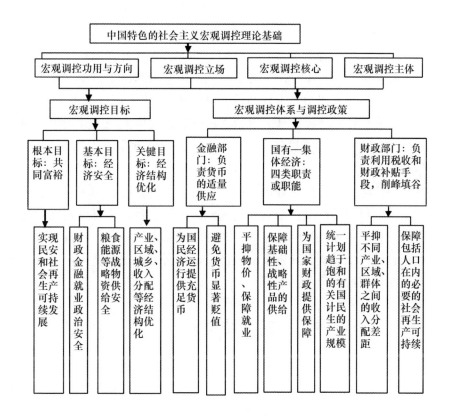

图3　中国特色的社会主义宏观调控理论

---

① 如农业、纺织等已经趋于饱和的弱势产业，现在面临过剩的钢铁、水泥、光伏等行业。

② 林毅夫：《新结构经济学》，北京大学出版社2012年版，第325页。

美国、日本、希腊等国现在所遭遇的产业空洞化问题（就业安全问题无法解决，对外依赖程度提高，并导致其国际谈判实力下降和本国经济的脆弱性加剧），以及美国现在要重启工业化，也充分说明了这一点。中国9亿劳动力需要大量的劳动力密集型产业（如农业、纺织业等）来为他们提供就业岗位，以实现就业安全，并为共同富裕和资源的充分利用奠定基础。同时，一个国家没有强大的自给能力，在国际上是很难独立自主的，尤其是像中国这样的人口大国。这也正是"产能过剩，不能一去了之"的道理。

事实上，对趋于饱和的产业而言，在新兴产业面前自然是弱势的，除了采取国家垄断或者国家统一计划外，在弱肉强食的市场机制作用下，根本无法逃避衰退的命运。这也是"资本主义必然灭亡、社会主义必然胜利"这一科学论断所蕴含的道理。然而，在实行市场经济的中国当前，大量的私人经济的存在，不少产业要重新回归国家垄断既无必要（私人经济成分的存在，毕竟可以增加市场经济的灵活性）、现实可行性也小，所以，只有由国有—集体经济控制其关键的供销环节以大体上统一计划生产规模这一条道了。这也是唐代刘晏等人在"盐铁专卖"基础上发明的"榷商"政策给我们的启发。

只有构建起如上所述（即图3所示）的中国特色的社会主义的宏观调控体系，才既可以适度发挥市场和私人经济的灵活性，又可以适度发挥中央计划和国有—集体经济的稳定性；既可以避免市场和私人经济的盲目性造成系统性的产能过剩及其带来的经济震荡，又可以避免新兴产业大一统的国家垄断存在的活力不足。

四 结束语

当代西方主流宏观经济学，仍然是庸俗经济学家们欺骗世人玩弄数学的把戏，其"理论"的背后，蕴含的是资本主义乃至帝国主义向第三世界国家灌输的殖民地主义意识形态。[①]

在中国进入全面建设小康社会或面临中等收入水平抑制的新历史条件

---

① 余斌甚至认为，"西方经济学已经丧失了（西方）古典政治经济学残余的科学性，纯粹成为一种意识形态"（余斌：《西方经济学只是一种意识形态》）。

下，在社会主义初级阶段、混合所有制、13亿人口规模、国际环境条件日趋恶化等基本国情下，要实现中国可持续的国强民富和国泰民安，需要中国特色的社会主义宏观调控——以共同富裕、经济（乃至政治）安全和优化经济结构为目标，以金融部门、财政部门和国有—集体经济为支柱；这三大宏观调控支柱紧紧围绕这三个层次的宏观调控目标，综合运用中国古代先贤发明的"国家专卖""平准""榷商"政策和中国计划经济时期实行过的"国家计划"政策。中国特色的社会主义的宏观调控，不仅要"调"，更重要的是要（在生产规模和产品价格上的）"控"。

市场经济与软约束[*]

——对市场经济微观基础的反思

林光彬[**]

一 预算软约束研究文献的简要回顾

预算软约束是科尔奈创造的一个概念，最初是指社会主义制度下政府不能承诺不去解救亏损国有企业的现象。[①] 科尔奈认为，政府对企业的"家长式"作风和以非利润最大化为目标的决策是造成软预算约束的根本原因。广义的预算软约束是指当一个预算约束体的支出超过了它所能获得的收益时，预算约束体没有被清算而破产，而是被支持体救助得以继续存活下去。软预算约束的后果是鼓励了经济冒险和投机，并且冒险得到的好处自己享有，而冒险带来的损失却自己不必承担。

关于预算软约束的研究文献大致可以分为三种：第一种是从政治或经济的角度。比如，科尔奈从政治和意识形态对软约束展开分析，认为计划经济的"父爱主义"和市场经济的"温情主义"会形成预算软约束；[②] 德瓦特里庞和马斯金、庞伟尔等从分散银行信贷的角度论述了如何强化预算

　＊　本文原载《政治经济学评论》2011 年第 3 期。

　＊＊　林光彬（1973—　），男，陕西绥德人，中央财经大学财经研究院院长，北京财经研究基地首席专家，经济学院教授，博士生导师，校学术委员会委员，经济学院中国政治经济学研究中心主任。

　①　Kornai, J., "Resource-Constrained versus Demand-Constrained Systems", *Econometrica*, Econometric Society, Vol. 47, No. 4 （July 1979）, pp. 801 – 819；Kornai, J., *Economics of Shortage*, Amsterdam：North Holland, 1980.

　②　Kornai, J., *The Socialist System：The Political Economy of Commumism*, Oxford：Oxford University Press, 1992.

约束;① 马斯金、白重恩、李稻葵和王一江等讨论了资本所有权集中下的软约束;② 钟伟、宛圆源从软预算约束导致信贷扭曲膨胀的角度研究金融危机;③ 这些分析都是从经济角度分析软预算约束问题。第二种是从内生或外生的角度进行分析。比如斯卡法、德瓦特里庞和马斯金等从政府和企业的经济动因上展开分析,把软预算约束看作特定体制内生的现象,在跨期分布的投资中存在一种不可逆投资情况下的动态承诺问题,硬化约束的关键是通过机制设计使事前的承诺真实可信。④ 崔之元认为,在现代西方市场经济中广泛存在着制度性与政策性的"软预算约束"。他通过对有限责任公司、中央银行和破产法等三个层面的理论与经验的考察指出,现代社会的关键性组织普遍都存在软约束特征,认为"软预算约束"悖论是普遍的社会经济现象,是现代市场经济的"质"的特征;提出"看不见的手"范式遇到了根本的挑战。⑤ 林毅夫等从国有企业的政策性负担的角度对企业软预算约束展开分析;⑥ 阿吉翁、布朗夏尔和伯吉斯、鲍依科、施莱弗和维什尼等把预算软约束等同于政府补贴,认为硬化预算约束就是消减补贴的问题。⑦ 第三种是从集权或分权的角度进行分析。比如钱颖一和罗兰从财政分权和集权的角度对转型经济下强化企业预算约束展开分析;⑧

---

① Dewatripont, Mathias and E. Maskin, "Credit and Efficiency in Centralized and Decentralized E-conomies", *The Review of Economic Studies*, Vol. 62, No. 4, (Oct 1995), pp. 541 – 555; Povel, Paul, Multiple Banking as a Commitment not to Rescue, FMG, Discussion Paper 206, London: London School of Economics, 1995.

② Eric. S., Maskin, "Theories of the Soft Budget-Constraint", *Japan and the World Economy*, No. 8, 1996; Eric. S., Maskin, "Recent Theoretical Work on the Soft Budget Constraint", *American Economic Review*, Vol. 89, No. 2 (May 1999), pp. 421 – 425; Bai C., Li D., and Wang Y, "Enterprise Productivity and Efficiency: When Is Up Really Down?", *Journal of Comparative Economics*, Vol. 24, No. 3, 1997, pp. 0 – 280.

③ 钟伟、宛圆源:《预算软约束和金融危机理论的微观构建》,《经济研究》2001 年第 8 期。

④ Schaffer, M. E., "The Credible-Commitment Problem in the Center-Enterprise Relationship", *Journal of Comparative Economics*, Vol. 13, No. 3, 1989.

⑤ 崔之元:《"看不见的手"范式的悖论》,经济科学出版社 1999 年版。

⑥ Lin, Justin Yifu, Cai Fang and Li Zhou, "Competition, Policy Burdens and State Owned Enterprises Reform", *American Economic Review*, Vol. 88, No. 2, 1998; 林毅夫、谭国富:《自生能力、政策性负担、责任归属和软预算约束》,《经济社会体制比较》2000 年第 4 期;林毅夫、刘明兴、章奇:《企业预算软约束的成因分析》,《江海学刊》2003 年第 5 期;林毅夫、李志赟:《政策性负担、道德风险与预算软约束》,《经济研究》2004 年第 2 期。

⑦ 罗兰:《转轨与经济学》,北京大学出版社 2002 年版。

⑧ Qian Y. and G. Roland, "Federalism and the Soft Budget Constraint", *American Economic Review*, Vol. 88, No. 5, 1998。

希格尔从行业垄断程度高低对预算软约束展开分析，认为打破行业垄断有利于硬化预算约束。[①]

当然，三种角度之间经常有交叉，好的分析往往是综合性分析。比如科尔奈、马斯金和罗兰对软预算约束进行了综合分析和文献综述，把软预算约束的动因归纳为以下几个方面，即对失业的担心、出于对政治安定的考虑、支持体自身的最佳经济利益、温情主义，以及官僚统治模式下领导为了自己的声誉、出于避免经济溢出效应引发连锁的破产反应导致"大得以至于不能破产"。[②] 此外，还有大量实证文献综合研究银行领域和国别的软预算约束问题，比如米切尔对银行领域的研究。[③] 许成钢认为，没有监管的债务证券化和信贷违约保险变成了一种软预算约束的革新工具，把所有金融机构都捆绑在一起，使软预算约束放松到了一个空前的程度，导致这次金融危机中所发生的问题的严重程度完全超出了以往定义的"软预算约束"。[④] 科尔奈指出，市场经济也普遍存在自我激化、自我强化的软预算约束综合症，这导致管理者不负责任、对风险漠不关心，容易出现过度投机饥渴和扩张冲动。由于过去 20 年政府连续不断的救助，预算约束普遍软化的趋势在美国和其他国家变得更加明显。科尔奈认为，软预算约束综合症的扩散是 2008 年金融危机的主要原因和结果。[⑤]

目前，国内外从经济史的角度分析预算软约束的文献还没有发现。然而，市场经济的发展历史显示，预算软约束的发展趋势是越来越软、越来越社会化、越来越国际化。因此，本文从经济史的角度分析企业、银行与政府的相互依存关系所形成的软约束，从技术变革和经济关系矛盾运动中解释软约束形式的历史演变，以产权社会化、经济金融化和保险化的内在变化说明整个社会经济关系变化所呈现的软约束新特征，并说明这种变化

---

① Segal, Iiya R, "Monopoly and Soft Budget Constraints", *Rand Journal of Economics*, Vol. 29, No. 3, 1998.

② 科尔奈、马斯金、罗兰：《解读软预算约束》，《比较》2002 年第 4 期。

③ Mitchell, Janet, Canceling, Transferring or Repaying Bad Debt: Cleaning Banks'Balance Sheets in Economies in Transition, mimeo, Cornell University, 1995; Mitchell, Janet, Strategic Creditor Passivity, Regulation and Bank Bailouts, CEPR Discussion Paper 1780, London: Centre for Economic Policy Research, 1998; Mitchell, Janet, "Theories of Soft Budget Constraints and the Analysis of Banking Crises", *Economics of Transition*, No. 1, 2000.

④ 许成钢：《解释金融危机的新框架和中国的应对建议》，《比较》2008 年第 39 期。

⑤ 科尔奈：《软预算约束综合症与全球金融危机》，《比较》2009 年第 3 期。

导致的理论和政策含义。

二 市场经济与软约束的历史演进

在经济史上，随着分工与所有制的演变，生产力与生产关系、经济基础与上层建筑相互适应的动态调整，形成了预算软约束不断演变的不同历史阶段。自从资本主义社会确立以来，已经经历了自由竞争、私人垄断、国家垄断和国际垄断四个发展阶段。私有制的形式从个人私有制、家族私有制、合伙私有制发展到私人垄断资本所有制、股份公司所有制、法人资本所有制、国家所有制、国际垄断资本所有制等众多形态。相应的，资本的形态和企业的组织形式也发生了变化，从私人资本发展到形式上的联合资本、社会资本、国家资本、国际垄断资本，企业组织从个人或家族业主制、合伙业主制发展到有限责任公司、股份制公司、私人垄断组织、机构投资者控制下的企业集团、国家垄断组织、国际垄断组织。与所有制、资本形态和企业组织相对应，预算软约束也出现了与各发展阶段相对应的形式。

（一）私人企业与硬约束

在1855年以前的西方，没有特权的私人企业和私人银行家都承担"无限责任"。作为个人/家族企业、私人合伙股份制企业，股东在资不抵债时必须以自己的所有个人资产或收入偿还债务，直到还清为止。在这种制度下，私人的企业和银行不能绑架政府，政府没有援助企业和银行的经济责任。这种制度对私人企业来说是完全的硬约束，因此激励股东必须执行严格的管理和监督措施，否则难以生存。对于企业和银行管理者来说，如果经营失误导致巨大损失或破产倒闭，其自身的财产、道德声誉和职业生涯都会遭受巨大打击。这对企业家和银行家来说也是硬约束。

在理论上，现代经济学的创立者亚当·斯密在《国民财富的性质和原因的研究》中主张所有者亲自经营的无限责任私有制，并且反对股份公司等有限责任形式的所有制。斯密说："在钱财的处理上，股份公司的董事是为他人尽力……所以，要想股份公司的董事们监视钱财用途，像私人合伙公司合伙人那样周到，那是很难做到的……疏忽和浪费，常为股份公司业务经营上多少难免的弊端。"① 斯密反对公司只承担有限责任,认为公司只要是有限责任,就产生了软预算约束。所有者如果不承担全面的风险,一旦企业倒闭,或者企业投资失败,它可以把企业的债务全都转嫁出去,自己只承担一小部分损失。斯密还在《国民财富的性质和原因的研究》下册中以东印度公司为例,说明了有限责任公司没有效率的部分事实。斯密的逻辑很清楚,资本家不能是有限责任。

(二) 有限责任公司与软约束

然而,经济社会发展的历史超越了斯密理论的逻辑,所有制发展的历史并没有沿着斯密所指的道路演进。历史的演进是,随着生产的社会化,生产资料所有制也呈现社会化的特征。企业制度的典型形态从单人业主所有制向现代股份有限责任公司制度演进。这说明斯密关于公司效率逻辑的"正确性"不能左右历史前进的方向,这背后一定有比逻辑更重要的东西。古典自由主义的集大成者约翰·斯图亚特·穆勒在《政治经济学原理及其在社会哲学上的若干应用》中最早提出,把有限责任公司作为公司的普遍原则法律化。② 他认为,应该放宽亚当·斯密无限责任的要求,因为很多有能力的人没钱,所以你要让他冒险、创业,如果是无限责任就很难实现。穆勒为了让普通的人能去创业,去发展合作经济,提出了让有限责任合法化。这种让更多的人成为创业者的思想有利于整个社会的经济发展,因此获得了人们的肯定。

1855 年,英国颁布了一项对股份公司的股东责任进行限定的《有限责任法》;1856 年,英国修订了《股份公司法》,确定企业家和银行家承担有限责任,由此奠定了现代公司制度的法律基础,确立了公司制的基本框架。根据有限责任原则,破产公司的债权人不能追索公司所有人和经理人的个人资产。这种保护股东和经理人私人财产的有限责任制度极大地激励了公司制企业的发展。到 19 世纪末,在英国和美国,股份公司成为企业的主要组织形式。到 1914 年,几乎所有的发达国家都制定了公司法,有限责任公司逐渐成为市场经济的主要企业组织形式。

---

① [英] 亚当·斯密:《国民财富的性质和原因的研究》,郭大力、王亚南译,商务印书馆1972 年版,第 303 页。

② [英] 约翰·斯图亚特·穆勒:《政治经济学原理及其在社会哲学上的若干应用》,胡企林、朱泱等译,商务印书馆 1991 年版。

第一次世界大战后，一方面是公众投资股票的持续升温，导致公司所有权日益分散，所有权与控制权日益分离；另一方面由技术创新推动的大规模生产体制的到来，导致企业规模极度扩张，公司管理日益复杂化和技术化，那些缺乏时间、信息、经验和专业知识的个人所有者和银行家逐渐退出企业管理活动，而具有专业知识和技术的经理阶层逐渐掌握了企业的实际控制权。1923 年，斯隆被任命为通用汽车公司总裁，世界第一位职业经理人诞生。1929 年开始的金融危机和大萧条，促使发达国家加强对金融机构的监管。1933 年美国通过的《格拉斯—斯蒂格尔法案》禁止金融机构在非金融公司持股；第二次世界大战后，其他发达国家也制定了相关的制度。在银行资本为主导的时代，这些经济的、组织的、制度的变化使得"经理革命"在发达资本主义国家变得十分普遍。根据伯利与米恩斯、拉纳、赫尔曼的实证研究，美国前 200 家非金融公司控制权结构中，经理控制的比例分别达到 1929 年 44%、1963 年 84.5%、1975 年 81%。[1] 这标志着被钱德勒称为管理资本主义时代的来临。

与此同时，有限责任导致的软约束问题也与时俱进地发展，按照股份资本所有权与控制权分离的历史发展过程大致可分为五种形态，即完全所有权控制、多数持股控制、利用法律手段控制、少数持股控制和经营者控制下的五种软约束形态。

在理论上，沿着亚当·斯密的认识，伯利与米恩斯认为，与绝对私有制企业相比，所有权结构的分散削弱了利润最大化的作用，使股票所有者没有能力去约束职业管理者。由于管理的权益不需要而且通常总是无法与所有者的权益完全一致，这意味着公司资源不会完全用于寻求股东利润上。[2] 詹森和麦克林以股东和经理人的利益冲突为基础，认为职业经理人利用委托代理上的信息和资源控制优势为自己谋私利、转嫁成本、损害公司利益成为必然，如果委托人想通过预算约束、补偿措施和操作规则等约束代理人往往成本高昂，在互动博弈中效果有限。[3] 与上述认识相反，法玛提出的有效市场假说认为，所有权与控制权分离的企业中，市场监督约

① 张彤玉、崔学东、李春磊：《当代资本主义所有制结构研究》，经济科学出版社 2009 年版，第 40—42 页。

② ［美］伯利、［美］米恩斯：《现代股份公司与私人财产》，台湾银行出版社 1981 年版。

③ Jensen M., Mecking W., "The Theory of the Firm: Managerial Behavior, Agency Cost and Capital Structure", *Journal of Financial Economics*, Vol. 13, 1976.

束（经理人市场、产品市场、并购市场）会对经理形成有效约束。① 德姆塞茨和莱恩也认为，公司所有权的结构变化始终以价值最大化相一致的方式进行。他们通过对美国 511 家公司的所有权结构变化的经验性研究后认为，成本上升和利润下降与所有者放松控制有关。② 德姆塞茨认为，企业的所有权结构是（寻求）利润最大化过程的内在结果，这一过程本身更值得研究，而不能仅仅把它归于投机取巧问题。从更广阔的视野考察所有权的最佳结构问题，会使伯利和米恩斯的担心变得毫无意义。③ 不过，阿克洛夫和罗默提出的所有者掠夺的一般模型证明了只要所有者（包括个人和母公司）只负"有限责任"，并且投资要经过若干个会计期才能完成，所有者就可以人为膨胀前期会计净资产值，从而增加所有者权益分红，尽管后期会计将会显示整个企业的亏损。这就是所谓的"为获利而破产"。④ 郎咸平关于股份公司中"金字塔控股结构"频频出现的关联交易所造成的大股东对广大中小股东的剥夺理论，为所有者掠夺的一般模型做了最好的经验实证分析。⑤ 在金字塔控股结构企业组织形式中，不仅公司本身是有限责任，而且母公司与子公司之间也是有限责任，这就形成了母公司可以利用金字塔控股结构来掠夺子公司，而子公司破产以后母公司并不需要负责，母公司负担的是有限责任。这种情景列宁在《帝国主义论》中已经有精辟的论述。

　　总之，按照古典和新古典经济学的自利逻辑，有限责任公司至少存在四层软约束问题：一是管理层一定会按照自己利益最大化的逻辑进行运作，为自己制定高薪、享用奢侈的办公条件、投资对自己有利的低效率项目等，不会对公司利益最大化真正负责，形成"我走之后，哪怕洪水滔天"的局面；二是大股东利用控股优势侵占小股东利益，形成所有者掠夺问题；三是受股东委托的董事会往往是由公司内部管理者和经理推荐的外

　　① Fama, E. F, "Agency Problem and The Theory of The Firm", *Journal of Political Economy*, Vol. 88, No. 2, 1980.

　　② ［美］德姆塞茨、莱恩：《公司所有权的结构：原因和结果》，载陈郁编《所有权、控制权与激励——代理经济学文选》，上海三联书店、上海人民出版社 1998 年版，第 278—302 页。

　　③ ［美］哈罗德·德姆塞茨：《所有权、控制与企业——论经济活动的组织》，段毅才等译，经济科学出版社 1999 年版，第 233 页。

　　④ ［美］J. 阿克洛夫、［美］B. 罗默：《所有者掠夺：以破产牟利的经济黑幕活动》，《比较》2004 年第 15 期。

　　⑤ 郎咸平：《操纵——机构投资人与大股东操纵策略案例》，东方出版社 2004 年版。

部董事构成，他们迫于经理的权威，常常被经理俘获，形成内部人控制；四是外部审计和评级机构的费用都是由公司支付，因此，它们不得不看公司领导的脸色行事。这说明软约束是现代有限责任企业的内在特征，也说明人性都是一样的，失去有效约束的权力无论是公权还是私权，都会形成独裁、腐败、侵占和掠夺。

在实践上，20 世纪 90 年代开始，管理层薪酬体制改革从以现金为基础向以股权期权为基础的模式转变。以股权期权为基础的薪酬改革存在的问题是：高管有强烈的财务动机去操纵收入，以使行使期权获得的收入最大化。例如：2001 年，为支撑股价而进行复杂会计操作构成欺诈的美国安然公司丑闻；① 2002 年，美国世界通信公司因财务作假破产，美国施乐公司虚报 64 亿美元收入被揭露；2003 年，欧洲帕玛拉特公司 50 亿美元财务黑洞被曝光；2004 年，日本西武铁道公司被取消上市资格；2006 年，戴尔公司虚报财务数据事件曝光；这样的商业欺诈典型案例还可以列举出无数。这些"声誉卓著"具有广泛社会影响的大公司造假丑闻说明，现有制约管理层的机制，如市场约束、外部审计和独立董事，都存在失灵和缺陷，不足以形成硬约束。有限责任公司，尤其是金融公司的治理失灵与缺陷，成为扩大和加剧金融经济危机广度和深度的重要原因。为此，2002 年美国国会针对上述问题通过了《萨班斯—奥克斯利法案》，试图通过加强管理层责任的法律改革提高公司治理的有效性。但 2008 年的金融危机说明，现代公司治理模式仍然存在难以克服的矛盾，约束无法硬化。

（三）银行与软约束

现代性质的商业银行是随着 17 世纪和 18 世纪资本主义制度的确立而建立的。在英国，1694 年成立的英格兰银行是世界上最早的私人股份制银行。英法战争期间（1689—1763 年），政府为了给战争筹款，不得不发行大量的债券。为了保障战争筹款的持续性，政府主动推动了伦敦金融市场（尤其是债务市场）的发展，这改变了政府在银行系统中的作用。其间，英格兰银行成立时的 120 万英镑股本就全部贷给了政府，使它成为根据国王特准法唯一一个由英国议会批准设立的银行，具有准中央银行的功能。因此，为政府筹资、接受政府存款和向政府提供贷款是该行成立之初的最

---

① 此前，安然公司连续 6 年被评为"美国最具创新精神公司"。

主要业务。这种特殊业务也为英格兰银行赢得许多私人银行不具有的商业特权。1844年，英国国会通过了《英格兰银行条例》，赋予了英格兰银行基本垄断货币发行的权利。1825年开始，资本主义国家每隔10年左右就爆发一次周期性的经济危机，特别是1857年和1866年的金融危机，对英国经济冲击很大。1866年5月的金融危机以大银行的破产开始，接着大批在金融上进行欺诈活动的公司也相继倒闭，实体经济特别是制造业也受到了很大的冲击。银行破产危机对实体经济的冲击迫使英国政府不得不加强银行管理。1872年，以政府为后盾，英格兰银行开始对其他银行承担起在困难时提供资金支持即"最后贷款人"的责任。在美国，1861年开始的内战筹资需求也极大地改变了联邦政府在金融系统中的作用。1873年9月、1884年6月、1893年7月、1907年10月接连不断爆发金融危机，尤其是1907年的危机导致的严重经济衰退，使美国于1914年建立起一个由联邦储备理事会和12家联邦储备银行及数千家会员银行组成的中央银行体系——美国联邦储备体系。但这个松散的私有组织并没有能力阻止随后爆发的金融危机。特别是1929年10月爆发的全球性大萧条，导致了银行大量破产倒闭。1933年罗斯福总统上台后，为了缓解濒临绝境的银行的困难，国会通过《格拉斯—斯蒂格尔法案》，加强了联邦储备系统的权利，引入了储蓄保险—存款保险制度，并开始了商业性和投资性银行的分业经营，防止银行将储户资金用于高风险的投资活动，保证商业银行避免证券业的风险，维护金融秩序的稳定。[①] 英国和美国的私有中央银行发展模式的历史过程，反映了银行在经济与政治的互联互动上所起的关键作用，也说明私有中央银行的产生本身既是政府功能的延伸，也是为了控制银行危机的结果。这也揭示了在有限责任制度和经济危机不断循环的资本主义经济特征下，中央银行业天生的外部性特征和预算约束无法硬化的客观基础。

在商业银行方面，由于商业银行只有把流动性资产的存款转换成能够盈利较高的非流动性资产贷款，商业银行才可能支付储户的利息。由于商业银行的这一本质特征，在任何时候，银行都没有足够的钱应付随时随地可能上门取款的储户。也就是说，如果所有的储户都决定在同一时间取回存款的话，银行就会没有足够的钱应付局面，就会发生挤兑。如果这样的事发生在所有银行，就形成金融危机。由于自由市场的私人自发力量无法

---

① ［美］F. 艾伦、D. 盖尔：《理解金融危机》，《山东大学学报》2009年第5期。

阻止金融危机的频繁爆发，所以政府为了防止经济大起大落，在不得已的情况下只能承担起最后还款人的角色。而作为银行的最后存款保险人，政府不得不介入对私人银行的监督和管理。

在理论上，金融的本质在于花明天（未来）的钱为今天创造价值，或者花别人的钱为自己和别人创造更多的钱。如果投资失败，没有创造足够多的价值，金融资本的循环与周转就会中断，就会出现现金流动性不足或者资不抵债，无法应付投资者收回投资的情势，严重的就形成局部危机甚至全局危机。经济金融化以后，往往会形成全局危机。戴蒙德和迪布维格指出，银行天生需要政府为其兜底，否则无法正常运转。他们认为，银行提供期限转换机制——借短贷长，这种独特的经营使得银行可能处于"挤提式"的平衡之中。① 霍尔姆斯特伦和梯若尔研究了政府提供存款保险后银行的道德风险防范和政府如何介入并防止引发金融危机。② 清泷信宏和约翰·穆尔研究市场价值下跌会产生恶性循环的多米诺骨牌机制，导致流动性枯竭，贷款方抵押物价值大跌，使银行出现流动性突然萎缩问题；由于金融机构的互联性，会蔓延到整个金融部门；由于金融部门对绝大多数生产都至关重要，最终波及整个实体经济。③ 福斯特和吉纳普洛斯研究了银行杠杆率在繁荣和衰退的商业周期所产生的放大效应，在资产价值下跌的周期，会对整体经济产生破坏性冲击。④ 德瓦特里庞和梯若尔研究了政府对银行进行审慎监管防止道德风险的关键是要求银行有足够的自由资本，债务占资产的比例不能过高，即对银行杠杆率应有所限制，以防止银行承担过多风险。⑤ 这些银行与政府、银行与经济互联互动关系的理论研究表明，银行的软约束问题是与生俱来的，如何通过机制设计来约束成为关键。

---

① Diamond, Douglas and Philip Dybvig, "Bank Runs, Deposit Insurance and Liquidity", *Journal of Political Economy*, Vol. 91, No. 3, 1983.

② Holmstrom, Bengt R. and Tirole, Jean, "Private and Public Supply of Liquidity", *Journal of Political Economy*, Vol. 106, No. 1, 1998.

③ Kiyotaki, N. and Moore, J., "Credit cycles", *Journal of Political Economy*, Vol. 105, No. 2, 1997.

④ Fostel, A. Geanakoplos. J, "Leverage Cycles and the Anxious Economy", *American Economic Review*, Vol. 98, No. 4, 2008.

⑤ Dewatripont, Mathias and Jean Tirole, "A Theory of Debt and Equity: Diversity of Securities and manager-shareholder congruence", *Quarterly Journal of Economics*, Vol. 109, No. 4, 1994.

一般来说，银行的经济功能在于使储蓄需求与投资需求相互匹配，从而形成现代市场经济有效运行所需的金融体系。商业银行的本质是代人理财，这一点对于亚当·斯密的批评来说仍然适用。由于委托代理的内在缺陷，银行在资金融通过程中经常出现错配，从而导致金融危机不断产生。特别是历史的经验告诉我们，商业银行已经习惯于依靠政府救助渡过难关。因为银行资本循环与周转的中断是所有金融游戏的共同特征"借新钱还旧钱""拆东墙补西墙"决定的，这与"庞奇骗局"和"麦道夫骗局"没有本质区别①，只不过一个是非法的，另一个是法律支持的。特别是美联储的历史恰恰就是最好的佐证。

由私人大银行资本股东建立的美联储自1914年开始运作以来，基本上都是通过将危机转嫁到未来的方式"拯救美国经济"。不管是沃尔克、格林斯潘，还是伯南克，作为金融资本家集体的代言人，不得不把危机转嫁到未来，转嫁给大众，转嫁给其他国家。美联储作为金融利益集团最高代表，其软约束的根源在于代人消灾，防止银行危机集体爆发。因为美联储的所有者是商业银行，银行家创立它的初衷就是为了更好地获利，或者在银行经营遭受损失后它能够提供救助，作为永久的最后依靠。因此，不管是1929—1933年的大萧条期间，还是2007—2010年的金融危机，美联储的货币政策措施都是：（1）降息、降息、再降息，直到实际利率为零甚至负利率，从而降低银行的筹资成本，实际上零利率相当于白送钱给银行。（2）向银行直接注资，提供短期流动性贷款。这是为什么呢？因为升息不仅使需要资金的投资者在困境面前无法承受，更主要的是，升息使金融体系赖以输血的高资产价格（如高股价、高房价）无法继续维持下去，这会使银行资产面临巨大损失成为现实。因此，美联储在历史上对投机行为都"无为而治"，甚至推波助澜，让经济泡沫一次次形成，然后看着它破灭，最后不得不输血救助，用大众的钱为银行家们的投机损失买单。这个游戏循环就像滚雪球一样，越玩越大，花样越来越多，每次挽救危机的措施都成为下一次更严重危机的导火线。这就是软约束的硬结果——摆脱一种危机形式就马上陷入另一种

---

① 庞奇骗局和麦道夫骗局都是一种循环资金欺诈行为，即通过操纵数据并编造一个长期有效的幌子，然后形成借新钱还旧钱的投资骗局。两者的不同是，庞氏利用了投资人贪婪，而麦道夫则是利用投资人对他的信任。

危机形式。出现这种整体局面的根本原因：一方面是金融垄断资本的食利性和投机性本质决定，它主要通过经济手段、政治手段甚至军事手段到处寻找投机性收益；另一方面是国际金融资本控制的经济体系对穷人的系统性剥削，使社会两极分化、有效需求不足，导致社会经济循环无法良性继续运转。

20 世纪 70 年代末，英国和美国开始倡导放松对商业银行和信贷的监管运动，到克林顿政府时期（1993—2000 年）房地产泡沫兴起，放松银行业监管达到高潮。1999 年美国国会废除了《格拉斯—斯蒂格尔法案》，通过了《金融服务现代化法案》。该法案允许成立金融控股公司控制或拥有商业银行、投资银行、保险公司，商业银行也可以以金融控股公司形式提供包括证券和保险业务在内的全面金融服务。这导致金融业的互联性达到空前的程度和整个行业从事高风险活动的盛行。与此同时，美国决定不将新型金融工具特别是信用违约掉期等金融衍生产品纳入监管范围，甚至没有把信用违约掉期的买卖移入交易所。格林斯潘、鲁宾和萨默斯这些克林顿时代美国经济政策的主要制定者放任了金融（蒸汽）泡沫的蓄积，它逐渐把房地产业和银行业吹上了天。① 21 世纪以来，小布什政府继续采用新自由主义的自由放任政策，在金融自由化与全球化、低利率与高利润的驱使下，由于对经济繁荣的乐观态度，金融机构逐渐放松了贷款条件，不仅给高风险、高回报、回收周期长的企业贷款，而且自身也采取高负债比率的策略，即高杠杆率，把收益建立在假想的资产价格永久上涨的基础之上。因此，商业银行和投资银行绝大部分成为明斯基企业分类中的投机类借款企业和庞奇类借款企业。② 尤其是，金融行业过高的薪酬激励机制大大增加了管理层甘冒风险的概率，使得金融机构

① ［美］理查德·波斯纳：《资本主义的失败——〇八危机与经济萧条的降临》，沈明译，北京大学出版社 2009 年版，第 183—184 页。

② Minsky, H, Charles P. , Kindlberger and Jean-Pierre Laffargue, "The Financial Instability Hypothesis: Capitalist Process and the Behavior of the Economy", in *Financial Crisis: Theory, History and Policy*, Cambridge: Cambridge University Press, 1982；投机性借款企业和庞齐类企业都是靠借债维持运转的企业。投机类企业的预期收入在总量上等于债务额，但在借款的前一段时间没，预期收入小于到期债务本金。由于未来收益存在很大的不确定性，所以这类企业存在很大的风险。庞齐类借款企业是那些将借款用于投资回收期很长的项目，在短期内没有足够的收入来支付应付的利息，而长期收益也是建立在假想的基础上，即预期在将来某个较远的日期有个高利润能偿还其累积的债务。为了支付到期的本息，这类企业必须采用滚动融资的方式，不断地增加借款。参见陈雨露、汪昌云《金融学文献通论（宏观金融卷）》，中国人民大学出版社 2006 年版。

对杠杆作用的推崇达到了无以复加的地步。在 21 世纪头十年里，商业银行的杠杆率（资产负债比率）可达25∶1，非银行贷款人的杠杆率达到了1∶30的创纪录高度。如雷曼、高盛等华尔街五大投资银行用 10 亿美元股东权益支持 300 亿美元资产变成十分平常的事。2008 年雷曼倒闭之前，其负债率高达32∶1。贝尔斯登的杠杆率曾经达到33∶1。而谁承担高杠杆背后的风险，金融机构完全可以不考虑，因为通过债务证券化和信贷违约保险风险被卖出了，已经社会化了。这样就形成一家金融机构威胁整个经济体系的系统性风险。

金融在 20 世纪的自我强化中成为现代经济生活的导演（因为现代商业周期依赖信贷维持），在自我利益的驱动下不断膨胀，不断创新业务。在生存竞争压力下，大多数金融机构都采取了从众行为和投机性经营，使社会经济活动金融化，同时也成为历次经济泡沫的合伙制造者。1998 年 9 月，美国长期资本管理公司（由 1997 年诺贝尔经济学纪念奖获得者莫顿斯和科尔斯等 1994 年创立的一家杠杆率很高的对冲基金公司，专门从事金融市场炒作，主要经营复杂衍生品，属于明斯基企业分类中投机性企业）经营失败，威胁到美国整个金融体系，美联储先发制人地采取了降息措施，这又催生了"科技泡沫"。2001 年"科技泡沫"破灭，美联储继续采取降息、维持低利率、提供巨量流动性资金，这又催生了房地产泡沫、金融泡沫。2007 年房地产泡沫破灭，2008 年雷曼兄弟破产，金融泡沫破灭，导致世界金融经济危机，美联储还是继续采取降息、维持低利率、实行量化宽松货币政策、提供巨量流动性资金。这正在催生所谓的"低碳经济泡沫"、美元泡沫、人民币预期升值泡沫等。

这段历史反映了金融自由化主导的美英市场模式在无节制的金融创新和金融自由中面对危机，形成了"降息＋高杠杆率＋金融工具创新—天量游资、信贷热潮—资产价格高涨—市场泡沫—继续降息、提供海量流动性"的金融投机循环。这正印证了马克斯·韦伯在《世界经济史纲》中认为的，"经济危机是由投机引出的"。韦伯认为，由于有了证券，投机就此出现并变得更加重要。更为重要的是，投机引来严重的经济危机并成为它早期发展的标志。第一次危机以及以后危机的周期性出现，其基础就是投机的可能性和外界利益集团参与大企业的经营活动。过度的投机行为最终导致生产手段而不是生产本身比商品消费的需求增长要快得多，于是就发生了崩溃。① 可以说，资本主义经济越是证券化，投机就越成为导致金融经济危机的导火线。

（四）非银行金融机构与软约束

非银行金融机构是适应分工与专业化、生产社会化和资本社会化的需要而发展起来的。第二次世界大战以后，资本主义经历了 20 年的发展黄金期，随着个人和家庭收入的普遍提高以及社会分工的专业化，尤其是 20 世纪 80 年代后的低利率政策、金融自由化浪潮和养老体制的市场化改革，使得西方个人和家庭的收入与投资从储蓄为主转向证券基金为主，为个人和家庭专门理财的非银行金融中介机构获得了空前的发展，并以中介的身份代替个人和家庭成为支配性的股东主体。这是资本主义所有制模式与结构出现的重大而深刻的变化，即机构投资者成为公司制企业的真正最大所有者，取得支配地位。这是指养老基金、失业基金、互助基金、共同基金和年金基金公司、保险公司、证券公司、投资公司、信托公司、基金会等机构投资者所持有的财富比重越来越大，个人财产越来越多地由这些中介机构来管理，而不是直接持有有形资产。全球金融体系委员会的数据显示，2005 年机构投资者的金融资产总额已经达到 46 万亿美元，其中保险公司所占的份额接近 17 万亿美元，养老基金占 12.8 万亿美元，共同基金占 16.2 万亿美元；特别是美国在机构投资者资产中所占份额高达 21.8 万亿美元，英国占 4 万亿美元；而且美国和英国机构投资总资产从 1995 年到 2005 年间翻了一番。② 20 世纪 90 年代末的一些统计资料还表明，不仅发达国家，而且新兴工业国家的金融中介机构也呈现出上述特征。如新加坡中央基金和马来西亚雇员公积金已经分别占到其 GDP 的 50％ 和 40％，智利的 7 家养老保险管理基金的总和资产也超过了该国 GDP 的 40％。③ 这种趋势说明，金融中介机构正在成为操纵国家经济运转的支柱性力量，所有制正在发生结构性变革。

越来越多的事实表明，现代股份公司权力已经从个人投资者向机构投资者转移。个人投资者对他所持有股票（直接或间接地）的公司的权力都

---

① ［德］马克斯·韦伯：《世界经济史纲》，胡长明译，人民日报出版社 2007 年版，第 204—207 页。

② 刘元琪：《资本主义经济金融化与国际金融危机》，经济科学出版社 2009 年版，第 51 页。

③ 高兵强：《社保基金怎么管理》，《人民日报》2004 年 9 月 24 日。

越来越小。金融中介机构持有的公司资产净值的比重提高表示在个人（广义上讲，是此类资产的最终所有人）与管理他们资产的人之间的距离正在拉大——不仅在空间上而且在决策权力方面。[①] 在理论上，从信息透明的角度看，金融企业一般分类两类：一类是不透明的商业银行、保险公司、投资银行和金融公司，另一类是半透明的养老基金、共同基金和单位信托。由于信息的不透明或半透明、不对称，外部包括政府和市场都无法对这些机构投资者企业形成有效的监管。因为没有相关监管手段，像投资银行雷曼管理层选择编造数字、撒谎、操纵自营业务这样的事就成为金融行业的普遍现象。由于信息不透明，所谓的经理人市场（因为人数有限，只能是个小圈子）和声誉机制（职业操守、道德约束）都不可避免地失灵，对非银行金融机构的约束自然也无法硬起来。2008 年金融危机说明，公司治理所有层面的监督都失灵了，未来的公司治理如何改革，成为 21 世纪经济改革的核心任务之一。

（五）经济金融化和保险化——软约束完全社会化

金融产品是最抽象的信息商品，它与普通商品的区别在于只有价格而没有价值，交易的是"信用资产"和"变量资产"的预期价格信息，追求的是"风险效益"，因此，也被称为虚拟产品。投机性是金融产品的基本特征与基本属性。根据爱泼斯坦的观点，经济金融化是指金融市场、金融动机、金融机构和金融精英在国内外范围的经济运行及其治理机构中的重要性日益上升。克瑞普纳认为，金融化反映了发达国家资本主义积累模式的改变，即利润的产生日益通过金融渠道而不是商品生产和贸易。[②]

20 世纪 70 年代以来，金融自由化、反监管运动和科技革命给金融领域带来了两个新变化：一是金融机构通过资本市场（尤其是通过资产证券化[③]、信贷违约保险等）将自己的信用风险转售给第三方投资者；二是采用基于计算机的复杂系统来衡量信用风险，从事即时全球交易。可以说，

[①] ［美］弗雷德里克·普赖尔：《美国资本主义的未来》，黄胜强等译，中国社会科学出版社 2004 年版，第 373—377 页。

[②] 张彤玉、崔学东、李春磊：《当代资本主义所有制结构研究》，经济科学出版社 2009 年版，第 47 页。

[③] 资产证券化将抵押款变换为证券，然后出售，使银行提前获得了贷款的现值，不必再等上 25 年或 30 年才能收回不动产抵押贷款的全部本金和利息，增加了银行当下的利润，而该利润的一部分会以薪水、奖金、津贴或者股票的形式发放给银行管理者。

在金融自由化潮流的推动下，经济金融化、保险化、自由化、全球化成为资本主义经济发展的新变化，这标志着发达国家经济代理制度的深刻变化。

首先是金融机构全面向所有企业渗透，通过贷款控制、股权控制、人事控制等手段进一步加强了对整个经济的控制，特别是金融资本的高度集中和金融企业之间的相互持股、联合，使金融在整个经济中甚至处于霸权地位。早在 20 世纪 60 年代，美国银行就控制了大部分工商业活动。根据美国众议院银行和通货委员会前主席赖特·帕特曼的报告，1967 年美国全部投资者拥有的资产总额略多于 1 万亿美元，其中 6070 亿美元（近 60%）为商业银行所控制。据最大的 49 家商业银行的报告，它们在 5720 家大公司持有 5% 及以上的股票（意味着是控股股东），平均每家银行与 108 家公司有持股关系。① 从金融资产的规模看，据麦肯锡全球研究所统计，2006 年全球金融资产达 167 万亿美元；全球金融资产占全球年度产出的比例已从 1980 年的 109% 飙升至 2006 年的 346%，其中美国增加到 418%，新兴市场从 1990 年的 85% 上升到 2006 的 216%。② 金融资产占国内生产总值的比重更直接地反映了这种情况。在欧元区国家这一比例 1995 年为 180%，2005 年则上升到 303%；同期内，英国这一比例从 278% 上升至 359%，美国从 303% 上升至 405%。③ 从利润角度看，据美国学者统计，整个美国金融行业在 2004 年所"创造"的利润约为 3000 亿美元左右，而美国国内所有非金融行业所"创造"的利润则为 5340 亿美元，也就是说，美国金融行业"创造"了美国所有国内企业利润的 40% 左右，而在 40 年前，即 20 世纪 60 年代金融行业所"创造"的利润不到国内所有企业所"创造"的利润的 2%。④ 从产业结构变化看，目前，在美国金融业已经成为最大的产业，80% 以上的国民生产总值均来源于以金融投资为主的服务贸易。⑤

① ［美］赖特·帕特曼：《帕特曼报告》选译，王继祖等译，商务印书馆 1980 年版。

② 张彤玉、崔学东、李春磊：《当代资本主义所有制结构研究》，经济科学出版社 2009 年版，第 48 页。

③ ［英］马丁·沃尔夫：《从管理资本主义到金融资本主义》，何黎译，《中国企业家》2007 年第 14 期。

④ 何秉孟：《当代资本主义的新发展：由国家垄断向国际金融资本垄断过渡》，《红旗文稿》2010 年第 3 期。

⑤ 刘元琪：《资本主义经济金融化与国际金融危机》，经济科学出版社 2009 年版，第 5 页。

其次，金融创新推动金融交易空前膨胀、金融投机导致全球经济危机。在金融基本业务层面，货币工具流动市场的发展，使货币市场共同基金作为银行和储蓄所的替代机构可以吸纳储蓄；国家抵押市场的产生，使共同基金和养老基金能够替代储蓄机构提供住房抵押贷款；各种筹资市场的建立，催生了一些新的金融代理机构，如投资银行、抵押经纪人等；金融自由化催生的债务（资产）证券化、信贷违约（掉期）保险、衍生品交易保证金制度等创新，使金融交易空前膨胀，加上对冲基金、私募股权基金采用直接金融取代中介金融，使世界市场充斥天量游资。据国际清算银行保守估计，2006 年美国债券、股票、外汇、期货、金融衍生品市场和大宗商品期货市场市值约为 400 万亿美元，是同年美国 GDP 的 36 倍。国际清算银行估算，1998 年衍生产品的场内交易和柜台交易日交易总金额分别为 1.4 万美元和 375 亿美元；到 2007 年 4 月，衍生产品的场内交易日成交量总金额高达 6.2 万亿美元，柜台交易也突破 2 万亿美元，两项相加，衍生产品交易额每日高达 8.2 万亿美元，与外汇市场 3.2 万亿美元的成交量累加，每日总计 11.4 万亿美元，几乎与世界产品年出口额持平，高达产品和服务日交易量的 290 倍。[1] 据联合国 1997 年世界投资报告统计，在世界 24 万亿美元投资中，金融投资占 85%，约为 21 万亿美元，直接投资只有 3 万亿美元。现在，世界金融市场每天的交易额为 3 万亿美元，但其中 98% 以上都与商品贸易无关，这些金融交易都是短期投机，大约为 30 天，有的只有一天，其目的是赚取汇率和利率差额。[2] 直到 2007 年夏，多数投资者、银行家和政策制定者都认为，债务证券化（包括住房、资产、汽车、信用卡、学生贷款，一直到企业应收账款、租金、消费品分期付款等广泛的领域）、信贷违约保险、衍生品交易的保证金制度这些创新是真正的"进步"，对整个经济都有利。在经济学教育界，由斯科特·梅森、罗伯特·默顿等编著的哈佛大学商学院 MBA 教材——《金融工程案例学：金融创新的案例研究》，把后来破产的安然公司的所谓创新——"衍生品工具控制风险"和雷曼兄弟公司的"债务证券化创新"作为经典案例。诺贝尔经济学纪念奖获得者罗伯特·默顿认为，现代风险管理和先进的对冲策略使银行在越来越多的时候并不

---

① 刘元琪：《资本主义经济金融化与国际金融危机》，经济科学出版社 2009 年版，第 52 页。
② 刘元琪：《资本主义经济金融化与国际金融危机》，经济科学出版社 2009 年版，第 12 页。

真正承担风险，因此，并不需要太多资本。[①] 但 2007 年 9 月次贷危机引发的全球金融经济危机，让这些分散风险和风险管理的经典创新成为了笑柄。这次金融危机的发展逻辑是：金融自由化（放松金融监管）、金融创新、低利率（廉价信贷）——流动性过剩——贷款规模大幅扩张——资产价格飙升——景气周期下行——资产价格下跌——泡沫破裂——贷款违约激增——市场流动性枯竭或资不抵债——银行危机——如果汇率自由浮动——货币危机——双危机。一系列本应创建出更自由更安全市场的创新，实际上却造成了一个不透明的世界—风险被集中起来，而且是以一种让监管机构无法弄懂的方式。当某个机构出现危机的时候，无论是中央银行，还是政府当局，都很难搞清这个问题有多大，原来的监管信息和央行持有信息根本不足以应付处理危机。总之，金融创新使金融软约束隐蔽化，危机扩散社会化。

从一般理论分析看，现代金融创新大部分是政府和金融机构之间的猫和老鼠的游戏，其主要目的都是为了绕过政府监管，规避风险，谋取更多利益。在金融自由化的潮流中，金融机构花费巨资对监管机构进行游说，使其放松监管，并高薪雇用会计师、律师寻求规避监管的方法，并鼓励员工对监管者隐瞒风险。在此背景下，没有监管的金融衍生品创新成为一种软预算约束的新工具。

再次，是企业金融化。由于正常的商业周期依赖信贷维持，在金融自由化浪潮下，非金融机构从事金融业务成为企业发展的趋势。例如美国的电话电报公司、通用电气公司和通用汽车公司都发行信用卡，并且从事金融的利润成为公司的主要利润来源。非金融公司资产总额中金融资产也在迅速增长，所占比重越来越高。20 世纪 70 年代，非金融公司的金融资产与实体经济资产之比为 40% 多，到了 20 世纪 90 年代，这一比例已接近90%。[②] 这导致金融危机即时传染到实体企业。

最后，金融保险化使软约束完全社会化。不仅个人的经济行为存在逆向选择和道德风险、约束软化和外部性问题，比如次贷危机的起始原因就是给没有基本信用的人无节制的放贷，更主要的是，存款保险和信贷违约

---

① Merton, Robert C., "A Functional Perspective of Financial Intermediation", *Financial Management*, Vol. 24, (summer of 1995).

② 何秉孟：《当代资本主义的新发展：由国家垄断向国际金融资本垄断过渡》，《红旗文稿》2010 年第 3 期。

保险等金融保险制度，极大地刺激了金融机构的逆向选择行为和道德风险，鼓励了企业、银行的冒险和投机行为，尤其在金融互联性和高杠杆的作用下，呈现经济行为的软约束社会化特征，使整个社会的经济风险成 10 倍、20 倍甚至 100 倍地放大。2007 年，信贷违约保险（即对抵押贷款的破产给予保险）领域的承保金额达到了 45 万亿美元，比美国整个证券市场的资金量 21.9 万亿美元大出 1 倍。① 所有的金融机构都通过证券化包装贷款，再通过购买保险来化解破产风险。在这种保险制度下，金融机构在假想的破产有保险兜底的假设下，为了获得更多分红，竞相购买证券化的抵押贷款产品，而不管明天破产的风险。雷曼兄弟银行的破产就是最好的佐证。

总之，经济金融化和金融保险化的发展，使金融系统的外部性呈现空前的放大，一旦金融系统发生危机，就必然形成对整体经济的巨大冲击。国家为了防止经济的大起大落，必然出手援助，这样就形成了金融系统发展的软约束循环：金融出错——导致危机——政府救助——导致整个社会经济活动软约束化。

（六）经济全球化——软约束全球化

首先，国际储备货币与软约束。1973 年，布雷顿森林体系崩溃后，作为国际货币的美元成为脱缰的野马，从 1 盎司黄金兑换 39 美元，飙升到现在的 1 盎司黄金兑换 1235.2 美元以上。② 从 1971 年美国宣布美元不再与黄金挂钩到今天，全球基础货币量是成百倍的增加，1971 年只有 381 亿美元，今天超过了 6.2 万亿美元。美元成为没有约束的世界货币，成为美国取之不竭的最大经济资源。美国的国债已经从 1989 年的 2.7 万亿美元上升到 2000 年的 5.7 万亿美元，2005 年增加至 7.7 万亿美元，2010 年突破 13 万亿美元，平均每人负债超 4.2 万美元，利息 2211 美元。③ 根据美联储 2011 年 2 月底的数据显示，美国国债已经达到了 14.28 万亿美元，离美国议会所允许的 14.29 万亿美元的国债天花板仅一步之遥。④ 据统计，

---

① 许成钢：《解释金融危机的新框架和中国的应对建议》，《比较》2008 年第 39 期。
② 管克江：《避险需求推动金价创历史新高》，《人民日报》2010 年 5 月 13 日。
③ 殷亮：《美国国债突破 13 万亿美元创历史新高》，《经济参考报》2010 年 6 月 4 日。
④ 周晋竹：《美国国债触及天花板专家认为调高上限仅是时间问题》，《中国广播网》2011 年 5 月 16 日。

从美国独立到 1980 年，美国政府的全部赤字总计为 1 万亿美元。1980 年以来，这个数字上升到了 4 万亿美元。与此同时，20 世纪 70 年代，美国债务大约是国家年 GDP 的 1.5 倍；到 1985 年，达到 2 倍；到 2005 年，美国的全部债务几乎是美国 GDP 的 3.5 倍，已经与整个世界 44 万亿美元的 GDP 相差无几了。① 世界货币储备体系的这种畸形特征，使各国难以找到一种超主权的有效权威来约束美元的无节制发行，使国际金融监管和国际货币储备体系成为国际公共产品盲区。世界银行和国际货币基金组织也是由美国主导和实质操纵（最大股东）的，是戴着面具的美国财政部而已，因此，美元成为软约束全球化的首要特征。

其次，金融全球化与软约束全球化。发达国家的金融化由于全球化、自由化的发展而不再受到国内因素的有效制约，能够借助于金融资产的创造和全球范围内的行销，使得跨国金融活动无法受到有效约束。可以说，金融全球化与风险全球化同步发展，金融软约束也同步全球化。比如资产证券化的全球化，尤其是这次次贷危机中的住房抵押贷款证券的交易遍及世界，把美国房地产泡沫造成的风险传递给了全世界，并因此促成了这场本应属于美国的经济萧条的全球化。比如美国国际集团（AIG）担保的全球贷款业务大约有 40 万亿美元，如果 AIG 崩溃，将影响全球信贷体系的稳定，因此美国政府不得不救助它。比如冰岛国家破产危机。② 2008 年，受美国雷曼兄弟公司破产的波及，冰岛历史最悠久的 Icesave 银行倒闭，一夜之间，持有这家银行存款凭据的储户们发现，Icesave 已成过去时，特别是该银行通过互联网吸收的大量英国和荷兰储户存款更是无从兑现。冰岛国内的"袖珍"存款保险计划根本无法应付英荷储户总额达 39 亿欧元的索赔，危急之时，英荷两国政府不得不出手帮助冰岛偿还各自国内储户的存款损失。但很快，两国就向冰岛政府提出了偿债要求，而此时的冰岛伴随金融行业的全线坍塌，全国经济几乎陷于瘫痪——失业率高达 6.7%，GDP 更是在 2009 年前所未见地下降了 6.5%。对于仅拥有 32 万人口的冰岛来说，Icesave 银行留下的这笔巨额债务相当于全国 GDP 的一半，相当于每个冰岛家庭背上了 4.8 万欧元的

---

① 刘元琪：《资本主义经济金融化与国际金融危机》，经济科学出版社 2009 年版，第 81、199 页。

② 国际上通常的国家破产是指一个国家的金融财政收入不足以支付其进口商品所必需的外汇，或是其主权债务大于其 GDP。

债务。① 此外，冰岛的主权债务为 1300 多亿美元，而它的年 GDP 仅约为 190 亿美元，这意味着国家信用破产。再比如希腊债务危机。希腊政府为了加入欧元区与美国高盛公司交易，通过"货币掉期交易"和抵押未来收入的方式，掩盖高额的公共债务，使希腊在当时达到了欧元区成员国的要求。而高盛公司又通过向德国银行购买保险的方式，将自己的风险转移回了欧洲。结果，货币掉期交易到期时碰上了国际金融危机，希腊政府财政支出增加、收入减少，加上国际对冲基金（尤其是高盛）对希腊支付能力的炒作，使希腊融资能力下降，债务保险利率上涨，2009 年财政赤字占 GDP 比率高达 12.7%，形成债务危机。② 还比如美国纳斯达克股票市场公司前董事会主席伯纳德·麦道夫通过操纵对冲基金致使投资者损失超 500 亿美元。美国《华尔街日报》报道说，麦道夫欺诈案受害者包括美国多家公司和欧洲、日本众多投资者，其中不乏响当当的大人物和大公司。③ 所以，金融全球化使金融约束具有了全球特征，监管不严会导致金融欺诈与投机盛行。

三　主要结论和政策建议

通过对现代市场经济的主要组织——有限责任公司、银行机构非银行金融机构和全球化经济组织的软约束分析，最后，让我们来归纳一下本文的主要结论，并论述其理论与政策含义。

第一，现代公司所有权的社会化与预算软约束的常态化导致市场经济自身无法实现资源优化配置的理想功能。现代市场经济的主要组织——有限责任公司、银行机构、非银行金融机构等所有权社会化的企业组织，由于预算软约束的常态化特征，使现代公司与市场经济体制自身不能很好地实现优化资源配置的基本功能。进一步说，现代市场经济中从微观的有限责任企业组织和金融机构到中观的经济运行机制，再到宏观的政府乃至国际经济组织，都普遍存在软约束特征，而且软约束相互联为一体，因此，软约束是私有制基础上市场经济的本质特征。再进

① 陶冶：《警惕冰岛危机示范效应欧洲或被贴"不信任"签》，《金融时报》2010 年 3 月 9 日。

② 周弘：《债务危机或许给了欧洲一个机会》，《人民日报》2010 年 3 月 20 日。

③ 杨蕾：《纳斯达克前主席狂"哄"滥"诈"》，《深圳商报》2008 年 12 月 15 日。

一步说，人类社会的相互依存关系以及国家的本质决定了阶级社会软约束存在的社会普遍性。政府作为收租者和食利者群体，拥有国家经济机器的税收权、借贷和货币发行权，因为以支定收，所以作为市场经济中最大的组织和管理者本身预算就无法硬起来，这决定了阶级社会软约束的先天性特征。因此，本文的结论一：由于市场经济的微观运行主体的普遍软约束常态特征，导致市场经济自身根本无法实现资源优化配置的理想功能。

第二，现代市场经济主要组织的软约束特征导致微观经济学的基本原理无法解释现代市场经济的运行特征。新古典微观经济学基本原理建立的基础——私有制基础上的硬预算约束分析，现在可能仅仅适用于个人企业、合伙企业等小企业。由于现代企业组织的有限责任在金融化、保险化的发展之后，软约束成为现代企业组织的常态化特征，这导致建立在预算硬约束基础上的微观经济学基本原理根本无法有效分析现代公司、现代金融机构及现代国际经济组织，而当代经济生活的重大方面都是受这些大组织支配，不是西方主流经济学理论所说的个人之间的自由竞争。因此，本文的结论二：新古典的微观经济学基本原理无法解释现代市场经济主要组织的经济行为，需要建立新的微观经济学基本原理解释现代市场经济的运行特征。

第三，现代经济组织的软约束特征是造成经济危机不断循环与周期性爆发的内在原因。现代公司制企业和金融组织的责任有限化、风险社会化的制度化特征，导致社会经济风险与经济危机的形成和集聚发生了新的变化。软约束的外部性导致管理者不负责任、对风险漠不关心，容易出现过度投机饥渴和扩张冲动，而过度的投机行为最终导致生产手段而不是生产本身比商品消费的需求增长要快得多，造成社会脱离最有效的生产状态，形成危机。因此，本文的结论三：在产权社会化，经济金融化、保险化、全球化，以及信息技术创新的推动下，导致市场经济普遍存在自我激化、自我强化的软预算约束综合性特征越来越明显，预算软约束的外部性具有了整体性和全球性的特征，并成为全球金融危机和经济危机的主要内在原因和结果。

20世纪，世界经济由工商业资本占支配地位逐步发展到由金融资本占支配地位。一方面，现代金融技术的发展极大地促进了生产和技术的社会化发展①；另一方面，金融的天生投机性也极大地推进了整个世界经济的投机程度。除了自动取款机等少数创新，20 世纪的大部分金融创新都在一定程度上成为有组织的投机活动。由于整个经济的金融化程度不断提高，现代工商业活动完全被纳入到金融有组织投机活动当中，而且金融机构攫取了经济利润中的最大部分。这就是为什么现代金融机构的从业者获得高工资和高奖金的主要原因。债务证券化、信贷违约保险、衍生产品保证金制度等金融创新使金融软约束隐蔽化，同时制造了海量投机资本，使危机扩散社会化和全球化。金融机构的互联性（相互持有）、企业金融化、金融保险化，导致金融危机的扩散性空前的社会化。就雷曼、房地美、房利美、AIG（美国国际集团）等企业亏损社会化、盈利私人化的情势来说，现代自由市场下的软预算约束问题比过去中央计划经济下的问题更加严重。过去计划经济的软预算约束问题只限制在国营企业里，而市场经济下的软约束几乎波及每家每户，波及所有的开放经济体。这是金融成为继政府具有这种能力之后的一种新力量。过去，政府处理金融危机说明：政府与企业之间的差异是政府没有底线或基线。而这次金融经济危机说明：在金融自由化下，金融互联性可以使政府根本找不到如何设置底线。因此，本文的政策建议一是：对投机性经济活动监管要严格，对投机性经济金融创新工具的市场准入要审慎，不能让投机成为经济发展的主要特征，投机者成为操纵经济运行的主体，要让金融机构和经济金融创新服务于实体经济和人们生活的改善，而不是自我服务、自我循环。简言之，经济金融化、金融自由化和金融保险化的发展必须有一定的限度，不能让金融投机控制经济发展的中枢神经。

第四，现代企业组织和金融机构的软约束常态化特征告诉我们，现有的经济科学、经济工程学和经济管理学存在明显的系统性缺陷，必须重新设计对现代企业组织和金融机构的监管制度，尤其是对管理层和各种创新工具的监管制度，制定适应时代发展的监管制度。现在，经济金融化、保险化的发展，使企业信用和金融机构信用完全社会化，同时软约束也完全社会化。现代企业制度软约束的根本原因在于所有权与管理权分离下的

---

① 马克思在《资本论》中指出："银行制度同时也提供了社会范围的公共簿记和生产资料的公共分配的形式，但只是形式而已。"《马克思恩格斯全集》第 46 卷，人民出版社 2003 年版，第 686 页。

"代理"问题，这主要表现在三个层面：在管理层面上，由于信息不对称，所有者不能有效地监管企业的管理者，又由于不确定性，所有者无法对管理者的决策正确与否作出即时的判断，这样就出现企业内部的约束无法硬化的问题；在宏观经济层面上，由于大型企业尤其是金融企业的外部性会形成系统性风险，即整体经济的危机和政治威胁，往往形成"大而不能倒"的情势，出现管理层和所有者合谋欺骗社会、绑架政府的格局，这样就出现企业的外部治理无法形成硬性约束问题；在政治层面上，由于政治与经济之间的相互依赖关系和利益权衡，政府连续不断援助和干预的历史，使企业管理者形成一种期望通过事后补贴和注销方式来弥补投资风险带来损失的强烈心理期望，形成"软约束"的思想和行为基础。对于市场经济下的有限公司、金融机构等组织，除了胁迫政府被迫给予保护和援助外，其他主要的软约束新表现包括：一是利用控股结构，通过关联交易操纵母公司和子公司之间的盈亏游戏，盘剥公众；二是伪造会计数据，欺骗投资者；三是利用兼并与破产法，实现金蝉脱壳；四是玩弄资产负债表平衡游戏，冲销坏账；五是通过增发股票和债券、债转股等手段，实现"印钞票"的目的；还可以列举很多具体表现。总之，现代有限公司已经完全不是穆勒那个时代（19世纪），为有才无钱者提供创业舞台，其负面效应发展越来越纷繁复杂，甚至成为聪明者愚弄大众的最重要工具之一。加强对有限责任公司和金融机构的监管，成为政府、学术界和大众的时代课题。因此，本文的政策建议二是：必须反思经济科学、经济工程学和经济管理学的现有缺陷，与时俱进地对现代企业组织和金融机构的监管制度进行创新，尤其是对管理层和各种创新工具的监管制度，制定适应时代发展的监管制度，引导企业管理者的行为向有利于社会前进与和谐的方向前行，对投机行为进行严格管制。

第五，软约束的全球化告诉我们，建立国际经济新秩序的紧迫性越来越强，矫正失衡的国际储备货币体系和加强对跨国经济组织的全球管理也势在必行。首先，要尽快找到一种超主权的有效权威来约束美元的无节制发行，避免全世界因美元滥发而发生经济大倒退、大萧条。其次，加强国际金融监管和革新国际货币储备体系成为各国必须联手采取的紧迫行动，时间越晚，各国受害越重。要审慎开放金融衍生工具的国际交易，防止投机主导国际经济交易。最后，建立一个更加公平、公正、公开、平等的国际经济新秩序必须抛开美国的主导，否则世界经济只能被美国牵着鼻子走。

第六，资本主义市场经济的公平和效率都是打引号的"公平"和"效率"。20 世纪 80 年代以来，新自由主义的强劲潮流在政治力量、经济力量和意识形态的促使下，全世界都向美国模式转变。进入 21 世纪第一个 10 年以来，现代市场经济进入了经济自由化、金融化、保险化、全球化的新时代，然而在 2007 年开始的美国次贷危机，使全世界开始反思美国模式的发展价值。真是"三十年河东，三十年河西"。然而，世界经济发展的新开端并不美好，因为应对这次危机的措施为下一次即将到来的危机准备了充足的条件。从国际的石油争夺硬约束、美元软约束，到国内的无偿援助、滥发钞票、极端低利率、治理失灵，一个让大众承受经济波动与危机后果的"现代体系"仍然不受节制地在运行。因此，市场经济的公平与效率就无从谈起。从马克思主义经济理论看，经济发展就是经济矛盾的出现、展开、克服的过程。在当今世界的政治经济关系格局下，政治利益集团和金融利益集团的关系尤其密切，它们的大门往往联通在一起。所以，克服金融危机的措施往往是牺牲第三方的利益，在平衡政治集团和金融集团的利益格局中，只能通过短期措施来展开和克服，即再爆发—再展开—再克服的循环，直到利益格局被打破，新的循环形成。

帕金森定律说：华丽的建筑可以作为推测正趋于腐败的佐证，因为只有组织机构内部趋于腐败，其建筑和设备才能达到华丽顶点。这适用于所有的机构，不管是私有的还是公共的，不管是政府还是企业。投机与造假不分公司大小、个人身份、发达国家与发展中国家，也与市场的成熟程度无关。危机还会继续重演，只是形式会不断变化。因为形成危机的政治经济基础短时间内无法改变，利益集团的共生关系尽管形式会改变，但将长久存在，金融创新和监管的循环游戏将继续发展。但是，从人类的共生关系和社会整体可持续发展的角度出发，对现代企业和金融机构的投机行为实行更为有效的约束势在必行。

论中国特色城乡协同发展理论[*]

——兼评刘易斯二元结构理论

刘美平^{**}

一 刘易斯城乡二元结构理论的主旨

中国学者一提到刘易斯，就会自然联想到他那篇著名论文——《无限劳动供给下的经济发展》，但却很少有人问津该文的中心与主旨是什么。倒是刘易斯本人很实事求是地在那篇文章的开头就指出："本文是按古典学派的传统写成的，作出古典学派的假设，并提出古典学派的问题。"①"古典学派的传统"就是自由竞争。这说明刘易斯根本没有走出亚当·斯密创造的"自由竞争"神话般的范围，也就是说，城市工业部门会在市场机制作用下自动实现由二元经济到一元经济的转变，不需要政府给予任何干预。"古典学派的假设"是指无限的劳动供给。按照刘易斯的解释，无限的劳动供给是指现代工业部门在现行一个固定工资水平上能够得到它所需要的任何数量的劳动力。换言之，在现有的既定工资水平上，工业部门的劳动供给具有完全的弹性。至于"古典学派的问题"不是别的问题，正是在刘易斯之前西方经济学家最关心的资本积累问题。

现在，我们根据刘易斯本人的写作思路，来认真总结一下他的那篇著名论文的中心与主旨。首先，看一看《无限劳动供给下的经济发展》中的"经济发展"指的是什么。刘易斯认为："经济发展理论的中心问题是要理

---

   * 本文原载《马克思主义研究》2008 年第 12 期。

  ** 刘美平（1970—　），女，山东曹县人，上海海事大学马克思主义学院三级教授。

  ① ［美］刘易斯：《刘易斯经济学文选》，纽约大学出版社 1983 年版，第 311 页。

解这样一个过程：一个先前储蓄和投资占国民收入的4%或5%（甚至更少）的社会如何转变为自愿储蓄达到国民收入的12%或15%或更多的经济。这一问题之所以是中心问题，是因为经济发展的中心事实是快速的资本积累。"① 在刘易斯看来，经济发展的中心是由储蓄和投资拉动的经济快速增长，经济快速增长依靠快速的资本积累，快速的资本积累过程发生在现代部门与传统部门之间，而现代部门既需要已有的资本积累为其扩大投资提供源泉，又是进一步积累更多资本的手段。正是从这个意义上讲，刘易斯那篇著名论文的中心与主旨是资本积累；并且论文中的"经济发展"是指以快速的资本积累支撑的经济快速增长，而不是指的二元经济结构本身。更进一步讲，刘易斯是用二元经济结构的逐步一元化过程来说明资本积累是怎样支撑经济增长的。所以，我们认为，刘易斯的二元经济结构模型并不是直接的城乡二元结构理论，而是直接的资本积累理论，他只是在阐述城市工业部门扩张过程中如何实现资本积累，进而已经积累的资本又如何使资本主义现代部门进一步扩张时，才涉及了农村剩余劳动力怎样向城市现代工业部门转移这一所谓的城乡二元结构问题。因此，刘易斯的二元经济结构模型首先是一种资本积累理论，其次才是城乡二元结构模型。由此可见，刘易斯的资本积累理论蕴含了城乡二元结构问题，但不是城乡二元结构理论体系本身。

二　有中国特色的城乡二元结构

必须要澄清的是，刘易斯那篇文章中的"二元经济结构"与中国的所谓"二元经济结构"根本不是同一个概念，二者之间的差别相去甚远，但中国学者往往容易将二者混为一谈，混淆二者的原因在于没有将中国国情与刘易斯的分析对象国国情进行深入比较。如果我们懂得了刘易斯的二元经济结构模型建立的依据和理论背景分别是大不列颠史料和古典经济学，那么，就不会在以下几方面产生将二者等同的错误认识。

（1）中国的"二元经济结构"的境况与刘易斯所说的"无限劳动供给"发生的条件不相符。刘易斯认为，"无限劳动供给"的发生条件是传

① ［美］阿瑟·刘易斯：《二元经济论》，施炜等译，北京经济学院出版社1989年版，第15页。

统农业部门和现代工业部门的工资水平存在落差和城市无失业，而且只有当城市的现代工业部门工资高于传统农业部门工资（大约是30%）才会使无限的劳动供给成为现实。但是，在中国，城市不仅有失业，而且失业数量还不少，以至于改革开放前通过"上山下乡"式政治运动去解决城市青年的大规模就业问题，即使是改革开放后的知识型失业问题与国企下岗职工的再就业问题仍是中国城市失业问题的主要表现形式之一。这表明，城市有需求并且能够完全接纳的"无限劳动供给"在我国是不可能发生的。

（2）中国的"二元经济结构传统"与刘易斯所说的"古典学派的传统"是不同的。改革开放后，我国逐渐建立了有中国特色的社会主义市场经济，但有中国特色的社会主义市场经济必定是在政府宏观调控下的市场经济，也绝不是完全自由竞争的市场经济。而刘易斯所研究的"无限劳动供给"与"无限劳动需求"是在市场机制作用下自由地不受阻碍地完成向现代工业部门转移的，根本不需要政府的介入。但在中国，"无限劳动"的流动受到种种制度壁垒的限制而不能实现刘易斯所说的自由流动。现在虽然为劳动力流动创造了诸多有利的环境，但仍有许多主观与客观原因在影响甚至阻碍农村剩余劳动力的自由流动。

（3）中国的"二元经济结构"中的两部门不具备刘易斯的"二元经济结构"两部门的特征。在刘易斯的那篇论文中，他所说的传统农业部门有四个特征：第一，它比现代工业部门要庞大得多；第二，劳动力边际生产力或微不足道，或是零，甚至为负数；第三，传统部门实行制度工资，这种工资既是传统部门的人均产品，又是维持传统部门劳动者生活的最低水平；第四，这个部门只有劳力剩余，而无经济剩余。现代工业部门也有四个特征：第一，它十分弱小；第二，劳动力边际生产力大于或等于工资，该部门存在经济剩余；第三，现代工业部门的工资高于传统农业部门；第四，现代工业部门存在追求最大利润的冲动，这驱使资本家把经济剩余最大限度地用于资本积累。

那么，中国的两部门是否像刘易斯的"二元经济结构"理论中所说的那样呢？

（1）中国的传统农业的确比现代工业庞大得多，但这只是从就业结构而言的；若从产值结构来讲，农业创造的产值远不如工业创造的产值多；若再从工农业产值占全国 GDP 的比重角度看，就不是传统部门比现代部门庞大，而是相反。

（2）中国传统农业部门与现代工业部门的边际生产力都不为零，特别是农业劳动力边际生产力不是"或微不足道，或零，甚至负数"的情况，而是另外一种情形。中国传统农业部门劳动力的边际生产力不为零，这可以从我国的农业实践结果和舒尔茨的理论中得到证明。就实践结果而言，倘若中国传统农业部门的边际生产力如刘易斯所说，那么，农业部门就不可能为重工业化积累如此多的最初发展资金；就理论分析而言，舒尔茨认为，传统农业虽然贫穷但有效率，这一点与中国的国情基本相符。

（3）中国传统农业部门，从来没有实行制度工资的历史，也就谈不上工资水平，中国农民收入都是与农业生产周期同步的年收入。虽然改革开放以来出现了"民工潮"，但由农民转化而成的农民工的所谓工资收入，绝不是制度工资，而是临时性工资，农民工工资的制度化还是一个遥远的目标。在中国，现代工业部门的工资的确高于传统农业部门，但不是刘易斯所划定的 30%，而是 227%。假如考虑到中国现代工业部门中的垄断行业，那么垄断行业中的平均工资水平恐怕要比农业部门所谓的"工资"高出更多。

（4）中国传统农业部门不仅有劳力剩余，还有大量经济剩余，这一点与刘易斯所说的传统农业部门的第 4 个特征相差最明显。新中国的工业化过程几乎是在农业部门创造的经济剩余的大力支持下得以进行的。现代工业部门通过各种方式（剪刀差方式、财政方式、储蓄方式等）获取农业剩余来推动新工业部门的建立与原有工业部门的扩张。这说明，中国现代工业部门发展的最初资金源泉是传统农业部门的经济剩余。但刘易斯所说的现代工业部门则是把本部门创造的经济剩余最大限度地用于再投资本部门，而这种再投资的根本目的是追求以最大化为价值取向的利润。在这里，刘易斯并没有阐明现代工业部门的最初投资源于哪里。

三 对刘易斯城乡二元结构理论的评介

从某种程度上讲，刘易斯的城乡二元结构理论对中国城乡发展的确有一定的借鉴意义，但这种借鉴意义局限在一定范围内。虽然刘易斯的资本积累理论关注的中心是经济增长问题，但是他看到了发展中国家的普遍人口过剩，并将普遍人口过剩概括为"无限劳动供给"假设，是西方发展经济学上的一次飞跃。这是其一。其二，在刘易斯的资本积累理论中，刘易斯强调了城市现代工业部门与农村传统农业部门之间的结构差异，突出了现代工业部门在扩张过程中对经济增长的重要作用，其中隐含了产业结构与经济增长之间的关系的经济学思想，为发展经济学的研究领域开辟了新的视野。其三，刘易斯将城市工业化与人口城市化联系到一起，特别是涉及了农村剩余劳动力的转移问题，这是对中国最有借鉴意义的内容。

如同其他西方经济学理论一样，刘易斯城乡二元结构模型亦有其局限性。这一局限性具体表现在以下四个方面。

（1）刘易斯为广大发展中国家所指明的二元经济的一元化目标，至今尚未有任何一个发展中国家实现这一目标。这样的实践结果表明了刘易斯所谓"二元经济结构"理论是缺乏指导意义的，至少对发展中国家的劳动力转移是不适用的。

（2）刘易斯理论的背景是大不列颠的发展实践，他将从英国实证分析中得出的这样的结论用于广大发展中国家，以期指导发展中国家的资本积累与劳动力转移，这本身就说明该理论的针对性和指导性并不强。因为英国的国情是城市现代工业部门缺乏劳动力，而"圈地运动"以后产生的大量"无限劳动"恰恰可以满足工业扩张过程中的劳动力需求；但广大发展中国家城市中就存在数量不等的失业人员，又如何去吸纳完农村的"无限劳动"呢？因此，可以认为刘易斯的理论具有英国特色，但不具有发展中国家特色，当然也不具有中国特色。

（3）刘易斯理论的支点是"无限劳动供给"服从于城市现代工业部门扩张需要，进而服从于资本积累与投资的需要，这一逻辑演绎过程透露出的是"劳动追逐资本、资本奴役劳动"的本质。中国学者之所以追捧刘易斯所谓的"二元经济结构"，只看到了"无限劳动"这一描述符合中国农村劳动力过剩的事实，便认定"无限劳动供给"也会发生在中国大地上。这是只看到现象未看到本质的盲目崇拜之举。其实，"无限劳动"与"无限劳动供给"是两个不同的概念："无限劳动"是农村剩余劳动力的静态存在形式，而"无限劳动供给"是资本主义社会中"资本奴役劳动"的动态表现形式。中国的确存在"无限劳动"，但不会仅仅依靠市场机制发生"无限劳动供给"完成的一元化目标，这是由我国的国情决定的。

（4）刘易斯的资本积累理论最终代表的是整个资本家阶级的利益。从表面上看，刘易斯的城乡二元结构理论聚焦在城市现代工业部门的扩张方面，忽视的是农业的发展；但实质上刘易斯忽视的是存在于农村的整个农民阶级的利益。第一次产业革命不久，1825 年，英国便爆发了经济危机。确切地说，这是工业危机。这说明现代工业部门的单向度扩张遇到了资本主义社会基本矛盾制约下的狭小市场的限制与广大无产阶级低消费能力的限制。资本主义国家对待工业危机的办法不是深刻思考发生工业危机的真正原因，从而在生产关系层面进行社会根本制度的变革，而是实施对外侵略。于是，1840 年，中国的南大门被打开。这是资本家阶级本性的充分暴露！按照经济规律的要求，工业部门的单向度扩张就是错误的，应该将工业与农业协同发展，才是生产力层面解决工业危机的根本举措。以英国为代表的资本主义国家不按经济规律发展城市现代工业部门，而是按照资本家阶级的意志——追求利润最大化去实现资本积累和快速经济增长。这样做的结果必然引发经济危机。这表明，刘易斯理论是从资本家阶级立场出发的，是为资本家追求利润服务的。在刘易斯理论忽视农业的背后，折射出的是他忽视从事农业的整个农民阶级的利益，而这些农民又都生活在分散落后的农村。由此可见，马克思指出的"资本主义城乡关系是根本利益对立的关系"是符合事实的！

四　有中国特色的城乡协同发展理论

由于刘易斯的城乡二元结构理论既不能恰当地解释我国的城乡二元经济现象，也不能作为我国彻底解决城乡差距的指导性理论，所以，我们必须根据本国国情，进行城乡发展方面的理论创新。这一理论创新的结果就是建立有中国特色的城乡协同发展理论。

理论的创新源于对实践的思考。目前中国城乡二元结构是过去城乡非协同发展实践过程的结果。这一非协同发展过程始于政府全方位支持的城市重工业化优先发展；经过一系列由政府制定的诸如城乡二元户籍制度、不平等的城乡二元交换制度、差别化城乡二元教育制度、歧视性城乡二元社会福利制度以及城市政治资源、经济资源和公共品资源优先配置制度等加以固化；在改革开放后又通过市场机制使城市优势进一步强化、乡村劣势进一步恶化；最终使城乡差距呈现出逐渐拉大的态势。更为重要的是，城乡非协同发展过程已经破坏了城乡生态平衡；同时又使政府决策中的城市偏向达到了一定程度；还在改革开放前实行高度集中的计划经济体制排斥市场。由此可见，过去城乡非协同发展过程已经超越了环境、政府、市场各自合理的边界。

城乡协同发展理论就是对过去城乡非协同发展实践深刻思考的结果。城乡协同发展理论由假设、内容和结论三部分组成。该理论的前提假设包括三个方面：一是城市经济和农村经济的各自活动都在其生态承载力范围内展开。这是因为，倘若城乡经济已超越总体生态承载力，则发展进入不可持续状态，因而也就没有可能进行城乡协同发展了。二是政府在自省理性意识支配下具有统筹能力且在决策过程中能够保持中立。在这里，政府的自省理性意识是政府自觉、主动实施统筹行为的前提；政府的统筹能力是政府执政水平的表现形式；政府决策时保持中立可以确保政府既不偏向于城市利益集团，也不偏向于农村利益集团。三是市场是趋于成熟的。只有趋于成熟的市场才能使市场机制发挥作用，才能使区域间生产要素自由流动，才能使城乡经济社会发展水平逐步实现大体一致，才能使政府的统筹战略因势利导得以顺利实现。

在上述前提假设存在的基础上，我们建立了城乡协同发展理论框架。该理论认为，政府应该成为也最有资格成为城乡协同发展的统筹主体，市场则成为城乡协同发展的统筹导体，城市与农村是城乡协同发展的统筹客体，生产经营组织和产业是城乡协同发展的统筹载体。具体来讲，中央政府是决策性统筹主体，各级地方政府是执行性统筹主体；市场借助市场机制把政府意志传导到城市与乡村；生产经营组织是城乡协同发展的点状统筹载体，即企业和家庭（农场）分别是城市与农村的点状统筹载体；产业是城乡协同发展的线状统筹载体，第二次产业与第一次产业分别是城市与农村的主要线状统筹载体。当政府、市场、城乡与组织以及产业的发展定位明确以后，在生态平衡这一统筹前提存在的情况下，作为决策性统筹主体的中央政府，利用作为执行性统筹主体的地方政府和作为统筹导体的市场，借助于作为统筹载体的生产经营组织与产业，对统筹客体即城乡进行长期性的、整体性的、同步性的、战略性的与生态性的共同发展。这就是城乡协同发展理论的框架。

综上所述，已经出现的较大的城乡差距问题为城乡协同发展理论的探索创造了条件，刘易斯二元经济结构模型为城乡协同发展方面的思索提供了思想材料，统筹城乡发展和建设社会主义新农村的伟大实践为城乡协同发展理论奠定了坚实的物质基础。基于此，我们还可以得出这样的尝试性结论：城乡协同发展理论是科学发展观在城乡发展领域的具体化，是中国特色社会主义理论体系的组成部分。

商榷与交锋

剥削与价值理论关系的辨析[*]

——兼评一种否认剥削的错误观点

孙宗伟[**]

一　马克思主义经典作家怎样分析和评价剥削？

在许涤新主编的《政治经济学辞典》中，关于剥削是这样定义的：剥削"是社会上一部分人或集团凭借他们对生产资料的垄断，无偿地占有另一部分人或集团的剩余劳动，甚至一部分必要劳动"[①]。我们认为，对剥削的这一定义是科学的。众所周知，奴隶社会、封建社会和资本主义社会，是相继出现的具有剥削性质的社会形态。这三种社会形态中存在的剥削，其共同点在于，都是社会上一部分人凭借对生产资料的私有权或垄断权，对另一部分丧失生产资料的劳动者的剩余劳动的占有。其区别在于，在不同的社会形态中，榨取剩余劳动的方式和手段是不同的。

剥削的产生是有一定的历史条件的。首先，一定的生产力发展水平是剥削产生的物质基础。我们知道，剥削的存在是以剩余劳动为前提的，而剩余劳动的存在又必须以一定的劳动生产率为基础。因此，以一定的劳动生产率为基础的剩余劳动的存在，或者说，生产力的一定程度的发展，是剥削产生的物质前提。这里应该注意的是，虽然剥削是以剩余劳动为前提的，但是，却并不能因此得出有剩余劳动的存在就有剥削的结论，因为，"一般剩余劳动，作为超过一定的需要量的劳动，必须始终存在"。而在以

　＊　本文原载《天府新论》2007 年第 4 期。

　＊＊　孙宗伟，（1971—　），男，陕西宝鸡人，中国人民大学马克思主义学院副教授。

　①　许涤新：《政治经济学辞典》上册，人民出版社 1980 年版。

公有制为基础的未来的社会主义社会和共产主义社会中，也必然存在剩余劳动，但那绝不等于剥削。

也许有人会说，能不能把与生产资料的私人占有相联系的剩余劳动看作剥削呢？不一定。比如，在小生产者那里，生产资料归个人所有，也有剩余劳动，但是，由于这里的生产资料的私人占有和剩余劳动的存在又是以小生产者自己的劳动为前提的，自己占有自己的剩余劳动，当然不能看作剥削。因此，判断剥削行为的另一个标准是，看生产资料的私有者是不是同时也是劳动者，如果不是劳动者，而是凭借对生产资料的垄断或者私有权无偿占有他人剩余劳动，那就肯定是剥削了。

除此之外，剥削的另一个特征就是对抗性。一部分人无偿占有另一部分人的剩余劳动或者剩余产品，从这种占有方式中必然会爆发出对抗的火花：哪里有剥削，哪里就有反抗。只要有剥削制度存在的地方，阶级斗争和阶级冲突始终会幽灵般地伴随在剥削制度的左右。这些都是为几千年以来的人类历史进程所证明了的铁的事实，不容否认，也无法否认。

总之，剥削作为一种生产关系，它是生产力发展到一定水平的产物；它的表现方式以及实现形式也随着人类社会生产力与生产方式的不断发展变化而变化；它最终将会随着生产力的高度发展以及生产资料公有制的建立而趋于消失。也就是说，作为生产关系范畴的剥削，在它还能容纳社会生产力发展的时候，在生产力发展水平还没有达到能够彻底消灭它存在的条件的时候，是绝不会退出人类历史舞台的。

对于剥削在人类历史发展中的作用，马克思主义经典作家们给予了科学的、辩证的分析。他们一方面承认一定生产力发展水平下剥削存在的必要性和合理性，还指出了在一定历史条件下剥削的存在具有相对的进步意义。比如，恩格斯就曾对奴隶制的剥削作出了这样的评价："只有奴隶制才使农业和工业之间的更大规模的分工成为可能，从而使古代世界的繁荣，使希腊文化成为可能……在这个意义上，我们有理由说：没有古希腊罗马的奴隶制，就没有现代的社会主义。"[1] 对于资本主义的剥削制度，马克思也曾指出："资本的文明面之一是，它榨取这种剩余劳动的方式和条件，同以前的奴隶制、农奴制等形式相比，都更有利于生产力的发展，有

---

[1] 《马克思恩格斯选集》第 3 卷，人民出版社 2012 年版，第 560—561 页。

利于社会关系的发展，有利于更高级的新形态的各种要素的创造。"① 另一方面，马克思和恩格斯同时也指出，剥削也有其消极的一面。且不用去细说在奴隶制和封建制下的剥削方式是如何地使用暴力和充满血腥，单就资本主义剥削制度来说，"资本由于无限度地盲目追逐剩余劳动，像狼一般地贪求剩余劳动，不仅突破了工作日的道德极限，而且突破了工作日的纯粹身体的极限。……它靠缩短劳动力的寿命来达到这一目的，正像贪得无厌的农场主靠掠夺土地肥力来提高收获量一样"②。资本为追求剩余价值而对劳动力的残酷压榨，无疑是对生产力中最积极的因素——劳动者——的束缚以及破坏，从而对于生产力发展也是起到了阻碍的反面作用。

正是基于对剥削的辩证认识，马克思和恩格斯指出："由于文明时代的基础是一个阶级对另一个阶级的剥削，所以它的全部发展都是在经常的矛盾中进行的。"③ 从上述马克思主义创始人的论述中，我们可以得出这样的结论：对剥削的评价，应该运用马克思主义的唯物史观的方法，从一定的历史条件和具体实际出发，给以科学、辩证的对待。

二 剥削是从劳动价值论中论证出来的吗？

如果把剩余劳动的存在和生产资料归一部分人和集团所有看作剥削存在的前提，那么，资本主义生产方式无疑是一种具有剥削性质的社会形态，因为，资本家阶级凭借其对生产资料的垄断权而无偿地直接从雇佣工人身上榨取一定的剩余劳动，正是资本主义生产方式的本质所在。但是，与其他具有剥削性质的社会形态相比较，资本主义剥削的表现形式以及方式有了变化。

在前资本主义的剥削社会形态中，生产资料的所有者是通过超经济的剥削方式占有劳动者的剩余劳动和剩余产品的。但是，在资本主义生产方式中，一方面，由于生产资料被资本家阶级所垄断，劳动者被剥夺了生产资料而一无所有，为了生存，劳动者被迫把自己的劳动力当作商品出卖给资本家，这样，劳动力就转化为商品，从而，资本主义的剥削形式也就采

---

① 《马克思恩格斯全集》第 46 卷，人民出版社 2003 年版，第 927—928 页。
② 《马克思恩格斯选集》第 2 卷，人民出版社 2012 年版，第 191—192 页。
③ 《马克思恩格斯选集》第 4 卷，人民出版社 2012 年版，第 194 页。

取了区别于其他剥削社会形态中的超经济的剥削方式，转化为经济形式的剥削。另一方面，随着产品的生产转化为商品的生产、价值的生产，并占据了资本主义生产的统治地位，与此相适应，生产资料的所有者——资本家——对剩余劳动和剩余产品的占有也转化为对剩余价值的占有。不但如此，作为本质范畴的剩余价值，在资本主义生产方式的表象上，却以利润、利息、地租等面目出现，从而也就使得剩余价值在资本主义生产关系的表象上，以所谓三位一体的公式，以"颠倒""物化"的形式展现在人们的面前，具体地说，即所谓资本生产出利润（包括利息）、土地生产出地租、劳动生产出工资。这样，作为剩余劳动时间的凝结的剩余价值的本质范畴，从而资本主义的剥削关系，在三位一体的公式中，在资本主义生产的具体的表象上，就被完全掩盖了起来。

马克思在批判地继承古典经济学，尤其是斯密和李嘉图价值学说的基础上，创立了科学、完整的劳动价值学说，并以劳动价值学说为基础，通过对劳动和劳动力概念的正确区分，创立了剩余价值理论，从而科学地揭示了剩余价值的来源，揭露了被掩盖的资本主义剥削的秘密。如果我们把透过资本主义社会的种种假象揭露其剥削的本质的剩余价值学说，看作马克思经济学说的基石的话，那么，科学的劳动价值学说则是剩余价值学说的基石。但是，劳动价值学说是剩余价值理论的基石的说法，绝不是说剩余价值是从劳动价值理论中推论出来的，更不能进一步引申出来剥削是劳动价值理论的产物。换句话说，好像剥削是从劳动价值论中论证出来的，因此，只要推倒了劳动价值理论，那么，剩余价值就不存在了，因而剥削也就消失了。

我们前面指出，剥削是以剩余劳动的存在以及社会上一部分人占有或垄断生产资料为前提的。换句话说，只要在有剩余劳动存在的地方，只要在有一部分人垄断或占有生产资料的地方，就有剥削的存在，这首先是一个事实问题，而不是一个理论问题。既然资本主义生产方式并没有消灭剥削存在的前提，那么，资本主义就必然有剥削存在，这是不以人的喜好和意志为转移的铁的事实。不同的是：资本主义剥削方式发生了变化。如果说，在前资本主义的具有剥削性质的社会形态中，剥削是赤裸裸地表现出来，以至于人们只要稍微看上一眼就能指出哪里有剥削存在的话，那么，在资本主义生产方式下，如同我们前面所指出的，剥削被蒙上了一层面纱，被掩盖了起来！如果说劳动价值理论的功能之一正在于以它为基石能发现资本主义剩余价值生产的秘密，并进而揭露出资本主义剥削的性质，那自然是没有错的。但是，如果认为剥削和剩余价值是从劳动价值论中推论出的逻辑结果，显然是混淆了事实和用来解释事实的理论之间的因果关系。理论可能有错，因而可能被推翻，但事实是不能被推翻的！如果有人硬要去抹煞资本主义生产方式中存在着的剥削的事实，我们可以向他们提出这样的问题：假如奴隶社会中奴隶主凭借生产资料的所有权占有奴隶的剩余劳动和剩余产品是剥削的话，假如封建社会中地主阶级凭借对土地的所有权占有农民的剩余劳动和剩余产品是剥削的话，那么，就没有丝毫理由说，在资本主义生产方式中，资本家凭借生产资料所有权所得到的利润，就不是剥削了，因为在这里，"发生变化的只是形式，本质没有改变"。

与马克思的劳动价值理论相反，在西方经济学说史上，以萨伊的生产要素价值论为源头的种种价值学说，不是要去揭露被掩盖的资本主义剥削事实，反而是殚精竭虑想把剥削事实掩盖得再巧妙一些，更有甚者，还有人异想天开地想通过发明一种理论把剥削的事实给论证掉！这种违背科学研究常规的做法，就只能用阶级立场和阶级利益来解释了。换句话说，他们是站在资产阶级的立场上为资本主义剥削制度辩护，好让资本主义生产方式万世永存。

三　怎样正确看待社会主义初级阶段存在的剥削现象？

我国社会主义初级阶段以公有制为主体、多种经济成分并存的经济结构，决定了在公有制经济的旁边，还必须允许私营经济、外资经济、个体经济等非公有制经济成分的存在和发展。可以说，这种生产关系格局的形成，既是新中国成立以来社会主义建设成败功过的经验教训的总结，也是社会主义初级阶段生产力水平较低、多层次、不平衡的现实的客观要求。

就目前我国非公有制经济中的私营经济来说，由于它是一种生产资料归私人所有并存在雇佣劳动关系的经济成分，因此，其中也就必然有剥削的存在。那么，应该如何看待社会主义初级阶段私营经济中存在的剥削关系呢？

一方面，首先应该肯定私营经济中有剥削关系的存在，但是，只要这种带有剥削性质的生产关系的存在是生产力发展水平的客观要求，那么，它的存在就不仅是可能，而且是必要的。而且，由于符合了生产力的现状，因而能促进生产力的发展，私营经济的存在也是有进步意义的。再者，从私营经济在社会主义建设中的实践来看，它们在开拓和繁荣市场，增加就业，促进经济增长等方面都有积极作用。正因为在社会主义初级阶段，私营经济的存在有其必然性、合理性，有积极作用，因此，社会主义初级阶段私营经济中剥削的存在，既是历史的必然，也是现实的要求。

另一方面，我们也应当看到，私营经济中剥削的存在也有着负面作用。比如，近些年的经济生活中，一些私营经济为了单纯盈利的目的而违反《劳动法》，野蛮侵害雇工权益的事件；还有，在私营经济中存在的偷税漏税、违法乱纪、钻国家的空子而肥自己的腰包的不正当剥削行为等等，时有发生。对于私营经济中剥削的这些负面作用，我们不应该听之任之，而应该加以适当地调节、规范、监督和引导。当然，目前我国私营经济中剥削的存在，与资本主义社会中剥削的存在以及表现方式应该是有所区别的，因为我们是以公有制为主体，私营经济的存在只是公有制经济的有益补充，因而，私营经济中剥削的存在也是被限制在一定的范围和程度之内的。

四 "有产就是剥削吗?"

——评一种否认剥削的观点①

如果剥削的消灭是以一定的生产力发展水平为物质基础，换句话说，只要生产力发展水平还没有达到消灭剥削的水平，那么，一定程度和范围内的、适应生产力发展水平和要求的剥削的存在，就不仅是一个客观事实，而且，正如同我们前面说过的那样，是有积极作用的。但是，我们不能因为我国目前阶段中，剥削在一定范围内和一定程度上的存在具有客观必然性和积极作用，就否认了"剥削"存在的客观事实。在国内学者关于剥削问题的争论中，大多数学者是按照实事求是的科学态度来对待这些问题，而且就发生的争论来说，也主要是理论上的争论。理论上的争论是应该的，也是值得提倡的，因为真理愈辩愈明。当前，也有部分人打着"与

---

① 杜光：《有产就是剥削吗》，《深圳特区报》2002 年 4 月 22 日。

时俱进"和"发展理论"的口号，通过偷偷篡改马克思主义的基本理论，以达到否认"剥削"的目的。对此，我们从下面的这些议论中可以看得很清楚。而且，更重要的是，从这些议论中，我们还可以看到，沿着这种"否认剥削论"的理论逻辑出发，最终会把我们的"社会主义社会"引到哪里去！

有人撰文说："有些人从传统观念出发，把有没有财产、财产多少作为划分阶级的标准，认为只要有产就是剥削者，就是资产阶级。"

马克思主义基本理论告诉我们：剥削或者阶级的产生，是以社会上的一部分人凭借对生产资料的垄断权或者私人占有而无偿占有他人剩余劳动为前提的。我们完全不知道，这里论者所竭力批判的所谓"有产就是剥削"的论断是从哪里来的？可是，这个论断从哪里来已经不很重要了，重要的是，只有从对这个"论断"的批判中，论者才能得到一个他想要得到的结论。具体地说，论者论证的手法是这样的：他先杜撰出了一个"有产就是剥削"的论断，然后再通过对这个论断的批判，偷偷地篡改马克思主义关于阶级划分与判断剥削是否存在的标准。在论者看来，如果有产就是剥削的话，那么，工人阶级也有财产，难道能说工人阶级就是剥削者吗？因此，不能把有产作为判断剥削的标准；既然不能把有没有财产作为判断剥削是否存在的标准，那么，也就不能把资本家所拥有的财产看作是剥削的手段。可是我们要问的是，工人拥有的是什么财产呢？工人拥有生产资料吗？资本家拥有的是什么财产呢？难道资本家只拥有和工人相同性质的生活资料和发展资料的财产吗？很明显，论者先通过"财产"这个含糊的概念，抹杀了生产资料和生活资料这两个概念的本质区别，然后再对所谓的"有产就是剥削论"进行批判，这样，生产资料作为判断剥削存在与否的关键标准，就从论者的视野中消失了。

既然不能用"财产"来看待剥削，那么，到底什么是剥削呢？有论者说："我们向来都认为资本家剥削工人的剩余价值，这当然不错，因为剩余价值都是工人创造的。"应该说，这个说法还算基本上正确。但是，论者紧接着又说："……工人并非赤手空拳就能进行劳动的，他们必须与生产资料相结合，在一定的生产技术指导下，按照全面的调度指挥，才能进行劳动，才能创造剩余价值。劳动是劳动力和生产资料、技术、管理等生产要素的结合和运动过程。生产诸要素不创造价值，但都参与了价值的创造过程，对劳动创造价值作出了不同的贡献。因此，生产诸要素的所有者都有权按照这些要素的贡献，获得相应的报酬。"不仅如此，在论者看来，"随着现代社会生产的发展，技术、管理、资本在生产中的作用和贡献越来越大"，也就是说，由于这些因素在创造价值中的贡献愈来愈大，相应地，它们得到的报酬也就应该更多。那么，我们应该怎样与时俱进才能适应这个形势呢，或者如论者所说的那样："剩余价值应该怎样分配才能同这个社会进步现象相适应呢？"论者说："党的十五大提出的按生产要素分配，对这个问题作出了明确的回答。根据这个分配原则，剩余价值将按照生产诸要素在生产中所作的贡献大小，分配给这些要素的所有者。这就是说，劳动者、资本所有者、技术人员、管理人员将按照劳动力、资本、技术、管理等要素对生产所作的贡献比例，分别从剩余价值中获得自己的一份报酬。他们的收入都是合理的，不存在谁剥削谁的问题。"从上述论述中，论者最终得出这样的结论："根据上述分配原则，资本所有者取得与资本所作贡献相当的一份剩余价值是合理的，不是剥削。"可是，如果资本所有者的收入不算作剥削的话，那么，到底什么才算是剥削呢？回答说："如果其他部分也归他所有，那就是剥削了。"也就是说，只有在资本的所有者不但得到了资本应得的利润，而且还得到了其他生产要素比如劳动力价值的一部分，这才算剥削。按照论者的这个逻辑推下来，他说："在资本原始积累和自由资本主义时代，在参与创造价值的生产要素中，劳动力作出了最大的贡献，但剩余价值却全部归资本家所有，这是十分不合理不公平的，是赤裸裸的剥削。"这里，显然他又用"过度剥削"代替了"剥削"，从而也就否认了"剥削"的基本含义。这里再强调一下：我们一方面对于目前我国经济生活中客观存在的剥削的事实是承认的，对于"私营企业主""资产者"在社会主义初级阶段中的贡献和积极作用也是持肯定态度的；但是，另一方面，不能因为有积极作用和客观存在的必要性而否定其"剥削"的性质和本质，这完全是两件事情。

那么，论者在这里费尽心思作出上述论证的目的何在呢？其实，已经很明显了。第一，按照论者的逻辑，既然有产并不就是剥削，而我国现阶段的"私有者""资产者""私营企业主"和工人阶级一样拥有财产，因而他们也就成了工人阶级中的一员，正如他说的那样："有人认为，改革开放以来出现的有产者就是私有者、资产者、私营企业主，我对此不敢苟同。我认为，我国当代的有产者主要是工人阶级内的有产阶层。"

第二，在论者看来，我国目前的一些"大老板"，他们既是资本的所有者，更是经营管理者和技术的拥有者，因而更要付出大量复杂的脑力劳动，由此，"作为技术、管理等生产要素的所有者，他们的收入主要是应得的合理报酬，作为资本所有者的收入是少数"；即使就"资本收入的小部分"而言，由于它是按照资本在价值创造中的贡献获得的报酬，或者说，"也多属于资本所作贡献相当的合理收入，剥削收入就更少了"；不仅如此，由于资本所有者所获得的收入不是吃光花净了，而是继续拿出来进行"投资和技术改造"，因此，资本收入中"即使有少量剥削收入也已同时转化为社会资本而不成其为剥削"。（对于非劳动生产要素是否创造价值以及如何看待我国目前存在的"按生产要素分配"问题的讨论，对于如何看待私营企业主收入的性质的问题的讨论，由于篇幅所限，此处不能展开，笔者将另撰文给以论述。）

由于不能把"有产"作为划分阶级的标准，因而，我国现阶段的"有产者""私营企业主"，也就不能看作是"资本家"；既然"资本所有者"所获得的收入中，大部分是贡献所得，只有极少极少的、可以忽略不计的一部分才算得上是剥削收入，因而"资本所有者"也就不是剥削者了。既然"资本所有者"既不能看作是资本家，又几乎不是剥削者，"他们究竟是工人阶级还是资产阶级？答案不是十分清楚吗？"既然"资本的所有者"就是"工人阶级中的有产阶层"，也就是说，属于工人阶级的一分子；又按照论者的论证，这些"有产阶层"对社会作出了极大的贡献，可以称得上是"工人阶级中的先进分子"了；而共产党又是工人阶级的先锋队；因此，吸纳"工人阶级的先进分子"到党的队伍中来，让"有产者在政治上站起来"，不就是合情合理的了吗？其实，按照这种逻辑推论下去，实在地说，连无产阶级专政也没有存在的必要了，因为按照论者的论证，资产阶级都不存在了，还要无产阶级专政干吗？如果连无产阶级专政都没有存在的必要了，又怎么谈得上社会主义呢？这种论调的理论本质和最终意图，不用再去做仔细分析，读者大概也能看得很清楚了。

"造不如买，买不如租"的逻辑为什么要倒过来[*]

——一个马克思主义经济学的解读

魏 旭[**]

2014 年 5 月 23 日，习近平总书记在上海考察"中国商飞设计研发中心"时指出，"我们要做一个强国，就一定要把装备制造业搞上去，把大飞机搞上去，起带动作用、标志性作用。中国是最大的飞机市场，过去有人说造不如买、买不如租，现在这个逻辑要倒过来，要花更多资金来研发、制造自己的大飞机"。习近平总书记的这一讲话，既在方法论上贯彻了马克思主义的唯物史观和剩余价值学说，也在行动上倡导了我们党原本一直秉承的"独立自主，自力更生"的传统。然而，在过去的改革开放实践中，由于受西方比较优势理论的误导，使我们在发展对外经济关系领域，不自觉地抛弃了马克思主义的方法论原则和独立自主的优良传统。特别是在"市场换技术"的逻辑下，使我们的产业在参与全球贸易分工和生产网络过程中，逐渐被锁定在全球生产网络的低端，出现了"链—网"的双重锁定，甚至陷入了"高端产业低端化"的陷阱。因此，我们有必要重塑马克思主义的国际分工与贸易理论的指导地位，并以此来说明"造不如买，买不如租"这个逻辑为什么要倒过来。

一 西方经济学国际贸易理论的核心观点及其演变

长期以来，在西方经济学界一直占据主流地位的国际贸易及其利益

＊ 本文原载《理论月刊》2015 年第 5 期。

＊＊ 魏旭（1971— ），男，吉林农安人，经济学博士，吉林财经大学马克思主义经济学研究中心教授、硕士生导师。

分配理论是由大卫·李嘉图开创的比较优势理论。在 1817 年出版的《政治经济学及赋税原理》一书中，李嘉图以例证的方式分析了英国和葡萄牙两个国家如何在葡萄酒和毛呢的生产和交换中实现对各自都有利的贸易方式。李嘉图写道："英国的情形可能是生产毛呢需要一百人一年的劳动；而如果要酿制葡萄酒则需要一百二十人劳动同样长的时间。因此英国发现对自己有利的办法是输出毛呢以输入葡萄酒。葡萄牙生产葡萄酒可能只需要八十人劳动一年，而生产毛呢却需要九十人劳动一年。因此，对葡萄牙来说，输出葡萄酒以交换毛呢是有利的。即使葡萄牙进口的商品在该国制造时所需要的劳动少于英国，这种交换仍然会发生。虽然葡萄牙能够以九十人的劳动生产毛呢，但它宁可从一个需要一百人的劳动生产毛呢的国家输入，因为对葡萄牙来说，与其挪用种植葡萄的一部分资本去织造毛呢，还不如用资本来生产葡萄酒，因为由此可以从英国换得更多的毛呢。因此，英国将以一百人的劳动产品交换八十个人的劳动产品。这种交换在同一国家中的不同个人间是不可能发生的。不可能用一百个英国人的劳动交换八十个英国人的劳动，但却可能用一百个英国人劳动的产品去交换八十个葡萄牙人、六十个俄国人或一百二十个东印度人的劳动产品。关于一个国家和许多国家之间的这种差别是很容易解释的。我们只要想到资本由一国转移到另一国以寻找更为有利的用途是怎样困难，而在同一国家中资本必然会十分容易地从一省转移到另一省，情形就很清楚了。"[①] 这里，李嘉图不仅说明了他的比较优势原理，而且一定程度上揭示了基于比较优势原理进行的国际分工和国际贸易所产生的不同的利益分配问题，即在具有不同的技术水平的国家间的贸易交换中，存在价值财富转移现象。也就是说，国家间的贸易利益总是会由技术水平落后的国家向技术水平先进的国家转移。从这点来看，李嘉图的贸易理论包含了一定的科学成分，奠定了其在经济思想史上的地位。然而令人遗憾的是，李嘉图虽然试图从劳动价值论出发把国际贸易和他的价值理论统一起来，但由于其没有科学的国际价值及国际生产价格理论，导致其认为国际贸易只能增加一国的商品总量而不能增加一国的价值。对于这一点，马克思批评道："他的国际贸易理论是错误的，

---

① ［英］大卫·李嘉图：《政治经济学及赋税原理》，郭大力、王亚南译，商务印书馆1962 年版，第 114—115 页。

他认为国际贸易只产生使用价值（他称为财富），不产生交换价值"，"因此，在李嘉图那里就出现了价值和财富之间的绝对对立"。① 自此，李嘉图在其国际贸易的比较成本说的构建过程中，已经不自觉地背弃了劳动价值论，沦为劝诱落后国家实行贸易自由化的"真实的谎言"②。

大卫·李嘉图之后，约翰·穆勒又从需求和交换比率方面对比较优势理论加以补充，形成了相互需求论。相互需求论从供求决定价值出发来解释国际间商品交换的比率，认为供求规律决定国际间商品流转的水平和对外贸易中的商品价格，并将这一规律称为"国际价值法则"。这样，穆勒就把国际价值的决定归于供求，彻底抛弃了劳动价值论。

随着技术进步和国际分工的拓展，国家间技术扩散变得容易，由此导致国家间生产技术日益接近。然而，在实际的生产和贸易中，却仍然存在着国家间的较大成本差异，古典经济学的贸易理论无法给出有力的解释。由此，赫克希尔、俄林在彻底抛弃劳动价值论的基础上，继承了大卫·李嘉图的比较成本思想，利用马歇尔提供的曲线方法，构建了新古典贸易理论，即 H-O 模型。新古典贸易模型将比较优势和自然禀赋联系起来，把决定国际贸易分工格局的因素归于生产中所使用的要素密集度和各国的要素禀赋。此后，萨缪尔森进一步用数学形式表达了 H-O 模型的所有内容，并认为产品贸易实际上是对要素贸易的替代。这样，就形成了相对完整的新古典贸易理论，并在相当长时期内成为解释工业革命后贸易产生原因的主要理论。然而，这一理论在现实的实证检验面前却遭遇了严重的挑战，即所谓的"列昂惕夫之谜"③。

"列昂惕夫之谜"的提出，大大动摇了新古典贸易理论的基础，各种新的贸易理论不断出现，先后形成了新要素理论、产品生命周期理论等。其中最突出的代表是 20 世纪 70 年代以后出现的以克鲁格曼为代表的新贸

① 《马克思恩格斯全集》第 30 卷，人民出版社 1995 年版，第 288 页。

② 从李嘉图的出发点来看，他确实是想把他的对外贸易学说和劳动价值论统一起来，国内有些学者也从其"对外贸易的扩张虽然大大有助于一国商品总量的增长，从而使享受品总量增加，但却不会直接增加一国的价值总额"这一观点，认为其坚持了劳动价值论。但事实上，这个基本论点恰恰反映出李嘉图只是将资本主义对外贸易视若简单商品流通，并为它披上了一件"半自然经济"的外衣，从而歪曲了它的性质。更由于他没有国际价值理论，因此他的观点受到马克思的强烈批判。因此，李嘉图在其对外贸易学说中，已经不自觉地放弃了劳动价值论。

③ 1947 年和 1953 年，美国经济学家列昂惕夫先后两次对美国的对外贸易进行投入产出分析，结果发现美国出口的商品主要是劳动密集型产品，从而形成了与 H-O 模型相悖的结论。

易理论。如果说传统贸易理论是在完全竞争市场和规模不变基础上来解释产业间贸易的话，新贸易理论则是用规模经济效应和不完全竞争市场结构来解释产业内分工和贸易现象。在此基础上，又先后形成了以格罗斯曼和赫尔普曼为代表的产品内分工和产品内贸易理论、以杨小凯为代表的新兴古典经济学的以分工、交易效率为核心，运用超边际分析来解释国际贸易成因及利益分配的国际贸易理论。

从比较优势理论的演变来看，现代国际贸易理论就是一个逐步背离劳动价值论的过程。如果说李嘉图是在不自觉中放弃劳动价值论的话，现代西方国际贸易理论则是有意地背离劳动价值论。所以，现代西方经济学的国际贸易理论不过是在李嘉图的"比较优势"学说基础上对已有理论的技术缺陷进行不断的修补，并没有什么真正意义上的新发展，且一步步地沦为庸俗化。这种庸俗化不仅体现在把国际分工和贸易看作是一个纯粹的自然的过程，完全抽象掉了价值而只研究使用价值。而且，现代资产阶级经济学家是在既定的资本主义框架下从单纯的技术层面来分析国际贸易的动因、贸易格局的形成以及贸易利益的分配，掩盖了国际自由贸易是保证发达国家资本家占有他国特别是落后国家人民剩余劳动的手段的实质。

二 马克思国际价值转型理论对国际贸易利益分配的科学论证

众所周知，马克思在《资本论》及其手稿中，只是初步研究了国际价值问题，没能进一步深入研究世界市场上的国际价值转型——国际生产价格问题。但是，马克思关于一国范围内的价值转型理论为我们提供了分析国际价值转型问题的思路。恩格斯早就明确指出，"生产价格适用于国际贸易"[1]，只是价值规律在世界市场发挥作用的形式产生了新的变化[2]，价

---

[1] 《马克思恩格斯文集》第 7 卷，人民出版社 2009 年版，第 1023 页。

[2] 马克思指出，价值规律在其国际范围的应用，还会由于下述情况而发生更大的变化：只要生产率较高的国家没有因竞争而被迫把它们的商品的出售价格降低到和商品的价值相等的程度，生产效率较高的国民劳动在世界市场上也被算作强度较大的劳动。这里，马克思明确地表达了在世界市场上，价值规律发挥作用的结果必然引起贸易利益的分配差别，即商品不是由国别的平均劳动决定，而是由世界劳动的平均单位决定。因此，价值规律发挥作用会首先要求国别价值转化为国际价值，商品要按照国际价值出售。具体可参见《马克思恩格斯文集》第 5 卷，人民出版社 2009 年版，第 644 页。

值规律发挥作用的逻辑要求国别价值首先要转化为国际价值，然后才是国际价值转化为国际市场价值，国际市场价值转化为国际生产价格。

在世界市场上，各个不同国家生产的商品仍然要像在国内市场一样，按照统一的市场价格出售，但其价值的决定却与国内有所不同，不是由一国国内平均的社会必要劳动时间来决定，而是由世界劳动的平均单位决定的。也就是说，在世界市场上出售的同种商品是在不同的国家以不同的劳动强度和生产效率生产出来的，因而会具有不同的国别价值。正如马克思所说："国家不同，劳动的中等强度也就不同；有的国家高些，有的国家低些。于是各国的平均数形成一个阶梯，它的计量单位是世界劳动的平均单位。因此，强度较大的国民劳动比强度较小的国民劳动，会在同一时间内生产出更多的价值，从而表现为更多的货币。"① 因此，在商品按相同的国际市场价格进行交换时，这些产品的国别价值就以一定的梯度、以不同的国别价值依次平均化为相同的国际价值。而且，在交换过程中，往往是较发达的国家一定长度的劳动时间比落后国家一定长度的劳动时间表现为更大量的国际价值。"一个国家的资本主义生产越发达，那里的国民劳动的强度和生产率，就越超过国际水平。因此，不同国家在同一劳动时间内所生产的同种商品的不同量，有不同的国际价值，从而表现为不同的价格，即表现为按各自的国际价值而不同的货币额。"② 而且，"一百万人在英格兰，比在俄罗斯，不只会生产更多得多的生产物，并且会生产价值更大得多的生产物，虽然个个生产物更便宜得多"③。由此可知，生产效率低和劳动强度小的相对落后的国家在参与全球生产分工和贸易交换过程中，会处于比较不利的地位。

当国际价值形成后，各个国家的同一贸易部门内部的企业由于不同的劳动生产率而具有不同的个别国际价值。在整个部门内部的所有同种的质量接近的产品只能按照一个统一的市场价格（国际市场价值）来出售的条件下，部门内部的不同资本家，为争夺有利的生产条件和销售市场以获取超额剩余价值，必然展开激烈的竞争，竞争的结果是形成一个统一的国际市场价值。国际市场价值形成后，商品就不再按照国际价值而是按照国际

<hr>

① 《马克思恩格斯文集》第 5 卷，人民出版社 2009 年版，第 645 页。
② 《马克思恩格斯文集》第 5 卷，人民出版社 2009 年版，第 645 页。
③ 马克思：《剩余价值学说史》第 2 卷，郭大力译，人民出版社 1975 年版，第 66 页。

市场价值来出售，这就导致贸易利益的分配在等价交换的条件下，出现了有差别的分配情形。劳动生产率高于部门平均劳动生产率的那部分企业的产品其个别国际价值要低于国际市场价值，而劳动生产率低于部门平均劳动生产率的那部分企业的产品其个别国际价值要高于国际市场价值。在整个部门产品都按统一的国际市场价格（以国际市场价值为基础）出售时，劳动生产率高于部门平均劳动生产率的那些企业的产品就会以高于其自身价值的国际市场价值出售，这些企业中生产商品的劳动就会起"自乘"的简单劳动的作用，实现一个比自己实际投入的劳动量更多的价值。相反，劳动生产率低于部门平均劳动生产率的那些企业的产品就会以低于其自身价值的国际市场价值出售，这些企业中生产商品的劳动就会像简单商品生产时因为劳动者懒惰、不熟练等原因不能形成价值一样，不能得到和自己投入劳动量相一致的价值。这并不是对价值规律的违背，而恰恰是价值规律发挥作用的结果。这样，发达国家的企业在国际交换中就会比发展中国家的企业获得更多的剩余价值。

伴随同一贸易部门内部为获取超额剩余价值而展开的竞争，导致世界市场上不同部门之间因资本有机构成不同而产生利润率的差别。由于不同国家生产不同产品，但每一个国家生产自己投入到国际市场上去的产品都有一个中等资本有机构成的生产部门。这个具有中等资本有机构成的生产部门，它所生产的产品的生产价格就是其国别生产价格。然而当不同国家将其产品投入到国际市场时，不同国家的资本又形成一个"社会总资本"。这个"社会总资本"的不同部分之间又会围绕利润率的高低而展开部门之间的竞争。① 这是因为，资本作为一种社会权利，必然要求等量资本获取等量的利润，进而引发资本不断地由利润率低的部门流向利润率高的部门，其结果是使不同部门之间的不同的利润率形成一个平均的国际利润率。国际平均利润率的形成，就使国际市场价值转化为国际生产价格。国际生产价格形成后，商品就不再按照国际价值交换，而是按照这个同一的国际生产价格交换。这样，资本有机构成高的部门就可以获取比本部门创造高得多的利润。也就是说，发达国家所提供给国际市场的产品一般都是资本有机构成较高的产品，因而在按照国际生产价格出售这些产品

---

① 丁堡骏：《试论马克思劳动价值论在国际交换领域的运用和发展》，《毛泽东邓小平理论研究》2013 年第 4 期。

时，都能够占有比自己国内创造的剩余价值多。正是基于这一点，所以，马克思说："一个国家的三个工作日也可能同另一个国家的一个工作日交换。"① 两个国家根据利润规律交换，即使两国都获利但总有一个国家要吃亏，并且"一国可以不断攫取另一国的一部分剩余劳动而在交换中不付给任何代价"②。

三　西方经济学国际贸易理论的本质

正如前文所述，西方经济学的国际贸易理论是建立在一个有着致命缺陷的比较优势理论基础之上的。在他们看来，只要按照这个原则，所有参与国际贸易的国家都可以从中获得好处，因此，他们主张贸易自由化。然而，在世界市场上，发达资本主义国家凭借其对资本的控制与技术垄断，贸易自由化的结果不仅没有实现真正的贸易互惠，反而是发达国家对发展中国家的剥削。因此，这种贸易互惠论的结果，不仅不是世界经济和政治的统一，反而使全球政治经济发展更加不平衡。其实马克思早就一针见血地指出自由贸易的实质是资本的自由，"排除一些仍然阻碍着资本自由发展的民族障碍，只不过是让资本能充分地自由活动罢了"③。从世界市场运行的现实看，在资本主义生产体系内，造成发展中国家普遍依附于发达资本主义国家，形成所谓的"中心—外围关系"。特别是二战后，处于分工阶梯低端位置的发展中国家，在按照所谓的"比较优势"原则参与国际分工和贸易时，专注于生产初级产品或劳动密集型产品，出口数量虽然剧增，但从贸易中获得的实际利益非常少。一些国家由于过于强调资源、劳动力等初级要素的比较优势的发挥，造成国内产业结构无法实现升级，并固化了原有的产业分工，从而使这些国家深陷"比较优势陷阱"而难以自拔，甚至造成了拉美国家在相当长的时间内出现增长停滞，并引发一系列社会问题。近年来，在所谓的产品内分工及产品内贸易模式下，发展中国家的企业在参与全球价值链分工体系的过程中，大多被限定在价值链的最低端，从事"微笑曲线"中价值增值最少的加工制造环节，形成"俘获

① 《马克思恩格斯全集》第26卷，人民出版社1974年版，第112页。
② 《马克思恩格斯全集》第31卷，人民出版社1998年版，第284页。
③ 《马克思恩格斯文集》第1卷，人民出版社2009年版，第756页。

型"的产业链，绝大部分利益被发达国家的跨国公司获得，甚至使发展中国家出现"贫困化"的增长。

对于这种不平衡，现代西方经济学国际贸易理论要么有意回避其背后的真实原因，要么由于其纯粹的技术生产过程的分析方法而将这种不平衡归于各种外生变量。例如李嘉图模型将其归于外生的比较技术优势，H-O模型将其归于外生的资源优势，新贸易理论则将其归于规模经济优势。事实上，造成这种不平衡或者发达国家对发展中国家的贸易剥削的根本原因，是价值规律在世界市场作用的结果。我们知道，在世界市场上，交换仍然遵循着等价交换原则。但是，在等价交换下，由于劳动生产率的国别差异，交换的结果是发达国家的产品实现更多的价值，而发展中国家则在平等交换下实现较少的价值。因此，在等价交换条件下，比较富有的国家实现了对比较贫穷的国家的剥削。这里需要指出的是，发达国家对落后国家的这种剥削，绝不是有些学者所认为的不等价交换导致的，而恰恰是价值规律作用下等价交换的结果。在当代，尽管国际贸易和各国间的经贸往来获得了长足的发展，世界市场得到了很大的拓展，价值规律的作用范围和方式也发生了相应的变化，但价值规律的优胜劣汰的功能依然未变。由于战后发达国家与发展中国家的劳动生产率水平具有不断拉大的趋势，在价值规律优胜劣汰功能的作用下，通过国际市场交易所实现的利润不断地由发展中国家转移到发达国家，这也导致富国越富、穷国越穷、南北差距不断拉大。因此，我们很难想象战后的日本，如果按照"比较优势"原理参与国际分工，还会不会成为OECD（经济合作与发展组织）的成员国。与此同时，在所谓的劳动力比较优势下，发展中国家的劳动力往往以较低的工资受资本的雇佣，从而使全球的资本家实现了共同瓜分剩余价值和共同剥削劳动力的局面。因此，西方经济学国际贸易理论的这种主张，不外是为资本的掠夺性进行辩护，从而服务于西方跨国资本的利益需要。对发展中国家而言，由于其在国际分工和国际竞争中的这种不利地位，单纯依靠参与全球价值链体系的方式很难实现所谓的比较优势的升级。

四 结论与启示

按照马克思的国际价值和国际生产价格理论，如果一个发展中国家长期以比较优势作为经济发展的指导思想，其经济发展必将会丧失自己的独立性，甚至出现过度依附发达国家的依附性经济。特别是进入 21 世纪以来，随着国际资本积累体制的金融化趋势，全球的经济结构、权力基础也日益金融化。其核心特征是构筑了一个全球性的"美元体系"，并将世界各国纳入到该体系当中。在"美元霸权"体系下，金融资本对产业资本创造的剩余价值的掠占性日益增强，从而导致发达国家产业资本在全球产业分工体系中更加注重技术的垄断性，防止技术外溢，以维持其对剩余价值或利润的占有。对中国来说，那种希望通过招商引资来承接国际产业转移，通过以市场换技术的方式提高自身的资本有机构成，从而提高国内产业、企业的劳动生产率而增强自身的竞争力的想法，即使抛却发达资本主义国家对我国的封锁，也是难以实现的。因此，要摆脱这种不利的局面，必须坚持独立自主自力更生为主、争取外援为辅的对外经济发展战略，充分依靠国家的力量，特别是以国家的力量保护和支持本国的企业或产业，构建国内发达的装备制造业体系，尤其是具有独立知识产权的战略性企业和产业，从而实现技术跨越，形成自己的竞争优势。正是基于这样的事实，习近平总书记说：过去的"造不如买、买不如租"的逻辑现在要倒过来。我们坚信，在这一逻辑下，习近平总书记重新倡导的独立自主自力更生的精神，在今后改革开放的新的伟大实践中，必将实现产业经济的二次腾飞，助推中国梦的实现。

"市场的逻辑"的逻辑*

——与张维迎教授商榷

盖凯程**

百年一遇的国际金融危机留给了世人一个血的教训：一种强大的意识形态——对无拘无束的自由市场的信仰——几乎将世界推入万劫不复的深渊。① 伴随着世界经济的自由落体，人们对于自由市场的信仰也如同自由落体一样迅速坠落。然而，一旦危机过去，一些经济学家就不可避免地回归旧日的信仰。② 适逢金融海啸逐渐退潮之际，张维迎教授推出了经济学新作《市场的逻辑》（以下简称张著），衬以逻辑和理性的华丽外表，并勾勒了一种充满诱惑的完美无瑕的自由市场体制。惶恐拜读后却发现，其中最真实的逻辑其实就是一种虔心皈依自由市场宗教的逻辑："市场的逻辑某种意义上也是所有宗教的逻辑……市场的逻辑和宗教的逻辑是一样的。"③

一 "价值无涉"的虚设

"由于经济学（西方"主流"经济学，引者注）的本质使然，经济学

---

* 本文原载《马克思主义研究》2011 年第 12 期。

** 盖凯程（1978— ），男，山东莱阳人，西南财经大学经济学院院长，教授，博士生导师，兼任西南财经大学全国中国特色社会主义政治经济学研究中心副主任，西南财经大学马克思主义经济学研究院常务副院长。

① ［美］约瑟夫·E. 斯蒂格利茨：《西方资本主义正经历意识形态危机》，新华网，2011 年 8 月 1 日。

② ［美］保罗·克鲁格曼：《美国怎么了？》，刘波译，中信出版社 2008 年版，第 89 页。

③ 网易财经读书会第 1 期：《和张维迎读〈市场的逻辑〉》。

家有滑入自由市场原教旨主义的天然倾向。"① 在自由市场主义的信仰世界里，永恒的自然秩序是：经济社会的一切皆处在严格的逻辑秩序中沿着有序的、稳定的、确定的轨迹合乎逻辑和理性地运动着。原子式个体——"经济人"严格按照"理性原则"合目的性地选择行动，由此演绎出种种具体行为图式以及这些行动的社会总和所导致的一般社会状态和整体图景：

> 市场的基本逻辑是：如果一个人想得到幸福，他（或她）必须首先使别人幸福。市场的这一逻辑把个人对财富和幸福的追求转化为创造社会财富和推动社会进步的动力……每个人追求自己的利益，给社会带来的好处，比他直接追求社会的好处效果还要大。……市场经济是人类有史以来最平等的一种制度，……市场经济是一个普惠大众的经济。②

表面源自亚当·斯密实则源于贝·德·曼德维尔的"私恶即公利"命题③被演绎到了极致，"经济人"假设和由这一假设导出的其他假设以及建立在这些假设上的理论假说成为其心目中神圣不容亵渎的圣经。自然而然地，市场经济并非历史的规定，亦非特定时代和关系的需要和表现，而是永恒的神的旨意和绝对理性——它是从自然的人类本性引申出来的，是一种最符合人性的经济制度。然而，正如斯蒂格利茨所批评的，在经济学研究中，有些假设被奉为圭臬，并深深植根于人们的思维深处，以至于没人意识到那仅仅只是个假设。④ 于是，形而上的理论预设反被当作证明结论的论据，在理性"经济人"先生的利益驱动下，本该是一门科学的经济学沦为了自我循环论证的知识游戏，变成了一坨可任意捏来捏去的泥巴——想要什么样的形状取决于怎么去捏弄，反之亦然。

列宁说："逻辑不是关于思维的外在形式的学说，而是……关于世界

---

① ［美］保罗·克鲁格曼：《美国怎么了？》，刘波译，中信出版社2008年版，第88页。

② 张维迎：《市场的逻辑》，上海人民出版社2010年版，第1、10、49页。

③ 马克思曾证实，亚当·斯密"利己必然利他"的逻辑推理源于曼德维尔：《国富论》中有段话几乎逐字逐句抄自曼德维尔《蜜蜂的寓言，或个人劣行即公共利益》的注释。参见《马克思恩格斯全集》第44卷，人民出版社2001年版，第411页。

④ ［美］约瑟夫·E. 斯蒂格利茨：《自由市场的坠落》，李俊青等译，机械工业出版社2011年版，第214页。

的全部具体内容的以及对它的认识的发展规律的学说，即对世界的认识的历史的总计、总和、结论。"① 市场经济究竟是不是一种平等普惠的经济，并非是一个不证自明的命题。作为抽象意义上的资源配置方式，市场经济本身无"资"和"社"之别，但绝不意味着它是一种脱离特定时空环境和独立于社会整体结构的纯技术性存在，可在不同制度环境下随心所欲地挪来移去。现实中的市场经济总是嵌于一定的具体社会形态中的，与不同社会制度结合必然导致不同的市场经济类型：社会主义条件下的市场经济或资本主义条件下的市场经济。若是前者，有足够理由对其平等普惠性保持乐观预期：社会主义市场经济——作为一种致力于将建立在私有制条件下经济主体个人私利起点上的市场经济升华为建立在公有制度条件下符合普罗大众整体利益基础上的市场经济——区别于资本主义市场经济的根本点在于所有制结构上以公有制为基础和分配制度上以按劳分配为主体。若是后者，亦有充分的历史和现实证据确证：资本主义市场经济平等普惠是一个不折不扣的伪命题。然而张著并未对此作出明确的界定，相反却着力描绘了一种超制度、超历史、超越一切社会生产方式的抽象市场经济。在这种超越一切立场的"价值中立"和"纯粹理性"的"逻辑"引领下，在接下来的思维行程中，如果我们不愿意堕入最不可饶恕的异教，那就只好干脆接受它的唯一能使人进入天国的学说。

这种抽离制度和历史界标的"市场的逻辑"不免让人联想到鸬鹚和渔者之间因我幸福而你快乐的和谐画面，就像马克思形容的，市场"这个领域确实是天赋人权的真正伊甸园。那里占统治地位的只是自由、平等、所有权和边沁。……大家都是在事物的前定和谐下，或者说，在全能的神的保佑下，完成着互惠互利、共同有益、全体有利的事业"②。在"市场的逻辑"里，市场中的人（劳动者）和鸬鹚并无二致，而平等普惠的市场无非就是拴在鸬鹚咽喉皮囊下的皮条草而已！当渔者绽开胜利者的资本嘴脸时，鸬鹚们却为了得到更多恩赐，互相啄来啄去，啄个遍体鳞伤。于是，剧中人面貌开始悄悄发生某些变化，市场（竞争）展现出一张"美杜莎的怪脸"：卷入竞争斗争的人，如果不全力以赴，不放弃一切真正人的目的，

① 《列宁全集》第55卷，人民出版社1990年版，第77页。
② 《马克思恩格斯全集》第44卷，人民出版社2001年版，第204—205页。

就经不住这种斗争。① 诚如恩格斯所说："资产阶级经济学关于资本和劳动的利益一致、关于自由竞争必将带来普遍和谐和人民的普遍福利的学说完全是撒谎。"②

明明是真实的谎言，却又竭力证实谎言的真实。索罗坦承，所有经济学研究皆与研究者价值立场密切相关，"不论他是否觉察到这一切，甚至他力图避免它们，他对研究主题的选择，他提出的问题，他没有提出的问题，他的分析框架，他使用的语言，都在某种程度上反映了他的利益、意识形态和价值判断"③。难以掩饰的倾向性，与无法抹去的教条性，从其著述中，不难看出：在"价值无涉"的遮羞布下，却直接或隐含地站在西方世界一边宣扬着所谓的普世价值观；宣称站在公共理性的立场上，却时不时地宣泄着市场意识形态的傲慢与偏见；在市场乌托邦信念的支配下，褊狭而固执地拜倒在自由市场的石榴裙下，并将其臆想成为中国自我救赎的唯一前途：

> 自由市场不仅是必须的，而且是唯一有效率的体制。……中国的未来发展，取决于我们的信念……如果我们坚定对市场经济的信心……中国的未来会非常好。如果我们失去了对市场的信念……中国的未来就面临着曲折和危险。……这时候，需要经济学家站出来，澄清和捍卫市场经济。……如果我们不需要市场经济，就不需要经济学家。④

市场的中国传教士，将普通话中的上帝暗中赋予了其倾心赞赏的完美无瑕的自由市场，以期接榫于其心目中万能的主，并发誓背书虚无的期票，允诺我们兑换成天堂的入场券。这束采摘自"市场的逻辑"玫瑰园的自我颂辞之花，在网络传媒如此发达的今天，很容易被放大十倍百倍。这首赞美诗已足以让人产生某些怀疑：这是位经济学家呢，还是位……圣人？硬把自己诠释成为绝对真理的化身和公共理性的代言人，陷入了自由

---

① 《马克思恩格斯全集》第 3 卷，人民出版社 2002 年版，第 463 页。

② 《马克思恩格斯选集》第 3 卷，人民出版社 2012 年，第 401 页。

③ Robert M. , Solow, "Science and Ideology in Economics", *Crand all and Eckaus, Contemporary Issues in Economics*, Boston: Little, Brown and Company, 1972, p. 11.

④ 张维迎：《市场的逻辑》，上海人民出版社 2010 年版，第 3、5、10、32 页。

市场意识形态和资本主义体制逻辑陷阱却不自知，人为地拔高理论的普释（适）性而难自抑。分析问题时，完全"沉迷于一个完美的无冲突的市场体制幻境中"①，对市场经济与中国既有体制的内在关联性视而不见，遮蔽市场经济的深刻社会内含和复杂内在结构，将当下中国错综复杂的问题硬塞入新自由主义的论述框架加以简单化、浪漫化的处理。醉心于用理论来修裁现实，削足适履的结果就是"逻辑"的空间凌越与"理性"的时序紊乱。正因为此，尽管一再突出强调逻辑和理性，从中却并不难发现其逻辑思维的经常性缺位、价值诉求的习惯性越位以及理论模型与经验事实的严重错位。

由于分析问题的思维进程导航于先天的、特定的、在其心目中不言而喻的价值定位，而其价值倾向严格拒斥于中国经济社会运行现实，同时却又把中国经济社会运行的现实趋向看作是反市场运行的结果。思想上单薄浮泛的多次混乱转向，不但使"市场的逻辑"保持逻辑一致性和自洽性的难度大大加大，也使其在努力批判性地发现中国问题的同时，丧失了批判的有效性，"这种荒谬的信条若非迎合了媒体编辑和富人的偏见，根本不会有什么影响力"②。为给这种苍白的说教着色，张著加大了感情渲染的力度：

> 市场经济是人类最伟大的创造，是人类进步最好的游戏规则！……市场的缺陷，很大程度上是市场批评者的臆想和由此导致的政府干预的结果。由于人们的无知……当你享受它的好处的时候，你只会盯着它的坏处；当你没有机会享受它的好处的时候，它也没有办法告诉你，它的好处是什么；当你自己把它弄坏的时候，你还骂它，怎么这么糟糕。③

感性替代理性，直觉僭越逻辑。这种情绪性反应究竟是出于学术自信还是情感自恋？张著并不讳言其思想承袭奥地利学派，奥地利经济学被其推崇为"最具说服力的市场经济理论"，并被赋予了超时空的逻辑穿透力

① ［美］保罗·克鲁格曼：《经济学家们怎么如此离谱？》。

② ［美］保罗·克鲁格曼：《萧条经济学的回归和 2008 年经济危机》，刘波译，中信出版社 2009 年版，第 172 页。

③ 张维迎：《市场的逻辑》，上海人民出版社 2010 年版，第 1、3、10、31 页。

和理论解释力。但问题在于，"思维规律的理论并不像庸人的头脑在想到'逻辑'一词时所想象的那样，是一种一劳永逸地完成的'永恒真理'"①。发端于西方的主流市场理论本身并非公理化体系，仅靠简单的逻辑推演亦根本无法断定其科学性。为避免"错置具体感的谬误"②，再强大的理论内含都必须自觉接受经验事实的进一步检验，"光是思想力求成为现实是不够的，现实本身应当力求趋向思想"③。

　　社会主义市场经济是在中国社会主义现代化历程中孕育出来的，由此推及，任何关乎市场的思想演绎都必须首先将其置于中国经济发展实际进程和社会发展一般趋势的坐标中，以社会运动决定理论轨迹而非以理论假说描刻社会发展，以现实来校矫理论而非以理论来裁剪现实。在具体—抽象—具体的思维行程中，始终以现实社会为最大公理性前提，一如马克思所说："就是在理论方法上，主体，即社会，也必须始终作为前提浮现在表象面前。"④ 唯有如是，方有可能科学地解释中国市场经济从何而来、现置何处、向何处去的问题。而当经济学家从固有的价值偏见出发一味去伸张自己的诉求而忽略其存在的褊狭性、简单性，滤掉中国社会既有的时序空间依托，抽空中国社会的现实蕴涵，超逻辑地建构市场的逻辑，非理性地相信市场的理性，妄想强迫人们"把空空洞洞的信口胡说当做至上的思维的至上的结论来接受"⑤，这难道不是在回避历史对现实的严峻挑战吗？横移西方理论来解释中国问题时，不对理论移借的审慎性以及理论嫁接的"适应性误差"⑥ 予以足够重视，漠视理论与现实的距离，不是制作一个更加适应现实世界的模式，而是想让现实世界更加适合它的模式，严重偏离科学关于确认产生被观察事件一般模式深层结构和基本因果力量的轨道。"单凭……逻辑公式怎能向我们说明一切关系在其中同时存在而又互相依

① 《马克思恩格斯选集》第 4 卷，人民出版社 1995 年版，第 284 页。
② 即把具体感放错了地方的谬误。亦即某物因某种特性而成为自己，当它被置于与其特性疏离之地，让人感觉好像放置之地本来就有该特性似的。
③ 《马克思恩格斯选集》第 1 卷，人民出版社 2012 年版，第 11 页。
④ 《马克思恩格斯选集》第 2 卷，人民出版社 2012 年版，第 702 页。
⑤ 《马克思恩格斯选集》第 3 卷，人民出版社 2012 年版，第 469 页。
⑥ 同一社会在不同时代、不同社会在同一时代的社会、经济约束条件是不同的，市场理论必须与中国实际相结合方能发现创新市场体制的社会基础。否则，就如科斯罗夫斯基所说：若一种理论勾画了一个模式，但该模式却由于外在影响或不同前提而永远不能得到实现，那么这种理论就是拙劣的空想，并且停留在了应该如何做的多嘴多舌上。

存的社会机体呢？”①

二　形而上的工具逻辑主义方法论

　　经济学的一个有趣的方面是它在描述经济学家的行为方面比它的其他用途要管用得多。② 市场传教士和基督徒的区别在于：基督徒只知道罗格斯的化身，不管什么逻辑不逻辑；而市场传教士那里则有无数这种化身，随心所欲地驾驭本身毫无价值但却颇能彰显价值取向的工具逻辑，为趋向预设结论不惜将“把物在社会生产过程中像被打上烙印一样获得的社会的经济的性质，变为一种自然的、由这些物的物质本性产生的性质”③，并给自己提出了把历史一笔勾销的荒唐问题。一旦思想演绎路向和理论体系结构遭遇现实考问而陷进了经济学的逻辑学和形而上学时，我们的大逻辑学家就开始兜圈子——被他从大门扔出去的历史，又从窗户偷偷溜进来了：

> 为什么人类的奇迹只在过去的 250 年里出现，中国的经济增长只在过去的 30 年里出现？……我能提供的唯一答案，就是人类实行了一种新的经济制度，即市场经济。④

　　库茨涅兹说，一个更广阔的历史背景可以防止有些经济学家不去注意他们的理论总结对特定历史条件的依赖性。根据哈佛大学中国经济问题专家德怀特·帕金斯的保守计算，新中国第一个 30 年经济年均增长率超过了 4%，不仅不比西方市场经济国家慢，而且还明显地快于西方国家，“取得了旧中国几百年、几千年所没有取得过的进步”⑤。可是，当时中国实行的却是计划经济，这该作何解呢？费希尔和唐布什认为，二战后的大部分时期内，苏联的增长虽然没有日本快，但比美国快。⑥ 萨缪尔森也承认，

---

　　① 《马克思恩格斯选集》第 1 卷，人民出版社 2012 年版，第 223 页。

　　② Robert H. Frank, Thomas Gilovich and Dennis T. Regan, "Does Studying Economics Inhibit Cooperation?", *Journal of Economic Perspectives*, Vol. 7, No. 2, (Spring of 1993), pp. 159 – 171.

　　③ 《马克思恩格斯全集》第 45 卷，人民出版社 2003 年版，第 251 页。

　　④ 张维迎：《市场的逻辑》，上海人民出版社 2010 年版，第 15 页。

　　⑤ 《邓小平文选》第 2 卷，人民出版社 1994 年版，第 167 页。

　　⑥ ［美］斯坦利·费希尔、鲁迪格·唐布什：《经济学》，庄巨忠等译，中国财政经济出版社 1989 年版，第 64 页。

20世纪20年代以来苏联经济的增长比当时北美和西欧市场经济体的长期趋势都更为迅速。① 为什么当时计划经济国家比起市场经济国家不仅不慢反而更快呢？从更宏阔的历史视野考察，市场经济的诞生历史是与分工紧密联系的，"交换的深度、广度和方式都是由生产的发展和结构决定的"②。换言之，市场经济是在生产结构的变迁中形成和发展的，是生产力发展的结果而非原因，生产"奇迹"的秘密恐怕也只能从与之相契合的社会生产关系及生产方式中去寻找答案。无心叩问历史，却有意规范未来——经济学帝国主义情结浓厚的经济学家显然对经济学之外的历史学科缺乏最起码的敬意：一面标榜"用个别案例推出一般结论是不符合科学精神的"③，另一面却策略性地模糊和省略掉一些真实性十分明显的论据，为趋向于预定好的结论，不惜将历史掐头去尾，开膛破肚，取其一点而不及其余地进行偏好式推理和选择性论证。如此严于律人，宽于待己，如何以逻辑的力量来征服人呢？

经济学家在论断中采用的方式是非常奇怪的。在他看来，只有两种制度：一种是人为的，一种是天然的。计划是人为的，市场是天然的；公有制是人为的，私有制是天然的；社会主义是人为的，资本主义是天然的……为服从于这种论证的需要，"历史从哪里开始，思想进程也应当从哪里开始"④ 被偷篡成了"思想从哪里开始，历史也得从哪里开始"。植根于"私有制千秋万代"的理论虚设层面，来确立其核心基调并由此来展开程式化的逻辑叙述，进而自我循环求解出自由市场特殊＝市场经济一般的"最优解"构造，成为贯穿于其思想连续集的一个稳定性偏好——所求的最优解注定从开始就是其最偏好的：

> 市场经济是不可能建立在国有制基础之上的；唯有在私人财产制度的基础上市场经济才能有效率地运作！因此，市场经济体系要成功建立，民营化不可避免。国有制与市场经济是不相容的。……民营化将继续按照其自身的逻辑与速度加速进行……等他们（国有企业）都

---

① ［美］保罗·A.萨缪尔森、威廉·D.诺德豪斯：《经济学》，萧琛等译，人民邮电出版社2004年版，第486页。
② 《马克思恩格斯选集》第2卷，人民出版社2012年版，第699页。
③ 网易财经读书会第1期：《和张维迎读〈市场的逻辑〉》。
④ 《马克思恩格斯选集》第2卷，人民出版社2012年版，第14页。

民营化之后，可以想象中国经济会焕发出怎样的潜力。①

挂着市场化的羊头，卖着私有化的狗肉——在市场传教士看来，私有化逻辑将会自动"创世纪"。马克思说，共产党人的理论可以概括为一句话：消灭私有制；"市场的逻辑"也可以归结为一句话：消灭"消灭私有制"。这种为私有化辩护的企图常常被寄托于经济分析中②，当程式化推演的"逻辑刚性"遭遇经济活动"逻辑弹性"的现实制约，这种为了私有制而存在的"私经济学"就一刻也不愿意忠实于它的逻辑和理性了，虚拟的内在逻辑和真实的私有化情结便暴露无遗了：国有企业效益差是"源于国有制的本性"，效益好则是"靠垄断赚钱"；国有企业退出市场竞争是"与市场不相容的有力证据"，参与竞争则是"与民争利"；"国退民进"是改革的成就，"国进民退"则是"要警惕的改革倒退"。总之，凡是私有的都是好的，凡是公有的都是坏的——赋以私有制以形而下的技术肯定，却给予公有制以形而上的价值苛求；卸脱私有企业的价值负担，却让国有企业背负沉重的道德赤字。非对称的复合标准不但将"私优公劣"的解释权全部揽归己有，并且顺手将我们推入了"公私势不两立"的单项选择境地中。

理论分析循沿简单性原则本无可厚非，然简单性思维就值得商榷了。以国企必然低效论为切入点进而判定"公有制 = 低效率、私有制 = 高效率"是支撑其私有化逻辑最深层的理论根据。但这一论据既乏理论说服力，更缺有效的数据支持。③进一步讲，效率其实是一个复杂性概念——既有资本效率又有劳动效率，既有微观效率也有宏观效率，既有短期效率又有长期效率，既有经济效益也有社会效率，既有显性效率也有隐性效

---

① 张维迎：《市场的逻辑》，上海人民出版社 2010 年版，第 52—53、72、342 页。

② ［英］约翰·伊特韦尔、［美］默里·米尔盖特、［美］彼得·纽曼：《新帕尔格雷夫经济学大辞典》第 2 卷，陈岱孙主编译，经济科学出版社 1996 年版，第 853 页。

③ 纵向比较，2000—2009 年，国有工业企业资产总额累计增长 156.8%，年平均复合增长率为 5.1%；国有工业企业利润总额累计增长 686.2%，年平均复合增长率达 23.9%。横向比较，根据张晨等（2011）以 TFP 测量的技术效率，国有工业企业（2003—2008）的 TFP 增长快于非国有企业；而根据陈波（2011）等运用 AHP 法构建的国有企业（2004—2008）效率综合评价模型计算，国有工业企业无论整体效率还是经济效率都好于私营工业企业，且在社会效率上占有绝对的优势，并呈不断提高的趋势。参见张晨《国有企业是低效率的吗?》，《经济学家》2011 年第 2 期；陈波：《我国国有企业高效率论——基于层次分析法（AHP）的分析》，《马克思主义研究》2011 年第 5 期。

率——这种复杂性使任何关于国（私）企效率必定低（高）的论断显得武断而简单。更进一步讲，判断所有制效率须以生产力发展要求为前提，脱离生产力条件约束，把由各种复杂因素造成的微观主体经营状况差异简单地归因于公有制或私有制，抽象地判断所有制效率本身就是一个伪命题。伪证自由市场经济以证伪公有制市场经济，把市场经济与私有制捆绑兜售，以所谓效率观点为私有化开辟道路注定是行不通的。对此，科斯明智地承认，西方经济理论是"以私有制度已经存在为假定前提，很容易推出私有制是市场经济唯一前提的结论。……但历史并未证伪公有制基础上的市场经济"①。

私有制不是一种简单的关系，也绝非什么抽象概念或原理，而是（特定）生产关系的总和。然而在形而上学者的工具逻辑思维框子里，它却被看作是"原始的意向、神秘的趋势、天命的目的"②，是一切理论运动和思想演绎的火车头。张著中的全部经济行囊就在这个天命的火车头拖动下，循着错误的、弯曲的、不可靠的途径行进，且越行越远：

> 我做过一个统计，在中国 30 个省、市、自治区当中，平均而言，市场经济发展最好的地区、国有经济部门最少的地区、财政收入占 GDP 比重最低的地区，是收入差距最小的地区。……国有经济比重越高的地区……财政支出占 GDP 比重越高的地方……收入差距就越大。③

从经济直觉上升到经济理论须经受内在逻辑统一性和外在经验事实一致性双重检验，一致性的表达绝非纯粹形式逻辑或理论模型意义上的自圆其说，"在此之后"≠"由此之故"，公鸡鸣与太阳升统计意义上的显著相关性证实不了二者的非伪关系。满足于把种种判断和推理的形式毫无关联地排列起来，非但无法确证事物间真实的因果联系，也根本无助于求解经济表象背后的复杂结构和深层源码，就如列宁所说："如果从事实的整体上、从它们的联系中去掌握事实，那么，事实不仅是'顽强的东西'，

---

① 转引自辛程《把坚持社会主义基本制度同发展市场经济结合起来》，《思想理论教育导刊》2008 年第 6 期。

② 《马克思恩格斯选集》第 1 卷，人民出版社 2012 年版，第 230 页。

③ 张维迎：《市场的逻辑》，上海人民出版社 2010 年版，第 29、271—273 页。

而且是绝对确凿的证据。如果不是从整体上、不是从联系中去掌握事实，如果事实是零碎的和随意挑出来的，那么它们就只能是一种儿戏，或者连儿戏也不如。"[①]

在张著中关于收入差距函数自变量的取值范围里，既有政府、国企，也有市场、城乡区域结构等，但是唯独资本这个主体和最重要的变量被忽略掉了，"就像是谈论莎士比亚的戏剧而遗漏了哈姆雷特一样"[②]。"国富民穷"观点在现实语境中固然更易哗众取宠，然经济学毕竟不是娱乐圈：以政府财政收支为例，据美国传统基金会（2010）和 IMF（2008）数据，目前中国财政收入占 GDP 比重仅排世界第 105 位，2009 年中国人均税负（25.4%）不仅远低于 IMF 所列的 24 个主要发达国家的平均税负（45.3%），也低于 29 个主要发展中国家平均税负（35.5%）。[③] 另据财政部数据，2010 年，全国财政用于保障和改善民生的支出合计达到59601.82 亿元，占全国公共财政支出的 2/3。[④]

扣除折旧和非直接税后，一个简单的计算公式是：GDP = 广义工资 + 广义资本收益。据中华全国总工会数据，1980—2005 年我国居民劳动报酬占 GDP 比重下降了约 20%，而从 1978—2005 年，与劳动报酬比重的持续下降形成了鲜明对比的，是资本报酬占 GDP 的比重上升了 20 个百分点。[⑤]另据世界银行和 CEIC 数据计算，1995—2001 年，中国企业单位产品工资含量持续下降和单位产品利润含量持续上升呈明显加速态势，这段时间，恰是国企快速民营化的时期。[⑥] 显然，在 GDP 蛋糕的切割中，劳动和资本分配的过度不公导致了收入从劳动向资本加速转移，V 和 M 呈现出明显的剪刀差状，贫富差距主要体现为"资富劳穷"而非"国富民穷"。马克思说："所谓的分配关系，是同生产过程的历史地规定的特殊社会形式，以及人们在他们的人类生活的再生产过程中相互所处的关系相适应的，并且

① 《列宁全集》第 28 卷，人民出版社 1990 年版，第 364 页。

② ［美］约瑟夫·E. 斯蒂格利茨：《社会主义向何处去——经济体制转型的理论与证据》，周立群等译，吉林人民出版社 1998 年版，第 94 页。

③ 见黄树东《中国你要警惕》。

④ 李丽辉：《财政部：公共财政支出 2/3 用于保障改善民生》，《人民日报》2011 年 9 月 30日。

⑤ 李强：《全国总工会最新调查：劳动报酬占 GDP 比重连降 22 年》，《解放日报》2010 年 5月 17 日。

⑥ 见黄树东《中国你要警惕》。

是由这些形式和关系产生的。"① 追根究底，"资富劳穷"形成的主因在于所有制变革过程中，伴随着私有经济的迅速发展下资本的快速积累造成了社会共享机制的断裂——绝对富裕和相对贫困并行，全部秘密的关键就在这里。显而易见的结论是，当前分配不公和财富差别悬殊是过度剥削的结果，其制度根源是引导和监管不足的资本私有制。

三　市场的中国逻辑："社会主义市场经济命题"的证实而非证伪

把市场经济视为超历史的先验的自然现象，是个人主义方法论和工具逻辑推演的必然结果。据此观点，市场经济不是历史创造的，而是创造历史的；不是生产的结果，而是生产的前提；不是生产方式的规定，而是自然人性的生成。其核心逻辑是：私有化是人性的自然展现，自由化是天赋人权的具体化，去政府化是平等正义的表征……抽离历史和现实界标的抽象市场经济范畴成了解构一切社会制度的万能钥匙。将这一逻辑链条延展开来就是：中国改革成功之处在于实行了私有化、自由化和市场化；不足之处在于私有化、自由化、市场化程度还不够。最后，合乎"逻辑"的结论是，"存在着私有化的迫切需要；……存在着自由化的迫切需要；……存在着非调控化的迫切需要"②，政策主张则是"要把市场化进行到底"，彻底私有化国有企业，彻底消除政府干预，彻底克隆西式政体，等等。其逻辑演绎路向严格拒斥于除其自身思想体系内部逻辑中衍生的原则以外的任何原则，纯粹直线式逻辑运动在确保思维形式必然性的同时却不幸导致了思维内容的或然性——实践证明：如同瘟疫一般，这股思潮"推行到哪个国家和地区，那个国家或地区就会遭到巨大风险和灾难，甚至成为重灾区"③——理想越丰满，现实越骨感。虚弱的逻辑被偷兑成经验的可行性来追求，理想的规定总是难免堕为虚妄的乌托邦。我们真的需

---

① 《马克思恩格斯全集》第 46 卷，人民出版社 2003 年版，第 999—1000 页。

② ［美］里斯本小组：《竞争的极限——经济全球化与人类的未来》，张世鹏译，中央编译出版社 2000 年版，第 60 页。

③ 吴易风：《简论新自由主义经济学》，《思想理论教育导刊》2004 年第 5 期。

要在这种屡战屡败的思想指导下进行又一场高成本实验吗？①

马克思主义是不屑于这种历史唯心主义和形而上学观点的。马克思说："哪怕是最抽象的范畴，虽然正是由于它们的抽象而适用于一切时代，但是就这个抽象的规定性本身来说，同样是历史条件的产物，而且只有对于这些条件并在这些条件之内才具有充分的适用性。"② 社会主义初级阶段市场经济的存在是以深刻的国情特性为依托的，作为中国经济改革的核心命题，社会主义市场经济的主线和灵魂是实现社会主义基本制度特别是公有制与市场经济的结合，这一结合将中国社会形态演变的现实逻辑紧紧植根于历史发展的必然性沃土中，30 余年实践昭示了这种结合的巨大奇迹。对此，学术界不同的理论符码给出了迥然甚至对立的解释，而马克思主义"介入并斡旋于不同的理论符码之间，其深入全面，远非这些符码本身所及"③。社会主义市场经济原本是马克思主义与中国实际相结合的一次"科学社会主义发展史上的伟大创举"④，是马克思主义经济学逻辑演绎的现实中国版本。因此，对中国奇迹的科学解读，首先要回到马克思主义的语境中，回归这种逻辑本身。

在《资本论》中，马克思由商品经济世界里最普通的商品析出商品二因素，由商品二因素析出劳动二重性，由劳动二重性而析出生产私人性和生产社会性矛盾。⑤ 他以"社会经济人"假设为视角，以生产力和生产关系矛盾运动为参照系，以科学抽象法和矛盾分析法等为分析工具，科学地推演出一幅私有制市场经济运行的辩证图景：生产私人性和社会性矛盾在不同时序空间和制度环境下取得了不同的转化形式。在资本主导的世界

① ［美］约瑟夫·E. 斯蒂格利茨：《西方资本主义正经历意识形态危机》，新华网，2011 年 8 月 1 日。

② 《马克思恩格斯选集》第 2 卷，人民出版社 2012 年版，第 705 页。

③ ［美］詹明信：《晚期资本主义的文化逻辑》，陈清侨等译，生活·读书·新知三联书店 1997 年版，第 22 页。

④ 程恩富、何干强：《坚持公有制为主体、多种所有制经济共同发展的基本经济制度》，《海派经济学》2009 年第 1 期。

⑤ 这一分析是深入理论假设层面来确立基本思想和展开逻辑叙述的。与抽象的"经济人"——"每个人追求自己私人利益的时候，也就达到私人利益的总体即普遍利益"——假设不同，马克思认为："私人利益本身已经是社会所决定的利益，而且只有在社会所设定的条件下并使用社会所提供的手段，才能达到；……（私人利益）的内容以及实现的形式和手段则是由不以任何人为转移的社会条件决定的。"参见《马克思恩格斯全集》第 30 卷，人民出版社 1995 年版，第 106 页。

中，它充分展现为资本私人占有和生产社会化的分裂，并具体外化为生产、消费分裂及宏、微观经济分裂。这一思维行程不仅具有内在逻辑的高度自恰性，且与当时社会实践历程具有根本的外在一致性。运用逻辑逆推和整体方法论原则，将这一分析的历史逻辑基础——私有制抽去，代之以公有制，资本主义条件下社会生产协调发展自觉实现的制度缺失将在社会主义条件下得以自我弥补和修复，而私有制下的自由市场悖谬和社会分裂也将在公有制下得以制度性消解和修正。进一步说，由于社会化本质使然，社会主义和市场经济的结合其实是现代市场经济所能获取的最先进的经济形式。以私有制市场经济为世情外围参照，以初级阶段基本国情为时序空间依托，以人类社会发展最终决定力量（生产力）为内在自觉规定，发展社会主义市场经济也就成为不以人的意志为转移的客观历程：在所有制结构上坚持公有制主体型的多层次所有制结构，从根本上规定着市场化的方向、道路及选择边界；在分配制度上坚持劳动主体型的多样性分配方式，效率与公平两翼正和相促而非零和博弈；在宏观调控上，国家调控是市场运行的内在要素而非外生变量，政府和市场水乳交融而非水火不容。这种超越公/私、效率/公平、政府/市场二元对立的经济制度安排赋予自我游刃有余的制度创新空间和进退自如的国家弹性能力，中国市场经济典型化运行背后透射出非典型性的鲜明制度特质，其独特品质在于既凸显了公有制的优越性和市场配置资源的高效性，又消解了传统公有制和自由市场的痼疾，从而不断地释放出生产力的潜能。

"中国改革开放 30 年取得的巨大成就是以公有制为主体的多种经济成分共同发展的结果，充分体现了公有制经济的宏观和微观、内部和外部的整体效益。"[①] 30 年改革图景确证：社会主义与市场经济在结构上相互调适，在功能上相互匹配，在机理上相互生成，在性质上相互融合。微观层面上，催育了一大批融入市场经济、注入现代企业制度要素、微观和宏观效益俱佳、国际国内竞争力较强、富有创新性和生命力的"新国企"。公有制的主体地位和国有经济的主导作用经历了一个从"不证自明"到"主动求证"再到"越证越明"的过程；宏观层面上，政府主导和增进市场的制度定位，既规避了发达国家自由市场环境下私人决策的负外部性及其衍生的市场缺陷，也绕开了转型国家不确定制度环境下激发更大规模市场失

① 见程恩富《如何看待中国经济发展模式》。

灵的陷阱，更确保了宏观经济高位平稳运行和国民经济持续稳定协调发展；特别地，在金融危机中，与其他国家相比，"中国的经济制度表现出相当高的应对能力，无论在抵御金融危机的能力方面还是在应对危机所使用的方式方面"①。在庞大的国有经济体支撑下，政府、企业、居民等不同利益主体保持了相对一致的利益目标函数，资源配置在国家战略意识和市场竞争之间寻找到有效契合点，国有经济特别是央企及国有商业银行的主动配合为财政货币政策提供了有效微观通道和快速传递机制，政府得以运用金融和经济杠杆，躲过弗雷德陷阱②，使宏观意图快速通达微观领域，最终从巨大的危机旋涡中全身而退。当西方国家在市场失灵（金融危机）和政府失灵（财政危机）的恶性循环中左支右绌，在干预主义和自由主义的理论泥沼里进退两难时，金融、债务危机中独领风骚的中国经济其实在无意中彰显了一个深层事实：社会主义市场经济命题已淬历了实践探索—理论论证—实践检验的本质跃迁，市场的"中国逻辑"也顺利通过了内在逻辑自恰性及其与经验实践外在一致性的双重验收。

体制转型是一场经济大改组和社会大变革，必然是在矛盾中展开。当前经济和社会发展中的矛盾突出表现为：产权制度不健全，市场秩序混乱，政府职能转变迟滞，寻租现象严重，收入分配不公，科技、文教、卫生及社保体制缺失等。从现象层面看，成因错综复杂：既有市场化不足的问题，以资源要素市场、资本金融市场尤为突出；亦有泛市场化的问题，如教育、医疗、房地产等市场化泛滥的负效应。过分肯定或否定市场化看似对立，实则否定了社会主义与市场经济结合的可能；从本质层面上说，我们所面临的主要矛盾还是如何实现社会主义制度特别是一些具体制度与市场经济之间更有机地结合的问题，现阶段出现的种种问题其实是全面改革尚未到位造成的体制、机制性缺损，致使诸多矛盾逐渐凸显和发展。在发展市场经济中去进一步巩固社会主义，循依社会主义方向去进一步推动市场经济发展，更好地发挥社会主义制度的优越性，更好地发挥市场机制的基础性作用，以形成更具活力的体制机制，乃是从根本上解决经济社会

---

① 郑永年：《国际发展格局中的中国模式》，《中国社会科学》2009年第5期。

② 美国彼得森国际经济研究所所长弗雷德·伯格斯滕认为：危机期间，一般市场主体往往会过度收缩，从而使危机出现自我强化。由于异质目标函数、流动性陷阱及挤出效应等约束，政府扩张性政策无法有效启动私人消费和投资，经济面临二次衰退的风险，政府面临二轮经济刺激计划，从而陷入恶性循环的陷阱。

发展诸多矛盾的路标和指向。

社会主义市场经济大厦地基已夯实，主体已构架完毕。矛盾的存在不是弃己所长、就人之短的借口，关键是厘清自身内在约束条件和实际运行状态并以此为下一步行动的坐标。如是，中国奇迹就不会戛然而止，相反，更大惊喜必定还在后头——这种预见不是"关于未来社会组织方面的详细情况的预定看法"①，而是基于科学前提下的辩证逻辑推演及社会机体发展的必然趋势。一言以蔽之，"'私有产权'及'自由经济'论者企图把市场机能翻新推销，注定要失败。恰因自私，人们才不愿意遵守市场规律。从这个角度看来，真正能够充分地、全面地利用市场机能的，应是一个个体成员之间的利益矛盾已经大部分消失的经济制度，一个尖锐的阶级对立已经被超越的社会境界，至于你称不称这种制度和境界为社会主义，那是你的自由"②。

四 结束语

当前经济学界的思想格局构架与当下时代的演变不无关联，改革开放的全方位性决定了必然存在不同理论符码间的多元竞争。改革的复杂性凸显和表达了对多维（向）度理论的渴求，为给理论构建提供最大容量自由度而设置的——基于不同符码主体理论伸张无关乎意识形态指向的假设——意识形态底线（不公开反对社会主义）的过低门槛，恰为具有极高异质意识形态标准和市场原教旨情结的新自由主义提供了思想空间。在理论符码嬗变和话语主导权争夺中，他们在竭力使公有制和市场经济有机结合的伟大实践和历史命题变成一个"笑话"的同时，又妄想将私有化与市场经济的"神圣同盟"变成一个永恒的"神话"。

如果说新自由主义的论述框架在西方世界的思想氛围和历史语境里尚有一定合理性的话，那么一经它的蹩脚信徒横移嫁接至当代中国，以当前经济改革和社会发展进程中的矛盾和弊端去简单地反证其理论诉求的正当性，忽略既有论述的时序空间依托，不以理论为事实的后果，反以事实去

---

① 《马克思恩格斯全集》第 22 卷，人民出版社 1965 年版，第 629 页。

② 转引自程恩富《产权、经济发展与社会主义——与张五常先生商榷之一》，《学术月刊》1995 年第 6 期。

迁就理论，最终不免沦为缺失僵化的悬空之论，对之教条式的套搬也就失去了最基本的思想性品格，亦丧失了健全引导社会的现实正当性。在这一逻辑陷阱的引领下，我们必将走进手段的王国，却注定迷失自我的存在；必将升入个人的自由天堂，却注定坠入社会倒退的深渊。

在金融海啸的冲刷下，自由市场原教旨主义的基本意识形态已经丧失生命力了。① 所谓"市场的逻辑"其实也不过是早已馊了的市场原教旨残羹剩饭的一次回锅而已，是一种按照应当受到蔑视的程度而受到蔑视的存在物。值得重视的并非是什么"市场的逻辑"，而是这一逻辑背后的"市场"②。在同其论争中，批判并非理性的激情，而是激情的理性，批判有益于提高我们面对完美自由市场强大诱惑的免疫力——对市场乌托邦的抛弃将使我们摆脱幻想，直面社会现实。③

---

① ［美］约瑟夫·E. 斯蒂格利茨：《自由市场的坠落》，李俊青等译，机械工业出版社 2011 年版，第 262 页。

② 不能否认，自由主义的一些论述和诉求在当下中国的现实语境中颇能引发一撮人的"共鸣"。

③ Polanyi K. , *The Great Transformation*, Boston：Beacon Press, 2001, p. 21.

中国跨越"中等收入陷阱"的
开放创新[*]

——从比较优势向竞争优势转变

陈　亮[**]

一　中国面临"中等收入陷阱"的挑战

"中等收入陷阱"一词始见于 2006 年世界银行发布的《东亚经济发展报告》。其含义是，使各经济体赖以从低收入经济体成长为中等收入经济体的战略，对于它们向高收入经济体攀升是不能够重复使用的，进一步的经济增长被原有的增长机制锁定，一国很容易进入经济增长阶段的停滞徘徊期。通常而言，当一个经济体从低收入进入中等收入行列，经济快速发展积累的矛盾会集中爆发，如收入分配差距拉大、人力资本积累缓慢、城市化进程受阻、产业升级艰难以及金融体系脆弱等一系列经济、社会问题。如果原有的经济发展方式与发展模式不能实现有效转变，将会导致持续增长动力不足和社会矛盾频出，从而陷入"中等收入陷阱"停滞不前，难以跃升至高收入国家行列。

从世界经济发展的历史经验来看，被国际公认真正跨越"中等收入陷阱"进入高收入国家行列的，只有日本、亚洲"四小龙"[①] 等少数国家或地区，这些国家或地区大多在十余年等较短时间内实现了经济发展的结构

---

* 本文原载《马克思主义研究》2011 年第 3 期。

** 陈亮（1971—　），男，安徽阜阳人，中国人民大学中国经济改革与发展研究院副教授。

① 世界银行的数据指标显示，自 1987 年以来除韩国外还有 15 个国家或地区经济体成功突破"中等收入陷阱"，分别是巴巴多斯、塞浦路斯、赤道几内亚、直布罗陀、希腊、匈牙利、中国澳门、马耳他、荷属安的列斯、新喀里多尼亚、阿曼、波兰、葡萄牙、波多黎各、特立尼达和多巴哥，这些国家或地区基本都是小规模经济体。

性转型。然而，拉美地区的巴西、墨西哥等国以及东南亚地区的马来西亚、泰国等国在步入中等收入水平之后经济增长难有起色，长期滞留于中等收入国家水平，可以说这些国家是陷入"中等收入陷阱"的典型代表。

中国经过三十多年的改革开放，实现了经济增长的"中国奇迹"。2009年，人均国民收入达到3590美元，正处于即将步入高中等收入国家行列的关键时期。目前，中国经济社会的发展呈现出新的阶段性特征。在此阶段上，制度变革、要素投入、人口红利、资源环境等提供的长期经济增长动力正在加速衰减，传统经济增长模式和发展方式面临严峻挑战，发展中不平衡、不协调、不可持续性问题日渐突出。从全球来看，国际金融危机引发全球经济分工模式、产业结构深刻调整，全球科技创新和以低碳、绿色为特征的产业升级和新兴产业正在酝酿新突破。中国经济社会的转型发展正面临着"中等收入陷阱"的严峻挑战，尤其是在"十二五"这个发展关键期亟须跨越"中等收入陷阱"向更高水平迈进。摆在中国面前的是，如何突破国际分工地位较低的困境，以及"以中国及东亚出口、资源国供给支撑美国高消费的经济循环模式"，跨越"中等收入陷阱"的跃升之路在何方？如果从成功跨越"中等收入陷阱"的日韩等国经验来看，其最显著的特征就是依靠技术立国、自主创新为内生动力驱动产业升级，实现了经济结构的成功转型，形成新经济增长基础从而跃升至高收入国家行列。对于中国而言，在全球化条件下，面对"被主导成熟产业的、低工资的穷国竞争者和主导技术迅速变化产业的、追求创新的富国挤压在了中间"①的窘境，开放体系下的自主创新成为中国跨越"中等收入陷阱"的重要选择。

二 开放创新助力中国跨越"中等收入陷阱"

比较优势理论长期以来被作为指导发展中国家参与国际分工、开展国际贸易、实现经济结构升级以及经济发展的准则。按照比较优势理论的逻辑，发展中国家的产业在初始阶段需要以要素资源禀赋优势为基础实现资本积累，从低端产业迈上高端产业，从而推动经济逐步从资源劳动密集型

---

① ［美］印德尔米特·吉尔、［美］霍米·卡拉斯：《东亚复兴——关于经济增长的观点》，黄志强、余江译，中信出版社2008年版，第5页。

向资本技术密集型产业的发展转变。中国 30 年改革开放的成功，在某种程度上可以说，就是这一特定时期得益于以比较优势为基础的开放型经济发展战略的实施。然而时至今日，伴随国民收入的不断增加，需求结构的提升需要产业结构的适应性升级，劳动力、土地等要素成本的上升正加速既有比较利益的衰减。面对日趋激烈的国际竞争和国内外经济环境发生重大变化的中国，如果还继续沿着以比较优势理论指导的发展路径，将可能使中国陷入"比较优势陷阱"① 引致的"中等收入陷阱"，这主要源于比较优势理论日益显露出对发展中国家指导作用上的阶段性、局限性，面临着理论与现实的双重困境。

（一）比较优势的理论困境

与斯密基于分工的内生绝对优势不同，李嘉图提出了基于资源禀赋差异的外生比较优势。其后，经赫克歇尔和俄林发展，成为居于主流地位的静态外生比较优势理论。但是进入 20 世纪 60 年代之后，这一主流理论开始受到挑战，以赫尔普曼（Helpman）、克鲁格曼（Krugman）和格罗斯曼（Grossman）为代表的学者，在引入规模经济、产品差异等概念的基础上形成了动态内生比较优势理论的新主流，之后又有一些学者② 从专业化、技术差异、制度创新、人力资本配置等不同角度对这一新主流比较优势理论进行了拓展。

从比较优势理论研究进展可以看出，先天资源禀赋的静态外生比较优势逐步转向专业化、技术差异等后天因素的动态内生比较优势，可以说理论相对得以完善。但是这并不表明比较优势理论指导发展中国家不存在局限性，这突出表现在三个方面：其一，比较优势的"完全自由竞争""生产资料国际完全不能自由流动和国内自由流动"以及"资源充分利用、充分就业"等基本假设前提不仅不符合经济现实，更与发展中国家当前所面临的国内外发展环境相差甚远。其二，比较优势理论依然沿用了西方经济学惯用的成本收益法，这就使得一切经济社会活动都以

---

① 洪银兴：《从比较优势到竞争优势——兼论国际贸易的比较利益理论的缺陷》，《经济研究》1997 年第 6 期。

② D. Dollar and E. Wolff, *Competitiveness, Convergence, and International Specialization*, Cambridge, MA: MIT Press, 1993. X. Yang and J. Borlall, "A Microeconomic Mechanism for Economic Growth", *Journal of Political Economy*, Vol. 99, (1991).

成本收益为衡量标准。在此标准下，发展中国家尤其是资本不足的国家既不可能也不必要进行高投入、高风险的自主研发创新。对此，林毅夫等人指出，一个欠发达国家的企业进入的产业应该是拥有要素禀赋比较优势的劳动力密集型产业，采用的生产技术绝大多数是比较成熟的技术，基本上不需要太多的自主研发。并且，由于这些企业不处于其所在行业的世界技术前沿，因而企业产品换代升级可以通过从发达国家技术引进和产业转移的方式，或者靠对发达国家模仿技术的方式，甚至通过在实践中积累知识来分享国际技术溢出所带来的好处。从这种意义上说，欠发达国家通过从发达国家引进技术来提升自己的技术水平，相对于单靠自主研发来提升自己的技术水平来说，无疑是一种成本更为低廉的技术进步方式。① 由此，在开放经济条件下，发展中国家进行技术创新往往被视为高投入、高成本、高风险且见效慢的耗费徒劳之举。但是长期下去，这种局面一方面导致发展中国家陷入技术"引进—落后—再引进—再落后"的恶性循环，核心技术多为国外发达国家掌控，成为技术的追随者；另一方面，发展中国家的产业链出现木桶效应、整体竞争力难以提升，抑制产业升级换代与经济发展方式的转变。其三，内生动态比较优势理论注重分工以及技术的内生作用，但是建立在新古典基础上的分工理论即使对现今产业内贸易、禀赋相近发达国家间的贸易具有一定的解释力，仍不能深刻揭示基于比较优势的国际分工对发展中国家指导作用上的局限性，从而使发展中国家处于"担水劈柴"的国际分工地位而不自知。②

20 世纪 90 年代以来，国际产业分工，无论是垂直分工还是水平分工，都在从产业间向产业内渗透和深化发展，产业内分工日益成为分工形态的主流。在国际产业内分工中，水平分工深化主要是以技术落差为基础，实现在产品生产价值链上不同生产工序的纵向分工，更多地体现在以知识产权和人力资源优势带来的交易成本下降和规模经济效应上。而垂直分工深化以水平分工为基础，在产品生产价值链环节，主要依赖土地、资源、劳动力等要素成本低而形成的比较优势。目前发达国家之间以水平分工为

---

① 林毅夫、张鹏飞：《后发优势、技术引进和落后国家的经济增长》，《经济学》2005 年第 1 期。

② 贾根良：《国际大循环经济发展战略的致命弊端》，《马克思主义研究》2010 年第 12 期。

主，发达国家与发展中国家以垂直分工为主。①

发达国家与发展中国家之间的这种垂直分工，是产品价值链上的纵向分工，技术密集型工序对技术和人力资源的要求比较高，替代弹性较弱。而劳动密集型工序对技术和人力资源的要求比较低，替代弹性较强。因此，不同生产工序在产品价值链中的作用、分工地位以及获取的利益是不同的。

对发达国家来说，由于控制技术密集型生产工序，具有不可替代性或替代弹性小的特点，自然会千方百计运用各种方式保持技术的竞争优势，防止技术扩散外流。主要表现在以下几方面：第一，瓦解技术研发动力。发达国家一方面将更多的发展中国家纳入垂直分工体系中，增加劳动密集型工序的选择替代弹性；另一方面为劳动密集型工序适度保留稳定微薄的比较利益空间，增加后发国家的竞争压力，挤压和瓦解后发国家劳动密集型企业的研发动力。第二，消解技术研发能力。通过压缩后发国家劳动密集型工序产业比较优势的利润空间，通过劳动密集型产品大批购买的买方力量，诱导消解后发国家的技术研发基础。第三，运用专利、技术标准与控制产品技术生命周期的方式，控制和抑制后发国家的技术研发活动，转移技术含量低、能够进行标准化大规模生产和附加值低的生产制造环节，将发展中国家长期锁定在国际分工的低端。第四，通过收购后发国家的研发机构或优势企业，或在后发国家成立或合作成立技术研发机构，控制、引导和吸纳后发国家的研发体系和人才。由此，发达国家凭借其在资本、技术和国际分工中所占据的有利地位获取更多的全球化利益，在水平方向上梯度转移劳动密集型产业至发展中国家，在垂直方向上将低技术、低附加值的劳动密集型生产工序向发展中国家转移，并将附加值高、替代弹性小的技术密集型工序保留。比如，日本向马来西亚等东南亚国家和地区进行雁式转移的主要是劳动密集型工序，为这些地区的劳动力提供了就业机会，带来了进入中等收入国家和地区的繁荣，但也造成它们对日本的技术依赖，导致产业长期在低水平徘徊，无持续后劲驶出"中等收入陷阱"。

对于发展中国家来说，往往按照劳动力、土地等要素禀赋的比较优势来布局整个产业，尽管在生产力水平低下的初期，按照比较优势来加快资

---

① 张建平等：《国际经济结构变动趋势及对我国的影响研究》，中国计划出版社 2009 年版，第 86 页。

本的积累和维持经济增长，具有选择的必然性。但这种增长是不可持续的，因为发达国家对技术密集型工序和产业的垄断，会导致发展中国家的产业升级受阻，长期处于低水平。如果发展中国家劳动密集型工序过度发展，则会导致产业发展失衡。首先，从发展动力来看，劳动密集型工序在产业发展初期具有见效快的特征，会诱发政府和企业将产业发展动力放在劳动密集型工序产业发展上，忽视技术密集型工序产业的发展，一旦被路径依赖锁定在低端发展上，实施技术转型升级的风险等因素导致发展动力不足、阻力巨大。其次，从发展能力来看，劳动密集型工序消耗了大量的劳动力、土地等要素，制约了对技术密集型工序产业发展的投入能力。高替代弹性的劳动密集型工序仅产生微薄的生存利润，难以支撑技术升级的投入。再次，发展中国家政府基于就业、税收、资金投入、经济增长等考虑也难以割舍劳动密集型工序产业来支持转型升级，从而难以形成技术升级的凝聚力。最后，从转型发展的外部因素来看，发达国家必然会通过技术垄断、知识产权等方面干扰、遏制发展中国家的技术升级和分工地位的提升。

一般情况下，当发展中国家劳动密集型工序产业过度发展导致投资报酬率出现下降时，资本应该自然流向边际报酬更高的技术密集型工序产业，吸纳更多优秀的人才资源推动产业向技术密集型延伸。但是前面分析的基于比较优势的垂直分工将会阻隔发展中国家的技术升级，从而导致更多的资本转向流入房地产、基础设施、资本市场等领域，形成一定程度的经济泡沫。与此同时，高等教育投资所形成的高素质人才由于产业发展失衡而会出现就业难等一系列问题。

此外，比较优势理论将技术等决定竞争力的因素等同于竞争力本身，尤其是对潜在竞争力重视不够，忽视比较优势在长期发展中易变化、消失的客观事实，也会误导发展中国家盲从于比较优势理论的指导。

（二）比较优势的现实困境

改革开放以来，中国依靠劳动力、土地等要素的低成本比较优势实现了高速发展。但从长期来看，单纯依据劳动力、土地等要素禀赋的"低廉优势"是把"双刃剑"，同样会造成企业技术进步和创新的动力不足，产业升级困难重重。近年来，中国劳动力、土地等要素成本不断攀升，投入边际报酬持续下降，要素禀赋的比较优势基础正在加速衰减。可以说，目前在中国，劳动力、土地等要素低成本优势正逐步转变为劣势，劳动密集型产业比重的居高不下，引致技术密集型产业发展不足。如果继续以比较优势理论来指导中国产业的国际分工与资源配置，将可能使中国陷入由"比较优势陷阱"引致的"中等收入陷阱"。

首先，基于比较优势的垂直分工制约了技术结构的升级。贸易结构的变动反映着一国产业技术结构的变化。如果仅从高技术产品出口的贸易结构来分析发展中国家与发达国家在产业间的分工，发展中国家高技术产品出口比重的上升，似乎表明发展中国家在高技术产品上的分工地位和发达国家已经很接近。然而，随着发达国家与发展中国家的国际分工由产业间分工向产业内分工转变，发展中国家的国际分工地位已经不能仅仅通过其生产的最终产品来衡量，而要看其产品所处的价值链及在垂直分工中所处的地位。由于高技术产品具有高研发投入、高附加值的特点，从中国的高技术产品进出口中就可以考察出中国高技术产业所处的国际分工地位。

2009 年，虽然受金融危机的影响，我国高技术产品进出口总额仍达6867.8 亿美元，其中出口 3769.3 亿美元，进口 3098.5 亿美元。相比于2002 年，高技术产品进出口总额仅为 1507 亿美元、贸易逆差 15 亿美元有了大幅上升。从贸易竞争指数（贸易差额/贸易总额）来看，由 2002 年的 -0.1 变为 2009 年的 0.1，高技术产品进出口总额占商品进出口总额的比重由 24.3% 上升到 31.1%。但是从高技术产品进出口的贸易方式考察来看，进料加工贸易所占比重始终超过 70%。从出口企业类型分布来看，外商独资企业在高技术产业中占据半壁以上江山，与进料加工贸易方式相一致，外商独资企业基本通过进料加工作为高技术产品的主要生产形式。从横向国际比较来看，2008 年，中国高技术产品出口占制造业出口的比重为28.7%，高于美国的 27.1%，低于马来西亚的 39.6% 和菲律宾的66.3%。[①] 中国高技术产业 R&D 强度和全员劳动生产率与美、日、韩国家相比，相差甚远。在中国生产制造的高技术产品中，中国出口产品中的附加值份额很低，实际上只是发挥了劳动力、土地等要素的比较优势。在全球产业分工中，中国依然处于国际垂直分工的低端和核心竞争力的弱势。（见表 1、图 1）

---

① 资料来源：《中国高技术产业数据 2010》（www.sts.org.cn/），2010 年 11 月 29 日。

表1　部分国家制造业和高技术产业的 R&D 强度和全员劳动生产率

R&D 强度:%，全员劳动生产率：千美元

国别、年份 全员劳动生产率 R&D强度 产业	中国 2008		美国 2006		日本 2006		韩国 2006
	R&D 强度	全员劳动 生产率	R&D 强度	全员劳动 生产率	R&D 强度	全员劳动 生产率	R&D 强度
制造业	0.9	–	3.3	109.3	3.7	83.8	2.0
高技术产业	1.4	21.3	16.5	143.4	10.6	106.8	6.0
医药制造业	1.7	27.1	21.8	307.0	15.0	239.2	2.5
航空航天器制造业	4.6	16.1	11.5	150.3	4.2	83.1	9.7
电子及通讯设备制造业	1.7	18.2	15.8	107.3	5.4	110.2	6.8
电子计算机及办公设备	0.5	26.1	11.2	168.7	26.1	40.9	3.4
医疗设备及仪器仪表	2.3	23.6	18.3	90.8	14.6	76.3	2.5

资料来源：科技部网站（www.sts.org.cn）；《中国高技术产业数据2010》。暂缺韩国相关产业的全员劳动生产率数据。

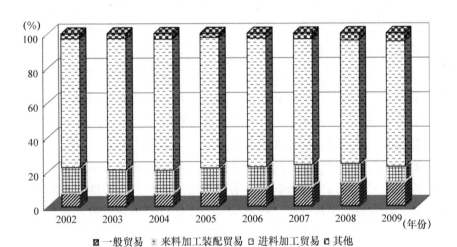

图1　中国高技术产品出口按贸易方式分布（2002—2009）

资料来源：《中国高技术产业数据2010》，科技部网站（www.sts.org.cn）。

　　事实上，随着国际分工由产业间分工向产业内垂直分工的渗透深化，发达国家在"产业转移"中更多的是将许多高技术产业中替代弹性高的低技术、劳动密集型生产工序转移至发展中国家，而将替代弹性低的技术密

集型工序留在发达国家。发达国家通过保持技术的垄断和对产业的控制，与发展中国家的技术水平保持一定差距，从而获取较多的分工利益。纵然发展中国家会成为高技术产品的贸易大国，但贸易大国不等于贸易强国，贸易顺差也不等于国际产业分工地位高。

由于自主创新能力不足，2008 年，我国高新技术产业增加值率仅为24.5%，比美国、日本分别低 18.5 和 12.3 个百分点。[①] 和日本相比，虽然中国制造业与日本制造业一样都存在"两端在外"的情况，但却有着本质性区别。日本制造业是在掌握核心技术且拥有自主品牌的情况下，更多地将低端劳动密集型工序产业转移出去而形成的两端在外，这样就保证了分工利益较多的技术密集型工序产业留在国内。外资企业正是利用转移至中国的劳动密集型工序，来吸附具有比较优势的中国劳动力、土地和资源等要素，自然就形成中国出口越多，劳动密集型工序产业越发展的问题。

依赖比较优势和外部需求建立的劳动密集型产品的产能，往往存在资源消耗比重大、附加值低的特点，并且其竞争力随着时间的推移在不断下降。中国要提升在全球产业价值链中的竞争力与分工地位，获取更多的分工收益，亟须建立以科技创新和人才强国为基础的竞争优势，从而改变经济增长对传统比较优势的高度依赖。[②]

其次，自主创新能力与动力不足制约了产业结构的优化升级。中国随着经济的发展，经济增长过程中的土地、劳动力、资源以及能源等要素成本不可避免地上升，要素投入的边际报酬不断下降。与此同时，发达国家通过增加劳动密集型工序产业的替代弹性，依靠技术垄断的优势压低发展中国家的分工收益。因此，中国经济发展依赖于要素成本低的比较优势必然趋向于减少，由比较优势转向竞争优势势在必行。逐步摆脱对比较优势的依赖，转变经济发展方式，归根结底需要以科技创新、技术进步为发展的支撑点。但是，中国当前研发投入和创新人才不足已经成为提升国际分工地位的主要制约。

科技投入强度（R&D/GDP）是目前公认的衡量创新型国家最主要的核心指标。提高 R&D 经费的投入规模和投入强度是一个国家实现自主创

---

① 资料来源：《中国高技术产业数据 2010》（www. sts. org. cn/），2010 年 11 月 29 日。

② 王一鸣：《迈过"中等收入陷阱"的总体战略》，中国人民大学中国经济改革与发展研究院研究报告，2010 年。

新的重要手段，在日韩等国的发展历程中已得到鲜明体现。相比之下，中国科技投入中存在的突出问题主要有：一是研究开发投入占国内生产总值的比重较低。自20世纪90年代以来，中国 R&D/GDP 增长缓慢，虽然在1999年以后科技投入保持较快增长，科技投入强度呈逐年增加的趋势。2009年，中国科技投入强度为1.54%，达到历史最高水平，但在发展中国家中仅处于中下等水平，与发达国家以及日韩等迈过"中等收入陷阱"的典型国家来说，无论是在规模上还是强度上仍然处于较低水平（见图2）。二是政府投入比重偏低。政府财政研究开发投入占全社会研究开发投入比重从1995年的50%下降到2003年的29.92%，远低于世界多数国家相应发展阶段政府投入占50%左右的水平，更低于巴西60%—70%的水平。[1] 三是科技投入结构不合理。在全部研究开发投入中，2007年，基础研究、应用研究、试验发展经费支出所占比重分别为4.7%、133%和82%，到2008年比重分别为4.8%、12.5%和82.8%。[2] 基础研究投入绝

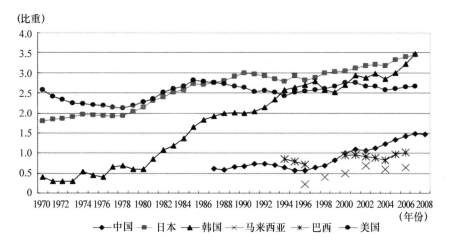

图2　各国科技研发经费投入占 GDP 比重（R&D/GDP，%）

资料来源：中国及日本、韩国部分数据来自科技部网站（www. sts. org. cn），中国主要科技指标数据库和中国科技统计资料汇编（2004—2010）；马来西亚数据来自世界银行数据；巴西数据来自 OECD 数据库。

---

① 徐冠华：《关于建设创新型国家的几个重要问题》，《中国软科学》2006年第10期。

② 科技部网站：《中国科技统计资料汇编2009》（http：//www. sts. org. cn/zlhb/zlhb2009. htm/），2010年11月29日。

对数额与投入比重偏低，无疑将影响原始创新能力的提高，忽视基础研究的长远影响对中国这样一个发展中的大国来说是不明智的。

自主创新，人才为先。从研发活动的人力资源来看，中国与日韩等国家之间存有相当大的差别。近些年来，中国科技人力资源总量呈现加速增长态势。2008 年，科技人力资源总量达到 4600 万人，其中大学本科及以上学历的人数约为 2000 万。根据美国《科学与工程指标 2008》，2006 年美国具有大学学位的科学工程劳动力总量为 1700 万人。中国本科及以上学历科技人力资源总量已经赶上并超过美国。然而，从每百万人中拥有研发人员数量来看，中国都远远落后于日本、韩国，与中等收入国家的巴西、马来西亚接近（见图 3）。但中国研发人员中科学家和工程师的比重近些年来有所下降，从 2005 年的 82.0% 降到 2008 年的 81.0%。[①]

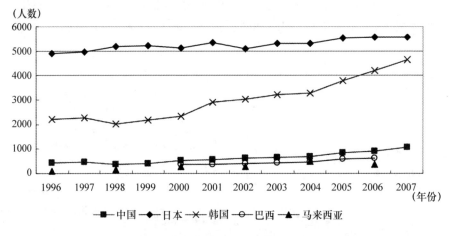

图 3　各国每百万人中研发人员数

资料来源：中国及日本、韩国部分数据来自科技部网站（www. sts. org. cn），中国主要科技指标数据库和中国科技统计资料汇编（2004—2010）；马来西亚数据来自世界银行数据；巴西数据来自 OECD 数据库。

对外技术引进虽然可以在一定程度上增加中国的技术存量，但却不能有效缩小中国与西方发达国家的技术差距。如果不能通过提高自主创新能力与动力而有效改变中国在产业内垂直分工下的分工地位，中国高技术产

---

① 数据来源：《中国科技统计资料汇编 2009》（http：//www. sts. org. cn/zlhb/zlhb2009. htm/），2010 年 11 月 29 日。

业的发展将会演变成高技术产业下劳动密集型工序的大规模发展，使中国面临着跨越"中等收入陷阱"的严峻挑战。

而成功跨越以及陷入"中等收入陷阱"典型国家的经验教训，充分证实了产业分工中提高自主创新能力与动力对实现产业结构优化升级的重要性（见图4）。从支撑经济发展的生产要素看，产业结构演进的一般规律是：一国产业结构的初期状态以劳动密集型、资源密集型产业为主，通过不断的资本积累和技术进步与创新，产业结构的高级化程度逐步提高，社会产业结构逐步向技术密集型、资本密集型为主转变。在日韩成功跨越"中等收入陷阱"的多种原因中，有一点是得到公认的，就是以自主创新为动力推动生产要素结构逐步提升、促使产业向资本密集型、技术和知识密集型转变实现的产业结构转型升级，是成功跨越的关键。

日本是在技术落后的情况下，通过实施"技术立国"战略，大力提高自主创新能力促进产业结构升级，建立了基于新应用、新技术的竞争优势，有效实现了从注重比较优势向注重竞争优势的转化，实现了比较优势基础上的赶超发展。如1957—1990年间，技术进步因素对日本经济增长

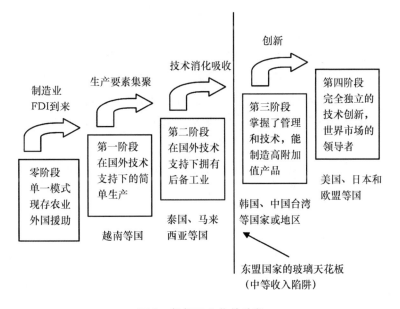

图4　赶超工业化的阶段

贡献率达 46%。① 日本从经济发展初期的"贸易立国"到 20 世纪 60 年代的"技术立国"、21 世纪的"知识产权立国",使其成为东亚地区工业化的先行国和经济发展强劲的大国。此后 20 世纪七八十年代,日本开始将比较优势利益快速递减和逐步丧失竞争优势的劳动密集型工序产业逐步向外转移,对东亚地区、东南亚及中国沿海地区展开垂直梯度的直接投资,不断提高其国际分工地位。

韩国等东亚新兴经济体在经济起飞初期,根据产品周期理论、比较优势原则和竞争力状况,确立以"科技立国"来规划产业结构的升级,有力促进了从轻工业向重化工业再向电子工业和高技术工业的转型,降低对国外技术的依存度。韩国将基础研究视为整个国家技术源泉,依靠科技创新促进产业升级,提升高附加值产业在国际产业分工中的地位和竞争力,成功实现了经济赶超和发展跨越。与此同时,韩国在向重化工业转型的同时,又将纺织和轻工业转移到东盟国家。

但是,马来西亚等国虽然通过市场力量和政府指导相结合的方式,从物质资本和人力资本的建设中受益。② 但由于其产业基础和技术升级过于依赖外资,使得马来西亚在 1997 年的东南亚金融危机中饱受冲击。巴西等拉美国家以进口替代为发展战略开启工业化进程,但这是在国内储蓄率较低的情况下,过于依赖负债推动本国工业化发展的,同时贸易壁垒保护又导致本国工业缺乏国际竞争力,致使巴西等拉美国家陷入"中等收入陷阱"。尤其是 1980 年拉美债务危机爆发后,巴西采取新自由主义指导下的经济改革,经济增长更多地依靠外资投入的增加,导致经济高度依附于发达国家,在向高端产业升级过程中缺乏内在动力和物质技术基础,产业结构的优化升级受到严重制约,只能成为发达国家跨国公司主导下的"新兴市场"。

再次,产业结构不能适应需求结构升级变化遏制了产业链延伸和服务业发展。对进入中等收入行列、亟须产业转型升级的中国来说,收入的增加必然带来社会消费需求结构的升级,产业结构转型升级的趋势使得劳动

① 转引自王春法《国家创新体系与东亚经济增长前景》,中国社会科学出版社 2002 年版,第 232 页。

② 如马来西亚 1973—1996 年实际人均 GDP 增长率达 4%,人均 GDP 从 1960 年的 300 美元增长到 1995 年的 4314 美元,转引自 [美] 斯蒂格利茨等编《东亚奇迹的反思》,王玉清等译,中国人民大学出版社 2003 年版,第 44 页。

密集型产品的需求比重不断下降，对资本和技术密集型产品的需求比重不断上升。如果发展中国家为加强国际分工和专业化生产水平而继续大力发展具有比较优势的劳动密集型产业，国民经济结构就会缺乏具有产业控制力和能够带动产业升级的主导产业，资本与技术密集型产业以及服务业的滞后发展将使产业结构的转型升级丧失发展机遇，产业发展过于集中于产业价值链的低端和低端产品的加工制造环节，阻碍竞争优势的提升。

从统计数字的国际比较来看，中国第三产业增加值在国民生产总值中所占比重偏低，甚至低于马来西亚、巴西等发展中国家。2000—2008 年，服务业比重一直徘徊在 40% 左右，在一定程度上与我国的国际分工地位有关。① 劳动密集型产品的资本技术替代更使得发展中国家的比较优势逐步衰减，劳动密集型工序产业分工地位的低下造成资本技术密集型工序产业短缺，高端产业和服务业"泄露"至国外，产业关联效应带动的是国外产业的发展，相应造成工业成为带动 GDP 增长的主导动力，从而影响服务业比重的提升。

与此同时，需求结构的提升也使得中国经济发展方式粗放、产能过剩问题更加突出。尽管需求结构提升，由于资本品工业与消费产业供给结构的不匹配，使得国内有效需求的很大一部分被进口产品占领，产业升级过程中所需的装备制造、关键零部件、高档原材料等"泄露"至国外，这样产生的对外贸易没有形成产业关联效应而带动本国产业就业的发展，从而使支撑经济持续增长的基础受到削弱。结果是一方面低水平的产能过剩，只能在国际市场上进行低水平的价格竞争；另一方面，技术附加值较高的产品和资本品严重短缺而必须从国外大量进口，产业发展的结构失衡问题突出。有数据表明，100% 的光纤制造装备、80% 以上的集成电路芯片、70% 的轿车制造设备都要依赖进口。② 这样，供给结构不能适应需求结构的升级，劳动密集型工序产业部门的扩大没有带动国内高端产业部门生产能力的扩张，投资乘数效应必然大大减弱，产业没有竞争力就成为根本性的问题。这种局面反而固化了后发国家低水平的产业结构和技术结构，加深了发展中国家对发达国家的依附。

以需求结构带动产业结构升级就成为发展的必然。要推动产业结构的

---

① 根据世界银行《World Development Indicators》在线数据库数据整理，2010 年 12 月 1 日。
② 《没有那么一股子气，不行》，《人民日报》2006 年 4 月 5 日。

调整升级，就必须加快突破制约产业转型升级的设计、研发、标准、物流、营销、品牌等专门化分工环节，以制造业产业链的延伸和生产性服务业的发展为突破目标，带动产业结构的升级与产业价值链分工地位的提升。

因此，从发展中国家的经济安全和产业安全考虑，依赖比较优势发展劳动密集型工序产业只能是发展中国家的阶段性目标，不能也不应该成为发展中国家发展的长期目标。这是因为，比较优势虽能获得国际分工利益，但不能缩短与发达国家之间的差距。国际竞争新格局必然要求发展中国家根据自身的经济发展水平不断提升在国际分工中的竞争地位，从比较优势走向竞争优势。对于中国而言，提升中国产业发展的技术支撑水平，实现由劳动密集型工序产业向技术密集型工序产业的延伸和转换，必须以开放体系下的自主创新为手段，建设创新型国家势在必行。

科学的发展需要正确的理论指导。与比较优势理论相比，波特提出的竞争优势理论以不完全竞争市场为理论前提，从全球角度出发通过国家取得或保持的竞争优势获得国际分工中的现实及潜在的双重利益，一国如果具有创新机制和创新能力，即使是后发国家也能够超越并成为具有国际竞争优势的国家。与以完全竞争市场为理论前提，取决于一个国家初始资源禀赋条件，以企业、产业为研究层面并注重现实利益的比较优势理论相比，竞争优势理论显然是对比较优势理论的超越。

基于竞争优势理论能够更好地指导发展中国家的实践，洪银兴、程恩富等[1]提出用竞争优势理论来指导中国开放创新。但是目前国内部分学者仍然固化于比较优势理论的传统认识，僵化认识中国面临发生巨变的国内外环境，没有充分认识到通过创新培育竞争优势提升内生动力实现跨越的国际经验。发展实践的国内外经验都表明用竞争优势理论指导中国开放体系下的自主创新更具有紧迫性及重要性，需要逐步改变经济发展对传统比较优势的过度依赖，以竞争优势理论指导中国实践将成为跨越"中等收入陷阱"的现实选择。

在经济全球化的条件下，一国经济发展不再只是反映本国产业按一般过程依次升级的需要，而且要反映本国产业在国际领域取得竞争优势的需要，这就要求产业发展以自主创新铸就核心竞争力，提升国际分工地位，

---

① 程恩富、丁晓钦：《构建知识产权优势理论与战略》，《当代经济研究》2003 年第 9 期。

进而在国际分工体系中获取更多的利益。因此，中国基于竞争优势的开放创新，就"必须把技术进步和创新列为思考的重点"[1]，不以资源禀赋而是以"一国产业是否拥有可与世界级竞争对手较劲的竞争优势"[2]为发展原则，通过开放经济获取培育创新能力的要素，推进技术与产业的创新发展，培养具有国际竞争优势的企业、产业，转变对内对外经济发展方式，走上创新驱动、内生增长的轨道，从而形成国家竞争优势，不断提升全球产业分工体系和利益格局中的地位，实现跨越发展。

三　中国开放创新的战略选择

未来一个时期，中国将面临比以往日韩等国家实现跨越发展时更为激烈的国际竞争环境，中国跨越"中等收入陷阱"的关键是，改变经济增长对外生条件比较优势的过于依赖，以开放创新为基础，分别以自主创新、产业转型、加大创新投入以及战略性贸易政策为基础，着力提升长期竞争优势、国际分工位势、发展战略性新兴产业以及突破体制机制障碍，加快对内对外经济发展方式转变，为中国经济发展寻求新的持续发展空间。

（一）以自主创新为内生动力，着力培育长期竞争优势

自主创新和知识产权立国已被部分发达国家提高到国家战略高度，成为提高国家竞争优势的关键途径。以自主创新为经济发展转型提供根本驱动力，培育长期竞争优势，成为中国顺应时代要求、涉及经济社会发展全局的重大战略。

中国的自主创新，首先要改变长期以来"重引进、轻吸收"的技术引进格局，转向优化技术引进与消化吸收再创新之间的比例关系，加大对消化吸收再创新的投入力度，增强企业技术团队对引进技术的消化吸收能力和自主创新能力，鼓励企业间技术合作、技术转移和扩散以提高产业国际竞争力。中国的自主创新，要注重实现基础研究的创新。基础研究创新的

---

① ［美］迈克尔·波特：《国家竞争优势》上，李明轩、邱如美译，天下远见出版公司1996年版，第30页。

② ［美］迈克尔·波特：《国家竞争优势》上，李明轩、邱如美译，天下远见出版公司1996年版，第37页。

薄弱会导致原始创新的不足，进而影响自主知识产权的形成与自主创新能力的提高，长此以往必将制约产业技术的升级和国际分工地位的提升。针对中国目前基础研究投入比重过低的现状，必须加快、加大投入，尽快将比重从目前的不到5％提高到国际水平的10％左右。

培育竞争优势，必须加快以企业为主导、市场为导向、政府扶持的产学研相结合的技术创新体系建设，完善自主创新的激励机制，推动创新要素向企业的集聚。以财税、金融等政策支持产学研主体结成创新联盟并适当倾斜，特别支持关键技术和产业共性技术的研发，激发自主知识产权的创造能力，推动科技与经济的紧密结合。技术创新体系的建设，需要加快创新人才的体系建设，注重创新人才的支撑作用，这是中国经济获取长期快速发展和竞争优势的基点。

培育竞争优势，必须完善以创新需求主体方面的创新政策，降低自主创新风险，促进创新绩效的实现，激励企业自主创新，培育自主品牌。其关键是，贯彻落实自主创新产品的政府采购和首购政策，培育自主创新产品的初期市场，推动重大科技成果的产业化，通过标准制定、环保规制等方式淘汰落后产品和过剩产能，推进自主创新产品的市场化和产业化。

（二）以产业转型为跨越途径，着力提升国际分工位势

经济全球化的条件下，国际分工形态沿着产业和产品价值链加速向产品内分工和生产工序分工深化，产业发展转型被赋予新的内涵。一国产业发展的方向与结构已经不局限于国内产业结构的优化提升，产业的国际分工日益成为主导国内发展的重要决定因素。

中国作为国际分工体系中的重要组成部分，必然需要转变发展思路，在开放体系下以创新驱动、内生增长，促进产业发展转型，改变经济发展对传统比较优势过度依赖的被动格局。这就要求立足于提升中国在国际产业分工的位势，充分利用"两个市场、两种资源"统筹内外发展，将"引进来""本地化"和"走出去"结合起来，加快劳动密集型产业向资金技术密集型产业转变，逐步降低低附加值的加工贸易比重，将出口导向型对外经济发展模式转变为平衡协调型对外发展战略。从而避免国际分工的低端锁定和"比较优势陷阱"，突破发达国家对中国自主创新和产业发展的挤压空间，推动劳动密集型工序产业向技术密集型工序产业价值链的上下

游的升级延伸。①

以产业转型为跨越途径，着力提升中国的国际分工位势，就必须在开放创新体系中提升关系国家经济命脉和经济安全的核心技术控制能力，抢占产业发展核心技术的制高点。要以打造自主品牌提升产品附加值，以自主知识产权提升产业控制力，以产业结构升级带动产业结构比例关系的协调，以产业集聚和延伸产业链来加快本土企业和产业的配套能力，充分发挥大国经济体的规模经济效应，增强我国经济的整体竞争力。

（三）以加大创新投入为契机，着力发展战略新兴产业

加快培育和发展战略性新兴产业是提升国家竞争力、掌握未来发展主动权的必然要求，科技创新将深刻影响或改变未来的经济发展和竞争格局。② 战略性新兴产业，既是中国新经济的增长点，也是优化经济结构、跨越"中等收入陷阱"、抢占全球经济发展制高点的战略支撑点。

发展战略性新兴产业的基础，关键在于核心技术的突破，并在一些重要产业领域尽快掌握核心技术和提高系统集成能力，形成一批拥有自主知识产权的技术、产品和标准，提高中国产业结构水平。为此，需要加大对高技术产业和战略新兴产业技术研发的投入力度，采取多渠道、多方式、多层次增加资金与人才要素的投入方式，如发展创业投资，支持战略性新兴产业提升自主创新能力。

（四）以战略性贸易政策为保障，着力突破体制机制障碍

根据日韩的历史经验，政府实施的战略性贸易政策在促进本国科技创新和培育产业竞争优势中发挥了无可替代的作用。而"拉美化现象"和"中等收入陷阱"的教训则启示，如果任由外资的长驱直入，势必威胁到发展中国家的经济主权和国家安全。

作为发展中大国的中国，要想实现自主创新和竞争优势的培育，必须采取战略性贸易政策即选择性引资策略和适度贸易保护策略是不二选择，对外资进入进行适当限制并逐步提高技术含量的门槛，鼓励高技术产业的转移和研发中心的建设，从而为中国资本提供更多的产业发展空间和技术

---

① 马晓河等：《中国产业结构调整与产业政策演变》，中国计划出版社 2008 年版，第 67 页。
② 万钢：《把握全球产业调整机遇培育和发展战略性新兴产业》，《求是》2010 年第 1 期。

研发空间。

与此同时，推进战略性贸易政策和产业政策的融合，通过政府政策引导和促进本国企业的竞争和产业发展，将那些具有潜在竞争优势、有较大规模经济和外部经济利益的产业确立为目标产业，并从战略高度予以保护和支持。这种保护要在国际贸易惯例和规则下灵活运用，提高目标产业的国际竞争力，从而促进中国竞争优势的确立和产业国际分工地位的提升。

正确认识社会主义计划经济时期的
历史价值和现实作用[*]

王学军[**]

我国社会主义计划经济时期是中国共产党领导中国人民进行社会主义革命和建设的重要历史时期。在这一重要历史时期，我国完成了中华民族有史以来最为广泛而深刻的社会变革，实现了国家与民族命运的根本性转折。社会主义计划经济时期取得的伟大成就，为后继中国特色社会主义发展奠定了根本政治前提和制度基础，并提供了宝贵经验、理论准备和物质基础。然而，改革开放以来，一股全盘否定计划经济时期的错误思潮在国内外长期蔓延。对计划经济时期的全盘否定，不但与历史事实相违背，而且必然导致改革开放"前后两个历史时期"的相互割裂与对立。不忘历史，才能开辟美好未来。因而，我们必须从新的历史高度，正确认识其历史价值，从而避免陷入历史虚无主义的误区。

一　选择社会主义计划经济体制的原因

我国社会主义计划经济体制是以毛泽东同志为核心的党的第一代中央领导集体，在马克思主义指导下，依据我国国情作出的科学选择。其根本目的是在我国建立社会主义制度和加快社会主义现代化建设。新中国成立初期选择社会主义计划经济体制，既有助于破解诸多难题与挑战，又有利于重构我国经济政治制度和统筹安排我国中长期发展目标。当时严峻的国际形势与苏联援助，又使得这种选择，不但具有重要性和必要性，而且具

[*] 本文原载《毛泽东邓小平理论研究》2019 年第 10 期。

[**] 王学军（1972—　），男，吉林长春人，东北师范大学马克思主义学部教授，中国社会科学院马克思主义研究院博士后。

有紧迫性。

（一）选择计划经济的思想理论原因

马克思主义"有计划"思想是中国共产党选择计划经济体制的理论基础。马克思主义认为，"有计划"是社会生产力发展的内在要求。在未来的社会主义社会，将"按照社会总体和每个成员的需要对生产进行的社会的有计划的调节"①；"社会生产内部的无政府状态将为有计划的自觉的组织所代替"②。相较于市场调节，计划调节具有全局性、协调性和及时性等优势。计划调节不但能有效避免由市场盲目调节导致的严重经济失衡和资源浪费，而且还可以"保证每个人的一切合理的需要在越来越大的程度上得到满足"③。因而，"有计划"既是社会主义经济的基本特征，也是社会主义制度优越性的集中体现。

"有计划"成为二战后世界经济发展潮流。"有计划"思想在苏联被具体化、政策化为社会主义计划经济体制。计划经济体制下，苏联在不长时间内，从欧洲相对落后国家一跃成为欧洲第一、世界第二强国。与此同时，1929—1933年大危机席卷了世界主要资本主义国家，并最终引发了第二次世界大战。"大发展"与"大危机"的强烈对比，充分彰显了社会主义计划经济的历史进步性和优越性。因此，战后欧美主要资本主义国家纷纷学习借鉴苏联社会主义计划经济经验，加强了对市场和资本的监管。世界资本主义也由此转入管制资本主义或凯恩斯主义新阶段。苏联计划经济成功实践亦对我国民国政府产生了重要影响。民国政府也曾效仿苏联计划经济，制定过相应经济计划。受当时国内条件所限，民国时期经济发展计划并未得到有效实施。

"有计划"获得党内外广泛认同。在1949年9月召开的第一届政治协商会议上，中国共产党依据马克思主义"有计划"思想，提出"中央人民政府应争取早日制定恢复和发展全国公私经济各主要部门的总计划"，"应以有计划、有步骤地恢复和发展重工业为重点，例如矿业、钢铁业、动力工业、机器制造业、电器工业和主要化学工业等，以创立国家工业化的基

① 《马克思恩格斯选集》第3卷，人民出版社2012年版，第667页。
② 《马克思恩格斯选集》第3卷，人民出版社2012年版，第671页。
③ 《马克思恩格斯选集》第3卷，人民出版社2012年版，第724页。

础"等政策建议。这些提议得到了与会的各民主党派与人民团体的广泛拥护与支持，并最终写入《共同纲领》。① 可见，"有计划"不仅是中国共产党的选择，也是人民的选择和历史的选择。

(二) 选择计划经济的国情原因

新中国成立之初，中国共产党面临着巩固政权、恢复和发展经济等诸多难题与挑战，更担负着对旧中国经济政治制度根本性重构的历史重任。要彻底改变旧中国贫穷落后的面貌，实现社会主义是唯一正确选择。在当时历史条件下，选择社会主义也就意味着选择了社会主义计划经济。毛泽东指出："为了建设一个强大的社会主义国家，必须有中央的强有力的统一领导，必须有全国的统一计划和统一纪律。"②

"计划"有利于恢复和发展国民经济。第一，计划有利于迅速恢复国内经济秩序。由于连年战乱和国民党政府溃败等因素，新中国成立初期我国经济秩序严重混乱。政府通过计划手段，直接管理经济，无疑是恢复经济秩序的最有效方式。第二，计划有利于我国独立自主实现工业化。工业资本积累不足是导致我国近现代工业落后的重要原因。工业，特别是重工业，投资需求大、周期长、风险高。依靠市场自发力量根本无法解决工业所需巨额资本。即便民国经济发展最好的时期，我国资本积累率也仅有6%，远远低于工业化所需的12%的积累率。计划则可发挥"集中力量办大事"的优势，有效解决工业化所需巨额资本问题。第三，计划有利于我国经济社会按比例快速协调发展。社会主义经济建设是一个复杂系统工程。对于我国这样一个地区差异显著、商品经济欠发达的落后国家，制定并执行全局性中长期发展规划，是实现统筹兼顾、协调发展，顺利实现各项经济发展目标的根本保障。

"计划"有利于实现社会主义改造的平稳过渡。新民主主义革命胜利后，我国主要矛盾业已转化为"工人阶级与民族资产阶级的矛盾"③。旧的资本主义生产关系业已成为我国经济社会发展的主要障碍。要实现国家富强、人民幸福，社会主义革命是必然选择。然而，新中国成立之初，我国

---

① 中共中央文献研究室：《建国以来重要文献选编》第 1 册，中央文献出版社 1992 年版，第 8—9 页。
② 《毛泽东文集》第 7 卷，人民出版社 1999 年版，第 32 页。
③ 《毛泽东文集》第 6 卷，人民出版社 1999 年版，第 231 页。

并不具备立刻开展社会主义革命的充要条件，需要一段过渡时期。在过渡时期，国家通过计划，帮助民族工商业解决资金、原材料、市场等难题，并逐步将民族工商业纳入国家资本主义体系，从而为后续社会主义改造创造了有利条件。

"计划"有利于保障人民群众基本生活。新中国成立初期，由于我国刚刚经历百年战乱，人民群众生活异常艰苦。房屋、道路、桥梁、堤坝等生产生活设施损毁严重，人民群众抵御各种自然灾害能力低下。数以百万计退伍军人需要安置，数以千万计困难群众急需政府救助。在各种物资极度匮乏的情况下，人民政府直接掌握必要的人力、物力和财力，并通过计划手段向困难群众提供基本生活保障，无疑是解决人民群众困难的最有效方式。计划分配基本生活资料，确保每位人民群众的基本生存权，有利于维护社会公平与稳定，也有利于避免国家再次陷入分裂和动荡。

（三）国际环境原因

新中国主权和领土完整面临严重威胁。第二次世界大战结束伊始，以美苏为代表的东西两大阵营迅速转入冷战状态。以美国为首的西方阵营对我国采取敌视态度，妄图通过外交、经济等手段扼杀新生的红色政权。在政治上，拒不承认中华人民共和国合法地位，继续支持退守台湾的国民党政府；在经济上，对新中国实施贸易禁运、拒绝开展正常国际贸易。特别是在高科技领域，美国牵头组建的巴黎统筹委员会（简称"巴统"），基本断绝了我国从西方获得战略物资和高科技的可能；在军事上，不断从朝鲜半岛、台湾地区等多个方向对新中国进行军事威胁。1951 年，美日在中国代表不在场的情况下，签订了所谓《旧金山协约》。

苏联经济技术援助与计划经济建议。根据《中苏友好同盟互助条约》等相关文件规定，苏联自 1953 年起开始向我国提供经济技术援助。苏联援助的 156 个项目，是我国近现代历史上最大规模的国外技术资本引进项目，对于全面提升我国现代工业科技水平具有非常重要的意义。苏联在提供经济技术援助的同时，也向我国提出了建立国营企业和实行社会主义计划经济体制的建议。对于缺乏社会主义建设经验的新中国，"以苏为师"无疑是最优选择。因而，中国共产党对于苏联的建议高度重视，并原则性表示接受。

计划经济时期的提前到来。面对西方敌对势力的咄咄紧逼与苏联的热情友好援助，中国共产党为国家安全和早日实现社会主义工业化，不得不于 1953 年提前开展社会主义革命和实施第一个五年计划。对于为什么要提前开展社会主义，在毛泽东亲自修订的《为动员一切力量把我国建设成为一个伟大的社会主义国家而斗争》一文中给出了明确答案。"因为我国过去重工业的基础极为薄弱，经济上不能独立，国防不能巩固，帝国主义国家都来欺侮我们，这种痛苦我们中国人民已经受够了。如果现在我们还不能建立重工业，帝国主义是一定还要来欺侮我们的。"① 在当时历史条件下，社会主义计划经济是我国独立自主实现社会主义工业化的唯一可行选择。1953 年"一五"计划的制定和实施，标志着我国社会主义计划经济体制时代的全面开启。

改革开放以来，有的人依据我国社会主义市场经济取得了伟大成功，就理所当然地认为"计划经济搞错了""市场经济搞晚了"。这样的观点完全脱离了新中国成立初期的国情。众所周知，市场经济是商品经济的高级阶段。社会主义市场经济需要相对较高的生产力水平、较完备的市场体系和较成熟的法律制度保障，以及相对稳定开放的国际环境。在新中国成立初期"一穷二白"基础上和西方封锁遏制背景下，我国并不具备建立市场经济的基本条件，也无法通过市场自发力量解决工业化所需资本积累问题。

二 社会主义计划经济时期取得的伟大历史成就

虽然计划经济时期的我国相对贫穷和落后，但计划经济并非导致问题的原因，而是解决问题的办法。在短短二十几年中，我国不但确立和发展了社会主义制度，建立起独立的比较完整的现代国民经济体系，保证了人民群众吃穿基本需要，并成为在国际社会少数拥有重要影响力的大国。一个昔日贫穷落后的国家，变成了初步繁荣昌盛的社会主义国家。

（一）建立起独立的比较完整的现代国民经济体系

国民经济全面快速发展。在计划经济时期，我国国民经济总体保持了

---

① 中共中央文献研究室：《建国以来重要文献选编》第 4 册，中央文献出版社 1993 年版，第 705 页。

较快发展速度。1952—1978 年间，我国社会总产值、工农业总产值和国民收入分别从 1015 亿元、827 亿元和 589 亿元，增加到 6846 亿元、5690 亿元、3010 亿元，实现年均增长率分别为 7.6%、7.7%、6.4%。[①] 这一发展速度，不但远远高于同期世界平均发展水平，也高于同期主要发达国家平均发展水平。需要指出的是，计划经济时期采取的工农业总产值统计方法与今天广泛使用的 GDP 指数存在较大差异。在 GDP 指数中占有较大比重的第三产业，在工农业总产值指数中有较大比例未被计入。大量的农田水利建设等劳动也仅少部分纳入工农业总产值统计中。因而，当时实际 GDP 要高于目前我们通过工农业总产值推算得到的统计数字。

"建立了独立的比较完整的工业体系。"[②] 在一穷二白的基础上，我国通过自力更生、艰苦奋斗，迅速建立起汽车、拖拉机、重型机械、航空航天、半导体、核工业等产业部门，以及一批重要的交通枢纽和矿山、电力等基础设施。至此，我国拥有了世界上除西方发达国家外唯一的较完整的工业体系，实现了工业发展的历史性飞跃。在实现工业产业结构升级的同时，我国还对原工业产业的空间布局进行了大规模调整。通过调整工业产业空间布局，特别是"三线建设"，使得大量现代工业企业落户内陆省份。这极大地改变了以往我国工业主要集中在东部沿海少数大城市的局面，促进了东西部地区经济社会的协调发展。

保证了人民吃穿基本需求。在农业方面，中国共产党和政府，通过发挥农村人民公社等集体组织优势，突破了以往一家一户小农经济的局限，逐步解决了种子、水利、化肥农药、技术、农机等一系列长期制约我国农业发展的关键问题。从 1949 年到 1978 年，人均粮食、棉花、油料、猪牛羊肉，分别从 418 斤增加到 637 斤、1.64 斤增加到 4.53 斤、9.47 斤增加到 10.91 斤、11.9 斤增加到 17.9 斤。[③] 从 1949 年到 1974 年，我国人口增加了百分之六十，粮食产量增产 1.4 倍，棉花增产 4.7 倍。在我们这样一个人口近八亿的国家，保证了人民吃穿基本需要。[④]

---

① 中共中央文献研究室：《建国以来重要文献选编》第 4 册，中央文献出版社 1993 年版，第 705 页。

② 叶剑英：《在庆祝中华人民共和国成立三十周年大会上的讲话》，《人民日报》1979 年 9 月 30 日。

③ 中国经济年鉴编辑委员会：《中国经济年鉴》1983 年刊（北京版），经济管理杂志社 1983 年版，Ⅲ14。

④ 周恩来：《政府工作报告》，《人民日报》1975 年 1 月 21 日。

国防高科技领域取得一批标志性成果。新中国成立之初，正值世界第三次科技革命开始之时。为紧跟世界科技发展潮流、应对新技术革命挑战，我国制定了《1956—1967 年科学技术发展远景规划纲要（修正草案）》，对科技领域进行全面系统规划。完成之后，我国又制定了第二个科技发展长远规划，即《十年科学规划》（1963—1974）。科学规划顺利实施，使得我国突破了一批关键技术，取得了"两弹一星"、人工合成牛胰岛素、青蒿素等世界级科技成果。这些高科技成果的取得，缩小了我国与世界发达国家的科技差距，极大提高了我国国际地位。"如果六十年代以来中国没有原子弹、氢弹，没有发射卫星，中国就不能叫有重要影响的大国，就没有现在这样的国际地位。"[1]

（二）确立了社会主义制度

确立了社会主义根本政治制度。1954 年第一届全国人民代表大会胜利召开，通过了第一部《中华人民共和国宪法》。1954 年《中华人民共和国宪法》（以下简称 1954 年《宪法》）规定我国的国体是"工人阶级领导的以工农联盟为基础的人民民主国家"；"人民行使权力的机关是全国人民代表大会和地方各级人民代表大会"。[2] 1954 年《宪法》的颁布，标志着我国人民代表大会制度，作为我国根本政治制度的确立。人民代表大会制度是中国共产党的一个伟大创举，确保了国家的一切权力属于人民，并为人民群众行使当家作主的权利提供了组织和制度保障。

确立了社会主义基本经济制度。1954 年《宪法》规定："国营经济是全民所有制的社会主义经济，是国民经济中的领导力量和国家实现社会主义改造的物质基础"[3]，并要求逐步消灭剥削制度，建立起生产资料的社会主义公有制。这是我国首次以根本大法的形式，确立了社会主义基本经济制度。1956 年社会主义改造完成，标志着我国社会主义生产资料公有制主体地位确立。随着社会主义公有制的确立，在城市主要以"工资制"和在农村主要以"工分制"为代表的按劳分配制度，也逐步建立起来。至此，

---

① 《邓小平文选》第 3 卷，人民出版社 1993 年版，第 279 页。
② 中共中央文献研究室：《建国以来重要文献选编》第 5 册，中央文献出版社 1993 年版，第 522 页。
③ 中共中央文献研究室：《建国以来重要文献选编》第 5 册，中央文献出版社 1993 年版，第 523 页。

中国共产党创造性地完成了消灭资本主义私有制和剥削制度的历史重任。

确立了社会主义基本政治制度。1949 年 9 月 21 日，第一届人民政治协商会议通过了《共同纲领》《政治协商会议组织法》《中央人民政府组织法》等相关议案，对共产党领导的多党合作和政治协商制度的组织机构和组织形式等作出制度性安排。1954 年全国政协二届一次会议通过的《中国人民政治协商会议章程》，又对人民政协的性质、组织、原则等问题进行了进一步明确和完善。这标志着中国共产党领导的多党合作和政治协商制度确立起来。《共同纲领》同时还规定："各少数民族聚居的地区，应实行民族的区域自治，按照民族聚居的人口多少和区域大小，分别建立各种民族自治机关。"① 在总结前期经验基础上，1952 年颁布的《民族区域自治实施纲要》，对民族区域自治制度的实施又作出进一步的规划。此后，1954 年《宪法》又对民族自治地方的自治机关、民族代表、经济和文化发展建设等方面作出相应安排。1954 年《宪法》以根本大法的形式确定了我国的民族区域自治制度。民族区域自治制度从根本上改变了我国历史上不平等的民族关系，保障了各少数民族的民族权利，维护了中华民族大家庭的团结、统一和共同发展。

（三）社会主义文化大发展

确立了马克思主义指导地位。中国共产党历来高度重视文化建设，并将文化建设视为社会主义建设的重要内容。建设社会主义文化，首先需要确立马克思主义在思想文化领域的指导地位。毛泽东在《中华人民共和国第一届全国人民代表大会第一次会议开幕词》中明确提出："领导我们事业的核心力量是中国共产党。指导我们思想的理论基础是马克思列宁主义。"② 这次大会通过的 1954 年《宪法》，为马克思主义指导地位提供了法律保障。面对党内外错综复杂的思想文化现状，毛泽东进一步提出："无论在党内，还是在思想界、文艺界，主要的和占统治地位的，必须力争是香花，是马克思主义。"③ 为实现这一目标，中国共产党一方面不断加强对马克思主义理论宣传和教育工作，另一方面广泛开展对旧思想的批判

---

① 中共中央文献研究室：《建国以来重要文献选编》第 1 册，中央文献出版社 1992 年版，第 1 页。

② 《毛泽东年谱（1949—1976）》第 2 卷，中央文献出版社 2013 年版，第 283 页。

③ 《毛泽东文集》第 7 卷，人民出版社 1999 年版，第 197 页。

和旧知识分子的改造工作。最终，马克思主义在我国思想文化领域的唯一指导地位确立起来。

产生了大批优秀文化成果。在马克思主义指导下，中国共产党在思想文化领域，坚持"为人民服务、为社会主义服务"方向和"双百"方针，开创了社会文化建设的新局面、新高潮。思想文化领域工作者，自觉走与人民群众相结合的道路，不断深入生活、深入实际，创作出大批反映人民群众现实生活、讴歌党、讴歌社会主义建设成就的优秀文艺作品。其中代表性的有小说《红岩》、话剧《龙须沟》、电影《创业》、大型歌舞《东方红》等。这些思想性与艺术性高度统一的优秀文艺作品，赢得了亿万人民群众的热烈欢迎和高度评价，标志着我国革命文化和社会主义先进文化达到了全新高度。

重塑了人民群众精神面貌。计划经济时期物质生活相对匮乏，但精神生活可谓激情燃烧的岁月。中国人民不仅在政治上、经济上站起来了，更是在精神上站起来了。社会主义文化广泛传播，不但丰富了人民群众文化生活，同时也极大地提高了人民群众思想道德觉悟，重塑了一代人民群众的精神风貌。人民群众在创造物质财富的同时，也创造着新的精神财富。在社会主义建设中，"铁人精神"、"雷锋精神"、"两弹一星"精神、"大寨精神"等相继产生，成为那个时代的精神标志。人民群众精神面貌的彻底改变，反过来又为我国社会主义现代化建设提供了持久不断的精神动力。

（四）社会民生得到根本改善

现代社会保障体系初步建立。为保障人民基本生活，我国首次建起涵盖就业、住房、教育、医疗卫生等多领域的现代社会福利保障体系。在城市，机关和企事业单位成为职工社会保障的主要供给者。没有单位的城市居民，则由民政部门负责相关社会福利和保障。在农村，农民社会保障主要依托农村集体，其集中体现在"五保户"制度。在计划经济时期，虽然当时我国社会保障水平较低，但对于保障人民群众基本生活、抵抗自然灾害，依然发挥了非常重要的作用。

人民健康水平、文化素质显著提高。随着社会经济发展和医疗卫生条件的改善，我国人民身体素质获得极大提高。自20世纪60年代后期，我国农村普遍建立了县、区（社）、村三级医疗卫生机构。以往严重危害人民健康的血吸虫、鼠疫、伤寒、梅毒等流行病基本消灭。全国人口的死亡率从 1949 年的 20‰下降到 1976 年的 6.2‰。居民平均预期寿命从 1949 年的 35 岁增长到 1980 年的 68 岁。① 在身体健康素质提高的同时，人民文化教育素质也得到大幅提升。新中国成立之初，我国文盲、半文盲率高达 80% 以上。儿童入学率 20%，高校学生 15.5 万人，1979 年全国高等学校、中等学校和小学在校生已达 20794 万人，比新中国成立初期增长 7.7 倍，其中中等学校增长 46.5 倍，小学增长 5 倍。② 文化教育事业发展，极大提高了人民群众的文化教育素质，为后续发展储备了人口红利。

社会治安根本好转。在旧中国，抢劫、盗窃、买卖人口、黄赌毒等社会丑恶现象是长期危害社会和人民生活的毒瘤。新中国成立后，对于各种社会丑恶现象采取高压态势，依靠人民群众，打掉了一大批长期欺压人民群众的黑恶势力。同时，随着社会主义计划经济体制的建立，各种丑恶现象的经济社会基础被铲除。至此，以往历代都无法解决的各种丑恶现象，得到彻底清除。社会治安和社会风气根本性扭转，给人民群众带来空前安全感和幸福感。

（五）国际地位大幅提升

国家主权和领土完整得到坚决维护。新中国成立伊始，我国政府立即宣布废除以往旧中国与列强签订的一切不平等条约。对于他国侵犯我国主权和领土完整的行为，我国均给予了强有力回击。我国先后取得抗美援朝、中印、中苏自卫反击战胜利，赢得了西藏与新疆等地区平叛与反分裂斗争胜利。这些维护国家主权与领土完整的斗争，维护了国家安全和边疆稳定，为我国社会主义现代化建设赢得了稳定周边环境。

赢得第三世界广泛赞誉和支持。新中国积极支持世界社会主义运动和亚非拉民族民主解放运动。在 1955 年印尼万隆会议上，周恩来总理代表中国政府提出的和平共处五项原则，成为日后国际社会处理国与国之间关系的基本准则。新中国在国际舞台上的卓越表现，赢得了国际社会特别是第三世界的广泛赞誉，被公认为第三世界的领袖。在广大第三世界国家支

① 中国经济年鉴编辑委员会：《中国经济年鉴》1981 年刊，经济管理杂志社 1981 年版，Ⅳ 208。

② 中国经济年鉴编辑委员会：《中国经济年鉴》1981 年刊，经济管理杂志社 1981 年版，Ⅳ 204，Ⅳ 208。

持下，1971 年我国以压倒性优势恢复了联合国安理会常任理事国席位，取得了外交上的重大胜利。

打破西方遏制策略，开创外交新局面。随着我国国际地位的上升，西方不得不改变以往孤立、遏制策略。1972 年美国总统尼克松访华，并于 1979 年中美建立外交关系。此前，法国、日本等西方国家也相继与我国建立起外交关系。我国充分利用与西方国家关系缓和这一有利时机，迅速实施"四、三"计划，先后从西方发达国家引进总额达到 51 亿美元的先进技术和成套设备，极大提高了我国工业技术装备水平。我国外交领域取得的重大成就，不但打破了西方对我国的遏制策略，而且为我国后继改革开放和祖国完全统一奠定了外交基础。

计划经济时期虽苦，但可谓苦短利长。在计划经济时期，虽然我国经济社会发展取得较大成就，但人民生活普遍相对困难。这也成为计划经济时期被污名的一个重要依据。对此，周恩来总理早在 1954 年政府工作报告中就曾明确指出："重工业需要的资金比较多，建设时间比较长，赢利比较慢，产品大部分不能直接供给人民的消费。因此，在国家集中力量发展重工业的期间，虽然轻工业和农业也将有相应的发展，人民还是不能不暂时忍受生活上的某些困难和不便。但是我们究竟是忍受某些暂时的困难和不便，换取长远的繁荣幸福好呢，还是贪图眼前的小利，结果永远不能摆脱落后和贫困好呢？我们相信，大家一定会认为第一个主意好，第二个主意不好。"① 事实表明，正是人民群众暂时的牺牲与付出，使我国彻底摆脱了"贫困陷阱"，实现了国家和民族的命运转折。

三 社会主义计划经济时期的伟大历史意义

社会主义计划经济体制有其优势，但亦有其不足。随着我国社会主义建设进程的不断推进，计划经济体制的不足亦日渐显现。计划经济与社会主义制度从基本适应逐步转变为基本不适应。1978 年中国共产党十一届三中全会胜利召开，标志着中国特色社会主义新时期的到来。此后，社会主义计划经济体制逐步为社会主义市场经济体制所替代。虽然社会主义计划经济体制已经功成身退，但计划经济时期取得的成就，依然对中国特色社

---

① 周恩来：《政府工作报告》，《人民日报》1954 年 9 月 24 日。

会主义建设发挥着重要影响。习近平总书记明确指出："中国特色社会主义是在改革开放历史新时期开创的，但也是在新中国已经建立起社会主义基本制度并进行了二十多年建设的基础上开创的。"① 因而，那种将"前后两个历史时期"割裂开来、对立起来的观点是完全错误的。

（一）为中国特色社会主义提供了理论准备

提出了建设"有中国特点"的社会主义伟大命题。针对我国社会主义建设时期出现的新问题，毛泽东明确提出了建设"有中国特点"的社会主义。他说："我国不但在民主革命过程中有自己的许多特点，在社会主义改造和社会主义建设的过程中也带有自己的许多特点，而且在将来建成社会主义社会以后还会继续存在自己的许多特点。"② 毛泽东不但提出建设有中国特点的社会主义目标，更指出了实现这一目标的路径，即将马克思主义普遍原理与中国实际进行"第二次结合"，找出在中国怎样建设社会主义的道路。以邓小平同志为代表的党的第二代中央领导集体，正是在继承毛泽东"有中国特点"的社会主义基础上，进一步提出了建设中国特色社会主义的伟大命题。

创立了社会主义矛盾学说。毛泽东认为，社会主义仍然存在矛盾，而且正是这种矛盾运动推动着社会主义的自我完善。1956 年《关于无产阶级专政的历史经验》指出："社会主义社会发展也是在生产力与生产关系的矛盾中进行着的。否则，社会的发展就将停止下来，社会就不可能再前进了。"③ 毛泽东又将社会主义矛盾进一步划分为人民内部矛盾和敌我矛盾，并指出正确处理矛盾是社会主义政治生活的主体。社会主义基本矛盾理论丰富和发展了马克思主义社会基本矛盾理论，为我国改革开放提供了马克思主义学理性支撑。

提供了中国特色社会主义理论直接来源。毛泽东同志为代表的党的第一代中央领导集体，及时总结了我国社会主义建设时期的经验与教训，形成了社会主义建设理论。社会主义建设理论是毛泽东思想的重要组成部分。这一宝贵精神财富，为中国特色社会主义理论的产生提供了直接理论

---

① 习近平：《关于坚持和发展中国特色社会主义的几个问题》，《求是》2019 年第 7 期。
② 《建国以来毛泽东文稿》第 6 卷，人民出版社 1992 年版，第 143 页。
③ 中共中央文献研究室：《建国以来重要文献选编》第 8 册，中央文献出版社 1994 年版，第 232 页。

来源。中国特色社会主义理论体系是在继承毛泽东思想，特别是社会主义建设理论基础上进一步丰富、发展、完善起来的。社会主义建设理论为马克思主义中国化的"第二次结合"与"第二次飞跃"提供了理论准备。

（二）为中国特色社会主义奠定物质基础。

奠定现代工业基础。计划经济时代的工业建设，具有很强的基础性和公益性。独立的较完整的工业体系，极大地提高了我国生产力水平。纵横交错的铁路、公路、港口、码头、能源、资源基地等基础设施，为我国进一步发展奠定了扎实物质保障。对此，《关于建国以来党的若干历史问题的决议》明确指出，"我们现在赖以进行现代化建设的物质技术基础，很大一部分是这个期间建设起来的"[①]。当时建设的部分国有企业和集体企业，在后来的改组改制中，通过租赁、承包、拍卖、股份改造等途径，成为中国特色社会主义市场经济的新主体。特别是大批国有大中型企业，成为我国社会主义市场经济建设的主导力量。

奠定现代农业的基础。农业合作化改造，使得农村土地由私人所有转变为集体所有，奠定了我国农村集体土地所有制的基础。农村土地集体所有制为改革开放后实行的农村家庭联产承包制奠定了制度保障。计划经济时期在农业、农村基本建设的投入，为我国改革开放后农业连续获得稳产、高产打下良好基础，确保了我国农业安全、粮食安全和经济稳定。特别是当时修建的八万座水库，直至今天仍然发挥着重要作用，有力地支持了我国工业化和城镇化进程。当时建立起来的农机站、植保站等服务体系，为改革开放后农民科学种田提供了有效技术支持。农村义务教育培养了一代又一代知识型农民，为全面振兴农业、农村提供了人才保障。

奠定现代科学技术产业基础。计划经济时期培育和发展起来的现代高科技产业和科研队伍，为中国特色社会主义科技创新和发展奠定了牢固基础和人才保证。在此基础上，我国于1986年3月推出了首个高科技发展规划《高技术研究发展计划纲要》，即"863"计划。在"863计划"等高科技政策引领下，我国陆续取得了超级计算机、北斗、天宫一号、新型核反应堆等高科技成果。这些高科技成果的取得，离不开计划经济时期奠定

[①] 中共中央文献研究室：《关于建国以来党的若干历史问题的决议》（注释本），人民出版社1985年版，第22页。

的科技基础、产业基础和科研队伍。我国高科技产业的发展，不但为中国特色社会主义经济建设提供了强大动力，而且为国家经济、政治安全、文化安全提供了技术保障。

（三）为中国特色社会主义奠定制度基础

奠定根本政治制度。中国特色社会主义继承和发展了人民代表大会制度。"人民代表大会制度是中国特色社会主义制度的重要组成部分，也是支撑中国国家治理体系和治理能力的根本政治制度。"① 党的十九大报告重申："人民代表大会是坚持党的领导、人民当家作主、依法治国有机统一的根本政治制度安排，必须长期坚持、不断完善。"② 正是由于中国特色社会主义坚持和发展了人民代表大会制度，确保了人民当家作主，充分调动了广大人民的积极性和创造性，使我国在民族复兴道路上不断取得伟大成就。

奠定基本经济制度。中国特色社会主义基本经济制度继承了社会主义公有制占主体和按劳分配原则。"公有制为主体、多种所有制经济共同发展，是我国社会主义初级阶段的一项基本经济制度。"③ 同时，中国特色社会主义实行按劳分配为主体、其他分配方式为补充的分配原则。虽然在中国特色社会主义阶段，我国不再实行单一社会主义公有制和按劳分配原则，但社会主义公有制和按劳分配仍然占据主体地位。我国社会主义基本经济制度，既适应了我国社会主义初级阶段的生产力水平，又充分调动各方面积极性，促进了我国社会主义建设事业的全面发展。

奠定了基本政治制度。中国特色社会主义继承和发展了中国共产党领导的多党合作与政治协商制度和民族区域自治制度。中国共产党视协商民主为"我国社会主义民主政治的特有形式和独特优势，是党的群众路线在政治领域的重要体现"④。中国共产党中央先后出台了《关于坚持和完善中国共产党领导的多党合作和政治协商制度的意见》《关于进一步加强中国

---

① 全国人大常委会办公厅、中共中央文献研究室：《人民代表大会制度重要文献选编》，中国民主法制出版社 2015 年版，第 1767 页。

② 习近平：《决胜全面建成小康社会　夺取新时代中国特色社会主义伟大胜利——在中国共产党第十九次全国代表大会上的报告》，《人民日报》2017 年 10 月 28 日。

③ 中共中央文献研究室：《改革开放三十年重要文献选编》下，中央文献出版社 2008 年版，第 900 页。

④ 《中共中央关于全面深化改革若干重大问题的决定》，人民出版社 2013 年版，第 29 页。

共产党领导的多党合作和政治协商制度建设的意见》《关于加强社会主义协商民主建设的意见》和《中国共产党统一战线工作条例（试行）》等重要指导性文件。中国共产党领导的多党合作与政治协商制度，为中国特色社会主义民主政治建设，特别是充分发挥协商民主的优势、进一步巩固了爱国统一战线，提供了有力政治保障。在民族区域自治制度方面，我国于1984 年 5 月颁布了《民族区域自治法》。《民族区域自治法》以国家基本法律的形式，对民族区域自治作了全面、具体的制度性规范。2001 年 2月，全国人大常委会将《民族区域自治法》序言中民族区域自治"是国家的一项重要政治制度"的表述，修改为"是国家的一项基本政治制度"。与此同时，国务院及其职能部门先后制定了 30 多件与《民族区域自治法》相配套的行政法规、部门规章。民族区域自治制度为中国特色社会主义民族团结、边疆稳定和各民族共同发展提供了制度性保障。

虽然在社会主义计划经济时期，我国社会主义建设也曾有过曲折、甚至是严重挫折，但不能因此就将计划经济时期贬得一无是处。对计划经济时期的全盘否定，无异于对中国共产党领导的社会主义革命和建设时期的全盘否定，也必然导致严重政治后果。今天，我们需要在新的历史高度，正确处理改革开放"前后两个历史时期"的相互关系，从而避免陷入历史虚无主义的误区。

中国人口转变与人口红利分析[*]

高建昆[**]

一 我国的人口转变过程

19 世纪初期，欧洲一些国家的人口死亡率开始出现长期下降的趋势。随着死亡率的下降，生育率在 19 世纪中期左右也开始下降。由"高生育率、高死亡率"的人口再生产模式，经过死亡率和生育率的先后降低，最终实现"低生育率、低死亡率"的人口变化过程被称为人口转变。人口转变在现代世界形成过程中的作用非常重要。一些学者甚至认为，只有将人口转变作为核心，才能真正理解现代社会的发展过程。

新中国成立以后，中国人口再生产模式也经历了上述人口转变过程。

在死亡率方面，中国人口的预期寿命经历了迅速提升的过程。如图 1 所示，根据联合国人口司[①]的估计结果，在 1950—1965 年间，我国人口预期寿命相对稳定，在 45 岁上下波动，而女性预期寿命比男性略高，但差别不大。可能受三年自然灾害等因素的影响，1960—1965 年间的男性预期寿命降为 42 岁，而女性预期寿命则略有上升。预期寿命在 1965—1970 年则上升至 59.4 岁，1975—1980 年进一步上升至 64.6 岁。20 世纪 80 年代以来，中国人口死亡率虽然上升速度相对缓慢，但仍处于上升阶段。在 2005—2010 年期间我国人口平均预期寿命已达到 72.7 岁，其中，男性预期寿命为 71.1 岁，女性为 74.5 岁。

---

[*] 本文原载《当代经济研究》2012 年第 4 期。

[**] 高建昆（1976— ），男，河北玉田人，复旦大学马克思主义学院副教授，硕士生导师。

[①] United Nations, World Population Prospects, www. unpopulation. org, 2011.

在生育率方面，我国人口经历了阶段性下降过程。如图 2 所示，根据联合国人口司①的估计结果，尽管我国总和生育率在 1955—1960 年有所下降，但在 20 世纪五六十年代一直处于每名妇女生育 5.5—6 个子女的高水平上。高生育水平和低死亡率导致人口迅速增长。1973 年，第一次全国

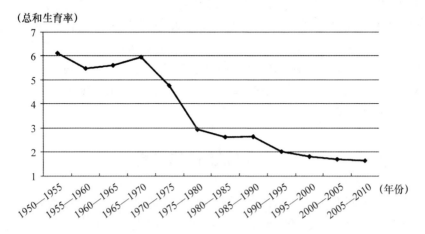

（总和生育率）

图 1　我国人口总和生育率（1950—2010 年）

资料来源：United Nations。②

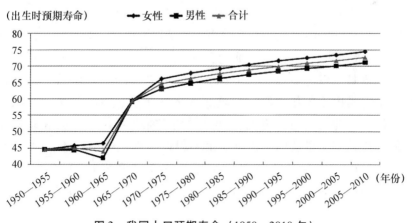

（出生时预期寿命）　◆女性　■男性　▲合计

图 2　我国人口预期寿命（1950—2010 年）

资料来源：United Nations。③

---

① United Nations, World Population Prospects, www. unpopulation. org, 2011.

② United Nations, World Population Prospects, www. unpopulation. org, 2011.

③ United Nations, World Population Prospects, www. unpopulation. org, 2011.

计划生育工作汇报会确定了"晚、稀、少"的人口政策方针，并提出了"晚、稀、少"的计划生育政策。这一政策后来经过完善，发展为以"晚婚、晚育、少生、优生"为主要内容的人口政策。[①] 这一政策对生育率的降低起了重要作用。20 世纪 70 年代总和生育率从 5.9 降至 2.9，在 20 世纪 80 年代生育率似乎停止了下降，总和生育率一直处于 2.6 左右，直到 20 世纪 90 年代，生育水平才出现了进一步下降的趋势，总和生育率从 2.6 降至 1.8 左右。在 21 世纪头十年，我国生育水平一直处于低水平上，从 1.8 降至 1.6 左右。根据国家统计局 2005 年 1% 人口抽样数据和 2006—2009 年 1‰人口抽样数据推算的结果显示，2005—2010 年总和生育率处于 1.4 左右的低水平上。

二　人口红利的概念

人口转变对我国经济和社会发展产生了深远影响，这种影响表现为人口转变过程为经济增长带来的有利发展契机，即人口红利。近年来，我国学者围绕人口红利概念和人口红利问题展开了激烈讨论，但众说纷纭，莫衷一是。本文将在澄清人口红利概念的基础上，对我国人口红利涉及的主要问题加以剖析。

Bloom 和 Williamson 将人口变量引入经济增长模型，对 1965—1990 年东亚经济增长奇迹进行了研究。[②] 研究显示，这一时期东亚的人口转变对经济增长奇迹具有较大贡献。一方面，这一时期东亚经济增长奇迹的出现很大程度上是由于工作年龄人口增长大大快于受供养人口增长，从而提升了人均生产能力；另一方面，这一时期东亚的经济、社会和政治体制政策使人口转变所创造的经济增长潜力得以实现。Bloom、Canning 和 Sevilla 把人口转变过程对经济增长所带来的发展契机称为"人口红利"（Demographic Dividend）。[③] 他们认为，人口红利主要通过劳动力供给、储

---

① 汤兆云：《建国以来中国共产党人口政策的演变与创新》，《科学社会主义》2010 年第 3 期。

② Bloom D. E. and Williamson J. G., "Demographic Transitions and Economic Miracles in Emerging Asia", *The World Bank Economic Review*, Vol. 12, No. 3 (1998), pp. 419 – 455.

③ Bloom D. E., Canning D., Sevilla J., "The Demographic Dividend: A New Perspective on the Economic Consequences of Population Change", *Richard N. Cooper*, Vol. 82, No. 3 (May-Jun 2003), pp. 148 – 149.

蓄率、人力资本等三个渠道影响经济增长。在此基础上，Andrew Mason 和 Ronald Lee 将人口红利扩展为第一人口红利和第二人口红利。[①] 劳动年龄人口增长快于消费人口增长所形成的对经济增长的有利影响被称为"第一人口红利"。在人口老龄化过程中，未成年人较少和人口寿命更长会提高每名劳动者的资本及其他生产资料占有量，而个人也会较强烈地积攒资产以备养老的动机，这将导致人均收入在一定时期内增加。这种由人口老龄化对经济增长带来的有利影响被称为"第二人口红利"。他们认为，第一人口红利是短暂的。虽然第二人口红利中资产积累的高速度也是短暂的，但人均资产和人均收入将长期稳定在较高水平上。因此，第二人口红利是持久的。

我国学者对人口红利的讨论大多集中于劳动力供给和第一人口红利方面。而对劳动力供给的分析也主要集中于农村剩余劳动力转移的刘易斯拐点问题上。部分学者在分析人口红利问题的基础上，提出了调整人口生育政策的建议。[②] 如上所述，人口红利主要包括劳动力供给、储蓄率和人力资本三个方面。而储蓄率方面的人口红利主要体现为第一人口红利和第二人口红利。本文主要从劳动力供给、储蓄率和人力资本三方面探讨我国的人口红利问题。

三　人口红利与我国劳动力供给

（一）刘易斯拐点的概念剖析

刘易斯提出了人口流动的两部门模型。[③] 该模型假定，在同资本和自然资源相比劳动力供给相对过剩的欠发达国家，产业部门可分为落后的温饱型部门（包括温饱型农业、小商业等）和现代"资本主义"部门（主要指工业）。在温饱型部门，由于劳动力过剩，劳动的边际生产力极低或

---

① Andrew Mason, Ronald Lee, Reform and support systems for the elderly in developing countries: capturing the second demographic dividend, International Seminar on the Demographic Window and Health Aging: Socioeconomic Challenges and Opportunities, Beijing: Peking University, 2004.

② 蔡昉：《人口转变、人口红利与经济增长可持续性——兼论充分就业如何促进经济增长》，《人口研究》2004 年第 2 期；王丰：《人口红利真的是取之不尽、用之不竭的吗？》，《人口研究》2007 年第 11 期。

③ W. A. Lewis, "Economic Development with Unlimited Supplies of Labor", *Manchester School of. Economic and Social Studies*, Vol. 22, (1954), pp. 139 – 191.

为零，甚至为负值。此时，温饱部门存在隐性失业。因此，现代"资本主义"部门可以按勉强能糊口的工资获取落后部门转移出来的无限供给的劳动力，从而得以进行资本积累和扩张。但由于资本积累速度超过人口增加速度，当落后部门劳动力剩余枯竭时，工资开始上涨到糊口水平之上。这一转折点被称为"刘易斯拐点"。

拉尼斯和费景汉进一步将农业部门的发展考虑在内，从而扩展了刘易斯两部门模型。[①] 他们将罗斯托提出的发展中国家经济起飞过程分为三个阶段。第一阶段为温饱型农业部门劳动的边际产量为零的阶段。在这一阶段，农业部门存在剩余劳动力。由于劳动的边际产量为零，劳动力向工业部门的转移不会导致农业总产出的变化。第二阶段为农业部门的边际产量大于零但小于制度性工资（没有现代工业部门前的农业总产出与农业劳动者的比值，该工资由制度性力量所决定）的阶段。这一阶段农业部门仍存在隐蔽性失业。由于农业劳动生产力大于零，劳动力向工业部门的转移会导致农业总产出减少，从而平均农业剩余低于不变的制度性工资。工业部门的工资会由于食品的缺乏而上涨。第三阶段是农业部门边际产量大于制度性工资的阶段。这一阶段经济完全市场化，隐蔽失业者全部消失了。现代工业部门要吸引更多的劳动力参加工业生产，就必须把工资至少提高到等于农业劳动边际产量的水平上。第一阶段与第二阶段的分界点被称为"短缺点"，第二阶段与第三阶段的分界点被称为"商业化点"。

（二）我国"刘易斯拐点"问题分析

作为人口众多的发展中国家，中国必然会经历一个经济起飞的过程。在经济起飞的过程中，我国同样会出现农业劳动力向第二、三产业转移的问题。在 2004 年，珠三角地区出现了所谓的"民工荒"现象。学术界就开始围绕我国是否存在刘易斯拐点、何时出现（如果存在）等问题展开争论，至今仍然分歧很大。

认为我国刘易斯拐点存在而且已经到来或很快到来的学者以蔡昉教授为代表。通过假定非农产业劳动力需求不断增加，基于中国劳动年龄人口

---

① Gustav Ranis, John C. H. Fei："A Theory of Economic Development", *American Economic Review*, Vol. 51, No. 4 (1961), pp. 533 – 565.

增长速度逐年下降的趋势，蔡昉预测，在"十一五"期间我国劳动力供给长期大于需求的格局将逆转，新增劳动年龄人口数低于劳动力需求量的情况最早在 2004 年已经出现，最迟在 2010 年就会出现。[①] 他由此推断，即使"刘易斯转折点"没有一个清晰的时点，也可以认为中国经济已经进入"刘易斯转折区间"。蔡昉提出，在刘易斯转折点上或刘易斯区间里，已经或者预期会发生三个特征变化：劳动力在城乡的普遍短缺、普通劳动者的工资上涨和高储蓄率趋于降低。他认为，"民工荒"或劳动力短缺是趋势性变化，其依据是：根据测算，2004 年农村剩余劳动力的比例是 23.5%，40 岁以下的农村剩余劳动力充其量只有 5800 万，剩余比例只有 11.7%。另外，蔡昉还进一步提出了应对劳动力短缺的政策建议：提高劳动力素质和技能、扩大就业和调整人口生育政策。[②]

不难看出，蔡昉对我国劳动力变化趋势的判断，实质上只是对农村剩余劳动力向简单劳动密集型工业部门转移的状况及趋势的判断，并不能全面反映我国劳动力的总体状况及变化趋势。要考察劳动力总体状况和变化趋势，需要结合劳动力素质，对各生产部门的劳动力供求分别加以分析。然而，由于影响工资水平的因素很多，工资的上涨不能简单地被看作是劳动力短缺的标志。因此，本文认为，我国的刘易斯拐点问题应从如下几方面进行考察。

第一，劳动力是否短缺的标准。劳动力作为一种生产要素，在特定生产技术条件下，它需要和其他生产要素按照一定比例相结合，才能生产出相应数量的产品。因此，劳动力是否短缺，并不取决于劳动力本身数量的多少和劳动力增长速度的高低，而是由特定技术条件下劳动力与其他生产要素的比例关系决定的。在技术和其他生产要素数量不变的情况下，农业剩余劳动力不是无限的。随着向非农生产部门的转移，农业剩余劳动力最终会消失。从吸纳农业剩余劳动力的非农产业部门看，我国吸纳农业剩余劳动力较多的生产部门主要是简单劳动密集型工业部门。这些企业主要是在国际产品生命周期的背景下为国际市场提供低附加值产品的出口加工型企业。如果国际市场对这些企业产品需求旺盛，那么这些企业对劳动力的需求也会增大。随着人口转变过程的推进和农

---

① 蔡昉：《"刘易斯转折点"近在眼前》，《中国社会保障》2007 年第 5 期。

② 蔡昉：《劳动力短缺：我们是否应该未雨绸缪》，《中国人口科学》2005 年第 6 期。

业剩余劳动力的逐渐消失，简单劳动密集型工业部门的劳动力必然会出现短缺。尽管"民工荒"的出现与中央取消农业税等一系列惠农政策有关，但仍在很大程度上反映出这些简单劳动密集型工业部门的劳动力短缺趋势。但是，在现代化的资本密集型工业部门，随着资本有机构成的提高，则必然会出现资本排挤劳动的劳动力相对过剩现象。在这些部门，不仅低素质劳动力会受到资本排挤，而且缺乏实践经验的知识型劳动力也可能出现暂时的过剩。近年来，大学毕业生就业难的现象，就是这个矛盾的一个侧面。因此，不能简单地用刘易斯拐点概念来判断我国劳动力的总体状况及变动趋势。

第二，劳动力素质问题。一国劳动力资源状况不仅取决于劳动者数量，更取决于劳动力素质。如上所述，刘易斯—费—拉尼斯模型分析产业部门之间的劳动力流动问题，而其潜在假设为，劳动力素质一直停留在落后的温饱型农业部门就业时的水平。从这个角度讲，该模型仅适合于分析上述简单劳动密集型工业部门的劳动力问题。随着工业化进程的推进和知识时代的到来，资本密集型和知识密集型的生产部门对劳动力素质的要求越来越高。大学生就业难的现象就与这些吸纳大学生就业的主体部门对工作经验和工作技能的要求越来越高有直接的关系。这些部门短缺的劳动力只能是高素质劳动力，而不可能是低素质的简单劳动力。因此，在资本密集型和知识密集型的生产部门，根本不存在刘易斯拐点问题。

第三，工资上升问题。决定和影响工资水平及其变化的因素是复杂的。马克思指出，工资的本质是劳动力的价值和价格。而劳动力的价值由两种要素构成：一种是纯生理的要素，另一种是历史的或社会的要素，劳动力价值的最低界限由生理的要素决定。而工资的实际水平取决于劳资双方的力量对比。[①] 同其他商品一样，劳动力的供给和需求可以说明工资一时的变动，但决不能说明这个价值本身。随着经济社会的发展，构成劳动力价值的每个要素变动都会导致工资水平的长期变化。根据包小忠的分析，广东和江苏等地区的农民工工资在十几年内几乎没有

---

① 《马克思恩格斯全集》第 44 卷，人民出版社 2001 年版，第 593 页；《马克思恩格斯选集》第 2 卷，人民出版社 2012 年版，第 33、64 页。

上涨，而同期物价上涨很快。① 他认为农民工工资相对于物价上涨调整滞后导致农民工打工的净收入下降是民工荒的真正原因。2004—2006 年广州和深圳最低工资标准增长极快，促进了农民工实际工资的增长。② 因此，农民工工资在一定时期内的上涨并不能被简单地看作是刘易斯拐点到来的标志。

四 人口红利与储蓄率

Bloom、Canning 和 Sevilla 认为，人口转变带来的劳动年龄人口增加导致储蓄率上升。③ 本文从以下方面分析人口转变对储蓄率的影响。

（一）第一人口红利是资本的红利

目前大部分关于人口转变对我国储蓄率的影响研究实际上集中于对第一人口红利的分析。例如，王德文等实证分析的结论为，1982—2002 年我国总抚养比变化对储蓄率的贡献率大约在 5% 左右。少儿抚养比下降对储蓄率的贡献率为 6.0%，老年抚养比上升对储蓄率的贡献率为 - 0.9%。④ 王金营和杨磊的研究表明，在 1978—2007 年期间，我国少儿负担下降 1 个百分点，居民存款余额将增长 1.277%。而老年负担每上升 1 个百分点，居民存款余额将减少 1.026%。⑤

从 Andrew Mason 和 Ronald Lee 对第一人口红利的界定可以看出，第一人口红利来自于人口转变所导致的劳动年龄人口比重在一定时期内的上升。人口转变初期高生育率阶段出生的人口进入劳动年龄以后会引起劳动力供给迅速增加。而在发展中国家，这一阶段劳动力供给相对于资本和自

---

① 包小忠：《刘易斯模型与"民工荒"》，《经济学家》2005 年第 4 期。

② 孟昕：《错判将对农民工的转移和中国城市化进程产生很大影响》，《比较》2008 年第 35 期。

③ Bloom D. E., Canning D., Sevilla J., "The Demographic Dividend: A New Perspective on the Economic Consequences of Population Change", *Richard N. Cooper*, Vol. 82, No. 3 (May-Jun 2003), pp. 148 – 149.

④ 王德文、蔡昉、张学辉：《人口转变的储蓄效应和增长效应——论中国增长可持续性的人口因素》，《人口研究》2004 年第 5 期。

⑤ 王金营、杨磊：《中国人口转变、人口红利与经济增长的实证》，《人口学刊》2007 年第 5 期。

然资源等其他生产要素显得过剩，从而使劳动力成本处于很低的水平。因此，这一阶段的劳动力收入在国民总收入中的份额也会相应降低。根据刘伟的分析，1978 年以来，我国的工资增长速度远低于 GDP 的增长速度，而劳动者工资在 GDP 中的比例呈明显的下降趋势：1978 年时为 15.61%，1995 年时为 13.54%，到 2000 年的时候下降到 10.87%。① 而在储蓄方面，居民储蓄率并没有出现上升的趋势。根据徐升艳等对国民经济核算的资金流量表分析，1992—2007 年期间我国居民储蓄率逐渐下降，政府和企业储蓄率逐渐上升。而政府储蓄增幅相对小，企业储蓄增幅较大。②

由此可见，第一人口红利主要为资本所有者获取，主要体现为资本的红利。正如刘福垣所指出的，发展中国家第一人口红利所对应的劳动力无限供给时期，是经济发展必经的资本原始积累阶段，但并不值得留恋，也不是越长越好的战略机遇期。③

（二）第二人口红利是经济增长的新动力

根据 Andrew Mason 和 Ronald Lee 对第二人口红利的界定，人口年龄结构的这一变化所带来的劳动者人均资本增加和个人养老储蓄动机增强，同样会强有力地带动经济增长。④ 但他们同时指出，第二人口红利不是自动形成的，因为人们可能没有意识到为养老而储蓄，但政府的退休储蓄计划可以强制性规定人们进行养老储蓄。而金融市场不完善也可能限制人们的投资机会。⑤ 因此，随着人口转变过程的推进，"低生育率和低死亡率"的人口再生产模式必然会导致我国人口年龄结构的老化，第二人口红利也必将成为我国经济增长越来越重要的新动力。为了充分发挥第二人口红利对经济增长的拉动作用，我国一方面应完善养老保障制度，促进人们进行养

---

① 刘伟：《刘易斯拐点的再认识》，《理论月刊》2008 年第 2 期。

② 徐升艳、周密、赵刚：《我国企业高储蓄的原因解析——基于 1992—2007 年资金流量表》，《现代管理科学》2011 年第 1 期。

③ 刘福垣：《人口红利是个伪命题》，《中国人力资源开发》2011 年第 6 期。

④ Andrew Mason, Ronald Lee, Reform and Support Systems for the Elderly in Developing Countries: Capturing the Second Demographic Dividend, International Seminar on the Demographic Window and Health Aging: Socioeconomic Challenges and Opportunities, Beijing: Peking University, 2004.

⑤ Andrew Mason, Ronald Lee, Reform and Support Systems for the Elderly in Developing Countries: Capturing the Second Demographic Dividend, International Seminar on the Demographic Window and Health Aging: Socioeconomic Challenges and Opportunities, Beijing: Peking University, 2004.

老储蓄；另一方面要加强金融市场建设，为个人投资创造良好的投资环境。

五　人口红利与我国人力资本提升

（一）人力资本对我国经济增长的贡献

明赛尔把为提高劳动者技能所进行的培训称作"人力资本投资"①。舒尔茨假定国与国之间大部分人的天赋才能分布趋于一致，从而把人力资本定义为"后天获得、具有经济价值的人口质量特质即知识和才能"②。贝克尔则更明确地将健康列入人力资本的范畴，即人力资本包括人的知识、技能和健康三方面内容。因此，教育、在职培训、医疗保健、迁移和搜集工资变化的信息等方面的支出都属于人力资本投资。③ 随着工业化进程的推进和信息时代的到来，人力资本成为经济增长的主要驱动力。很多学者对人力资本对我国经济增长的贡献率进行了大量的实证研究。尽管由于采用的方法和数据口径不同，计算出的人力资本贡献率差异较大，但这些研究都显示了人力资本与经济增长之间显著的正相关关系。

（二）人口转变对人力资本提升的积极影响

人口转变促进人力资本投资是人口红利的一个重要方面。首先，死亡率的降低将提高健康方面的人力资本。如图 1 所示，我国人口预期寿命从新中国成立初期的 44.6 岁增加到目前的 72.7 岁。这就大大提高了劳动参与率和劳动生产力，也大大促进了劳动年龄人口规模的扩大。同时，由于人口预期寿命的增加会使教育和培训方面的人力资本投资回报率更高，人们更愿意对教育和培训方面进行投资。其次，生育率的降低将直接提高知识和技能方面的人力资本。如图 2 所示，我国总和生育率从 20 世纪 70 年代初的每名妇女 6 个子女降至目前的每名妇女 1.6 个子女。子女数量的减

① Mincer J. , "Investment in Human Capital and Personal Income Distribution", *The Journal of Political Economy*, Vol. 66, No. 4（1958）.

② ［美］西奥多·W. 舒尔茨：《人力投资——人口质量经济学》，贾湛、施炜等译，华夏出版社1990年版，第18页。

③ ［美］加里·贝克尔：《人力资本理论：关于教育的理论和实证分析》，郭虹译，中信出版社2007年版，第1—9页。

少，不仅使父母更有能力供养子女，使其受教育水平达到更高层次，也使父母能有更多的精力投入工作和自身知识与技能的提高上，从而有利于终身学习的实现。有研究表明，人力资本与知识培训和智力投资正相关。[①] 尤其需要指出的是，我国人口转变是在人均国民收入较低的情况下进行的。根据世界银行的数据，2010 年我国人均国民收入（4260 美元）仅为高收入国家（38658 美元）的 11%。[②] 在这种情况下，人力资本投资的促进作用比发达国家更为显著。

随着人口转变过程的推进和义务教育的实施，我国人力资本得到大幅提升。根据人口普查数据，我国人均受教育年限从 1964 年的 2.68 年提高到 2010 年的 8.25 年，人口预期受教育年限[③]从 1982 年的 6.13 年增加到 2005 年的 12.3 年，劳动年龄人口人均受教育年限从 1982 年的 7.74 年上升至 2009 年的 9.5 年。[④] 为了进一步验证，笔者在李发昇劳动生产率模型的基础上构建了劳动力质量模型。假设不同受教育级别的劳动者劳动生产率随受教育年限增加的比例 γ 相同，且为常数，则劳动力质量 h 可表示为：

$$h = \gamma^y$$

其中，y 为劳动年龄人口平均受教育年限。根据李发昇的研究成果，γ比较稳定，约为 1.46。[⑤] 计算结果显示，我国劳动力质量数值从 1982 年的 10.2 上升至 2009 年的 36.4。由此可见，在我国，人力资本方面的人口红利并没有随着人口转变过程的推进而消失，相反却不断得到提升。

六　结　论

人口转变所形成的人口红利通过劳动力供给、人力资本和储蓄率三方

① 朱乃肖：《论智力资本的理论基础及在中国的实践意义》，《海派经济学》2010 年第 31 期。

② World Bank, Gross National Income Per Capita 2010, Atlas Method and PPP, World Development Indicators Database.

③ 预期受教育年限指 5 岁儿童入学时可预期的一生受正规教育的平均年限。它由 5 岁及以上年龄的人口净入学率累计得出。

④ 蔡昉：《中国人口与劳动问题报告 No.10》，社会科学文献出版社 2009 年版，第 105—106 页。

⑤ 李发昇：《一个以劳动力素质为核心的教育与经济增长关系模型——基于巴罗指标和中国 31 年相关数据的经验检验》，《南开经济研究》2011 年第 2 期。

面影响我国经济增长。在劳动力供给方面，死亡率的率先下降导致劳动力供给短暂增加，而生育率的随后降低则导致简单劳动密集型工业部门的劳动力由过剩转为短缺。随着资本有机构成的提高，资本密集型生产部门的劳动力仍会相对过剩。在储蓄率方面，由于劳动人口增长快于消费人口，人口转变会形成"第一人口红利"，而由于未成年人较少和人口寿命延长增强了个人养老储蓄动机，人口转变则会形成"第二人口红利"。第一人口红利是暂时的，且主要被资本所有者获取。而第二人口红利则可为经济增长提供持久动力。在人力资本方面，人口转变提高了健康、知识和技能方面的人力资本。

为了充分利用人口红利，促进我国经济可持续发展，本文提出如下政策建议：一是加快经济增长方式从粗放式向集约式的转变。随着人口转变过程的推进和农业剩余劳动力的逐渐消失，简单劳动密集型工业部门的劳动力必然会出现短缺。依靠低素质、低成本劳动力的粗放式经济增长方式是不可持续的，应采取适当的产业政策，促进简单劳动密集型提高自主创新能力，提高产品附加值，减少对低成本劳动力的依赖。二是全面提升人力资本。随着工业化进程的推进和信息时代的到来，人力资本在经济增长中的地位日益突出。而各生产部门对劳动力素质的要求越来越高，应加大教育和医疗方面的投入，推进相关制度建设，全面提升人力资本。三是努力创造实现第二人口红利的制度条件。第一人口红利是暂时的，而第二人口红利对经济的拉动作用日益重要。我国应加强相关制度建设，一方面应完善养老保障制度，促进人们进行养老储蓄；另一方面要加强金融市场建设，为个人投资创造良好的环境。四是避免将人口红利某一方面的变化趋势作为调整人口政策的依据。人口政策的调整关系到我国经济社会发展的全局，需要综合考虑经济、社会、资源和环境等诸多因素。仅仅依据人口红利某一方面的变化就提出调整人口政策的建议，对我国经济社会可持续发展是不利的。

中国的"新制度经济学运动"

——新自由主义者与马克思主义者一次触及灵魂的斗争[*]

张　林[**]

在 19 世纪末 20 世纪初的美国，由凡勃伦等人开创的制度经济学在美国风靡一时，在长达三十多年的时间里几乎统治了美国经济学界，对美国政府的政策也产生了重大影响，这种影响甚至延续到了"新政"时期。这一事件在经济思想史上被称为"制度主义运动"（institutionalist movement）。

无独有偶，20 世纪 80 年代以来，中国经济学界掀起了一股新制度经济学热潮，其波及之广，影响之大，在改革开放之后的西学东渐过程中实属罕见。我们不妨将中国经济学界的这一现象称为中国的"新制度经济学运动"。这场运动主要表现在三个方面：第一，学界（不只是经济学界）对新制度经济学投入了前所未有的关注，学术期刊（不只是经济学期刊）上大量充斥着介绍、比较、运用新制度经济学的文章，新制度经济学方面的译著、专著层出不穷。第二，新制度经济学思想向社会生活中渗透。媒体中经常出现新制度经济学的词汇、理论，新制度经济学理论恐怕是公众最为熟悉的经济学理论之一。第三，新制度经济学思想在政府政策中有所体现，影响了地方政府甚至中央政府的决策，在一定程度上成为了某些改革措施的理论基础。

美国的"制度主义运动"在很大程度上是美国"进步时代"社会思潮的一个组成部分，其学说是反正统的（heterodox），其主张对美国解决劳资冲突、社会公平等方面的问题产生了积极影响。中国的"新制度经济学

　＊　本文原载《政治经济学评论》2006 年第 1 辑。

　＊＊　张林（1973—　），男，云南昭通人，云南大学教授，博士生导师。

运动"则是以新制度经济学这一属于新自由主义学说的西方经济学正统
（orthodox）学派为基础，在中国倡导彻底的私有化改革，把经济效率作为
追求的首要目标，无视社会公平，对中国的改革过程产生了不小的负面影
响。中国"新制度经济学运动"提出的多数主张严重背离了中国改革的社
会主义方向，引来了马克思主义经济学家的尖锐批评。新制度经济学的中
国倡导者与马克思主义经济学家的争论在中国改革开放后学术思想的发展
过程中，不过是新自由主义思潮与马克思主义全面碰撞的一个组成部分。
借用研究两次世界大战之间美国制度主义与新古典经济学的冲突的以色列
学者尤沃·约纳伊（Yuval P. Yonay）的说法，我们把中国经济学界的这场
争论视为一次"触及灵魂的斗争"。

　　本文从思想史的角度回顾中国"新制度经济学运动"的起源和发展，分
析马克思主义经济学家对这场运动的批评，从学术影响、社会影响等方面对
这场运动进行评价，并指出这场运动本身的缺陷以及它造成的不良后果。

一　运动的起源和发展

　　新制度经济学在中国的迅速传播是中国的经济学研究转向西方主流经
济学的必然结果。但新制度经济学理论最初的引入却不是经济学界的"成
果"。自20世纪80年代初以来，中国经济学界大批学者转向研究西方正
统经济学，当时的研究以介绍微观、宏观经济学基础理论和各流派的思想
为主。由于当时新制度经济学本身尚未成熟，仍处于发展、充实阶段，因
此国内的研究也未涉及这一学派。但是，20世纪80年代被称为中国的思
想"启蒙"时期，或思想解放运动时期，也就是大举引进西方各种学术思
潮的阶段。在这些思潮中，新自由主义始终是我们引进的一个重要内容。
作为"美国新自由主义经济学"① 之一的新制度经济学自然也包括在这些
思潮中。其中，诺斯和托马斯的《西方世界的兴起：新经济史》（华夏出
版社1989年版）和张五常的小品文集《卖桔者言》（四川人民出版社
1989年版）是最早引进的新制度经济学著作。② 从当时的反应来看，前者

---

① ［法］亨利·勒帕日：《美国新自由主义经济学》，李燕生译，北京大学出版社1985年版。
② 新制度经济学是一个非常宽泛的概念，本文中的新制度经济学仅指研究产权理论、企业
理论和制度变迁理论的新制度经济学说，因而将有时也被视为新制度经济学的新奥地利学派、公
共选择理论、管制理论等排除在外，从而在当时中国引进的著作中排除了比如哈耶克的诸多著作、
斯蒂格勒的著作以及布坎南的著作。

被视为新经济史学著作，后者则是作为以宣扬新自由主义为主的一套丛书中的一种出版的，两部著作都没有被当作"新制度经济学"来看待。其实这一时期的译著《美国新自由主义经济学》已经把新制度经济学摆在中国经济学界面前了，但它与这一时期引进的其他思潮交织在一起，没有被当作一个独立的经济学学派来对待。

可见，中国的"新制度经济学运动"并不是独立地发端于经济学界，它的起源只不过是中国20世纪80年代的"思想解放运动"中一个不起眼的组成部分。20世纪80年代"思想解放运动"的任务是对"文革"时期的反思，探求中国社会发展的方向。作为对专制的反抗以及不满情绪的宣泄，对自由主义的诉求成为主流，这为新制度经济学的引进打下了基础。而在这个时期，中国的"新制度经济学运动"只是处于酝酿阶段，其原因是在经济学中，新古典经济学就可以满足自由主义的诉求了。因此在经济学界，微观、宏观经济学基础理论和各学派思想的介绍是当时的主题，新制度经济学并未涉及多少。

进入20世纪90年代后，中国的"新制度经济学运动"迎来了它的高潮。之所以在这个时期才出现制度经济学研究热潮，有两方面的原因。首先，中国经济市场化改革的方向在这一时期才最终确立下来，"转轨"问题成为经济学研究的主题。西方传统的微观、宏观经济学理论表面上看并不具备"指导"转轨的功能，而新制度经济学恰好满足了这一要求。在中国市场化改革的推行过程中，经济学界看到了制度改革的必要性，在放弃了马克思主义经济学的学者眼中，新制度经济学的思想顺理成章地成为了改革的"指导性"理论。改革的要求与经济学研究的"西化"相结合，为中国经济学制度主义运动的兴起提供了第一个条件。科斯和诺斯于20世纪90年代初先后获得诺贝尔经济学奖，这是中国"新制度经济学运动"在这一时期兴起的第二个原因。① 此时，诺贝尔经济学奖在逐渐西化的中国经济学界已经享有了极高的声誉，两位新制度经济学的代表人物先后获奖，直接催生了中国"新制度经济学运动"的高潮。

中国经济学制度主义运动的高潮从20世纪90年代初持续到20世纪

---

① 此二人的获奖高度配合了西方世界在苏联和东欧国家推行的市场化改革。科斯的理论与这一改革非常吻合，而诺斯的获奖则开创了诺贝尔经济学奖的一个先例：标志着他理论成熟的著作《制度、制度变迁与经济绩效》（1990年）出版后仅仅三年（1993年），他就获得了只奖励成熟理论的诺贝尔经济学奖，这种情况在这一奖项历史上是绝无仅有的。

90年代中后期，时间虽不长，声势却很大。从20世纪90年代初开始，国内组织翻译了大量新制度经济学经典文献，包括科斯的论文集、诺斯的两本代表作、产权经济学和交易成本经济学的经典论文、制度变迁理论的经典论文、德姆塞茨的著作等。这套冠名为"当代经济学译库"的丛书的出版标志着中国"新制度经济学运动"高潮的来临。此后，国内学者的新制度经济学著作也相继出版，这些著作大部分收入了"当代经济学译库"丛书。此外，有出版社组织了国内新制度经济学研究者的论文，出版了三本文集。与此同时，学术期刊上大量涌现出与新制度经济学相关的论文，言必谈制度。

分类来看，科斯和诺斯的理论分别是上述国内文献的源头。相应地，这些文献所关注的问题也大致可以分为两类：产权（交易成本）与制度变迁。由于中国的"新制度经济学运动"发端于"转轨经济"这种特殊的社会经济环境中，这次运动的重点就是试图解决问题，而不是理论构建。中国"新制度经济学运动"的文献在开始时以介绍为主，继而出现了少许理论探讨的文章，然后就在尚未完全消化的情况下马上转向了应用。在应用中，科斯的产权观成为主要的指导性理论，产权改革成为中国"新制度经济学运动"的最终落脚点。《中国制度变迁的案例研究》（上海人民出版社，两卷）是中国"新制度经济学运动"改革观的突出体现，然后各种私有化主张和观点成为中国产权改革的主流。这些主张的提出标志着中国"新制度经济学运动"彻底认同了新制度经济学，同时这次运动的高潮也达到了顶点。就新制度经济学在转轨国家的功效来说，提出私有化主张和方案是它最终的结果，如果这个方案得以实施，新制度经济学的政策使命也就完成了。以新制度经济学的普及和渗透为特征的中国的"新制度经济学运动"，当公开提出了私有化主张，而且这些主张实际上已经部分地成为改革依据时，新制度经济学的最终结论也就显露出来，中国"新制度经济学运动"的政策使命也就完结了，剩下的只是实施过程中的技术性问题。但是，由于中国"新制度经济学运动"在发生和发展过程中存在诸多问题，中国的"新制度经济学运动"远没有结束。

二 运动的影响

中国"新制度经济学运动"的成果不可谓不突出。中国经济问题的根源是制度问题，制度变迁是解决问题的关键，这些结论几乎已成为共识。在经济学界，新制度经济学的相关文献处于最突出的位置，数量也最多，还出现了以新制度经济学为基础打造经济学的"中国学派"这样的论断。一时间，新制度经济学大有成为中国经济学的支配理论之势。

具体说来，中国经济学制度主义运动的理论影响表现为，经济学界产生了以新制度经济学为依托，倡导经济自由主义，追求融入西方主流经济学这样的普遍要求。新制度经济学本身是经济学中新自由主义的一个分支，信奉新制度经济学，就意味着接受新自由主义的理念。在这一点上，中国的"新制度经济学运动"始终是当时国内主流学术思潮的组成部分，比如被霍奇森归入新制度经济学理论的哈耶克的思想①与中国"新制度经济学运动"始终相伴随，而哈耶克恰好是当代中国自由主义思潮重要的代言人。自由主义→经济自由主义→西方主流经济学成为中国"新制度经济学运动"追求的目标。这次运动来势汹汹，携新自由主义信念席卷了中国经济学界，新自由主义信念得以普及和强化，这是中国"新制度经济学运动"最重要的理论影响。

从政策影响来看，中国"新制度经济学运动"最主要的成果是明确了私有化作为中国经济改革的方向。在新制度经济学中，科斯的产权和交易成本理论（或"科斯定理"）一开始就是中国"新制度经济学运动"的核心，这一核心与各种企业理论相结合，得出的关于中国经济体制改革的结论就是，产权改革是唯一的出路。这本是一个理论上的结论，但中国"新制度经济学运动"的影响远不只限于理论界。这一结论影响了很多部门和地区的决策。一定时期内中国国有企业改革的指导方针在很大程度上就是这种影响的反映。很多地方出现的大范围抛售国有企业现象不能说没有受到这场运动的影响。中国改革的市场化方向这一总体趋势尽管早已确立，但在中国"新制度经济学运动"兴起之后，在它的影响下，这一方向越发明显，市场化进程也不断加快。在私有化成为主导性政策方向的同时，随着国有企业改革的推进，大量下岗失业人口的产生、大量国有资产被少数人占为己有、严重的社会不公和两极分化等问题越发明显。但这些现象都不是中国的"新制度经济学运动"所关心的，因为这些问题不是新制度经

---

① Hodgson, Geoffrey M., "The Approach of Institutional Economics", *Journal of Economic Literature*, Vol. 34, No. 1 (Mar 1998), pp. 166 – 192.

济学的研究对象，从新制度经济学的理论中也难以推导出解决这些问题的方法。以"效率"为核心的新制度经济学主张在政府决策中的渗透，直接导致了这一时期的政策导向对公平问题的忽视。

中国"新制度经济学运动"的社会影响也是巨大的。借助新制度经济学的中国信徒面向大众的随笔、小品文等形式的文章，以及他们在媒体公开表达的观点，新制度经济学的认识论（也就是改进后的新古典范式的认识论）和理论观点已深入人心。比如非专业期刊、报纸上经常可以见到西方新制度经济学家的名字，并经常运用他们的理论来解释某一社会现象或问题。"新制度经济学运动"的领军人物也成为主流媒体的常客。可以说，新制度经济学是在中国最普及的西方经济理论之一。在私有化改革中获得巨大私利的既得利益者常常以"财富英雄"的形象验证了新制度经济学的主张。他们对普通大众产生的示范效应强化了普通大众对私有化的信念。"私有化"逐渐成为一种思想习惯深入人心，并取得支配性的地位。私有化过程中产生的诸多社会问题在"效率"面前显得微不足道，来自底层的声音要么在新制度经济学的强大影响下很轻易地就被消解，要么根本就没有表达的机会，因为媒体已经成为新制度经济学的俘虏。

中国的"新制度经济学运动"在强调制度调整的重要性、思考中国经济问题的根源等方面有它积极的作用。这次"运动"是对中国的改革未能触及根本问题、从而诸多改革措施收不到预期效果这些现象的反省，同时也可以看作对"运动"之前传播的西方经济学传统理论的反省。"运动"推行者的出发点可能是好的。但是，随着"运动"的普及和深入，新制度经济学逐渐成为推行西方正统经济学价值标准的工具之一。

三　马克思主义者的反击

中国的"新制度经济学运动"是在"两种范式"的对抗中发生发展的，它有意无意地承担了让中国经济学脱离马克思主义经济学范式，融入西方主流经济学范式的任务。因此，中国"新制度经济学运动"在它的发生、发展过程中始终面临着马克思主义经济学（以及其他严肃的学者）的反击。

在"新制度经济学运动"的高潮来临之初，就出现了针对这次运动的源泉和核心——科斯定理的批判。① 随后，在新制度经济学的产权理论逐渐支配中国经济学界的时候，又出现了对西方产权理论和企业理论的批判。② 同时，其他持不同意见者也提出了自己的批评。③ 这些反击是有力的，但在整个中国学术界新自由主义思潮泛滥的时代，这些不同的声音很快就被淹没了，没能有效地阻止"新制度经济学运动"的高歌猛进。但这些反击让一部分经济学研究者不再盲从，开始以马克思主义经济学为参照，认真地研究新制度经济学理论。

"新制度经济学运动"的高潮过后，它在理论基础上的先天不足暴露出来（后述），新制度经济学的热度也减退了，这有利于对运动进行反思。在前期批判的基础上，来自马克思主义经济学的反击大量出现，其中最有代表性的是程恩富④、吴宣恭等⑤和林岗等⑥的著述。这些批评针对新制度经济学本身的缺陷而提出，直接质疑中国"新制度经济学运动"理论基础的合法性。这些来自马克思主义者的批评从马克思主义经济学的角度阐明了新制度经济学的缺陷。面对这些质疑，中国的"新制度经济学运动"本该结束了，因为它的理论基础确实难以应对这些挑战。这些批评证明了"新制度经济学运动"的理论基础不仅不足以替代马克思主义经济学，反而让人们进一步思考新古典范式本身的缺陷。

但是，面对这些批判，中国"新制度经济学运动"的推动者采取了不争论的策略。在实力对比悬殊的情况下，"新制度经济学运动"举起经济学形式主义意义上的"学术规范"的大旗，宣称批评者不符合"学术规范"；在新古典经济学定义的"科学"的意义上，批评批评者的观点不是"科学的"学术探讨。运动的推行者们通过回避挑战，不让事实越辩越明，依托它的强大影响继续灌输新制度经济学思想，以此来延续

---

① 高鸿业主编：《西方经济学与我国经济体制改革》，中国社会科学出版社1994年版。

② 吴易风：《西方产权理论》，《高校理论战线》1994年第3—4期；吴易风：《马克思的产权理论》，《中国社会科学》1995年第1期；吴易风：《西方企业理论》，《经济改革与发展》1995年第2期，重印于《马克思主义经济学和西方经济学——吴易风选集》，经济科学出版社2001年版。

③ 崔之元：《美国29个州公司法变革的理论背景》，《经济研究》1996年第4期。

④ 程恩富：《西方产权理论评析：兼论中国企业改革》，当代中国出版社1997年版。

⑤ 吴宣恭等：《产权理论比较：马克思主义与西方现代产权学派》，经济科学出版社2000年版。

⑥ 林岗、张宇主编：《马克思主义与制度分析》，经济科学出版社2001年版。

这次运动。在中国"新制度经济学运动"的这种策略面前，反击者的任务更加艰巨了。

四 运动的问题与结局

如前述，中国的"新制度经济学运动"是学界自由主义思潮的产物，也是经济学中新自由主义思潮的集中体现。我们并不否认新自由主义思潮在开阔人们的视野、帮助人们更深入地思考等方面发挥的积极作用，但我们这里更强调的是新自由主义作为推行某种意识形态的工具的特征，这一点同样适用于新制度经济学在中国的传播。

（一）问题

1. 忽略意识形态含义，成为推行市场意识形态的工具

中国的"新制度经济学运动"，既是新制度经济学在中国的普及，也是新古典范式在中国的深入。新制度经济学所依托的新古典范式是资本主义社会既得利益者所信奉的市场神话的组成部分，同时也是维护和强化这种神话的工具。作为一种意识形态工具，其目的不过是要维护现存制度，并向外推行和渗透，扩大意识形态的影响范围，从而强化意识形态本身。诚然，新古典范式对市场运行的分析是有用的、可借鉴的，但它的意识形态含义必须予以强调。作为蜕变为在中国维护新古典范式的一种工具的"新制度经济学运动"完全忽略了新古典范式的意识形态含义。如果这种忽略是出于对这种含义缺乏了解，是无意识的，就易于纠正；但若这种忽视是有意的，那么中国"新制度经济学运动"的推行者本身就成为了维护神话的工具，代表着少数类似于"有闲阶级"的集团的利益。比如国有企业的产权改革，如果按照中国"新制度经济学运动"提出的私有化方案来进行的话，谁将是这种改革的受益者？可以肯定地说，在中国现存的体制下，受益者必然还是现有的既得利益者，而不会是下岗职工。制度调整是必然的，但调整的方式绝对不是"新制度经济学运动"所主张的方式。

2. 视野狭隘，生搬硬套

即使撇开意识形态问题，用新制度经济学的话来说，制度环境的差异也不允许像"新制度经济学运动"的推行者那样照搬新制度经济学和

新古典经济学的理论。本来在新制度经济学理论中包含着一些有意义的成分，比如诺斯的制度变迁理论中对文化因素或制度的历史继承性的强调。制度分析只有与文化因素相结合才可能全面，但在"新制度经济学运动"中，中国传统文化的影响并未得到强调，而是笼统地用一个"路径依赖"就把五千年的文化沉淀一笔带过。中国"新制度经济学运动"的推行者们沉迷于狭隘的新古典范式，不可能也没有能力采取比如社会学那样的研究方式探讨文化与制度的关系。在这场运动兴起之初，曾有人做过这方面的工作①，但囿于新古典思维方式，这项工作未能延续下去。脱离了中国独特的文化环境，要想建立经济学的"中国学派"，只能是奢谈。

3. 浮躁、霸道的学风

从科学研究的角度来看，中国"新制度经济学运动"中弥漫着浮躁之风。如前述，中国"新制度经济学运动"急切地想要将不成熟的新制度经济学运用到中国经济体制改革中去，从而在并未完全消化、理解新制度经济学的情况下，就匆忙开始了"指导实践"。疏于理论本身的梳理和完善，使得中国"新制度经济学运动"陷于尴尬境地：一方面，难以应对来自马克思主义经济学和其他不同意见者的质疑；另一方面，如周业安②所说，误将西方主流经济学的制度分析当作制度经济学的主流③，连新制度经济学的新进展，比如演化博弈论的运用、新制度经济学与演化经济学的结合等问题，也鲜有人认真研究过，更不用说制度分析其他分支的发展。④ 制度分析向来注重跨学科研究，只有新制度经济学固守新古典范式的封闭体

---

① 汪丁丁：《经济发展与制度创新》，上海人民出版社1995年版；张宇燕：《经济发展与制度变迁》，中国人民大学出版社1992年版。

② 周业安：《当前中国新制度经济学研究的反思》，《经济研究》2001年第7期。

③ 周业安（2001）仍然是从新制度经济学的角度来谈论制度经济学的主流。其实从制度分析的历史来看，凡勃伦—艾尔斯传统才是制度经济学真正的主流，尽管新古典经济学视其为异端。

④ 最近在新制度经济学分支理论的介绍上有了一些新进展，诸多名著相继翻译出版。比如用博弈论研究制度变迁的经典著作，如肖特（Andrew Schotter）的《社会制度的经济理论》（上海财经大学出版社2003年版）、宾默尔（Ken Binmore）的《博弈论与社会契约》（上海财经大学出版社2003年版）、扬（H. Peyton Young）的《个人策略与社会结构》（上海三联书店、上海人民出版社2004年版），探讨习俗之类的"非正规约束制度"和利他主义行为的名著，如施里特（Ekkehart Schlicht）的《习俗与经济》（长春出版社2005年版）、菲尔德（Alexander Field）的《利他主义倾向》（长春出版社2005年版），用一般均衡理论研究制度和政治过程的名著，如唐斯（Anthony Downs）的《民主的经济理论》（上海世纪出版集团2005年版）等。

系，疏于与其他学科交流；或者用并不成熟的理论和有缺陷的方法粗暴地介入其他学科的研究，而且自鸣得意地认为比其他学科的研究者更为高明。中国的"新制度经济学运动"继承了新制度经济学的这种特征，在各种各样学术思潮涌入国门之际，它除了充当新自由主义的代言人之外，根本难以同其他思潮对话，而且不但不承认自己先天的不足，反而以"经济学不讲道德"和"价值中立"之类的借口排斥人文关怀，进而排斥其他人文科学，使得西方主流经济学中只重技巧、不重思想的毛病在中国经济学界打着"国际惯例"的旗号蔓延。

（二）结局

以上问题在中国经济学界并非只是"新制度经济学运动"所特有的，而是西方经济学在中国的普及过程中普遍存在的问题，只不过作为普及新古典范式的先锋，"新制度经济学运动"更明显地暴露出上述问题。由于肩负着普及和巩固新古典体系的"重任"，中国的"新制度经济学运动"正在而且必将延续下去。只要中国经济仍然处于转型中，只要新古典范式还没有"统一"中国经济学界，"制度经济学运动"就还有"责任"继续它的工作。只不过，随着人们知识的积累和鉴别力的增强，中国的"新制度经济学运动"必难再现高潮时的辉煌。

面对这一运动，需要的是增强它的主要对抗力量——马克思主义经济学的生命力。但是由于历史的原因，在对马克思主义的研究中或多或少存在着曲解、教条化等问题。要增强马克思主义经济学的生命力，必须认真研究马克思主义理论体系缔造者的原著，纠正理解上的偏差，发掘被忽略的思想。近年来，国内的马克思主义经济学家在这方面展开了有益的探索，取得了一批有影响力的成果，张宇、孟捷、卢荻主编的《高级政治经济学：马克思主义经济学的最新发展》[①] 比较集中地反映了这一可喜的进步；林岗、张宇主编的《政治经济学论丛》（经济科学出版社）中的几部专著也颇受好评。在认真研究马克思主义经济学的同时，还要揭示新古典范式的缺陷。在这方面，可以通过研究新古典范式的西方反对者的理论，从另一个角度来认识新古典范式。通过理论的对比，加深对马克思主义的

---

① 张宇、孟捷、卢荻主编：《高级政治经济学：马克思主义经济学的最新发展》，经济科学出版社 2002 年版。

优势的认识。但是，在中国几乎已经成为主导性思想习惯的新古典（制度）经济学一定会通过歪曲等方式来排除异己，以巩固自己的地位。因此，消解"新制度经济学运动"的影响，需要反对者做好思想上和策略上的准备。

聚焦与前瞻

中国经济走势的政治经济学分析[*]

余 江[**]

"十三五"规划期间,要确保到 2020 年实现国内生产总值和城乡居民人均收入比 2010 年翻一番的目标,2016 年至 2020 年经济年均增长必须保持在 6.5% 以上。但是,中国经济目前呈现下行态势,增长速度从 2010 年的 10.6% 逐年下滑到 2011 年的 9.5% 、2012 年的 7.7% 、2013 年的 7.7% 、2014 年的 7.3% 、2015 年的 6.9% 和 2016 年的 6.7% ,6 年总共下降 3.9 个百分点、年均下降 0.65 个百分点。中国经济增长的现状和前景,不仅直接关系到本国国民的就业、投资和收入、生活,而且越来越影响着世界的经济增长,2016 年中国对全球经济增长的贡献率超过 30% 。应该怎样正确认识和评估中国经济增长的这种下行态势、有何利弊得失、为什么会出现、前景将如何、应该怎样应对,如何才能保持"十三五"规划期间经济年均增长 6.5% 以上,是中国现在面临的重大现实和长远的问题,也是目前国内外普遍关注的焦点、议论的热点。现在理论界出现的运用凯恩斯主义经济学的需求理论和方法、里根经济学的供给学派的理论和方法分析得出的种种看法和主张,本文认为都不全面、深入、准确,存在值得商榷的观点。为了求得正确的认识,本文首先比较说明对当前经济走势的三种不同分析方法的利弊,然后借鉴西方经济学的相关理论和方法,主要运用马克思主义政治经济学的供求关系综合分析和制度分析方法,具体分析中国经济发展的现状和走势,正面回答中国经济连续 6 年下降,如何看、为什么、怎么办?能否和怎样保持 2017 年至 2020 年经济年均增长

---

[*] 本文原载 *World Review of Political Economy*,Winter of 2017。

[**] 余江(1978—),男,湖北宜昌人,武汉大学经济与管理学院副教授,经济研究所副所长。

6.5%等问题，提出相应的政策措施。

一　中国经济走势三种不同分析方法的比较①

在经济体制改革过程中，人们更多的是借鉴凯恩斯主义的需求理论和需求分析方法来分析中国经济状况和走势，相应提出需求管理的应对之策，这种做法在一定时期和范围内能够起一定的作用，但是存在严重缺陷，主要是：只重视总量平衡，忽视结构合理优化；只分析经济现象，不深入剖析生产关系实质和制度根源；只强调需求管理，轻视供给管理；开出的药方只治标不治本，只能短期奏效，不能长期见效、从根本上解决问题，甚至可能陷入"滞胀并发症"（经济停滞与通货膨胀并存）。凯恩斯主义虽然在第二次世界大战后给西方发达国家带来了20年经济增长的"黄金时期"，凯恩斯也被尊称为"战后繁荣之父"，但是20世纪70年代西方发达国家陷入了"滞胀"的泥潭，患上了以前没有的"摩登病"，凯恩斯主义也陷入了"破产"境地。

现在中国经济进入"新常态"，有部分学者提出，需求分析只是总量、短期分析，有局限性，已经不行了或者不够了，需求管理也难见成效，而供给分析是结构、长期分析，更重要、更符合中国现在的实际，主张转向借鉴"里根经济学"的供给学派理论、采用供给分析方法，提出供给管理对策，这样才能实现中国经济的持续中高速增长、提高质量和效益。应该说这种看法和主张是有价值的，对于克服以往的片面性是有帮助的。但也需要避免完全照抄照搬，不能照搬里根经济学。"里根经济学"的供给分析和供给管理同样存在严重缺陷：只重视供给、结构分析，忽视需求、总量分析；只分析经济现象，不深入揭示生产关系实质和制度根源；只强调供给管理，轻视需求管理，基本否定需求分析和需求管理的必要性和有效性；开出的药方同样只治标不治本，只能短期见效，不能长期有效、从根本上解决问题。里根经济学的实践结果本身就证明了这一点，虽然里根经济学为美国20世纪90年代"三低一高"（低通货膨胀率、低失业率、低赤字率和高增长率）的所谓"新经济"的出现打下了基础，但是2008年

---

① 简新华、余江：《马克思主义经济学视角下的供求关系分析》，《马克思主义研究》2016年第4期。

还是出现了严重的金融危机和经济危机。

供求关系是基本的经济关系，马克思主义政治经济学也要分析供求。本文所说的马克思主义政治经济学的分析包括当代中国马克思主义政治经济学、中国特色社会主义政治经济学的分析，决不是与凯恩斯的需求分析、里根经济学的供给分析毫无共同之处，得出的结论也完全不一样，这种绝对化的理解是不符合实际、不科学的。因为，西方经济学的研究对象是资本主义市场经济，马克思主义政治经济学的研究对象首先也是资本主义市场经济①，由于中国现在要发展社会主义市场经济，当代中国马克思主义政治经济学的研究对象还应该包括社会主义市场经济，同样都要研究市场经济的普遍现象和一般规律。因此，无论是经典的还是现代的马克思主义政治经济学与西方经济学在理论和方法上必然会存在相同的东西，但是由于两者的基本立场、观点、方法不同，所以又存在本质区别；从经济学说史上来看，马克思主义政治经济学不是凭空产生的，以亚当·斯密为代表的西方古典政治经济学就是马克思主义政治经济学的来源，当代马克思主义政治经济学也不是与当代西方经济学完全不同的经济学，同样也要与时俱进，吸收借鉴现代西方经济学有价值的理论和方法。马克思主义政治经济学分析与凯恩斯主义和里根经济学分析的不同主要在于以下四个"更要"：不是只单方面分析或强调需求或者供给，而是在分别分析需求和供给的同时，更要重点综合分析两者的相互关系；不只是分析经济现象，更要深入揭示问题的实质；不只是分析供求的现状表现及其直接原因，更要从生产力与生产关系、基本经济制度的角度深入分析供求关系状况的深层次原因特别是制度根源；不只是片面强调需求管理或者供给管理的重要性，更要重视的是相关制度变革和创新。

本文认为，无论是凯恩斯主义，还是里根经济学，都有很大的局限性，都只能参考借鉴，不能用以指导中国现在的改革和发展。只有主要运用马克思主义政治经济学的理论和方法，对中国经济走势的分析才能更全面、深刻、准确、科学，得出的结论更符合实际、更正确，提出对策建议更合理有效。的确，现代市场经济与马克思时代的市场经济相比，出现了

---

① 尽管马克思的时代还没有提出"市场经济"的概念，《资本论》中虽然分析的是商品生产和流通，没有"商品经济""市场经济"的概念，但是所谓"商品经济""市场经济"，主要内容就是商品生产和流通，分析商品生产和流通，实质上也就是分析"商品经济""市场经济"。

许多新情况、新现象、新特点、新问题，马克思不可能研究和提出相关理论，现代西方经济学进行了研究，提出了一些新理论，值得我们像马克思在创立马克思主义经济学时认真参考借鉴当时的资产阶级经济学那样，在创新发展马克思主义政治经济学时认真参考借鉴现代西方经济学。但是决不能本末倒置、弃而不用，甚至完全否定马克思主义政治经济学。我们不能只是口头上说要坚持、发展、运用马克思主义政治经济学，用当代中国马克思主义政治经济学的理论和方法分析和解释中国经济发展和改革中存在的现象和问题，实际上却在碰到经济问题时，只是到西方经济学中找工具、方法，只是搬用西方经济学来分析和说明中国问题。正确的做法应该是在尽量合理借鉴西方经济学的需求分析和供给分析的理论和方法、凯恩斯主义的需求管理和"里根经济学"的供给管理政策主张的同时，主要采用与时俱进的当代中国马克思主义政治经济学的理论和方法。

具体而言，本文对中国经济走势的马克思主义政治经济学分析的框架结构和方法是：按照马克思主义政治经济学分析资本主义社会资本再生产和经济运行周期的基本原理和方法，从生产力与生产关系的状况及其相互关系、从供给和需求的状况特别是相互关系及其制度根源上进行更为全面综合的深入分析。由于国民经济由供给和需求两个方面构成，分析经济走势也就是从总体上全面分析供求情况及其原因和变动趋势。本文首先定量、定性分析经济下行的直接原因，开始是从需求的角度分析，在借鉴"三驾马车"分析方法分析经济下行的直接原因的同时，还分析了投资、消费和出口中的主要部分，并且从收入分配的角度重点分析了有购买力的消费需求不足的原因；然后从供给的角度分析，既借鉴要素供给分析的方法，而且进行了产品和劳务的供给分析；本文还采用马克思主义政治经济学全面综合分析供求关系的方法，综合对比分析了中国近年来的供求关系情况，找出了导致中国经济下行的供求方面的主要直接原因是无效供给太多、需求特别是有购买力的消费需求不足，希望能够弥补仅仅借鉴西方经济学、单独或者孤立地进行需求分析或者供给分析存在的不足；更重要的是，本文试图克服西方经济学对经济走势分析普遍存在的不深入分析制度根源和生产关系本质的缺陷，没有停留在浅层次的现象分析上，进一步深入具体分析了导致中国经济下行的深层次原因即制度根源，也就是引起无效供给太多、需求特别是有购买力的消费需求不足以及有效供给不足的包括所有制、分配制度、经济体制机制在内的制度缺陷；在此基础上，本文最后力求对症下药，提出更有针对性、更为全面合理的对策建议。

本文是在吸收借鉴西方经济学中合理理论和有效方法的基础上，主要运用马克思主义政治经济学的理论和方法，分析当前中国经济状态和走势。必须说明的是，不能认为本文分析的具体内容和得出的结论只有与学术界现有的供给分析或者需求分析完全不同，才是真正的新的马克思主义政治经济学分析，这种要求如前所述是不符合实际、不科学的。本文力求作出的贡献是要运用马克思主义政治经济学进行更为全面深入的分析，指出现有分析的缺陷，弥补现有研究的不足，得出更符合实际的结论。当然，我们能力有限，不当之处，还要请经济学同仁和读者批评指正。

二 如何看：经济发展态势判断[①]

中国从2000年开始以来的经济发展走势如图1所示。图1表明，中国21世纪以来的经济增长可以分为两个阶段：2000—2007年期间，中国的经济增长呈快速上升趋势，从2000年的8.4%持续上升到2007年的14.2%，该时期年均增长超过10%，属于高速增长时期；第二阶段从2008年开始至今，表现为经济增长速度快速下降。由于2008年的金融危机，国际市场需求大幅下降，中国规模庞大的出口贸易受到巨大冲击，2008年和2009年经济增长大幅度下滑接近5个百分点，其后在4万亿投资的刺激下才勉强遏制住增长持续下滑的势头，2010年的增长稍有起色，超过10%。但这种短期人为刺激并没有解决根本问题，仅仅是将问题的爆发后移，并且该政策可能导致新的经济行为扭曲。结果从2011年开始，中国的经济增长持续下滑，而且从2012年开始，年经济增长率都低于8%，2015年和2016年的增长速度均低于7%，2016年为6.7%，逼近"十三五"规划要求的年均增长6.5%的下限，这是21世纪前十年没有出现过的现象。

如何评价中国经济近20年的走势特别是近6年连续下降的现状，国内外都存在多种不同的看法，可以归纳为两大派五种论断，即悲观派的崩溃论、前景黯淡论和乐观派的向优向好论、合理区间论、潜力巨大论。

---

① 因为本文使用的数据较多，如无特殊说明，文中使用截至2015年的统计数据均来自中国国家统计局网站提供的公开数据或根据该公开数据进行计算得出，2016年的数据均来自2017年2月28日国家统计局公开发布的《中华人民共和国2016年国民经济和社会发展统计公报》。

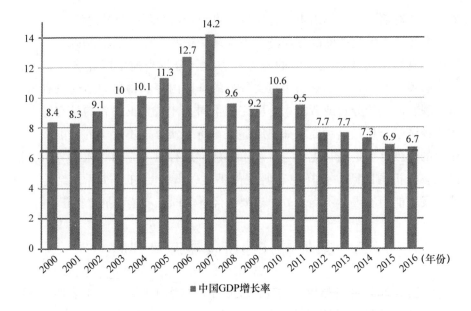

图1　中国 21 世纪以来的经济增长（2000—2016 年）

资料来源：2000—2015 年的数据来自中国国家统计局网站，2016 年数据来自《中华人民共和国 2016 年国民经济和社会发展统计公报》，加粗横向线表示 6.5% 的增长率。

（一）悲观派

所谓悲观论是对中国经济走势不看好，认为发展前景暗淡，甚至面临崩溃。

1. 崩溃论（硬着陆）

这种观点认为，经济连续 6 年下降，表明中国经济情况越来越糟糕，会是猛烈下降的"硬着陆"，将陷入严重衰退，走向"崩溃"。这种评估只看到了中国经济不利和下行的一面，没有看到有利和向好的另一面，像改革开放以来多次出现的"中国经济崩溃论"一样，不符合中国的实际。改革开放以来，西方国家特别是美国，从美国华裔律师章家墩 2001 年在美国出版《中国即将崩溃》，到美国华盛顿大学教授沈大伟 2015 年 3 月 6 日在《华尔街日报》上发表文章《中国即将崩溃》，不断有人提出"中国经济崩溃论"。事实一次又一次证明，中国经济不仅没有崩溃，反而更强大。

2. 前景黯淡论

这种看法认为，经济下行表明中国经济有利条件减少，不利因素增加，困难重重，问题多多，以往的发展方式已经失效、新的方式还没有找到，虽然不太可能崩溃，但是发展前景黯淡，很可能难以摆脱"中等收入陷阱"。这种评估虽然对中国经济走势恶化程度的判定要轻一些，但同崩溃论一样，也是高估了中国经济的困难和问题，低估了有利条件和因素，否定了中国经济走向光明的可能性。实际上，无论是事物发展的普遍规律还是国际经验都表明，任何一国的经济增长都不可能长期保持高速增长不变，改革开放以来中国经济已经持续高速增长了三十多年，增速有所下降是不奇怪的。但是，这种下降并不意味着中国经济形势很不好、问题无法解决、前景黯淡，还要看其他方面反映经济增长状况的指标是否也比较差。

（二）乐观派

乐观派与悲观派相反，认为中国经济尽管连续 6 年下降，但是前景依然光明。

1. 向优向好论（软着陆）

这种看法认为，尽管中国经济现在呈现下滑态势，但属于平稳适度减速的"软着陆"，与此同时经济结构演进向优，经济增长质量向好。具体表现是：（1）产业结构通过调整趋向优化。从 2012 年开始，第三产业的增长速度近几年都超过第二产业、发展最快，从 2013 年开始第三产业的增加值在全国 GDP 中所占的比重超过第二产业，达到 46.1%，成为第一大产业，实现了历史性突破，到 2016 年第三产业的比重已经提高到 51.6%，高于第二产业 11.8 个百分点。高新技术产业比重也不断提升，2014 年装备制造业和高新技术产业现价增加值占规模以上工业增加值的比重分别达到 30.4% 和 10.6%，比 2010 年提高 0.8 和 1.7 个百分点，2015 年高新技术产业增加值占比提高到 11.8%，7 个战略性新兴产业规模快速扩大，占工业主营业务收入比重提高到 14.8%。到 2015 年，中国粮食生产保持"十二连增"，2016 年虽然未能实现"十三连增"，但这是由于主动实行农业供给侧结构性改革将农业生产从追求数量向追求质量和结构优化转变的结果。上述变化都是产业结构通过调整趋向优化的可喜现象。（2）科技和消费的推动作用增大，对经济增长的科技贡献率和消费贡献率都在提高。2016 年科技进步贡献率提高到了 56.2%，消费需求对增长的贡献率占比接近 2/3；① 资源消耗相对下降，能源消费结构趋好，污染排放相对减少，2011—2014 年单位国内生产总值能耗累计下降 13.4%，2015年单位 GDP 能耗下降 5.9%，2016 年单位 GDP 能耗同比下降 5%，2015年清洁能源消费量占能源消费总量的比重为 17.9%，比 2010 年提高 4.5个百分点，2011—2015 年全国化学需氧量排放量累计下降 11.05%，二氧化硫排放量累计下降 16.18%。（3）财政收入不断增长。2011 年公共财政收入突破 10 万亿元大关，2016 年 15.95 万亿元，比 2010 年增长 92%，年均增长 15.3%；物价基本稳定，2016 年 CPI 全年上涨 2.0%，2012—2016年 CPI 年均增长 2.1%。（4）就业不仅没有因为经济增长的下行而减少，反而有所增加。2016 年末全国就业人员达到 77603 万人，比 2010 年末增加 1498 万人。（5）全国居民人均可支配收入增长速度超过经济增长速度。2016 年全国居民人均可支配收入达到 23821 元，扣除物价因素比上年增长6.3%，比人均 GDP 增速快 0.2 个百分点。（6）货物贸易进出口总额自2013 年起稳居世界第一位，进出口贸易结构也在趋向优化。2016 年中国外汇储备虽然有较大幅度下降，但仍然连续 10 年位居世界第一位、超过 3万亿美元，2014 年实际使用外商直接投资规模 1196 亿美元，首次跃居世界第一位，2016 年实际吸收外资 1260 亿美元，仍然增长 4.1%。与此同时，中国的对外投资也高速增长，2012 年起稳居世界第三位，在"一带一路"倡议下，2016 年中国对外投资达到 1707.1 亿美元，同比增长44.1%。而且，中国现在对全球经济增长的贡献率也是最大的，2016 年达到 33.2%，成为世界经济增长的第一"火车头"。

2. 合理区间论

这种观点认为，尽管中国经济由 10% 以上下滑到 6.7%，但仍然是世界上的高速度。2008—2016 年中国年均经济增长 8.36%，而 2008—2015年期间，发达国家中的美国、日本、德国年均经济增长分别只有 1.1%、0.1%、0.7%，新兴经济体中的俄罗斯、南非、巴西、印度年均经济增长分别也只有 3.6%、3.0%、1.3%、6.9%；② 而且 6.5% 以上的增长速度也能够实现国内生产总值和城乡居民人均收入 2020 年比 2010 年翻一番的

① 数据来自 2017 年 1 月 20 日《国家统计局局长就 2016 年全年国民经济运行情况答记者问》。

② 根据世界银行网站提供的公开数据计算得出（http：//data. worldbank. org. cn/）。

第一个"一百年"的宏伟目标，就业也没有因为经济下行出现下降，因此中国经济增长仍然处在合理区间，并不一定会出现经济严重衰退的"硬着陆"。不过，虽然这种下降仍然处在中国经济增长的合理区间，并不一定会出现经济严重衰退的"硬着陆"，但决不能掉以轻心、任其进一步继续大幅度下滑，必须想方设法合理"保增长"。因为，要确保到2020年实现国内生产总值和城乡居民人均收入比2010年翻一番的第一个"一百年"的宏伟目标，2016年至2020年经济年均增长必须保持6.5%以上，而且若低于6.5%，不少经济社会问题可能难以解决。

3. 潜力巨大论

这种看法认为，从近期来看，中国经济的确出现下行态势，但是市场经济是靠需求推动的经济，只要有市场需求，经济迟早都会恢复增长，从长期看，中国需求潜力巨大，经济增长潜力自然也巨大，主要表现在以下方面：城镇化率还要提高10—20个百分点，还有数以亿计的农民要转移到城镇，还要建更多、更好甚至更大的城市；上亿人居住的"棚户区"还要改造，交通运输、邮电通信、农田水利、国土整治、环境保护美化等多方面的基础设施建设的任务还远远没有完成①；十几亿国民的生活还要由小康水平向全面小康和富裕水平提升；此外，国防现代化的任务也十分艰巨，这些都会产生巨大的投资需求和消费需求。因此中国经济至少还可以保持10—20年的中高速增长。

本文赞同合理区间论、潜力巨大论，属于谨慎乐观派。之所以乐观，是因为中国正处于经济能够实现较快经济增长的工业化中期向后期转变的发展阶段，拥有许多有利条件和因素，经济发展潜力巨大；之所以谨慎，是由于中国现在面临不少困难和问题，如果不能有效克服和解决，经济发展前景就是黯淡的，假若能够有效克服和解决，经济发展前景就光明。

三　为什么：经济下行的主要原因

中国经济增长连续6年下降的局面是多种因素综合作用的结果，特别需

---

① 仅以地铁建设为例，地铁是发展公共交通、缓解城市交通拥堵、提高城市通勤效率的最好选项，尤其人口众多的中国更是如此，欧美发达国家连中等城市都有几条地铁，而中国不少大城市都没有地铁，中国城市地铁的建设任务还十分艰巨。

要防止简单化、单一片面化的分析和认识。为了使得分析更加准确、全面、深入，本文尝试尽量借鉴凯恩斯主义的需求分析和"里根经济学"供给学派的供给分析的理论和方法、主要运用马克思主义政治经济学的基本原理和科学方法，从生产力与生产关系的状况及其相互关系，从供给和需求的状况特别是相互关系及其制度根源上，按照前述马克思主义政治经济学的分析与单纯借鉴西方经济学的需求分析或者供给分析不同的四个"更要"的特点，依次全面综合具体地分析中国经济下行的各种原因。本文对中国当前经济走势的供给综合分析和制度分析的基本逻辑框架是：经济下行——直接原因：需求不足、产能过剩、有效供给不足——主要原因：有购买力的消费需求不足、供给过剩——间接的深层次原因：制度缺陷。

（一）直接的原因

首先，本文采用综合分析供给和需求的状况特别是相互关系的方法，具体分析导致中国经济下行态势的供求两大方面的直接原因：

1. 需求不足，推动经济增长的"三驾马车"乏力

需求包括产品（生活资料和生产资料即资本品）和劳务的需求、要素的需求两大部分。一般而言，生活资料和生活服务需求是最终需求，决定要素（劳动力、资本、生产资料含自然资源、技术）的需求，比如正是有电视机的消费需求，才产生用于电视机生产的劳动力、资本、资源和技术的需求。从需求方面看，主要是出口、投资和消费等三个方面的需求不足造成中国经济下行的态势。

出口方面，由于世界经济的不景气、国际竞争的加剧、资源环境和劳动力等要素成本上升，使得中国原有的依靠劳动力充足价廉的竞争优势大大减弱，低成本、数量扩张的外贸发展方式已经难以为继，出口增幅大幅下跌，进出口增速已连续三年未完成年初的计划目标，出口推动经济增长的作用大大减弱。从图 2 可以看出，中国出口增长在经历了 2003 年和 2004 年的高峰后开始下降，到 2008 年金融危机前已经从 2004 年的最高值 35.39% 下降到 2008 年的 17.23%，四年降幅超过 18 个百分点，2009 年出口更是大幅度下降了 16%。虽然经济刺激使得出口短暂回升，但 2011 年后随着刺激效应逐渐减弱，2012 年到 2014 年中国出口增长都低于 8%，2015 年的出口情况更为糟糕，同比下降 1.8%，2016 年出口再次下降 1.9%。可见，把出口贸易作为中国经济增长的重要引擎已经不可持续。

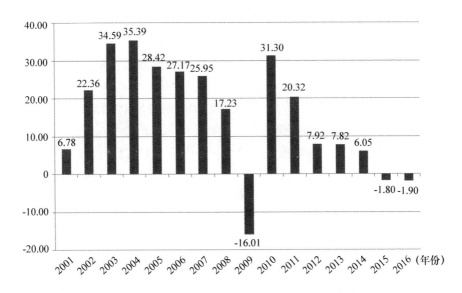

图2　中国出口增长情况（2001—2016 年）

资料来源：2001—2015 年的数据来自中国国家统计局网站，2016 年数据来自《中华人民共和国 2016 年国民经济和社会发展统计公报》。

投资方面，由于依靠投资推动经济增长受到资源限制、不可持续、效益也不高，特别是中国现在虽然资金比较充足，有能力增加投资，有效供给不足也需要增加投资，但无效供给太多，大大超过有效供给，导致产能严重过剩，而且投资增加的结果必然增加供给、可能加剧产能过剩。此外，无差别的投资还会加剧经济结构特别是产业结构的不合理，使得主要依靠投资推动经济增长的方式必须改变，投资增长不能过多过快，与以往相比，总的投资需求不足，投资推动经济增长的作用也在减弱。从图3可以看出，中国的固定资产投资增长变化趋势和出口基本一致，在经历了 2003 年的高峰后开始下降，2006 年后有小幅度回升。与出口不同的是，经济刺激对投资的影响更为显著，投资增长至 2009 年达到最高点 29.95%。但经济刺激的影响也更为短暂。2010 年中国的投资增长从 2009 年接近 30% 的年增长率大幅降低为12.6%，一年内固定资产投资降幅接近 18 个百分点。其后持续出台的各种经济刺激政策效果非常短暂，2011 年后中国投资增长继续下滑，尤其是2012 年后，年均下滑幅度接近 5%。2016 年全年固定资产投资（不含农户）比上年名义增长 8.1%（扣除价格因素实际增长 8.8%），不仅为 21 世纪以来最低水平，还降低为个位数水平。可见，作为中国经济增长的重要拉动力，以外延式增长为主的投资方式已经难以为继。

消费方面，由于收入分配不合理、收入差距过大、劳动收入占国民收入分配的比重偏低，导致大多数劳动者有购买力的需求不足，使得消费对经济增长的推动作用也乏力。20 世纪 90 年代以来，中国人均实际 GDP 增长迅速从 1990 年的 1664 元人民币增加到 2016 年的 53980 元人民币。与此同时，中国收入差距也在持续扩大，尤其是进入 21 世纪以来，中国的基尼系数在大部分时候持续攀升。从 2000 年开始，中国官方公布的基尼系数都高于 0.4 的国际公认警戒线，2008 年和 2009 年更是达到 0.49，逼近 0.5 的收入差距悬殊线。虽然从 2010 年开始有小幅度下降，但 2016 年基尼系数仍然处在 0.465 的高位。

与此同时，中国居民收入的城乡差距和行业差距也很大，以城乡差距为例。21 世纪以来中国城乡居民家庭收入差距在 2009 年以前持续扩大。2000 年城镇居民家庭人均可支配收入为 6280 元，农村居民家庭人均纯收入为 2253 元，城乡收入比例为 2.79∶1；2009 年城镇居民家庭人均可支配收入为 17175 元，农村居民家庭人均纯收入为 5153 元，城乡收入比例扩大为 3.33∶1。此后虽然通过各种收入分配政策进行调节，但到 2016 年中

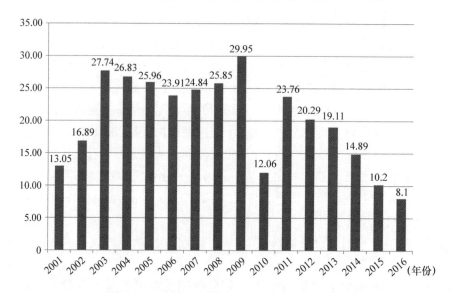

图 3　中国全社会固定资产投资增长情况（2001—2016 年）

资料来源：2001—2015 年的数据来自中国国家统计局网站，2016 年数据来自《中华人民共和国 2016 年国民经济和社会发展统计公报》。

国城乡收入比例仍然为 2.72∶1，城乡收入差距十分明显。

此外，中国劳动收入占国民收入的比重持续下降，已经达到偏低水平。表 1 显示了 2000—2011 年中国、日本、韩国和美国的劳动收入占国民收入比重。可以看出，一方面，中国从 2000 年以来劳动报酬占 GDP 比重持续下降，从 2000 年的 51% 下降到 2011 年的 42%，而同时期日本、韩国和美国的该份额都相当稳定。从绝对水平来看，日本和韩国的劳动报酬份额都超过 50%，美国更是超过 60%。同期世界平均水平为 54%，欧洲国家则普遍在 60% 以上，中国属于偏低水平，比中国低的国家大部分都是非常不发达的国家。

表 1　　　　　　　　　　劳动报酬占 GDP 份额的国际比较

年份	中国	日本	韩国	美国
2000	0.51	0.55	0.53	0.66
2001	0.50	0.55	0.53	0.66
2002	0.49	0.54	0.53	0.66
2003	0.47	0.53	0.54	0.65
2004	0.47	0.52	0.54	0.65
2005	0.45	0.52	0.54	0.64
2006	0.44	0.52	0.55	0.64
2007	0.42	0.52	0.54	0.63
2008	0.42	0.52	0.54	0.64
2009	0.42	0.52	0.55	0.63
2010	0.42	0.52	0.55	0.62
2011	0.42	0.52	0.55	0.62

资料来源：数据来自 Penn World Table（version 8.0）。

如果综合三大需求中最终消费支出和资本形成总额对中国 GDP 的拉动作用，通过表 2 可以看出，2000 年中国最终消费支出对 GDP 增长的贡献率达到 78.2%，而到 2014 年已经降到 50.2%；资本形成总额对 GDP 的贡献率则整体呈快速增长趋势，2014 年仍然贡献了接近 50% 的份额。可见，消费对 GDP 的拉动在逐渐下降。尽管 2015 年和 2016 年中国消费对经济增长的贡献率大幅度提升，那主要是由于出口为负增长、投资增幅下降造成的，并非消费需求本身增加很多。①

表2　　　　　　　　　三大需求对中国GDP的拉动和贡献率　　　　　　单位:%

年份	GDP 增长率	三大需求对GDP增长的拉动			三大需求对GDP增长贡献率		
		最终消费支出	资本形成总额	货物和服务净出口	最终消费支出	资本形成总额	货物和服务净出口
2000	8.4	6.6	1.8	0	78.2	21.4	0.4
2001	8.3	4.1	5.4	− 1.2	49.3	65.3	− 14.6
2002	9.1	5.2	3.5	0.4	57.6	38.1	4.3
2003	10	3.6	6.9	− 0.5	35.8	69.6	− 5.4
2004	10.1	4.4	6.2	− 0.5	43.5	61.9	− 5.4
2005	11.3	6.4	3.6	1.3	56	33	11
2006	12.7	5.4	5.4	1.9	42.7	42.6	14.7
2007	14.2	6.5	6.2	1.5	46.1	43.6	10.3
2008	9.6	4.3	5	0.3	44.7	51.8	3.5
2009	9.2	5.3	8	− 4.1	57.7	87.1	− 44.8
2010	10.6	5	7	− 1.4	46.9	66	− 12.9
2011	9.5	6	4.3	− 0.8	62.7	45.2	− 7.9
2012	7.7	4.4	3.2	0.1	56.7	42	1.3
2013	7.7	3.7	4.2	− 0.2	48.2	54.2	− 2.4
2014	7.3	3.7	3.6	0.1	50.2	48.5	1.3
2015	6.89	4.1	2.9	− 2.5	59.9	42.6	− 0.1
平均	9.5	4.9	4.8	− 0.4	52.3	50.8	− 2.9

　　资料来源：2000—2015年的数据来自中国国家统计局网站。

---

　　① 从消费增长率来看，按照中国国家统计局、商务部和海关总署公布的最新数据，2015年和2016年中国社会消费品零售总额扣除价格因素实际增长均为10.6%和9.6%，2010年至2015年该指标实际增长率分别为15.7%、13.6%、12.5%、11.8%和11.0%，从这一指标来看，中国的消费增长速度实际是逐年下降。从投资来看，2015年和2016年上半年全国固定资产投资（不含农户）扣除价格因素实际增长12%和8.8%。而2010年至2014年全国固定资产投资（不含农户）增长率分别为8.5%、17.2%、19.2%、18.8%和14.2%，投资增长速度下降相对更快。出口方面，2015年和2016年分别下降1.8%和1.9%，而2010—2014年中国出口增长分别为31.3%、20.3%、7.9%、7.8%，可见出口增长速度下降最为明显。因此，从最终消费增长速度来看，实际上2015年和2016年的消费增长速度相对也是下降的，只不过同时期的出口和投资增幅下降更明显，造成2015年和2016年最终需求对GDP的贡献率相对大幅度增长。

由于中国是大国，需求以内需（特别是国内消费需求）为主，出口下降受国际因素影响大，本国难以完全控制，大部分行业产能过剩导致投资需求不足，虽然有效供给不足需增加投资，会减弱投资需求不足，但增加有限，不改变投资需求不足的大势，所以需求不足主要是国内消费需求不足，是中国经济下行的重要直接原因。

2. 供给过剩与不足并存

现有的供给分析往往只分析要素供给，其实，按照马克思主义政治经济学全面分析的理解，供给也包括要素供给、产品和劳务供给两大部分，因此本文从这两大部分来分析产能过剩、有效供给不足和存在缺陷等三个方面如何影响中国经济下行态势的形成。

要素供给方面，现在中国要素供给的主要特征是，劳动力总量庞大过剩①，达 9 亿多，而且素质不高、结构不优（人口老龄化、高级技工短缺）；资本相对充足或者说供给相对过剩，外汇储备 3 万多亿美元，银行存贷差额高达 20 万亿—30 万亿；技术总体不先进，高精尖技术不足，关键技术、核心零部件和设备依赖进口，而且西方发达国家严格限制高新技术对中国的出口，使得中国的后发优势减弱；此外，中国经济增长还面临一系列困难，如自然资源短缺，石油、铁矿石等重要资源越来越依靠进口，以能源为例，中国 2000 年以来原油进口数量大幅度增加，2016 年中国原油净进口达到 3.8 亿吨，比上年增长 13.6%，石油对外依存度接近 65%；天然气也从 2006 年开始进口，2007 年开始成为天然气净进口国，2016 年中国天然气对外依存度达到 34%。人资环成

---

① 中国现在劳动力是过剩还是短缺、是供过于求还是供不应求，是一个争议很大的问题。本文认为，中国劳动力总量现在虽然开始下降，但绝对量仍然庞大、高达 9 亿多，相当于 2014 年美国（3.18 亿）和欧洲（除俄罗斯，5.84 亿）的人口总和，而 2016 年中国的 GDP 只有 11 万亿美元，2015 年欧美 GDP 的总量（美国 18 万亿美元、欧洲除俄罗斯外为 16.3 万亿美元）为 34 万亿美元（数据来自世界银行网站提供的公开数据，http：//data. worldbank. org. cn/），是中国的 3 倍多，由此可见，中国经济增长面临的主要问题不是劳动力不足，而是技术不先进、管理不科学、劳动生产率不高。中国的就业形势依然严峻，"保增长"主要就是为了"保就业"。中国现在的确存在"民工荒"现象，但不能以此断定中国现在劳动力总量已经供不应求，因为现在的民工荒是结构荒（非总量短缺，而是结构性短缺即特殊部门、岗位、地区、时间段的短缺），具体而言主要是技工荒（技术工人短缺）、地区荒（东部等先进地区）、季节荒（春节前后）。

本上升（工资上涨①、资源价格上升、环境治理成本提高）。劳动力成本方面，中国城镇单位就业人员平均工资从 2000 年的 9371 元上涨到 2015 年的 62029 元，年均增长 13.49%。资源价格一直呈现上涨态势，只是近几年由于国内外经济呈现下行态势，世界上石油、粮食等大宗商品才出现大幅度下降。在环境治理成本增长方面，2015 年中国的环境污染治理投资总额达到 9615 亿元，其中治理工业污染的投资达到 773 亿元。从 2000 年开始，中国污染治理投资占当年国民总收入比重持续上升，到 2013 年已经超过 1.6 个百分点，其后略有下降，但污染治理投资占比仍超过 1.3%。

从中国的全要素生产率变化来看，2000 年以来，以同时期美国全要素生产率为 1 的标准，中国的全要素生产率从 0.27 上升到 2011 年的 0.37，生产中的技术因素有了一定上升，但 2011 年中国的生产效率仍然只相当于美国的 37%。同时期横向比较可以发现中国的生产效率差距仍然很大，日本和韩国的 TFP 虽然有轻微相对下降，但仍然在 0.7 左右，即日韩两国的生产效率大约为美国的 75%，高出中国一倍多。而世界均值在 0.7 左右，欧洲国家如德国都在 0.8—0.9 之间，比中国低的国家大部分集中在非洲地区。②

以上这些要素供给的特征对中国经济增长的影响是，两个最基本的生产要素劳动力和资本的供给总体上都相对过剩，这是导致总体生产过剩（产能过剩）的重要条件，因而也是造成经济下行的影响因素；另外两个生产要素自然资源和技术都是供给不足，而这两个要素特别是技术的供给（即技术创新）是中国现在保增长和实现未来持续高效增长的重要条件。如果不改善这两个条件，经济下行的态势也很难改变。

产品和劳务供给方面，高素质劳动力和技术供给不足（劳动力素质不高还是技术供给不足的重要原因）的要素供给缺陷，使得高新技术产业、高端制造业、装备制造业、技术密集型产业等难以较快发展，造成产业结

---

① 为什么在劳动力总量庞大过剩的情况下劳动力成本（工资水平）会上升呢？本文认为，这是由于劳动力严重过剩的情况在缓解、弱化，社会收入总水平有了相当大的提高，而劳动收入比重偏低，工资待遇太低，劳动者强烈要求提高工资，不增加工资农民工宁可回家种地，政府的收入分配调节政策（如最低工资标准的提高等）等多种因素综合作用的结果。因此，也不能依据工资（劳动力价格）在上涨而认定中国劳动力总量短缺。

② 数据来自宾夕法尼亚大学国际比较中心编制的佩恩表（Penn World Table）8.0 版。

构不优化，只能处于世界产业价值链低端、难以向两端延伸、进入高端，结果造成无效供给太多（产能过剩）、有效供给不足（关键零部件、核心技术装备、高档消费品等依赖进口），也导致经济效益低下、收入不高，从而引起消费需求不足。中国的人力资本虽然从 2000 年以来有所增长，但其指数在 2.5 左右，而同时期日本和韩国的人力资本指数大约在 3.2 左右，美国达到 3.6 左右，中国的人力资本水平大约是日本和韩国的 78%，美国的 70%。① 与此同时，中国还需要大量进口高技术产品，2015 年中国进口高技术产品 5493 亿美元，年均增长为 12.4%，高新技术产品进口占全部进口比重平均为 32.7%。

由于大部分行业产能过剩，无效供给超过有效供给，劳动力总量庞大、资本相对过剩，所以导致中国经济下行的供给原因主要是供给过剩。

3. 主要直接原因

按照马克思主义政治经济学分析的要求，只是分别单独分析供给和需求情况还不够，还需要综合分析比较供求两方面的直接原因，本文认为，中国经济连续 5 年下降的主要直接原因，从供给方面看是生产过剩，从需求方面看是需求不足特别是消费需求不足。与手心、手背是手不可分割的两面、共同构成手一样，供给、需求是整个国民经济不可分割的两个方面、共同构成整个国民经济运行的状况，从一方面看是供给过剩，从另一方面看就是需求不足。而且，从上述需求原因和供给原因的分析表明，总体需求不足、总体供给过剩也就是总供给大于总需求，主要表现为社会有购买力的市场需求不足（出口下滑、投资需求有限、主要是国内消费需求不足）、绝大多数生活资料和大部分生产资料生产过剩、劳动力总量和资本供给相对过剩。

产能过剩的衡量指标一般为产能利用率，国际经验表明一般产能利用率正常在 80% 左右。中国的产能利用率没有非常系统的数据，散见于各部门的公开资料中。从各个不同行业的情况来看，最突出的是部分传统行业产能利用率很低、产能过剩严重。目前中国的水泥、粗钢、平板玻璃、电解铝等行业的产能利用率分别在 74% 左右，而造船业则为 65%。其他部门重化工业如电石、焦炭等行业产能利用率大部分都低于 75%，甲醇、聚氯乙烯等产能利用率都低于 60%。更为突出的是，不仅传统产业产能严重

① 数据来自宾夕法尼亚大学国际比较中心编制的佩恩表（Penn World Table）8.0 版。

过剩，而且部分新兴产业也存在生产过剩，光伏、风电设备等产能利用率也较低，仅在 70% 以下，光伏利用率都不到 60%。[①] 此外，依据国家统计局的数据，2016 年 11 月末，商品房待售面积 13.58 亿平方米，部分三、四线城市商品房更是过剩严重，有的楼盘积压几年卖不掉，即使卖掉了，不少也无人居住。

为什么经济下行的主要直接原因不只是供给不足和缺陷？这是因为，供给过度（产能过剩）的产业多于供给不足的产业、无效供给超过有效供给。虽然有效供给不足和供给缺陷，也是收入低、收入差距扩大进而造成需求不足的重要因素，但不是最主要的因素，最主要的是分配制度和与分配相关的所有制等制度的缺陷；虽然近几年劳动收入在增加、收入差距开始在缩小，但收入差距过大的总体分配格局并没有改变；虽然国内消费需求也有所增加，消费需求对经济增长的贡献率也在提高，但消费需求不足的总体状况并没有根本改变。

现在多数学者都认为中国经济下行的主要原因是供给问题、不是需求问题，本文运用马克思主义政治经济学的理论和方法，得出的结论与现在流行的看法不完全一样。现在经济下行的主要直接原因是产能过剩，也就是生产过剩，相对应的就是有购买力的需求不足。虽然也存在有效供给不足的问题，但主要是产能过剩，而且过剩的东西有煤炭、粗钢等这样的绝对过剩，但不少并不是没有潜在的需求的绝对过剩，而是有潜在实际需求的相对过剩，比如家电产能过剩的同时不少农民家里没有或者不全有家电，甚至过剩的有的是高新技术产业的产品，主要是缺乏购买力，而有购买力的需求不足的主要深层次原因则是相关制度有缺陷。

（二）间接的深层次原因

上面，从需求和供给两个方面综合分析了导致经济下行的直接原因，更重要的是还要按照马克思主义政治经济学分析的要求，进行制度（特别是生产关系方面的基本经济制度）分析，探求深层次原因。所谓间接的深层次原因就是直接原因的原因，主要是造成收入差距过大、劳动收入偏低进而引起消费需求不足、导致经济下行的原因，造成供给过剩不足并存和缺陷进而引起经济下行的原因，特别是制度根源，说明这些深层次因素具

① 纪志宏：《我国产能过剩风险及治理》，《新金融评论》2015 年第 1 期。

体是如何影响供求，最终导致需求不足、产能过剩、无效供给过度、有效供给不足的。这是现有仅仅借鉴西方经济学的需求分析或者供给分析的论著中比较欠缺的。

1. 造成需求不足的主要间接的深层次原因

造成需求不足的间接的深层次原因，主要是分配制度以及与分配相关的所有制等制度存在缺陷，具体来说：

第一，所有制的缺陷，主要是所有制结构存在问题。马克思主义政治经济学认为公有制是全体人民走向共同富裕的经济基础，完全的私有制必然导致贫富两极分化。改革开放以来，中国的所有制结构已经发生了巨大的变化，私有制已经成为主体，在国民经济中的比重达到60%以上，公有制比重太低，只有30%多，这是现在收入差距过大、作为发展中国家的中国在千万亿万富翁排行榜上的数量位居世界前列、增长速度更是世界排名第一位、劳动收入偏低的重要原因。① 根据胡润研究院发布的"2016年度中国胡润百富榜"，2016年中国大陆十亿美金富豪达594位，继2015年后再次超越美国（2016年美国十亿美金富豪为535位），仍居世界第一位。

第二，分配制度有缺陷。在改革开放以来的前二十多年时间内，在收入分配上更多的是强调效率激励，实行的是让一部分人、一部分地区先富起来，拉开收入差距，重点克服平均主义的收入分配政策，而且优胜劣汰必然引起贫富差距扩大的市场竞争机制在财产和收入分配中的作用越来越大。由于资本严重短缺、企业家人才难得、劳动力过剩，因而无论国有企业还是民营企业、外资企业，收入分配都更多地向资本和企业高管倾斜。这种制度安排，虽然功不可没，调动了企业、资本、企业家的积极性，但也存在公平重视不够、职工收入偏低、合法权益保护不力、压低拖欠克扣职工特别是农民工工资的现象比较突出，甚至要国务院总理帮助农民工讨工资，这也是收入差距扩大、工薪收入偏低的重要制度原因。

①　需要特别说明的是，本文这里是在实事求是地分析现实经济问题，寻找贫富差距过大的真实的深层次的制度原因。虽然进入世界富豪排行榜的都是民营企业家，决不是说改革开放以来中国不应该发展私有制经济，也不是说今后不要再发展私有制经济了，更不是仇富、要再来一次社会主义改造运动消灭私有制和富豪，而是主张在市场公平竞争的前提下，继续坚定不移地发展私有制经济的同时，更要切实想方设法合理有效解决公有制经济存在的各种问题，真正做大做强做优国有企业和农村集体经济。因为公有制经济是保证全体人民走向共同富裕的不可缺少的经济基础，不能越来越少甚至完全消失。在所有制结构调整过程中，既不能采用行政的方法人为地公进私退、国进民退，也不能用行政的方法人为地私进公退、民进国退。

第三，市场制度的缺陷。市场特别是金融市场、房地产市场、劳动力市场不健全、运行不规范，市场机制不完善，存在不正当不充分竞争、垄断（包括国有企业存在的行政垄断），违规经营暗箱操作，加剧市场失灵，导致市场暴利、炒房炒股走私贩私炒买炒卖暴富，普通股民在股市中损失惨重，少数大户和违规者更加暴富，高房价鲸吞工薪阶层多年的储蓄，少数房地产商快速成为亿万富翁，加剧收入高低悬殊，引起贫富两极分化。

第四，社会主义市场经济体制不健全。社会主义市场经济体制不健全的主要表现，除了市场制度的缺陷之外，还有政府的经济管理职能和宏观调控也不完善，行政机构掌握的权利太大和资源太多，该管的没管好，不该管的还在管，而且有效民主监督不足，使得腐败现象相当严重，贪官污吏侵占了相当多的财富和收入，也是造成国家投资的低效和浪费、收入差距扩大、劳动收入偏低的重要原因。

2. 造成供给过剩不足并存和缺陷的间接的深层次原因

造成供给过剩不足并存和缺陷的间接的深层次原因，主要也是相关制度的缺陷，具体来说：

第一，教育结构和教育制度不健全、不完善。偏重高等教育特别是研究生和大学本科教育，轻视职业教育、技能培训的不合理教育结构，教育资源特别是优质教育资源向大城市的过度集中、学校教学科研的行政化、商业化管理偏向、重数量轻质量、重理论轻实践的教育制度和教学方法缺陷，不利于提高全体劳动力的素质和就业能力、难以优化劳动力供给结构。

第二，鼓励保护技术创新和促进研发与科技进步的制度不完善。技术市场不完善，科研管理体制不健全，科研与开发应用脱节，创新机制不健全，创新激励不足，知识产权保护不得力，通过假冒伪劣、欺行霸市、垄断经营、官商勾结、炒房炒股、资金运作、低人资环成本等可以轻而易举牟取暴利，因此不愿意搞困难辛苦风险高的创新和研发，再加上西方国家对中国实行高精尖技术出口的严格限制，引进困难，使得技术供给不足。

第三，资本市场和投融资管理体制不健全、不完善。间接融资多直接融资少，民间资本投资渠道少，股票市场很不规范，违规操作现象突出，政府投资管理有缺陷，投资效率不高，对金融业必要的监管不强而且存在不必要的行政干预，使得投资过剩与投资不足并存，造成无效供给（产能）严重过剩与有效供给不足并存。

第四，合理开发资源、高效利用资源的制度有缺陷。中国人均资源占有量本来就大大低于世界平均水平，由于资源保护开发制度不健全，特别是执法不严、相关要求和措施不落实，使得乱开乱采和低效使用浪费资源的现象屡禁不止，加剧了资源供给短缺。

第五，惩治和防止环境污染、保护美化环境的制度有不足。相关法规制度不健全，污染防治管理不严格，相关要求难以落实到位，近些年虽然有较大进步，但是总体还不理想。

第六，社会主义市场经济体制不健全。这也是导致供给过剩不足并存和缺陷的基本原因，主要是市场机制不健全、政府经济管理体制不完善、职能不完全合理，特别是各级政府更加重视以 GDP、速度、财政收入、投资为目标的政绩，国有企业制度不完善、公司治理结构不健全，不利于转变经济发展方式、更加有效地调整优化经济结构。除了市场调节和民间投资的自发性、盲目性之外，相当部分产能过剩也是政府部门和国有企业为了追求短期财政收入、政绩业绩而盲目直接投资造成的，有的也是地方政府和腐败官员鼓励推动民间投资甚至参股谋利导致的，这也是现在产能难压并且相当程度上要靠各级政府来压产能的重要原因。社会主义市场经济体制不健全是需求和供给两方面都存在缺陷的共同的深层次原因，前面是讲体制不完善如何导致需求不足，这里是说体制不完善怎样造成产能过剩、无效供给太多、有效供给不足，并不重复。

此外，高地价、高房价、高税费、高物流成本、多流通环节使得流通费用畸高，根据国家发改委公布的《2015 年全国物流运行情况通报》，2015 年中国物流费用为 10.8 万亿元，相当于当年 GDP 的 16%，2016 年预计物流费用占 GDP 比率有望下降到 15% 以内，但仍然高于同时期发达国家平均水平，大大降低了生产者的收入和消费者的实际购买力，既不利于改善和增加有效供给，也不利于增加有效需求，甚至把国内有效需求引向国外。

四　怎么办：稳增长的主要对策

由于经济增长下行是多种因素综合作用的结果，包括需求因素、供给因素及其相关的多种包括基本经济制度在内的制度缺陷，既有直接原因，也有间接的深层次原因，既有短期因素，也有长期因素，既有总量因素，更有结构因素，因此"稳增长"（维持年均增长不低于6.5%）非一日之功、难以立竿见影、一招儿招见效，需要对症下药、坚持不懈、长短期结合，各方面兼顾、多管齐下、综合治理、全面深化改革。

具体而言，包括国家正在采取的全面深化改革特别是结构性改革、扩大内需、改善供给、优化结构的一系列重要战略方针和措施：积极稳妥推进新型城镇化、合理增加投资、继续进行基础设施建设、适度扩大总需求、重点进行供给侧结构性改革、实施《中国制造2025》行动纲领、发展教育事业、提高劳动力素质、鼓励创新创业和"互联网＋"、推动技术进步、调整优化经济结构、加快推进农业现代化和制造业强国建设、使供给结构适应需求结构的变化、大力发展服务业和高新技术产业、提高供给体系的质量和效率、实施"一带一路"倡议、尽可能增加出口、提高投资和出口这"两驾马车"的推动力，完善市场和市场机制、转变政府职能、发挥市场决定性作用和政府重要作用，抓好去产能、去库存、去杠杆、降成本、补短板，精准扶贫和脱贫攻坚战等。

由于消费需求不足特别是劳动者有购买力的需求不足是经济持续下滑的主要直接原因之一，消费需求不足的主要原因又是收入差距过大、劳动收入偏低，收入分配不合理产生的原因则主要是分配制度以及与收入分配紧密相关的所有制等制度的不合理，所以除了供给侧结构性改革之外，"稳增长"最重要的措施，应该包括加快深化收入分配制度及其他相关制度的改革，缩小收入差距，提高劳动收入在国民收入分配中的比重，增加广大劳动者有购买力的需求，扩大消费需求，这也是"稳增长"的关键、要害（这一点现在并不被高度重视，特别是借鉴西方经济学的需求分析或者供给分析的论著中基本没有提出来），也是现在"稳增长"成效不显著的重要原因。如果不同时抓住这一点，未来几年要保持年均增长6.5%以上，将会相当困难。

由于收入差距扩大、劳动收入偏低是由不同所有制经济发展的巨大差别及其对收入分配的极大影响、财产和收入的分配制度不健全、企业制度不完善、市场失灵、垄断存在、劳动力的数量太多和素质较低、资本曾经严重短缺、经济政策有偏差、经济结构不优化、农业现代化滞后、处于世界产业价值链的低端、发展方式不科学、政府的权力太大、掌握的资源太多、腐败严重等多方面的原因造成的①，因此，缩小收入差距、增加劳动收入也需要对症下药、多管齐下，应该采取主要战略措施。②

这里特别想说明的是，由于财产和收入分配的调整和相关制度的改革涉及社会各阶层的切身经济利益，必然会遭到既得利益集团的反对、阻挠甚至破坏，因此收入分配改革是最难进行的改革，而要提高处于弱势地位的劳动者所占的收入比重、降低处于强势地位的资本和政府所占的收入比重，更是难上加难。邓小平 1992 年在南方谈话中指出："走社会主义道路，就是要逐步实现共同富裕。共同富裕的构想是这样提出的：一部分地区有条件先发展起来，一部分地区发展慢点，先发展起来的地区带动后发展的地区，最终达到共同富裕。如果富的愈来愈富，穷的愈来愈穷，两极分化就会产生，而社会主义制度就应该而且能够避免两极分化。解决的办法之一，就是先富起来的地区多交点利税，支持贫困地区的发展。当然，太早这样办也不行，现在不能削弱发达地区的活力，也不能鼓励'吃大锅饭'。什么时候突出地提出和解决这个问题，在什么基础上提出和解决这个问题，要研究。可以设想，在本世纪末达到小康水平的时候，就要突出地提出和解决这个问题。"③ 中国进入 21 世纪以后，就提出要进行收入分配的改革，但是收入分配改革方案曾经 8 年难产，后来产出的也只是一个原则方案，不是具有可操作性的切实可行的方案，其原因可能就是如此。所以分配改革，既不能操之过急，又不能视而不见、回避退缩、消极应付；既要坚定积极，又要稳妥有序、合理推进。

还想指出的是，某组织 2016 年 1 月 18 日发布的年度报告披露，全球 1% 的富人掌握的财富与剩下 99% 的人一样多，而最富的 62 人的财富可抵 36 亿穷人之和。这表明世界财富分配不平等情况加剧，贫富人群的收入分配比例在恶化，财富更多地向资本集中，劳动力收入相对越来越少，资本收益越来越多。④ 美国皮尤研究中心的最新调查也显示，美国中等收入家庭占所有家庭比例已从 1971 年的 61% 减少到 2016 年的 49.4%。与此同

---

① 为什么说这些因素导致了收入差距扩大、劳动收入偏低，这些因素又是如何造成收入差距扩大、劳动收入偏低，由于篇幅所限，本文不能展开论述，将另有长文进行全面深入分析和具体说明。

② 简新华：《节制资本，缩小贫富差距》，《当代经济研究》2015 年第 5 期。

③ 《邓小平文选》第 3 卷，人民出版社 1993 年版，第 373—374 页。

④ 参见青木等《惊人贫富分化令世界担忧》，《环球时报》2015 年 1 月 20 日。

时，低收入家庭已从 25% 增加到 29%，高收入家庭的比例从 14% 增加到 21%。① 这可能是造成当前世界经济不景气的重要原因，世界银行前首席经济学家、诺贝尔经济学奖得主约瑟夫·斯蒂格利茨就认为，目前在全球范围内，发生的恰恰是需求侧的下滑。② 这是值得我们分析中国经济走势时深思的。

总而言之，由于无效供给过剩（产能过剩）、有效供给不足、需求不足的根本原因是社会主义市场经济体制还不健全、不完善，所以必须全面深化改革、完善社会主义市场经济体制，这是稳增长的根本途径；由于导致经济下行的原因包括供给和需求两方面因素，所以必须同时进行供给侧和需求侧两端的改革；由于导致经济下行的原因包括供求两方面的结构因素，所以必须同时进行供求两侧的结构性改革；由于结构不优是引起经济下行的直接原因，所以必须调整优化结构；由于结构不优的原因是相关制度有缺陷，所以调整优化结构必须深化改革相关制度，所谓结构性改革本身不是结构调整优化的内容，而是要改革与结构调整优化有关的制度；由于中国经济下行的最重要的直接原因之一是收入差距太大、劳动收入偏低导致有购买力的消费需求不足，所以需求侧结构性改革的重要性决不亚于供给侧结构性改革、保增长的主要措施也应该包括深化分配制度以及与分配有关的包括所有制在内的多种制度的改革。

---

① 丁刚：《美国中产萎缩的亚洲效应》，《环球时报》2015 年 1 月 22 日。
② 李琳：《诺奖得主：只重视供给侧却忽视需求侧，问题也会很严重》（http://www.guan-cha.cn/economy/2016_01_11_347673.shtml）。

企业公有性、效率与经济发展[*]

王中保[**]

一 问题的提出

社会主义国家的经济基础是公有制经济，而公有制企业是公有制经济的载体。经典的政治经济学教材认为，公有制经济包括全民所有制经济和集体所有制经济，"在社会主义阶段，社会主义全民所有制一般采取国家所有制的形式"[①]。因此，全民所有制经济也叫国有经济。"生产资料社会主义的全民所有制是生产资料归社会全体人民所有的一种公有制形式"[②]，"全民所有制是我国社会主义公有制的主要形式"[③]，而"社会主义劳动群众集体所有制，是社会主义条件下生产资料归一部分劳动者共同所有的公有制"[④]。"集体所有制经济是公有制经济的重要组成部分，是同国有经济一样，具有明显优越性的社会主义公有制形式。"[⑤] 党的十五大报告进一步把公有制经济的范围进行扩大，"公有制经济不仅包括国有经济和集体经济，还包括混合所有制经济中的国有成分和集体成分"。

全民所有制经济的载体是国有企业，集体所有制经济的载体是集体企

---

　* 本文原载《当代经济研究》2008 年第 6 期。
　** 王中保（1976— ），男，中国社会科学院马克思主义研究院研究员。英文期刊《国际思想评论（ International Critical Thought ）》和《世界政治经济学评论（ World Review of Political Economy ）》编辑部主任，中国社会科学院经济社会发展研究中心副主任。

　① 张淑智等：《政治经济学》（社会主义部分），东北财经大学出版社 1994 年版，第 32 页。
　② 吴树青等：《政治经济学》（社会主义部分），中国经济出版社 1993 年版，第 16 页。
　③ 吴树青等：《政治经济学》（社会主义部分），中国经济出版社 1993 年版，第 18 页。
　④ 吴树青等：《政治经济学》（社会主义部分），中国经济出版社 1993 年版，第 25 页。
　⑤ 张淑智等：《政治经济学》（社会主义部分），东北财经大学出版社 1994 年版，第 37 页。

业，混合所有制经济中的国有成分和集体成分的载体是混合所有制的企业。但是，公有制企业包括国有企业和集体企业，而混合所有制企业并不能简单说它是公有制企业，显然也不能说它是私有制企业，那么它们公有和私有的程度各多大呢？党的十五大报告明确指出：“不能笼统地说股份制是公有还是私有，关键看控股权掌握在谁的手中。国家和集体控股，具有明显的公有性。”那么，具有明显公有性的国家或集体控股的股份制企业的公有性有多大？还有一些带有公有制成分的合作制和股份合作制企业，它们的公有成分和私有成分又各有多大呢？即便是公有制企业的内部，集体所有制企业跟全民所有制企业相比，“集体所有制生产资料公有化的范围较小，公有化的程度较低”①，而集体所有制企业的公有性又比全民所有制企业的公有性低多少呢？要回答这些问题，就必须研究企业的公有性问题。

二　公有性的界定

在讨论企业公有性高低时，一般从三个角度来阐释。第一，从企业的产权主体的角度，一般认为，公有制企业的产权主体是多数人，而私有制企业的产权主体是少数人。但是，随着现代股份制公司的发展，有很多个人分散持股的股份公司，并不是公有制企业，而是私有制企业。马克思指出，这种股份制企业的资本“在这里直接取得了社会资本（即那些直接联合起来的个人的资本）的形式，而与私人资本相对立，并且它的企业也表现为社会企业，而与私人企业相对立”②。作为股份制的私有制企业进行了资本集中和劳动力集中，适应了社会化大生产的需要，但其私有制的性质并不在于是多人所有而改变，而是在于所有者是否是劳动者、是否凭借其为资本的所有者去占有别人劳动创造的价值而改变。马克思指出，其私有制的性质，“却依这些私人是劳动者还是非劳动者而有所不同。私有制在最初看来所表现出的无数色层，只不过反映了这两极间的各种中间状态”③。因此，从产权主体多少的角度不仅不能把公有制企业与私有制企业

---

① 吴树青等：《政治经济学》（社会主义部分），中国经济出版社 1993 年版，第 26 页。
② 《马克思恩格斯全集》第 46 卷，人民出版社 2003 年版，第 495 页。
③ 《马克思恩格斯全集》第 44 卷，人民出版社 2001 年版，第 872 页。

严格区别开来，更不能把私有制企业的私有制性质区分开来。同样，公有制企业不在于强调产权主体是多人，而在于强调产权主体是多个个体的集合和整体，并由此导致同为企业劳动者的产权主体只能凭借其投入企业的劳动多少来参与收入分配。相应地，私有制企业则注重产权主体的个体和独立，并量化其资本所有，由此凭借其资本的多少参与收入分配。

第二，从所有者拥有的企业资本客体的角度，一般认为，公有制企业的资本不可分割，是一个统一的整体；而私有制企业的资本是可以分割的，并量化到个人。然而，作为私有制企业的股份制公司的资本虽然量化到个人，但作为股份制公司所有者的股东一旦把资本投入公司，公司作为法人就拥有了法人财产权，公司的资本也就成为统一不可分割的整体。其所有者的资本多少只有通过拥有的股票市值或股票份额显现出来，所有者即使通过股票交易或股份转让等方式取回自己的那份资本，但对于公司法人来说，这只是资本所有权的转移，这部分资本依然留在企业并仍为企业资本不可分割的一部分。显然，单单从企业的资本是否是一个统一的整体，也不能把公有制企业与私有制企业区分开来。当然，公有制企业的资本没有量化给全民或者集体中的所有成员，也就不可能存在成员所有资本的退出机制，同时这也确保了公有制企业资本的完整性和其成员只能按照劳动多少获取收入。

第三，从产权主体对产权客体的关系看，公有制企业的每个产权主体对作为产权客体的企业资本拥有"平等的、无差异的权力，任何个人原则上无法声称他对这一公有资产的某一部分拥有特殊权力，也不能将其用于个人特殊目的"[1]。因此，公有制企业内的差异性不是产权主体对产权客体权力的差异，而是产权主体投入企业中劳动的差异，并据此导致的收入差异。而私有制企业的产权主体一般对产权客体拥有不平等的、有差异的权力，权力的大小取决于产权主体投入企业中的资本的大小，并凭借其投入企业的资本大小从企业获取不等的资本收入。当然，一些合作制企业或股份合作制企业，虽然产权主体投入到企业的资本并不一样，但是不同的产权主体却在决策中拥有一人一票的同等权利。那么，这样的股份合作制企业的公有与私有的成分又各有多大或者公有性有多高呢？

---

[1] 张银杰：《社会主义市场经济理论探索》，吉林人民出版社 2000 年版，第 172 页。

我们进一步考察公有制企业为什么规定产权主体的集体性、产权客体的整体性和产权主体对产权客体权力的无差异性，便会发现这是为了实现劳动的平等。劳动的平等包括决策平等、分工平等、地位平等，等等，其实质是分配的平等。① 分配的平等在现阶段就表现为按劳分配，即劳动者取得的收入只与劳动者创造的价值有关。马克思早就在《哥达纲领批判》中阐述了这个观点："生产者的权利是同他们提供的劳动成比例的；平等就在于以同一尺度——劳动——来计量。"② 因此，按劳分配是企业实行公有制的终极性的实现性规定或者说目的，而公有制企业的产权主体的集体性、产权客体的整体性和产权主体对产权客体的无差异性，即公有产权，只是公有制企业实行按劳分配的前提条件。

要实现按劳分配，其前提条件就是集体占有生产资料。马克思在《哥达纲领批判》中指出："消费资料的任何一种分配，都不过是生产条件本身分配的结果。"③ 但是集体占有生产资料，按劳分配并不会自然就完全实现，或者说公有产权只是为按劳分配的实现提供了可能性。因为在实现劳动者的收入与劳动者创造的价值匹配时，会遇到劳动者创造的价值难以准确衡量这样的难题。在实际经济中，不管在公有制企业还是在私有制企业中，劳动者取得的收入与其创造的价值量的关联度有高有低，或者说按劳分配的实现程度有高有低。因而我们把按劳分配实现程度的高低，作为衡量企业公有性高低的指标。按劳分配实现的程度越高，企业的公有性就越高。反之亦然。在私有制企业，主要是按资分配或者按要素分配，资本所有者凭借资本多少取得收入，按劳分配的实现程度相对较低；在公有制企业只有凭借劳动取得收入，按劳分配的实现程度就较高；在混合所有制企业按劳分配的实现程度就介于私有制企业和公有制企业之间。当然，即使都是公有制企业由于劳动创造价值的难以准确测量，导致劳动者收入与其创造的价值匹配的程度也不一样；同一公有制企业按劳分配的实现程度也会随着时间的推移而改变。但是，总体上说，从私有制企业到公有制企业，企业的公有性就表现为一个连续的光谱，也是一个量变到质变的过程，私有制企业的公有性低，公有制企业的公有性高。

---

① 荣兆梓：《公有制实现形式多样化通论》，经济科学出版社 2001 年版，第 74—75 页。
② 《马克思恩格斯选集》第 3 卷，人民出版社 2012 年版，第 364 页。
③ 《马克思恩格斯选集》第 3 卷，人民出版社 2012 年版，第 365 页。

三 公有性的衡量

我们假设任何企业的所有劳动者创造的总劳动价值量全部进行分配，对于每个从企业取得收入的劳动者，其提供的劳动价值量为 L_i，取得的收入为 Y_i。衡量一个企业公有性高低的模型为：

$$DP = \sum_{i=1}^{n} (Y_i - L_i)^2 \qquad (1)$$

（1）式中的 DP（其中，P 是 Public Nature 的缩写）表示，从企业取得收入的 n 个劳动者的收入与其创造的劳动价值量的差额的平方和。不劳而获者可以看作是其创造的劳动价值量为零的劳动者。（1）式中 DP 越小，表明劳动者取得的收入与其创造的价值量越接近，说明按劳分配的实现程度越大，企业的公有性就越高。反之，DP 越大，企业的公有性越低。因此，DP 与企业的公有性呈反向关系。

一般从企业取得的收入包括劳动收入和资本收入。（1）式表明，如果一个个体只从企业取得资本收入，且其 $L = 0$，那么其取得的收入与其创造的劳动价值量（为零）的差额的平方就比较大。而且其分享其他劳动者创造的价值量的一部分，必将导致其他劳动者收入与其提供的劳动价值量的差异。这样这个个体取得的资本收入越大，就会导致 DP 越大，因此按劳分配的实现程度就越低，企业公有性就越低。

假设在一公有制企业中，没有个体从其取得资本收入，且每位劳动者取得的收入都等于其创造的价值量大小，则 $DP = 0$，说明这个企业的公有性达到最高，这也与公有制企业的公有性高的结论一致。

我们以此初步构建的企业公有性高低的衡量模型进行进一步的讨论，便会发现一个有意义的问题。假设：①在一个完全竞争的市场中，所有企业都是只有一个个体所有，且只有其自身在该企业从事劳动，并从该企业取得收入；②所有企业的资本量相等，这样我们就排除了市场中企业因资本的不同取得资本收入不同的可能。企业中个体收入就一定等于其创造的劳动价值量，根据（1）式得出 $DP = 0$。所以，这样的个体企业，完全实现了按劳分配，公有性也最高。这样一个在传统认识中是一个典型的私有制企业却具有最高的公有性，似乎是一个悖论。但是解开这个悖论对于深化我们对公有制企业的公有性的认识具有极其重要的意义。

　　首先，马克思是积极肯定劳动者自身对生产资料（或者说资本）的所有、占有、支配和使用的这种小私有制的，因为这是劳动者自由和充分发展的条件，并且这种小私有制的性质完全不同于资本主义的大私有制，它是"靠自己劳动挣得的私有制，即以各个独立劳动者与其劳动条件相结合为基础的私有制"，而资本主义私有制是"以剥削他人的但形式上是自由的劳动为基础的私有制"。① 其次，马克思看到这种小私有制是建立在小生产的基础上的，具有历史过渡性。马克思一方面指出，"劳动者对他的生产资料的私有权是小生产的基础，而小生产又是发展社会生产和劳动者本人的自由个性的必要条件"②；另一方面也指出，这种小私有制排斥社会生产力的进一步发展，必然会被资本主义的大私有制所排挤和代替。③ 但是，资本主义大私有制同样具有历史过渡性，必然被劳动者共同占有生产资料（或者说资本）的公有制所代替。劳动者共同所有企业资本，可以实现对自己创造的价值量的占有，是资本主义大私有制对个体小私有制劳动者占有自己创造的价值量的"否定之否定"。这样就从按劳分配的重新实现或者说劳动者自己重新获得本属自己所有的劳动创造的价值量角度，解释了马克思关于"在协作和对土地及靠劳动本身生产的生产资料的共同占有的基础上，重新建立个人所有制"的构想。④ 最后，我们得出这种个体企业公有性最高的结论，是有一个理想的前提条件的，即所有个体企业的资本都相等。这种理想条件排除了市场竞争中企业因为资本的不同而导致资本收入的不同，进而排除了参与分配的收入一部分是资本收入。实际上，在现实经济中，所有企业的资本不会完全一样，这样就会存在资本收入的差异，进而导致劳动者收入与其创造的价值的差异，其 DP 就不可能为零，其公有性也不可能达到最高。

　　通过上面的分析可以得出结论：只有全社会或者全民共同所有、占有、支配和使用生产资料或企业资本，才能既适应社会化大生产和促进现代社会生产力的发展，又能为企业的公有性达到最高提供前提条件。

---

① 《马克思恩格斯全集》第 44 卷，人民出版社 2001 年版，第 873 页。
② 《马克思恩格斯全集》第 44 卷，人民出版社 2001 年版，第 872 页。
③ 《马克思恩格斯全集》第 44 卷，人民出版社 2001 年版，第 872—873 页。
④ 《马克思恩格斯全集》第 44 卷，人民出版社 2001 年版，第 874 页。

四 公有性与效率

我们前面已经指出，企业的公有性高低在于实现劳动者收入与其创造的价值量的匹配程度，但实现这种匹配首先要解决劳动者创造的价值量怎样衡量这个难题。如果解决了这个难题，劳动者创造了多少价值量，就给予其多少收入，激励必然是充分的，企业的效率也必然是最高的，从而也就达到了企业的公有性越高，企业的效率也就越高的完美统一。在私有制企业中，劳动者创造的价值量必然有一部分作为资本收入参加分配，这样劳动者取得的收入必然低于其创造的价值量，因此，对劳动者的激励必然是不充分的，即使有私有者设置的对劳动者的层层外在监督，其效率也不可能达到最高，因为这种外在监督约束远远不如劳动者收入与其创造的价值量相等的内在的动力驱使强烈地推动价值创造和企业效率的提高。

当然，集体共同所有、占有生产资料并不意味着劳动者创造的收入与其创造的价值量匹配和相等会自动实现。例如，我国传统计划经济体制中的一些公有制企业就存在没有解决好劳动者收入与其创造的价值量匹配这样的难题，收入分配的"平均主义"严重，导致大家吃"大锅饭"和"磨洋工"。这样的公有制企业虽然是集体占有生产资料，但按劳分配的实现程度并不是很高，所以其公有性并不高，因而其效率也较低。有学者把传统国有企业的效率较低归结为产权不清晰、科层组织过多、代理链条过长、信息不对称和"搭便车"等原因。但是，如果把国有企业与股权分散的拥有多层分公司、子公司的大型的私有制跨国公司相比较，这些理由显然是缺乏说服力的。因此，一些传统国有企业的效率较低关键在于没有实现劳动者收入与其创造的价值量的匹配和相等。

要实现劳动者收入与其创造的价值量的匹配和相等，首先需要衡量和确定劳动者创造的价值量是多少。劳动者创造的价值量的一种直接的衡量方法是通过劳动时间和劳动强度来衡量。劳动时间容易测量，但是劳动强度比较难以衡量。比如，通常的方法是通过已经从事劳动的时间长短（资历）、具备的劳动技能的高低（文凭、职业等级证书）、综合素质（职称、职位）等来确定劳动强度并据此确定收入的高低。这些衡量方法无疑具有一定合理性，但是也存在缺陷，因为资历、文凭、职称、职位等并不能完全表征实际劳动过程中劳动强度的高低。当然，企业实际经营中还有一些有效的方法，比如采用计件工资，来实现劳动者收入与创造的劳动价值量的匹配。而市场化的改革还为我们提供了一种相对有效的间接方法，即通过市场中企业间的有效竞争和劳动力的充分自由流动，来促使劳动者的收入逐渐向其创造的价值量收敛。这也从一个方面解释了我们国家为什么进行市场化改革。一些学者的研究还为此提供了支持。有学者指出，提高国有企业效率不在于产权的变革，而在于给国有企业创造一个公平的充分竞争的市场外部环境。① 超产权论者也阐明了有效的激励机制只有在竞争的条件下才能发挥作用。② 有学者在讨论国有化与私有化的问题时，得出的结论也是认为要达到资源的有效配置，人们在竞争与垄断之间的选择，比企业是公共所有还是私人所有的选择更重要。③ 因此，从企业内部和外部促成劳动者收入向其创造的价值量收敛的机制，就可以实现企业的公有性越高，效率也越高的有机统一。

五 公有性与经济发展

正如从微观经济的角度看，企业的公有性越高，企业的效率也越高一样，从宏观经济的角度看，同样可以得出：企业的公有性越高即按劳分配的实现程度越高，社会经济也会更好更快发展。因为进行按劳分配的收入分配方式可以有效地解决市场经济的有效需求不足和实现社会共同富裕，从而保证了社会经济可持续地快速发展。为论证此观点，我们下面采用反证法。

假设市场经济中实行生产资料私有制和按资分配。这样，即便是企业或个人初始的财富一样，但是市场竞争中的优胜劣汰机制和马太效应的作用，必然导致生产资料归属的两极分化，这种贫富的分化进一步加剧按资分配与按劳分配的分野即资本相对劳动取得更多收入，财富和收入的两极分化会日益加剧。这种收入分配的两极分化进而导致了消费的两极分化，

---

① 林毅夫等：《充分信息与国有企业改革》，上海三联书店、上海人民出版社 1997 年版，第 13、120、128 页。

② 刘芍佳、李骥：《超产权论与企业绩效》，《经济研究》1998 年第 8 期。

③ Shaw, S. W., "Nationalisation versus Privatisation", 转引自：Peter Johnson and Barrys Thomas (eds.), *Economics Perspectives on Key Issues*, Deddington: Philip Allan Publisher, 1985, p. 142.

"有钱人消费不了那么多，而没钱人想消费却没钱。"消费的两极分化实际
在整体上就表现为社会有效需求的不足。这正是马克思所指出的，资本主
义私有制市场经济产品供给的无限扩张与人们有效需求相对狭小之间的矛
盾，这种矛盾无法根本解决，资本主义私有制社会只能以重复出现的经济
危机强行解决。美国发生的次级债危机就是一个例证。

而资产阶级经济学家凯恩斯却把有效需求不足归结为三个基本心理
规律造成的：第一，是因为人们的边际消费倾向递减，消费不足。凯恩
斯认为，由于人们天生就有爱好储蓄的心理倾向，而消费在短期内是相
对稳定的，因此边际消费倾向随着收入的增加有递减的趋势，这就必然
引起对消费需求的不足。第二，是因为资本边际效率递减，投资不足。
在凯恩斯看来，随着投资的增加，资本预期从短期来看，时高时低，不
确定，但从长期来看有下降趋势。因此，资本边际效率递减从而会抑制
资本所有者投资的积极性。第三，是因为流动偏好或者灵活偏好，持有
货币。流动偏好或灵活偏好指人们总想保存一定量的方便使用的现钱，
以便满足交易动机、谨慎动机或称预防性动机、投机动机的需要。[①] 凯
恩斯认为，由于消费不足和投资不足导致的有效需求不足，才会出现经
济危机。于是，凯恩斯主张政府对经济进行干预，私人不消费，政府可
以采购消费，私人不投资，政府可以来投资。这种政府对经济的大规模
干预，虽然暂时挽救了在 20 世纪二三十年代经济大危机中濒危的以资本
主义私有制和按资分配为基础的市场经济制度，但是却没有 "对症下
药" 地解决资本主义有效需求不足的问题。于是，政府干预的后遗症自
然表现为在 20 世纪 70 年代的西方资本主义经济的严重 "滞胀"。凯恩
斯主义对此却无能为力了，相应地主张减少政府干预、回到自由市场的
新自由主义开始兴起。而资本主义通过征收累进所得税、健全社会保
障、发展消费信贷等措施来缓和或延缓贫富的两极分化和有效需求的不
足，经济才得以继续发展。但是，资本主义对国民收入再分配的调节和
对经济的宏观调控只是在一定程度上缓和了收入分配的两极分化，并没
有根本解决资本主义社会的有效需求不足问题，资本主义经济危机依然
以短周期、相对破坏性较小的形式频繁发生。

因此，只有实行公有制和按劳分配才能解决有效需求不足问题，或者

①　丁冰：《当代西方经济学流派》，北京经济学院出版社 1993 年版，第 16—18 页。

说企业按劳分配实现的程度越高即共有性越高，生产和消费就协调得越好，社会经济就越可持续地、平稳地较快向前发展。当然，按劳分配也有收入分配的差距问题。马克思指出："一个人在体力或智力上胜过另一个人，因此，在同一时间内提供较多的劳动，或者能够劳动较长的时间；……其次，一个劳动者已经结婚，另一个则没有；一个劳动者的子女较多，另一个的子女较少，如此等等。因此，在提供的劳动相同，从而由社会消费基金中分得的份额相同的条件下，某一个人事实上所得到的比另一个人多些，也就比另一个人富些，如此等等。"① 但是，这种按照劳动多少来进行收入分配导致的收入差距很小，如果再进行政府的财政和税收调节，就可以防止收入分配的两极分化，从而保证有效需求的充足，社会生产的产品也就总能实现"惊险的跳跃"。社会经济就可以可持续地、比资本主义私有制的市场经济以更快的速度向前发展。

---

① 《马克思恩格斯选集》第 3 卷，人民出版社 2012 年版，第 364 页。

"国进民退"之争的回顾与澄清[*]

——国有经济功能决定国有企业必须有"进"有"退"

李 政[**]

自 2008 年国际金融危机爆发以来，我国一些行业、一些地区出现了国有企业兼并重组、非公有制企业进行股权收购等行为，这引起社会各界的广泛关注和争议，并再次引发了学术界关于所谓"国进民退"的大讨论。这场讨论旷日持久、空前激烈，至今尚未达成共识。由于"国进民退"问题事关中国特色社会主义市场经济的基本理论与重大实践，事关经济体制改革和发展的方向，因此，有必要对其加以回顾和澄清。

一 "国进民退"之争中的几种代表性观点

从文献上看，"国进民退"这一提法始见于 2002 年。受国家宏观调控政策等影响，学术界在 2004 年和 2006 年曾就此有过较为集中的探讨。而"国进民退"之争的高潮出现在 2009 年，并且延续至 2010 年。在这一轮争议中，主要有以下三种代表性的观点。

（一）质疑和批评"国进民退"的观点

持这种观点的学者大多认为，中国的改革就是一个不断市场化的过程，而"国进民退"破坏了这一进程。如张曙光认为，现在的"国进民退"绝非个别事件，而是形成了一股潮流。"国进民退"可以说是改革的

　＊　本文原载《社会科学辑刊》2010 年第 5 期。
　＊＊　李政（1974—　　），男，天津人，辽宁大学经济学院院长、教授、博士生导师。

一个"倒退",因为国有企业的发展在一些地方形成垄断后必然会缩小市场的基础。① 许小年认为,政府管理经济和经营企业会导致效率低下,是没有希望的。所以才从 1978 年起,改革由政府管理的计划经济体制,增加市场配置资源的功能,提高民营经济的份额。"国进民退"做法背离了改革开放 30 年以来的市场化方向。②

(二) 支持"国进民退"的观点

一些学者从坚持社会主义基本经济制度出发支持"国进民退",认为这是公有制的回归,是进步,不是倒退。发展社会主义经济,就是要壮大公有制经济,巩固公有制的主导地位。如周新城认为,积极发展公有经济(尤其是国有经济),提高公有制经济的比重是合理的、必要的,攻击"国进民退"是毫无道理的。③ 另一些学者则从某些地区、某些产业发展及应对金融危机角度支持"国进民退"。如葛兆强认为,在国际经济危机的情况下,出现一定的国进民退现象是可以理解的,对有效应对国际经济危机的负面影响也是必要的。事实上,金融危机后的欧美发达国家也出现了国进民退现象。

(三) 对"国进民退"持中立的观点

持这种观点的学者认为,评价"国进民退"关键要看其是市场主导的还是政府主导的,是否体现公平竞争。如邱林认为,若单就"国进民退"作为一种现象,本身并无好坏之分,如果是市场导向、公平竞争,则"国进民退"同样代表着优胜劣汰,而如果是制度歧视、资源错配,那么,这种"国进民退"不仅不会长久,还会因显而易见的原因让国民福利受损,甚至造成市场化进程的倒退。④ 高尚全认为,无论是"国退民进"还是"国进民退",关键都不在于进和退。⑤ 市场经济就是有进有退、有生有死,这是市场经济规律决定的。在市场经济当中,进与退、生与死是正常现

① 罗晟:《经济学家激辩"国进民退":发端 2003 年,根在金融国有垄断》,《东方早报》2009 年 11 月 6 日。
② 许小年:《"国进民退"背离改革方向》,《商界(评论)》2009 年第 11 期。
③ 周新城:《毫不动摇地坚持公有制为主体、多种所有制经济共同发展——兼评"国进民退"、"国退民进"的争论》,《当代经济研究》2010 年第 4 期。
④ 邱林:《"国进民退"是市场化进程的倒退吗?》,《经济管理文摘》2009 年第 14 期。
⑤ 高尚全:《"国进民退"的问题不在进退》,《人民论坛》2010 年第 1 期。

象，问题是有没有垄断、是不是有竞争、是不是有歧视。

二 对"国进民退"之争的透析与澄清

（一）"国进民退"实际是指"国进私退"

所谓"国进民退"其实是一个伪命题，而且这一概念式的提法相当有害。首先，从字面上看，"国进民退"往往给人以"国"和"民"对立、互不相容的感觉，容易引发民粹情绪。其次，"国进民退"中的"国"和"民"、"进"和"退"都模糊不清、容易造成误导和误解。具体而言，"国"可以代表国家、国有经济、国有企业；"民"可以代表民众、民营经济、民营企业；而"进"和"退"则是相对而言的，如长期和短期的进退，质和量的进退，主动和被动的进退等等都是不一样的。这里绝不是在咬文嚼字，事实上，无论是大众媒体，还是专业文献，在谈到"国进民退"时，所指往往不同：有时指国有经济在某一或某些产业领域市场份额的扩大，以及民营企业在该领域市场份额的缩小，甚至于退出；有时指政府对经济过程的干预或宏观调控力度的加强；有时指国家所有权的扩张使私人所有权受到压缩。大多数情况下，"国进民退"实际是指国有企业或国有资本扩张的同时伴随私营企业或私有资本的退出或收缩，即"国进私退"。

（二）整体上的"国进私退"并不存在

表1　　　　　　　　1992—2006 年个体、私营经济发展变化表

年份	数量（万家）		人数（万家）		注册资金（亿元）		营业额（亿元）	
	私营	个体	私营	个体	私营	个体	私营	个体
1992	13.9	1533.9	231.9	2467.7	221.2	600.9	113.6	2238.9
1995	65.5	2528.5	956.0	4613.6	2621.7	1813.1	1499.2	8972.5
2000	176.2	2571.4	2406.5	5070.0	13307.7	3315.3	9884.1	19855.5
2002	243.0	2377.0	3409.0	4743.0	24756.0	3782.0	14369.0	20843.0
2005	430.0	2464.0	4714.0	5506.0	61475.0	5809.0	311373.6	26239.6
2006	497.4	2576.0	6395.0	7500.0	75000.0	6517.0	34959.0	25489.5

资料来源：《十七大报告辅导读本》，人民出版社 2007 年版，第 131 页。

自改革开放以来，整体上的"国进私退"就没有发生过，中央鼓励、支持非公有制企业发展的精神也是一贯的。首先，从总量上看，不但不存在所谓"国进私退"趋势，相反，"国退私进"趋势却比较明显，即国有企业总量逐年减少，私营企业总量不断增加；其次，从质量和效益上看，则呈现了"国私共进"的局面。如1998年，全国国有工商企业共有23.8万家，到2006年，这一数字为11.9万家，减少了一半。但利润却由1997年的800亿元增加到2006年的1.2万亿元，增长了14倍。2003年，中央企业共196家，拥有净资产36000亿元，实现利润3006亿元，上缴税金3563亿元；而到2006年，中央企业共161家，拥有净资产增长到53900亿元，实现利润7681.5亿元，上缴税金6822.5亿元。如表1所示，2000年，我国私营企业、个体企业分别为176.2万家、2571.4万家，从业人员2406.5万人、5070.0万人，营业额9884.1亿元、19855.5亿元；到2006年，私营企业、个体企业分别达497.4万家、2576万家，从业人员6395万人、7500.0万人，营业额34959.0亿元、25489.5亿元。即便在国际金融危机期间，私营经济依然延续了其不断增长的态势。如截至2008年底，全国实有私营企业657.2万户，比上年增长9.02%；私营企业注册资本11.74万亿元，比上年增长25%；私营企业从业人员7904万人，比上年增长8.97%。

（三）如何看待局部的国有企业扩张现象

2008年国际金融危机发生以来，一些行业和一些地区确实出现了局部的国有企业扩张和私营企业收缩的情况，如中粮集团入股蒙牛乳业、宝钢集团重组宁波钢铁、国企主导山西煤炭业重组等。这些案例似乎说明："国进民退"的确不是个别现象。那么，究竟该如何看待这些现象呢？

第一，上述某些领域或某些地区出现的"国进民退"现象系多种因素导致。其一，受金融危机影响，部分私营企业成本上升、利润下滑甚至亏损，造成资金链紧张，企业经营面临困境；其二，部分行业国有企业出于发展战略考虑需要通过资本运作提高竞争力；其三，为应对金融危机，国家出台经济刺激计划使更多经济资源流入国有企业，使其具有扩张条件和扩张冲动；其四，地方政府或国资部门从局部利益出发推动国有企业兼并重组；其五，私营企业本身在经营上存在不规范行为。总之，本轮"国进私退"现象既有市场行为，也有政府行为，既有积极的应对金融危机举措，也有消极的"拉郎配"迹象。因此，看待"国进民退"要具体问题具体分析，泛泛而谈没有任何意义。

第二，不能逢"国"必反，泛意识形态化，以所有制性质本身作为企业"进退"的评价标准。一些新自由主义学者以西方某些发达国家为参照，认为凡是国有的、国家的就是垄断的、反市场的，就是应该抛弃的，国有企业应该完全退出竞争性领域，甚至所有领域，彻底实施私有化。这是一种所有制歧视，是对中国经验或中国模式的极端否定。事实上，所有制和效率、垄断没有必然的联系；只要遵循公平竞争的市场经济原则，不同所有制企业之间的兼并重组等资本运作行为属于正常经济现象，不应该成为争论的焦点。一些人之所以对某些"进""退"个案异常敏感，部分原因是他们仍没有摆脱将国有企业与非国有企业对立起来的惯性思维，仍不习惯于将不同所有制企业之间的竞争与合作看作市场经济条件下正常的经济行为。

第三，不能从表象上评判国有企业"进退"的利弊和正当性，关键要看其向何处进、何处退，为何进、为何退，如何进、如何退。更不能以偏概全，通过个别企业的得失来考量国有经济和非公有制经济的发展情况。看待国有企业的"进退"和国有经济布局的调整应该着眼于整个国民经济的发展，而不仅仅是企业自身的发展以及局部的利益。

三　国有经济功能决定国有企业应否"进退"

中共十五届四中全会明确指出，"从战略上调整国有经济布局，要同产业结构的优化升级和所有制结构的调整完善结合起来，坚持有进有退、有所为有所不为"。可见，国有企业不但可"进"可"退"，而且应该有"进"有"退"。那么，国有企业哪些领域应该进入，哪些领域不能进入？换言之，国有企业的边界在哪里呢？其判断标准和依据只能是社会主义市场经济条件下国有经济的功能定位，以及是否有利于发展社会主义社会的生产力，是否有利于增强社会主义国家的综合国力，是否有利于提高人民的生活水平。而这恰恰是在"国进民退"大讨论中被忽视的话题。事实上，学术界对于"国进民退"问题的争议，深层次上是对国有经济功能定位的争议，实质上也是对中国模式和中国道路的争议。国有经济在经济社会发展中的功能定位问题，不仅是一个重要的理论问题，更是一个重要的实践问题。尽管中央对国有经济的功能定位是明确的，就是要控制国民经济命脉，发挥国有经济对国民经济的主导作用。但是，学术界对此一直存有争议。到现在为止，究竟在完善的社会主义市场经济体制下，国有经济和国有企业应该怎样定位，具有哪些职能，要掌控哪些行业、产业等等，都还不明确。①

（一）国有经济功能定位之争

对于国有经济在社会主义市场经济条件下功能定位的争议，焦点是国有经济还要不要发挥主导作用，是否应该从竞争性领域完全退出。如"国家统计局课题组"认为："以国有资产的战略性收缩为主，使国有经济逐步集中到社会公共产品领域。完备的市场经济体制下，国有经济实际上是代替财政行使部分财政功能，从事社会公共产品的生产以满足社会公共需要。社会公共需要的享用与代价的不对称性决定了这种需要无法通过市场规则实现，而必须由政府投资进行生产以弥补市场缺陷，也决定了政府投资的非盈利性。因此，国有经济战略调整的临界值，仅仅是经济体制转轨和经济转型时期的临时性目标，调整的最终目标是将国有经济集中到社会公共需要领域，而把一般性竞争行业让渡给市场经济竞争主体。"这是当前颇具代表性和社会影响的一种观点，是主张"国退民进"观点的主要理论依据。对此，国家统计局前局长李成瑞给以强烈批评，认为这一论点使国有经济仅仅对市场起弥补作用，否定国有经济的主导作用，并据此提出了比西方国家更彻底的非国有化目标。② 应该看到，社会主义市场经济的这一制度性特征决定了有没有强大的国有企业，国有经济是否起主导作用，是社会主义市场经济与其他市场经济的本质区别之一。在社会主义市场经济条件下，国有经济功能具有两重性：既有其体现在一般市场经济中的普遍功能，还有其体现社会主义制度本质的核心功能。二者缺一不可。

---

① 李政、张东明：《金融危机下的国有企业改革与创新发展——2009 年中国国有经济发展论坛综述》，《经济学动态》2009 年第 9 期。

② 李成瑞：《否定国有经济的主导作用必然导致私有化——对〈国有经济成为经济发展的控制性力量〉一文的再剖析》，《真理的追求》2001 年第 6 期。

（二）国有经济的普遍功能

国有经济和国有企业是世界各国普遍存在的一种经济现象。在一般市场经济国家中，国有企业是为实现某些社会政策目标而建立的一种特殊的企业组织形式，是国家直接干预经济的一种手段。国有经济的普遍功能首先是弥补市场失灵、提供公共产品；其次是作为政策性工具进行宏观调控。2008 年下半年以来，为控制金融危机的快速蔓延，美国、英国、德国等国所采取的国有化措施即体现了这一点。① 国有经济的第三个普遍功能是发展特殊产业和保障国家安全。为了建立和发展战略性产业和支持高技术产业的成长，世界各国都建立了一批国有企业作为这些产业的先导，这些国有企业的发展水平往往体现了国家战略产业的国际竞争力。另外国有企业是现实条件下非国有企业不易进入的特殊产业的替代生产者。在各个国家的不同发展时期，总有一些特殊的生产活动，如印钞制币、特殊矿产的开采、特殊药品生产、武器制造等等，适宜采用国有经济的形式，即通过国有企业来提供。

（三）国有经济的核心功能

国有经济的核心功能主要是发展社会主义生产力，保证人民群众的根本利益和实现共同富裕。在社会主义市场经济中，国有经济不仅是主要从事私有企业不愿意经营的部门，补充私人企业和市场机制的不足，而且更要为了实现国民经济的持续稳定协调发展，巩固和完善社会主义制度，发挥公有制经济在稳定宏观经济、调整经济结构、保障社会公平、维护经济安全、推动自主创新以及实现科学发展和促进社会和谐等方面的关键作用。② 党的十五届四中全会指出："包括国有经济在内的公有制经济，是我国社会主义制度的经济基础，是国家引导、推动、调控经济和社会发展的基本力量，是实现广大人民群众根本利益和共同富裕的重要保证。""国有企业是我国国民经济的支柱，发展社会主义社会的生产力，实现国家的工业化和现代化，始终要依靠和发挥国有企业的重要作用。"可见，国有经

---

① 卫兴华、张福军：《当前"国进民退"之说不能成立——兼评"国进民退"之争》，《马克思主义研究》2010 年第 3 期。

② 张宇：《正确认识国有经济在社会主义市场经济中的地位和作用——兼评否定国有经济主导作用的若干片面认识》，《毛泽东邓小平理论研究》2010 年第 1 期。

济是保证我国市场经济社会主义属性的物质基础，如果片面强调国有经济从竞争性领域完全退出，这一功能显然无法实现。

（四）基于国有经济功能的国有企业"进退"

中央明确指出，国有经济在关系国民经济命脉的重要行业和关键领域占支配地位，支撑、引导和带动整个社会经济的发展，在实现国家宏观调控目标中发挥重要作用。为此，经济资源有时适度向国有企业集中，用来发展基础设施建设，解决环保、民生等社会福利问题，拉动内需、保增长是必要的。依据国有经济功能定位和布局，国有企业必须有进有退，有所为有所不为。如在战略性新兴产业和关键技术领域、战略性不可再生资源领域和所有针对弱势群体的保障性服务和产品供给方面就应该多"进"少"退"，而在所有非公有制企业可以做得很好或已经比较成熟的领域则多"退"少"进"。国有资本或国有企业以适当的方式该进的进、该退的退，进退有度，符合市场经济基本要求，有利于完善社会主义基本经济制度。

四 寻求"国""民"共进之道

坚持和完善公有制为主体、多种所有制经济共同发展的基本经济制度，毫不动摇地巩固和发展公有制经济，毫不动摇地鼓励、支持、引导非公有制经济发展，形成各种所有制经济平等竞争、相互促进的格局，是党的十七大明确提出的路线方针，也是中国特色社会主义理论与实践的必然要求。与其纠缠于"国进民退"这样的争论，不如寻求"国""民"共进之道。

（一）毫不动摇地改革和发展国有经济

毫不动摇地巩固和发展公有制经济，并不等于国有经济或国有企业可以毫无边界地扩张。自 20 世纪 90 年代末以来，国有企业的发展非常迅速，规模越来越庞大，但同时国有企业也是各种经济和社会矛盾的一个主要根源。央企"地王"拉升房价、国企高管天价薪酬和腐败、垄断行业薪资畸高等现象引起群众强烈不满。尽管这些现象在国有经济发展的过程中不是主流，却极大地影响了国有企业在人们心目中的形象，也与国有经济的功能地位不符。应该说，国有企业和国有经济近年来的发展进步既是自身改革深化和效率提高的结果，也是国家整体经济发展使然。不应该全部归功于前者，更不应动辄以国有企业的利润、规模增长来证明其成功。评价国有企业改革成效的不是利润和规模，而是其效率和对经济社会发展的贡献。进一步发展国有经济和国有企业应从以下几个方面着手：一是深化国有企业公司制、股份制改革，大力发展混合所有制经济；二是深化垄断行业改革，引入竞争机制，加强政府监管和社会监督；三是完善国有资产监督管理体制和公司治理机制，健全激励约束机制；四是继续优化国有经济布局和结构，使其向重大民生领域和关键领域集中，但不是与民争利而是致力于提高人民生活水平和执行国家发展战略；五是提高国有企业的创新创业能力，强化其企业家精神。

（二）毫不动摇地发展非公有制经济

改革开放以来，特别是进入 21 世纪以来，我国个体、私营等非公有制经济发展迅速。但由于历史和现实等诸多因素的影响，我国个体、私营等非公有经济目前的发展总体上还处在比较低的水平。主要表现在：企业自主创新水平较低，企业竞争力不强，企业诚信度较低、恶性竞争严重。进一步发展非公有制经济，必须着眼于构建创业型经济与社会体系，改善创业环境，在全国范围内形成鼓励创新型创业和生产性创业的文化氛围。为此，政府要重点推进公平准入和改善融资条件，消除体制性障碍，促进个体、私营经济和中小企业发展；发展各类生产要素市场，规范发展行业协会和市场中介组织，健全社会信用体系。发展非公有制企业，要打破民营企业（私营企业）神话。一方面，由于历史、文化等原因，总体上我国私营企业短时期内难以与国外跨国公司抗衡、占领战略制高点；另一方面，在社会主义条件下，个体、私营企业并没有摆脱其资本主义性质，存在大量寻租、唯利是图等现象，因而政府必须加以有效规范和正确引导。

（三）促进不同所有制企业协调发展

30 年的改革开放对中国而言绝不仅仅是一个市场化的过程，而是创造了一种与众不同的经济社会发展模式。而这种新型模式的主要特征之一就是国有经济和本土创业经济的共同发展。国有部门和非国有部门的平衡是"中国奇迹"得以产生的重要因素，也是在 2008 年国际金融危机中，中国能够率先走出谷底的重要"法宝"。今后政府要继续促进各种所有制经济平等竞争、相互支持。为此，第一，法律上要坚持平等保护物权，切实保障一切市场主体的平等法律地位和发展权利。第二，策略上要鼓励国有资本、民营资本和外资更多地相互参股，发展以股份制为基础的混合所有制经济组织。第三，各种所有制企业要在各自职责范围内充分发挥优势、克服弱势，相互支持，共同发展。在一般竞争性领域，个体私营企业往往有其灵活适应市场的优势；而对投资大、建设周期长、规模效益明显、社会效益突出的重要行业和关键领域，国有经济或国有控股有优势。第四，政府的责任是要创造使各种所有制企业协调发展、平等竞争、互相促进的环境。国有企业和非公有制企业未能协调健康发展，关键往往不在企业自身，而在于政府监管不到位。如何改革政府自身，使其有效发挥各项职能，是未来完善社会主义市场经济体制的重中之重。

五 结语

《中华人民共和国宪法》第七条规定："国有经济，即社会主义全民所有制经济，是国民经济中的主导力量。国家保障国有经济的巩固和发展。"然而，在这场莫须有的"国进民退"大讨论中却出现了一边倒的声音，即普遍认为国有经济与国有企业应该从竞争性领域完全退出，甚至从所有领域退出。国家有关部门在回应媒体和学者对"国进民退"的质疑和批评时，大多是否定"国进民退"现象及政策的存在，若真有其事，似乎见不得阳光。这是十分令人警惕和深思的一件事情。

毋庸置疑，理论上，对于国有经济和国有企业功能、效率以及与市场经济的关系、与非公有制企业的关系等问题还有待深入研究，提倡百家争鸣。但有一点可以肯定，适用于西方的理论或模式未必适用于中国，用西方的经济模式来衡量中国经济模式，甚至作为中国改革的目标是不符合实际的。尽管现阶段我国国有经济和国有企业改革发展还有许多不尽如人意之处，但这并不能否定其存在和发展的必要性。相反，其为国家作出的贡献是不可替代的，未来中国特色社会主义市场经济的最终成功，离不开国有经济主导作用的发挥，也离不开国有企业的做大做强。当前国有企业在发展中出现的许多问题，症结往往不在企业自身，而在于政府职能的发挥和市场环境的建设。

中国国有企业与私有企业的经济角色关系研究[*]

——基于动力学演化模型的分析

李帮喜[**]

一 问题的提出

自新中国成立以来，国有企业就是中国经济的一个重要组成部分。在改革开放以前，国有企业作为社会产品的主要提供者，在国民经济中处于核心地位。改革开放以后，随着个体、私营企业的迅速发展，国有企业的主导地位受到了一定程度的冲击。在后来的中国经济转轨进程中，国有企业经历多重改革，国有企业主导地位问题进一步受到挑战。与此同时，学术界关于国有企业主导地位的认识也开始出现了较大分歧，其相关问题的争论可追溯至 2004 年的"郎顾之争"。此后，学术界一直存在着两类主要观点：一类是支持国有企业的主导地位；另一类是主张推行国有企业全面私有化。

主张推行国有企业私有化的学者对国有企业提出了一些批判，这些批判主要集中在国有企业效率问题上。刘小玄从产权结构的角度出发，测算了国有企业、城市集体企业和乡镇企业的效率情况，发现前两者并无明显差异，但是发现后者效率却显著高于前两者。[①] 很多支持私有化的学者都

---

  * 本文原载《当代经济研究》2016 年第 9 期。

  ** 李帮喜（1978— ），男，安徽望江人，清华大学社会科学学院经济学研究所副教授、博士生导师，清华大学中国现代国有企业研究院副院长。

① 刘小玄：《国有企业与私营企业的产权结构及其对效率的影响》，《经济研究》1995 年第 7 期。

是通过对国有企业效率的这些批判研究得出，国有企业应该退出竞争性市场以解放市场效率。部分学者甚至提出了应该全面实行私有化，彻底取消国有企业的主张。张维迎明确提出让私有企业成为中国经济中的市场主体，国有企业应该全面退出垄断性行业。① 总体上来讲，这些研究大都是通过 OLS 建模测算企业效率，主要核算的是所谓的经济效益指标，进而"发现"并得出国有企业效率过低这一结论。持此观点的学者，在继承自由主义政策传统的基础上，结合新制度经济学的一些理论，同时采用计量经济学的方法，得出了我国市场经济的失败在于市场经济不够彻底的结论。

支持国有企业主导地位的学者则结合社会事实，强调国有企业对于中国经济的重要性及其核心地位。王仪祥从政策角度出发，认为国有企业改革在竞争性领域应该有针对性地进行分类改革，而不是简单地"完全退出"。② 陈波、张益锋从 AHP 分析方法出发，重新构建了企业经济效率的评价指标，并得出了国有企业在经济效率和社会效率上均占有一定优势的结论。③ 张宇和张晨则讨论了我国国有企业近年来效益改善的原因，对"国有企业效率低，利润主要来自于垄断"的观点作了有力的批判。④ 国外学者欧曼（Omran）对埃及 54 个私有化企业和国有企业的效率进行考察，发现私有企业中并不存在明显的效率改进。⑤ 由此可见，衡量国有企业作用和效率应该从更多的角度出发，不应该仅仅局限在个别经济指标层面，而应该从整个社会的角度着手分析。

其实，只是简单地通过企业效率的高低便彻底否定中国国有企业的存在意义，从而主张全面实行私有化，实质上是对中国特色社会主义经济制度的一个否定。我们知道，从社会整体的视角出发，国有企业承担了大量社会职能，毫无疑问是不可或缺的。本文运用生物动力学演化模型，试图为分析国有企业问题提供一个新的视角。本文的结构如下：首先，对生物

---

① 张维迎：《国企改革非改不可》，《资本市场》2015 年第 11 期。

② 王仪祥：《国有企业不宜完全退出竞争性领域》，《经济学动态》2010 年第 10 期。.

③ 陈波、张益锋：《我国国有企业高效率论——基于层次分析法（AHP）的分析》，《马克思主义研究》2011 年第 5 期。

④ 张宇、张晨：《"国有企业垄断论"的谬误》，《政治经济学评论》2010 年第 1 期；张晨、张宇：《国有企业是低效率的吗》，《经济学家》2011 年第 2 期。

⑤ Omran. M，"The Performance of State-Owned Enterprises and Newly Privatized Firms：Does Privatization Really Matter"，*World Development*，No. 32（2004），pp. 1019 - 1041.

动力学模型进行梳理和介绍；其次，从数量演进的角度对模型进行一些改进，进而分析国有企业存在的必要性问题；最后，从固定资本量的角度深入分析国有企业存在的必然性和必要性，同时通过统计测算来对这一结论提供佐证。

二　生物动力学模型

众所周知，生物学与经济学之间一直以来有着较大的联系，马尔萨斯的经济理论，其中很大一部分对达尔文产生了巨大的影响。近年来，以霍奇逊为代表的欧洲老制度主义经济学家也试图复兴达尔文思想在经济学中的应用。近期兴起的演化经济学认为，生物学中物种演化的思想和经济社会演化的思想有诸多共同之处。演化经济学的兴起，一定程度上为经济学的发展提供了新的范式。本文则借鉴演化论里相关文献的生物动力学方法，[①] 试图将其拓展到中国现实的分析和应用中。

我们知道，生物学中最为常用的模型是 Logistic 模型：

$$\frac{dn}{dt} = rn(N - n) \qquad (1)$$

其中 n 代表物种数量，N 代表资源约束情况，r 则是一个反映增长速度的参数。这是一个典型的"S"形增长曲线，往往和生物学里面所谓的"J"形增长曲线相对比。可以看出早期由于物种的数量很少，所以可以近似地认为资源约束是无限的，但随着物种数量的增加，资源数量必定约束了种群的增长速度和数量。在这个意义上，增长的本质就是生物数量和环境资源之间的一种动态平衡关系。

Logistic 模型描述了单一物种与环境整体的联系，本质上是对马尔萨斯指数增长体系的改进。这一模型的不足之处是难以描述不同物种之间的关系，如果我们把这个模型应用到国企、私企问题的分析上，则无法准确描述国企和私企的内在联系。对比之，洛特卡和沃尔泰拉（Lotka & Volterra）针对不同物种关系提出了一套生物动力学方程，可用以考察多个物种之间

---

① 杨正东、甘德安：《中国国有企业与民营企业的数量演进——给予种群生态学的仿真实验》，《经济评论》2011 年第 4 期；陈平：《代谢增长论：市场份额竞争、学习不确定性和技术小波》，《清华政治经济学报》2014 年第 2 期。

的交互关系。① 这里，我们可以将该模型应用于国企与非国企关系问题的分析上。

首先我们考察两个物种竞争的 Lotka-Volterra 模型：

$$\frac{dn_1}{dt} = r_1 n_1 (N_1 - n_1 - \beta_1 n_2)$$

$$\frac{dn_2}{dt} = r_2 n_2 (N_2 - n_2 - \beta_2 n_1) \tag{2}$$

其中，n_1、n_2 分别代表两种物种数量，N_1、N_2 代表两种物种的资源承载力，r_1、r_2 是反映增长速度的参数，β_1、β_2 代表了两个物种的竞争情况（或者一个物种对另一个物种资源的抢占情况）。Lotka-Volterra 模型在生物学中是一个极其常见的模型，对于模型本身的介绍我们在此不再赘述。由上述模型我们发现：国有企业和私有企业的关系可以按照两个不同物种之间相互竞争的模型来描述。换言之，参数 n_1、n_2 则可以分别代表国企和私企的数量，N_1、N_2 代表二者的增长空间，β_1、β_2 代表了国企和私企的竞争情况，同时也是反映增长速度的参数。

为了更加客观地反映实际问题，我们在此有必要引进一个"退出机制"。这在生物学中代表生物个体的消亡，在我们的分析中代表的是企业的破产倒闭。为了简单起见，我们引入一个线性的退出模型：

$$\frac{dn_1}{dt} = r_1 n_1 (N_1 - n_1 - \beta_1 n_2) - Q_1 n_1$$

$$\frac{dn_2}{dt} = r_2 n_2 (N_2 - n_2 - \beta_2 n_1) - Q_2 n_2 \tag{3}$$

如果我们引入一个新的变量"有效资源约束"，上述方程则可以变为：

$$\frac{dn_1}{dt} = r_1 n_1 (C_1 - n_1 - \beta_1 n_2)$$

$$\frac{dn_2}{dt} = r_2 n_2 (C_2 - n_2 - \beta_2 n_1) \tag{4}$$

为简化分析，这里讨论 $\beta_1 = \beta_2 = \beta$ 的情形。考察最终系统的稳定情况可以发现，当增长率为 0 的时候，国有企业和私有企业数量都达到了一个稳定的均衡水平：

① Volterra, Vito, "Fluctuations in the Abundance of a Species Considered Mathematically", *Nature*, No. 118 (1926), pp. 558 – 560.

$$n_1^* = \frac{c_1 - \beta c_2}{1 - \beta^2}$$

$$n_2^* = \frac{c_2 - \beta c_1}{1 - \beta^2} \qquad (5)$$

再考虑到非负条件，则需满足$n_1^* > 0$，$n_2^* > 0$，由此可得：

$$C_1 - \beta C_2 > 0, C_2 - \beta C_1 > 0 \Rightarrow \beta < \frac{C_1}{C_2} < \frac{1}{\beta}$$

此时国有企业和私有企业在市场中形成了共存的局面，但都没有达到各自所能达到的数量极限（由于资源竞争）。相对地，如果不满足上述条件，最终状态一定是：$n_1^* = 0$，$n_2^* = C_2$或者：$n_1^* = C_2$，$n_2^* = 0$，也就是国有企业和私有企业最终会形成只有国企或只有私企的极端情形。

其次，我们进而可考察具有捕食关系的两物种 Logistic-Volterra 模型：

$$\frac{dn_1}{dt} = r_1 n_1 (N_1 - \beta_2 n_2)$$

$$\frac{dn_2}{dt} = r_2 n_2 (-N_2 + \beta_2 n_1) \qquad (6)$$

这一模型实际上和前述的动力学模型相类似，仅仅是在第二个方程上出现了符号差别。这一模型实际上揭示了两个物种之间此消彼长的周期性变动趋势：当前者增长时，后者减少；当后者增长时，则前者减少。将此运用到本文的研究问题上，可知这一方程的实际意义就是，国有企业和私有企业的数量实际上处于此消彼长的周期性波动中。

三 企业数量的动态演进模型：一个改进

为了得到企业数量的动态演进结果，我们首先需要对方程中的参数进行估算。我们可以先参考离散系统中差分方程形式，并对该模型的参数进行测算；其后，设定 1990 年的企业数量为初值，并运用测算参数对整个系统进行模拟。在此，我们可以对原方程作如下调整：

$$\frac{dn_1}{dt} = a_1 n_1 + b_1 n_2 + c_1 n_1^2 + d_1 n_1 n_2$$

$$\frac{dn_2}{dt} = a_2 n_1 + b_2 n_2 + c_2 n_2^2 + d_2 n_1 n_2 \qquad (7)$$

对此方程测算出的参数结果和显著性水平如表 1 所示。

表1　　　　　　　　　　　国有企业和私营企业数量参数测算

参数名	数值	t 值	显著性
a_1	0.4168514	0.00329	显著（1% 显著性水平）
b_1	0.6404023	0.17773	不显著
c_1	-0.0005268	0.01940	显著（5% 显著性水平）
d_1	-0.0223668	0.18109	不显著
a_2	0.007032	0.980	显著（10% 显著性水平）
b_2	0.187677	0.4610	不显著
c_2	-0.012187	0.5883	不显著
d_2	-0.002885	0.0212	显著（5% 显著性水平）

　　在此需要说明的是，上表中造成国有企业相关参数不显著的主要原因是，国有企业数量波动较大——每年的数据都存在巨大的波动性。当然，可能也会有一些其他因素造成数据的不规律性，从而使得统计测算的显著性水平较低。

　　通过对上述数据结构进行建模测算，可以得到如下的结果：

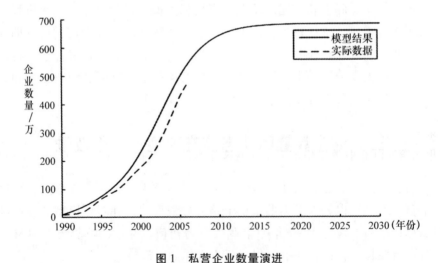

图1　私营企业数量演进

数据来源：张厚义等：《中国私营企业发展报告 No. 1》，社会科学文献出版社 2000 年版；张厚义等：《中国私营企业发展报告 NO. 4》，社会科学文献出版社 2003 年版；张厚义等：《中国私营企业发展报告 NO. 6》，社会科学文献出版社 2005 年版。

　　图 1 展示了私有企业数量变动情况，可以看出，实际结果略小于我们的

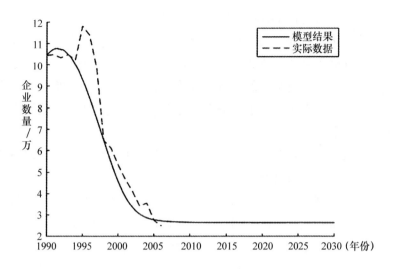

图 2 国有企业数量演进

数据来源：《中国统计年鉴》各年。

预测结果。图 2 中国有企业数量波动虽较为剧烈，但基本符合我们的预测结果。此外，我们还发现，国有企业和私有企业的数量最后都维持在一个较为稳定的水平：私有企业大约在 680 万左右，国有企业则稳定在 2.7 万左右的水平。事实上，这一稳定的收敛水平与初值条件无关。无论最初的国有企业规模（数量）和私有企业规模（数量）是多少，经过一定时间后必定会收敛到这一稳定数量水平。也就是说，企业数量的稳态其实反映了包括国家政策、经济环境等因素在内的经济发展的稳定水平。不过需要注意的是：在这里尽管实际企业数量稳定不变，但这并不是一种静态平衡，而是由退出市场的、倒闭的企业和新进入市场的企业形成的一种动态平衡。

四 国有企业和私有企业的固定
资本考证：一个发展

通过对企业数量进行建模，来分析国有企业和私有企业在国民经济中的作用，我们可以看到：单纯从数量上来说，国有企业存在一个较低数量水平的稳定；私有企业则存在较高数量水平的稳定。但是，利用企业数量作为后续结论的有效证据至少存在两个方面的不足。

　　第一，尽管通过企业数量确实可以达到某一个稳态，但是，这仍然无法解释企业数量背后的真实状态。例如，如果一个大型企业分拆成了 4 个小型企业，那么尽管从企业数量的角度来看，有了明显的增长，但是在实际经济运行中，这一类企业的实际力量并没有改变。所以，要进一步分析我国国有企业和私有企业对于经济实体的影响力，我们需要从资本角度重新考虑这一问题。

　　第二，通过数据的比较可以发现，我国目前给出的企业数据尚不完整。以上的国有企业数据是指我国工业企业中规模以上的国有企业数量，而私有企业数量则来自于非官方的统计数据及报告。[①] 此外，一些数据库给出的数据（如中宏数据库、EPS 等）也存在一定偏差。例如，官方数据显示我国国有企业数量在 2010 年以后激增至 20 万以上，这与过去的数据趋势完全相反，而且它们对中间的几年数据缺失也缺少一个合理解释。

　　关于企业的固定资本，我们测算了如下形式的方程：

$$\frac{dn_1}{dt} = a_1 n_1 + b_1 n_1^2 + c_1 n_1 n_2$$

$$\frac{dn_2}{dt} = a_2 n_2 + b_2 n_2^2 + c_2 n_1 n_2 \tag{8}$$

测算出的参数结果和显著性水平如表 2 所示。

表 2　　　　　　　　　　国有企业和私营企业固定资本参数测算

参数名	数值	t 值	显著性
a_1	5.932×10^{-1}	0.0209	显著（5% 显著性水平）
b_1	-1.062×10^{-5}	0.0642	显著（10% 显著性水平）
c_1	5.970×10^{-6}	0.1010	不显著
a_2	4.251×10^{-1}	0.0623	显著（10% 显著性水平）
b_2	1.109×10^{-6}	0.6932	不显著
c_2	-2.783×10^{-6}	0.5428	不显著

　　造成表 2 中个别参数不显著的主要原因在于测算国有企业数据波动较

---

　　① 中华全国工商业联合会、中国民私营经济研究会：《2004—2006 中国私营经济年鉴》，中国工商联合出版社 2007 年版。

大，此外，经济政策等影响所导致的不显著性表现得也较为明显。

由此，我们按照之前的模型分析，对固定资本做类似的测算。通过模型的测算以及数据比较，我们可以得出如下结果：

图3和图4分别展示了动态变化中的国有企业固定资本和私有企业固定资本的演变过程，二者均表现出了明显的"S"形增长特征。目前而言，中国国有企业和私有企业增长速度均开始放缓，而且它们都远未达到增长的极限水平。实际上，国有企业和私有企业的力量相当，尽管国有企业数量较少，但是实际上由于单个企业的实力较强，国有企业的固定资本总量实际上与私营企业的水平相当。而长期预测结果也表明，国有企业在今后仍会占据国民经济的较大比重。

结合"中国经济新常态"，上述结果也表明，从国有企业和私有企业综合角度来考察中国经济，可以得出，中国经济增长速度将出现下降趋势，但是在总量上仍有很大的增长空间。中国经济增速实际上将在20年以后达到一个低速增长的时期，但是那时候的经济总量已经是很高的水准了。我国实际经济增速确实在近几年出现平缓下滑，这也是符合我们的预测结果的。

需要注意的是，我们建立的这个模型还可以得出一个非常重要的结

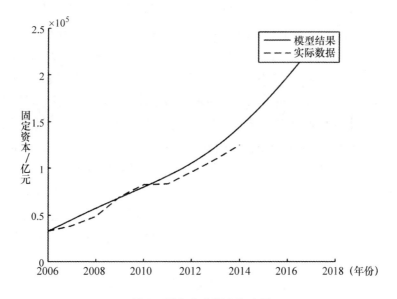

图3　国有企业固定资本量

数据来源：《中国统计年鉴》各年。

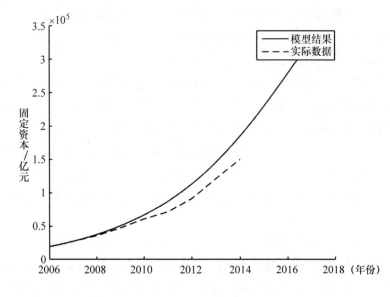

图 4　私营企业固定资本量

数据来源：《中国统计年鉴》各年。

果：如果某一类固定资本为零，模拟结果会出现巨大的差异性。具体表现为：当私有企业固定资本为 0，而国有企业固定资本在短期增长后，会停留在一个较低水平。相比于私有企业，在仅存在国有企业的时候，国民经济可以正常运行，但是经济规模会小于私有企业存在的情形。这实际说明：国有企业的存在其实不依赖于私有企业，但是由于缺少了竞争性激励，国有企业的发展规模受限，反而表现为整体经济的可发展空间较少。

如果设定国有企业固定资本为 0，私有企业的增长呈现了"J"形曲线的形式。这种增长实际上就是马尔萨斯曾经提出的人口指数增长。私有企业的资本将会疯狂增长，不受任何限制。这样的结果实际上对于经济体而言是毁灭性的。社会资源是有限的，疯狂增长的私有企业资本将会远远超出实际经济的承受能力，在短暂的繁荣过后，疯狂的资本将会彻底毁灭一个经济体。从这一点来看，实际上资本主义经济体周期性的经济危机就来自于不受限制的私有企业资本增长和无节制的扩张。以 2008 年国际金融危机为例，美国私有企业资本增长迅速，表面上一片繁荣，但是经济体已经无法提供相应的社会资源，于是最终爆发了严重的经济危机。

从固定资本分析中，我们可以得出一些重要的结论。首先，国有企业

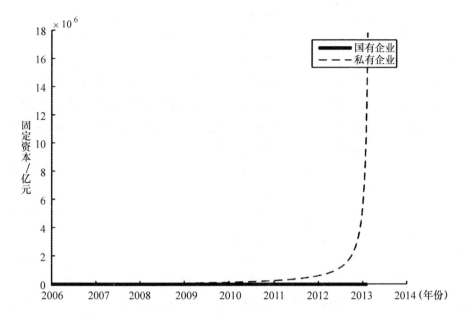

图 5 假设国有企业固定资本量为零的情形

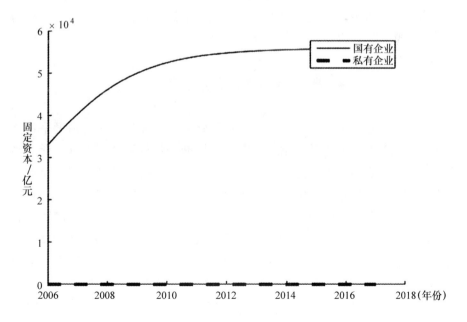

图 6 假设私营企业固定资本量为零的情形

对于我国社会的存在是不可或缺的，具体体现为两大作用，即对私有企业的引导作用和对社会发展的稳定作用。国有企业是国民经济中最为重要的调节器，国民经济的健康发展离不开国有经济的巨大作用。其次，私有企业对于我国经济的健康发展也是有一定意义的。私有企业有效激发了我国经济发展的活力，促进了我国高水平的经济发展。而这两点相结合，实质上也表明，中国特色社会主义坚持公有制为主体是先决条件，而鼓励市场发挥作用则有力促进了经济快速发展。

最后，对于模型本身的一些性质作出讨论。这里假设初值为零，其实是一种非常特殊的情况，只有在这种极端特殊的前提下，模型最终收敛到了不同水平的均衡值。但是一旦两者初值均不为零，那么实际上确实出现了不同的经济增长曲线，而最终的收敛水平确实是稳定的，而且是与初值无关的。这一类模型的基本方法就是，先通过数据"训练"模型，得出模型中参数的测算结果，进而得到了一个稳定的均衡增长水平。这其实和当今数据科学和人工智能领域中的建模思路是基本一致的。此外，由于模型的形成是根据已有的数据"训练"而得到的，那么实际上，模型测算的参数反映的是现有社会结构和社会环境，这些参数就是我们模型的外生变量。当然，不可否认的是，此类模型的一个不足之处，就是目前还无法精确地反映来自于社会结构、所有制等变化后的演化过程。

五　国有企业和私有企业的经济角色

关于国有企业和私有企业关系问题的研究，单纯从企业的角度来考察的文献占据多数。然而从生物动力学演化模型分析结果看，国有企业和私有企业其实存在着相互促进的关系。事实上，中国绝大部分的国有企业都处在诸如钢铁、电信、能源等重工业领域，而绝大多数私有企业都处在以制造业为核心的轻工业和部分服务业领域。而这一点对于我们理解国有企业和私有企业在数量上的差异至关重要：重工业由于行业进入门槛较高，所以自然企业数量较少；轻工业由于行业进入门槛较低，所以私有企业的数量居多。与此同时，我们也应看到，考察企业重要性并不应该仅仅从数量上来衡量，而从固定资本量来衡量其实是一个更为合理的指标。诚然，仅仅通过数量的演进分析，我们甚至可以得出，国有企业的稳定数量仅有两万多，远小于私有企业发展的七百万左右的水平。但是若从固定资本量来看国有企业，其数量虽少但是具有强大的实力，相反私有企业数量虽多但是每个企业的实力非常有限。

从生物动力学模型分析很容易理解这一事实：国有企业和私有企业的竞争通过各自不同的优势实现稳定。国有企业类似于在生物链中处于较高层级的生物，所以自然数量少，但是个体力量大；私有企业则类似于在生物链中处于较低层级的生物，所以个体力量小，须通过数量来弥补不足。当然这里仅仅做一个类比，实际的国有企业和私有企业的关系远比这一简单的生物链类比复杂得多。

从固定资本的测算中得到的重要结果是：在假设国有企业和私有企业最初数量分别为 0 的初值下，国民经济有着完全不同的走向：存在或者毁灭。这一结果实际上佐证了国有企业对于中国经济的稳定和发展都是不可或缺的，而私有企业的存在仅在促进经济发展上有着一定的积极作用。没有私有企业，中国的国有企业发展水平虽不会达到目前这样的高度，但经济体本身依然可以稳定正常运转。而没有国有企业，私有企业的发展处于疯狂增长状态，短期内就会彻底消耗尽一切社会资源，进而引导整个经济体走向危机，甚至走向崩溃。

国有企业是我国经济发展的基石，可以独立于私有企业稳定存在而保证国民经济继续发展；国有企业同时也是经济发展的调节者，引导着私有企业的合理发展。私有企业在一定程度上激发了整体经济的活力，引入私有企业可使得市场竞争机制更为有效，从而促进中国经济整体效率的提升。从这个意义来看，这与现在提出的混合所有制的概念相契合，对于中国特色社会主义的发展具有重要的实践意义。

只需要反思民营化吗？*

——谈我国公用事业改革的理论误区

刘　震**

一　公用事业的概念界定

对公用事业进行学术探讨，需要对其概念进行界定。首先，公用事业与公营事业存在较大的差异。所谓公营，是从所有权的意义上强调公共占有，可以泛指国有企业或其他国有经济生产部门；而公用事业的界定则取决于生产部门所提供的产品是否具有一定的"公共"属性，即较弱的排他性和竞争性。其次，由于公用事业仅要求提供的产品为"准公共品"，因此包括国防、教育（义务教育范畴）、警察等在内的纯公共品不应纳入公用事业的讨论范围以内。正是由于公用事业的产品具有一定的排他性和竞争性，才使得市场机制的引入存在改善其供给状况的可能，并引发是否鼓励民营化趋势的争论；而公共产品的供给是公民应享有的平等的基本权利，其数量和质量根据社会发展情况进行统一调整，这一过程中并不存在市场的作用空间。根据 2005 年 9 月建设部发布的《关于加强市政公用事业监管的意见》（以下简称《意见》）的规定："市政公用事业是为城市居民生产生活提供必需的普遍服务的行业，主要包括城市供水排水和污水处理、供气、集中供热、城市道路和公共交通、环境卫生和垃圾处理以及园林绿化等。"国外权威的界定还包括《大英百科全书》和美国加利福尼亚州的《公共事业法典》等，在《意见》的基础上，还增加了电力和通信等

＊　本文原载《政治经济学评论》2015 年第 6 期。
＊＊　刘震（1976—　），男，江苏江阴人，清华大学马克思主义学院副教授，博士生导师，清华大学继续教育学院院长。

内容。本文中的公用事业概念倾向于采取国外的权威界定方法，这是基于准公共品范围会随着社会发展而拓宽，随着乡镇电力供应水平和以通信、网络为代表的信息化程度的提升，《意见》所规定的市政公用事业标准恐已不能涵盖居民的基本需求，而国外的权威界定能够更好地适应我国当前的社会发展阶段。

二　我国公用事业改革的理论与实践概述

我国公用事业民营化改革依据主要来自于国外，尤其是西欧 20 世纪 70 年代开始的私有化的理论与实践。支持公用事业民营化的观点在资本主义制度的研究者和社会主义制度的研究者中同时存在，前者中的代表理论包括产权理论、公共选择理论；后者则主要包括软预算约束理论和棘轮理论。产权理论认为，① 明晰的产权制度可以为企业提供清晰而单一的生产目标，进而减少管理博弈中的交易成本。这一理论要求国营企业政企分开，还原生产单位单一的追逐利润最大化的企业属性。公共选择理论认为，② 国营企业的高效必须建立在企业负责人高度的社会责任感和精明的市场需求调研和甄别能力的基础上，而传统国营企业往往缺乏有效的激励机制和监督机制来保障企业负责人的道德品行和积极的工作态度。这一理论的直接结论是私人企业效率高于国营企业。软预算约束理论认为，③ 由于社会主义体制下不允许或要尽可能避免出现破产企业，因此企业缺乏有力的财政约束，而企业管理者的考核主要以产量为指标，因此他们可能在边际效益为负的情况下进行生产。这一理论可以用以解释国营企业普遍出现的财政赤字现象，它要求国营企业进行独立的经济核算，自负盈亏。棘轮理论④则描述了与软预算约束理论相反的情景，认为尽管管理人员会受到高产量任务完成的奖励，但生产计划的制订会像棘轮一样年次递增，管理者可能为了避免次年更高的生产指标带来的过大压力而选择放弃全力生

① Coase R H., "Problem of Social Cost", *Journal of Law & Economic*, Vol. 3, No. 1 (1960).

② ［美］安东尼·唐斯：《民主的经济理论》，姚洋、邢予青、赖平耀译，上海人民出版社 2010 年版。

③ ［匈］亚诺什·科尔奈：《短缺经济学》上卷，高鸿业校，经济科学出版社 1986 年版。

④ Berliner J. S., "The Informal Organization of the Soviet Firm", *The Quarterly Journal of Economics*, Vol. 66, No. 3 (Aug 1952).

产。这一理论用以解释国营企业的低效率情况，它要求给予企业自主的生产计划制订权，并针对具体情况制订管理者的考核机制。

除了理论支持外，在西欧私有化浪潮初期还存在大量国有与私人公用事业企业之间效率对比的实证研究，并大多为论证民营化的必要性服务。以水务部门为例，科伦和扎德库①、布鲁金克②、费根鲍姆和蒂波尔斯③、巴特查里亚④、艾德勒威勒和林斯考格⑤等学者先后作出了私营企业效率高于公营企业的实证结论。

需要特别注意的是，这一时期西欧国家公用事业民营化的理论与实践并非孤立，而是与新自由主义兴起的时代背景有关。产权理论、公共选择理论、软预算约束理论及棘轮理论并非针对公用事业这一特殊领域提出，而是适用于当时的整个国有部门，公用事业的国有与私营的效率对比也是混杂在包括钢铁、航空运输、机械制造在内的更广泛的行业研究中的。

国内公用事业民营化改革实践尽管在时间上迟于西欧国家，但其理论依据仍基本沿用 20 世纪七八十年代的观点并无明显创新。1993—2002 年，公用事业的改革主要表现为企业内部的政企分开、现代管理制度的建立，这些举措为多元资本的引入奠定了基础。2002 年 1 月，原国家计委颁布《"十五"期间加快发展服务业若干政策措施的意见》，其中谈到鼓励非国有经济参与的经济领域就包括公用事业一项。配套文件还包括国家发改委的《外商投资产业指导》以及发改委、建设部、环保局颁发的《关于推进城市污水、垃圾处理产业化的意见》和建设部的《关于加快市政公用行业市场化进程的意见》等。⑥ 在已有的制度基础和新的政策条件下，通过民间资金或外资直接进入、通过特许经营权方式进入或国有公用事业企业通

① Crain W. M., Zardkoohi A., "A Test of the Property-rights Theory of the Firm: Water Utilities in the United States", *Journal of law and Economics*, Vol. 21, No. 2（Oct 1978）.

② Bruggink T. H., "Public versus Regulated Private Enterprise in the Municipal Water Industry: A Comparison of Operating Costs", *Quarterly Review of Economics and Business*, Vol. 22, No. 1（1982）.

③ Feigenbaum S, Teeples R., "Public versus Private Water Delivery: A Hedonic Cost Approach", *The Review of Economics and Statistics*, Vol. 65, No. 4（Nov 1983）.

④ Bhattacharyya A, Parker E, Raffiee K., "An Examination of the Effect of Ownership on the Relative Efficiency of Public and Private Water Utilities", *Land Economics*, Vol. 70, No. 2（May 1994）.

⑤ Idelovitch E, Ringskog K., "Private Sector Participation in Water Supply and Sanitation in Latin America", *World Bank Publications*, 1995.

⑥ 王俊豪等：《中国城市公用事业民营化绩效评价和管制政策研究》，中国社会科学出版社 2011 年版，第 10—11 页。

过上市融资吸收民资或外资等方式实现公有事业民营化的案例大量出现在广东、浙江、江苏、北京等东部发达城市。[①] 与实践相对应，这一时期国内的理论观点也明显倾向于公用事业的民营化，常欣提出了中国基础部门（公用事业）在市场经济条件下开展竞争的客观必然性；[②] 肖兴志提出需要突破国有是自然垄断产业唯一的所有制模式的理论束缚，探索自然垄断产业可能的竞争机制；[③] 王俊豪、周小梅认为，应采用渐进式民营化改革的方式实现自然垄断产业的竞争。[④] 在国内公用事业民营化改革的快速推进时期，在西欧却是对于私有化改革的反思时期。随着私有化改革的深入，其弊端不断显现，西欧国家对于私有即效率的迷信也开始破除，包括单一的所有制要素对企业效率没有显著影响[⑤]、私有可能损害弱势群体利益[⑥]、私有并不能促进竞争进而改善效率[⑦]等反对观点被相继提出。魏伯乐等在《私有化的局限》中讲述了数十个私有化成功或失败的公用事业领域的改革案例，说明私有与公营并没有绝对的利弊，都需要一定的制度支撑。[⑧]

除了效率高低的理论争议外，公用事业的民营化还具有更加宏观的经济因素。20世纪70年代，西欧国家普遍出现了经济停滞现象，政府为刺激经济，按照凯恩斯主义的思路纷纷扩大财政支出，但经济增速缓慢的问题并未解决，反而引发了严重的通货膨胀。经济增速过低影响了政府的财政收入，使得财政赤字迅速扩大，在这种情况下推行私有化改革，既是对于新的经济调控思路的尝试，也有助于缓解政府的财政压力。我国2002年以来的公用事业改革也不乏财政的考量因素。仍以水务部门的改革为例，2002—2007年就发生了上海浦东、深圳、合肥、厦门、常州、昆明、常熟等涉及德国、美国、法国跨国水务公司在内的多起溢价收购事件。[⑨]

---

① 王俊豪等：《中国城市公用事业民营化绩效评价和管制政策研究》，中国社会科学出版社2011年版，第40—41页。

② 常欣：《规模型竞争论：中国基础部门竞争问题》，社会科学文献出版社2003年版。

③ 肖兴志：《自然垄断产业规制改革模式研究》，东北财经大学出版社2003年版。

④ 王俊豪、周小梅：《中国自然垄断产业民营化改革与政府管制政策》，经济管理出版社2004年版。

⑤ Hjalmarsson L, Veiderpass A., "Efficiency and Ownership in Swedish Electricity Retail Distribution", *Springer Netherlands*, Vol. 3, No. 1 – 2 (1992), pp. 7 – 23.

⑥ Klein M, Irwin T., "Regulating Water Companies", Washington, DC: World Bank, 1996.

⑦ Hall, D., "Water in Public Hands", PSIRU: London, www. psiru. Org, 2001.

⑧ ［德］魏伯乐、［美］奥兰·扬、［瑞士］马塞厄斯·芬格：《私有化的局限》，王小卫、周缨译，上海人民出版社2006年版。

⑨ 石淑华：《中国公用事业民营化改革的若干反思》，中国经济出版社2012年版，第97—98页。

而 2007 年以后，类似案例更加频繁（仅 2007 年就发生四起），溢价幅度明显提高（溢价幅度从 2007 年前的 50%—95% 提高到 200%—300%）。对比 2000 年前后国有企业在"抓大放小"政策下的大量廉价出售，公用事业的出售收益就显得更具诱惑力。过快的公用事业民营化进程也引发一些问题与争议，产品价格的抬高和服务中的安全隐患促使建设部于 2005 年 10 月出台了《关于加强市政公用事业监管的意见》。与此同时，国内不仅探讨公用部门是否应该民营化，而且具体探讨民营化过程中的制度监督的文章也开始出现，刘戒骄按照公用事业的非网络环节、网络环节和监督环节的三维分析框图探讨了公用事业如何具体引入竞争机制以及配套监督机制的问题；[1] 王俊豪探讨了民营化的负面效应与管制需求，并从市场准入与退出、价格、质量、安全、标准、网络、竞争秩序等方面提出了政府管制政策建议；[2] 石淑华提出了"公众利益"还是"部门利益"的规制目标质疑，认为民营化改革对社会低收入者造成了不利影响；谢地和刘佳丽从政府与市场的关系处理的角度出发，认为按照政府规制与市场竞争互补融合理念建立健全我国城市公用事业政府规制体系迫在眉睫；[3] 严宏、孙照红认为，需要在民营化改革的同时建立合理的考核机制以调动地方政府的自主性，并建立公民与政府的协商机制促进政府的民主化转型。[4]

　　然而理论的争端并不能直接作用于政府行为，数据和实际情况表明，政府主要希望通过公用事业的民营化减少财政负担。根据 2013 年 12 月审计署公布的《全国政府性债务审计结果》，中国地方政府负有偿还责任的债务增长较快，部分地方和行业债务负担较重，地方政府性债务对土地出让收入的依赖程度较高，形势较为严峻。在这样的财政背景下，地方政府出售公用事业的动机就可能越来越大。2010 年，国务院颁布了《关于鼓励和引导民间投资健康发展的若干意见》，其中明确提出："鼓励民间资本参与市政公用事业建设，支持民间资本进入城市供水、供气、供热、污水和垃圾处理、公共交通、城市园林绿化等领域。"结合地方政府的财政压力

---

[1]　刘戒骄：《公用事业：竞争、民营与监督》，经济管理出版社 2006 年版。

[2]　王俊豪等：《中国城市公用事业民营化绩效评价和管制政策研究》，中国社会科学出版社 2011 年版。

[3]　谢地、刘佳丽：《深析政府与市场关系之困——公用事业市场化改革的中国之路》，《人民论坛·学术前沿》2015 年第 12 期。

[4]　严宏、孙照红：《城市公用事业民营化与地方政府转型——以兰州自来水污染为例》，《马克思主义与现实》2014 年第 5 期。

与中央的政策导向，公用事业民营化改革的趋势恐将不能遏止。

三　公用事业的特殊性质及其改革的理论误区

尽管改革的方向并不由理论的争议所决定，但我们仍然有必要对于改革的理论支撑进行学术探讨，以便于在现有改革预期的基础上提出政策建议，或提出更加长远的制度规划。

服务于一般性生产企业的私有化改革理论并不能完全适用于我国的客观实际。在社会主义市场经济体制的建立过程中，包括公用事业在内的我国国有企业已经基本完成了政企分开、权责明晰、独立核算、自负盈亏的改革措施，政府对于企业的干预主要通过具体的制度约束完成，而非不稳定的政治命令，企业管理者的任命也开始探索市场化招聘的模式。因此，产权理论、公共选择理论、软预算约束理论、棘轮理论中所描述的国有企业弊端并不存在或不明显存在于我国的国有经济中，它们不能构成当前公用事业深化民营化改革的理论依据。

但从另一方面看，我国公用事业中的国有企业改革的结果与倡导私有化改革的学者所制定的目标相一致，这是否是一件好事呢？答案恐怕是否定的。《私有化的局限》一书中指出，公用事业私有化的失败表现包括：（1）未能显著减少财政的支出；（2）服务质量显著下降；（3）产品或服务价格增加；（4）企业裁员，引发失业；（5）造成当地环境污染等其他社会问题。这些问题的产生与私有化甚至市场化改革的逻辑和公有事业的行业特点有密切的关联。

首先，公用事业提供的产品属性为准公共品，准公共品属性即意味着：其一，公用事业提供的产品具有较强的民生保障功能，是民众日常生活水平不可或缺的；其二，这些产品并不是充足的，在产品和服务的数量和品质上随着居民消费水平的变化而呈现差异，因此在民营化改革中，民营企业要求充分的生产和销售中的自主权，并追逐附加在这种主观能动性中的利润空间。这就使得生产者通过抬高价格的方式增强其收益成为可能，使公用事业成为新的资本增值的温床。实际上，企业在竞标时的高溢价，就往往通过获得公用事业的长期经营权后制定垄断价格的方式，将溢价成本转嫁到消费者身上。在我国，已有昆明水务改革的案例。2005 年，昆明市自来水集团与威立雅签署合作协议后，2006 年、2007 年昆明水价连续上调，居民生活用水成本达 2.8 元/吨，在各大省份省会城市中高居第 8 位。近年来我国在公用事业的产品和服务的供需关系上呈现出了供不应求的现象，这源自于改革开放以来我国人均收入的较快增长和公用事业投入的不足。然而需要注意的是，我国公用事业的供不应求现象伴随着公民公共品、准公共品的支出在收入中占比的增大，公民的准公共品消费负担在加重，包括水消费成本在内的一些准公共品消费成本甚至接近了发达国家水平。① 这意味着公用事业服务的供给量的提升绝不应以服务价格的进一步提升、居民消费负担的加重为代价，资本导向的私有化改革方案是与公用事业的产业特征相违背的。国外公用事业改革的失败案例比比皆是，具体如表 1 所示：

表 1　　　　　　　　　国外公用事业改革中的典型失败案例

失败表现	典型案例
未能显著减少财政的支出	日本铁路私有化改革后，为同时兼顾旅客和企业的利益，政府不得不在企业缺乏利润、服务动机较弱的环节（如偏远地区、客流低谷时段的铁路交通服务）给予补贴②
服务质量显著下降	英国的铁路私有化造成了基础设备的维护不当、工作人员培训不足、事故发生后处理不及时等问题③
产品或服务价格增加	马尼拉的马尼拉德国际水务服务公司在签订合同一年后，便以东南亚金融危机为由，从承诺的每单位 4 美分连续提价至 28 美分④
企业裁员，引发失业	赞比亚的联合铜矿有限公司在私有化过程中逐步裁员过万名，同时托儿所、医院等社会服务业全部瓦解⑤
造成当地环境污染等其他社会问题	保加利亚的贝尔多普铜业公司⑥

---

① 石淑华：《中国公用事业民营化改革的若干反思》，中国经济出版社 2012 年版，第 127—133 页。

② ［德］魏伯乐、［美］奥兰·扬、［瑞士］马塞厄斯·芬格：《私有化的局限》，王小卫、周缨译，上海人民出版社 2006 年版，第 146 页。

③ ［德］魏伯乐、［美］奥兰·扬、［瑞士］马塞厄斯·芬格：《私有化的局限》，王小卫、周缨译，上海人民出版社 2006 年版，第 138 页。

④ ［德］魏伯乐、［美］奥兰·扬、［瑞士］马塞厄斯·芬格：《私有化的局限》，王小卫、周缨译，上海人民出版社 2006 年版，第 39 页。

⑤ ［德］魏伯乐、［美］奥兰·扬、［瑞士］马塞厄斯·芬格：《私有化的局限》，王小卫、周缨译，上海人民出版社 2006 年版，第 66 页。

⑥ ［德］魏伯乐、［美］奥兰·扬、［瑞士］马塞厄斯·芬格：《私有化的局限》，王小卫、周缨译，上海人民出版社 2006 年版，第 70 页。

其次，公用事业具有自然垄断属性，市场机制在资源配置中发挥的作用有限。支持民营化改革的观点除了认为私人资本具有较强的主观能动性外，还认为民营者的引入可以加剧服务提供方之间的竞争。当企业处于完全竞争的市场中，消费者具有较大的选择空间，个别企业的经营状况利好的同时可以说明消费者对其提供产品或服务的认可和信任，这时提供优质服务的企业获得了较大收益，而以货币投票的消费者获得了优质产品或服务，企业的效益与消费者的效益是相对一致的。但公用事业往往具有较强的地域性，呈现自然垄断特征，消费者不能以货币投票，而只能以脚投票，居民的生活流动性一般较弱，这就使得买卖双方地位明显不均等。自然垄断行业引入竞争，只能通过分离经营权和所有权、竞标经营权的方式实现。又由于公用事业在物理属性上表现出较强的网络性，即产品从生产到消费的核心过程不仅在于生产过程，同时包含传输过程，供水、供热、供电、供气等产业内着着广阔的管道架设，沉淀成本很大，经营权的时段划分太过分散，会妨碍固定资本的创新，因此在竞标的过程中企业常常可以一次性获得数十年的地区公用事业主导权。这样长期的经营权也就使得市场竞争的引入名存实亡。垄断不仅不利于消费者与企业间的博弈，也弱化了政府与企业的议价能力。法国格勒诺布尔在 1989 年进行了供水服务的私有化并授权苏伊士公司进行当地的水务管理；其后，尽管有迹象表明该公司通过做假账和操纵经济指数等方法抬高供水价格，但政府却由于畏惧终止合同所需支付的巨额赔偿而犹豫不决，只能与苏伊士公司进行长期的法律博弈，在政府与当地社会团体的共同努力下，至 1998 年才争取到对于苏伊士公司行为不合法的宣判。吸取了这一教训后，格勒诺布尔政府重新将供水服务收归市有。①

再次，在效率与安全的目标原则之间，公用事业应更加侧重于安全原则。劳动生产率的变化，通常是衡量私有化成败的关键指标，但由于公用事业不仅关系到居民的生活体验，还可能关系到其生存问题和健康问题，因此保障安全底线有时比投入产出比的提高更加重要。2014 年 4 月 10 日，兰州市威立雅水务公司检测发现其出厂水苯含量最高超过国家标准 20 倍。

① 石淑华：《中国公用事业民营化改革的若干反思》，中国经济出版社 2012 年版，第 33—35 页。

消息一经传出，立刻在城市内造成了民众恐慌和抢水风潮。公用事业一旦出现问题，其结果往往是不可估量的，因此采用追求利润最大化的市场效率原则可能对其侧重基本权利保障的安全原则造成冲击，造成不良的社会影响。

最后，公用事业部门既提供一般消费品，也提供资本品。作为资本品生产的公用事业，不需要具备准公共品提供者的公益性，可以更多地适用市场原则，但也不仅应用市场原则。公共事业大部分部门处于产业链的顶端，其供给能力和供给品质量将对整个产业链造成辐射性的影响；其行业不仅取决于自身的管理，也依赖于后续产业链的延伸，越是庞大和先进的后续产业群，越能够从需求上为产业链上游部门提供更加广阔的市场，并从先进制造、信息技术等方面对其提供支撑。因此，公用事业的发展，对于我国宏观经济是具有显著影响的，在消费环节表现在优质的产品供给可以为居民扩大消费领域的提高创造平台（如优质的交通设施建设有利于扩大居民的私人用车需求，优质的通信设施建设有利于扩大居民的信息消费需求等），廉价的产品供给可以减少居民的准公共品消费负担，将更大的消费需求释放到私人消费品方面。在生产环节表现在优质廉价的产品供给可以保障下游企业的正常生产需求，降低其生产成本，为其提供更大的利润和积累空间，促进其产业扩张或技术革新。公用事业与一般性生产行业间的关系可类比工农业间的关系，需要通过工农业剪刀差的方式优先工业发展，由政府补贴农业的损失；在工业基础完备，尤其是机械生产能力较强之后，再对农业通过农机补贴等方式进行反哺，促进农业的机械化。这种侧重性发展模式与将各个行业抽象平等对待的彻底的市场模式也应进行区分。

四 对我国公用事业改革的反思

从 20 世纪 90 年代至今的改革历史来看，我国公用事业的民营化不是改革中独立的举措，而是公用事业企业从公共性、准公共性向资本化、强调盈利性方向纵深发展的结果，这种发展方向既包含民间资本和外资的引入，也包含国有公用事业企业自身的资本化改革；市场化导向则是以加强行业竞争为改革目标，在公共财政开支压力较大的背景下引入民间资本和外资的具体方式。如果将民营化与国有企业本身的资本化完全分割考察，将价格上涨和质量下降简单地归因为私人企业的趋利性，就不能解释客观存在的私人企业与国有企业共存于物价上涨和安全事故中的现象。考察自来水、燃气等行业的整体利润状况可以看出，自 2002 年的民营化改革以来，公用事业的利润总额都产生了显著增长，自来水、燃气行业分别从亏损扭转至 2013 年的盈利 115.08 亿元、383.93 亿元，其中包括国有及国有控股企业的 52.25 亿元和 172.36 亿元。有关安全事故可以供水行业为例，除事故原因明确、供水部门主动处理的事件外，近年来还包括 2009 年的湖北南漳"泥水门"事件、2012 年的江苏镇江水污染事件、广东东莞水污染事件和 2014 年的兰州自来水污染事件等，其中涉及的供水企业既有浙江浦峰集团、法国威立雅集团等民资、外资企业，也包括镇江市自来水公司、东莞市东江水务有限公司等国有企业。从用水价格来看，全国省会城市中自 2007—2012 年涨幅最大（均超过 50%）的城市贵阳、南宁、青岛、银川的供水企业均是北控水务集团①、南宁建宁水务投资集团有限责任公司、青岛水务集团、中铁水务集团等上市企业或集团制有限责任公司，而同期民资及外资企业供水价格涨幅差异较大，如海口的 11.6%，昆明的 23.2%，兰州的 25%，天津的 44.1% 和深圳的 42.1%。②

公用事业改革应该反思的不仅是否要迈出民营化一步，而且是长期以来的以资本化、强调盈利性为导向的改革思路。社会主义的基本特征是积累了的死劳动（生产资料）为人的需求服务，而非活劳动（人）成为死劳动（资本）增殖的工具。公用事业作为生产领域中主要为人的基本需求服务的部分，应该更多地体现其社会主义的性质。公用事业并非不能进行市场化的改革，但必须严格地考察和界定改革的范围，并为市场竞争设定合理的目标。其中属于资本品生产的部分，给予其充分的生产自主权，赋予其一定的逐利属性能够更好地适应资本品市场的需求，激发企业自身的主观能动性；而属于民生保障性物资生产的部分，仍需要在价格管制、质量控制等方面向国际先进水平看齐，设立明确的私人资本的准入门槛，在竞标过程中优先考虑企业在价格、服务质量等方面的承诺，而非企业转让时的溢价幅度、企业改革后的盈亏状况或单一的劳动生产率指标。

---

① 需要特别说明的是，北控水务集团取得贵阳公司的转让权是在 2010 年 10 月，而水价暴涨则在 2010 年 4 月，但由于转让项目的谈判自 2010 年 1 月即开始展开，因此价格上涨很可能是转让成功的关键性因素，转让时间晚于涨价时间并不排除市场化竞标对于贵阳水价增长的影响。

② 根据中国水网相关数据整理。

　　此外，由于公用事业与居民生活密切相关，在构建监督体制的过程中应充分吸收当地市民和社会团体的建议。一旦因为公用事业出现问题而引发公共危机事件时，对企业、政府的不信任和信息沟通不畅导致的居民个人恐慌和其他不理性因素，往往起到推波助澜的作用。2015 年 4 月爆发的重庆医改叫停事件就是一个鲜活的例子。《重庆市医疗服务项目价格（2014 年版）》中六大类项目价格进行了结构调整，其中大型设备检查、检验类项目价格降低，而诊查、护理、治疗、手术类项目价格被不同程度提高。尽管官方解释称价格调整后居民医疗的总费用支出并无显著变化，但受提价项目之苦影响的尿毒症等患者中却爆发了群体抗议事件。公共事业单位或部门作为公共服务价格的制定者，不可避免地会出现考虑不周全的情形。基于此，扩大价格制定的公众参与，增强决策的民主性、公开性，保障公民在企业服务、处理安全事故中的知情权，有助于提高公用事业的公信力，在危机面前最大限度地保持社会稳定。

我国农地产权制度改革与发展壮大集体经济[*]

戴双兴^{**}

土地产权制度是农村经济制度的核心，也是农村土地关系的总和。科学合理的土地产权制度是实现农村经济快速增长的重要保障。新中国成立以来，农村土地产权制度先后经历了土地农民所有、农民经营，到农民所有、集体经营，再到集体所有、集体经营，到现在的集体所有、家庭经营的农地产权制度变迁过程。改革开放以来，家庭联产承包责任制顺应了农业生产发展规律，极大激发了农民生产积极性，大幅提高了农业劳动生产率。然而，这一制度在最大限度地释放制度能量的同时，其缺陷也日益凸显。如何厘清家庭联产承包责任制下农地产权制度存在的问题，改革的方向和重点在哪里？对于这些问题的探索和回答，直接关系到我国农村改革的战略调整方向和政策制度。

一　我国农地产权制度的历史变迁与现实困境

（一）我国农地产权制度的历史变迁

1. 农地农民所有、农民经营：1949—1952 年

新中国成立后不久，中央政府颁布了《中华人民共和国土地改革法》，提出废除地主土地所有制，推行农民土地所有制。截至 1952 年底，大陆除了西藏等少数地区外，土地革命在全国农村胜利完成，农村土地占有关系发生了根本性变化，地主拥有的土地、农具等大量生产资料转入农民手

---

  * 本文原载《毛泽东邓小平理论研究》2018 年第 8 期。
  ** 戴双兴（1979—　），男，福建南安人，福建师范大学经济学院副院长，教授。

中，农民成为土地真正所有者。

2. 农地农民所有、集体经营：1953—1956 年

在土改中农民虽然重新获得农地，但一些缺乏其他生产资料的贫农和中下农由于经营规模小、生产率低，既无法抵御自然灾害，也无法采用先进技术扩大再生产，严重束缚了生产力的发展。落后的小农经济，迫切要求引导农民走合作化道路，按照自愿原则推行生产互助。农业生产互助组一般由几户或十几户组成，土地、耕畜等生产资料和农产品仍归私人所有。1953 年 12 月，中共中央颁布了《关于发展农业合作社的决议》，在劳动互助组的基础上发展初级合作社。伴随着农业生产的发展，初级农业合作社逐渐过渡到高级农业合作社。1956 年底，参加高级农业生产合作的农户达到了农户总数的 87.8%。[①]

3. 农地集体所有、集体经营：1956—1978 年

1956 年社会主义改造通过政治动员的方式推行农业规模化经营，开启了"农地归集体所有，农业实行集体经营"的道路。到 1958 年 10 月底，全国超过 99% 的农户加入人民公社，74 万多个农业合作社被合并为 2.6 万多个人民公社，形成了农地统一管理、生产统一组织、分配绝对平均的"三级所有，队为基础"的农地集体所有制。[②]

所有权与经营权"两权合一"的农地产权制度安排，虽然解决了农户家庭分散经营的弊端，推动了农业生产的发展，但这种农地产权制度使得农民完全丧失了对农地使用、收益以及处置的权利，抑制了农民生产积极性和创造性。尤其是在急于求成错误思想指导下，过分夸大农民主观能动性，违背农业生产和农村经济发展规律，"高指标、瞎指挥、浮夸风、共产风"盛行，破坏了农业生产和农村集体经济发展。1978 年，农业总产值（按 1970 年不变价格计算）为 1458.8 亿元，比 1952 年增长 1.3 倍。由于人口增长过快，1978 年人口比 1952 年增加 0.67 倍，因此，人均农产品占有量增加不多。由于大量剩余劳动力滞留在农业部门，农业劳动生产率还很低。1978 年，中国每个农业劳动力平均生产的谷物为 1036 公斤，巴西为 1800 公斤，日本为 2351 公斤。[③]

---

① 唐建兵：《马克思土地产权理论及其中国化研究》，合肥工业大学出版社 2017 年版，第 71 页。

② 贾国磊：《中国农村土地制度改革的历程和经验》，《农村经济》2018 年第 3 期。

③ 武力：《中华人民共和国经济史》（上册），中国经济出版社 1999 年版，第 793—795 页。

4. 农地集体所有、家庭承包经营：1978 年以来

为了克服传统农地制度的弊端，1978 年改革开放以后，我国开始了新一轮农地产权制度的探索，废除人民公社，推行以家庭联产承包责任制为主线的农地产权制度改革。1978 年 11 月，安徽凤阳小岗村村民大胆实线，率先实行包产到户，将农地的所有权与承包经营权分离，推行家庭联产承包责任制。1983 年底，全国家庭联产承包经营的农地面积占耕地总面积 97.8% 左右。①

家庭联产承包责任制顺应了农业生产发展规律，极大激发了农民生产积极性，大幅提高了农业劳动生产率，解放了农村生产力，促进了农村剩余劳动力的转移。1981—1985 年是新中国成立以来我国农业发展最快的时期。从 1953—1980 年的 28 年中，我国农业生产平均每年增长 5%，而该时期却高达 8.1%，我国 1984 年粮食产量创历史最高纪录，达 4073 亿公斤，人均口粮达 393 公斤，基本上解决了全国人民的吃饭问题。②

（二）当前我国农地产权制度改革的现实困境

进入 21 世纪以来，随着农业技术的进步和生产力的不断发展，家庭联产承包责任制赖以产生的社会基础已随着经济社会的发展而逐渐丧失，暴露出日益严重的问题：

第一，承包地碎片化与农地规模经营的矛盾日益突出。家庭联产承包责任制是在肯定农户家庭都享有同等承包权的基础上，把原来集体统一经营的农地，全部承包给农户单独经营。大多数农村依据公平原则，按照人口平均分配承包地。由于我国人多地少，导致农户拥有的承包地碎片化。据统计，我国农户的户均耕地只有 0.52 公顷，即只有 7.8 亩左右。③ 小规模农地经营组织程度低，农户分散经营，进行现代化农业科技和先进生产经验、先进耕作技术的传播和推广很困难，无法实现规模经营效益。

第二，农户小规模经营与大市场的矛盾日益突出。进入 21 世纪以来，我国农产品短缺状况基本结束，很多地方出现了农产品结构性过剩。出现农产品结构性过剩的根源在于农户小规模经营与大市场之间的矛盾。推行

---

① 叶兴庆：《从"两权分离"到"三权分离"》，《中国党政干部论坛》2014 年第 6 期。

② 董悦华：《农业合作化与家庭联产承包责任制的实施比较研究》，《当代中国史研究》1998 年第 4 期。

③ 黄丽萍：《中国农地使用权流转研究》，厦门大学出版社 2007 年版，第 61 页。

家庭联产承包责任制后农户自主经营，众多分散的农户不能得到及时有效的市场信息、技术、购销等一系列服务，难以适应市场经济的要求，无法抵制大市场带来的风险。

第三，农地分包到户与集体经济发展矛盾日益突出。村级集体经济是农村基层组织建设、实现农民共同富裕、加快农村现代化建设的物质基础。然而，随着分包到户农地经营制度的推进，家庭个体经营方式与集体经济发展矛盾日益突出，村级集体经济不但没有发展壮大，反而被严重削弱，使得村集体无力提供农村公共产品和服务，农村党支部领导核心无法得到发挥，基层党组织说话没人听，办事没人跟，农村社会治理问题重重。

二 农地私有化无法破解农地现实困境

针对家庭联产承包责任制下农地产权制度的现实困境，文贯中、杨小凯、张五常、张维迎等人提出，农地私有化是破解当前中国农地困境的出路。他们中有人提出中国就应该"允许农民集体将农地彻底平分给集体内成员，实行有管理的农地私有制"①。

（一）对"农地私有化"主张的批判

对于农地私有化的观点，早在一百多年前马克思已作出精辟的论述。马克思提出："小块土地所有制按其性质来说排斥社会劳动生产力的发展、劳动的社会形式、资本的社会积聚、大规模的畜牧和对科学的累进的应用。"② 主张"农地私有化"的理由主要包括：

一是土地私有制是人类历经长期探索与实践的产物，其存在具有普适性。"农地私有论"者提出，中国两千多年的封建社会，每一次由私有土地向国有土地转变，都会伴随着社会动乱；而国有土地向私有土地转化，则会促使农业生产恢复和经济社会繁荣。中国现行公有的农地制度是"对

---

① 文贯中：《吾民无地：城市化、土地制度与户籍制度的内生逻辑》，东方出版社 2014 年版，第 111 页。

② 《马克思恩格斯全集》第 46 卷，人民出版社 2003 年版，第 912 页。

本国的历史教训，人类文明制度成果和市场经济规律的蔑视"①。

马克思提出，在人类悠久的历史长河中，伴随着社会生产力的发展，农地制度经历了从原始社会农地公有制到奴隶社会、封建社会和资本主义社会的农地私有制的发展过程，未来的共产主义社会将进入农地公有制的发展阶段。人类社会的第一种农地产权制度是原始农地公有产权制度，包括亚细亚农地公有产权制度、古代公有农地产权制度和日耳曼农地公有产权制度三种形式。伴随着社会生产力的发展，原始社会的"共同体"解体，导致农地公有产权瓦解及农地私有产权制度诞生。农地私有产权制度包括奴隶制、封建制和资本主义农地私有产权制度。这些不同的农地私有制在其兴起和发展初期，都曾发挥了推动生产力发展的作用；但在其后期，也无不成为生产力发展的桎梏，而被新的私有制所取代。按照马克思的设想，在共产主义社会，农地公有产权制度最终会取代资本主义农地私有产权制度。可见，不同的生产力发展水平，农地产权制度各不相同，农地私有制并不是人类社会唯一的农地制度，也不具有普适性。

二是农民拥有完整的土地产权有利于调动农民生产积极性。"农地私有论"者提出，"作为市场经济的前提，生产要素的所有权及派生的各种产权必须明确界定，唯此，要素才能在市场顺利交换，完成自由流动和最佳组合"，"土地作为生产的三大要素之一，当然和其他要素一样，必须服从市场经济下要素配置的基本规律"②。然而，中国农地集体所有制产生的一个重要问题是，农地所有权代表不明确。虽然法律规定农村土地属于农民集体所有，但是法律并没有规定"农民集体"'的构成要素和执行权利，"农地私有论"者认为，必须给予农民完整的农地所有权，才有利于调动农民的生产积极性。

马克思认为，农地产权是由终极所有权及其衍生出来的占有、使用、处分、收益以及抵押等一系列权利束组成。农地产权权能既可以全部集中起来，由一个产权主体行使，又可以从中分离出一项或几项权能，独立运作。在市场经济中，农地产权为寻求与其他财产权利的有效配置，必须按市场规则进行有效流转，即农地产权配置市场化。农地产权"借助于商品

---

① 文贯中：《吾民无地：城市化、土地制度与户籍制度的内生逻辑》，东方出版社 2014 年版，第 75 页。

② 文贯中：《吾民无地：城市化、土地制度与户籍制度的内生逻辑》，东方出版社 2014 年版，第 110 页。

的各小部分的所有权证书，商品能够一部分一部分地投入流通。"① 作为一种不可移动的特殊生产要素，农地稳定的使用权预期是这种生产要素最为核心的权能。在长期而稳定的使用权预期下，农民要求的是生产方便，而不需要完整的土地产权。

三是农地私有化可以减少涉地管理腐败。"农地私有论"者认为，在农地产权主体不明确的条件下，村干部自然地充当了集体土地产权代表，诱发了村干部对土地及其衍生利益无限攫取的欲望，引发征地等土地管理腐败问题产生。"农地私有论"者提出，通过农地私有化，农民可以根据市场价格决定是否出让土地，有利于防止村干部对农民土地权益的侵害，"可以大大减少涉地管理腐败的机会"②。

实际上，当前我国农地管理过程中出现的涉地管理腐败问题，特别是征地过程中农民权益受损问题，并不是由于农地集体所有制而产生，而是由于土地管理政策不到位、征地制度改革政策漏洞而产生。从实践上看，农地私有化后农民并不一定能很好地保护自己的土地权益，菲律宾和印度都实行农地私有化制，但这两个国家农地管理腐败情况却非常普遍。

（二）"农地私有化"主张的危害

农地私有化不但不能保护农民的土地权益，而且可能给我国经济社会发展带来严重危害。恩格斯指出："企图保护小农的所有权，这不是保护他们的自由，而仅仅是保护他们被奴役的特殊形式而已，这种形式的奴役延长着他们的求生不成求死不得的状况。"③ 农地私有化危害主要表现在：

第一，农民丧失最后保障，影响社会稳定。在长期二元户籍制度的影响下，我国形成了城乡有别的二元社会保障制度。与城镇相对完善的社会保障制度相比，目前我国农村社会保障制度仍然比较落后，农地成为农民的最后保障线。实行农地集体所有制，农民不会丧失土地这一条最后保障线，当农民在城市打工或者是经商失败以后，还可以回家种田，至少温饱无忧。但如果实行农地私有化，在碰到天灾人祸或者是生老病死等重大问题时，农民就很有可能卖地救急，失去最后保障线。大批涌进城市的失地

---

① 《马克思恩格斯全集》第 31 卷，人民出版社 1998 年版，第 332 页。

② 文贯中：《吾民无地：城市化、土地制度与户籍制度的内生逻辑》，东方出版社 2014 年版，第 111 页。

③ 《马克思恩格斯选集》第 4 卷，人民出版社 2012 年版，第 363 页。

农民如果难以就业，那将导致大规模的社会动荡。墨西哥就是个活生生的例证。1992 年的墨西哥宪法修正案允许农地集体所有制进行私有化改造，美国大型谷物公司趁机买下了大量墨西哥农地所有权，其后果是大量农民从土地上被驱赶出去，加入到城市失业和半失业的浩荡队伍中，导致近年来墨西哥犯罪率居高不下，严重影响社会稳定。

第二，损害农民利益，加剧贫富分化。在我国两千多年的封建社会中，长期实行的是土地私有制，但历代的封建王朝都走不出"土地兼并—流民积聚—社会动乱"这个怪圈。农民在遇到疾病、自然灾害等突发事件后，农地大量被兼并，出现许多无地流民，加剧贫富两极分化。在经济发展不平衡、不充分问题依然突出的今天，如果农地私有化，分散的小农面临资本的强势介入。从表面上看二者可以进行土地的自由交易，但组织化程度低的农民在强资本面前根本没有定价权，不能决定土地转让价格，其结果就是大多数农民获得的土地收益不足以保证其生存，大量农地向少数人积聚，社会贫富分化加剧。

第三，动摇国本，危及中国共产党的执政基础。生产资料所有制是一个社会经济制度的基础，它决定了一个社会的基本性质和发展方向。我国社会主义经济制度的基础是生产资料的社会主义公有制，包括全民所有制和集体所有制。农地集体所有制是农村社会生产关系的基础，是农村集体经济发展的根基，是实现城乡一体化和广大农民共同富裕的重要保障。如果实行农地私有化，从经济上看，不但造成农村集体经济的衰败，农民失去共同的利益基础，不利于实现农业现代化与促进工业化，从政治上看，将使共产党领导和工农联盟失去存在的所有制基础，不利于巩固政权与维护中国共产党的执政地位。

习近平总书记强调，不管怎么改，都不能把农村土地集体所有制改垮了，不能把耕地改少了，不能把粮食生产能力改弱了，不能把农民利益损害了。在这"四个不能"中，农村土地集体所有制无疑是最不可逾越的底线，对于农地私有化的主张，具有最强的针对性。

三 发展集体经济是农地产权制度改革的必然选择

（一）推动农地"三权分置"，关键在于经营权流转给谁

改革开放 40 年来，农地集体所有制和家庭联产承包责任制满足了农

民对土地承包经营权的要求，调动了农民生产积极性，提高了农业劳动生产率。但是，现行家庭个体经营农地制度难以抵御大市场的风险与实现规模经营效益，为此，必须加快农地"三权分置"，引导农地经营权有序流转。2013 年，习近平总书记在湖北考察时提出，"深化农村改革，完善农业基本经营制度，要好好研究农村农地所有权、承包权、经营权三者之间的关系"①。2014 年，中央下发的《关于引导农村农地经营权有序流转发展农业适度规模经营的意见》对农地"三权分置"作出总体规定："坚持农村农地集体所有权，稳定农户承包权，放活农地经营权。"② 2016 年，中央下发了《关于完善农村农地所有权承包权经营权分置办法的意见》，对推进农村农地三权分置提出了政策性框架。2017 年，十九大报告提出："巩固和完善农村基本经营制度，深化农村土地制度改革，完善承包地'三权'分置制度。"③ 伴随着农地"三权分置"的推进，工商资本租赁农地的情况越来越多。当前我国还有 2 亿多农户，生产规模非常小，市场竞争能力弱，如果允许强大的工商资本任意下乡，必然会造成大量农户破产，引发新的农地兼并，使大量农民失去土地。因此，在三权分置改革过程中，必须严禁工商资本下乡过度兼并土地。

（二）推动农地经营权向集体流转，由集体统一经营的优势分析

为了突破家庭联产承包责任制的现实困境，很多地方采取农地租赁、入股等形式转让经营权，鼓励农地向种田大户和家庭农场流转。据统计，"2016 年底，在全国拥有承包地的 2.3 亿农户中，已有近 7000 万农户部分或者全部转移了承包地经营权，将其承包地流转给新兴农业经营主体经营；全国耕地二轮承包完成确权面积 4.7 亿亩，其中 35.1% 的经营权已经流转给了新兴经营主体。"④ 虽然农地经营权向种田大户和家庭农场流转能够实现农业规模经营，但是相比较于农地向少数农业经营大户集中，推动农地由集体统一经营，其优势体现在以下三方面。

---

① 《习近平在湖北考察改革发展工作时强调坚定不移全面深化改革开放脚踏实地推动经济社会发展》，《人民日报》2013 年 7 月 23 日。

② 中共中央办公厅国务院办公厅：《关于引导农村土地经营权有序流转发展农业适度规模经营的意见》，《人民日报》2014 年 11 月 21 日。

③ 习近平：《决胜全面建成小康社会，夺取新时代中国特色社会主义伟大胜利——在中国共产党第十九次全国代表大会上的报告》，《人民日报》2017 年 10 月 29 日。

④ 张红宇：《农村土地"三权分置"政策解读》，《领导科学论坛》2017 年第 4 期。

一是有利于全体农民实现共同富裕。判断一个社会好坏的标准，不是产生了多少富豪，而是有没有存在穷人。推动农地经营权向种田大户和家庭农场流转，实行的是个体和私人经营，所获利润由少数人占大部分，只能让少数人富起来，无法实现全体农民共同富裕。农地经营权主要应该向集体流转集中，而并非向私人流转集中；应该实行集体统一经营，而并非私人单独经营；应该发展壮大集体经济，而并非私营经济。只有实行农地集体所有制基础上的集体经营、发展乡村集体经济，才能保证全体农民实现共同富裕。

二是有利于突破小农户与大市场的矛盾。当前，出现农产品结构性过剩的深层次原因在于农户小规模经营与大市场的矛盾。推动农地经营权向集体流转、由集体统一经营，集体经济组织可以组建专门营销队伍，根据农产品销售经验，研究价格趋势和需求导向，谋划每一年度或者是每一季度主要种植的农产品，实现以销定产，规划农产品种植品种及种植数量，避免出现农产品结构性过剩，破解小农户与大市场矛盾的难题。

三是有利于发展壮大农村集体经济。当前，统分结合的双层经营"分"得彻底，"统"得不够，村集体经济出现"空壳化"，村委的调度指挥功能弱化，规模化生产难以组织。推动农地向集体流转，改变了单家独户、单打独斗的局面，把农户个体经营转变为村集体统一经营，推行企业化管理和民主化决策，推进农业产业化经营，有利于发展壮大集体经济，增加村级公共财政收入，加强农村基层党组织建设，为农村发展提供更多更好的基础设施和公共服务。

（三）推动农地向集体流转，发展集体经济：塘约村的有益探索

塘约村原先是一个贫困村，全村 921 户、3300 人，全村 1400 个劳动力，最多时有 1100 人外出打工，2014 年全村人均收入在 4000 元左右。[①] 2014 年 6 月，由于遭受百年未遇的特大暴雨灾害，贫困的塘约村雪上加霜，由此开始了推进农地股份合作经营，将农户分散经营转变为集体经营、发展集体经济的探索实践。

第一，推进"七权同确"。塘约村搭建农村产权确权管理平台，对农

---

① 周建明：《从塘约合作化新实践看毛泽东合作化思想和邓小平第二个飞跃思想的指导意义》，《毛泽东邓小平理论研究》2017 年第 1 期。

地承包经营权、集体土地所有权、集体建设用地使用权、林权、农村宅基地使用权、农地集体财产权、小型水利工程产权"七权"叠加进行统一确权，明晰了农村产权"身份证"，为农村产权交易打下了基础。在明晰集体产权基础上，运用确权后的土地、山林等生产资料，向银行融资贷款，使农村资源变资金，用来发展集体经济。

第二，成立"金土地合作社"。在产权归属确定后，塘约村按照"村社一体、合股联营"的发展思路，建立村集体所有的"金土地合作社"。合作社鼓励村里农民将农地作价入股，村民按照自愿原则带股入社，土地以田每亩700元、地每亩500元、坡耕地每亩300元折算股份。[①]合作社因地制宜，把产业发展和农业供给侧结构性改革结合起来，立足当地资源，综合考虑市场需求、发展前景、国家支持鼓励的产业项目等因素，积极发展名优农产品，推进食用菌、蔬菜等农产品规模化发展、产业化经营。与此同时，合作社改变单纯从事农业生产的发展模式，组建建筑、运输等专业队伍直接从事经营活动，解决农村富余劳动力就业问题。每年年终，合作社、村集体、村民按照3∶3∶4收益分配模式进行利润分成，形成村集体、合作社、农民三方共赢的局面，促进村集体与村民"联产联业""联股联心"。

第三，充分发挥党建引领作用。塘约村充分发挥党组织的战斗堡垒作用，配强村党支部书记，发挥党员的先锋模范作用，把村民组织起来，依靠集体的力量抱团发展，脱贫致富。在党总支的领导下，全村实行农地统一规划、资金统一管理、村干部统一使用、财务统一核算、农产品统一销售、美丽乡村统一建设、红白喜事统一操办"七统一"，更好配置资源，提高发展效率。[②]

在短短三年时间里，塘约村集体经济发展取得显著成效。农民人均纯收入由2013年的不到4000元提升到2016年的10030元，村集体经济从不足4万元增加到202.45万元，实现了整村脱贫，由国家级二类贫困村向"小康示范村"的嬗变。[③]

---

① 省委政研室联合调研组：《打赢脱贫攻坚战的成功样本》，《贵州日报》2017年11月14日。

② 省委政研室联合调研组：《打赢脱贫攻坚战的成功样本》，《贵州日报》2017年11月14日。

③ 杨小友：《黔中崛起秀美新安顺》，《贵州日报》2017年3月21日。

1990 年 3 月 3 日，邓小平在与中央负责同志的谈话中提出："中国社会主义农业的改革和发展，从长远的观点看，要有两个飞跃。第一个飞跃，是废除人民公社，实行家庭联产承包为主的责任制。这是一个很大的前进，要长期坚持不变。第二个飞跃，是适应科学种田和生产社会化的需要，发展适度规模经营，发展集体经济。这是又一个很大的前进，当然这是很长的过程。"① 如何在市场经济条件下发展壮大农村集体经济，实现共同富裕，是新时代农村深化改革面临的新课题。塘约经验的关键在于拥有强有力的基层党组织、好的村党支部书记作为带头人，充分发挥党员的先锋模范作用；根本在于明晰农地等集体资产产权归属，完善集体资产权能，激活农村各类生产要素潜能；核心在于推动农地经营权向集体流转，鼓励农民以农地入股的形式，成立股份合作经济组织，实行"村社合一"，推进农民由"分"到更高层次的"合"。

塘约这个贵州偏僻小山村所发生的一切激动人心的变化，最重要的一条就是在村党支部的领导下和上级党委支持下组织起来，告别了以往单打独斗的局面，建立起政治、经济和文化共同体，农民群众掌握了自己的命运，它代表了中国农村改革的正确方向，为我国亿万农民开拓出充满希望的康庄大道！

---

① 《邓小平文选》第 3 卷，人民出版社 1993 年版，第 355 页。

中国粮食安全问题反思[*]

——农村劳动力老龄化与粮食持续增产的悖论

纪志耿[**]

　　2012 年两会期间，数位代表对未来中国的粮食安全问题表示担忧。如当前务农劳动力多为六七十岁的老人，新生代农民断档，一些地方撂荒现象越来越严重，过去种两季的现在也普遍只种一季，由此可能影响复种指数和粮食产量。[①] 2012 年 2 月初，农业部总经济师陈萌山也对当前农业人才总量不足，农村劳动力和农技人员老龄化引发的农产品供给安全问题表示忧虑。[②] 但同年 7 月份，舆论风向似乎发生了逆转。首先是国家统计局公布了 2012 年夏粮产量的相关数据，全国夏粮总产量 2599 亿斤，比 2011 年增产 71 亿斤，增长 2.8%。且当年粮食总产量达 11791 亿斤，比 2011 年增加 367 亿斤，在"八连增"的基础上实现"九连增"[③]。有学者据此表示，当前中国农业增长的辉煌成绩是在大量农村年轻人外出务工背景下取得的，由此就得出"老人农业有效率"这一结论[④]。面对农村劳动力不断老龄化而粮食产量却持续增长这样一个哲学意义上的"悖论"，如何进行深层透视并给出合理的解释，这不仅对于澄清当前学术界的争论和疑惑

　　* 本文原载《厦门大学学报》（哲学社会科学版）2013 年第 2 期。

　　** 纪志耿（1979— ），男，河南平顶山人，四川大学党委宣传部副部长，四川大学党委教师工作部副部长（兼），四川大学马克思主义学院教授，博士生导师。

　　① 皮曙初、李鹏翔、杨依军：《明天谁来种田》，《陕西日报》2012 年 3 月 10 日。

　　② 董峻、于文静：《促进现代农业发展的重大部署——农业部总经济师、新闻发言人陈萌山解读中央 1 号文件》，新华网，2012 年 2 月 1 日。

　　③ 国家统计局：《国家统计局关于 2012 年夏粮产量数据的公告》，国家统计局网站，2012 年 7 月 10 日；国家统计局：《国家统计局关于 2012 年粮食产量数据的公告》，国家统计局网站，2012 年 11 月 30 日。

　　④ 贺雪峰：《老人农业有效率》，爱思想网，2012 年 7 月 8 日；贺雪峰：《谁来养活中国》，《发展》2014 年第 4 期。

有重要意义，而且对于转变我国农业发展方式、探寻中国特色农业现代化道路具有借鉴价值。

一 农村劳动力老龄化背景下的我国粮食产量的"结构性"增长

（一）主粮产量持续增长而辅粮产量却不断下降

国际劳工组织把劳动年龄人口中45岁以上的劳动力划为老年劳动力，当劳动年龄人口中老年劳动力人口比重在15%以上时则意味着劳动力老龄化。2006年末，我国农业从业人员中41—50岁的占23.1%，51岁以上的占32.5%，远远超过了判断劳动力老龄化15%的国际标准，"老人农业"现象凸显。① 但是，正是这支老龄化的农村从业人员队伍，却创造出我国粮食产量自2003年起"八连增"的辉煌成绩（见表1）。

表1　　　　　　2003—2010年我国主要粮食作物产量的增减变化　　　　单位：万吨

年份	粮食总产量	稻谷	小麦	玉米	大豆	薯类
2003	43070	16066	8649	11583	1539	3513
2004	46947	17909	9195	13029	1740	3558
2005	48402	18059	9745	13937	1635	3469
2006	49804	18172	10847	15160	1507	2701
2007	50160	18603	10930	15230	1273	2808
2008	52871	19190	11246	16591	1554	2980
2009	53082	19510	11512	16397	1498	2995
2010	54648	19576	11518	17725	1508	3114
增长量	11578	3510	2869	6142	-31	-399
增长率（%）	26.88	21.85	33.17	53.03	-2.01	-11.36

数据来源：由《中国农村统计年鉴》整理计算而得，中国统计出版社2011年版，第152页。

从表1中可以看出，2003—2010年我国粮食总产量持续增长，从

---

① 李澜、李阳：《我国农业劳动力老龄化问题研究——基于全国第二次农业普查数据的分析》，《农业经济问题》2009年第6期。

2003 年的 43070 万吨增长到 2007 年的 50160 万吨（突破 1 万亿斤大关），再到 2010 年的 54648 万吨，八年间共增长了 11578 万吨，增长幅度达到 26.88%，从而有力地保障了我国的粮食供给和粮食安全。但是，具体到粮食内部的各种作物来说，其产量增长幅度却并非一致，有些作物甚至出现了减产的现象。如表 1 所示，八年间我国稻谷产量增加了 3510 万吨，增幅为 21.85%；小麦产量增加 2869 万吨，增幅为 33.17%；玉米产量增加了 6142 万吨，增幅为 53.03%。与此同时，大豆和薯类等辅粮作物的产量却出现了下滑现象，八年间大豆产量下降了 31 万吨，降幅为 2.01%；薯类产量下降了 399 万吨，降幅为 11.36%。粮食作物的结构性增减变化不仅体现在产量上，同时也体现在播种面积上。据统计，2003—2010 年，我国粮食播种面积共增加了 10466 千公顷（约 1.57 亿亩），增幅为 10.53%。其中稻谷、小麦、玉米的播种面积分别增加了 3365 千公顷、2260 千公顷、8432 千公顷，增幅分别为 12.69%、10.27%、35.03%；而大豆、薯类的播种面积却分别减少了 797 千公顷、952 千公顷，减幅分别为 8.56%、9.81%。如果说产量的增长反映的可能是由于土地生产率的提高引致的数量变化，那么播种面积的增减更能反映出农户种植意愿的变化。从上述数据可以看出，近几年农户种植稻谷、小麦、玉米等主粮的积极性不断提升，而种植大豆、薯类等辅粮的积极性却不断下降。

（二）粮食产量"结构性"增减的原因在于老人农业中各作物机械化便利程度不同

农作物产量及播种面积之所以出现这种"结构性"的增减变化趋势，除了人们普遍认为的三种主粮的产量高、价格好、利润大，而两种辅粮的产量低、价格低、利润低等因素外，主粮生产过程中农业机械易于推广和应用也是人们热衷于扩大三种作物种植面积的重要诱因。近年来，随着农村青壮年劳动力的流失，种田者老龄化和妇女化的现象十分突出，这支队伍从事日常、零星的田间管理工作还能够胜任，但一旦遇到长时段、高强度的播种收割等农作任务，则显得力不从心。在这种情况下，农村留守老人和留守妇女的最佳选择是播种最省力、不需要怎么费心照看的粮食作物，大田中生长的水稻、小麦、玉米等主粮作物就成为最优选择。因为随着农业技术的进步，这三种主粮作物生产中的机械化普及程度最高，在收获季节甚至出现了联合收割机转战大江南北，社会化服务体系深度介入的空前盛况。如在小麦成熟的季节，我国有40多万台联合收割机从河南的南阳开始，一路收割到东北的黑龙江，时间横跨了每年5月至8月近三个月。[①] 2011年秋粮收获期间，全国共完成玉米机收面积1.7亿亩，玉米机收水平达到33.6%，比2007年增长了26个百分点。[②] 过去"人海战术"忙秋收的景象被机械化作业所代替。在四川、重庆、云南等水稻产区，机械化收割开始受到农民青睐，每亩地220元的农机收割成本大大低于400元的人工收割成本，农民认为既节约时间又节约成本，对使用收割机收割赞赏有加。[③] 与主粮收割过程中机械化进程的高歌猛进相比，大豆和薯类生产过程中农业机械的推广和应用程度却不尽如人意。以薯类为例，目前的红薯机械化收获相对落后，马铃薯可以进行机械化种植和收获，不过在种植量小的情况下，机械很难发挥作用。由此可见，八年来我国粮食产量的"结构性"的增减变化确实是和农村劳动力老龄化背景下农户的理性选择紧密结合在一起的，我国的农业现代化已经在不经意间走上了一条劳动力节约型的技术变迁之路，农业机械化和人口城市化双重推拉力量可能会加速这一进程的广度和深度。

二 农村劳动力老龄化背景下我国农产品 供给的"战略性"隐忧

（一）从进出口数据看我国农产品自给水平不容乐观

粮食产量"八连增"为确保国家粮食安全提供了有力支撑，也为我国保持经济平稳较快发展、促进社会和谐稳定打下了坚实基础。虽然2003—2010年的粮食产量增长属于"结构性"增长，主粮大幅度增产，辅粮小幅度减产，但由于增产的幅度远远大于减产的幅度，所以我国的粮食供给目前来看还是十分安全的。但是，如果我们把目光从国内转向国外，从粮

---

① 陈锡文：《当前农业形势与农村政策之四——土地改革问题复杂》，新浪长安讲台第61讲，2011年11月11日。

② 刘玉：《农业部就2012年玉米收获机械质量调查答记者问》，中国农业机械化信息网，2012年7月16日。

③ 何莉：《水稻机械化收割正受农民青睐》，荣县人民政府网，2012年8月30日。

食供给转向整个农产品供给，就会发现农村劳动力老龄化背景下我国的主要农产品供给很难称得上"安全"，大豆、棉花、食用植物油等农产品的自给率远远低于安全警戒线水平。

表 2 列出了 2003—2010 年我国主要农产品的产量数据及进出口数据。从中可以看出，八年间我国的主粮进口量从 209 万吨上升到 1215 万吨，总共增长了 1006 万吨，增长率为 481.34%。尤其是 2008 年以后，我国的主粮进口量成倍增长，从 399 万吨增长到 968 万吨再到 1215 万吨。而同期粮食出口量却不断下降，八年间我国的粮食出口量总共减少了 1955 万吨，减幅达 87.67%，这"一增一减"的趋势值得我们警惕和重视。如果说主粮进口量和国内粮食生产总量相比微不足道，2010 年所占比重仅有2.22%，那么大豆进口量的快速增长乃至超过主粮进口量的态势，就不能不引起我们的反思和警戒。八年间我国的大豆进口量从 2074 万吨上升到5480 万吨，进口量整整增长了一倍多，增长率为 164.22%。并且，大豆进口量与主粮进口量之比八年间不低于 4.2 倍，最高在 2007 年达到 19.9倍；大豆进口量与其国内生产量之比不低于 1.2 倍，2010 年更是直线上升到 3.6 倍。由此来看，近年来流传的"大豆之殇"和"大豆沦陷"的故事已不仅仅是传言了。

除了粮食外，棉花、食用植物油等农产品也是近年来我国进口的重点对象。表 2 的数据显示，2003—2010 年，我国棉花的进口量从 87.0 万吨上升到 284.0 万吨，总共增长了 2 倍有余，达到了 197 万吨。而同期棉花出口量却不断下降，八年间从 11.2 万吨减少到 0.6 万吨，减幅达 94.64%，在国际贸易中几乎变成了净进口。食用植物油进口量从 2003 年的 541.0 万吨上升到 2010 年的 687.0 万吨，进口量常年保持在国内生产量的 17% 以上，最高点在 2004 年达到近 55%，同期出口量却微乎其微，2008 年以来甚至出现了直线下降的趋势。从这一连串的数据我们不难得出结论，"老人农业"不安全，粮食产量的持续增长并不能掩盖农产品整体贸易格局的失衡。

表 3 为我国主要农产品的自给率数据。如表 3 所示，2003—2010 年，若不包括大豆，我国的粮食自给率从 99.52% 下降到 97.83%，但仍位于95% 的安全警戒线以上。[①] 如果把大豆包括进来，我国的粮食自给率八年

---

① 1996 年李鹏总理在第一次世界粮食首脑会议上宣布，中国粮食基本自给的含义是保持自给率不低于 95%。

表2　2003—2010年我国主要农产品的供给情况及进出口情况

单位：万吨

年份	粮食				棉花			食用植物油		
	生产量	主粮进口量	大豆进口量	出口量	生产量	进口量	出口量	生产量	进口量	出口量
2003	43070	209	2074	2230	486.0	87.0	11.2	1584	541.0	6.0
2004	46947	275	2023	514	632.0	191.0	0.9	1235	676.0	6.5
2005	48402	627	2659	1141	571.4	257.0	0.5	1612	621.0	22.5
2006	49804	362	2824	723	753.3	364.0	1.3	1986	671.0	39.9
2007	50160	155	3082	1118	762.4	246.0	2.1	2319	838.0	16.6
2008	52871	399	3744	379	749.2	211.0	1.6	2419	817.1	24.9
2009	53082	968	4255	329	637.7	153.0	0.8	3280	816.0	11.4
2010	54648	1215	5480	275	596.1	284.0	0.6	3916	687.0	9.2
增长量	11578	1006	3406	-1955	110.1	197	-10.6	2332	146	3.2
增长率（%）	26.88	481.34	164.22	-87.67	22.65	226.44	-94.64	147.22	26.99	53.33

数据来源：由《中国农村统计年鉴》整理计算而得，中国统计出版社2011年版，第22—24页。

表3 　　　　　　　　2003—2010 年我国主要农产品的自给率 　　　　　　单位：%

年份	粮食（不含大豆）	粮食（含大豆）	大豆	棉花	食用植物油
2003	99.52	99.88	42.60	86.51	74.75
2004	99.42	96.34	46.24	76.88	64.85
2005	98.72	95.76	38.08	69.02	72.92
2006	99.28	95.29	34.80	67.50	75.89
2007	99.69	95.95	29.23	75.76	73.84
2008	99.25	93.35	29.33	78.16	75.33
2009	98.21	91.56	26.04	80.73	80.30
2010	97.83	89.49	21.58	67.78	85.25

注：表中数据由表1、表2中的数据整理计算而得。粮食自给率是指一个国家和地区的粮食供给满足需求的程度，通常用一国当年的粮食产量占当年粮食消费需求总量的比重表示，本文的计算公式为：粮食自给率＝生产量/［生产量＋（进口量－出口量）］。大豆进口数据来自于《中国农村统计年鉴》2011 年卷第 250 页，大豆的自给率用近似值替代，等于生产量/（生产量＋进口量）。

从 99.88% 下降到 89.49%，自给程度已经不足 90%，粮食安全形势不容乐观。若是单独考察大豆本身的自给率，这组数据更是显得差强人意，八年来我国大豆的自给率从 42.60%一路下跌到 21.58%，自给率仅仅达到两成，其危险程度可想而知。此外，这八年中我国的棉花自给率从 86.51%下降到 67.78%，食用植物油自给率从 74.75%上升到 85.25%，但仍远低于 95%的安全警戒线水平。所以，有些专家认为，如果仅仅讲谷物，我们的自给率基本上可以达到 100%；如果把大豆算进来，我们的自给率不到 90%；如果再把棉花、食用植物油算进来，我们的自给率大约是 80%。[①] 由此可见我国的粮食安全问题日趋严峻。

（二）工业化和城镇化进程中城乡居民生活模式的转变是导致油脂产品紧缺的重要原因

那么，我们这样一个产粮大国为什么还要进口这么多的大豆、棉花、食用植物油呢？这是因为随着人口的增长和人民生活水平的提升，人们对

[①] 陈锡文：《当前农业形势与农村政策之一——我国粮食供求偏紧》，新浪长安讲台第 61 讲，2011 年 11 月 11 日。

农产品的需求量，尤其是肉、禽、蛋、奶等高脂肪高能量密度农产品的需求量骤增。众所周知，豆饼和棉籽饼是畜禽饲料的重要来源，豆油和其他植物油是食用油料的重要来源，在我国现有土地资源还不能生产出足够多的油脂产品条件下，人们对肉、禽、蛋、奶等农产品的强烈需求必然带动了大豆、棉花、食用植物油的大量进口。有专家估算，我国目前每年进口5400多万吨大豆，按照我们现有亩产230市斤的生产力水平，大约相当于利用了境外5亿亩播种面积；加上每年进口的六七百万吨植物油，以亩产85市斤毛菜籽油的水平，大约相当于利用了别人2亿亩土地；再加上每年进口两三百万吨的棉花，大约也需要3000万亩土地。这样算下来，我们现在大概相当于每年利用境外6亿亩到7亿亩的土地，才能保证我们现在这样的消费水平。[①] 也就是说，我国的农业现代化之路同时也是一种土地节约型的制度变迁之路，不过这里节约出来的不仅是本国的土地，而且还包括大量利用境外的土地资源。

除了上述原因外，工业化和城镇化过程中城乡居民生活模式和消费结构的转变，也是导致我国高脂肪高能量密度农产品大量进口的重要原因。农村青壮年劳动力大量进城务工后，老年劳动力无暇种植耗时较多的大豆、棉花、花生等农作物，原来的生产者变成了如今的消费者，客观上增加了肉禽蛋奶等农产品的需求力度。另外，农村青壮年劳动力进城后，城镇人口的比重大幅度增加，他们对肉禽蛋奶等农产品需求量会相应增加。据中国居民营养与健康状况调查小组的统计数据，2002年中国居民平均每天摄入谷物类食物402克（城市居民366克，农村居民416克），畜禽肉类79克（城市居民105克，农村居民69克），水产品类30克（城市居民45克，农村居民24克），蛋类24克（城市居民33克，农村居民20克），植物油33克（城市居民40克，农村居民30克）。[②] 因此与其说是人口数量的快速增长导致肉禽蛋奶等农产品的大量消费，还不如说是人口结构的急剧调整导致了高脂肪高能量密度农产品的大量进口，伴随着青壮年劳动力不断流失而至的老人农业和城乡互变，才是造成我国粮食安全隐忧的重要原因。

---

① 陈锡文：《当前农业形势与农村政策之一——我国粮食供求偏紧》，新浪长安讲台第61讲，2011年11月11日。

② 翟凤英、何宇纳等：《中国城乡居民食物消费现状及变化趋势》，《中华流行病学杂志》2005年第7期。

三 农村劳动力老龄化与农产品供给的 "政治经济学" 规律

（一）发达国家农产品依靠巨额财政补贴得以低价倾销

在一国农产品需求量快速增加而国内生产又不能有效满足的情况下，国外的农产品就会乘虚而入，占领该国农产品市场。这一占领过程不仅仅是自生自发、渐进渐变的，而且往往是低价倾销、全面进攻的。据有关数据显示，1996—2006 年的 11 年中，国内玉米价格平均比国际市场高 22%，最高时 1999 年达到 57%；国内的大米价格平均比国际市场高 36%，2001 年最高时比国际市场高 73.8%；11 年中有 7 年国外小麦价格低于国内。[①] 国际市场的低粮价，源于发达国家的诸多补贴和保护措施。2004 年，在世界主要经济体中，欧盟对农场生产的支持达 1334 亿美元，占整个农场收入的 33%；美国对农场生产的支持达 465 亿美元，占整个农场收入的 18%；加拿大对农场生产的支持为 5.7 亿美元，占整个农场收入的 21%。在高额补贴的支持之下，美国在世界市场上到处倾销它的低价农产品，倾销比例最低的是大豆，达到了 12%，而最高的则是棉花，高达 48%。可见，发达国家在农产品自由贸易的框架下，已经将世界各国的农业生产绑上了同一辆战车，要么各国比拼财力进行补贴竞争，要么让出农产品市场，由这些国家提供低价格粮食和一整套食物体系。[②] 发达国家低价倾销的最终目的，是把粮食作为外交战略中的一种武器，通过粮食援助或商业出口换取别国在贸易上或政治上的让步。例如，二战后日本、韩国和中国台湾都接受了大量廉价的美国农产品，这使得这些国家和地区在后来的经济增长中，对玉米、小麦、大豆的进口依赖成为结构性存在，虽然政府投入了巨大的财政支持，日本、韩国的粮食自给率依然持续下跌。[③] 在当下的中国，类似的一幕似乎正在上演，我们对大豆等国外油脂产品的

---

① 国家发改委价格监测中心课题组：《国际市场粮价演变与国内粮价关系分析》，《中国物价》2007 年第 8 期。

② 周立：《美国的粮食政治与粮食武器——食物商品化、食物政治化以及食物帝国的形成和扩展》，新浪网共享资料，2012 年 5 月 9 日。

③ 吕新雨：《农业资本主义与民族国家的现代化道路——驳秦晖先生对"美国式道路"和"普鲁士道路"的阐述》，《视界》2007 年第 13 辑。

过分依赖导致大豆价格暴涨暴跌，压榨企业大面积亏损，食用油价格居高不下，饲料价格以及肉禽蛋奶价格跟风上涨，这种危险性和波动性值得我们警惕。

（二）发达国家现代农业依靠能源集约消耗得以提高效率

发达国家农产品的低价格既源于高额财政补贴和规模经营的优势，更源于对土地、动力、自然资源的过度透支和利用。它们的现代农业兴起的秘密就是用资本取代土地和劳动力，就是用能源集约的机械化、化学化和生物技术来提高效率，而这种效率直接建立在对不可再生的自然资源和能源的消耗和破坏上。据有关学者的估算，发动美国 500 多万台拖拉机要花费 80 亿加仑的燃料，其中所含的能量恰好和生产出来的食物里的能量一样多。美国食物体系在 1963 年为消费者提供一个单位的食物能，平均要消耗 6.4 个单位的原始能，并且主要是矿物质燃料的能，而加工水果、蔬菜为消费者提供的每单位食物能所消耗的矿物质燃料能则达到 15 个单位以上，现在这个比率还会越来越大。① 农业能源消耗最大的是机械业，其次是农用化学业，如化肥、农药和除草剂等。美国在 1946 年和 1968 年农用化肥和农药的数量分别增长了 534% 和 217%，虽然其 1968 年的玉米单产高于 20 世纪 40 年代，但是农作物对化肥的利用效率却下降了 5 倍。② 美国现在每年使用的杀虫剂和除草剂在 4.5 亿至 5 亿磅，即使最先进的过滤系统也无法完全把它从饮用水中排除干净。此外，现代农业为提高农产品产量而采用杂交种子已经是普遍做法，为了提高玉米单产，高产杂交玉米被广泛采用，但是杂交玉米更发达的根系和喜肥的特点加快了土壤肥力的衰竭过程。而高产玉米的蛋白质含量大大下降，由此造成美国畜牧业蛋白质不足的问题，这就要依赖在饲料里补充大量的鱼粉和动物血粉来补救，而动物蛋白的添加正是疯牛病的根源。③ 现代农业中的转基因革命放弃培育当地的品种，改种少数高产抗虫害作物，正把世界置于危险的边

---

① ［美］R. D. 罗得菲尔德：《美国的农业与农村》，安子平、陈淑华等译，农业出版社 1983 年版。

② ［美］R. D. 罗得菲尔德：《美国的农业与农村》，安子平、陈淑华等译，农业出版社 1983 年版。

③ 吕新雨：《农业资本主义与民族国家的现代化道路——驳秦晖先生对"美国式道路"和"普鲁士道路"的阐述》，《视界》2007 第 13 辑。

缘。如果新品种受到病原体的危害，后果将是全球性的灾难，因为届时再培育新的品种可能已经来不及了。[①]

（三）我国农业现代化进程中资本替代土地和劳动的特征开始显现

反观我国农村劳动力老龄化背景下的农业现代化道路，它似乎也走入了资本替代劳动和土地的怪圈。2003—2010 年，我国的大中型拖拉机数量从 980560 万台增加到 3921723 万台，增长了 299.95%；联合收割机数量从 365041 万台增加到 992062 万台，增长了 171.77%；农用机械总动力从 6038.7 亿瓦增加到 9278 亿瓦，增长了 53.63%。而同期我国的农作物总播种面积增长了 5.42%，粮食总产量才增长了 26.88%。农业机械和农业用能的增量远远大于土地及其产出的增量，这不能不说是一种资本替代劳动、能源集约替代劳动集约的农业现代化道路。此外，2000—2010 年我国的化肥施用量从 4141.4 万吨增加到 5561.7 万吨，增长了 34.13%；农药使用量从 128 万吨增加到 175.8 万吨，增长了 37.34%；农用柴油使用量从 1405 万吨增加到 2023.1 万吨，增长了 43.99%；农用塑料薄膜使用量从 133.5 万吨增加到 217.3 万吨，增长了 62.77%。如果说机械用能和化石能源的消耗直接相关，那么化肥、农药、农膜的大量使用则和化石能源消耗间接相关，它们都是以天然气、石油、煤炭为最主要的原料来源。所以，不管是土地节约型的技术变迁也好，还是劳动节约型的技术变迁也好，它在本质上都是以不可再生的化石能源的消耗来代替土地和劳动投入的过程，并且这里节约出来的都是优质的土地、年青的劳动力，所剩余下来的仅仅是远离城市喧嚣的一群老人，侍弄着祖祖辈辈赖以生存的黄土地，守望着自己宁静的精神家园。

四 余论及建议

（一）"保主粮、弃辅粮"的粮食安全策略不可持续

也有人说当前我国粮食安全的战略是"有保有压"，"保主粮、弃辅粮"，即尽可能地多种植一些稻谷、小麦、玉米，确保这些主粮的产量

---

① 吕新雨：《农业资本主义与民族国家的现代化道路——驳秦晖先生对"美国式道路"和"普鲁士道路"的阐述》，《视界》2007 第 13 辑。

年年增长，基本自给；对大豆、棉花、油料作物等农产品则可以有所放弃，供给不足时依赖进口予以解决。这是因为大豆等油料作物少了，人们无非是做菜少放点油或者少吃点肉，但如果主粮少了，就要出大事。这个观点看起来颇有道理，也获得了数据上的支撑，如 2003—2010 年我国稻谷、小麦、玉米三类主粮的增产量（12521 万吨）甚至超过了粮食总产量的增量（11578 万吨）[1]，其中玉米的增产量（6142 万吨）又占到三类主粮增量的 49.05%；从播种面积上看，稻谷、小麦、玉米三类主粮的播种面积增量（14057 千公顷）比整个粮食总播种面积增量（10466 千公顷）还多 3591 公顷，其中玉米的播种面积增量（8432 千公顷）占到了整个粮食总播种面积增量的 80.57%，同期大豆、薯类、棉花、花生的播种面积却分别减少了 797 千公顷、952 千公顷、262 千公顷、530 千公顷。所以从这个意义上说，我国的农产品生产过程中确实存在着"豆退苞进""薯退苞进"和"棉退苞进"的现象。但是，这一"有保有压""有进有退"的粮食安全策略是否合理健康，是否具有长期的可持续性却值得推敲。以"豆退苞进"为例，玉米的亩产远高于大豆，玉米的价格近年来节节攀升，市场之手促发的这场种植结构调整短期内可能会带动我国粮食产量的增加和农民收入的增长，但从长期来看，它却会造成我国耕地肥力的下降和农产品安全格局的失衡。因为大豆是一种固氮能力很强的作物，美国农业部农业调整局为了应付美国中部耕地上的沙尘暴，曾对栽种大豆进行土壤保护的项目给予强力支持，由此也造就了大豆种植面积和产量的提高。[2] 而当前我国的黑龙江、吉林等大豆之乡，却出现了大面积的大豆、绿豆改种玉米的现象。长远来看它不仅会造成地力的衰竭，而且会使大豆的加工、压榨行业受制于人。又以"棉退苞进"为例，它的直接原因是近年来棉花收购价格过低，产量增长赶不上小麦，同时种棉收棉的人工成本不断上涨，但它的间接原因则是棉铃虫和盲蝽蟓等病虫害的肆虐。为了应付害虫，河北、河南等地于 1995 年开始试种孟山都公司研发的转基因棉，并在两年之后

---

[1] 这是因为大豆、薯类等粮食作物减产，增产产量 + 减产产量 = 总产量增量。下文中的三类主粮播种面积增量超过粮食总播种面积增量的道理相同。

[2] ［英］拉吉·帕特尔：《粮食战争——市场、权力和世界食物体系的隐形战争》，郭国玺等译，东方出版社 2008 年版。

进行大规模商业化种植。[①] 转基因的 bt 抗虫棉虽然很奏效，棉铃虫得到了有效的控制，但是它也极可能会引发抗转基因害虫的逆变、对地力要求的苛刻、农作物单产的下降和成本的不断增加。再以花生等油料作物播种面积的减少为例，它直接引起中国食用植物油供应数量的不足，为此我国每年要从外国进口六七百万吨植物油来满足国内的消费缺口。但在这些进口的植物油中，约有 60% 是棕榈油，那我们为什么要进口这么多的棕榈油呢？这首先是因为棕榈油的价格比较低，1980—2005 年世界油料市场上棕榈油的平均价格是 425 美元/吨，而同期豆油、花生油、棉籽油、葵花油的价格分别是 487 美元/吨、843 美元/吨、558 美元/吨、594 美元/吨。其次是棕榈油在食品加工上的需求量比较大，国内方便面以及饼干等食品加工中大部分用的是棕榈油。再次是国内食用油市场比较混乱，伴随色拉油等桶装油市场大规模形成和激烈竞争，再加上桶装油又没有明确标明各种植物油的比重，从追求利润的角度出发，食用油厂家就有可能在桶装油中提高棕榈油的比重。[②] 我们知道，经氢化处理的工业用棕榈油会产生人造反式脂肪酸，长期食用由这种"氢化植物油"烹炸的食品，可能会影响到人们的身心健康。

（二）农村劳动力老龄化背景下农业健康发展的路径

由以上分析可以看出，"有保有压"，"保主粮、弃辅粮"的粮食安全战略其实是不长久的，也是不可持续的。正是由于放开了大豆、棉花、油料作物的进口管制，我国此类农产品的价格才暴涨暴跌，广大青年农民才自发退出这些利润率不高、竞争性不强的领域，而留下一大批老年农民看管那些不需要费神费力的小麦、玉米等大田作物。这不是一种理性的退却，而是一种无奈的选择，它客观上背离了我国人多地少、资源承载力较低的现实国情，促使我们走向了一条劳动和土地双重节约的农业现代化道路。老人农业虽然可以在短期内保证主粮作物的持续增产，但长期看辅粮自给率的不断下降将会影响到人们的吃穿质量。所以，农村劳动力老龄化现象是农业开始衰落，农产品竞争力不强的表

---

① 袁越：《棉花战争》，《三联生活周刊》2010 年第 37 期。

② 陈永福：《世界棕榈油生产贸易现状与中国棕榈油进口增加的原因分析》，《农业展望》2007 年第 6 期。

现，它是一个"陷阱"而绝不是一个"光环"。为了跳出农村劳动力老龄化的陷阱，增长农业发展的后劲，我们还是得"内外兼修"，即在财政扶持、品牌培育、人才回流上下功夫。农业是一个弱质产业，同时也是一个公共品行业，它生产的农产品供给是否充足，直接关系到人民的生计和国家的安危，所以应像对待城市公共设施建设一样，加大对农业生产的投入和农民种植的补贴力度，不仅要补贴水稻、小麦、玉米，也要补贴大豆、马铃薯、棉花等小品种农作物，提高农业的比较效益，增加农民的生产积极性。另外，农业比较效益低也源于它千篇一律、不优不特，在全国农民齐上阵大面积种植主粮作物之时，它客观上也就形成了经济学意义上的完全竞争市场，价格上升的空间很小并经常处于蛛网模型的困扰之中。今后随着人们生活水平的提升和饮食健康意识的增强，我们在追求农产品"高产"的同时，更应该追求"优质、高效、绿色、生态、安全"，实行农产品地理标志制度和质量可追溯体系，切实把好质量关，作出绿色生态的品牌来。当前农村的人才回流面临着历史性契机。2008年国际金融危机过后沿海地区制造企业的成本不断上升，它们纷纷选择了内迁办厂的道路，由此也带来了新生代农民工的大量回流。我们要抓住这一契机，加快农村基础设施建设，营造良好的生产和生活环境，吸引新生代农民工返乡创业，培养"有文化、懂技术、会经营"的职业农民，从而弥补我国农村劳动力老化匮乏的缺陷。[1]

---

[1] 纪志耿：《资源与亲情双重张力下农民工返乡创业的"四川模式"及其挑战》，《中央财经大学学报》2012年第6期；纪志耿：《城镇化进程中新生代农民工返乡创业调研——以西部农业大省四川为例》，《现代经济探讨》2012年第2期。